ŒUVRES COMPLÈTES
DE
VOLTAIRE

5

THÉATRE. IV

ANCIENNE MAISON J. CLAYE

PARIS. — IMPRIMERIE A. QUANTIN ET Cie

RUE SAINT-BENOIT

ŒUVRES COMPLÈTES
DE
VOLTAIRE

NOUVELLE ÉDITION

AVEC

NOTICES, PRÉFACES, VARIANTES, TABLE ANALYTIQUE

LES NOTES DE TOUS LES COMMENTATEURS ET DES NOTES NOUVELLES

Conforme pour le texte à l'édition de BEUCHOT

ENRICHIE DES DÉCOUVERTES LES PLUS RÉCENTES

ET MISE AU COURANT

DES TRAVAUX QUI ONT PARU JUSQU'A CE JOUR

PRÉCÉDÉE DE LA

VIE DE VOLTAIRE

PAR CONDORCET

ET D'AUTRES ÉTUDES BIOGRAPHIQUES

Ornée d'un portrait en pied d'après la statue du foyer de la Comédie-Française

---

THÉATRE — TOME QUATRIÈME

PARIS

GARNIER FRÈRES, LIBRAIRES-ÉDITEURS

6, RUE DES SAINTS-PÈRES, 6

1877

NANINE

ou

LE PRÉJUGÉ VAINCU

COMÉDIE EN TROIS ACTES

REPRÉSENTÉE, POUR LA PREMIÈRE FOIS, LE 16 JUIN 1749.

AVERTISSEMENT

POUR LA PRÉSENTE ÉDITION.

Nanine est tirée du fameux roman de *Paméla ;* ce sujet, qui était tout à fait dans l'esprit et dans le goût de l'époque, avait déjà séduit Boissy et Nivelle de Lachaussée. L'un avait donné au Théâtre Italien, le 4 mars 1743, *Paméla, ou la Vertu mieux éprouvée,* trois actes en vers; l'autre avait donné à la Comédie-Française une *Paméla* en cinq actes et en vers, le 6 décembre de la même année. Toutes deux avaient échoué, surtout la seconde, qui n'eut qu'une seule représentation et ne fut pas imprimée ; ce qui donna lieu de jouer aux Italiens *la Déroute des Paméla.*

Voltaire jugea prudent de debaptiser l'héroïne. *Nanine* fut plus heureuse que *Paméla.* Elle réussit. « Amusez-vous donc, écrivait Voltaire à Baculard d'Arnaud, le jour de la seconde représentation (18 juin 1749); amusez-vous donc si vous pouvez à *Nanine ;* voici deux billets qui me restent. Si vous voulez d'ailleurs vous trouver chez Procope, je vous ferai entrer, vous, vos amis, vos filles de joie ou non-joie, partout où il vous plaira. »

« M. de la Place, traducteur du *Théâtre anglais* (c'est Collé qui consigne ce trait dans son *Journal historique*), me dit un fait dont il me jura avoir été le témoin; il prétend qu'à la troisième représentation de *Nanine,* où il assistait, il s'éleva un petit ricanement dans le parterre. Alors Voltaire, qui était placé aux troisièmes loges en face du théâtre, se leva et cria tout haut : « Arrêtez, barbares, arrêtez ! » et le parterre se tut. »

« Il était un peu désagréable, dit Wagnières dans ses *Mémoires sur Voltaire,* de se trouver à côté de lui aux représentations, parce qu'il ne pouvait se contenir. Tranquille d'abord, il s'animait insensiblement; sa voix, ses pieds, sa canne, se faisaient entendre plus ou moins. Il se soulevait à demi de son fauteuil, se rasseyait; tout à coup se trouvait droit, paraissant plus haut de dix pouces qu'il ne l'était réellement. C'était alors qu'il faisait le plus de bruit. Les acteurs de profession redoutaient même, à cause de cela, de jouer devant lui. »

Nanine eut, dans sa nouveauté, douze représentations consécutives. Voltaire fut si content de l'accueil qui avait été fait à sa pièce, qu'il songea, dit-on, à la mettre en cinq actes; mais, mieux inspiré, il renonça à ce projet.

AVERTISSEMENT

DE BEUCHOT.

Je n'ai pu voir un exemplaire de l'édition de *Nanine* faite en 1748, si l'on en croit la *Bibliothèque annuelle et universelle*, tome Ier, page 203. Mais comme le volume de cette *Bibliothèque* pour l'année 1748 porte lui-même la date de 1751, il est à croire qu'il y a erreur. Cependant la *Préface* même de Voltaire prouve qu'il existait déjà une édition de *Nanine* lorsque l'auteur en donna une, sous l'adresse de Paris, Lemercier et Lambert, 1749, in-12. Un passage de cette préface de 1749, que je rapporte en variante, dit que la pièce fut jouée *au mois de juillet* 1748. Dans l'édition de 1750, il est dit que *Nanine* fut représentée *à Paris dans l'été de* 1749. La date du 17 juillet 1748 est donnée comme date de la première représentation, sur le faux titre de *Nanine*, page 259 du tome VI de l'édition des *Œuvres de M. de Voltaire*, 1751, onze volumes petit in-12. Longchamp, dans ses *Mémoires*, tome II, page 205, dit que *Nanine* fut faite à Commercy en 1748. Il est donc possible que cette comédie ait été représentée sur un théâtre particulier en juillet 1748; mais elle ne le fut au Théâtre-Français que le 16 juin 1749; cela est prouvé par les registres de la Comédie-Française et par le *Mercure* de juillet 1749, page 190. Ce journal ajoute qu'après les premières représentations, Voltaire fit des changements *non-seulement dans le dialogue, mais encore dans la conduite de sa fable*.

On vit paraître, à l'occasion de *Nanine* : I. *Réflexions sur le comique larmoyant par M. de C..., trésorier de France et conseiller au présidial de l'académie de la Rochelle*, 1749, in-12 de 74 pages. Cette brochure est celle dont Voltaire parle dans sa *Préface*; l'auteur est Pierre-Matthieu Martin de Chassiron, né en l'île d'Oléron en 1704, mort en 1767. II. *Lettre à l'auteur de Nanine* (par Guiard de Servigné, avocat à Rennes), 1749, in-12 de 16 pages. III. *Réflexions critiques sur la comédie de Nanine, par M. G...* Nancy, 1749, in-8° de 16 pages. Elles sont signées : *Gresvik*. IV. *Nanin et Nanine, fragment d'un conte traduit de l'arabe*, par le sieur L. D. V., 1749, in-8°, que Barbier dit être d'un nommé Lefèvre.

Dans quelques éditions récentes, on a imprimé à la suite de la *Préface* de Voltaire l'*Extrait d'une lettre du roi de Prusse à Voltaire*. Je ne reproduis pas ici cet extrait, parce que je donnerai à sa date (11 janvier 1750) la lettre entière, qui n'a encore paru dans aucune édition des Œuvres de Voltaire.

PRÉFACE

Cette bagatelle fut représentée à Paris dans l'été de 1749[1], parmi la foule des spectacles qu'on donne à Paris tous les ans.

Dans cette autre foule, beaucoup plus nombreuse, de brochures dont on est inondé, il en parut une dans ce temps-là qui mérite d'être distinguée. C'est une dissertation ingénieuse et

---

1. Dans une édition de Paris, Lemercier et Lambert, 1749, in-12, cette *Préface*, qui est de Voltaire, commence ainsi :

« Cette bagatelle fut représentée au mois de juillet 1748. Elle n'avait point été destinée pour le théâtre de Paris, encore moins pour l'impression, et on ne la donnerait pas aujourd'hui au public s'il n'en avait paru une édition subreptice et toute défigurée sous le nom de la Compagnie des libraires associés de Paris. Il y a dans cette édition fautive plus de cent vers qui ne sont pas de l'auteur. C'est avec la même infidélité, et avec plus de fautes encore, que l'on a imprimé clandestinement la tragédie de *Sémiramis* : et c'est ainsi qu'on a défiguré presque tous les ouvrages de l'auteur. Il est obligé de se servir de cette occasion pour avertir ceux qui cultivent les lettres, et qui se forment des cabinets de livres, que de toutes les éditions qu'on a faites de ses prétendus ouvrages, il n'y en a pas une seule qui mérite d'être regardée. Celle de Ledet, à Amsterdam, celle de Merkus, dans la même ville, les autres qu'on a faites d'après celles-là, sont absurdes; et on y a même ajouté un volume entier qui n'est rempli que de grossièretés insipides faites pour la canaille; celles qui sont intitulées de Londres et de Genève ne sont pas moins défectueuses.

« L'auteur n'a pas eu encore le temps d'examiner celle de Dresde, ainsi il ne peut en rien dire : mais, en général, les amateurs de lettres ne doivent avoir aucun égard aux éditions qui ne sont point faites sous ses yeux et par ses ordres, encore moins à tous ces petits ouvrages qu'on affecte de débiter sous son nom, à ces vers qu'on envoie au *Mercure* et aux journaux étrangers, et qui ne sont que le ridicule effet d'une réputation bien vaine et bien dangereuse. En attendant qu'il puisse un jour donner ses soins à faire imprimer ses véritables ouvrages, il est dans la nécessité de faire donner au moins, par un libraire accrédité et muni d'un privilége, la tragédie de *Sémiramis* et cette petite pièce, qui ont paru toutes deux l'année passée dans la foule des spectacles nouveaux qu'on donne à Paris tous les ans.

« Dans cette autre foule, etc. »

Ce passage, supprimé dès 1750, est reproduit pourtant dans l'édition de 1751 (voyez l'*Avertissement* de Beuchot).

approfondie d'un académicien de la Rochelle¹ sur cette question, qui semble partager depuis quelques années la littérature : savoir s'il est permis de faire des comédies attendrissantes. Il paraît se déclarer fortement contre ce genre, dont la petite comédie de *Nanine* tient beaucoup en quelques endroits. Il condamne avec raison tout ce qui aurait l'air d'une tragédie bourgeoise. En effet, que serait-ce qu'une intrigue tragique entre des hommes du commun? Ce serait seulement avilir le cothurne; ce serait manquer à la fois l'objet de la tragédie et de la comédie; ce serait une espèce bâtarde, un monstre né de l'impuissance de faire une comédie et une tragédie véritable.

Cet académicien judicieux blâme surtout les intrigues romanesques et forcées dans ce genre de comédie, où l'on veut attendrir les spectateurs, et qu'on appelle, par dérision, comédie larmoyante. Mais dans quel genre les intrigues romanesques et forcées peuvent-elles être admises? Ne sont-elles pas toujours un vice essentiel dans quelque ouvrage que ce puisse être? Il conclut enfin en disant que, si dans une comédie l'attendrissement peut aller quelquefois jusqu'aux larmes, il n'appartient qu'à la passion de l'amour de les faire répandre. Il n'entend pas, sans doute, l'amour tel qu'il est représenté dans les bonnes tragédies, l'amour furieux, barbare, funeste, suivi de crimes et de remords; il entend l'amour naïf et tendre, qui seul est du ressort de la comédie.

Cette réflexion en fait naître une autre, qu'on soumet au jugement des gens de lettres; c'est que, dans notre nation, la tragédie a commencé par s'approprier le langage de la comédie. Si l'on y prend garde, l'amour, dans beaucoup d'ouvrages dont la terreur et la pitié devraient être l'âme, est traité comme il doit l'être en effet dans le genre comique. La galanterie, les déclarations d'amour, la coquetterie, la naïveté, la familiarité, tout cela ne se trouve que trop chez nos héros et nos héroïnes copiés de la Grèce, dont nos théâtres retentissent. Ce n'est pas que l'amour naïf et attendrissant dans une comédie soit un larcin fait à Melpomène, mais c'est au contraire Melpomène qui depuis longtemps a pris chez nous les brodequins de Thalie.

Qu'on jette les yeux sur les premières tragédies qui eurent de si prodigieux succès vers le temps du cardinal de Richelieu, la *Sophonisbe* de Mairet, la *Mariamne*, l'*Amour tyrannique*², *Alcionée*³ :

---

1. Chassiron : voyez l'*Avertissement* de Beuchot.
2. Tragi-comédie de Scudéry, jouée en 1638.
3. Tragédie de Duryer, jouée en 1639.

on verra que l'amour y parle toujours sur un ton aussi familier et quelquefois aussi bas que l'héroïsme s'y exprime avec une emphase ridicule; c'est peut-être la raison pour laquelle notre nation n'eut en ce temps-là aucune comédie supportable; c'est qu'en effet le théâtre tragique avait envahi tous les droits de l'autre : il est même vraisemblable que cette raison détermina Molière à donner rarement aux amants qu'il met sur la scène une passion vive et touchante : il sentait que la tragédie l'avait prévenu.

Depuis la *Sophonisbe* de Mairet, qui fut la première pièce dans laquelle on trouva quelque régularité, on avait commencé à regarder les déclarations d'amour des héros, les réponses artificieuses et coquettes des princesses, les peintures galantes de l'amour, comme des choses essentielles au théâtre tragique. Il est resté des écrits de ce temps-là, dans lesquels on cite avec de grands éloges ces vers que dit Massinisse après la bataille de Cirthe :

J'aime plus de moitié quand je me sens aimé,
Et ma flamme s'accroît par un cœur enflammé...
Comme par une vague une vague s'irrite,
Un soupir amoureux par un autre s'excite.
Quand les chaînes d'hymen étreignent deux esprits,
Un baiser se doit rendre aussitôt qu'il est pris.

Sophonisbe, IV, I.

Cette habitude de parler ainsi d'amour influa sur les meilleurs esprits; et ceux même dont le génie mâle et sublime était fait pour rendre en tout à la tragédie son ancienne dignité se laissèrent entraîner à la contagion.

On vit, dans les meilleures pièces,

. . . . Un malheureux visage
qui D'un chevalier romain captiva le courage.

Polyeucte, I, III.

Le héros dit à sa maîtresse (*Id.*, II, II) :

Adieu, trop vertueux objet et trop charmant.

L'héroïne lui répond :

Adieu, trop malheureux et trop parfait amant.

Cléopâtre dit qu'une princesse (*Mort de Pompée*, II, 1),

> . . . . . Aimant sa renommée,
> En avouant qu'elle aime, est sûre d'être aimée.

Que César

> . . . Trace des soupirs, et, d'un style plaintif,
> Dans son champ de victoire il se dit son captif.

Elle ajoute qu'il ne tient qu'à elle d'avoir des rigueurs, et de rendre César malheureux ; sur quoi sa confidente lui répond :

> J'oserais bien jurer que vos charmants appas
> Se vantent d'un pouvoir dont ils n'useront pas.

Dans toutes les pièces du même auteur, qui suivent la *Mort de Pompée*, on est obligé d'avouer que l'amour est toujours traité de ce ton familier. Mais, sans prendre la peine inutile de rapporter des exemples de ces défauts trop visibles, examinons seulement les meilleurs vers que l'auteur de *Cinna* ait fait débiter sur le théâtre comme maxime de galanterie :

> Il est des nœuds secrets, il est des sympathies,
> Dont par le doux rapport les âmes assorties
> S'attachent l'une à l'autre, et se laissent piquer
> Par ce je ne sais quoi qu'on ne peut expliquer.
>
> *Rodogune*, I, v.

De bonne foi, croirait-on que ces vers du haut comique fussent dans la bouche d'une princesse des Parthes qui va demander à son amant la tête de sa mère? Est-ce dans un jour si terrible qu'on parle « d'un je ne sais quoi, dont par le doux rapport les âmes sont assorties »? Sophocle aurait-il débité de tels madrigaux? Et toutes ces petites sentences amoureuses ne sont-elles pas uniquement du ressort de la comédie?

Le grand homme qui a porté à un si haut point la véritable éloquence dans les vers, qui a fait parler à l'amour un langage à la fois si touchant et si noble, a mis cependant dans ses tragédies plus d'une scène que Boileau trouvait plus digne de la haute comédie de Térence que du rival et du vainqueur d'Euripide.

On pourrait citer plus de trois cents vers dans ce goût. Ce n'est pas que la simplicité, qui a ses charmes, la naïveté, qui quelquefois même tient du sublime, ne soient nécessaires pour servir ou de préparation ou de liaison et de passage au pathétique ; mais si ces traits naïfs et simples appartiennent même au tragique, à plus forte raison appartiennent-ils au grand comique. C'est dans ce point, où la tragédie s'abaisse et où la comédie s'élève, que ces deux arts se rencontrent et se touchent ; c'est là seulement que leurs bornes se confondent : et s'il est permis à Oreste et à Hermione de se dire :

> Ah ! ne souhaitez pas le destin de Pyrrhus ;
> Je vous haïrais trop. — Vous m'en aimeriez plus.
> Ah ! que vous me verriez d'un regard bien contraire !
> Vous me voulez aimer, et je ne puis vous plaire.
> . . . .
> Vous m'aimeriez, madame, en me voulant haïr...
> Car enfin il vous hait ; son âme, ailleurs éprise,
> N'a plus... — Qui vous l'a dit, seigneur, qu'il me méprise ?...
> Jugez-vous que ma vue inspire des mépris ?
>
> *Andromaque*, II, II.

Si ces héros, dis-je, se sont exprimés avec cette familiarité, à combien plus forte raison le *Misanthrope* est-il bien reçu à dire à sa maîtresse avec véhémence (IV, III) :

> Rougissez bien plutôt, vous en avez raison,
> Et j'ai de sûrs témoins de votre trahison.
> . . . .
> Ce n'etait pas en vain que s'alarmait ma flamme.
> . . . .
> Mais ne présumez pas que, sans être vengé,
> Je souffre le dépit de me voir outragé.
> . . . .
> C'est une trahison, c'est une perfidie
> Qui ne saurait trouver de trop grands châtiments,
> Et je puis tout permettre à mes ressentiments :
> Oui, oui, redoutez tout après un tel outrage :
> Je ne suis plus à moi ; je suis tout à la rage.
> Percé du coup mortel dont vous m'assassinez,
> Mes sens par la raison ne sont plus gouvernés.

Certainement si toute la pièce du *Misanthrope* était dans ce goût, ce ne serait plus une comédie ; si Oreste et Hermione s'exprimaient toujours comme on vient de le voir, ce ne serait plus une tragédie ; mais après que ces deux genres si différents se sont ainsi rapprochés, ils rentrent chacun dans leur véritable carrière : l'un reprend le ton plaisant, et l'autre le ton sublime.

La comédie, encore une fois, peut donc se passionner, s'emporter, attendrir, pourvu qu'ensuite elle fasse rire les honnêtes gens. Si elle manquait de comique, si elle n'était que larmoyante, c'est alors qu'elle serait un genre très-vicieux et très-désagréable.

On avoue qu'il est rare de faire passer les spectateurs insensiblement de l'attendrissement au rire ; mais ce passage, tout difficile qu'il est de le saisir dans une comédie, n'en est pas moins naturel aux hommes. On a déjà remarqué ailleurs [1] que rien n'est plus ordinaire que des aventures qui affligent l'âme, et dont certaines circonstances inspirent ensuite une gaieté passagère. C'est ainsi malheureusement que le genre humain est fait. Homère représente même les dieux riant de la mauvaise grâce de Vulcain, dans le temps qu'ils décident du destin du monde. Hector sourit de la peur de son fils Astyanax, tandis qu'Andromaque répand des larmes.

On voit souvent, jusque dans l'horreur des batailles, des incendies, de tous les désastres qui nous affligent, qu'une naïveté, un bon mot, excitent le rire jusque dans le sein de la désolation et de la pitié. On défendit à un régiment, dans la bataille de Spire, de faire quartier ; un officier allemand demande la vie à l'un des nôtres, qui lui répond : « Monsieur, demandez-moi toute autre chose ; mais pour la vie, il n'y a pas moyen. » Cette naïveté passe aussitôt de bouche en bouche, et on rit au milieu du carnage. A combien plus forte raison le rire peut-il succéder, dans la comédie, à des sentiments touchants ? Ne s'attendrit-on pas avec Alcmène ? Ne rit-on pas avec Sosie ? Quel misérable et vain travail de disputer contre l'expérience ? Si ceux qui disputent ainsi ne se payaient pas de raison, et aimaient mieux les vers, on leur citerait ceux-ci :

> L'Amour règne par le délire
> Sur ce ridicule univers :
> Tantôt aux esprits de travers
> Il fait rimer de mauvais vers ;
> Tantôt il renverse un empire.
> L'œil en feu, le fer à la main,
> Il frémit dans la tragédie ;
> Non moins touchant, et plus humain,

---

1. Voyez, *Théâtre*, tome II, page 443, dans la préface de l'*Enfant prodigue*.

PRÉFACE.

Il anime la comédie :
Il affadit dans l'élégie,
Et, dans un madrigal badin,
Il se joue aux pieds de Sylvie.
Tous les genres de poésie,
De Virgile jusqu'à Chaulieu,
Sont aussi soumis à ce dieu
Que tous les états de la vie.

PERSONNAGES [1]

LE COMTE D'OLBAN, seigneur retiré à la campagne.
LA BARONNE DE L'ORME, parente du comte, femme impérieuse, aigre, difficile à vivre.
LA MARQUISE D'OLBAN, mère du comte.
NANINE, fille élevée dans la maison du comte.
PHILIPPE HOMBERT, paysan du voisinage.
BLAISE, jardinier.
GERMON, } domestiques.
MARIN,

La scène est dans le château du comte d'Olban.

---

1. Noms des acteurs qui jouèrent dans *Nanine* et dans *la Nouveauté*, de Legrand, qui l'accompagnait : Legrand, Dubreuil, Sarrazin, Grandval, Dangeville, Dubois, Baron, Bonneval, Paulin, Deschamps, Drouin, Ribou ; Mmes Dangeville (la marquise), Gaussin (Nanine). Grandval (la baronne), Conell, Beaumenard. — Recette : 3,904 livres. (G. A.)

NANINE
COMÉDIE

ACTE PREMIER.

SCÈNE I.

LE COMTE D'OLBAN, LA BARONNE DE L'ORME.

LA BARONNE.
Il faut parler, il faut, monsieur le comte,
Vous expliquer nettement sur mon compte.
Ni vous ni moi n'avons un cœur tout neuf;
Vous êtes libre, et depuis deux ans veuf:
Devers ce temps j'eus cet honneur moi-même;
Et nos procès, dont l'embarras extrême
Était si triste et si peu fait pour nous,
Sont enterrés, ainsi que mon époux.
LE COMTE.
Oui, tout procès m'est fort insupportable.
LA BARONNE.
Ne suis-je pas comme eux fort haïssable?
LE COMTE.
Qui? vous, madame?
LA BARONNE.
Oui, moi. Depuis deux ans,
Libres tous deux, comme tous deux parents,
Pour terminer nous habitons ensemble;
Le sang, le goût, l'intérêt nous rassemble.

LE COMTE.
Ah! l'intérêt! parlez mieux.
LA BARONNE.
Non, monsieur.
Je parle bien, et c'est avec douleur;
Et je sais trop que votre âme inconstante
Ne me voit plus que comme une parente.
LE COMTE.
Je n'ai pas l'air d'un volage, je croi.
LA BARONNE.
Vous avez l'air de me manquer de foi.
LE COMTE, à part.
Ah!
LA BARONNE.
Vous savez que cette longue guerre,
Que mon mari vous faisait pour ma terre,
A dû finir en confondant nos droits
Dans un hymen dicté par notre choix :
Votre promesse à ma foi vous engage;
Vous différez, et qui diffère outrage.
LE COMTE.
J'attends ma mère.
LA BARONNE.
Elle radote : bon!
LE COMTE.
Je la respecte, et je l'aime.
LA BARONNE.
Et moi, non.
Mais pour me faire un affront qui m'étonne,
Assurément vous n'attendez personne,
Perfide! ingrat!
LE COMTE.
D'où vient ce grand courroux?
Qui vous a donc dit tout cela?
LA BARONNE.
Qui? vous;
Vous, votre ton, votre air d'indifférence,
Votre conduite, en un mot, qui m'offense,
Qui me soulève, et qui choque mes yeux :
Ayez moins tort, ou défendez-vous mieux.
Ne vois-je pas l'indignité, la honte,
L'excès, l'affront du goût qui vous surmonte?

ACTE I, SCÈNE I.

Quoi! pour l'objet le plus vil, le plus bas,
Vous me trompez!

LE COMTE.

Non, je ne trompe pas;
Dissimuler n'est pas mon caractère :
J'étais à vous, vous aviez su me plaire,
Et j'espérais avec vous retrouver
Ce que le ciel a voulu m'enlever,
Goûter en paix, dans cet heureux asile,
Les nouveaux fruits d'un nœud doux et tranquille;
Mais vous cherchez à détruire vos lois.
Je vous l'ai dit, l'amour a deux carquois[1] :
L'un est rempli de ces traits tout de flamme,
Dont la douceur porte la paix dans l'âme,
Qui rend plus purs nos goûts, nos sentiments,
Nos soins plus vifs, nos plaisirs plus touchants;
L'autre n'est plein que de flèches cruelles
Qui, répandant les soupçons, les querelles,
Rebutent l'âme, y portent la tiédeur,
Font succéder les dégoûts à l'ardeur :
Voilà les traits que vous prenez vous-même
Contre nous deux; et vous voulez qu'on aime!

LA BARONNE.

Oui, j'aurai tort! Quand vous vous détachez,
C'est donc à moi que vous le reprochez.
Je dois souffrir vos belles incartades,
Vos procédés, vos comparaisons fades.
Qu'ai-je donc fait, pour perdre votre cœur?
Que me peut-on reprocher?

LE COMTE.

Votre humeur,
N'en doutez pas : oui, la beauté, madame,
Ne plaît qu'aux yeux; la douceur charme l'âme.

LA BARONNE.

Mais êtes-vous sans humeur, vous?

LE COMTE.

Moi? non;
J'en ai sans doute, et pour cette raison
Je veux, madame, une femme indulgente,

---

[1]. Ces vers sont imités d'Ovide. Voltaire a reproduit la même idée dans le prologue du chant XXI de *la Pucelle*.

Dont la beauté douce et compatissante,
A mes défauts facile à se plier,
Daigne avec moi me réconcilier,
Me corriger sans prendre un ton caustique,
Me gouverner sans être tyrannique,
Et dans mon cœur pénétrer pas à pas,
Comme un jour doux dans des yeux délicats :
Qui sent le joug le porte avec murmure ;
L'amour tyran est un dieu que j'abjure.
Je veux aimer, et ne veux point servir ;
C'est votre orgueil qui peut seul m'avilir.
J'ai des défauts ; mais le ciel fit les femmes
Pour corriger le levain de nos âmes,
Pour adoucir nos chagrins, nos humeurs,
Pour nous calmer, pour nous rendre meilleurs.
C'est là leur lot ; et pour moi, je préfère
Laideur affable à beauté rude et fière.

LA BARONNE.

C'est fort bien dit, traître ! Vous prétendez,
Quand vous m'outrez, m'insultez, m'excédez,
Que je pardonne, en lâche complaisante,
De vos amours la honte extravagante ?
Et qu'à mes yeux un faux air de hauteur
Excuse en vous les bassesses du cœur ?

LE COMTE.

Comment, madame ?

LA BARONNE.

Oui, la jeune Nanine
Fait tout mon tort. Un enfant vous domine,
Une servante, une fille des champs,
Que j'élevai par mes soins imprudents,
Que par pitié votre facile mère
Daigna tirer du sein de la misère.
Vous rougissez !

LE COMTE.

Moi ! je lui veux du bien.

LA BARONNE.

Non, vous l'aimez, j'en suis très-sûre.

LE COMTE.

Eh bien !
Si je l'aimais, apprenez donc, madame,
Que hautement je publierais ma flamme.

ACTE I, SCÈNE I.

LA BARONNE.

Vous en êtes capable.

LE COMTE.

Assurément.

LA BARONNE.

Vous oseriez trahir impudemment
De votre rang toute la bienséance ;
Humilier ainsi votre naissance ;
Et, dans la honte où vos sens sont plongés,
Braver l'honneur ?

LE COMTE.

Dites les préjugés.
Je ne prends point, quoi qu'on en puisse croire,
La vanité pour l'honneur et la gloire.
L'éclat vous plaît ; vous mettez la grandeur
Dans des blasons : je la veux dans le cœur.
L'homme de bien, modeste avec courage,
Et la beauté spirituelle, sage,
Sans bien, sans nom, sans tous ces titres vains,
Sont à mes yeux les premiers des humains.

LA BARONNE.

Il faut au moins être bon gentilhomme.
Un vil savant, un obscur honnête homme,
Serait chez vous, pour un peu de vertu,
Comme un seigneur avec honneur reçu ?

LE COMTE.

Le vertueux aurait la préférence.

LA BARONNE.

Peut-on souffrir cette humble extravagance ?
Ne doit-on rien, s'il vous plaît, à son rang ?

LE COMTE.

Être honnête homme est ce qu'on doit.

LA BARONNE.

Mon sang
Exigerait un plus haut caractère.

LE COMTE.

Il est très-haut, il brave le vulgaire.

LA BARONNE.

Vous dégradez ainsi la qualité !

LE COMTE.

Non ; mais j'honore ainsi l'humanité.

LA BARONNE.

Vous êtes fou ; quoi ! le public, l'usage !...

LE COMTE.

L'usage est fait pour le mépris du sage ;
Je me conforme à ses ordres gênants,
Pour mes habits, non pour mes sentiments.
Il faut être homme, et d'une âme sensée,
Avoir à soi ses goûts et sa pensée.
Irai-je en sot aux autres m'informer
Qui je dois fuir, chercher, louer, blâmer ?
Quoi ! de mon être il faudra qu'on décide ?
J'ai ma raison ; c'est ma mode et mon guide.
Le singe est né pour être imitateur,
Et l'homme doit agir d'après son cœur.

LA BARONNE.

Voilà parler en homme libre, en sage.
Allez ; aimez des filles de village,
Cœur noble et grand, soyez l'heureux rival
Du magister et du greffier fiscal ;
Soutenez bien l'honneur de votre race.

LE COMTE.

Ah ! juste ciel ! que faut-il que je fasse ?

SCÈNE II.

LE COMTE, LA BARONNE, BLAISE.

LE COMTE.

Que veux-tu, toi ?

BLAISE.

C'est votre jardinier,
Qui vient, monsieur, humblement supplier
Votre grandeur.

LE COMTE.

Ma grandeur ! Eh bien ! Blaise,
Que te faut-il ?

BLAISE.

Mais c'est, ne vous déplaise,
Que je voudrais me marier...

LE COMTE.

D'accord,
Très-volontiers ; ce projet me plaît fort.

ACTE I, SCÈNE II.

Je t'aiderai ; j'aime qu'on se marie :
Et la future, est-elle un peu jolie ?

BLAISE.

Ah, oui, ma foi ! C'est un morceau friand.

LA BARONNE.

Et Blaise en est aimé ?

BLAISE.

Certainement.

LE COMTE.

Et nous nommons cette beauté divine ?...

BLAISE.

Mais, c'est...

LE COMTE.

Eh bien ?

BLAISE.

C'est la belle Nanine.

LE COMTE.

Nanine ?

LA BARONNE.

Ah ! bon ! je ne m'oppose point
A de pareils amours.

LE COMTE, à part.

Ciel ! à quel point
On m'avilit ! Non, je ne le puis être.

BLAISE.

Ce parti-là doit bien plaire à mon maître.

LE COMTE.

Tu dis qu'on t'aime, impudent !

BLAISE.

Ah ! pardon.

LE COMTE.

T'a-t-elle dit qu'elle t'aimât ?

BLAISE.

Mais... non,
Pas tout à fait ; elle m'a fait entendre
Tant seulement qu'elle a pour nous du tendre ;
D'un ton si bon, si doux, si familier,
Elle m'a dit cent fois : « Cher jardinier,
Cher ami Blaise, aide-moi donc à faire
Un beau bouquet de fleurs, qui puisse plaire
A monseigneur, à ce maître charmant ; »
Et puis d'un air si touché, si touchant,

Elle faisait ce bouquet : et sa vue
Était troublée ; elle était toute émue,
Toute rêveuse, avec un certain air,
Un air, là, qui... peste ! l'on y voit clair.

LE COMTE.

Blaise, va-t'en... Quoi ! j'aurais su lui plaire !

BLAISE.

Çà, n'allez pas traînasser notre affaire.

LE COMTE.

Hem !...

BLAISE.

Vous verrez comme ce terrain-là
Entre mes mains bientôt profitera.
Répondez donc ; pourquoi ne me rien dire ?

LE COMTE.

Ah ! mon cœur est trop plein. Je me retire...
Adieu, madame.

SCÈNE III.

LA BARONNE, BLAISE.

LA BARONNE.

Il l'aime comme un fou,
J'en suis certaine. Et comment donc, par où,
Par quels attraits, par quelle heureuse adresse,
A-t-elle pu me ravir sa tendresse ?
Nanine ! ô ciel ! quel choix ! quelle fureur !
Nanine ! non ; j'en mourrai de douleur.

BLAISE, revenant.

Ah ! vous parlez de Nanine.

LA BARONNE.

Insolente !

BLAISE.

Est-il pas vrai que Nanine est charmante ?

LA BARONNE.

Non.

BLAISE.

Eh ! si fait : parlez un peu pour nous,
Protégez Blaise.

LA BARONNE.
Ah! quels horribles coups!

BLAISE.
J'ai des écus; Pierre Blaise mon père
M'a bien laissé trois bons journaux de terre[1] :
Tout est pour elle, écus comptants, journaux,
Tout mon avoir, et tout ce que je vaux;
Mon corps, mon cœur, tout moi-même, tout Blaise.

LA BARONNE.
Autant que toi crois que j'en serais aise;
Mon pauvre enfant, si je puis te servir,
Tous deux ce soir je voudrais vous unir :
Je lui paierai sa dot.

BLAISE.
Digne baronne,
Que j'aimerai votre chère personne!
Que de plaisir! est-il possible!

LA BARONNE.
Hélas!
Je crains, ami, de ne réussir pas.

BLAISE.
Ah! par pitié, réussissez, madame.

LA BARONNE.
Va, plût au ciel qu'elle devînt ta femme!
Attends mon ordre.

BLAISE.
Eh! puis-je attendre?

LA BARONNE.
Va.

BLAISE.
Adieu. J'aurai, ma foi, cet enfant-là.

SCÈNE IV.

LA BARONNE.

Vit-on jamais une telle aventure!
Peut-on sentir une plus vive injure;
Plus lâchement se voir sacrifier!

---

1 Mesure de terre qu'on peut labourer en un jour. (G. A.)

Le comte Olban rival d'un jardinier !
(A un laquais.)
Holà ! quelqu'un ! Qu'on appelle Nanine.
C'est mon malheur qu'il faut que j'examine.
Où pourrait-elle avoir pris l'art flatteur,
L'art de séduire et de garder un cœur,
L'art d'allumer un feu vif et qui dure ?
Où ? dans ses yeux, dans la simple nature.
Je crois pourtant que cet indigne amour
N'a point encore osé se mettre au jour.
J'ai vu qu'Olban se respecte avec elle ;
Ah ! c'est encore une douleur nouvelle ;
J'espérerais s'il se respectait moins.
D'un amour vrai le traître a tous les soins.
Ah ! la voici : je me sens au supplice.
Que la nature est pleine d'injustice !
A qui va-t-elle accorder la beauté !
C'est un affront fait à la qualité.
Approchez-vous ; venez, mademoiselle.

SCÈNE V.

LA BARONNE, NANINE.

NANINE.

Madame.

LA BARONNE.

Mais est-elle donc si belle ?
Ces grands yeux noirs ne disent rien du tout ;
Mais s'ils ont dit : J'aime... Ah ! je suis à bout.
Possédons-nous. Venez.

NANINE.

Je viens me rendre
A mon devoir.

LA BARONNE.

Vous vous faites attendre
Un peu de temps ; avancez-vous. Comment !
Comme elle est mise ! et quel ajustement !
Il n'est pas fait pour une créature
De votre espèce.

NANINE.

Il est vrai. Je vous jure,

Par mon respect, qu'en secret j'ai rougi
Plus d'une fois d'être vêtue ainsi :
Mais c'est l'effet de vos bontés premières,
De ces bontés qui me sont toujours chères.
De tant de soins vous daigniez m'honorer!
Vous vous plaisiez vous-même à me parer.
Songez combien vous m'aviez protégée :
Sous cet habit je ne suis point changée.
Voudriez-vous, madame, humilier
Un cœur soumis, qui ne peut s'oublier?

LA BARONNE.

Approchez-moi ce fauteuil... Ah! j'enrage...
D'où venez-vous?

NANINE.

Je lisais.

LA BARONNE.

Quel ouvrage?

NANINE.

Un livre anglais dont on m'a fait présent[1].

LA BARONNE.

Sur quel sujet?

NANINE.

Il est intéressant :
L'auteur prétend que les hommes sont frères,
Nés tous égaux ; mais ce sont des chimères :
Je ne puis croire à cette égalité.

LA BARONNE.

Elle y croira. Quel fonds de vanité!
Que l'on m'apporte ici mon écritoire...

NANINE.

J'y vais.

LA BARONNE.

Restez. Que l'on me donne à boire.

NANINE.

Quoi?

LA BARONNE.

Rien. Prenez mon éventail... Sortez.
Allez chercher mes gants... Laissez... Restez.

---

1. Voltaire fait entendre ici qu'il a emprunté sa pièce à Richardson, car le livre anglais dont parle Nanine ne peut être que le roman de *Paméla*. (G. A.)

Avancez-vous... Gardez-vous, je vous prie,
D'imaginer que vous soyez jolie.
NANINE.
Vous me l'avez si souvent répété,
Que si j'avais ce fonds de vanité,
Si l'amour-propre avait gâté mon âme,
Je vous devrais ma guérison, madame.
LA BARONNE.
Où trouve-t-elle ainsi ce qu'elle dit?
Que je la hais! quoi! belle, et de l'esprit!
(Avec dépit.)
Écoutez-moi. J'eus bien de la tendresse
Pour votre enfance.
NANINE.
    Oui. Puisse ma jeunesse
Être honorée encor de vos bontés!
LA BARONNE.
Eh bien! voyez si vous les méritez.
Je prétends, moi, ce jour, cette heure même,
Vous établir; jugez si je vous aime.
NANINE.
Moi?
LA BARONNE.
  Je vous donne une dot. Votre époux
Est fort bien fait, et très-digne de vous;
C'est un parti de tout point fort sortable :
C'est le seul même aujourd'hui convenable;
Et vous devez bien m'en remercier :
C'est, en un mot, Blaise le jardinier.
NANINE.
Blaise, madame?
LA BARONNE.
    Oui. D'où vient ce sourire?
Hésitez-vous un moment d'y souscrire?
Mes offres sont un ordre, entendez-vous?
Obéissez, ou craignez mon courroux.
NANINE.
Mais...
LA BARONNE.
  Apprenez qu'un *mais* est une offense.
Il vous sied bien d'avoir l'impertinence
De refuser un mari de ma main!

ACTE I, SCÈNE V.

Ce cœur si simple est devenu bien vain.
Mais votre audace est trop prématurée ;
Votre triomphe est de peu de durée.
Vous abusez du caprice d'un jour,
Et vous verrez quel en est le retour.
Petite ingrate, objet de ma colère,
Vous avez donc l'insolence de plaire ?
Vous m'entendez ; je vous ferai rentrer
Dans le néant dont j'ai su vous tirer.
Tu pleureras ton orgueil, ta folie.
Je te ferai renfermer pour ta vie
Dans un couvent.

NANINE.

J'embrasse vos genoux ;
Renfermez-moi ; mon sort sera trop doux.
Oui, des faveurs que vous vouliez me faire,
Cette rigueur est pour moi la plus chère.
Enfermez-moi dans un cloître à jamais :
J'y bénirai mon maître et vos bienfaits ;
J'y calmerai des alarmes mortelles,
Des maux plus grands, des craintes plus cruelles,
Des sentiments plus dangereux pour moi
Que ce courroux qui me glace d'effroi.
Madame, au nom de ce courroux extrême,
Délivrez-moi, s'il se peut, de moi-même ;
Dès cet instant je suis prête à partir.

LA BARONNE.

Est-il possible ? et que viens-je d'ouïr ?
Est-il bien vrai ? Me trompez-vous, Nanine ?

NANINE.

Non. Faites-moi cette faveur divine :
Mon cœur en a trop besoin.

LA BARONNE, avec un emportement de tendresse.

Lève-toi :
Que je t'embrasse. O jour heureux pour moi !
Ma chère amie, eh bien ! je vais sur l'heure
Préparer tout pour ta belle demeure.
Ah ! quel plaisir que de vivre en couvent !

NANINE.

C'est pour le moins un abri consolant.

LA BARONNE.

Non ; c'est, ma fille, un séjour délectable.

NANINE.
Le croyez-vous ?
LA BARONNE.
Le monde est haïssable,
Jaloux...
NANINE.
Oh ! oui.
LA BARONNE.
Fou, méchant, vain, trompeur,
Changeant, ingrat ; tout cela fait horreur.
NANINE.
Oui ; j'entrevois qu'il me serait funeste,
Qu'il faut le fuir...
LA BARONNE.
La chose est manifeste ;
Un bon couvent est un port assuré.
Monsieur le comte, ah ! je vous préviendrai.
NANINE.
Que dites-vous de monseigneur ?
LA BARONNE.
Je t'aime
A la fureur ; et dès ce moment même.
Je voudrais bien te faire le plaisir
De t'enfermer pour ne jamais sortir.
Mais il est tard, hélas ! il faut attendre
Le point du jour. Écoute : il faut te rendre
Vers le minuit dans mon appartement.
Nous partirons d'ici secrètement
Pour ton couvent à cinq heures sonnantes :
Sois prête au moins.

SCÈNE VI.

NANINE.

Quelles douleurs cuisantes !
Quel embarras ! quel tourment ! quel dessein !
Quels sentiments combattent dans mon sein !
Hélas ! je fuis le plus aimable maître !
En le fuyant, je l'offense peut-être ;
Mais, en restant, l'excès de ses bontés
M'attirerait trop de calamités,

Dans sa maison mettrait un trouble horrible.
Madame croit qu'il est pour moi sensible,
Que jusqu'à moi ce cœur peut s'abaisser :
Je le redoute, et n'ose le penser.
De quel courroux madame est animée!
Quoi! l'on me hait, et je crains d'être aimée?
Mais, moi! mais moi! je me crains encor plus;
Mon cœur troublé de lui-même est confus.
Que devenir? De mon état tirée,
Pour mon malheur je suis trop éclairée.
C'est un danger, c'est peut-être un grand tort
D'avoir une âme au-dessus de son sort.
Il faut partir; j'en mourrai, mais n'importe.

SCÈNE VII.

LE COMTE, NANINE, UN LAQUAIS.

LE COMTE.

Holà! quelqu'un! qu'on reste à cette porte.
Des siéges, vite.
(Il fait la révérence à Nanine, qui lui en fait une profonde.)
   Asseyons-nous ici.
NANINE.
Qui? moi, monsieur?
LE COMTE.
    Oui, je le veux ainsi;
Et je vous rends ce que votre conduite,
Votre beauté, votre vertu mérite.
Un diamant trouvé dans un désert
Est-il moins beau, moins précieux, moins cher?
Quoi! vos beaux yeux semblent mouillés de larmes!
Ah! je le vois, jalouse de vos charmes,
Notre baronne aura, par ses aigreurs,
Par son courroux, fait répandre vos pleurs.
NANINE.
Non, monsieur, non; sa bonté respectable
Jamais pour moi ne fut si favorable;
Et j'avouerai qu'ici tout m'attendrit.
LE COMTE.
Vous me charmez : je craignais son dépit.

NANINE.
Hélas! pourquoi?

LE COMTE.
Jeune et belle Nanine,
La jalousie en tous les cœurs domine :
L'homme est jaloux dès qu'il peut s'enflammer ;
La femme l'est, même avant que d'aimer.
Un jeune objet, beau, doux, discret, sincère,
A tout son sexe est bien sûr de déplaire.
L'homme est plus juste ; et d'un sexe jaloux
Nous nous vengeons autant qu'il est en nous.
Croyez surtout que je vous rends justice.
J'aime ce cœur qui n'a point d'artifice ;
J'admire encore à quel point vous avez
Développé vos talents cultivés.
De votre esprit la naïve justesse
Me rend surpris autant qu'il m'intéresse.

NANINE.
J'en ai bien peu ; mais quoi ! je vous ai vu,
Et je vous ai tous les jours entendu :
Vous avez trop relevé ma naissance ;
Je vous dois trop ; c'est par vous que je pense.

LE COMTE.
Ah ! croyez-moi, l'esprit ne s'apprend pas.

NANINE.
Je pense trop pour un état si bas ;
Au dernier rang les destins m'ont comprise.

LE COMTE.
Dans le premier vos vertus vous ont mise.
Naïvement dites-moi quel effet
Ce livre anglais sur votre esprit a fait?

NANINE.
Il ne m'a point du tout persuadée ;
Plus que jamais, monsieur, j'ai dans l'idée
Qu'il est des cœurs si grands, si généreux,
Que tout le reste est bien vil auprès d'eux.

LE COMTE.
Vous en êtes la preuve... Ah çà, Nanine,
Permettez-moi qu'ici l'on vous destine
Un sort, un rang moins indigne de vous.

NANINE.
Hélas! mon sort était trop haut, trop doux.

ACTE I, SCÈNE VII.

LE COMTE.

Non. Désormais soyez de la famille :
Ma mère arrive ; elle vous voit en fille ;
Et mon estime, et sa tendre amitié
Doivent ici vous mettre sur un pied,
Fort éloigné de cette indigne gêne
Où vous tenait une femme hautaine.

NANINE.

Elle n'a fait, hélas! que m'avertir
De mes devoirs... Qu'ils sont durs à remplir!

LE COMTE.

Quoi! quel devoir? Ah! le vôtre est de plaire ;
Il est rempli : le nôtre ne l'est guère.
Il vous fallait plus d'aisance et d'éclat :
Vous n'êtes pas encor dans votre état.

NANINE.

J'en suis sortie, et c'est ce qui m'accable ;
C'est un malheur peut-être irréparable.

(En se levant.)

Ah! monseigneur! ah! mon maître! écartez
De mon esprit toutes ces vanités ;
De vos bienfaits confuse, pénétrée,
Laissez-moi vivre à jamais ignorée.
Le ciel me fit pour un état obscur ;
L'humilité n'a pour moi rien de dur.
Ah! laissez-moi ma retraite profonde.
Eh! que ferais-je, et que verrais-je au monde,
Après avoir admiré vos vertus?

LE COMTE.

Non, c'en est trop, je n'y résiste plus.
Qui? vous, obscure! vous!

NANINE.

Quoi que je fasse.
Puis-je de vous obtenir une grâce?

LE COMTE.

Qu'ordonnez-vous? parlez.

NANINE.

Depuis un temps
Votre bonté me comble de présents.

LE COMTE.

Eh bien! pardon. J'en agis comme un père,
Un père tendre à qui sa fille est chère.

Je n'ai point l'art d'embellir un présent ;
Et je suis juste, et ne suis point galant.
De la fortune il faut venger l'injure :
Elle vous traita mal : mais la nature,
En récompense, a voulu vous doter
De tous ses biens ; j'aurais dû l'imiter.

NANINE.

Vous en avez trop fait ; mais je me flatte
Qu'il m'est permis, sans que je sois ingrate,
De disposer de ces dons précieux
Que votre main rend si chers à mes yeux.

LE COMTE.

Vous m'outragez.

SCÈNE VIII.

LE COMTE, NANINE, GERMON.

GERMON.

Madame vous demande,
Madame attend.

LE COMTE.

Eh ! que madame attende.
Quoi ! l'on ne peut un moment vous parler,
Sans qu'aussitôt on vienne nous troubler !

NANINE.

Avec douleur, sans doute, je vous laisse ;
Mais vous savez qu'elle fut ma maîtresse.

LE COMTE.

Non, non, jamais je ne veux le savoir.

NANINE.

Elle conserve un reste de pouvoir.

LE COMTE.

Elle n'en garde aucun, je vous assure.
Vous gémissez... Quoi ! votre cœur murmure ?
Qu'avez-vous donc ?

NANINE.

Je vous quitte à regret ;
Mais il le faut... O ciel ! c'en est donc fait !

(Elle sort.)

SCÈNE IX.

LE COMTE, GERMON.

LE COMTE.

Elle pleurait. D'une femme orgueilleuse
Depuis longtemps l'aigreur capricieuse
La fait gémir sous trop de dureté ;
Et de quel droit ? par quelle autorité ?
Sur ces abus ma raison se récrie.
Ce monde-ci n'est qu'une loterie
De biens, de rangs, de dignités, de droits,
Brigués sans titre, et répandus sans choix.
Hé !

GERMON.

Monseigneur.

LE COMTE.

Demain sur sa toilette
Vous porterez cette somme complète
De trois cents louis d'or; n'y manquez pas :
Puis vous irez chercher ces gens là-bas ;
Ils attendront.

GERMON.

Madame la baronne
Aura l'argent que monseigneur me donne,
Sur sa toilette.

LE COMTE.

Eh ! l'esprit lourd ! eh non !
C'est pour Nanine, entendez-vous ?

GERMON.

Pardon.

LE COMTE.

Allez, allez, laissez-moi.

(Germon sort.)

Ma tendresse
Assurément n'est point une faiblesse.
Je l'idolâtre, il est vrai ; mais mon cœur
Dans ses yeux seuls n'a point pris son ardeur.
Son caractère est fait pour plaire au sage ;
Et sa belle âme a mon premier hommage :

Mais son état? Elle est trop au-dessus;
Fût-il plus bas, je l'en aimerais plus.
Mais puis-je enfin l'épouser? Oui, sans doute.
Pour être heureux qu'est-ce donc qu'il en coûte?
D'un monde vain dois-je craindre l'écueil,
Et de mon goût me priver par orgueil?
Mais la coutume?... Eh bien! elle est cruelle;
Et la nature eut ses droits avant elle.
Eh quoi! rival de Blaise! Pourquoi non?
Blaise est un homme; il l'aime, il a raison.
Elle fera dans une paix profonde
Le bien d'un seul, et les désirs du monde.
Elle doit plaire aux jardiniers, aux rois;
Et mon bonheur justifiera mon choix.

FIN DU PREMIER ACTE.

ACTE DEUXIÈME.

SCÈNE I.

LE COMTE, MARIN.

LE COMTE.

Ah! cette nuit est une année entière!
Que le sommeil est loin de ma paupière!
Tout dort ici; Nanine dort en paix;
Un doux repos rafraîchit ses attraits:
Et moi, je vais, je cours, je veux écrire,
Je n'écris rien; vainement je veux lire,
Mon œil troublé voit les mots sans les voir,
Et mon esprit ne les peut concevoir;
Dans chaque mot le seul nom de Nanine
Est imprimé par une main divine.
Holà! quelqu'un! qu'on vienne. Quoi! mes gens
Sont-ils pas las de dormir si longtemps?
Germon! Marin!

MARIN, derrière le théâtre.

J'accours.

LE COMTE.

Quelle paresse!
Eh! venez vite; il fait jour; le temps presse:
Arrivez donc.

MARIN.

Eh! monsieur, quel lutin
Vous a sans nous éveillé si matin?

LE COMTE.

L'amour.

MARIN.

Oh! oh! la baronne de l'Orme
Ne permet pas qu'en ce logis on dorme.
Qu'ordonnez-vous?

LE COMTE.

Je veux, mon cher Marin,
Je veux avoir, au plus tard pour demain,
Six chevaux neufs, un nouvel équipage,
Femme de chambre adroite, bonne, et sage;
Valet de chambre avec deux grands laquais,
Point libertins, qui soient jeunes, bien faits;
Des diamants, des boucles des plus belles,
Des bijoux d'or, des étoffes nouvelles.
Pars dans l'instant, cours en poste à Paris;
Crève tous les chevaux.

MARIN.

Vous voilà pris.
J'entends, j'entends; madame la baronne
Est la maîtresse aujourd'hui qu'on nous donne;
Vous l'épousez?

LE COMTE.

Quel que soit mon projet,
Vole et reviens.

MARIN.

Vous serez satisfait.

SCÈNE II.

LE COMTE, GERMON.

LE COMTE.

Quoi! j'aurai donc cette douceur extrême
De rendre heureux, d'honorer ce que j'aime!
Notre baronne avec fureur criera;
Très-volontiers, et tant qu'elle voudra.
Les vains discours, le monde, la baronne,
Rien ne m'émeut, et je ne crains personne;
Aux préjugés c'est trop être soumis :
Il faut les vaincre, ils sont nos ennemis;
Et ceux qui font les esprits raisonnables,
Plus vertueux, sont les seuls respectables.
Eh! mais... quel bruit entends-je dans ma cour?
C'est un carrosse. Oui... mais... au point du jour
Qui peut venir?... C'est ma mère, peut-être.
Germon...

ACTE II, SCÈNE II.

GERMON, arrivant.

Monsieur.

LE COMTE.

Vois ce que ce peut être.

GERMON.

C'est un carrosse.

LE COMTE.

Eh qui? par quel hasard?
Qui vient ici?

GERMON.

L'on ne vient point; l'on part.

LE COMTE.

Comment! on part?

GERMON.

Madame la baronne
Sort tout à l'heure.

LE COMTE.

Oh! je le lui pardonne;
Que pour jamais puisse-t-elle sortir!

GERMON.

Avec Nanine elle est prête à partir.

LE COMTE.

Ciel! que dis-tu? Nanine?

GERMON.

La suivante
Le dit tout haut.

LE COMTE.

Quoi donc?

GERMON.

Votre parente
Part avec elle; elle va, ce matin,
Mettre Nanine à ce couvent voisin.

LE COMTE.

Courons, volons. Mais quoi! que vais-je faire?
Pour leur parler je suis trop en colère :
N'importe : allons. Quand je devrais... mais non :
On verrait trop toute ma passion.
Qu'on ferme tout, qu'on vole, qu'on l'arrête;
Répondez-moi d'elle sur votre tête :
Amenez-moi Nanine.

(Germon sort.)

Ah! juste ciel!

On l'enlevait. Quel jour! quel coup mortel!
Qu'ai-je donc fait? pourquoi? par quel caprice?
Par quelle ingrate et cruelle injustice?
Qu'ai-je donc fait, hélas! que l'adorer,
Sans la contraindre, et sans me déclarer,
Sans alarmer sa timide innocence?
Pourquoi me fuir? Je m'y perds, plus j'y pense.

SCÈNE III.

LE COMTE, NANINE.

LE COMTE.
Belle Nanine, est-ce vous que je voi?
Quoi! vous voulez vous dérober à moi!
Ah! répondez, expliquez-vous, de grâce.
Vous avez craint, sans doute, la menace
De la baronne; et ces purs sentiments,
Que vos vertus m'inspirent dès longtemps,
Plus que jamais l'auront, sans doute, aigrie.
Vous n'auriez point de vous-même eu l'envie
De nous quitter, d'arracher à ces lieux
Leur seul éclat que leur prêtaient vos yeux.
Hier au soir, de pleurs toute trempée,
De ce dessein étiez-vous occupée?
Répondez donc. Pourquoi me quittiez-vous?

NANINE.
Vous me voyez tremblante à vos genoux.

LE COMTE, la relevant.
Ah! parlez-moi. Je tremble plus encore.

NANINE.
Madame...

LE COMTE.
Eh bien?

NANINE.
Madame, que j'honore,
Pour le couvent n'a point forcé mes vœux.

LE COMTE.
Ce serait vous? Qu'entends-je! ah, malheureux!

NANINE.
Je vous l'avoue; oui, je l'ai conjurée
De mettre un frein à mon âme égarée...

Elle voulait, monsieur, me marier.

LE COMTE.

Elle ? A qui donc ?

NANINE.

A votre jardinier.

LE COMTE.

Le digne choix !

NANINE.

Et moi, toute honteuse,
Plus qu'on ne croit peut-être malheureuse,
Moi qui repousse avec un vain effort
Des sentiments au-dessus de mon sort,
Que vos bontés avaient trop élevée,
Pour m'en punir, j'en dois être privée.

LE COMTE.

Vous, vous punir ! Ah ! Nanine ! et de quoi ?

NANINE.

D'avoir osé soulever contre moi
Votre parente, autrefois ma maîtresse.
Je lui déplais ; mon seul aspect la blesse :
Elle a raison ; et j'ai près d'elle, hélas !
Un tort bien grand... qui ne finira pas.
J'ai craint ce tort ; il est peut-être extrême.
J'ai prétendu m'arracher à moi-même,
Et déchirer dans les austérités
Ce cœur trop haut, trop fier de vos bontés,
Venger sur lui sa faute involontaire.
Mais ma douleur, hélas ! la plus amère,
En perdant tout, en courant m'éclipser,
En vous fuyant, fut de vous offenser.

LE COMTE, se détournant et se promenant.

Quels sentiments ! et quelle âme ingénue !
En ma faveur est-elle prévenue ?
A-t-elle craint de m'aimer ? Ô vertu !

NANINE.

Cent fois pardon, si je vous ai déplu :
Mais permettez qu'au fond d'une retraite
J'aille cacher ma douleur inquiète,
M'entretenir en secret à jamais
De mes devoirs, de vous, de vos bienfaits.

LE COMTE.

N'en parlons plus. Écoutez : la baronne

Vous favorise, et noblement vous donne
Un domestique, un rustre pour époux;
Moi, j'en sais un moins indigne de vous :
Il est d'un rang fort au-dessus de Blaise,
Jeune, honnête homme ; il est fort à son aise :
Je vous réponds qu'il a des sentiments :
Son caractère est loin des mœurs du temps;
Et je me trompe, ou pour vous j'envisage
Un destin doux, un excellent ménage.
Un tel parti flatte-t-il votre cœur?
Vaut-il pas bien le couvent?

NANINE.

Non, monsieur...
Ce nouveau bien que vous daignez me faire,
Je l'avouerai, ne peut me satisfaire.
Vous pénétrez mon cœur reconnaissant :
Daignez y lire, et voyez ce qu'il sent ;
Voyez sur quoi ma retraite se fonde.
Un jardinier, un monarque du monde,
Qui pour époux s'offriraient à mes vœux,
Également me déplairaient tous deux.

LE COMTE.

Vous décidez mon sort. Eh bien ! Nanine,
Connaissez donc celui qu'on vous destine :
Vous l'estimez ; il est sous votre loi ;
Il vous adore, et cet époux... c'est moi.

(A part.)

L'étonnement, le trouble l'a saisie.

(A Nanine.)

Ah ! parlez-moi ; disposez de ma vie ;
Ah ! reprenez vos sens trop agités.

NANINE.

Qu'ai-je entendu ?

LE COMTE.

Ce que vous méritez.

NANINE.

Quoi ! vous m'aimez ? Ah ! gardez-vous de croire
Que j'ose user d'une telle victoire.
Non, monsieur, non, je ne souffrirai pas
Qu'ainsi pour moi vous descendiez si bas :
Un tel hymen est toujours trop funeste ;
Le goût se passe, et le repentir reste.

J'ose à vos pieds attester vos aïeux...
Hélas! sur moi ne jetez point les yeux.
Vous avez pris pitié de mon jeune âge;
Formé par vous, ce cœur est votre ouvrage;
Il en serait indigne désormais
S'il acceptait le plus grand des bienfaits.
Oui, je vous dois des refus. Oui, mon âme
Doit s'immoler.

LE COMTE.

Non, vous serez ma femme.
Quoi! tout à l'heure ici vous m'assuriez,
Vous l'avez dit, que vous refuseriez
Tout autre époux, fût-ce un prince.

NANINE.

Oui, sans doute;
Et ce n'est pas ce refus qui me coûte.

LE COMTE.

Mais me haïssez-vous?

NANINE.

Aurais-je fui.
Craindrais-je tant, si vous étiez haï?

LE COMTE.

Ah! ce mot seul a fait ma destinée.

NANINE.

Eh! que prétendez-vous?

LE COMTE.

Notre hyménée.

NANINE.

Songez...

LE COMTE.

Je songe à tout.

NANINE.

Mais prévoyez...

LE COMTE.

Tout est prévu...

NANINE.

Si vous m'aimez, croyez...

LE COMTE.

Je crois former le bonheur de ma vie.

NANINE.

Vous oubliez...

LE COMTE.
Il n'est rien que j'oublie.
Tout sera prêt, et tout est ordonné...
NANINE.
Quoi! malgré moi votre amour obstiné...
LE COMTE.
Oui, malgré vous, ma flamme impatiente
Va tout presser pour cette heure charmante.
Un seul instant je quitte vos attraits
Pour que mes yeux n'en soient privés jamais.
Adieu, Nanine, adieu, vous que j'adore.

SCÈNE IV.

NANINE.

Ciel, est-ce un rêve? et puis-je croire encore
Que je parvienne au comble du bonheur?
Non, ce n'est pas l'excès d'un tel honneur,
Tout grand qu'il est, qui me plaît et me frappe;
A mes regards tant de grandeur échappe :
Mais épouser ce mortel généreux,
Lui, cet objet de mes timides vœux,
Lui, que j'avais tant craint d'aimer, que j'aime,
Lui, qui m'élève au-dessus de moi-même;
Je l'aime trop pour pouvoir l'avilir :
Je devrais... Non, je ne puis plus le fuir;
Non... Mon état ne saurait se comprendre.
Moi, l'épouser! quel parti dois-je prendre?
Le ciel pourra m'éclairer aujourd'hui;
Dans ma faiblesse il m'envoie un appui.
Peut-être même... Allons; il faut écrire,
Il faut... Par où commencer, et que dire?
Quelle surprise! Écrivons promptement,
Avant d'oser prendre un engagement.

(Elle se met à écrire.

SCÈNE V.

NANINE, BLAISE.

BLAISE.
Ah! la voici. Madame la baronne
En ma faveur vous a parlé, mignonne.
Ouais, elle écrit sans me voir seulement.

NANINE, écrivant toujours.
Blaise, bonjour.

BLAISE.
Bonjour est sec, vraiment.

NANINE, écrivant.
A chaque mot mon embarras redouble;
Toute ma lettre est pleine de mon trouble.

BLAISE.
Le grand génie! elle écrit tout courant;
Qu'elle a d'esprit! et que n'en ai-je autant!
Çà, je disais...

NANINE.
Eh bien?

BLAISE.
Elle m'impose
Par son maintien; devant elle je n'ose
M'expliquer... là... tout comme je voudrais:
Je suis venu cependant tout exprès.

NANINE.
Cher Blaise, il faut me rendre un grand service.

BLAISE.
Oh! deux plutôt...

NANINE.
Je te fais la justice
De me fier à ta discrétion,
A ton bon cœur.

BLAISE.
Oh! parlez sans façon:
Car, vous voyez, Blaise est prêt à tout faire
Pour vous servir; vite, point de mystère.

NANINE.
Tu vas souvent au village prochain,

A Rémival, à droite du chemin?
BLAISE.
Oui.
NANINE.
Pourrais-tu trouver dans ce village
Philippe Hombert?
BLAISE.
Non. Quel est ce visage?
Philippe Hombert? Je ne connais pas ça.
NANINE.
Hier au soir je crois qu'il arriva;
Informe-t'-en. Tâche de lui remettre,
Mais sans délai, cet argent, cette lettre.
BLAISE.
Oh! de l'argent!
NANINE.
Donne aussi ce paquet;
Monte à cheval pour avoir plus tôt fait;
Pars, et sois sûr de ma reconnaissance.
BLAISE.
J'irais pour vous au fin fond de la France.
Philippe Hombert est un heureux manant;
La bourse est pleine: ah! que d'argent comptant!
Est-ce une dette?
NANINE.
Elle est très-avérée;
Il n'en est point, Blaise, de plus sacrée.
Écoute: Hombert est peut-être inconnu;
Peut-être même il n'est pas revenu.
Mon cher ami, tu me rendras ma lettre,
Si tu ne peux en ses mains la remettre.
BLAISE.
Mon cher ami!
NANINE.
Je me fie à ta foi.
BLAISE.
Son cher ami!
NANINE.
Va, j'attends tout de toi.

SCÈNE VI.

LA BARONNE, BLAISE.

BLAISE.

D'où diable vient cet argent? quel message!
Il nous aurait aidé dans le ménage.
Allons, elle a pour nous de l'amitié;
Et ça vaut mieux que de l'argent, morgué!
Courons, courons.

(Il met l'argent et le paquet dans sa poche ; il rencontre la baronne, et la heurte)

LA BARONNE.

Eh! le butor!... arrête.
L'étourdi m'a pensé casser la tête.

BLAISE.

Pardon, madame.

LA BARONNE.

Où vas-tu? que tiens-tu?
Que fait Nanine? As-tu rien entendu?
Monsieur le comte est-il bien en colère?
Quel billet est-ce là?

BLAISE.

C'est un mystère.

Peste!...

LA BARONNE.

Voyons.

BLAISE.

Nanine gronderait.

LA BARONNE.

Comment dis-tu? Nanine! elle pourrait
Avoir écrit, te charger d'un message!
Donne, ou je romps soudain ton mariage :
Donne, te dis-je.

BLAISE, riant.

Ho, ho.

LA BARONNE.

De quoi ris-tu?

BLAISE, riant encore.

Ha, ha.

LA BARONNE.
J'en veux savoir le contenu.
(Elle décachette la lettre.)
Il m'intéresse, ou je suis bien trompée.
BLAISE, riant encore.
Ha, ha, ha, ha, qu'elle est bien attrapée !
Elle n'a là qu'un chiffon de papier ;
Moi, j'ai l'argent, et je m'en vais payer
Philippe Hombert : faut servir sa maîtresse.
Courons.

SCÈNE VII.

LA BARONNE.

Lisons. « Ma joie et ma tendresse
Sont sans mesure, ainsi que mon bonheur.
Vous arrivez : quel moment pour mon cœur !
Quoi ! je ne puis vous voir et vous entendre !
Entre vos bras je ne puis me jeter !
Je vous conjure au moins de vouloir prendre
Ces deux paquets : daignez les accepter.
Sachez qu'on m'offre un sort digne d'envie,
Et dont il est permis de s'éblouir :
Mais il n'est rien que je ne sacrifie
Au seul mortel que mon cœur doit chérir. »
Ouais. Voilà donc le style de Nanine !
Comme elle écrit, l'innocente orpheline !
Comme elle fait parler la passion !
En vérité ce billet est bien bon.
Tout est parfait, je ne me sens pas d'aise.
Ah, ah, rusée, ainsi vous trompiez Blaise !
Vous m'enleviez en secret mon amant.
Vous avez feint d'aller dans un couvent ;
Et tout l'argent que le comte vous donne,
C'est pour Philippe Hombert ! fort bien, friponne ;
J'en suis charmée, et le perfide amour
Du comte Olban méritait bien ce tour.
Je m'en doutais que le cœur de Nanine
Était plus bas que sa basse origine.

SCÈNE VIII.

LE COMTE, LA BARONNE.

LA BARONNE.
Venez, venez, homme à grands sentiments,
Homme au-dessus des préjugés du temps,
Sage amoureux, philosophe sensible ;
Vous allez voir un trait assez risible.
Vous connaissez sans doute à Rémival
Monsieur Philippe Hombert, votre rival ?

LE COMTE.
Ah ! quels discours vous me tenez ?

LA BARONNE.
Peut-être
Ce billet-là vous le fera connaître.
Je crois qu'Hombert est un fort beau garçon.

LE COMTE.
Tous vos efforts ne sont plus de saison :
Mon parti pris, je suis inébranlable.
Contentez-vous du tour abominable
Que vous vouliez me jouer ce matin.

LA BARONNE.
Ce nouveau tour est un peu plus malin.
Tenez, lisez. Ceci pourra vous plaire ;
Vous connaîtrez les mœurs, le caractère
Du digne objet qui vous a subjugué.
(Tandis que le comte lit.)
Tout en lisant, il me semble intrigué.
Il a pâli ; l'affaire émeut sa bile...
Eh bien ! monsieur, que pensez-vous du style?
Il ne voit rien, ne dit rien, n'entend rien :
Oh ! le pauvre homme ! il le méritait bien.

LE COMTE.
Ai-je bien lu ? Je demeure stupide.
O tour affreux ! sexe ingrat, cœur perfide !

LA BARONNE.
Je le connais, il est né violent ;
Il est prompt, ferme ; il va dans un moment
Prendre un parti.

SCÈNE IX.

LE COMTE, LA BARONNE, GERMON.

GERMON.
Voici dans l'avenue
Madame Olban.

LA BARONNE.
La vieille est revenue?

GERMON.
Madame votre mère, entendez-vous?
Est près d'ici, monsieur.

LA BARONNE.
Dans son courroux,
Il est devenu sourd. La lettre opère.

GERMON, criant.
Monsieur.

LE COMTE.
Plaît-il?

GERMON, haut.
Madame votre mère,
Monsieur.

LE COMTE.
Que fait Nanine en ce moment?

GERMON.
Mais... elle écrit dans son appartement.

LE COMTE, d'un air froid et sec.
Allez saisir ses papiers, allez prendre
Ce qu'elle écrit; vous viendrez me le rendre.
Qu'on la renvoie à l'instant.

GERMON.
Qui, monsieur?

LE COMTE.
Nanine.

GERMON.
Non, je n'aurais pas ce cœur;
Si vous saviez à quel point sa personne
Nous charme tous; comme elle est noble, bonne!

LE COMTE.
Obéissez, ou je vous chasse.
GERMON.
Allons.
(Il sort.)

SCÈNE X.

LE COMTE, LA BARONNE.

LA BARONNE.
Ah ! je respire : enfin nous l'emportons ;
Vous devenez un homme raisonnable.
Ah çà, voyez s'il n'est pas véritable
Qu'on tient toujours de son premier état,
Et que les gens dans un certain éclat
Ont un cœur noble, ainsi que leur personne ?
Le sang fait tout, et la naissance donne
Des sentiments à Nanine inconnus.
LE COMTE.
Je n'en crois rien; mais soit, n'en parlons plus :
Réparons tout. Le plus sage, en sa vie,
A quelquefois ses accès de folie :
Chacun s'égare, et le moins imprudent
Est celui-là qui plus tôt se repent.
LA BARONNE.
Oui.
LE COMTE.
Pour jamais cessez de parler d'elle.
LA BARONNE.
Très-volontiers.
LE COMTE.
Ce sujet de querelle
Doit s'oublier.
LA BARONNE.
Mais vous, de vos serments
Souvenez-vous.
LE COMTE.
Fort bien, je vous entends ;
Je les tiendrai.

LA BARONNE.
Ce n'est qu'un prompt hommage
Qui peut ici réparer mon outrage.
Indignement notre hymen différé
Est un affront.

LE COMTE.
Il sera réparé.
Madame, il faut...

LA BARONNE.
Il ne faut qu'un notaire.

LE COMTE.
Vous savez bien... que j'attendais ma mère.

LA BARONNE.
Elle est ici.

SCÈNE XI.

LA MARQUISE, LE COMTE, LA BARONNE.

LE COMTE, à sa mère.
Madame, j'aurais dû...
(A part.)   (A sa mère.)
Philippe Hombert!... Vous m'avez prévenu;
Et mon respect, mon zèle, ma tendresse...
(A part.)
Avec cet air innocent, la traîtresse!

LA MARQUISE.
Mais vous extravaguez, mon très-cher fils.
On m'avait dit, en passant par Paris,
Que vous aviez la tête un peu frappée :
Je m'aperçois qu'on ne m'a pas trompée :
Mais ce mal-là...

LE COMTE.
Ciel! que je suis confus!

LA MARQUISE.
Prend-il souvent?

LE COMTE.
Il ne me prendra plus.

LA MARQUISE.
Çà, je voudrais ici vous parler seule.

ACTE II, SCÈNE XII.

(Faisant une petite révérence à la baronne.)
Bonjour, madame.

LA BARONNE, à part.

Hom! la vieille bégueule!
Madame, il faut vous laisser le plaisir
D'entretenir monsieur tout à loisir.
Je me retire.

(Elle sort.)

SCÈNE XII.

LA MARQUISE, LE COMTE.

LA MARQUISE, parlant fort vite, et d'un ton de petite vieille babillarde.

Eh bien! monsieur le comte,
Vous faites donc à la fin votre compte
De me donner la baronne pour bru;
C'est sur cela que j'ai vite accouru.
Votre baronne est une acariâtre,
Impertinente, altière, opiniâtre,
Qui n'eut jamais pour moi le moindre égard;
Qui l'an passé, chez la marquise Agard,
En plein souper me traita de bavarde :
D'y plus souper désormais Dieu me garde!
Bavarde, moi! Je sais d'ailleurs très-bien
Qu'elle n'a pas, entre nous, tant de bien :
C'est un grand point; il faut qu'on s'en informe;
Car on m'a dit que son château de l'Orme
A son mari n'appartient qu'à moitié;
Qu'un vieux procès, qui n'est pas oublié,
Lui disputait la moitié de la terre.
J'ai su cela de feu votre grand-père :
Il disait vrai, c'était un homme, lui ;
On n'en voit plus de sa trempe aujourd'hui.
Paris est plein de ces petits bouts d'homme,
Vains, fiers, fous, sots, dont le caquet m'assomme,
Parlant de tout avec l'air empressé,
Et se moquant toujours du temps passé.
J'entends parler de nouvelle cuisine,
De nouveaux goûts; on crève, on se ruine :

Les femmes sont sans frein, et les maris
Sont des benêts. Tout va de pis en pis[1].

LE COMTE, relisant le billet.

Qui l'aurait cru? Ce trait me désespère.
Eh bien, Germon?

SCÈNE XIII.

LA MARQUISE, LE COMTE, GERMON.

GERMON.

Voici votre notaire.

LE COMTE.

Oh! qu'il attende.

GERMON.

Et voici le papier
Qu'elle devait, monsieur, vous envoyer.

LE COMTE, lisant.

Donne... Fort bien. Elle m'aime, dit-elle,
Et, par respect, me refuse... Infidèle!
Tu ne dis pas la raison du refus!

LA MARQUISE.

Ma foi, mon fils a le cerveau perclus :
C'est sa baronne; et l'amour le domine.

LE COMTE, à Germon.

M'a-t-on bientôt délivré de Nanine?

GERMON.

Hélas! monsieur, elle a déjà repris
Modestement ses champêtres habits,
Sans dire un mot de plainte et de murmure.

LE COMTE.

Je le crois bien.

GERMON.

Elle a pris cette injure
Tranquillement, lorsque nous pleurons tous.

---

1. Mlle Dangeville, qui débitait ce couplet, était la Déjazet de l'époque. Elle jouait les travestis; tantôt Lisette, tantôt petite vieille, et tantôt même portant culotte. C'est ainsi qu'elle ressuscita un jour l'*Indiscret* de Voltaire en s'emparant du rôle du jeune étourdi. (G. A.)

LE COMTE.
Tranquillement?
LA MARQUISE.
Hem! de qui parlez-vous?
GERMON.
Nanine, hélas! madame, que l'on chasse :
Tout le château pleure de sa disgrâce.
LA MARQUISE.
Vous la chassez? Je n'entends point cela.
Quoi! ma Nanine? Allons, rappelez-la.
Qu'a-t-elle fait, ma charmante orpheline?
C'est moi, mon fils, qui vous donnai Nanine.
Je me souviens qu'à l'âge de dix ans
Elle enchantait tout le monde céans.
Notre baronne ici la prit pour elle;
Et je prédis dès lors que cette belle
Serait fort mal ; et j'ai très-bien prédit.
Mais j'eus toujours chez vous peu de crédit :
Vous prétendez tout faire à votre tête.
Chasser Nanine est un trait malhonnête.
LE COMTE.
Quoi! seule, à pied, sans secours, sans argent?
GERMON.
Ah! j'oubliais de dire qu'à l'instant
Un vieux bonhomme à vos gens se présente :
Il dit que c'est une affaire importante,
Qu'il ne saurait communiquer qu'à vous;
Il veut, dit-il, se mettre à vos genoux.
LE COMTE.
Dans le chagrin où mon cœur s'abandonne,
Suis-je en état de parler à personne?
LA MARQUISE.
Ah! vous avez du chagrin, je le croi;
Vous m'en donnez aussi beaucoup à moi.
Chasser Nanine, et faire un mariage
Qui me déplaît! Non, vous n'êtes pas sage.
Allez; trois mois ne seront pas passés
Que vous serez l'un de l'autre lassés.
Je vous prédis la pareille aventure
Qu'à mon cousin le marquis de Marmure.
Sa femme était aigre comme verjus;
Mais, entre nous, la vôtre l'est bien plus.

En s'épousant, ils crurent qu'ils s'aimèrent ;
Deux mois après tous deux se séparèrent :
Madame alla vivre avec un galant,
Fat, petit-maître, escroc, extravagant ;
Et monsieur prit une franche coquette,
Une intrigante et friponne parfaite ;
Des soupers fins, la petite maison,
Chevaux, habits, maître d'hôtel fripon,
Bijoux nouveaux pris à crédit, notaires,
Contrats vendus, et dettes usuraires :
Enfin monsieur et madame, en deux ans,
A l'hôpital allèrent tout d'un temps.
Je me souviens encor d'une autre histoire,
Bien plus tragique, et difficile à croire ;
C'était...

    LE COMTE.

  Ma mère, il faut aller dîner.
Venez... O ciel ! ai-je pu soupçonner
Pareille horreur !

    LA MARQUISE.

    Elle est épouvantable.
Allons, je vais la raconter à table ;
Et vous pourrez tirer un grand profit
En temps et lieu de tout ce que j'ai dit.

FIN DU DEUXIÈME ACTE.

ACTE TROISIÈME.

SCÈNE I.

NANINE, vêtue en paysanne; GERMON.

GERMON.
Nous pleurons tous en vous voyant sortir.
NANINE.
J'ai tardé trop; il est temps de partir.
GERMON.
Quoi! pour jamais, et dans cet équipage?
NANINE.
L'obscurité fut mon premier partage.
GERMON.
Quel changement! Quoi! du matin au soir...
Souffrir n'est rien; c'est tout que de déchoir.
NANINE.
Il est des maux mille fois plus sensibles.
GERMON.
J'admire encor des regrets si paisibles.
Certes, mon maître est bien malavisé;
Notre baronne a sans doute abusé
De son pouvoir, et vous fait cet outrage:
Jamais monsieur n'aurait eu ce courage.
NANINE.
Je lui dois tout: il me chasse aujourd'hui;
Obéissons. Ses bienfaits sont à lui;
Il peut user du droit de les reprendre.
GERMON.
A ce trait-là qui diable eût pu s'attendre?
En cet état qu'allez-vous devenir?
NANINE.
e retirer, longtemps me repentir.

GERMON.
Que nous allons haïr notre baronne!
NANINE.
Mes maux sont grands, mais je les lui pardonne.
GERMON.
Mais que dirai-je au moins de votre part
A notre maître, après votre départ?
NANINE.
Vous lui direz que je le remercie
Qu'il m'ait rendue à ma première vie,
Et qu'à jamais sensible à ses bontés
Je n'oublierai... rien... que ses cruautés.
GERMON.
Vous me fendez le cœur, et tout à l'heure
Je quitterais pour vous cette demeure;
J'irais partout avec vous m'établir :
Mais monsieur Blaise a su nous prévenir;
Qu'il est heureux! avec vous il va vivre :
Chacun voudrait l'imiter, et vous suivre.
NANINE.
On est bien loin de me suivre... Ah! Germon!
Je suis chassée... et par qui!...
GERMON.
Le démon
A mis du sien dans cette brouillerie :
Nous vous perdons... et monsieur se marie.
NANINE.
Il se marie!... Ah! partons de ce lieu;
Il fut pour moi trop dangereux... Adieu...
(Elle sort.)
GERMON.
Monsieur le comte a l'âme un peu bien dure :
Comment chasser pareille créature!
Elle paraît une fille de bien :
Mais il ne faut pourtant jurer de rien.

SCÈNE II.

LE COMTE, GERMON.

LE COMTE.
Eh bien! Nanine est donc enfin partie!
GERMON.
Oui, c'en est fait.
LE COMTE.
J'en ai l'âme ravie.
GERMON.
Votre âme est donc de fer?
LE COMTE.
Dans le chemin
Philippe Hombert lui donnait-il la main?
GERMON.
Qui? quel Philippe Hombert? Hélas! Nanine,
Sans écuyer, fort tristement chemine,
Et de ma main ne veut pas seulement.
LE COMTE.
Où donc va-t-elle?
GERMON.
Où? mais apparemment
Chez ses amis.
LE COMTE.
A Rémival, sans doute?
GERMON.
Oui, je crois bien qu'elle prend cette route.
LE COMTE.
Va la conduire à ce couvent voisin,
Où la baronne allait dès ce matin :
Mon dessein est qu'on la mette sur l'heure
Dans cette utile et décente demeure ;
Ces cent louis la feront recevoir.
Va... garde-toi de laisser entrevoir
Que c'est un don que je veux bien lui faire;
Dis-lui que c'est un présent de ma mère;
Je te défends de prononcer mon nom.

GERMON.
Fort bien; je vais vous obéir.
(Il fait quelques pas.)
LE COMTE.
Germon,
A son départ tu dis que tu l'as vue?
GERMON.
Eh! oui, vous dis-je.
LE COMTE.
Elle était abattue?
Elle pleurait?
GERMON.
Elle faisait bien mieux,
Ses pleurs coulaient à peine de ses yeux;
Elle voulait ne pas pleurer.
LE COMTE.
A-t-elle
Dit quelque mot qui marque, qui décèle
Ses sentiments? As-tu remarqué...
GERMON.
Quoi?
LE COMTE.
A-t-elle enfin, Germon, parlé de moi?
GERMON.
Oh! oui, beaucoup.
LE COMTE.
Eh bien! dis-moi donc, traître!
Qu'a-t-elle dit?
GERMON.
Que vous êtes son maître;
Que vous avez des vertus, des bontés...
Qu'elle oubliera tout... hors vos cruautés.
LE COMTE.
Va... mais surtout garde qu'elle revienne.
(Germon sort.)
Germon!
GERMON.
Monsieur.
LE COMTE.
Un mot; qu'il te souvienne,
Si par hasard, quand tu la conduiras,
Certain Hombert venait suivre ses pas,

De le chasser de la belle manière.

GERMON.

Oui, poliment, à grands coups d'étrivière :
Comptez sur moi ; je sers fidèlement.
Le jeune Hombert, dites-vous?

LE COMTE.

Justement.

GERMON.

Bon! je n'ai pas l'honneur de le connaître ;
Mais le premier que je verrai paraître
Sera rossé de la bonne façon ;
Et puis après il me dira son nom.

(Il fait un pas et revient.)

Ce jeune Hombert est quelque amant, je gage,
Un beau garçon, le coq de son village.
Laissez-moi faire.

LE COMTE.

Obéis promptement.

GERMON.

Je me doutais qu'elle avait quelque amant ;
Et Blaise aussi lui tient au cœur peut-être.
On aime mieux son égal que son maître.

LE COMTE.

Ah! cours, te dis-je.

SCÈNE III.

LE COMTE.

Hélas! il a raison ;
Il prononçait ma condamnation ;
Et moi, du coup qui m'a pénétré l'âme
Je me punis ; la baronne est ma femme ;
Il le faut bien, le sort en est jeté.
Je souffrirai, je l'ai bien mérité.
Ce mariage est au moins convenable.
Notre baronne a l'humeur peu traitable ;
Mais, quand on veut, on sait donner la loi :
Un esprit ferme est le maître chez soi.

SCÈNE IV.

LE COMTE, LA BARONNE, LA MARQUISE.

LA MARQUISE.
Or çà, mon fils, vous épousez madame?
LE COMTE.
Eh! oui.
LA MARQUISE.
Ce soir elle est donc votre femme?
Elle est ma bru?
LA BARONNE.
Si vous le trouvez bon :
J'aurai, je crois, votre approbation.
LA MARQUISE.
Allons, allons, il faut bien y souscrire;
Mais dès demain chez moi je me retire.
LE COMTE.
Vous retirer! eh! ma mère, pourquoi?
LA MARQUISE.
J'emmènerai ma Nanine avec moi,
Vous la chassez, et moi, je la marie;
Je fais la noce en mon château de Brie,
Et je la donne au jeune sénéchal,
Propre neveu du procureur fiscal,
Jean Roc Souci; c'est lui de qui le père
Eut à Corbeil cette plaisante affaire.
De cet enfant je ne puis me passer;
C'est un bijou que je veux enchâsser.
Je vais la marier... Adieu.
LE COMTE.
Ma mère,
Ne soyez pas contre nous en colère;
Laissez Nanine aller dans le couvent;
Ne changez rien à notre arrangement.
LA BARONNE.
Oui, croyez-nous, madame, une famille
Ne se doit point charger de telle fille.
LA MARQUISE.
Comment? quoi donc?

ACTE III, SCÈNE V.

LA BARONNE.
Peu de chose.

LA MARQUISE.
Mais...

LA BARONNE.
Rien.

LA MARQUISE.
Rien, c'est beaucoup. J'entends, j'entends fort bien.
Aurait-elle eu quelque tendre folie?
Cela se peut, car elle est si jolie!
Je m'y connais; on tente, on est tenté:
Le cœur a bien de la fragilité;
Les filles sont toujours un peu coquettes :
Le mal n'est pas si grand que vous le faites.
Çà, contez-moi sans nul déguisement
Tout ce qu'a fait notre charmante enfant.

LE COMTE.
Moi, vous conter?

LA MARQUISE.
Vous avez bien la mine
D'avoir au fond quelque goût pour Nanine;
Et vous pourriez...

SCÈNE V.

LE COMTE, LA MARQUISE, LA BARONNE;
MARIN, en bottes.

MARIN.
Enfin tout est bâclé,
Tout est fini.

LA MARQUISE.
Quoi?

LA BARONNE.
Qu'est-ce?

MARIN.
J'ai parlé
A nos marchands; j'ai bien fait mon message;
Et vous aurez demain tout l'équipage.

LA BARONNE.
Quel équipage?

MARIN.

Oui, tout ce que pour vous
A commandé votre futur époux ;
Six beaux chevaux : et vous serez contente
De la berline ; elle est bonne, brillante ;
Tous les panneaux par Martin [1] sont vernis ;
Les diamants sont beaux, très-bien choisis ;
Et vous verrez des étoffes nouvelles
D'un goût charmant... oh! rien n'approche d'elles.

LA BARONNE, au comte.

Vous avez donc commandé tout cela ?

LE COMTE.

(A part.)

Oui... Mais pour qui !

MARIN.

Le tout arrivera
Demain matin dans ce nouveau carrosse,
Et sera prêt le soir pour votre noce.
Vive Paris pour avoir sur-le-champ
Tout ce qu'on veut, quand on a de l'argent !
En revenant, j'ai revu le notaire,
Tout près d'ici, griffonnant votre affaire.

LA BARONNE.

Ce mariage a traîné bien longtemps.

LA MARQUISE, à part.

Ah ! je voudrais qu'il traînât quarante ans.

MARIN.

Dans ce salon j'ai trouvé tout à l'heure
Un bon vieillard, qui gémit et qui pleure ;
Depuis longtemps il voudrait vous parler.

LA BARONNE.

Quel importun ! qu'on le fasse en aller ;
Il prend trop mal son temps.

LA MARQUISE.

Pourquoi, madame ?
Mon fils, ayez un peu de bonté d'âme,
Et, croyez-moi, c'est un mal des plus grands
De rebuter ainsi les pauvres gens :
Je vous ai dit cent fois dans votre enfance

---

1. Martin est encore nommé par Voltaire dans son épître en vers connue sous le nom des *Vous et des Tu*.

Qu'il faut pour eux avoir de l'indulgence,
Les écouter d'un air affable, doux.
Ne sont-ils pas hommes tout comme nous?
On ne sait pas à qui l'on fait injure;
On se repent d'avoir eu l'âme dure.
Les orgueilleux ne prospèrent jamais.
(A Marin.)
Allez chercher ce bonhomme.

MARIN.
J'y vais.
(Il sort.)

LE COMTE.
Pardon, ma mère : il a fallu vous rendre
Mes premiers soins; et je suis prêt d'entendre
Cet homme-là, malgré mon embarras.

SCÈNE VI.

LE COMTE, LA MARQUISE, LA BARONNE, LE PAYSAN.

LA MARQUISE, au paysan.
Approchez-vous, parlez, ne tremblez pas.

LE PAYSAN.
Ah! monseigneur! écoutez-moi de grâce :
Je suis... Je tombe à vos pieds que j'embrasse;
Je viens vous rendre...

LE COMTE.
Ami, relevez-vous :
Je ne veux point qu'on me parle à genoux;
D'un tel orgueil je suis trop incapable.
Vous avez l'air d'être un homme estimable.
Dans ma maison cherchez-vous de l'emploi?
A qui parlé-je?

LA MARQUISE.
Allons, rassure-toi.

LE PAYSAN.
Je suis, hélas! le père de Nanine.

LE COMTE.
Vous?

LA BARONNE.
Ta fille est une grande coquine.
LE PAYSAN.
Ah! monseigneur, voilà ce que j'ai craint;
Voilà le coup dont mon cœur est atteint :
J'ai bien pensé qu'une somme si forte
N'appartient pas à des gens de sa sorte ;
Et les petits perdent bientôt leurs mœurs,
Et sont gâtés auprès des grands seigneurs.
LA BARONNE.
Il a raison : mais il trompe, et Nanine
N'est point sa fille ; elle était orpheline.
LE PAYSAN.
Il est trop vrai : chez de pauvres parents
Je la laissai dès ses plus jeunes ans ;
Ayant perdu mon bien avec sa mère,
J'allai servir, forcé par la misère,
Ne voulant pas, dans mon funeste état,
Qu'elle passât pour fille d'un soldat,
Lui défendant de me nommer son père.
LA MARQUISE.
Pourquoi cela? pour moi, je considère
Les bons soldats; on a grand besoin d'eux.
LE COMTE.
Qu'a ce métier, s'il vous plaît, de honteux?
LE PAYSAN.
Il est bien moins honoré qu'honorable.
LE COMTE.
Ce préjugé fut toujours condamnable.
J'estime plus un vertueux soldat,
Qui de son sang sert son prince et l'État,
Qu'un important, que sa lâche industrie
Engraisse en paix du sang de la patrie.
LA MARQUISE.
Çà, vous avez vu beaucoup de combats;
Contez-les-moi bien tous, n'y manquez pas.
LE PAYSAN.
Dans la douleur, hélas! qui me déchire,
Permettez-moi seulement de vous dire
Qu'on me promit cent fois de m'avancer :
Mais, sans appui, comment peut-on percer?
Toujours jeté dans la foule commune,

Mais distingué, l'honneur fut ma fortune.
LA MARQUISE.
Vous êtes donc né de condition?
LA BARONNE.
Fi! quelle idée!
LE PAYSAN, à la marquise.
Hélas! madame, non;
Mais je suis né d'une honnête famille :
Je méritais peut-être une autre fille.
LA MARQUISE.
Que vouliez-vous de mieux?
LE COMTE.
Eh! poursuivez.
LA MARQUISE.
Mieux que Nanine?
LE COMTE.
Ah! de grâce, achevez.
LE PAYSAN.
J'appris qu'ici ma fille fut nourrie,
Qu'elle y vivait bien traitée et chérie.
Heureux alors, et bénissant le ciel,
Vous, vos bontés, votre soin paternel,
Je suis venu dans le prochain village,
Mais plein de trouble et craignant son jeune âge,
Tremblant encor, lorsque j'ai tout perdu,
De retrouver le bien qui m'est rendu.
(Montrant la baronne.)
Je viens d'entendre, au discours de madame,
Que j'eus raison : elle m'a percé l'âme;
Je vois fort bien que ces cent louis d'or [1],
Des diamants, sont un trop grand trésor
Pour les tenir par un droit légitime;
Elle ne peut les avoir eus sans crime.
Ce seul soupçon me fait frémir d'horreur,
Et j'en mourrai de honte et de douleur.
Je suis venu soudain pour vous les rendre :
Ils sont à vous; vous devez les reprendre,
Et si ma fille est criminelle, hélas!
Punissez-moi, mais ne la perdez pas.

---

1. Il est question de *trois cents louis d'or*, dans la scène ix de l'acte Ier : voyez page 31.

LA MARQUISE.
Ah! mon cher fils! je suis tout attendrie.
LA BARONNE.
Ouais, est-ce un songe? est-ce une fourberie?
LE COMTE.
Ah! qu'ai-je fait?
LE PAYSAN, tirant la bourse et le paquet.
Tenez, monsieur, tenez.
LE COMTE.
Moi, les reprendre! Ils ont été donnés;
Elle en a fait un respectable usage.
C'est donc à vous qu'on a fait le message?
Qui l'a porté?
LE PAYSAN.
C'est votre jardinier,
A qui Nanine osa se confier.
LE COMTE.
Quoi! c'est à vous que le présent s'adresse?
LE PAYSAN.
Oui, je l'avoue.
LE COMTE.
O douleur! ô tendresse!
Des deux côtés quel excès de vertu!
Et votre nom?... Je demeure éperdu.
LA MARQUISE.
Eh! dites donc votre nom? Quel mystère!
LE PAYSAN.
Philippe Hombert de Gatine.
LE COMTE.
Ah! mon père!
LA BARONNE.
Que dit-il là?
LE COMTE.
Quel jour vient m'éclairer!
J'ai fait un crime; il le faut réparer.
Si vous saviez combien je suis coupable!
J'ai maltraité la vertu respectable.
(Il va lui-même à un de ses gens.)
Holà, courez.
LA BARONNE.
Eh! quel empressement!

LE COMTE.
Vite un carrosse.
LA MARQUISE.
Oui, madame, à l'instant :
Vous devriez être sa protectrice.
Quand on a fait une telle injustice,
Sachez de moi que l'on ne doit rougir
Que de ne pas assez se repentir.
Monsieur mon fils a souvent des lubies
Que l'on prendrait pour de franches folies :
Mais dans le fond c'est un cœur généreux ;
Il est né bon ; j'en fais ce que je veux.
Vous n'êtes pas, ma bru, si bienfaisante ;
Il s'en faut bien.
LA BARONNE.
Que tout m'impatiente !
Qu'il a l'air sombre, embarrassé, rêveur !
Quel sentiment étrange est dans son cœur ?
Voyez, monsieur, ce que vous voulez faire.
LA MARQUISE.
Oui, pour Nanine.
LA BARONNE.
On peut la satisfaire
Par des présents.
LA MARQUISE.
C'est le moindre devoir.
LA BARONNE.
Mais moi, jamais je ne veux la revoir ;
Que du château jamais elle n'approche :
Entendez-vous ?
LE COMTE.
J'entends.
LA MARQUISE.
Quel cœur de roche !
LA BARONNE.
De mes soupçons évitez les éclats :
Vous hésitez ?
LE COMTE, après un silence.
Non, je n'hésite pas.
LA BARONNE.
Je dois m'attendre à cette déférence ;
Vous la devez à tous les deux, je pense.

LA MARQUISE.
Seriez-vous bien assez cruel, mon fils
LA BARONNE.
Quel parti prendrez-vous?
LE COMTE.
Il est tout pris.
Vous connaissez mon âme et sa franchise :
Il faut parler. Ma main vous fut promise ;
Mais nous n'avions voulu former ces nœuds
Que pour finir un procès dangereux :
Je le termine ; et, dès l'instant, je donne,
Sans nul regret, sans détour j'abandonne
Mes droits entiers, et les prétentions
Dont il naquit tant de divisions :
Que l'intérêt encor vous en revienne :
Tout est à vous ; jouissez-en sans peine.
Que la raison fasse du moins de nous
Deux bons parents, ne pouvant être époux.
Oublions tout ; que rien ne nous aigrisse.
Pour n'aimer pas, faut-il qu'on se haïsse ?
LA BARONNE.
Je m'attendais à ton manque de foi.
Va, je renonce à tes présents, à toi.
Traître ! je vois avec qui tu vas vivre,
A quel mépris ta passion te livre.
Sers noblement sous les plus viles lois ;
Je t'abandonne à ton indigne choix.

(Elle sort.)

SCÈNE VII.

LE COMTE, LA MARQUISE, PHILIPPE HOMBERT.

LE COMTE.
Non, il n'est point indigne ; non, madame,
Un fol amour n'aveugla point mon âme :
Cette vertu, qu'il faut récompenser,
Doit m'attendrir, et ne peut m'abaisser.
Dans ce vieillard, ce qu'on nomme bassesse
Fait son mérite ; et voilà sa noblesse.
La mienne à moi, c'est d'en payer le prix.

C'est pour des cœurs par eux-même ennoblis,
Et distingués par ce grand caractère,
Qu'il faut passer sur la règle ordinaire :
Et leur naissance, avec tant de vertus,
Dans ma maison n'est qu'un titre de plus.
LA MARQUISE.
Quoi donc? quel titre? et que voulez-vous dire?

SCÈNE VIII.

LE COMTE, LA MARQUISE, NANINE,
PHILIPPE HOMBERT.

LE COMTE, à sa mère.
Son seul aspect devrait vous en instruire.
LA MARQUISE.
Embrasse-moi cent fois, ma chère enfant.
Elle est vêtue un peu mesquinement;
Mais qu'elle est belle! et comme elle a l'air sage!

NANINE, courant entre les bras de Philippe Hombert, après s'être baissée devant la marquise.

Ah! la nature a mon premier hommage.
Mon père!
PHILIPPE HOMBERT.
O ciel! ô ma fille! ah, monsieur!
Vous réparez quarante ans de malheur.
LE COMTE.
Oui; mais comment faut-il que je répare
L'indigne affront qu'un mérite si rare
Dans ma maison put de moi recevoir?
Sous quel habit revient-elle nous voir!
Il est trop vil; mais elle le décore.
Non, il n'est rien que sa vertu n'honore [1].
Eh bien! parlez : auriez-vous la bonté
De pardonner à tant de dureté?
NANINE.
Que me demandez-vous? Ah! je m'étonne
Que vous doutiez si mon cœur vous pardonne.

---

1. Dans toutes les éditions données du vivant de l'auteur on lit :
Non, il n'est rien que Nanine n'honore. (B.)

Je n'ai pas cru que vous pussiez jamais
Avoir eu tort après tant de bienfaits.
LE COMTE.
Si vous avez oublié cet outrage,
Donnez-m'en donc le plus sûr témoignage :
Je ne veux plus commander qu'une fois ;
Mais jurez-moi d'obéir à mes lois.
PHILIPPE HOMBERT.
Elle le doit, et sa reconnaissance...
NANINE, à son père.
Il est bien sûr de mon obéissance.
LE COMTE.
J'ose y compter. Oui, je vous avertis
Que vos devoirs ne sont pas tous remplis.
Je vous ai vue aux genoux de ma mère ;
Je vous ai vue embrasser votre père ;
Ce qui vous reste en des moments si doux...
C'est... à leurs yeux... d'embrasser... votre époux.
NANINE.
Moi !
LA MARQUISE.
Quelle idée ! Est-il bien vrai ?
PHILIPPE HOMBERT.
Ma fille !
LE COMTE, à sa mère.
Le daignez-vous permettre ?
LA MARQUISE.
La famille
Étrangement, mon fils, clabaudera.
LE COMTE.
En la voyant, elle l'approuvera.
PHILIPPE HOMBERT.
Quel coup du sort ! Non, je ne puis comprendre
Que jusque-là vous prétendiez descendre.
LE COMTE.
On m'a promis d'obéir... je le veux.
LA MARQUISE.
Mon fils...
LE COMTE.
Ma mère, il s'agit d'être heureux.
L'intérêt seul a fait cent mariages.
Nous avons vu les hommes les plus sages

ACTE III, SCÈNE VIII.

Ne consulter que les mœurs et le bien :
Elle a les mœurs, il ne lui manque rien ;
Et je ferai par goût et par justice
Ce qu'on a fait cent fois par avarice.
Ma mère, enfin, terminez ces combats,
Et consentez.

NANINE.

Non, n'y consentez pas ;
Opposez-vous à sa flamme... à la mienne ;
Voilà de vous ce qu'il faut que j'obtienne.
L'amour l'aveugle ; il le faut éclairer.
Ah ! loin de lui, laissez-moi l'adorer.
Voyez mon sort, voyez ce qu'est mon père :
Puis-je jamais vous appeler ma mère ?

LA MARQUISE.

Oui, tu le peux, tu le dois ; c'en est fait :
Je ne tiens pas contre ce dernier trait ;
Il nous dit trop combien il faut qu'on t'aime ;
Il est unique aussi bien que toi-même.

NANINE.

J'obéis donc à votre ordre, à l'amour ;
Mon cœur ne peut résister.

LA MARQUISE.

Que ce jour
Soit des vertus la digne récompense,
Mais sans tirer jamais à conséquence.

FIN DE NANINE.

ORESTE

TRAGÉDIE EN CINQ ACTES

REPRÉSENTÉE, POUR LA PREMIÈRE FOIS, A PARIS,
LE 12 JANVIER 1750.

AVERTISSEMENT

POUR LA PRÉSENTE ÉDITION.

Voltaire va continuer d'opposer pièce à pièce à Crébillon, qu'on ose mettre en parallèle avec lui. Crébillon avait fait représenter son *Électre* le 14 décembre 1708, tragédie qui aurait pu plus justement s'intituler *Oreste*. *Électre* avait eu dans sa nouveauté quatorze représentations consécutives. La quatorzième représentation fut donnée le 12 janvier 1709. Le théâtre fut fermé à cause du froid excessif, et ne se rouvrit que le 23 janvier. *Électre* depuis lors avait eu beaucoup de succès, et avait reparu sur la scène à diverses reprises.

Crébillon, quand il avait fait jouer *Électre*, avait trente-huit ans. Il en avait soixante-dix-huit lorsque son *Catilina* fut représenté, le 12 décembre 1748. *Catilina* fut accueilli avec enthousiasme, et eut vingt représentations consécutives.

Ce furent ces deux tragédies que Voltaire entreprit de surpasser à la fois, en composant pendant l'année 1749 son *Oreste* et sa *Rome sauvée ou Catilina*. C'est à cette dernière qu'il songe d'abord. Il en trace l'ébauche en huit jours. Mais à peine a-t-il achevé cette ébauche que l'autre œuvre est commencée. Il écrit à l'abbé de Voisenon : « Je ne sais si Mme du Châtelet m'imitera, si elle sera grosse encore; mais pour moi, dès que j'ai été délivré de *Catilina*, j'ai eu une nouvelle grossesse, et j'ai fait sur-le-champ *Électre* (*Oreste*). Me voilà avec la charge de raccommodeur de moules dans la maison de Crébillon. »

C'est *Oreste* qu'il présente en premier lieu aux comédiens, et cela peut aisément s'expliquer. Voltaire en donne d'abord une raison plausible dans une lettre à la duchesse du Maine : « Madame, en arrivant à Paris, j'ai trouvé les comédiens assemblés prêts à répéter une comédie nouvelle, en cas que je ne leur donnasse pas *Oreste* ou *Rome sauvée* à jouer en huit jours. Ce serait damner *Rome sauvée* que de la faire jouer si vite par des gens qui ont besoin de travailler six semaines. J'ai pris mon parti, je leur ai donné *Oreste*, cela se peut jouer tout seul. Me voilà délivré d'un fardeau. J'aurai encore le temps de travailler à *Rome*, et de la donner ce carême. »

Il y avait aussi un autre motif, c'est que la représentation du *Catilina* de Crébillon était toute récente, que cette pièce avait obtenu un grand succès, et qu'il y avait une certaine imprudence à demander au public de se déjuger aussi vite, tandis que l'*Électre* datait de près d'un demi-siècle.

La représentation eut lieu le 12 janvier. Voltaire avait fait imprimer sur les billets de parterre les lettres initiales de ce vers d'Horace :

Omne tulit punctum qui miscuit utile dulci.

« C'était sans doute, dit Collé, qui a inséré dans ses *Mémoires* le modèle de ces billets, c'était, sans doute, un petit coup de patte qu'il voulait donner à Crébillon sur sa versification qui, effectivement, n'est pas aussi correcte et aussi douce que la sienne, mais qui est plus mâle. Après la chute de la pièce, un plaisant du parterre trouva que ces lettres initiales voulaient dire : *Oreste, tragédie pitoyable que monsieur Voltaire donne.* »

Oreste fut, en effet, assez mal accueilli. La deuxième représentation dut être différée pour que l'auteur pût faire les corrections qui paraissaient nécessaires. Voltaire se mit à l'œuvre avec son ardeur ordinaire, ce qui faisait dire à Fontenelle : « M. de Voltaire est un homme bien singulier, il compose ses pièces pendant leur représentation. »

Il supprima un couplet de Mlle Gaussin (Iphise), qui avait semblé choquant ; il refit tout le cinquième acte.

Il écrit à Mlle Clairon (Électre) plusieurs lettres qu'on trouvera dans la correspondance, pour lui donner des conseils sur son jeu. Il se plaint vivement à la duchesse du Maine, qui s'est dispensée d'assister à la première représentation. Il la supplie de paraître à la deuxième, le lundi 19 janvier. La deuxième représentation eut lieu, et le résultat en fut plus favorable. Jamais Voltaire ne déploya plus d'énergie, plus de passion pour faire réussir une de ses œuvres. Il dirigeait, dit-on, lui-même ses partisans, il animait le parterre, criant : « Battons des mains, mes chers amis ; applaudissons, mes chers Athéniens ! » Tantôt, dans le foyer, il jurait que c'était la tragédie de Sophocle et non la sienne à laquelle on refusait de justes louanges ; tantôt, dans l'amphithéâtre et plongeant sur le parterre, il s'écriait : « Ah ! les barbares, ils ne sentent pas la beauté de ceci ! »

C'est Collé, l'auteur de la *Partie de chasse de Henri IV*, qui nous le montre se démenant de la sorte, et Collé, il est vrai, est un adversaire décidé. Il ajoute que l'auteur d'*Oreste* renouvela ces efforts à toutes les représentations : « Enfin, un jour, dit-il, il a poussé la chose jusqu'à insulter un nommé Rousseau parce qu'il avait les mains dans son manchon, et qu'il n'applaudissait pas. Ce dernier lui répondit assez ferme, mais sagement, et point aussi vertement qu'il aurait pu. »

L'anecdote s'est trouvée confirmée d'autre part. « L'on ne raconte pas, dit M. G. Desnoiresterres[1], comment s'engagea la dispute, mais avec Voltaire les choses allaient bon train. « Qui êtes-vous ? criait le poëte hors « de lui. — Rousseau, répondait la partie adverse. — Rousseau ; quel Rous-

---

1. *Voltaire à la cour*, p. 359.

« seau...? — Le petit Rousseau...[1] » Voltaire ne réfléchissait pas qu'il empêchait le spectacle, et sans doute était-il loin d'avoir fini, lorsqu'une grande femme à l'air viril, se dressant de toute sa hauteur, lui dit d'une voix de stentor : « Si vous ne vous taisez pas, je vais vous donner un soufflet; » ce qui le mit en fuite, et fit rire toute la salle. Cette virago, habituée dans son ménage à parler sur ce ton, était l'hommasse Mme Le Bas, la femme du célèbre graveur, qui, du reste, n'était point inconnue à notre poëte. »

Il y a de l'exagération sans doute dans tout ce que raconte Collé de la conduite de Voltaire en cette circonstance, mais il y a aussi une part de vérité. La lutte était des plus vives. Voltaire l'avait dit à d'Argental : « Je sais bien que je fais la guerre, et je la veux faire ouvertement. Loin de me proposer des embuscades de nuit, armez-vous, je vous en prie, pour des batailles rangées, et faites-moi des troupes, enrôlez-moi des soldats, créez des officiers...[2] »

Aucune autre pièce de Voltaire ne souleva, d'autre part, plus de railleries, d'épigrammes, de quolibets, de turlupinades. L'historiette de Polichinelle, que nous avons racontée à propos de *Mérope*[3], fut renouvelée avec aggravation. *Oreste*, dans sa nouveauté, eut neuf représentations, la dernière le 7 février 1750.

Remis au théâtre en 1762, *Oreste* obtint un succès complet, grâce surtout à la manière supérieure dont Mlle Clairon interpréta alors le rôle d'Électre. Cette tragédie disparut ensuite de la scène pendant plus de vingt ans. Mme Vestris, qui remplaça Mlle Clairon, fit de vains efforts pour obtenir qu'on reprît cette pièce. Brizard, qui avait un rôle brillant dans Palamède (d'*Électre*) et un médiocre dans Pammène (d'*Oreste*), écarta obstinément la reprise d'*Oreste*. *Oreste* toutefois fut joué pour quelques débuts, entre autres pour celui de Mlle Raucourt, et toujours avec succès. L'œuvre de Voltaire eut, comme la plupart de ses pièces, une sorte de renouveau après la Révolution. « L'effet du théâtre, dit Laharpe, a confirmé par degrés une justice d'abord refusée; et, dans les dernières représentations d'*Oreste*, toutes les beautés en ont été vivement senties, et l'impression en a été beaucoup plus grande que n'est depuis longtemps celle d'*Électre*. »

---

1. On désignait sous ce nom Pierre Rousseau, auteur de plusieurs comédies.
2. Lettre du 23 août 1749.
3. Voyez *Théâtre*, tome III, page 174, note 2.

AVERTISSEMENT

DES ÉDITEURS DE L'ÉDITION DE KEHL.

Cette pièce est une imitation de Sophocle, aussi exacte que la différence des mœurs et les progrès de l'art ont pu le permettre. Elle fut jouée en 1750 avec beaucoup de succès. L'auteur fut seulement obligé d'en changer le dénoûment [1].

1. *Oreste* fut joué à Paris, pour la première fois, le 12 janvier 1750. Voltaire y assista en loge grillée. La pièce avait été lue en novembre 1749, chez le comte d'Argental. A la première représentation, un récit fait par Mlle Gaussin choqua les spectateurs, qui le trouvaient déplacé dans la bouche d'une femme, et la représentation ne fut achevée qu'avec peine. Voltaire, rentré chez lui, s'occupa de faire un nouveau cinquième acte. Il changea le récit, fit quelques corrections dans les premiers actes; tout était fini à minuit. Les rôles furent bientôt remis aux acteurs, et la seconde représentation eut lieu le 19 avec des changements; ce qui dérouta les ennemis de l'auteur. Cependant sa tragédie n'eut que neuf représentations. Collé, dans ses *Mémoires*, I, 148, a donné le modèle des billets de parterre du 12 janvier.

On donna aux Marionnettes une parodie dans laquelle il y avait, dit Fréron, d'assez bons traits contre la pièce et contre l'auteur. Les *Lettres de Bourge d'Asnerie, pour le sieur Arouet de Voltaire*, réimprimées dans les *Mémoires de Collé*, tome Ier, page 158, et dans les *Mémoires pour servir à l'histoire de la Calotte*, tome VI, page 145, parurent peu après *Oreste*. Voltaire y est proclamé *conseiller traducteur ordinaire et extraordinaire des auteurs anciens et modernes, à l'usage de nous et des nôtres*. Un petit volume intitulé *Voltaire âne, jadis poète*, en Sybérie, de l'imprimerie voltairine, 1750, petit in-8° de 39 pages, contient: 1° les *Lettres (de Bourge d'Asnerie)*; 2° la *Petarade, ou Polichinel auteur*, pièce qui n'a point encore paru en foire, et qui n'y paraîtra peut-être jamais : c'est une espèce de parodie d'*Oreste*; 3° *Dispute entre Voltaire et Rousseau*, dialogue en vers; 4° trois épigrammes.

Voici la liste des autres écrits qui furent publiés à l'occasion d'*Oreste*: I. *Dissertation sur les principales tragédies anciennes et modernes qui ont paru sur le sujet d'Électre*, etc. On peut voir à la suite d'*Oreste* cette *Dissertation*, et la note que j'y ai ajoutée. II. *Précis des Électres*, in-8° de 32 pages. III. *Lettre à M. de V*** sur la tragédie d'Oreste*, petit in-8° de 16 pages. IV. *Électre vengée, ou Lettre sur la tragédie d'Oreste et d'Électre*, par M. le M. de C., in-12 de 23 pages. V. *Reflexions sur la tragédie d'Oreste, où se trouve placé naturellement l'essai d'un parallèle de cette pièce avec l'Electre de M. de C.* (Crébillon), in-12 de 47 pages, attribué au chevalier de La Morlière. VI. *Parallèle des quatre*

Crébillon était censeur des pièces de théâtre : M. de Voltaire fut donc obligé de lui présenter sa tragédie. « Monsieur, lui dit Crébillon, en la lui rendant, j'ai été content du succès d'*Électre*; je souhaite que le frère vous fasse autant d'honneur que la sœur m'en a fait. »

A la première représentation, on applaudit avec transport au morceau imité de Sophocle. M. de Voltaire s'élança sur le bord de sa loge : « Courage, Athéniens! s'écria-t-il, c'est du Sophocle. »

On verra, en lisant les variantes, que l'auteur a retranché d'éloquentes déclamations pour mettre plus de mouvement dans les scènes; qu'il s'est écarté du génie du théâtre grec pour ne plus suivre que le sien.

Électre de Sophocle, d'Euripide, de M. de Crebillon et de M. de Voltaire (par Gaillard), 1750, in-12 de 124 pages. VII. *Lettre à madame la comtesse de *** sur la tragédie d'Oreste de M. de Voltaire, et sur la comédie de la Force du naturel de M. Néricault-Destouches*, in-12 de 36 pages. L'auteur est Lieudé de Sepmanville. VIII. *Justification de la tragédie d'Oreste par l'auteur*, in-12 de 28 pages. Au bas de la première page est cette note : « On croit devoir avertir, crainte d'équivoque, que ces mots *par l'auteur* doivent s'entendre de l'auteur de la *Justification*. » IX. *Précis de l'Électre de Sophocle* (par l'abbé Danet), in-12 de 28 pages. X. *Électre d'Euripide*, tragédie traduite du grec (par Larcher), 1750, in-12. (B.)

AVIS AU LECTEUR

L'auteur des ouvrages qu'on trouvera dans ce volume[1] se croit obligé d'avertir encore[2] les gens de lettres, et tous ceux qui se forment des cabinets de livres, que de toutes les éditions faites jusqu'ici, en Hollande et ailleurs, de ses prétendues Œuvres, il n'y en a pas une seule qui mérite la moindre attention, et qu'elles sont toutes remplies de pièces supposées ou défigurées.

Il n'y a guère d'années qu'on ne débite sous son nom des ouvrages qu'il n'a jamais vus ; et il apprend qu'il n'y a guère de mois où l'on ne lui impute dans les Mercures quelque pièce fugitive qu'il ne connaît pas davantage. Il se flatte que les lecteurs judicieux ne feront pas plus de cas de ces imputations continuelles que des critiques passionnées dont il entend dire qu'on remplit les ouvrages périodiques.

Il ne fera plus qu'une seule réflexion sur ces critiques : c'est que, depuis les Observations de l'Académie sur le Cid, il n'y a pas eu une seule pièce de théâtre qui n'ait été critiquée, et qu'il n'y en a pas eu une seule qui l'ait bien été. Les Observations de l'Académie sont, depuis plus de cent ans, la seule critique raisonnable qui ait paru, et la seule qui puisse passer à la postérité. La raison en est qu'elle fut composée avec beaucoup de temps et de soin par des hommes capables de juger, et qui jugeaient sans partialité.

1. Cet Avis au lecteur avait été mis en tête d'un volume intitulé : Oreste, tragédie, 1750, in-12, qui contenait aussi Samson (voyez Théâtre, tome II, page 1), les chapitres II et III Sur les mensonges imprimés, et la lettre à Schulembourg, du 15 septembre 1740. (B.)
2. Voyez la préface de Nanine, page 5.

ÉPITRE

A SON ALTESSE SÉRÉNISSIME

MADAME LA DUCHESSE DU MAINE.

Madame,

Vous avez vu passer ce siècle admirable, à la gloire duquel vous avez tant contribué par votre goût et par vos exemples ; ce siècle qui sert de modèle au nôtre en tant de choses, et peut-être de reproche, comme il en servira à tous les âges. C'est dans ces temps illustres que les Condé, vos aïeux [1], couverts de tant de lauriers, cultivaient et encourageaient les arts ; où un Bossuet immortalisait les héros, et instruisait les rois ; où un Fénelon, le second des hommes dans l'éloquence [2], et le premier dans l'art de rendre la vertu aimable, enseignait avec tant de charmes la justice et l'humanité ; où les Racine, les Despréaux, présidaient aux belles-lettres, Lulli à la musique, Le Brun à la peinture. Tous ces arts, madame, furent accueillis surtout dans votre palais. Je me souviendrai toujours que, presque au sortir de l'enfance, j'eus le bonheur d'y entendre quelquefois un homme dans qui l'érudition la plus profonde n'avait point éteint le génie, et qui cultiva l'esprit de monseigneur le duc de Bourgogne, ainsi que le vôtre et celui de M. le duc du Maine ; travaux heureux dans lesquels il fut si puissamment secondé par la nature. Il prenait quelquefois devant Votre Altesse Sérénissime un Sophocle, un Euripide ; il traduisait sur-le-champ en français une de leurs tragédies. L'admiration, l'enthousiasme dont il était saisi lui inspirait des expres-

---

1. La duchesse du Maine était fille de Henri-Jules de Condé, nommé communément Monsieur le Prince.
2. Le premier était Bossuet.

sions qui répondaient à la mâle et harmonieuse énergie des vers grecs, autant qu'il est possible d'en approcher dans la prose d'une langue à peine tirée de la barbarie, et qui, polie par tant de grands auteurs, manque encore pourtant de précision, de force, et d'abondance. On sait qu'il est impossible de faire passer dans aucune langue moderne la valeur des expressions grecques : elles peignent d'un trait ce qui exige trop de paroles chez tous les autres peuples ; un seul terme y suffit pour représenter ou une montagne toute couverte d'arbres chargés de feuilles, ou un dieu qui lance au loin ses traits, ou les sommets des rochers frappés souvent de la foudre. Non-seulement cette langue avait l'avantage de remplir d'un mot l'imagination, mais chaque terme, comme on sait, avait une mélodie marquée et charmait l'oreille tandis qu'il étalait à l'esprit de grandes peintures. Voilà pourquoi toute traduction d'un poëte grec est toujours faible, sèche et indigente : c'est du caillou et de la brique avec quoi on veut imiter des palais de porphyre. Cependant M. de Malézieu[1], par des efforts que produisait un enthousiasme subit, et par un récit véhément, semblait suppléer à la pauvreté de la langue, et mettre dans sa déclamation toute l'âme des grands hommes d'Athènes. Permettez-moi, madame, de rappeler ici ce qu'il pensait de ce peuple inventeur, ingénieux et sensible, qui enseigna tout aux Romains ses vainqueurs, et qui, longtemps après sa ruine et celle de l'empire romain, a servi encore à tirer l'Europe moderne de sa grossière ignorance.

Il connaissait Athènes mieux qu'aujourd'hui quelques voyageurs ne connaissent Rome après l'avoir vue. Ce nombre prodigieux de statues des plus grands maîtres, ces colonnes qui ornaient les marchés publics, ces monuments de génie et de grandeur, ce théâtre superbe et immense, bâti dans une grande place, entre la ville et la citadelle, où les ouvrages des Sophocle et des Euripide étaient écoutés par les Périclès et par les Socrate, et où des jeunes gens n'assistaient pas debout et en tumulte ; en un mot, tout ce que les Athéniens avaient fait pour les arts en tous les genres était présent à son esprit. Il était bien loin de penser comme ces hommes ridiculement austères, et ces faux politiques qui blâment encore les Athéniens d'avoir été trop somptueux dans

---

1. Nicolas de Malézieu, né en 1650, seigneur de Châtenay, près de Sceaux, chancelier de la principauté de Dombes, secrétaire général des Suisses et Grisons de France, secrétaire des commandements du duc du Maine, et membre de l'Académie française.

leurs jeux publics, et qui ne savent pas que cette magnificence même enrichissait Athènes, en attirant dans son sein une foule d'étrangers qui venaient l'admirer, et prendre chez elle des leçons de vertu et d'éloquence.

Vous engageâtes, madame, cet homme d'un esprit presque universel à traduire, avec une fidélité pleine d'élégance et de force, l'*Iphigénie en Tauride* d'Euripide. On la représenta dans une fête qu'il eut l'honneur de donner à Votre Altesse Sérénissime, fête digne de celle qui la recevait, et de celui qui en faisait les honneurs : vous y représentiez Iphigénie. Je fus témoin de ce spectacle : je n'avais alors nulle habitude de notre théâtre français ; il ne m'entra pas dans la tête qu'on pût mêler de la galanterie dans ce sujet tragique : je me livrai aux mœurs et aux coutumes de la Grèce d'autant plus aisément qu'à peine j'en connaissais d'autres ; j'admirai l'antique dans toute sa noble simplicité. Ce fut là ce qui me donna la première idée de faire la tragédie d'*Œdipe*, sans même avoir lu celle de Corneille. Je commençai par m'essayer, en traduisant la fameuse scène de Sophocle, qui contient la double confidence de Jocaste et d'Œdipe. Je la lus à quelques-uns de mes amis qui fréquentaient les spectacles, et à quelques acteurs : ils m'assurèrent que ce morceau ne pourrait jamais réussir en France ; ils m'exhortèrent à lire Corneille qui l'avait soigneusement évité, et me dirent tous que si je ne mettais, à son exemple, une intrigue amoureuse dans *Œdipe*, les comédiens même ne pourraient pas se charger de mon ouvrage. Je lus donc l'*Œdipe* de Corneille qui, sans être mis au rang de *Cinna* et de *Polyeucte*, avait pourtant alors beaucoup de réputation. J'avoue que je fus révolté d'un bout à l'autre ; mais il fallut céder à l'exemple et à la mauvaise coutume. J'introduisis, au milieu de la terreur de ce chef-d'œuvre de l'antiquité, non pas une intrigue d'amour, l'idée m'en paraissait trop choquante, mais au moins le ressouvenir d'une passion éteinte. Je ne répéterai point ce que j'ai dit ailleurs sur ce sujet[1].

Votre Altesse Sérénissime se souvient que j'eus l'honneur de lire *Œdipe* devant elle. La scène de Sophocle ne fut assurément pas condamnée à ce tribunal ; mais vous, et M. le cardinal de Polignac, et M. de Malézieu, et tout ce qui composait votre cour, vous me blâmâtes universellement, et avec très-grande raison, d'avoir prononcé le mot d'amour dans un ouvrage où Sophocle avait si

---

1. Voyez, dans la *Correspondance*, la lettre au P. Porée, du 7 janvier 1730, qui avait été imprimée dès 1748.

bien réussi sans ce malheureux ornement étranger ; et ce qui seul avait fait recevoir ma pièce fut précisément le seul défaut que vous condamnâtes.

Les comédiens jouèrent à regret Œdipe, dont ils n'espéraient rien. Le public fut entièrement de votre avis : tout ce qui était dans le goût de Sophocle fut applaudi généralement ; et ce qui ressentait un peu la passion de l'amour fut condamné de tous les critiques éclairés. En effet, madame, quelle place pour la galanterie que le parricide et l'inceste qui désolent une famille, et la contagion qui ravage un pays ! Et quel exemple plus frappant du ridicule de notre théâtre et du pouvoir de l'habitude que Corneille, d'un côté, qui fait dire à Thésée :

> Quelque ravage affreux qu'étale ici la peste,
> L'absence aux vrais amants est encor plus funeste;

et moi qui, soixante ans après lui, viens faire parler une vieille Jocaste d'un vieil amour, et tout cela pour complaire au goût le plus fade et le plus faux qui ait jamais corrompu la littérature ?

Qu'une Phèdre, dont le caractère est le plus théâtral qu'on ait jamais vu, et qui est presque la seule que l'antiquité ait représentée amoureuse ; qu'une Phèdre, dis-je, étale les fureurs de cette passion funeste ; qu'une Roxane, dans l'oisiveté du sérail, s'abandonne à l'amour et à la jalousie ; qu'Ariane se plaigne au ciel et à la terre d'une infidélité cruelle ; qu'Orosmane tue ce qu'il adore : tout cela est vraiment tragique. L'amour furieux, criminel, malheureux, suivi de remords, arrache de nobles larmes. Point de milieu : il faut, ou que l'amour domine en tyran, ou qu'il ne paraisse pas ; il n'est point fait pour la seconde place. Mais que Néron se cache derrière une tapisserie pour entendre les discours de sa maîtresse et de son rival ; mais que le vieux Mithridate se serve d'une ruse comique pour savoir le secret d'une jeune personne aimée par ses deux enfants ; mais que Maxime, même dans la pièce de *Cinna*, si remplie de beautés mâles et vraies, ne découvre en lâche une conspiration si importante que parce qu'il est imbécilement amoureux d'une femme dont il devait connaître la passion pour Cinna, et qu'on donne pour raison :

> . . . . . L'amour rend tout permis;
> Un véritable amant ne connaît point d'amis;

mais qu'un vieux Sertorius aime je ne sais quelle Viriate, et qu'il soit assassiné par Perpenna, amoureux de cette Espagnole, tout cela est petit et puéril, il le faut dire hardiment ; et ces petitesses nous mettraient prodigieusement au-dessous des Athéniens si nos grands maîtres n'avaient racheté ces défauts, qui sont de notre nation, par les sublimes beautés qui sont uniquement de leur génie.

Une chose à mon sens assez étrange, c'est que les grands poëtes tragiques d'Athènes aient si souvent traité des sujets où la nature étale tout ce qu'elle a de touchant, une Électre, une Iphigénie, une Mérope, un Alcméon, et que nos grands modernes, négligeant de tels sujets, n'aient presque traité que l'amour, qui est souvent plus propre à la comédie qu'à la tragédie. Ils ont cru quelquefois ennoblir cet amour par la politique ; mais un amour qui n'est pas furieux est froid, et une politique qui n'est pas une ambition forcenée est plus froide encore. Des raisonnements politiques sont bons dans Polybe, dans Machiavel ; la galanterie est à sa place dans la comédie et dans des contes : mais rien de tout cela n'est digne du pathétique et de la grandeur de la tragédie.

Le goût de la galanterie avait, dans la tragédie, prévalu au point qu'une grande princesse[1], qui, par son esprit et par son rang, semblait en quelque sorte excusable de croire que tout le monde devait penser comme elle, imagina qu'un adieu de Titus et de Bérénice était un sujet tragique : elle le donna à traiter aux deux maîtres de la scène. Aucun des deux n'avait jamais fait de pièce dans laquelle l'amour n'eût joué un principal ou un second rôle ; mais l'un n'avait jamais parlé au cœur que dans les seules scènes du *Cid*, qu'il avait imitées de l'espagnol ; l'autre, toujours élégant et tendre, était éloquent dans tous les genres, et savant dans cet art enchanteur de tirer de la plus petite situation les sentiments les plus délicats : aussi le premier fit de Titus et de Bérénice un des plus mauvais ouvrages qu'on connaisse au théâtre ; l'autre trouva le secret d'intéresser pendant cinq actes, sans autre fonds que ces paroles : *Je vous aime et je vous quitte*. C'était, à la vérité, une pastorale entre un empereur, une reine et un roi ; et une pastorale cent fois moins tragique que les scènes intéressantes du *Pastor fido*. Ce succès avait persuadé tout le public et tous les auteurs que l'amour seul devait être à jamais l'âme de toutes les tragédies.

---

1. Henriette d'Angleterre. C'est à dessein que Voltaire montre ici Henriette d'Angleterre donnant à traiter le même sujet aux deux grands tragiques de son temps, Corneille et Racine. Il veut faire honte à Mme de Pompadour du dépit qu'elle manifestait en le voyant s'emparer des mêmes sujets que Crébillon. (G. A.)

Ce ne fut que dans un âge plus mûr que cet homme éloquent comprit qu'il était capable de mieux faire, et qu'il se repentit d'avoir affaibli la scène par tant de déclarations d'amour, par tant de sentiments de jalousie et de coquetterie, plus dignes, comme j'ai déjà osé le dire [1], de Ménandre que de Sophocle et d'Euripide. Il composa son chef-d'œuvre d'*Athalie* : mais quand il se fut ainsi détrompé lui-même, le public ne le fut pas encore. On ne put imaginer qu'une femme, un enfant et un prêtre pussent former une tragédie intéressante : l'ouvrage le plus approchant de la perfection qui soit jamais sorti de la main des hommes resta longtemps méprisé, et son illustre auteur mourut avec le chagrin d'avoir vu son siècle, éclairé mais corrompu, ne pas rendre justice à son chef-d'œuvre.

Il est certain que si ce grand homme avait vécu, et s'il avait cultivé un talent qui seul avait fait sa fortune et sa gloire, et qu'il ne devait pas abandonner, il eût rendu au théâtre son ancienne pureté, il n'eût point avili, par des amours de ruelle, les grands sujets de l'antiquité. Il avait commencé l'*Iphigénie en Tauride*, et la galanterie n'entrait point dans son plan : il n'eût jamais rendu amoureux ni Agamemnon, ni Oreste, ni Électre, ni Téléphonte, ni Ajax; mais ayant malheureusement quitté le théâtre avant que de l'épurer, tous ceux qui le suivirent imitèrent et outrèrent ses défauts, sans atteindre à aucune de ses beautés. La morale des opéras de Quinault entra dans presque toutes les scènes tragiques : tantôt c'est un Alcibiade [2], qui avoue que « dans ses tendres moments il a toujours éprouvé qu'un mortel peut goûter un bonheur achevé »; tantôt c'est une Amestris, qui dit que

. . . . . . La fille d'un grand roi
Brûle d'un feu secret, sans honte et sans effroi [3].

Ici un Agnonide

De la belle Chrysis en tout lieu suit les pas,
Adorateur constant de ses divins appas.

---

1. Voyez préface de *Nanine*, page 8; mais c'est Térence, et non Ménandre, qui y est nommé. (B.)

2. Dans l'*Alcibiade* de Campistron, acte Ier, scène VIII, on lit :

Dans ces tendres instants j'ai toujours éprouvé
Qu'un mortel peut sentir un bonheur achevé.

3. *Ibid.*, II, VII.

« Le féroce Arminius, ce défenseur de la Germanie, proteste
« qu'il vient lire son sort dans les yeux d'Isménie[1] » ; et vient dans
le camp de Varus pour voir si les beaux yeux de cette Isménie
« daignent lui montrer leur tendresse ordinaire[2] ». Dans *Amasis*,
qui n'est autre chose que la *Mérope* chargée d'épisodes romanesques, une jeune héroïne, qui, depuis trois jours, a vu un moment dans une maison de campagne un jeune inconnu dont elle est éprise, s'écrie avec bienséance :

> C'est ce même inconnu : pour mon repos, hélas !
> Autant qu'il le devait il ne se cacha pas ;
> Je le vis, j'en rougis ; mon âme en fut émue,
> Et pour quelques moments qu'il s'offrit à ma vue, etc.[3].

Dans *Athénaïs*[4], un prince de Perse se déguise pour aller voir sa maîtresse à la cour d'un empereur romain. On croit lire enfin les romans de Mlle de Scudéri, qui peignait des bourgeois de Paris sous le nom de héros de l'antiquité.

Pour achever de fortifier la nation dans ce goût détestable, et qui nous rend ridicules aux yeux de tous les étrangers sensés, il arriva, par malheur, que M. de Longepierre, très-zélé pour l'antiquité, mais qui ne connaissait pas assez notre théâtre, et qui ne travaillait pas assez ses vers, fit représenter son *Électre*. Il faut avouer qu'elle était dans le goût antique : une froide et malheureuse intrigue ne défigurait pas ce sujet terrible ; la pièce était simple et sans épisode : voilà ce qui lui valait avec raison la faveur déclarée de tant de personnes de la première considération, qui espéraient qu'enfin cette simplicité précieuse, qui avait fait le mérite des grands génies d'Athènes, pourrait être bien reçue à Paris, où elle avait été si négligée.

Vous étiez, madame, aussi bien que feu Mme la princesse de Conti, à la tête de ceux qui se flattaient de cette espérance ; mais malheureusement les défauts de la pièce française l'emportèrent si fort sur les beautés qu'il avait empruntées de la Grèce, que vous avouâtes, à la représentation, que c'était une statue de Praxitèle défigurée par un moderne. Vous eûtes le courage d'abandonner ce qui en effet n'était pas digne d'être soutenu,

---

1. *Arminius*, tragédie de Campistron, acte II, scène II.
2. *Id., ibid.*
3. *Amasis*, tragédie de Lagrange-Chancel, acte Ier, scène VII.
4. *Athénaïs*, tragédie de Lagrange-Chancel, jouée en 1699, reprise en 1736.

sachant très-bien que la faveur prodiguée aux mauvais ouvrages
est aussi contraire aux progrès de l'esprit que le déchaînement
contre les bons. Mais la chute de cette *Électre*[1] fit en même temps
grand tort aux partisans de l'antiquité : on se prévalut très-mal à
propos des défauts de la copie contre le mérite de l'original ; et,
pour achever de corrompre le goût de la nation, on se persuada
qu'il était impossible de soutenir, sans une intrigue amoureuse,
et sans des aventures romanesques, ces sujets que les Grecs
n'avaient jamais déshonorés par de tels épisodes ; on prétendit
qu'on pouvait admirer les Grecs dans la lecture, mais qu'il était
impossible de les imiter sans être condamné par son siècle :
étrange contradiction ! car si en effet la lecture en plaît, comment
la représentation en peut-elle déplaire ?

Il ne faut pas, je l'avoue, s'attacher à imiter ce que les anciens
avaient de défectueux et de faible : il est même très-vraisemblable
que les défauts où ils tombèrent furent relevés de leur temps. Je
suis persuadé, madame, que les bons esprits d'Athènes condam-
nèrent, comme vous, quelques répétitions, quelques déclamations,
dont Sophocle avait chargé son *Électre*; ils durent remarquer
qu'il ne fouillait pas assez dans le cœur humain. J'avouerai
encore qu'il y a des beautés propres, non-seulement à la langue
grecque, mais aux mœurs, au climat, au temps, qu'il serait
ridicule de vouloir transplanter parmi nous. Je n'ai point copié
l'*Électre* de Sophocle, il s'en faut beaucoup ; j'en ai pris, autant
que j'ai pu, tout l'esprit et toute la substance. Les fêtes que célé-
braient Égisthe et Clytemnestre, et qu'ils appelaient les festins
d'Agamemnon, l'arrivée d'Oreste et de Pylade, l'urne dans laquelle
on croit que sont renfermées les cendres d'Oreste, l'anneau d'A-
gamemnon, le caractère d'Électre, celui d'Iphise, qui est précisément la Chrysothémis de Sophocle, et surtout les remords de
Clytemnestre, tout est puisé dans la tragédie grecque ; car lorsque
celui qui fait à Clytemnestre le récit de la prétendue mort d'Oreste
lui dit : « Eh quoi ! madame, cette mort vous afflige ? » Clytemnestre répond : « Je suis mère, et par là malheureuse ; une mère,
quoique outragée, ne peut haïr son sang » : elle cherche même
à se justifier devant Électre du meurtre d'Agamemnon ; elle plaint
sa fille ; et Euripide a poussé encore plus loin que Sophocle
l'attendrissement et les larmes de Clytemnestre. Voilà ce qui fut

---

1. L'*Électre* de Longepierre, qui avait été d'abord jouée avec succès sur le
théâtre de l'hôtel de Conti à Versailles, n'eut que six représentations en 1719 au
Théâtre-Français.

applaudi chez le peuple le plus judicieux et le plus sensible de la terre : voilà ce que j'ai vu senti par tous les bons juges de notre nation. Rien n'est en effet plus dans la nature qu'une femme criminelle envers son époux, et qui se laisse attendrir par ses enfants, qui reçoit la pitié dans son cœur altier et farouche, qui s'irrite, qui reprend la dureté de son caractère quand on lui fait des reproches trop violents, et qui s'apaise ensuite par les soumissions et par les larmes : le germe de ce personnage était dans Sophocle et dans Euripide, et je l'ai développé. Il n'appartient qu'à l'ignorance et à la présomption, qui en est la suite, de dire qu'il n'y a rien à imiter dans les anciens ; il n'y a point de beautés dont on ne trouve chez eux les semences.

Je me suis imposé surtout la loi de ne pas m'écarter de cette simplicité, tant recommandée par les Grecs, et si difficile à saisir : c'était là le vrai caractère de l'invention et du génie ; c'était l'essence du théâtre. Un personnage étranger, qui dans l'*Œdipe* ou dans *Électre* ferait un grand rôle, qui détournerait sur lui l'attention, serait un monstre aux yeux de quiconque connaît les anciens et la nature, dont ils ont été les premiers peintres. L'art et le génie consistent à trouver tout dans son sujet, et non pas à chercher hors de son sujet. Mais comment imiter cette pompe et cette magnificence vraiment tragique des vers de Sophocle, cette élégance, cette pureté, ce naturel, sans quoi un ouvrage (bien fait d'ailleurs) serait un mauvais ouvrage ?

J'ai donné au moins à ma nation quelque idée d'une tragédie sans amour, sans confidents, sans épisodes : le petit nombre des partisans du bon goût m'en sait gré ; les autres ne reviennent qu'à la longue, quand la fureur de parti, l'injustice de la persécution, et les ténèbres de l'ignorance, sont dissipées. C'est à vous, madame, à conserver les étincelles qui restent encore parmi nous de cette lumière précieuse que les anciens nous ont transmise. Nous leur devons tout ; aucun art n'est né parmi nous, tout y a été transplanté : mais la terre qui porte ces fruits étrangers s'épuise et se lasse ; et l'ancienne barbarie, aidée de la frivolité, percerait encore quelquefois malgré la culture ; les disciples d'Athènes et de Rome deviendraient des Goths et des Vandales, amollis par les mœurs des Sybarites, sans cette protection éclairée et attentive des personnes de votre rang. Quand la nature leur a donné ou du génie, ou l'amour du génie, elles encouragent notre nation, qui est plus faite pour imiter que pour inventer, et qui cherche toujours dans le sang de ses maîtres les leçons et les exemples dont elle a besoin. Tout ce que je désire, madame, c'est qu'il se trouve quelque génie qui achève ce que j'ai ébauché, qui tire le théâtre de cette mollesse et de cette afféterie où il est plongé, qui le rende respectable aux esprits les plus austères, digne du théâtre d'Athènes, digne du très-petit nombre de chefs-d'œuvre que nous avons, et enfin du suffrage d'un esprit tel que le vôtre, et de ceux qui peuvent vous ressembler.

DISCOURS[1]

PRONONCÉ AU THÉATRE-FRANÇAIS PAR UN DES ACTEURS
AVANT LA PREMIÈRE REPRÉSENTATION DE LA TRAGÉDIE D'ORESTE

(12 JANVIER 1750).

Messieurs, l'auteur de la tragédie que nous allons avoir l'honneur de vous donner n'a point la vanité téméraire de vouloir lutter contre la pièce d'*Électre*[2], justement honorée de vos suffrages, encore moins contre son confrère qu'il a souvent appelé son maître[3], et qui ne lui a inspiré qu'une noble émulation, également éloignée du découragement et de l'envie ; émulation compatible avec l'amitié, et telle que doivent la sentir les gens de lettres. Il a voulu seulement, messieurs, hasarder devant vous un tableau de l'antiquité ; quand vous aurez jugé cette faible esquisse d'un monument des siècles passés, vous reviendrez aux peintures plus brillantes et plus composées des célèbres modernes.

Les Athéniens, qui inventèrent ce grand art que les Français seuls sur la terre cultivèrent heureusement, encouragèrent trois de leurs citoyens à travailler sur le même sujet. Vous, messieurs, en qui l'on voit aujourd'hui revivre ce peuple aussi célèbre par son esprit que par son courage, vous qui avez son goût, vous aurez son équité. L'auteur, qui vous présente une imitation de l'antique, est bien plus sûr de trouver en vous des Athéniens qu'il ne se flatte d'avoir rendu Sophocle. Vous savez que la Grèce, dans tous ses monuments, dans tous les genres de poésie et d'élo-

---

1 Ce discours a été imprimé pour la première fois en 1814, par M. Decroix, dans le volume intitulé *Commentaire sur le théâtre de M. de Voltaire, par M. de Laharpe*, in-8°. (B.)

2. « Il y a vingt ans, écrivait cependant Voltaire à ses amis en parlant d'*Électre*, que je suis indigné de voir le plus beau sujet de l'antiquité avili par un misérable amour, par une partie carrée, et par des vers ostrogoths. »

3. Crébillon.

quence, voulait que les beautés fussent simples : vous trouverez ici cette simplicité, et vous devinerez les beautés de l'original, malgré les défauts de la copie ; vous daignerez vous prêter surtout à quelques usages des anciens Grecs ; ils sont dans les arts vos véritables ancêtres. La France, qui suit leurs traces, ne blâmera point leurs coutumes ; vous devez songer que déjà votre goût, surtout dans les ouvrages dramatiques, sert de modèle aux autres nations. Il suffira un jour, pour être approuvé ailleurs, qu'on dise : *Tel était le goût des Français ; c'est ainsi que pensait cette nation illustre.* Nous vous demandons votre indulgence pour les mœurs de l'antiquité, au même titre que l'Europe, dans les siècles à venir, rendra justice à vos lumières.

ORESTE

PERSONNAGES [1]

ORESTE, fils de Clytemnestre et d'Agamemnon.
ÉLECTRE, } sœurs d'Oreste.
IPHISE,
CLYTEMNESTRE, épouse d'Égisthe.
ÉGISTHE, tyran d'Argos.
PYLADE, ami d'Oreste.
PAMMÈNE, vieillard attaché à la famille d'Agamemnon.
DIMAS, officier des gardes.
SUITE.

Le théâtre doit représenter le rivage de la mer; un bois, un temple, un palais, et un tombeau, d'un côté; et, de l'autre, Argos dans le lointain.

---

[1]. Noms des acteurs qui jouèrent dans *Oreste* et dans *le Mariage forcé*, de Molière, qui l'accompagnait : DUBREUIL, GRANDVAL (Oreste), DANGEVILLE, DUBOIS, BARON, BONNEVAL, PAULIN, DESCHAMPS, ROSELY, DROUIN, RIBOU; Mlles GAUSSIN (Iphise), COVELL, DUMESNIL (Clytemnestre), CLAIRON (Électre). — Recette : 4,142 livres. (G. A.)

ORESTE

TRAGÉDIE

ACTE PREMIER.

SCÈNE I.

IPHISE, PAMMÈNE[1].

IPHISE.
Est-il vrai, cher Pammène, et ce lieu solitaire,
Ce palais exécrable où languit ma misère,
Me verra-t-il goûter la funeste douceur
De mêler mes regrets aux larmes de ma sœur?
La malheureuse Électre, à mes douleurs si chère,
Vient-elle avec Égisthe au tombeau de mon père?
Égisthe ordonne-t-il qu'en ces solennités
Le sang d'Agamemnon paraisse à ses côtés?
Serons-nous les témoins de la pompe inhumaine
Qui célèbre le crime, et que ce jour amène?

PAMMÈNE.
Ministre malheureux d'un temple abandonné,
Du fond de ces déserts où je suis confiné
J'adresse au ciel des vœux pour le retour d'Oreste;
Je pleure Agamemnon; j'ignore tout le reste.
O respectable Iphise! ô pur sang de mon roi!
Ce jour vient tous les ans répandre ici l'effroi.

---

1. « Mon Pammène, écrivait Voltaire en 1761, ne vaut pas le Palamède de Crébillon; mais peut-être ma Clytemnestre vaut mieux que la sienne. »

Les desseins d'une cour en horreurs si fertile
Pénètrent rarement dans mon obscur asile.
Mais on dit qu'en effet Égisthe soupçonneux
Doit entraîner Électre à ces funèbres jeux ;
Qu'il ne souffrira plus qu'Électre en son absence
Appelle par ses cris Argos à la vengeance.
Il redoute sa plainte ; il craint que tous les cœurs
Ne réveillent leur haine au bruit de ses clameurs ;
Et, d'un œil vigilant, épiant sa conduite,
Il la traite en esclave, et la traîne à sa suite.

IPHISE.

Ma sœur esclave ! ô ciel ! ô sang d'Agamemnon !
Un barbare à ce point outrage encor ton nom !
Et Clytemnestre, hélas ! cette mère cruelle,
A permis cet affront, qui rejaillit sur elle !

PAMMÈNE.

Peut-être votre sœur avec moins de fierté
Devait de son tyran braver l'autorité,
Et, n'ayant contre lui que d'impuissantes armes,
Mêler moins de reproche et d'orgueil à ses larmes.
Qu'a produit sa fierté ? Que servent ses éclats ?
Elle irrite un barbare, et ne vous venge pas.

IPHISE.

On m'a laissé du moins, dans ce funeste asile,
Un destin sans opprobre, un malheur plus tranquille.
Mes mains peuvent d'un père honorer le tombeau,
Loin de ses ennemis, et loin de son bourreau :
Dans ce séjour de sang, dans ce désert si triste,
Je pleure en liberté, je hais en paix Égisthe.
Je ne suis condamnée à l'horreur de le voir
Que lorsque, rappelant le temps du désespoir,
Le soleil à regret ramène la journée
Où le ciel a permis ce barbare hyménée,
Où ce monstre, enivré du sang du roi des rois,
Où Clytemnestre...

SCÈNE II.

ÉLECTRE, IPHISE, PAMMÈNE.

IPHISE.

Hélas! est-ce vous que je vois,
Ma sœur?...
ÉLECTRE.
Il est venu ce jour où l'on apprête
Les détestables jeux de leur coupable fête.
Électre leur esclave, Électre votre sœur,
Vous annonce en leur nom leur horrible bonheur.
IPHISE.
Un destin moins affreux permet que je vous voie;
A ma douleur profonde il mêle un peu de joie;
Et vos pleurs et les miens ensemble confondus...
ÉLECTRE.
Des pleurs! ah! ma faiblesse en a trop répandus.
Des pleurs! ombre sacrée, ombre chère et sanglante,
Est-ce là le tribut qu'il faut qu'on te présente?
C'est du sang que je dois, c'est du sang que tu veux :
C'est parmi les apprêts de tes indignes jeux,
Dans ce cruel triomphe où mon tyran m'entraîne,
Que, ranimant ma force, et soulevant ma chaîne,
Mon bras, mon faible bras osera l'égorger
Au tombeau que sa rage ose encore outrager.
Quoi! j'ai vu Clytemnestre, avec lui conjurée,
Lever sur son époux sa main trop assurée!
Et nous, sur le tyran nous suspendons des coups
Que ma mère à mes yeux porta sur son époux!
O douleur! ô vengeance! ô vertu qui m'animes,
Pouvez-vous en ces lieux moins que n'ont pu les crimes?
Nous seules désormais devons nous secourir :
Craignez-vous de frapper? Craignez-vous de mourir?
Secondez de vos mains ma main désespérée;
Fille de Clytemnestre, et rejeton d'Atrée,
Venez.
IPHISE.
Ah! modérez ces transports impuissants;
Commandez, chère Électre, au trouble de vos sens;

Contre nos ennemis nous n'avons que des larmes :
Qui peut nous seconder? Comment trouver des armes?
Comment frapper un roi de gardes entouré,
Vigilant, soupçonneux, par le crime éclairé?
Hélas! à nos regrets n'ajoutons point de craintes;
Tremblez que le tyran n'ait écouté vos plaintes.

ÉLECTRE.

Je veux qu'il les écoute; oui, je veux dans son cœur[1]
Empoisonner sa joie, y porter ma douleur;
Que mes cris jusqu'au ciel puissent se faire entendre;
Qu'ils appellent la foudre, et la fassent descendre;
Qu'ils réveillent cent rois indignes de ce nom,
Qui n'ont osé venger le sang d'Agamemnon.
Je vous pardonne, hélas! cette douleur captive,
Ces faibles sentiments de votre âme craintive :
Il vous ménage au moins. De son indigne loi
Le joug appesanti n'est tombé que sur moi.
Vous n'êtes point esclave, et d'opprobres nourrie,
Vos yeux ne virent point ce parricide impie,
Ces vêtements de mort, ces apprêts, ce festin;
Ce festin détestable, où, le fer à la main,
Clytemnestre... ma mère... ah! cette horrible image
Est présente à mes yeux, présente à mon courage.
C'est là, c'est en ces lieux, où vous n'osez pleurer,
Où vos ressentiments n'osent se déclarer,
Que j'ai vu votre père, attiré dans le piége[2],
Se débattre et tomber sous leur main sacrilége.
Pammène, aux derniers cris, aux sanglots de ton roi,
Je crois te voir encore accourir avec moi;
J'arrive. Quel objet! une femme en furie
Recherchait dans son flanc les restes de sa vie.
Tu vis mon cher Oreste enlevé dans mes bras,
Entouré des dangers qu'il ne connaissait pas,
Près du corps tout sanglant de son malheureux père;
A son secours encore il appelait sa mère.

---

1. On lit dans l'*Électre* de Longepierre, acte Ier, scène II :

>   Ah! plutôt dans les maux où mon cœur est en proie,
>   Puissent mes cris troubler leur odieuse joie!

2. On lit encore dans l'*Électre* du même auteur, acte Ier, scène Ire :

>   . . . . . . C'est ici qu'arrêté dans le piége,
>   Mon père succomba sous un fer sacrilége.

Clytemnestre, appuyant mes soins officieux,
Sur ma tendre pitié daigna fermer les yeux ;
Et, s'arrêtant du moins au milieu de son crime,
Nous laissa loin d'Égisthe emporter la victime.
Oreste, dans ton sang consommant sa fureur,
Égisthe a-t-il détruit l'objet de sa terreur ?
Es-tu vivant encore? As-tu suivi ton père ?
Je pleure Agamemnon ; je tremble pour un frère.
Mes mains portent des fers ; et mes yeux, pleins de pleurs,
N'ont vu que des forfaits et des persécuteurs.

PAMMÈNE.

Filles d'Agamemnon, race divine et chère
Dont j'ai vu la splendeur et l'horrible misère,
Permettez que ma voix puisse encore en vous deux
Réveiller cet espoir qui reste aux malheureux.
Avez-vous donc des dieux oublié les promesses ?
Avez-vous oublié que leurs mains vengeresses
Doivent conduire Oreste en cet affreux séjour,
Où sa sœur avec moi lui conserva le jour?
Qu'il doit punir Égisthe au lieu même où vous êtes,
Sur ce même tombeau, dans ces mêmes retraites,
Dans ces jours de triomphe, où son lâche assassin
Insulte encore au roi dont il perça le sein ?
La parole des dieux n'est point vaine et trompeuse ;
Leurs desseins sont couverts d'une nuit ténébreuse ;
La peine suit le crime : elle arrive à pas lents [1].

ÉLECTRE.

Dieux, qui la préparez, que vous tardez longtemps!

IPHISE.

Vous le voyez, Pammène, Égisthe renouvelle
De son hymen sanglant la pompe criminelle.

ÉLECTRE.

Et mon frère, exilé de déserts en déserts,
Semble oublier son père, et négliger mes fers.

PAMMÈNE.

Comptez les temps ; voyez qu'il touche à peine l'âge

---

1. On lit dans l'*Electre* de Longepierre, acte II, scène Ire :

> Le temps auprès des dieux ne prescrit point le crime :
> Leur bras sait tôt ou tard atteindre sa victime ;
> *Ce bras sur le coupable est toujours étendu,
> Et va frapper un coup si longtemps attendu.

* Vers d'*Athalie*.

Où la force commence à se joindre au courage :
Espérez son retour, espérez dans les dieux.
ÉLECTRE.
Sage et prudent vieillard, oui, vous m'ouvrez les yeux.
Pardonnez à mon trouble, à mon impatience;
Hélas! vous me rendez un rayon d'espérance.
Qui pourrait de ces dieux encenser les autels,
S'ils voyaient sans pitié les malheurs des mortels,
Si le crime insolent, dans son heureuse ivresse,
Écrasait à loisir l'innocente faiblesse!
Dieux, vous rendrez Oreste aux larmes de sa sœur;
Votre bras suspendu frappera l'oppresseur.
Oreste! entends ma voix, celle de ta patrie,
Celle du sang versé qui t'appelle et qui crie.
Viens du fond des déserts, où tu fus élevé,
Où les maux exerçaient ton courage éprouvé.
Aux monstres des forêts ton bras fait-il la guerre?
C'est aux monstres d'Argos, aux tyrans de la terre,
Aux meurtriers des rois, que tu dois t'adresser :
Viens, qu'Électre te guide au sein qu'il faut percer.
IPHISE.
Renfermez ces douleurs, et cette plainte amère ;
Votre mère paraît.
ÉLECTRE.
Ai-je encore une mère ?

SCÈNE III.

CLYTEMNESTRE, ÉLECTRE, IPHISE.

CLYTEMNESTRE.
Allez; que l'on me laisse en ces lieux retirés :
Pammène, éloignez-vous; mes filles, demeurez.
IPHISE.
Hélas! ce nom sacré dissipe mes alarmes.
ÉLECTRE.
Ce nom, jadis si saint, redouble encor mes larmes.
CLYTEMNESTRE.
J'ai voulu sur mon sort et sur vos intérêts
Vous dévoiler enfin mes sentiments secrets.

Je rends grâce au destin, dont la rigueur utile
De mon second époux rendit l'hymen stérile,
Et qui n'a pas formé, dans ce funeste flanc,
Un sang que j'aurais vu l'ennemi de mon sang.
Peut-être que je touche aux bornes de ma vie;
Et les chagrins secrets dont je fus poursuivie,
Dont toujours à vos yeux j'ai dérobé le cours,
Pourront précipiter le terme de mes jours.
Mes filles devant moi ne sont point étrangères;
Même en dépit d'Égisthe elles m'ont été chères :
Je n'ai point étouffé mes premiers sentiments,
Et, malgré la fureur de ses emportements,
Électre, dont l'enfance a consolé sa mère
Du sort d'Iphigénie et des rigueurs d'un père,
Électre, qui m'outrage, et qui brave mes lois,
Dans le fond de mon cœur n'a point perdu ses droits.

ÉLECTRE.

Qui? vous, madame, ô ciel! vous m'aimeriez encore?
Quoi! vous n'oubliez point ce sang qu'on déshonore?
Ah! si vous conservez des sentiments si chers,
Observez cette tombe, et regardez mes fers.

CLYTEMNESTRE.

Vous me faites frémir; votre esprit inflexible
Se plaît à m'accabler d'un souvenir horrible;
Vous portez le poignard dans ce cœur agité;
Vous frappez une mère, et je l'ai mérité.

ÉLECTRE.

Eh bien! vous désarmez une fille éperdue.
La nature en mon cœur est toujours entendue.
Ma mère, s'il le faut, je condamne à vos pieds
Ces reproches sanglants trop longtemps essuyés.
Aux fers de mon tyran par vous-même livrée,
D'Égisthe dans mon cœur je vous ai séparée[1].
Ce sang que je vous dois ne saurait se trahir :
J'ai pleuré sur ma mère, et n'ai pu vous haïr.
Ah! si le ciel enfin vous parle et vous éclaire,
S'il vous donne en secret un remords salutaire,

---

1. On lit dans l'*Électre* de Crébillon, acte Ier, scène VI :

> Ah! je ne vous hais pas, et malgré ma misère,
> Malgré les pleurs encor dont j'arrose ces lieux,
> Ce n'est que du tyran que je me plains aux dieux.

Ne le repoussez pas; laissez-vous pénétrer
A la secrète voix qui vous daigne inspirer;
Détachez vos destins des destins d'un perfide;
Livrez-vous tout entière à ce dieu qui vous guide;
Appelez votre fils; qu'il revienne en ces lieux
Reprendre de vos mains le rang de ses aïeux.
Qu'il punisse un tyran, qu'il règne, qu'il vous aime,
Qu'il venge Agamemnon, ses filles, et vous-même;
Faites venir Oreste.

CLYTEMNESTRE.

Électre, levez-vous;
Ne parlez point d'Oreste, et craignez mon époux.
J'ai plaint les fers honteux dont vous êtes chargée;
Mais d'un maître absolu la puissance outragée.
Ne pouvait épargner qui ne l'épargne pas:
Et vous l'avez forcé d'appesantir son bras.
Moi-même, qui me vois sa première sujette,
Moi, qu'offensa toujours votre plainte indiscrète,
Qui tant de fois pour vous ai voulu le fléchir,
Je l'irritais encore au lieu de l'adoucir.
N'imputez qu'à vous seule un affront qui m'outrage;
Pliez à votre état ce superbe courage;
Apprenez d'une sœur comme il faut s'affliger,
Comme on cède au destin quand on veut le changer.
Je voudrais dans le sein de ma famille entière
Finir un jour en paix ma fatale carrière;
Mais, si vous vous hâtez, si vos soins imprudents
Appellent en ces lieux Oreste avant le temps,
Si d'Égisthe jamais il affronte la vue,
Vous hasardez sa vie, et vous êtes perdue;
Et, malgré la pitié dont mes sens sont atteints,
Je dois à mon époux plus qu'au fils que je crains.

ÉLECTRE.

Lui, votre époux, ô ciel! lui, ce monstre? Ah! ma mère,
Est-ce ainsi qu'en effet vous plaignez ma misère?
A quoi vous sert, hélas! ce remords passager?
Ce sentiment si tendre était-il étranger?
Vous menacez Électre, et votre fils lui-même!
    (A Iphise.)
Ma sœur! et c'est ainsi qu'une mère nous aime?
    (A Clytemnestre.)
Vous menacez Oreste!... Hélas! loin d'espérer

Qu'un frère malheureux nous vienne délivrer,
J'ignore si le ciel a conservé sa vie;
J'ignore si ce maître abominable, impie,
Votre époux, puisque ainsi vous l'osez appeler,
Ne s'est pas en secret hâté de l'immoler.

IPHISE.

Madame, croyez-nous; je jure, j'en atteste
Les dieux dont nous sortons, et la mère d'Oreste,
Que, loin de l'appeler dans ce séjour de mort,
Nos yeux, nos tristes yeux sont fermés sur son sort.
Ma mère, ayez pitié de vos filles tremblantes,
De ce fils malheureux, de ses sœurs gémissantes;
N'affligez plus Électre; on peut à ses douleurs
Pardonner le reproche, et permettre les pleurs.

ÉLECTRE.

Loin de leur pardonner, on nous défend la plainte;
Quand je parle d'Oreste, on redouble ma crainte.
Je connais trop Égisthe et sa férocité;
Et mon frère est perdu, puisqu'il est redouté.

CLYTEMNESTRE.

Votre frère est vivant, reprenez l'espérance;
Mais s'il est en danger, c'est par votre imprudence.
Modérez vos fureurs, et sachez aujourd'hui,
Plus humble en vos chagrins, respecter mon ennui.
Vous pensez que je viens, heureuse et triomphante,
Conduire dans la joie une pompe éclatante :
Électre, cette fête est un jour de douleur;
Vous pleurez dans les fers, et moi, dans ma grandeur.
Je sais quels vœux forma votre haine insensée.
N'implorez plus les dieux; ils vous ont exaucée.
Laissez-moi respirer.

SCÈNE IV.

CLYTEMNESTRE.

L'aspect de mes enfants
Dans mon cœur éperdu redouble mes tourments.
Hymen! fatal hymen! crime longtemps prospère,
Nœuds sanglants qu'ont formés le meurtre et l'adultère,
Pompe jadis trop chère à mes vœux égarés,

Quel est donc cet effroi dont vous me pénétrez ?
Mon bonheur est détruit, l'ivresse est dissipée ;
Une lumière horrible en ces lieux m'a frappée.
Qu'Égisthe est aveuglé, puisqu'il se croit heureux !
Tranquille, il me conduit à ces funèbres jeux ;
Il triomphe, et je sens succomber mon courage.
Pour la première fois je redoute un présage ;
Je crains Argos, Électre, et ses lugubres cris,
La Grèce, mes sujets, mon fils, mon propre fils.
Ah ! quelle destinée, et quel affreux supplice,
De former de son sang ce qu'il faut qu'on haïsse !
De n'oser prononcer sans des troubles cruels
Les noms les plus sacrés, les plus chers aux mortels !
Je chassai de mon cœur la nature outragée ;
Je tremble au nom d'un fils : la nature est vengée.

SCÈNE V.

ÉGISTHE, CLYTEMNESTRE.

CLYTEMNESTRE.

Ah ! trop cruel Égisthe, où guidiez-vous mes pas ?
Pourquoi revoir ces lieux consacrés au trépas ?

ÉGISTHE.

Quoi ! ces solennités qui vous étaient si chères,
Ces gages renaissants de nos destins prospères,
Deviendraient à vos yeux des objets de terreur !
Ce jour de notre hymen est-il un jour d'horreur ?

CLYTEMNESTRE.

Non ; mais ce lieu peut-être est pour nous redoutable.
Ma famille y répand une horreur qui m'accable.
A des tourments nouveaux tous mes sens sont ouverts.
Iphise dans les pleurs, Électre dans les fers,
Du sang versé par nous cette demeure empreinte,
Oreste, Agamemnon, tout me remplit de crainte.

ÉGISTHE.

Laissez gémir Iphise, et vous ressouvenez
Qu'après tous nos affronts, trop longtemps pardonnés,
L'impétueuse Électre a mérité l'outrage
Dont j'humilie enfin cet orgueilleux courage.

Je la traîne enchaînée, et je ne prétends pas
Que, de ses cris plaintifs alarmant mes États,
Dans Argos désormais sa dangereuse audace
Ose des dieux sur nous rappeler la menace,
D'Oreste aux mécontents promettre le retour.
On n'en parle que trop ; et, depuis plus d'un jour,
Partout le nom d'Oreste a blessé mon oreille ;
Et ma juste colère à ce bruit se réveille.

CLYTEMNESTRE.

Quel nom prononcez-vous ? Tout mon cœur en frémit.
On prétend qu'en secret un oracle a prédit
Qu'un jour, en ce lieu même où mon destin me guide,
Il porterait sur nous une main parricide.
Pourquoi tenter les dieux ? Pourquoi vous présenter
Aux coups qu'il vous faut craindre, et qu'on peut éviter ?

ÉGISTHE.

Ne craignez rien d'Oreste, il est vrai qu'il respire ;
Mais, loin que dans le piége Oreste nous attire,
Lui-même à ma poursuite il ne peut échapper.
Déjà de toutes parts j'ai su l'envelopper.
Errant et poursuivi de rivage en rivage,
Il promène en tremblant son impuissante rage ;
Aux forêts d'Épidaure il s'est enfin caché.
D'Épidaure en secret le roi m'est attaché.
Plus que vous ne pensez on prend notre défense.

CLYTEMNESTRE.

Mais quoi ! mon fils...

ÉGISTHE.

Je sais quelle est sa violence ;
Il est fier, implacable, aigri par son malheur ;
Digne du sang d'Atrée, il en a la fureur.

CLYTEMNESTRE.

Ah, seigneur ! elle est juste.

ÉGISTHE.

Il faut la rendre vaine.
Vous savez qu'en secret j'ai fait partir Plistène :
Il est dans Épidaure.

CLYTEMNESTRE.

A quel dessein ? pourquoi ?

ÉGISTHE.

Pour assurer mon trône et calmer votre effroi.
Oui, Plistène, mon fils, adopté par vous-même,

L'héritier de mon nom et de mon diadème,
Est trop intéressé, madame, à détourner
Des périls que toujours vous voulez soupçonner :
Il vous tient lieu de fils, n'en connaissez plus d'autre.
Vous savez, pour unir ma famille et la vôtre,
Qu'Électre eût pu prétendre à l'hymen de mon fils,
Si son cœur à vos lois eût été plus soumis,
Si vos soins avaient pu fléchir son caractère :
Mais je punis la sœur, et je cherche le frère ;
Plistène me seconde : en un mot, il vous sert.
Notre ennemi commun sans doute est découvert.
Vous frémissez, madame ?

CLYTEMNESTRE.

            O nouvelles victimes !
Ne puis-je respirer qu'à force de grands crimes ?
Égisthe, vous savez qui j'ai privé du jour...
Le fils que j'ai nourri périrait à son tour !
Ah ! de mes jours usés le déplorable reste
Doit-il être acheté par un prix si funeste ?

ÉGISTHE.

Songez...

CLYTEMNESTRE.

      Souffrez du moins que j'implore une fois
Ce ciel dont si longtemps j'ai méprisé les lois.

ÉGISTHE.

Voulez-vous qu'à mes vœux il mette des obstacles ?
Qu'attendez-vous ici du ciel et des oracles ?
Au jour de notre hymen furent-ils écoutés ?

CLYTEMNESTRE.

Vous rappelez des temps dont ils sont irrités.
De mon cœur étonné vous voyez le tumulte.
L'amour brava les dieux, la crainte les consulte.
N'insultez point, seigneur, à mes sens affaiblis.
Le temps, qui change tout, a changé mes esprits ;
Et peut-être des dieux la main appesantie
Se plaît à subjuguer ma fierté démentie.
Je ne sens plus en moi ce courage emporté,
Qu'en ce palais sanglant j'avais trop écouté.
Ce n'est pas que pour vous mon amitié s'altère :
Il n'est point d'intérêt que mon cœur vous préfère ;
Mais une fille esclave, un fils abandonné,
Un fils mon ennemi, peut-être assassiné,

Et qui, s'il est vivant, me condamne et m'abhorre ;
L'idée en est horrible, et je suis mère encore.

ÉGISTHE.

Vous êtes mon épouse, et surtout vous régnez.
Rappelez Clytemnestre à mes yeux indignés.
Écoutez-vous du sang le dangereux murmure
Pour des enfants ingrats qui bravent la nature ?
Venez : votre repos doit sur eux l'emporter.

CLYTEMNESTRE.

Du repos dans le crime ! ah ! qui peut s'en flatter ?

FIN DU PREMIER ACTE.

ACTE DEUXIÈME.

SCÈNE I.

ORESTE, PYLADE.

ORESTE.
Pylade, où sommes-nous ? En quels lieux t'a conduit
Le malheur obstiné du destin qui me suit ?
L'infortune d'Oreste environne ta vie.
Tout ce qu'a préparé ton amitié hardie,
Trésors, armes, soldats, a péri dans les mers.
Sans secours avec toi jeté dans ces déserts,
Tu n'as plus qu'un ami dont le destin t'opprime.
Le ciel nous ravit tout, hors l'espoir qui m'anime.
A peine as-tu caché sous ces rocs escarpés
Quelques tristes débris au naufrage échappés.
Connais-tu ce rivage où mon malheur m'arrête ?

PYLADE.
J'ignore en quels climats nous jette la tempête ;
Mais de notre destin pourquoi désespérer ?
Tu vis, il me suffit ; tout doit me rassurer.
Un dieu dans Épidaure a conservé ta vie,
Que le barbare Égisthe a toujours poursuivie ;
Dans ton premier combat il a conduit tes mains.
Plistène sous tes coups a fini ses destins.
Marchons sous la faveur de ce dieu tutélaire,
Qui t'a livré le fils, qui t'a promis le père.

ORESTE.
Je n'ai contre un tyran sur le trône affermi,
Dans ces lieux inconnus, qu'Oreste et mon ami.

PYLADE.
C'est assez ; et du ciel je reconnais l'ouvrage.

ACTE II, SCÈNE I.

Il nous a tout ravi par ce cruel naufrage,
Il veut seul accomplir ses augustes desseins ;
Pour ce grand sacrifice il ne veut que nos mains.
Tantôt de trente rois il arme la vengeance,
Tantôt trompant la terre, et frappant en silence,
Il veut, en signalant son pouvoir oublié,
N'armer que la nature et la seule amitié.

ORESTE.

Avec un tel secours bannissons nos alarmes ;
Je n'aurai pas besoin de plus puissantes armes.
As-tu dans ces rochers qui défendent ces bords,
Où nous avons pris terre après de longs efforts,
As-tu caché du moins ces cendres de Plistène,
Ces dépôts, ces témoins de vengeance et de haine,
Cette urne qui d'Égisthe a dû tromper les yeux ?

PYLADE.

Échappée au naufrage, elle est près de ces lieux.
Mes mains avec cette urne ont caché cette épée,
Qui dans le sang troyen fut autrefois trempée ;
Ce fer d'Agamemnon qui doit venger sa mort,
Ce fer qu'on enleva, quand, par un coup du sort,
Des mains des assassins ton enfance sauvée
Fut, loin des yeux d'Égisthe, en Phocide élevée.
L'anneau qui lui servait est encore en tes mains.

ORESTE.

Comment des dieux vengeurs accomplir les desseins ?
Comment porter encore aux mânes de mon père

(En montrant l'épée qu'il porte) :

Ce glaive qui frappa mon indigne adversaire ?
Mes pas étaient comptés par les ordres du ciel :
Lui-même a tout détruit : un naufrage cruel
Sur ces bords ignorés nous jette à l'aventure.
Quel chemin peut conduire à cette cour impure,
A ce séjour de crime où j'ai reçu le jour ?

PYLADE.

Regarde ce palais, ce temple, cette tour,
Ce tombeau, ces cyprès, ce bois sombre et sauvage ;
De deuil et de grandeur tout offre ici l'image.
Mais un mortel s'avance en ces lieux retirés,
Triste, levant au ciel des yeux désespérés ;
Il paraît dans cet âge où l'humaine prudence
Sans doute a des malheurs la longue expérience :

Sur ton malheureux sort il pourra s'attendrir.
ORESTE.
Il gémit : tout mortel est donc né pour souffrir !

SCÈNE II.

ORESTE, PYLADE, PAMMÈNE.

PYLADE.
O qui que vous soyez, tournez vers nous la vue !
La terre où je vous parle est pour nous inconnue;
Vous voyez deux amis et deux infortunés,
A la fureur des flots longtemps abandonnés.
Ce lieu nous doit-il être ou funeste ou propice?
PAMMÈNE.
Je sers ici les dieux, j'implore leur justice;
J'exerce en leur présence, en ma simplicité,
Les respectables droits de l'hospitalité.
Daignez, sous l'humble toit qu'habite ma vieillesse,
Mépriser des grands rois la superbe richesse :
Venez ; les malheureux me sont toujours sacrés.
ORESTE.
Sage et juste habitant de ces bords ignorés,
Que des dieux par nos mains la puissance immortelle
De votre piété récompense le zèle !
Quel asile est le vôtre, et quelles sont vos lois?
Quel souverain commande aux lieux où je vous vois ?
PAMMÈNE.
Égisthe règne ici ; je suis sous sa puissance.
ORESTE.
Égisthe? ciel! ô crime! ô terreur! ô vengeance!
PYLADE.
Dans ce péril nouveau gardez de vous trahir.
ORESTE.
Égisthe? justes dieux! celui qui fit périr...
PAMMÈNE.
Lui-même.
ORESTE.
Et Clytemnestre après ce coup funeste...
PAMMÈNE.
Elle règne avec lui : l'univers sait le reste.

ACTE II, SCÈNE II.

ORESTE.

Ce palais, ce tombeau...

PAMMÈNE.

Ce palais redouté
Est par Égisthe même en ce jour habité.
Mes yeux ont vu jadis élever cet ouvrage
Par une main plus digne, et pour un autre usage.
Ce tombeau (pardonnez si je pleure à ce nom)
Est celui de mon roi, du grand Agamemnon.

ORESTE.

Ah! c'en est trop : le ciel épuise mon courage.

PYLADE, à Oreste.

Dérobe-lui les pleurs qui baignent ton visage.

PAMMÈNE, à Oreste, qui se détourne

Étranger généreux, vous vous attendrissez ;
Vous voulez retenir les pleurs que vous versez :
Hélas! qu'en liberté votre cœur se déploie ;
Plaignez le fils des dieux, et le vainqueur de Troie :
Que des yeux étrangers pleurent au moins son sort,
Tandis que dans ces lieux on insulte à sa mort.

ORESTE.

Si je fus élevé loin de cette contrée,
Je n'en chéris pas moins les descendants d'Atrée.
Un Grec doit s'attendrir sur le sort des héros.
Je dois surtout... Électre est-elle dans Argos?

PAMMÈNE.

Seigneur, elle est ici.

ORESTE.

Je veux, je cours...

PYLADE.

Arrête.

Tu vas braver les dieux, tu hasardes ta tête.
Que je te plains!

(A Pammène.)

Daignez, respectable mortel,
Dans le temple voisin nous conduire à l'autel ;
C'est le premier devoir : il est temps que j'adore
Le dieu qui nous sauva sur la mer d'Épidaure.

ORESTE.

Menez-nous à ce temple, à ce tombeau sacré
Où repose un héros lâchement massacré :
Je dois à sa grande ombre un secret sacrifice.

PAMMÈNE.

Vous, seigneur? ô destins! ô céleste justice!
Eh quoi! deux étrangers ont un dessein si beau!
Ils viennent de mon maître honorer le tombeau!
Hélas! le citoyen, timidement fidèle,
N'oserait en ces lieux imiter ce saint zèle.
Dès qu'Égisthe paraît, la piété, seigneur,
Tremble de se montrer, et rentre au fond du cœur.
Égisthe apporte ici le frein de l'esclavage.
Trop de danger vous suit.

ORESTE.

C'est ce qui m'encourage.

PAMMÈNE.

De tout ce que j'entends que mes sens sont saisis!
Je me tais... Mais, seigneur, mon maître avait un fils
Qui dans les bras d'Électre... Égisthe ici s'avance:
Clytemnestre le suit... évitez leur présence.

ORESTE.

Quoi! c'est Égisthe?

PYLADE.

Il faut vous cacher à ses yeux!

SCÈNE III.

ÉGISTHE, CLYTEMNESTRE, plus loin; PAMMÈNE, SUITE.

ÉGISTHE, à Pammène.

A qui dans ce moment parliez-vous dans ces lieux?
L'un de ces deux mortels porte sur son visage
L'empreinte des grandeurs et les traits du courage;
Sa démarche, son air, son maintien, m'ont frappé:
Dans une douleur sombre il semble enveloppé;
Quel est-il? Est-il né sous mon obéissance?

PAMMÈNE.

Je connais son malheur, et non pas sa naissance.
Je devais des secours à ces deux étrangers,
Poussés par la tempête à travers ces rochers;
S'ils ne me trompent point, la Grèce est leur patrie.

ÉGISTHE.

Répondez d'eux, Pammène: il y va de la vie.

CLYTEMNESTRE.

Eh quoi! deux malheureux en ces lieux abordés
D'un œil si soupçonneux seraient-ils regardés?

ÉGISTHE.

On murmure, on m'alarme, et tout me fait ombrage.

CLYTEMNESTRE.

Hélas! depuis quinze ans c'est là notre partage :
Nous craignons les mortels autant que l'on nous craint;
Et c'est un des poisons dont mon cœur est atteint.

ÉGISTHE, à Pammène.

Allez, dis-je, et sachez quel lieu les a vus naître;
Pourquoi près du palais ils ont osé paraître;
De quel port ils partaient, et surtout quel dessein
Les guida sur ces mers dont je suis souverain.

SCÈNE IV.

ÉGISTHE, CLYTEMNESTRE.

ÉGISTHE.

Clytemnestre, vos dieux ont gardé le silence :
En moi seul désormais mettez votre espérance;
Fiez-vous à mes soins; vivez, régnez en paix,
Et d'un indigne fils ne me parlez jamais.
Quant au destin d'Électre, il est temps que j'y pense.
De nos nouveaux desseins j'ai pesé l'importance :
Sans doute, elle est à craindre; et je sais que son nom
Peut lui donner des droits au rang d'Agamemnon;
Qu'un jour avec mon fils Électre en concurrence
Peut dans les mains du peuple emporter la balance.
Vous voulez qu'aujourd'hui je brise ses liens,
Que j'unisse par vous ses intérêts aux miens?
Vous voulez terminer cette haine fatale,
Ces malheurs attachés aux enfants de Tantale?
Parlez-lui; mais craignons tous deux de partager
La honte d'un refus qu'il nous faudrait venger.
Je me flatte avec vous qu'un si triste esclavage
Doit plier de son cœur la fermeté sauvage;
Que ce passage heureux, et si peu préparé,
Du rang le plus abject à ce premier degré,
Le poids de la raison qu'une mère autorise,

L'ambition surtout la rendra plus soumise.
Gardez qu'elle résiste à sa félicité :
Il reste un châtiment pour sa témérité.
Ici votre indulgence et le nom de son père
Nourrissent son orgueil au sein de la misère ;
Qu'elle craigne, madame, un sort plus rigoureux,
Un exil sans retour, et des fers plus honteux.

SCÈNE V.

CLYTEMNESTRE, ÉLECTRE.

CLYTEMNESTRE.

Ma fille, approchez-vous ; et d'un œil moins austère
Envisagez ces lieux, et surtout une mère.
Je gémis en secret, comme vous soupirez,
De l'avilissement où vos jours sont livrés ;
Quoiqu'il fût dû peut-être à votre injuste haine,
Je m'en afflige en mère, et m'en indigne en reine.
J'obtiens grâce pour vous ; vos droits vous sont rendus.

ÉLECTRE.

Ah, madame ! à vos pieds...

CLYTEMNESTRE.

Je veux faire encor plus.

ÉLECTRE.

Eh ! quoi ?

CLYTEMNESTRE.

De votre sang soutenir l'origine,
Du grand nom de Pélops réparer la ruine,
Réunir ses enfants trop longtemps divisés.

ÉLECTRE.

Ah ! parlez-vous d'Oreste ? Achevez, disposez.

CLYTEMNESTRE.

Je parle de vous-même, et votre âme obstinée
A son propre intérêt doit être ramenée.
De tant d'abaissement c'est peu de vous tirer :
Électre, au trône un jour il vous faut aspirer.
Vous pouvez, si ce cœur connaît le vrai courage,
De Mycène et d'Argos espérer l'héritage :
C'est à vous de passer, des fers que vous portez,
A ce suprême rang des rois dont vous sortez.

D'Égisthe contre vous j'ai su fléchir la haine ;
Il veut vous voir en fille, il vous donne Plistène.
Plistène est d'Épidaure attendu chaque jour.
Votre hymen est fixé pour son heureux retour.
D'un brillant avenir goûtez déjà la gloire ;
Le passé n'est plus rien, perdez-en la mémoire.

ÉLECTRE.

A quel oubli, grands dieux ! ose-t-on m'inviter ?
Quel horrible avenir m'ose-t-on présenter ?
O sort ! ô derniers coups tombés sur ma famille !
Songez-vous au héros dont Électre est la fille,
Madame ? Osez-vous bien, par un crime nouveau,
Abandonner Électre au fils de son bourreau ?
Le sang d'Agamemnon ! qui ? moi, la sœur d'Oreste !
Électre au fils d'Égisthe, au neveu de Thyeste !
Ah ! rendez-moi mes fers ; rendez-moi tout l'affront
Dont la main des tyrans a fait rougir mon front ;
Rendez-moi les horreurs de cette servitude,
Dont j'ai fait une épreuve et si longue et si rude.
L'opprobre est mon partage ; il convient à mon sort.
J'ai supporté la honte, et vu de près la mort.
Votre Égisthe cent fois m'en avait menacée ;
Mais enfin c'est par vous qu'elle m'est annoncée.
Cette mort à mes sens inspire moins d'effroi
Que les horribles vœux qu'on exige de moi.
Allez, de cet affront je vois trop bien la cause,
Je vois quels nouveaux fers un lâche me propose.
Vous n'avez plus de fils ; son assassin cruel
Craint les droits de ses sœurs au trône paternel :
Il veut forcer mes mains à seconder sa rage,
Assurer à Plistène un sanglant héritage,
Joindre un droit légitime aux droits des assassins,
Et m'unir aux forfaits par les nœuds les plus saints.
Ah ! si j'ai quelques droits, s'il est vrai qu'il les craigne,
Dans ce sang malheureux que sa main les éteigne ;
Qu'il achève, à vos yeux, de déchirer mon sein :
Et, si ce n'est assez, prêtez-lui votre main.
Frappez ; joignez Électre à son malheureux frère ;
Frappez, dis-je : à vos coups je connaîtrai ma mère.

CLYTEMNESTRE.

Ingrate, c'en est trop ; et toute ma pitié
Cède enfin, dans mon cœur, à ton inimitié.

ORESTE.

Que n'ai-je point tenté? Que pouvais-je plus faire,
Pour fléchir, pour briser ton cruel caractère?
Tendresse, châtiments, retour de mes bontés,
Tes reproches sanglants souvent même écoutés,
Raison, menace, amour, tout, jusqu'à la couronne,
Où tu n'as d'autres droits que ceux que je te donne;
J'ai prié, j'ai puni, j'ai pardonné sans fruit.
Va, j'abandonne Électre au malheur qui la suit;
Va, je suis Clytemnestre, et surtout je suis reine.
Le sang d'Agamemnon n'a de droit qu'à ma haine.
C'est trop flatter la tienne, et, de ma faible main,
Caresser le serpent qui déchire mon sein.
Pleure, tonne, gémis, j'y suis indifférente :
Je ne verrai dans toi qu'une esclave imprudente,
Flottant entre la plainte et la témérité,
Sous la puissante main de son maître irrité.
Je t'aimais malgré toi : l'aveu m'en est bien triste;
Je ne suis plus pour toi que la femme d'Égisthe;
Je ne suis plus ta mère; et toi seule as rompu
Ces nœuds infortunés de ce cœur combattu,
Ces nœuds qu'en frémissant réclamait la nature,
Que ma fille déteste, et qu'il faut que j'abjure.

SCÈNE VI.

ÉLECTRE.

Et c'est ma mère! O ciel! fut-il jamais pour moi,
Depuis la mort d'un père, un jour plus plein d'effroi?
Hélas! j'en ai trop dit : ce cœur, plein d'amertume,
Répandait, malgré lui, le fiel qui le consume.
Je m'emporte, il est vrai; mais ne m'a-t-elle pas
D'Oreste, en ses discours, annoncé le trépas?
On offre sa dépouille à sa sœur désolée!
De ces lieux tout sanglants la nature exilée,
Et qui ne laisse ici qu'un nom qui fait horreur,
Se renfermait pour lui tout entière en mon cœur.
S'il n'est plus, si ma mère à ce point m'a trahie,
A quoi bon ménager ma plus grande ennemie?
Pourquoi? pour obtenir, de ses tristes faveurs,
De ramper dans la cour de mes persécuteurs?

ACTE II, SCÈNE VII.

Pour lever, en tremblant, aux dieux qui me trahissent,
Ces languissantes mains que mes chaînes flétrissent?
Pour voir avec des yeux de larmes obscurcis,
Dans le lit de mon père, et sur son trône assis,
Ce monstre, ce tyran, ce ravisseur funeste,
Qui m'ôte encor ma mère, et me prive d'Oreste?

SCÈNE VII.

ÉLECTRE, IPHISE [1].

IPHISE.
Chère Électre, apaisez ces cris de la douleur.

ÉLECTRE.
Moi!

IPHISE.
Partagez ma joie.

ÉLECTRE.
Au comble du malheur,
Quelle funeste joie à nos cœurs étrangère!

IPHISE.
Espérons.

ÉLECTRE.
Non, pleurez; si j'en crois une mère,
Oreste est mort, Iphise.

IPHISE.
Ah! si j'en crois mes yeux [2],
Oreste vit encore, Oreste est en ces lieux.

ÉLECTRE.
Grands dieux! Oreste! lui? Serait-il bien possible?
Ah! gardez d'abuser une âme trop sensible.
Oreste, dites-vous?

IPHISE.
Oui.

---

1. « Vous demandez, écrivait Voltaire à Mlle Clairon après la première représentation, qu'on accourcisse la scène des deux sœurs au second acte; cela est fait sans qu'il vous en coûte rien. J'ai coupé les cotillons d'Iphise, et n'ai point touché à la jupe d'Électre. »
2. Crébillon, dans son *Électre*, IV, I:

Il est mort; cependant si j'en crois à mes yeux,
Oreste vit encore, Oreste est en ces lieux.

ÉLECTRE.
D'un songe flatteur
Ne me présentez pas la dangereuse erreur.
Oreste! poursuivez; je succombe à l'atteinte
Des mouvements confus d'espérance et de crainte.

IPHISE.
Ma sœur, deux inconnus, qu'à travers mille morts
La main d'un dieu, sans doute, a jetés sur ces bords,
Recueillis par les soins du fidèle Pammène...
L'un des deux...

ÉLECTRE.
Je me meurs, et me soutiens à peine.
L'un des deux?...

IPHISE.
Je l'ai vu; quel feu brille en ses yeux!
Il avait l'air, le port, le front, des demi-dieux,
Tel qu'on peint le héros qui triompha de Troie;
La même majesté sur son front se déploie.
A mes avides yeux soigneux de s'arracher,
Chez Pammène, en secret, il semble se cacher.
Interdite, et le cœur tout plein de son image,
J'ai couru vous chercher sur ce triste rivage,
Sous ces sombres cyprès, dans ce temple éloigné,
Enfin vers ce tombeau de nos larmes baigné.
Je l'ai vu, ce tombeau, couronné de guirlandes[1],
De l'eau sainte arrosé, couvert encor d'offrandes;
Des cheveux, si mes yeux ne se sont pas trompés,
Tels que ceux du héros dont mes sens sont frappés;
Une épée, et c'est là ma plus ferme espérance[2];
C'est le signe éclatant du jour de la vengeance :
Et quel autre qu'un fils, qu'un frère, qu'un héros,
Suscité par les dieux pour le salut d'Argos,
Aurait osé braver ce tyran redoutable?

1. On lit dans l'*Électre* de Crébillon, IV, II :

Le tombeau de mon père encor mouillé de pleurs;
Qui les aurait versés? Qui l'eût couvert de fleurs?

2. Crébillon a dit, IV, I :

Un fer, signe certain qu'une main se prépare
A venger ce grand roi des fureurs d'un barbare.
Quelle main s'arme encor contre ses ennemis?
Qui jure ainsi leur mort, si ce n'est pas son fils?

C'est Oreste, sans doute; il en est seul capable;
C'est lui, le ciel l'envoie; il m'en daigne avertir.
C'est l'éclair qui paraît, la foudre va partir.

ÉLECTRE.

Je vous crois; j'attends tout; mais n'est-ce point un piége
Que tend de mon tyran la fourbe sacrilége?
Allons : de mon bonheur il me faut assurer.
Ces étrangers... Courons; mon cœur va m'éclairer.

IPHISE.

Pammène m'avertit, Pammène nous conjure
De ne point approcher de sa retraite obscure.
Il y va de ses jours.

ÉLECTRE.

Ah! que m'avez-vous dit[1]?
Non; vous êtes trompée, et le ciel nous trahit.
Mon frère, après seize ans, rendu dans sa patrie,
Eût volé dans les bras qui sauvèrent sa vie;
Il eût porté la joie à ce cœur désolé;
Loin de vous fuir, Iphise, il vous aurait parlé.
Ce fer vous rassurait, et j'en suis alarmée.
Une mère cruelle est trop bien informée.
J'ai cru voir, et j'ai vu dans ses yeux interdits
Le barbare plaisir d'avoir perdu son fils.
N'importe, je conserve un reste d'espérance :
Ne m'abandonnez pas, ô dieux de la vengeance!
Pammène à mes transports pourra-t-il résister?
Il faut qu'il parle: allons, rien ne peut m'arrêter.

IPHISE.

Vous vous perdez; songez qu'un maître impitoyable
Nous obsède, nous suit d'un œil inévitable.
Si mon frère est venu, nous l'allons découvrir;
Ma sœur, en lui parlant, nous le faisons périr :
Et si ce n'est pas lui, notre recherche vaine
Irrite nos tyrans, met en danger Pammène.
Je revole au tombeau que je puis honorer :
Clytemnestre du moins m'a permis d'y pleurer.
Cet étranger, ma sœur, y peut paraître encore;

---

1. Voltaire écrit à Mlle Clairon : « Si vous aviez le quart de la docilité dont je fais gloire... quand Iphise vous dit: *Pammène nous conjure.* etc., vous lui répondriez, non pas avec un ton ordinaire, mais avec tous les symptômes du découragement, après un *Ah!* très-douloureux: *Ah!... que m'avez-vous dit?* etc. » Voyez *Correspondance*, 1750.

ORESTE.

C'est un asile sûr; et ce ciel que j'implore,
Ce ciel, dont votre audace accuse les rigueurs,
Pourra le rendre encore à vos cris, à mes pleurs.
Venez.

ÉLECTRE.
De quel espoir ma douleur est suivie!
Ah! si vous me trompez, vous m'arrachez la vie.

FIN DU DEUXIÈME ACTE.

ACTE TROISIÈME.

SCÈNE I.

ORESTE, PYLADE.

(Un esclave porte une urne, et un autre une épée.)

PYLADE.
Quoi! verrai-je toujours ta grande âme égarée
Souffrir tous les tourments des descendants d'Atrée?
De l'attendrissement passer à la fureur?

ORESTE.
C'est le destin d'Oreste; il est né pour l'horreur.
J'étais dans ce tombeau, lorsque ton œil fidèle
Veillait sur ces dépôts confiés à ton zèle;
J'appelais en secret ces mânes indignés;
Je leur offrais mes dons, de mes larmes baignés.
Une femme, vers moi courant désespérée,
Avec des cris affreux dans la tombe est entrée,
Comme si, dans ces lieux qu'habite la terreur,
Elle eût fui sous les coups de quelque dieu vengeur.
Elle a jeté sur moi sa vue épouvantée :
Elle a voulu parler; sa voix s'est arrêtée.
J'ai vu soudain, j'ai vu les filles de l'enfer
Sortir, entre elle et moi, de l'abîme entr'ouvert.
Leurs serpents, leurs flambeaux, leur voix sombre et terrible,
M'inspiraient un transport inconcevable, horrible,
Une fureur atroce; et je sentais ma main
Se lever, malgré moi, prête à percer son sein :
Ma raison s'enfuyait de mon âme éperdue.
Cette femme, en tremblant, s'est soustraite à ma vue,
Sans s'adresser aux dieux, et sans les honorer;

Elle semblait les craindre, et non les adorer.
Plus loin, versant des pleurs, une fille timide,
Sur la tombe et sur moi fixant un œil avide,
D'Oreste, en gémissant, a prononcé le nom.

SCÈNE II.

ORESTE, PYLADE, PAMMÈNE.

ORESTE, à Pammène.

O vous, qui secourez le sang d'Agamemnon,
Vous, vers qui nos malheurs et nos dieux sont mes guides,
Parlez ; révélez-moi les destins des Atrides.
Qui sont ces deux objets dont l'un m'a fait horreur,
Et l'autre a dans mes sens fait passer la douleur ?
Ces deux femmes...

PAMMÈNE.

Seigneur, l'une était votre mère...

ORESTE.

Clytemnestre ! Elle insulte aux mânes de mon père ?

PAMMÈNE.

Elle venait aux dieux, vengeurs des attentats,
Demander un pardon qu'elle n'obtiendra pas.
L'autre était votre sœur, la tendre et simple Iphise,
A qui de ce tombeau l'entrée était permise.

ORESTE.

Hélas ! que fait Électre ?

PAMMÈNE.

Elle croit votre mort ;
Elle pleure.

ORESTE.

Ah ! grands dieux qui conduisez mon sort,
Quoi ! vous ne voulez pas que ma bouche affligée
Console de mes sœurs la tendresse outragée !
Quoi ! toute ma famille, en ces lieux abhorrés,
Est un sujet de trouble à mes sens déchirés !

PAMMÈNE.

Obéissons aux dieux.

ORESTE.

Que cet ordre est sévère !

PAMMÈNE.
Ne vous en plaignez point ; cet ordre est salutaire :
La vengeance est pour eux. Ils ne prétendent pas
Qu'on touche à leur ouvrage, et qu'on aide leur bras :
Électre vous nuirait, loin de vous être utile ;
Son caractère ardent, son courage indocile,
Incapable de feindre et de rien ménager,
Servirait à vous perdre, au lieu de vous venger.

ORESTE.
Mais quoi ! les abuser par cette feinte horrible ?

PAMMÈNE.
N'oubliez point ces dieux, dont le secours sensible
Vous a rendu la vie au milieu du trépas.
Contre leurs volontés si vous faites un pas,
Ce moment vous dévoue à leur haine fatale :
Tremblez, malheureux fils d'Atrée et de Tantale,
Tremblez de voir sur vous, en ces lieux détestés,
Tomber tous les fléaux du sang dont vous sortez.

ORESTE.
Pourquoi nous imposer, par des lois inhumaines,
Et des devoirs nouveaux et de nouvelles peines ?
Les mortels malheureux n'en ont-ils pas assez ?
Sous des fardeaux sans nombre ils vivent terrassés.
A quel prix, dieux puissants, avons-nous reçu l'être ?
N'importe, est-ce à l'esclave à condamner son maître ?
Obéissons, Pammène.

PAMMÈNE.
Il le faut, et je cours
Éblouir le barbare armé contre vos jours.
Je dirai qu'aujourd'hui le meurtrier d'Oreste
Doit remettre en ses mains cette cendre funeste.

ORESTE.
Allez donc. Je rougis même de le tromper.

PAMMÈNE.
Aveuglons la victime, afin de la frapper.

SCÈNE III.

ORESTE, PYLADE.

PYLADE.

Apaise de tes sens le trouble involontaire,
Renferme dans ton cœur un secret nécessaire ;
Cher Oreste, crois-moi, des femmes et des pleurs
Du sang d'Agamemnon sont de faibles vengeurs.

ORESTE.

Trompons surtout Égisthe et ma coupable mère.
Qu'ils goûtent de ma mort la douceur passagère ;
Si pourtant une mère a pu porter jamais
Sur la cendre d'un fils des regards satisfaits !

PYLADE.

Attendons-les ici tous deux à leur passage.

SCÈNE IV.

ÉLECTRE, IPHISE, d'un côté ; ORESTE, PYLADE, de l'autre, avec les esclaves qui portent l'urne et l'épée.

ÉLECTRE.

L'espérance trompée accable et décourage.
Un seul mot de Pammène a fait évanouir
Ces songes imposteurs dont vous osiez jouir.
Ce jour faible et tremblant, qui consolait ma vue,
Laisse une horrible nuit sur mes yeux répandue.
Ah ! la vie est pour nous un cercle de douleur !

ORESTE, à Pylade.

Tu vois ces deux objets ; ils m'arrachent le cœur.

PYLADE.

Sous les lois des tyrans, tout gémit, tout s'attriste.

ORESTE.

La plainte doit régner dans l'empire d'Égisthe.

IPHISE, à Électre.

Voilà ces étrangers.

ÉLECTRE.

Présages douloureux !
Le nom d'Égisthe, ô ciel ! est prononcé par eux.

ACTE III, SCÈNE IV.

IPHISE.
L'un d'eux est ce héros dont les traits m'ont frappée.
ÉLECTRE.
Hélas! ainsi que vous j'aurais été trompée.
(A Oreste.)
Eh! qui donc êtes-vous, étrangers malheureux?
Que venez-vous chercher sur ce rivage affreux?
ORESTE.
Nous attendons ici les ordres, la présence,
Du roi qui tient Argos sous son obéissance.
ÉLECTRE.
Qui! du roi! quoi, des Grecs osent donner ce nom
Au tyran qui versa le sang d'Agamemnon!
PYLADE.
Il règne; c'est assez, et le ciel nous ordonne
Que, sans peser ses droits, nous respections son trône,
ÉLECTRE.
Maxime horrible et lâche! Eh! que demandez-vous
Au monstre ensanglanté qui règne ici sur nous?
PYLADE.
Nous venons lui porter des nouvelles heureuses.
ÉLECTRE.
Elles sont donc pour nous inhumaines, affreuses?
IPHISE, en voyant l'urne.
Quelle est cette urne, hélas! ô surprise! ô douleurs!
PYLADE.
Oreste...
ÉLECTRE.
Oreste! ah, dieux! il est mort; je me meurs.
ORESTE, à Pylade.
Qu'avons-nous fait, ami? Peut-on les méconnaître
A l'excès des douleurs que nous voyons paraître?
Tout mon sang se soulève. Ah, princesse! ah! vivez.
ÉLECTRE.
Moi, vivre! Oreste est mort. Barbares, achevez.
IPHISE.
Hélas! d'Agamemnon vous voyez ce qui reste,
Ses deux filles, les sœurs du malheureux Oreste.
ORESTE.
Électre! Iphise! où suis-je? impitoyables dieux!
(A celui qui porte l'urne.)
Otez ces monuments; éloignez de leurs yeux

ORESTE.

Cette urne dont l'aspect...

ÉLECTRE, revenant à elle, et courant vers l'urne[1].

Cruel, qu'osez-vous dire ?
Ah ! ne m'en privez pas ; et devant que j'expire,
Laissez, laissez toucher à mes tremblantes mains
Ces restes échappés à des dieux inhumains.
Donnez.

(Elle prend l'urne et l'embrasse.)

ORESTE.

Que faites-vous ? cessez.

PYLADE.

Le seul Égisthe
Dut recevoir de nous ce monument si triste.

ÉLECTRE.

Qu'entends-je ? Ô nouveau crime ! ô désastres plus grands !
Les cendres de mon frère aux mains de mes tyrans !
Des meurtriers d'Oreste, ô ciel ! suis-je entourée ?

ORESTE.

De ce reproche affreux mon âme déchirée
Ne peut plus...

ÉLECTRE.

Et c'est vous qui partagez mes pleurs ?
Au nom du fils des rois, au nom des dieux vengeurs,
S'il n'est pas mort par vous, si vos mains généreuses
Ont daigné recueillir ses cendres malheureuses...

ORESTE.

Ah, dieux !...

ÉLECTRE.

Si vous plaignez son trépas et ma mort,
Répondez-moi ; comment avez-vous su son sort ?
Étiez-vous son ami ? dites-moi qui vous êtes,
Vous surtout, dont les traits... Vos bouches sont muettes ;
Quand vous m'assassinez vous êtes attendris !

ORESTE.

C'en est trop, et les dieux sont trop bien obéis.

ÉLECTRE.

Que dites-vous ?

ORESTE.

Laissez ces dépouilles horribles.

---

[1]. Voyez, plus loin, les réflexions de M. Dumolard sur la scène de l'urne.

ÉLECTRE.

Tous les cœurs aujourd'hui seront-ils inflexibles?
Non, fatal étranger, je ne rendrai jamais
Ces présents douloureux que ta pitié m'a faits ;
C'est Oreste, c'est lui... Vois sa sœur expirante
L'embrasser en mourant de sa main défaillante.

ORESTE.

Je n'y résiste plus. Dieux inhumains, tonnez.
Électre...

ÉLECTRE.

Eh bien?

ORESTE.

Je dois...

PYLADE.

Ciel!

ÉLECTRE.

Poursuis.

ORESTE.

Apprenez...

SCÈNE V.

ÉGISTHE, CLYTEMNESTRE, ORESTE, PYLADE,
ÉLECTRE, IPHISE, PAMMÈNE, GARDES.

ÉGISTHE.

Quel spectacle! ô fortune à mes lois asservie!
Pammène, est-il donc vrai? mon rival est sans vie?
Vous ne me trompiez point, sa douleur m'en instruit.

ÉLECTRE.

O rage! ô dernier jour!

ORESTE.

Où me vois-je réduit?

ÉGISTHE.

Qu'on ôte de ses mains ces dépouilles d'Oreste.
(On prend l'urne des mains d'Électre.)

ÉLECTRE.

Barbare, arrache-moi le seul bien qui me reste :
Tigre, avec cette cendre arrache-moi le cœur,
Joins le père aux enfants, joins le frère à la sœur.
Monstre heureux, à tes pieds vois toutes tes victimes,

126 ORESTE.

Jouis de ton bonheur, jouis de tous tes crimes.
Contemplez avec lui des spectacles si doux,
Mère trop inhumaine; ils sont dignes de vous.

(Iphise l'emmène.)

SCÈNE VI.

ÉGISTHE, CLYTEMNESTRE, ORESTE, PYLADE,
GARDES.

CLYTEMNESTRE.

Que me faut-il entendre!

ÉGISTHE.

Elle en sera punie.
Qu'elle se plaigne au ciel, le ciel me justifie;
Sans me charger du meurtre, il l'a du moins permis!
Nos jours sont assurés, nos trônes affermis.
Voilà donc ces deux Grecs échappés du naufrage,
De qui je dois payer le zèle et le courage?

ORESTE.

C'est nous-mêmes : j'ai dû vous offrir ces présents,
D'un important trépas gages intéressants.
Ce glaive, cet anneau : vous devez les connaître;
Agamemnon les eut quand il fut votre maître;
Oreste les portait.

CLYTEMNESTRE.

Quoi! c'est vous que mon fils...

ÉGISTHE.

Si vous l'avez vaincu, je vous en dois le prix.
De quel sang êtes-vous? Qui vois-je en vous paraître?

ORESTE.

Mon nom n'est point connu... Seigneur, il pourra l'être.
Mon père aux champs troyens a signalé son bras,
Aux yeux de tous ces rois vengeurs de Ménélas.
Il périt dans ces temps de malheurs et de gloire
Qui des Grecs triomphants ont suivi la victoire.
Ma mère m'abandonne, et je suis sans secours;
Des ennemis cruels ont poursuivi mes jours.
Cet ami me tient lieu de fortune et de père.
J'ai recherché l'honneur et bravé la misère.
Seigneur, tel est mon sort.

ÉGISTHE.

Dites-moi dans quels lieux
Votre bras m'a vengé de ce prince odieux.

ORESTE.

Dans les champs d'Hermione, au tombeau d'Achémore,
Dans un bois qui conduit au temple d'Épidaure.

ÉGISTHE.

Mais le roi d'Épidaure avait proscrit ses jours ;
D'où vient qu'à ses bienfaits vous n'avez point recours ?

ORESTE.

Je chéris la vengeance, et je hais l'infamie.
Ma main d'un ennemi n'a point vendu la vie.
Des intérêts secrets, seigneur, m'avaient conduit :
Cet ami les connut ; il en fut seul instruit.
Sans implorer des rois, je venge ma querelle.
Je suis loin de vanter ma victoire et mon zèle ;
Pardonnez. Je frissonne à tout ce que je vois ;
Seigneur... d'Agamemnon la veuve est devant moi...
Peut-être je la sers, peut-être je l'offense :
Il ne m'appartient pas de braver sa présence.
Je sors...

ÉGISTHE.

Non, demeurez.

CLYTEMNESTRE.

Qu'il s'écarte, seigneur ;
Son aspect me remplit d'épouvante et d'horreur.
C'est lui que j'ai trouvé dans la demeure sombre
Où d'un roi malheureux repose la grande ombre.
Les déités du Styx marchaient à ses côtés.

ÉGISTHE.

Qui ! vous ?... Qu'osiez-vous faire en ces lieux écartés ?

ORESTE.

J'allais, comme la reine, implorer la clémence
De ces mânes sanglants qui demandent vengeance.
Le sang qu'on a versé doit s'expier, seigneur.

CLYTEMNESTRE.

Chaque mot est un trait enfoncé dans mon cœur.
Éloignez de mes yeux cet assassin d'Oreste.

ORESTE.

Cet Oreste, dit-on, dut vous être funeste :
On disait que proscrit, errant, et malheureux,
De haïr une mère il eut le droit affreux.

CLYTEMNESTRE.

Il naquit pour verser le sang qui le fit naître.
Tel fut le sort d'Oreste, et son dessein peut-être.
De sa mort cependant mes sens sont pénétrés.
Vous me faites frémir, vous qui m'en délivrez.

ORESTE.

Qui? lui, madame? un fils armé contre sa mère!
Ah! qui peut effacer ce sacré caractère?
Il respectait son sang... peut-être il eût voulu...

CLYTEMNESTRE.

Ah, ciel!

ÉGISTHE.

Que dites-vous? Où l'aviez-vous connu?

PYLADE.

Il se perd... Aisément les malheureux s'unissent;
Trop promptement liés, promptement ils s'aigrissent;
Nous le vîmes dans Delphe.

ORESTE.

Oui... j'y sus son dessein.

ÉGISTHE.

Eh bien! Quel était-il?

ORESTE.

De vous percer le sein.

ÉGISTHE.

Je connaissais sa rage, et je l'ai méprisée;
Mais de ce nom d'Oreste Électre autorisée
Semblait tenir encor tout l'État partagé;
C'est d'Électre surtout que vous m'avez vengé.
Elle a mis aujourd'hui le comble à ses offenses :
Comptez-la désormais parmi vos récompenses.
Oui, ce superbe objet contre moi conjuré,
Ce cœur enflé d'orgueil, et de haine enivré,
Qui même de mon fils dédaigna l'alliance,
Digne sœur d'un barbare avide de vengeance,
Je la mets dans vos fers; elle va vous servir :
C'est m'acquitter vers vous bien moins que la punir.
Si de Priam jadis la race malheureuse
Traîna chez ses vainqueurs une chaîne honteuse,
Le sang d'Agamemnon peut servir à son tour.

CLYTEMNESTRE.

Qui? moi, je souffrirais!...

ACTE III, SCÈNE VI.

ÉGISTHE.

Eh! madame, en ce jour,
Défendez-vous encor ce sang qui vous déteste?
N'épargnez point Électre, ayant proscrit Oreste.
(A Oreste.)
Vous... laissez cette cendre à mon juste courroux.

ORESTE.

J'accepte vos présents; cette cendre est à vous.

CLYTEMNESTRE.

Non, c'est pousser trop loin la haine et la vengeance;
Qu'il parte, qu'il emporte une autre récompense.
Vous-même, croyez-moi, quittons ces tristes bords,
Qui n'offrent à mes yeux que les cendres des morts.
Osons-nous préparer ce festin sanguinaire
Entre l'urne du fils et la tombe du père?
Osons-nous appeler à nos solennités
Les dieux de ma famille à qui vous insultez,
Et livrer, dans les jeux d'une pompe funeste,
Le sang de Clytemnestre au meurtrier d'Oreste?
Non : trop d'horreur ici s'obstine à me troubler;
Quand je connais la crainte, Égisthe peut trembler.
Ce meurtrier m'accable, et je sens que sa vue
A porté dans mon cœur un poison qui me tue.
Je cède, et je voudrais, dans ce mortel effroi,
Me cacher à la terre, et, s'il se peut, à moi.
(Elle sort.)

ÉGISTHE, à Oreste.

Demeurez. Attendez que le temps la désarme.
La nature un moment jette un cri qui l'alarme;
Mais bientôt, dans un cœur à la raison rendu,
L'intérêt parle en maître, et seul est entendu.
En ces lieux avec nous célébrez la journée
De son couronnement et de mon hyménée.
(A sa suite.)
Et vous... dans Épidaure allez chercher mon fils;
Qu'il vienne confirmer tout ce qu'ils m'ont appris.

SCÈNE VII.

ORESTE, PYLADE.

ORESTE.

Va, tu verras Oreste à tes pompes cruelles;
Va, j'ensanglanterai la fête où tu m'appelles.

PYLADE.

Dans tous ces entretiens que je tremble pour vous!
Je crains votre tendresse, et plus votre courroux;
Dans ses émotions je vois votre âme altière,
A l'aspect du tyran, s'élançant tout entière;
Tout prêt de l'insulter, tout prêt de vous trahir;
Au nom d'Agamemnon vous m'avez fait frémir.

ORESTE.

Ah! Clytemnestre encor trouble plus mon courage.
Dans mon cœur déchiré quel douloureux partage!
As-tu vu dans ses yeux, sur son front interdit,
Les combats qu'en son âme excitait mon récit?
Je les éprouvais tous; ma voix était tremblante.
Ma mère en me voyant s'effraye et m'épouvante.
Le meurtre de mon père, et mes sœurs à venger,
Un barbare à punir, la reine à ménager,
Électre, son tyran; mon sang qui se soulève;
Que de tourments secrets! ô dieu terrible, achève!
Précipite un moment trop lent pour ma fureur,
Ce moment de vengeance, et que prévient mon cœur!
Quand pourrai-je servir ma tendresse et ma haine,
Mêler le sang d'Égisthe aux cendres de Plistène,
Immoler ce tyran, le montrer à ma sœur
Expirant sous mes coups, pour la tirer d'erreur?

SCÈNE VIII.

ORESTE, PYLADE, PAMMÈNE.

ORESTE.

Qu'as-tu fait, cher Pammène? As-tu quelque espérance?

PAMMÈNE.

Seigneur, depuis ce jour fatal à votre enfance,

Où j'ai vu dans ces lieux votre père égorgé,
Jamais plus de périls ne vous ont assiégé.

ORESTE.

Comment?

PYLADE.

Quoi! pour Oreste aurai-je à craindre encore?

PAMMÈNE.

Il arrive à l'instant un courrier d'Épidaure;
Il est avec Égisthe; il glace mes esprits :
Égisthe est informé de la mort de son fils.

PYLADE.

Ciel!

ORESTE.

Sait-il que ce fils, élevé dans le crime,
Du fils d'Agamemnon est tombé la victime?

PAMMÈNE.

On parle de sa mort, on ne dit rien de plus;
Mais de nouveaux avis sont encore attendus.
On se tait à la cour, on cache à la contrée
Que d'un de ses tyrans la Grèce est délivrée.
Égisthe, avec la reine en secret renfermé,
Écoute ce récit, qui n'est pas confirmé;
Et c'est ce que j'apprends d'un serviteur fidèle,
Qui, pour le sang des rois comme moi plein de zèle,
Gémissant et caché, traîne encor ses vieux ans
Dans un service ingrat à la cour des tyrans.

ORESTE.

De la vengeance au moins j'ai goûté les prémices;
Mes mains ont commencé mes justes sacrifices :
Les dieux permettront-ils que je n'achève pas?
Cher Pylade, est-ce en vain qu'ils ont armé mon bras?
Par des bienfaits trompeurs exerçant leur colère,
M'ont-ils donné le fils pour me livrer au père?
Marchons; notre péril doit nous déterminer :
Qui ne craint point la mort est sûr de la donner.
Avant qu'un jour plus grand puisse éclairer sa rage,
Je veux de ce moment saisir tout l'avantage.

PAMMÈNE.

Eh bien! il faut paraître; il faut vous découvrir
A ceux qui pour leur roi sauront du moins mourir :
Il en est, j'en réponds, cachés dans ces asiles;
Plus ils sont inconnus, plus ils seront utiles.

PYLADE.

Allons; et si les noms d'Oreste et de sa sœur,
Si l'indignation contre l'usurpateur,
Le tombeau de ton père, et l'aspect de sa cendre,
Les dieux qui t'ont conduit, ne peuvent te défendre,
S'il faut qu'Oreste meure en ces lieux abhorrés,
Je t'ai voué mes jours, ils te sont consacrés.
Nous périrons unis; c'est l'espoir qui me reste;
Pylade à tes côtés mourra digne d'Oreste.

ORESTE.

Ciel! ne frappe que moi; mais, daigne, en ta pitié,
Protéger son courage, et servir l'amitié.

FIN DU TROISIÈME ACTE.

ACTE QUATRIÈME.

SCÈNE I.

ORESTE, PYLADE.

ORESTE.
De Pammène, il est vrai, la sage vigilance
D'Égisthe pour un temps trompe la défiance ;
On lui dit que les dieux, de Tantale ennemis,
Frappaient en même temps les derniers de ses fils.
Peut-être que le ciel, qui pour nous se déclare,
Répand l'aveuglement sur les yeux du barbare.
Mais tu vois ce tombeau si cher à ma douleur ;
Ma main l'avait chargé de mon glaive vengeur ;
Ce fer est enlevé par des mains sacriléges.
L'asile de la mort n'a plus de priviléges,
Et je crains que ce glaive, à mon tyran porté,
Ne lui donne sur nous quelque affreuse clarté.
Précipitons l'instant où je veux le surprendre.
PYLADE.
Pammène veille à tout, sans doute il faut l'attendre.
Dès que nous aurons vu, dans ces bois écartés,
Le peu de vos sujets à vous suivre excités,
Par trois divers chemins retrouvons-nous ensemble,
Non loin de cette tombe, au lieu qui nous rassemble.
ORESTE.
Allons... Pylade, ah, ciel ! ah, trop barbare loi !
Ma rigueur assassine un cœur qui vit pour moi !
Quoi ! j'abandonne Électre à sa douleur mortelle !
PYLADE.
Tu l'as juré, poursuis, et ne redoute qu'elle.
Électre peut te perdre, et ne peut te servir ;
Les yeux de tes tyrans sont tout prêts de s'ouvrir :

Renferme cette amour et si sainte et si pure.
Doit-on craindre en ces lieux de dompter la nature?
Ah! de quels sentiments te laisses-tu troubler?
Il faut venger Électre, et non la consoler.

ORESTE.

Pylade, elle s'avance, et me cherche peut-être.

PYLADE.

Ses pas sont épiés; garde-toi de paraître.
Va, j'observerai tout avec empressement :
Les yeux de l'amitié se trompent rarement.

SCÈNE II.

ÉLECTRE, IPHISE, PYLADE.

ÉLECTRE.

Le perfide... il échappe à ma vue indignée.
En proie à ma fureur, et de larmes baignée,
Je reste sans vengeance, ainsi que sans espoir.
(A Pylade.)
Toi, qui sembles frémir, et qui n'oses me voir,
Toi, compagnon du crime, apprends-moi donc, barbare,
Où va cet assassin, de mon sang trop avare;
Ce maître à qui je suis, qu'un tyran m'a donné.

PYLADE.

Il remplit un devoir par le ciel ordonné;
Il obéit aux dieux : imitez-le, madame.
Les arrêts du destin trompent souvent notre âme;
Il conduit les mortels, il dirige leurs pas
Par des chemins secrets qu'ils ne connaissent pas;
Il plonge dans l'abîme, et bientôt en retire;
Il accable de fers, il élève à l'empire;
Il fait trouver la vie au milieu des tombeaux.
Gardez de succomber à vos tourments nouveaux :
Soumettez-vous; c'est tout ce que je puis vous dire.

SCÈNE III.

ÉLECTRE, IPHISE.

ÉLECTRE.

Ses discours ont accru la fureur qui m'inspire.
Que veut-il? Prétend-il que je doive souffrir
L'abominable affront dont on m'ose couvrir?
La mort d'Agamemnon, l'assassinat d'un frère,
N'avaient donc pu combler ma profonde misère!
Après quinze ans de maux et d'opprobres soufferts,
De l'assassin d'Oreste il faut porter les fers,
Et, pressée en tout temps d'une main meurtrière,
Servir tous les bourreaux de ma famille entière!
Glaive affreux, fer sanglant, qu'un outrage nouveau
Exposait en triomphe à ce sacré tombeau,
Fer teint du sang d'Oreste, exécrable trophée,
Qui trompas un moment ma douleur étouffée!
Toi qui n'es qu'un outrage à la cendre des morts,
Sers un projet plus digne, et mes justes efforts.
Égisthe, m'a-t-on dit, s'enferme avec la reine;
De quelque nouveau crime il prépare la scène;
Pour fuir la main d'Électre, il prend de nouveaux soins;
A l'assassin d'Oreste on peut aller du moins.
Je ne puis me baigner dans le sang des deux traîtres:
Allons, je vais du moins punir un de mes maîtres.

IPHISE.

Est-il bien vrai qu'Oreste ait péri de sa main?
J'avais cru voir en lui le cœur le plus humain;
Il partageait ici notre douleur amère;
Je l'ai vu révérer la cendre de mon père.

ÉLECTRE.

Ma mère en fait autant[1] : les coupables mortels
Se baignent dans le sang, et tremblent aux autels;
Ils passent, sans rougir, du crime au sacrifice.
Est-ce ainsi que des dieux on trompe la justice?
Il ne trompera pas mon courage irrité.

---

1. « C'est le commencement d'une chanson plutôt que d'un vers tragique écrivait Voltaire en 1761. Et il proposait de mettre à la place:

Et ma mère l'invoque! Ainsi donc les mortels, etc.

ORESTE.

Quoi! de ce meurtre affreux ne s'est-il pas vanté?
Égisthe au meurtrier ne m'a-t-il pas donnée?
Ne suis-je pas enfin la preuve infortunée,
La victime, le prix, de ces noirs attentats,
Dont vous osez douter, quand je meurs dans vos bras,
Quand Oreste au tombeau m'appelle avec son père?
Ma sœur, ah! si jamais Électre vous fut chère,
Ayez du moins pitié de mon dernier moment :
Il faut qu'il soit terrible; il faut qu'il soit sanglant.
Allez ; informez-vous de ce que fait Pammène,
Et si le meurtrier n'est point avec la reine.
La cruelle a, dit-on, flatté mes ennemis ;
Tranquille, elle a reçu l'assassin de son fils ;
On l'a vu partager (et ce crime est croyable)
De son indigne époux la joie impitoyable.
Une mère! ah, grands dieux!... ah! je veux de ma main,
A ses yeux, dans ses bras, immoler l'assassin ;
Je le veux.

IPHISE.

Vos douleurs lui font trop d'injustice;
L'aspect du meurtrier est pour elle un supplice.
Ma sœur, au nom des dieux, ne précipitez rien.
Je vais avec Pammène avoir un entretien.
Électre, ou je m'abuse, ou l'on s'obstine à taire,
A cacher à nos yeux un important mystère.
Peut-être on craint en vous ces éclats douloureux,
Imprudence excusable au cœur des malheureux :
On se cache de vous; Pammène vous évite;
J'ignore comme vous quel projet il médite :
Laissez-moi lui parler, laissez-moi vous servir.
Ne vous préparez pas un nouveau repentir.

SCÈNE IV.

ÉLECTRE.

Un repentir! qui? moi! mes mains désespérées
Dans ce grand abandon seront plus assurées.
Euménides, venez ; soyez ici mes dieux[1] ;

---

1. « Ces Euménides demandent une voix plus qu'humaine, des éclats terribles »,
écrit Voltaire à Mlle Clairon, chargée du rôle.

Vous connaissez trop bien ces détestables lieux,
Ce palais, plus rempli de malheurs et de crimes
Que vos gouffres profonds regorgeant de victimes :
Filles de la vengeance, armez-vous, armez-moi ;
Venez avec la mort, qui marche avec l'effroi ;
Que vos fers, vos flambeaux, vos glaives étincellent ;
Oreste, Agamemnon, Électre, vous appellent :
Les voici, je les vois, et les vois sans terreur ;
L'aspect de mes tyrans m'inspirait plus d'horreur.
Ah! le barbare approche ; il vient ; ses pas impies
Sont à mes yeux vengeurs entourés des furies.
L'enfer me le désigne, et le livre à mon bras.

SCÈNE V.

ÉLECTRE, dans le fond ; ORESTE, d'un autre côté

ORESTE.

Où suis-je? C'est ici qu'on adressa mes pas.
O ma patrie! ô terre à tous les miens fatale!
Redoutable berceau des enfants de Tantale,
Famille des héros et des grands criminels,
Les malheurs de ton sang seront-ils éternels?
L'horreur qui règne ici m'environne et m'accable.
De quoi suis-je puni? de quoi suis-je coupable?
Au sort de mes aïeux ne pourrai-je échapper?

ÉLECTRE, avançant un peu du fond du théâtre.

Qui m'arrête? Et d'où vient que je crains de frapper?
Avançons.

ORESTE.

Quelle voix ici s'est fait entendre?
Père, époux malheureux, chère et terrible cendre,
Est-ce toi qui gémis, ombre d'Agamemnon?

ÉLECTRE.

Juste ciel! est-ce à lui de prononcer ce nom?

ORESTE.

O malheureuse Électre!

ÉLECTRE.

Il me nomme, il soupire!
Les remords en ces lieux ont-ils donc quelque empire?
Qu'importe des remords à mon juste courroux?

(Elle avance vers Oreste.)

Frappons... Meurs, malheureux !

ORESTE, lui saisissant le bras.

Justes dieux ! est-ce vous,
Chère Électre ?

ÉLECTRE.

Qu'entends-je ?

ORESTE.

Hélas ! qu'alliez-vous faire ?

ÉLECTRE.

J'allais verser ton sang ; j'allais venger mon frère.

ORESTE, la regardant avec attendrissement.

Le venger ! et sur qui ?

ÉLECTRE.

Son aspect, ses accents,
Ont fait trembler mon bras, ont fait frémir mes sens.
Quoi ! c'est vous dont je suis l'esclave malheureuse !

ORESTE.

C'est moi qui suis à vous.

ÉLECTRE.

O vengeance trompeuse !
D'où vient qu'en vous parlant tout mon cœur est changé ?

ORESTE.

Sœur d'Oreste...

ÉLECTRE.

Achevez.

ORESTE.

Où me suis-je engagé ?

ÉLECTRE.

Ah ! ne me trompez plus, parlez ; il faut m'apprendre
L'excès du crime affreux que j'allais entreprendre.
Par pitié, répondez, éclairez-moi, parlez.

ORESTE.

Je ne puis... fuyez-moi.

ÉLECTRE.

Qui ? moi, vous fuir !

ORESTE.

Tremblez.

ÉLECTRE.

Pourquoi ?

ORESTE.

Je suis... Cessez. Gardez qu'on ne vous voie.

ÉLECTRE.

Ah! vous me remplissez de terreur et de joie!

ORESTE.

Si vous aimez un frère...

ÉLECTRE.

Oui, je l'aime ; oui, je crois
Voir les traits de mon père, entendre encor sa voix ;
La nature nous parle, et perce ce mystère ;
Ne lui résistez pas : oui, vous êtes mon frère,
Vous l'êtes, je vous vois, je vous embrasse ; hélas !
Cher Oreste, et ta sœur a voulu ton trépas !

ORESTE, en l'embrassant.

Le ciel menace en vain, la nature l'emporte ;
Un dieu me retenait ; mais Électre est plus forte.

ÉLECTRE.

Il t'a rendu ta sœur, et tu crains son courroux !

ORESTE.

Ses ordres menaçants me dérobaient à vous.
Est-il barbare assez pour punir ma faiblesse ?

ÉLECTRE.

Ta faiblesse est vertu : partage mon ivresse.
A quoi m'exposais-tu, cruel ? A t'immoler !

ORESTE.

J'ai trahi mon serment.

ÉLECTRE.

Tu l'as dû violer.

ORESTE.

C'est le secret des dieux.

ÉLECTRE.

C'est moi qui te l'arrache.
Moi, qu'un serment plus saint à leur vengeance attache ;
Que crains-tu ?

ORESTE.

Les horreurs où je suis destiné,
Les oracles, ces lieux, ce sang dont je suis né.

ÉLECTRE.

Ce sang va s'épurer : viens punir le coupable ;
Les oracles, les dieux, tout nous est favorable ;
Ils ont paré mes coups, ils vont guider les tiens.

SCÈNE VI.

ÉLECTRE, ORESTE, PYLADE, PAMMÈNE.

ÉLECTRE.
Ah! venez et joignez tous vos transports aux miens.
Unissez-vous à moi, chers amis de mon frère.

PYLADE, à Oreste.
Quoi! vous avez trahi ce dangereux mystère!
Pouvez-vous...

ORESTE.
Si le ciel veut se faire obéir,
Qu'il me donne des lois que je puisse accomplir.

ÉLECTRE, à Pylade.
Quoi! vous lui reprochez de finir ma misère?
Cruel, par quelle loi, par quel ordre sévère,
De mes persécuteurs prenant les sentiments,
Dérobiez-vous Oreste à mes embrassements?
A quoi m'exposiez-vous? Quelle rigueur étrange...

PYLADE.
Je voulais le sauver, qu'il vive, et qu'il vous venge.

PAMMÈNE.
Princesse, on vous observe en ces lieux détestés;
On entend vos soupirs, et vos pas sont comptés.
Mes amis inconnus, et dont l'humble fortune
Trompe de nos tyrans la recherche importune,
Ont adoré leur maître : il était secondé ;
Tout était prêt, madame, et tout est hasardé.

ÉLECTRE.
Mais Égisthe en effet ne m'a-t-il pas livrée
A la main qu'il croyait de mon sang altérée?
(A Oreste.)
Mon sort à vos destins n'est-il pas asservi?
Oui, vous êtes mon maître : Égisthe est obéi.
Du barbare une fois la volonté m'est chère.
Tout est ici pour nous.

PAMMÈNE.
        Tout vous devient contraire.
Égisthe est alarmé, redoutez son transport :

Ses soupçons, croyez-moi, sont un arrêt de mort.
Séparons-nous.
PYLADE, à Pammène.
Va, cours, ami fidèle et sage,
Rassemble tes amis, achève ton ouvrage.
Les moments nous sont chers; il est temps d'éclater.

SCÈNE VII.

ÉGISTHE, CLYTEMNESTRE, ÉLECTRE, ORESTE,
PYLADE, GARDES.

ÉGISTHE.
Ministres de mes lois, hâtez-vous d'arrêter,
Dans l'horreur des cachots de plonger ces deux traîtres.
ORESTE.
Autrefois dans Argos il régnait d'autres maîtres,
Qui connaissaient les droits de l'hospitalité.
PYLADE.
Égisthe, contre toi qu'avons-nous attenté?
De ce héros au moins respecte la jeunesse.
ÉGISTHE.
Allez, et secondez ma fureur vengeresse.
Quoi donc! à mon aspect vous semblez tous frémir?
Allez, dis-je, et gardez de me désobéir :
Qu'on les traîne.
ÉLECTRE.
Arrêtez! Osez-vous bien, barbare...
Arrêtez! le ciel même est de leur sang avare;
Ils sont tous deux sacrés... On les entraîne... ah, dieux!
ÉGISTHE.
Électre, frémissez pour vous comme pour eux;
Perfide, en m'éclairant redoutez ma colère.

SCÈNE VIII.

ÉLECTRE, CLYTEMNESTRE.

ÉLECTRE.
Ah! daignez m'écouter; et si vous êtes mère,
Si j'ose rappeler vos premiers sentiments,

Pardonnez pour jamais mes vains emportements,
D'une douleur sans borne effet inévitable ;
Hélas ! dans les tourments la plainte est excusable.
Pour ces deux étrangers laissez-vous attendrir :
Peut-être que dans eux le ciel vous daigne offrir
La seule occasion d'expier des offenses
Dont vous avez tant craint les terribles vengeances ;
Peut-être, en les sauvant, tout peut se réparer.

CLYTEMNESTRE.

Quel intérêt pour eux vous peut donc inspirer ?

ÉLECTRE.

Vous voyez que les dieux ont respecté leur vie ;
Ils les ont arrachés à la mer en furie ;
Le ciel vous les confie, et vous répondez d'eux.
L'un d'eux... si vous saviez... tous deux sont malheureux.
Sommes-nous dans Argos, ou bien dans la Tauride,
Où de meurtres sacrés une prêtresse avide
Du sang des étrangers fait fumer son autel ?
Eh bien ! pour les ravir tous deux au coup mortel,
Que faut-il ? Ordonnez, j'épouserai Plistène ;
Parlez, j'embrasserai cette effroyable chaîne :
Ma mort suivra l'hymen ; mais je veux l'achever :
J'obéis, j'y consens.

CLYTEMNESTRE.

Voulez-vous me braver ?
Ou bien ignorez-vous qu'une main ennemie
Du malheureux Plistène a terminé la vie ?

ÉLECTRE.

Quoi donc ! le ciel est juste ! Égisthe perd un fils ?

CLYTEMNESTRE.

De joie à ce discours je vois vos sens saisis !

ÉLECTRE.

Ah ! dans le désespoir où mon âme se noie,
Mon cœur ne peut goûter une funeste joie ;
Non, je n'insulte point au sort d'un malheureux,
Et le sang innocent n'est pas ce que je veux.
Sauvez ces étrangers ; mon âme intimidée
Ne voit point d'autre objet, et n'a point d'autre idée.

CLYTEMNESTRE.

Va, je t'entends trop bien ; tu m'as trop confirmé
Les soupçons dont Égisthe était tant alarmé.
Ta bouche est de mon sort l'interprète funeste ;

ACTE IV, SCÈNE VIII.

Tu n'en as que trop dit, l'un des deux est Oreste.
ÉLECTRE.
Eh bien! s'il était vrai, si le ciel l'eût permis...
Si dans vos mains, madame, il mettait votre fils...
CLYTEMNESTRE.
O moment redouté! Que faut-il que je fasse?
ÉLECTRE.
Quoi! vous hésiteriez à demander sa grâce!
Lui! votre fils! ô ciel!... quoi! ses périls passés...
Il est mort; c'en est fait, puisque vous balancez.
CLYTEMNESTRE.
Je ne balance point : va, ta fureur nouvelle
Ne peut même affaiblir ma bonté maternelle ;
Je le prends sous ma garde : il pourra m'en punir...
Son nom seul me prépare un cruel avenir...
N'importe... Je suis mère, il suffit; inhumaine,
J'aime encor mes enfants... tu peux garder ta haine.
ÉLECTRE.
Non, madame, à jamais je suis à vos genoux.
Ciel, enfin tes faveurs égalent ton courroux :
Tu veux changer les cœurs, tu veux sauver mon frère,
Et, pour comble de biens, tu m'as rendu ma mère.

FIN DU QUATRIÈME ACTE.

ACTE CINQUIÈME.

SCÈNE I.

ÉLECTRE.

On m'interdit l'accès de cette affreuse enceinte :
Je cours, je viens, j'attends, je me meurs dans la crainte,
En vain je tends aux dieux ces bras chargés de fers ;
Iphise ne vient point ; les chemins sont ouverts :
La voici ; je frémis.

SCÈNE II.

ÉLECTRE, IPHISE.

ÉLECTRE.

Que faut-il que j'espère ?
Qu'a-t-on fait ? Clytemnestre ose-t-elle être mère ?
Ah ! si... Mais un tyran l'asservit aux forfaits.
Peût-elle réparer les malheurs qu'elle a faits ?
En a-t-elle la force ? en a-t-elle l'idée ?
Parlez. Désespérez mon âme intimidée ;
Achevez mon trépas.

IPHISE.

J'espère, mais je crains.
Égisthe a des avis, mais ils sont incertains ;
Il s'égare ; il ne sait, dans son trouble funeste,
S'il tient entre ses mains le malheureux Oreste ;
Il n'a que des soupçons, qu'il n'a point éclaircis ;
Et Clytemnestre au moins n'a point nommé son fils.
Elle le voit, l'entend ; ce moment la rappelle
Aux premiers sentiments d'une âme maternelle ;

Ce sang prêt à couler parle à ses sens surpris,
Épouvantés d'horreur, et d'amour attendris.
J'observais sur son front tout l'effort d'une mère
Qui tremble de parler, et qui craint de se taire.
Elle défend les jours de ces infortunés,
Destinés au trépas sitôt que soupçonnés ;
Aux fureurs d'un époux à peine elle résiste ;
Elle retient le bras de l'implacable Égisthe.
Croyez-moi, si son fils avait été nommé,
Le crime, le malheur, eût été consommé.
Oreste n'était plus.

ÉLECTRE.

O comble de misère !
Je le trahis peut-être en implorant ma mère.
Son trouble irritera ce monstre furieux.
La nature en tout temps est funeste en ces lieux.
Je crains également sa voix et son silence.
Mais le péril croissait ; j'étais sans espérance.
Que fait Pammène ?

IPHISE.

Il a, dans nos dangers pressants,
Ranimé la lenteur de ses débiles ans ;
L'infortune lui donne une force nouvelle ;
Il parle à nos amis, il excite leur zèle ;
Ceux même dont Égisthe est toujours entouré
A ce grand nom d'Oreste ont déjà murmuré.
J'ai vu de vieux soldats, qui servaient sous le père,
S'attendrir sur le fils, et frémir de colère :
Tant aux cœurs des humains la justice et les lois
Même aux plus endurcis font entendre leur voix !

ÉLECTRE.

Grands dieux ! si j'avais pu dans ces âmes tremblantes
Enflammer leurs vertus à peine renaissantes,
Jeter dans leurs esprits, trop faiblement touchés,
Tous ces emportements qu'on m'a tant reprochés !
Si mon frère, abordé sur cette terre impie,
M'eût confié plus tôt le secret de sa vie !
Si du moins jusqu'au bout Pammène avait tenté...

SCÈNE III.

ÉGISTHE, CLYTEMNESTRE, ÉLECTRE, IPHISE,
GARDES.

ÉGISTHE.

Qu'on saisisse Pammène, et qu'il soit confronté
Avec ces étrangers destinés au supplice ;
Il est leur confident, leur ami, leur complice.
Dans quel piége effroyable ils allaient me jeter !
L'un des deux est Oreste, en pouvez-vous douter ?
(A Clytemnestre.)
Cessez de vous tromper, cessez de le défendre.
Je vois tout, et trop bien. Cette urne, cette cendre,
C'est celle de mon fils ; un père gémissant
Tient de son assassin cet horrible présent.

CLYTEMNESTRE.

Croyez-vous...

ÉGISTHE.

Oui, j'en crois cette haine jurée
Entre tous les enfants de Thyeste et d'Atrée ;
J'en crois le temps, les lieux marqués par cette mort,
Et ma soif de venger son déplorable sort,
Et les fureurs d'Électre, et les larmes d'Iphise,
Et l'indigne pitié dont votre âme est surprise.
Oreste vit encore, et j'ai perdu mon fils !
Le détestable Oreste en mes mains est remis ;
Et, quel qu'il soit des deux, juste dans ma colère,
Je l'immole à mon fils, je l'immole à sa mère.

CLYTEMNESTRE.

Eh bien ! ce sacrifice est horrible à mes yeux.

ÉGISTHE.

A vous ?

CLYTEMNESTRE.

Assez de sang a coulé dans ces lieux.
Je prétends mettre un terme au cours des homicides,
A la fatalité du sang des Pélopides.
Si mon fils, après tout, n'est pas entre vos mains,
Pourquoi verser du sang sur des bruits incertains ?
Pourquoi vouloir sans fruit la mort de l'innocence ?

ACTE V, SCÈNE III.

Seigneur, si c'est mon fils, j'embrasse sa défense.
Oui, j'obtiendrai sa grâce, en dussé-je périr.

ÉGISTHE.

Je dois la refuser, afin de vous servir.
Redoutez la pitié qu'en votre âme on excite.
Tout ce qui vous fléchit me révolte et m'irrite.
L'un des deux est Oreste, et tous deux vont périr.
Je ne puis balancer, je n'ai point à choisir.
A moi, soldats!

IPHISE.

Seigneur, quoi! sa famille entière
Perdra-t-elle à vos pieds ses cris et sa prière?

(Elle se jette à ses pieds.)

Avec moi, chère Électre, embrassez ses genoux :
Votre audace vous perd.

ÉLECTRE.

Où me réduisez-vous?
Quel affront pour Oreste, et quel excès de honte!
Elle me fait horreur... Eh bien! je la surmonte.
Eh bien! j'ai donc connu la bassesse et l'effroi!
Je fais ce que jamais je n'aurais fait pour moi.

(Sans se mettre à genoux.)

Cruel! si ton courroux peut épargner mon frère
(Je ne puis oublier le meurtre de mon père,
Mais je pourrais du moins, muette à ton aspect,
Me forcer au silence, et peut-être au respect),
Que je demeure esclave, et que mon frère vive.

ÉGISTHE.

Je vais frapper ton frère, et tu vivras captive :
Ma vengeance est entière; au bord de son cercueil,
Je te vois, sans effet, abaisser ton orgueil.

CLYTEMNESTRE.

Égisthe, c'en est trop; c'est trop braver peut-être
Et la veuve et le sang du roi qui fut ton maître.
Je défendrai mon fils, et, malgré tes fureurs,
Tu trouveras sa mère encor plus que ses sœurs.
Que veux-tu? Ta grandeur que rien ne peut détruire,
Oreste en ta puissance et qui ne peut te nuire,
Électre enfin soumise et prête à te servir,
Iphise à tes genoux, rien ne peut te fléchir!
Va, de tes cruautés je fus assez complice;
Je t'ai fait en ces lieux un trop grand sacrifice.

Faut-il, pour t'affermir dans ce funeste rang,
T'abandonner encor le plus pur de mon sang?
N'aurai-je donc jamais qu'un époux parricide?
L'un massacre ma fille aux campagnes d'Aulide;
L'autre m'arrache un fils, et l'égorge à mes yeux,
Sur la cendre du père, à l'aspect de ses dieux.
Tombe avec moi plutôt ce fatal diadème,
Odieux à la Grèce et pesant à moi-même!
Je t'aimai, tu le sais, c'est un de mes forfaits;
Et le crime subsiste ainsi que mes bienfaits.
Mais enfin de mon sang mes mains seront avares:
Je l'ai trop prodigué pour des époux barbares;
J'arrêterai ton bras levé pour le verser.
Tremble, tu me connais... tremble de m'offenser.
Nos nœuds me sont sacrés, et ta grandeur m'est chère;
Mais Oreste est mon fils; arrête, et crains sa mère.

ÉLECTRE.

Vous passez mon espoir. Non, madame, jamais
Le fond de votre cœur n'a conçu les forfaits.
Continuez, vengez vos enfants et mon père.

ÉGISTHE.

Vous comblez la mesure, esclave téméraire.
Quoi donc! d'Agamemnon la veuve et les enfants
Arrêteraient mes coups par des cris menaçants!
Quel démon vous aveugle, ô reine malheureuse?
Et de qui prenez-vous la défense odieuse?
Contre qui? juste ciel!... Obéissez, courez:
Que tous deux dans l'instant à la mort soient livrés.

SCÈNE IV.

ÉGISTHE, CLYTEMNESTRE, ÉLECTRE, IPHISE,
DIMAS.

DIMAS.

Seigneur!

ÉGISTHE.

  Parlez. Quel est ce désordre funeste?
Vous vous troublez!

DIMAS.

    On vient de découvrir Oreste.

ACTE V, SCÈNE V.

IPHISE.

Qui, lui?

CLYTEMNESTRE.

Mon fils?

ÉLECTRE.

Mon frère?

ÉGISTHE.

Eh bien! est-il puni?

DIMAS.

Il ne l'est pas encor.

ÉGISTHE.

Je suis désobéi!

DIMAS.

Oreste s'est nommé dès qu'il a vu Pammène.
Pylade, cet ami qui partage sa chaîne,
Montre aux soldats émus le fils d'Agamemnon;
Et je crains la pitié pour cet auguste nom.

ÉGISTHE.

Allons, je vais paraître, et presser leur supplice.
Qui n'ose me venger sentira ma justice.
Vous, retenez ses sœurs; et vous, suivez mes pas.
Le sang d'Agamemnon ne m'épouvante pas.
Quels mortels et quels dieux pourraient sauver Oreste
Du père de Plistène, et du fils de Thyeste?

SCÈNE V.

CLYTEMNESTRE, ÉLECTRE, IPHISE.

IPHISE.

Suivez-le, montrez-vous, ne craignez rien, parlez,
Portez les derniers coups dans les cœurs ébranlés.

ÉLECTRE.

Au nom de la nature, achevez votre ouvrage;
De Clytemnestre enfin déployez le courage.
Volez, conduisez-nous.

CLYTEMNESTRE.

Mes filles, ces soldats
Me respectent à peine, et retiennent vos pas.
Demeurez; c'est à moi, dans ce moment si triste,
De répondre des jours et d'Oreste et d'Égisthe:

Je suis épouse et mère; et je veux à la fois,
Si j'en puis être digne, en remplir tous les droits.

(Elle sort.)

SCÈNE VI.

ÉLECTRE, IPHISE.

IPHISE.

Ah! le dieu qui nous perd en sa rigueur persiste;
En défendant Oreste, elle ménage Égisthe.
Les cris de la pitié, du sang, et des remords,
Seront contre un tyran d'inutiles efforts.
Égisthe furieux, et brûlant de vengeance,
Consomme ses forfaits pour sa propre défense;
Il condamne, il est maître; il frappe, il faut périr.

ÉLECTRE.

Et j'ai pu le prier avant que de mourir!
Je descends dans la tombe avec cette infamie,
Avec le désespoir de m'être démentie!
J'ai supplié ce monstre, et j'ai hâté ses coups.
Tout ce qui dut servir s'est tourné contre nous.
Que font tous ces amis dont se vantait Pammène[1];
Ces peuples dont Égisthe a soulevé la haine;
Ces dieux qui de mon frère armaient le bras vengeur,
Et qui lui défendaient de consoler sa sœur;
Ces filles de la nuit, dont les mains infernales
Secouaient leurs flambeaux sous ces voûtes fatales?
Quoi! la nature entière, en ce jour de terreur,
Paraissait à ma voix s'armer en ma faveur;
Et tout est pour Égisthe, et mon frère est sans vie;
Et les dieux, les mortels, et l'enfer, m'ont trahie!

SCÈNE VII.

ÉLECTRE, PYLADE, IPHISE, SOLDATS.

ÉLECTRE.

En est-ce fait, Pylade?

---

1. Mêmes conseils de Voltaire pour ce couplet que pour le couplet de l'acte IV, scène IV. (G. A.)

ACTE V, SCÈNE VII.

PYLADE.
Oui, tout est accompli,
Tout change; Électre est libre, et le ciel obéi.

ÉLECTRE.
Comment?

PYLADE.
Oreste règne, et c'est lui qui m'envoie.

IPHISE.
Justes dieux!

ÉLECTRE.
Je succombe à l'excès de ma joie.
Oreste! est-il possible?

PYLADE.
Oreste, tout-puissant,
Va venger sa famille et le sang innocent.

ÉLECTRE.
Quel miracle a produit un destin si prospère?

PYLADE.
Son courage, son nom, le nom de votre père,
Le vôtre, vos vertus, l'excès de vos malheurs,
La pitié, la justice, un dieu qui parle aux cœurs.
Par les ordres d'Égisthe on amenait à peine,
Pour mourir avec nous, le fidèle Pammène;
Tout un peuple suivait, morne, glacé d'horreur:
J'entrevoyais sa rage à travers sa terreur;
La garde retenait leurs fureurs interdites.
Oreste se tournant vers ses fiers satellites:
« Immolez, a-t-il dit, le dernier de vos rois;
L'osez-vous? » A ces mots, au son de cette voix,
A ce front où brillait la majesté suprême,
Nous avons tous cru voir Agamemnon lui-même,
Qui, perçant du tombeau les gouffres éternels,
Revenait en ces lieux commander aux mortels.
Je parle: tout s'émeut; l'amitié persuade:
On respecte les nœuds d'Oreste et de Pylade:
Des soldats avançaient pour nous envelopper,
Ils ont levé le bras, et n'ont osé frapper:
Nous sommes entourés d'une foule attendrie;
Le zèle s'enhardit, l'amour devient furie.
Dans les bras de ce peuple Oreste était porté.
Égisthe avec les siens, d'un pas précipité,
Vole, croit le punir, arrive, et voit son maître.

J'ai vu tout son orgueil à l'instant disparaître,
Ses esclaves le fuir, ses amis le quitter,
Dans sa confusion ses soldats l'insulter.
O jour d'un grand exemple ! ô justice suprême !
Des fers que nous portions il est chargé lui-même.
La seule Clytemnestre accompagne ses pas,
Le protége, l'arrache aux fureurs des soldats,
Se jette au milieu d'eux, et d'un front intrépide
A la fureur commune enlève le perfide,
Le tient entre ses bras, s'expose à tous les coups,
Et conjure son fils d'épargner son époux.
Oreste parle au peuple; il respecte sa mère;
Il remplit les devoirs et de fils et de frère.
A peine délivré du fer de l'ennemi,
C'est un roi triomphant sur son trône affermi.

IPHISE.

Courons, venez orner ce triomphe d'un frère;
Voyons Oreste heureux, et consolons ma mère.

ÉLECTRE.

Quel bonheur inouï, par les dieux envoyé!
Protecteur de mon sang, héros de l'amitié,
Venez.

PYLADE, à sa suite.

Brisez, amis, ces chaînes si cruelles;
Fers, tombez de ses mains; le sceptre est fait pour elles.

(On lui ôte ses chaînes.)

SCÈNE VIII.

ÉLECTRE, IPHISE, PYLADE, PAMMÈNE.

ÉLECTRE.

Ah! Pammène, où trouver mon frère, mon vengeur?
Pourquoi ne vient-il pas?

PAMMÈNE.

Ce moment de terreur
Est destiné, madame, à ce grand sacrifice
Que la cendre d'un père attend de sa justice :
Tel est l'ordre qu'il suit. Cette tombe est l'autel
Où sa main doit verser le sang du criminel.
Daignez l'attendre ici tandis qu'il venge un père,
Ce devoir redoutable est juste et nécessaire;

Mais ce spectacle horrible aurait souillé vos yeux.
Vous connaissez les lois qu'Argos tient de ses dieux :
Elles ne souffrent point que vos mains innocentes
Avant le temps prescrit pressent ses mains sanglantes.

IPHISE.

Mais que fait Clytemnestre en ces moments d'horreur?
Voyons-la.

PAMMÈNE.

Clytemnestre, en proie à sa fureur,
De son indigne époux défend encor la vie ;
Elle oppose à son fils une main trop hardie.

ÉLECTRE.

Elle défend Égisthe... elle de qui le bras
A sur Agamemnon... Dieux, ne le souffrez pas!

PAMMÈNE.

On dit que dans ce trouble on voit les Euménides
Sourdes à la prière, et de meurtres avides,
Ministres des arrêts prononcés par le sort,
Marcher autour d'Oreste, en appelant la mort [1].

---

1. Quoique cette catastrophe, imitée de Sophocle, soit, sans aucune comparaison, beaucoup plus théâtrale et plus tragique que l'autre manière dont on a joué la fin de la pièce, cependant j'ai été obligé de préférer sur le théâtre cette seconde leçon, toute faible qu'elle est, à la première. Rien n'est plus aisé et plus commun parmi nous que de jeter du ridicule sur une action théâtrale à laquelle on n'est pas accoutumé. Les cris de Clytemnestre, qui faisaient frémir les Athéniens, auraient pu, sur un théâtre mal construit et confusément rempli de jeunes gens, faire rire des Français ; et c'est ce que prétendait une cabale un peu violente. Cette action théâtrale a fait beaucoup d'effet à Versailles, parce que la scène, quoique trop étroite, était libre, et que le fond, plus rapproché, laissait entendre Clytemnestre avec plus de terreur, et rendait sa mort plus présente ; mais je doute que l'exécution eût pu réussir à Paris.

Voici donc la manière dont on a gâté la fin de la pièce de Sophocle :

On dit que dans ce trouble on voit les Euménides,
Sourdes à la prière et de vengeance avides,
Ministres des arrêts prononcés par le sort,
Marcher autour d'Oreste en appelant la mort.

IPHISE.
Il vient : il est vengé ; je le vois.

ÉLECTRE.
Cher Oreste,
Je peux vous embrasser. Dieux! quel accueil funeste,
Quels regards effrayants!

ORESTE.
O terre, entr'ouvre-toi :
Clytemnestre, Tantale, Atrée, attendez-moi :
Je vous suis aux enfers, éternelles victimes, etc.

(*Note de Voltaire.*)

— Cette note de Voltaire est antérieure à 1761, époque où, cette pièce étant reprise, on en joua la fin sans adoucissement. (G. A.)

IPHISE.

Jour terrible et sanglant, soyez un jour de grâce ;
Terminez les malheurs attachés à ma race.
Ah, ma sœur! ah, Pylade! entendez-vous ces cris?

ÉLECTRE.

C'est ma mère!

PAMMÈNE.

Elle-même.

CLYTEMNESTRE, derrière la scène.

Arrête!

IPHISE.

Ciel!

CLYTEMNESTRE, derrière la scène.

Mon fils!

ÉLECTRE.

Il frappe Égisthe. Achève, et sois inexorable ;
Venge-nous, venge-la; tranche un nœud si coupable :
Immole entre ses bras cet infâme assassin ;
Frappe, dis-je.

CLYTEMNESTRE.

Mon fils!... j'expire de ta main.

PYLADE.

O destinée!

IPHISE.

O crime!

ÉLECTRE.

Ah! trop malheureux frère!
Quel forfait a puni les forfaits de ma mère!
Jour à jamais affreux!

SCÈNE IX.

LES PRÉCÉDENTS, ORESTE.

ORESTE.

O terre, entr'ouvre-toi!
Clytemnestre, Tantale, Atrée, attendez-moi!
Je vous suis aux enfers, éternelles victimes;
Je dispute avec vous de tourments et de crimes.

ÉLECTRE.

Qu'avez-vous fait, cruel?

ORESTE.

Elle a voulu sauver...
Et les frappant tous deux... Je ne puis achever.

ÉLECTRE.

Quoi! de la main d'un fils? quoi! par ce coup funeste,
Vous...

ORESTE.

Non, ce n'est pas moi; non, ce n'est point Oreste;
Un pouvoir effroyable a seul conduit mes coups.
Exécrable instrument d'un éternel courroux,
Banni de mon pays par le meurtre d'un père,
Banni du monde entier par celui de ma mère,
Patrie, États, parents, que je remplis d'effroi,
Innocence, amitié, tout est perdu pour moi!
Soleil, qu'épouvanta cette affreuse contrée,
Soleil, qui reculas pour le festin d'Atrée,
Tu luis encor pour moi! tu luis pour ces climats!
Dans l'éternelle nuit tu ne nous plonges pas!
Dieux, tyrans éternels, puissance impitoyable,
Dieux qui me punissez, qui m'avez fait coupable!
Eh bien! quel est l'exil que vous me destinez?
Quel est le nouveau crime où vous me condamnez?
Parlez... Vous prononcez le nom de la Tauride :
J'y cours, j'y vais trouver la prêtresse homicide,
Qui n'offre que du sang à des dieux en courroux,
A des dieux moins cruels, moins barbares que vous[1].

ÉLECTRE.

Demeurez : conjurez leur justice et leur haine.

PYLADE.

Je te suivrai partout où leur fureur t'entraîne.
Que l'amitié triomphe, en ce jour odieux,
Des malheurs des mortels et du courroux des dieux!

---

[1]. « J'ai relu les *fureurs*, écrivait Voltaire en 1761 à propos de ce passage; je n'aime pas ces fureurs étudiées, ces déclamations; je ne les aime pas même dans *Andromaque*. » (G. A.)

FIN D'ORESTE.

VARIANTES

DE LA TRAGÉDIE D'*ORESTE*.

Page 93, vers 10. — Édition de 1750 :

          PAMMÈNE.
O respectable Iphise ! ô fille de mon roi !
Relégué comme vous dans ce séjour d'effroi,
Les secrets d'une cour en horreurs si fertile
Pénètrent rarement dans mon obscur asile, etc.

Page 94, vers 14. — Iphise continue :

          Peut-être que ma sœur, etc.

et parle seule jusqu'à la fin de la scène.

Page 97, vers 26 :

          IPHISE.
Dieux qui la préparez, que vous tardez longtemps !
Auprès de ce tombeau je languis désolée ;
Ma sœur plus malheureuse, à la cour exilée,
Ma sœur est dans les fers ; et l'oppresseur en paix,
Indignement heureux, jouit de ses forfaits.
          ÉLECTRE.
Vous le voyez, Pammène ; Égisthe renouvelle
De son hymen sanglant la pompe criminelle,
Et mon frère exilé de déserts en déserts, etc. (K.)

— Cette variante n'est tout au plus qu'une seconde leçon. On voit par une lettre à Mlle Clairon, du 12 janvier 1750, que le rôle d'Électre contenait ces vers :

          Sans trouble, sans remords, Égisthe renouvelle
De son hymen affreux la pompe criminelle....
Vous vous trompiez, ma sœur ; hélas ! tout nous trahit.

La même lettre contient un autre vers pour un autre passage. (B.)

Page 104, vers 18 :

          ÉGISTHE.
Songez...
          CLYTEMNESTRE.
Non, laissez-moi, dans ce trouble mortel,

Consulter de ces lieux l'oracle solennel.
ÉGISTHE.
Madame, à mes desseins mettra-t-il des obstacles?...

Page 106, vers 20 :

Qui t'a livré le fils, qui t'a promis le père,
Qui veille sur le juste, et venge les forfaits.
ORESTE.
Ce dieu, dans sa colère, a repris ses bienfaits ;
Sa faveur est trompeuse, et dans toi je contemple
Des changements du sort un déplorable exemple.
As-tu, dans ces rochers qui défendent ces bords,
Où nous avons pris terre après de longs efforts,
As-tu caché cette urne et ces marques funèbres,
Qu'en des lieux détestés, par le crime célèbres,
Dans ce champ de Mycène où régnaient mes aïeux,
Nous devions apporter par les ordres des dieux,
Cette urne qui contient les cendres de Plistène,
Ces dépôts, ces témoins de vengeance et de haine,
Qui devaient d'un tyran tromper les yeux cruels?
PYLADE.
Oui, j'ai rempli ces soins.
ORESTE.
O décrets éternels!
Quel fruit tirerons-nous de cette obéissance ?
Ami, qu'est devenu le jour de la vengeance ?
Reverrai-je jamais ce palais, ce séjour,
Ce lieu cher et terrible où j'ai reçu le jour?
Où marcher, où trouver cette sœur généreuse
Dont la Grèce a vanté la vertu courageuse,
Que l'on admire, hélas! qu'on n'ose secourir,
Qui conserva ma vie, et m'apprit à souffrir ;
Qui, digne en tous les temps d'un père magnanime,
N'a jamais succombé sous la main qui l'opprime?
Quoi donc! tant de héros, tant de rois, tant d'États,
Ont combattu dix ans pour venger Ménélas?
Agamemnon périt, et la Grèce est tranquille ?
Dans l'univers entier son fils n'a point d'asile;
Et j'eusse été sans toi, sans ta tendre amitié,
Aux plus vils des mortels un objet de pitié :
Mais le ciel me soutient quand il me persécute ;
Il m'a donné Pylade, et ne veut point ma chute :
Il m'a fait vaincre au moins un indigne ennemi,
Et la mort de mon père est vengée à demi.
Mais que nous servira cette cendre funeste
Que nous devions offrir pour la cendre d'Oreste?
Quel chemin peut conduire à cette affreuse cour?
PYLADE.
Regarde ce palais, etc.

Page 108, vers 2 :

Il gémit : tout mortel est-il né pour souffrir!

Page 109, vers 21 :

> Que je te crains !

Page 110, premier vers :

> PAMMÈNE.
> Vous, seigneur ! ô destins ! ô céleste justice
> Vous, lui sacrifier ! Parmi ses ennemis,
> Je me tais... Mais, seigneur, mon maître avait un fils.

Page 111, vers 11 :

> ÉGISTHE.
> Vous l'avez donc voulu ; votre crainte inquiète
> A des dieux vainement consulté l'interprète ;
> Leur silence ne sert qu'à vous désespérer :
> Mais Égisthe vous parle, et doit vous rassurer.
> A vous-même opposée, et par vos vœux trahie,
> Craignant la mort d'un fils et redoutant sa vie,
> Votre esprit ébranlé ne peut se raffermir.
> Ah ! ne consultez point, sur un sombre avenir,
> Des confidents des dieux l'incertaine réponse..
> Ma main fait nos destins, et ma voix les annonce.
> Fiez-vous à mes soins, etc.

Ibid., vers 16 :

> De vos nouveaux desseins, etc.

Page 114, vers 17. — C'est ainsi qu'on lit dans les éditions de 1750, 1751, 1752, 1754, 1756, 1768 (in-4°), 1775, et sans doute dans beaucoup d'autres. Les éditeurs de Kehl ont mis : *Je l'aimai*. (B.)

Page 117, vers 30 :

> Venez à ce tombeau, vous pouvez l'honorer ;
> Et l'on ne vous a pas défendu d'y pleurer.
> Cet étranger, etc.

Page 119 :

SCÈNE PREMIÈRE
DE L'ÉDITION DE 1750,
QUI RÉPOND AUX TROIS PREMIÈRES SCÈNES DE CETTE ÉDITION.

ORESTE, PYLADE, PAMMÈNE.

(Un esclave, dans l'enfoncement, porte une urne et une épée.)

PAMMÈNE.
Que béni soit le jour si longtemps attendu,
Où le fils de mon maître, à nos larmes rendu,

Vient, digne de sa race et de sa destinée,
Venger d'Agamemnon la cendre profanée !
Je crains que le tyran, par son trouble averti,
Ne détourne un destin déjà trop pressenti.
Il n'a fait qu'entrevoir et son juge et son maître,
Et sa rage a déjà semblé le reconnaître.
Il s'informe, il s'agite, il veut surtout vous voir :
Vous-même vous mêlez la crainte à mon espoir,
De vos ordres secrets exécuteur fidèle,
Je sonde les esprits, j'encourage leur zèle ;
Des sujets gémissants consolant la douleur,
Je leur montre de loin leur maître et leur vainqueur.
La race des vrais rois tôt ou tard est chérie ;
Le cœur s'ouvre aux grands noms d'Oreste et de patrie.
Tout semble autour de moi sortir d'un long sommeil,
La vengeance assoupie est au jour du réveil,
Et le peu d'habitants de ces tristes retraites
Lève les mains au ciel, et demande où vous êtes.
Mais je frémis de voir Oreste en ce désert,
Sans armes, sans soldats, prêt d'être découvert.
D'un barbare ennemi l'active vigilance
Peut prévenir d'un coup votre juste vengeance ;
Et contre ce tyran, sur le trône affermi,
Vous n'amenez, hélas ! qu'Oreste et son ami.

PYLADE.

C'est assez, et du ciel je reconnais l'ouvrage :
Il nous a tout ravi par ce cruel naufrage ;
Il veut seul accomplir ses augustes desseins ;
Pour ce grand sacrifice il ne veut que nos mains.
Tantôt de trente rois il arme la vengeance,
Tantôt trompant la terre, et frappant en silence,
Il veut, en signalant son pouvoir oublié,
N'armer que la nature et la seule amitié.

ORESTE.

Avec un tel secours, Oreste est sans alarmes.
Je n'aurai pas besoin de plus puissantes armes [1].

PYLADE.

Prends garde, cher Oreste, à ne pas t'égarer
Au sentier qu'un dieu même a daigné te montrer ;
Prends garde à tes serments, à cet ordre suprême
De cacher ton retour à cette sœur qui t'aime ;
Ton repos, ton bonheur, ton règne est à ce prix.
Commande à tes transports, dissimule, obéis ;
Il la faut abuser encor plus que sa mère.

PAMMÈNE.

Remerciez les dieux de cet ordre sévère.
A peine j'ai trompé ses transports indiscrets :
Déjà portant partout ses pleurs et ses regrets,
Appelant à grands cris son vengeur et son frère,
Et courant sur vos pas dans ce lieu solitaire,
Elle m'interrogeait et me faisait trembler.
La nature en secret semblait lui révéler,

---

1. Ces deux vers ont été placés dans la première scène du deuxième acte.

Par un pressentiment trop tendre et trop funeste,
Que le ciel en ses bras remet son cher Oreste.
Son cœur trop plein de vous ne peut se contenir.
ORESTE.
Quelle contrainte, ô dieux! puis-je la soutenir?
PYLADE.
Vous balancez! songez aux menaces terribles
Que vous faisaient ces dieux dont les secours sensibles
* Vous ont rendu la vie au milieu du trépas.
* Contre leurs volontés si vous faites un pas,
* Ce moment vous dévoue à leur haine fatale.
* Tremblez, malheureux fils d'Atrée et de Tantale,
* Tremblez de voir sur vous, dans ces lieux détestés,
* Tomber tous ces fléaux du sang dont vous sortez.
ORESTE.
Quel est donc, cher ami, le destin qui nous guide?
Quel pouvoir invincible à tous nos pas préside?
Moi, sacrilége! moi, si j'écoute un instant
La voix du sang qui parle à ce cœur gémissant!
O justice éternelle, abîme impénétrable,
Ne distinguez-vous point le faible et le coupable,
Le mortel qui s'égare ou qui brave vos lois,
Qui trahit la nature, ou qui cède à sa voix?
N'importe : est-ce à l'esclave à condamner son maître¹?
Le ciel ne nous doit rien quand il nous donne l'être.
J'obéis, je me tais. Nous avons apporté
Cette urne, cet anneau, ce fer ensanglanté :
Il suffit; offrons-les loin d'Électre affligée.
Allons, je la verrai quand je l'aurai vengée.
(A Pammène.)
Va préparer les cœurs au grand événement
Que je dois consommer, et que la Grèce attend.
Trompe surtout Égisthe et ma coupable mère :
* Qu'ils goûtent de ma mort la douceur passagère;
* Si pourtant une mère a pu porter jamais
* Sur la cendre d'un fils des regards satisfaits.
Va, nous les attendrons tous deux à leur passage.

SCÈNE II.

ÉLECTRE, IPHISE, d'un côté; ORESTE, PYLADE, de l'autre,
avec l'esclave qui porte l'urne et l'épée.

ÉLECTRE, à Iphise.
* L'espérance trompée accable et décourage.
* Un seul mot de Pammène a fait évanouir
* Ces songes imposteurs dont vous osiez jouir.
* Ce jour faible et tremblant qui consolait ma vue
* Laisse une horrible nuit sur mes yeux répandue.
* Ah! la vie est pour nous un cercle de douleurs.

---

1 Ce vers se retrouve dans la deuxième scène du troisième acte.

VARIANTES D'ORESTE.

ORESTE, à Pylade.
Quelle est cette princesse et cette esclave en pleurs?
IPHISE, à Electre.
D'une erreur trop flatteuse, ô suite trop cruelle!
ÉLECTRE.
Oreste, cher Oreste! en vain je vous rappelle,
En vain pour vous revoir j'ai prolongé mes jours.
ORESTE.
Quels accents! Elle appelle Oreste à son secours.
IPHISE, à Électre.
Voilà ces étrangers.
ÉLECTRE, à Iphise.
Que ses traits m'ont frappée!
Hélas! ainsi que vous j'aurais été trompée.
(A Oreste).
Eh! qui donc êtes-vous, étrangers malheureux;
Et qu'osez-vous chercher sur ce rivage affreux?
PYLADE.
Nous attendons ici les ordres, la présence
Du roi qui tient Argos sous son obéissance.
ÉLECTRE.
Qui? du roi? quoi! des Grecs osent donner ce nom
Au tyran qui versa le sang d'Agamemnon!
ORESTE.
Cher Pylade, à ces mots, aux douleurs qui la pressent,
Aux pleurs qu'elle répand tous mes troubles renaissent.
Ah! c'est Électre.
ÉLECTRE.
Hélas! vous voyez qui je suis:
On reconnaît Électre à ses affreux ennuis.
IPHISE.
Du vainqueur d'Ilion voilà le triste reste,
Ses deux filles, les sœurs du malheureux Oreste.
ORESTE.
Ciel! soutiens mon courage.
ÉLECTRE.
Eh! que demandez-vous
Au tyran dont le bras s'est déployé sur nous?
PYLADE.
Je lui viens annoncer un destin trop propice.
ORESTE.
Que ne puis-je du vôtre adoucir l'injustice!
Je vous plains toutes deux: je déteste un devoir
Qui me force à combler votre long désespoir.
IPHISE.
Serait-il donc pour nous encor quelque infortune?
ÉLECTRE.
Parlez, délivrez-nous d'une vie importune.
PYLADE.
Oreste...
ÉLECTRE.
Eh bien! Oreste?...
ORESTE.
Où suis-je?

IPHISE, en voyant l'urne.
Dieux vengeurs!..
ÉLECTRE.
Cette cendre... on se tait... mon frère... Je me meurs.
IPHISE.
Il n'est donc plus! Faut-il voir encor la lumière!
ORESTE, à Pylade.
Elle semble toucher à son heure dernière,
Ah! pourquoi l'ai-je vue, impitoyables dieux!
(A celui qui porte l'urne.)
Otez ce monument, gardez pour d'autres yeux, etc.

Page 126, vers 12 :

Ce glaive, cet anneau.... vous devez le connaître :
Agamemnon l'avait quand il fut votre maître.
CLYTEMNESTRE.
Quoi! ce serait par vous qu'au tombeau descendu...
ÉGISTHE.
Si vous m'avez servi, le prix vous en est dû.
De quel sang êtes-vous?

Page 127, vers 17 :

ORESTE.
Souffrez...
ÉGISTHE.
Non, demeurez.
CLYTEMNESTRE.
Qu'il s'écarte, seigneur.
Cette urne, ce récit, me remplissent d'horreur.
Le ciel veille sur vous, il soutient votre empire;
Rendez grâce, et souffrez qu'une mère soupire.
ORESTE.
Madame... j'avais cru que, proscrit dans ces lieux,
Le fils d'Agamemnon vous était odieux.
CLYTEMNESTRE.
Je ne vous cache point qu'il me fut redoutable.
ORESTE.
A vous?
CLYTEMNESTRE.
Il était né pour devenir coupable.
ORESTE.
Envers qui?
CLYTEMNESTRE.
Vous savez qu'errant et malheureux,
De haïr une mère il eut le droit affreux;
Né pour souiller sa main du sang qui l'a fait naître.
. . . .

Page 128, vers 5 :

Un fils peut-il si loin étendre ses fureurs?

VARIANTES D'ORESTE.

Une mère à ses yeux, madame, est toujours mère,
La nature aisément désarme sa colère.

(*Électre* de LONGEPIERRE, IV, I.)

Page 133, premier vers :

De Pammène, il est vrai, l'adroite vigilance.

Ibid., vers 8 :

Où ma main frémissante offrit ce fer vengeur.

Page 135, vers 21 :

Allons, je vais du moins punir un de mes maîtres.
IPHISE.
Je suis loin de blâmer des douleurs que je sens ;
Mais souffrez mes raisons dans vos emportements.
Tout parle ici d'Oreste : on prétend qu'il respire,
Et le trouble du roi semble encor nous le dire.
Vous avez vu Pammène avec cet étranger,
Lui parler en secret, l'attendre, le chercher.
Pammène, de nos maux consolateur utile,
Au milieu des regrets vieillit dans cet asile,
Jusqu'à tant de bassesse a-t-il pu s'oublier ?
Est-il d'intelligence avec le meurtrier ?
ÉLECTRE.
Que m'importe un vieillard qu'on aura pu séduire ?
Tout nous trahit, ma sœur, tout sert à m'en instruire.
Ce cruel étranger lui-même avec éclat
Ne s'est-il pas vanté de son assassinat ?
Égisthe au meurtrier ne m'a-t-il pas donnée ? etc.

Ibid., vers 24. —Voltaire, dans sa lettre à d'Argental, du 17 avril 1761, au lieu de ce vers et des trois qui suivent, en transcrit quatre qu'il n'a pourtant admis dans aucune édition. (B.)

Page 136, vers 30 :
ÉLECTRE, seule.
Mes tyrans de Pammène ont vaincu la faiblesse ;
Le courage s'épuise et manque à la vieillesse.
Que peut contre la force un vain reste de foi ?
Pour moi, pour ma vengeance, il ne reste que moi.
Eh bien ! c'en est assez ; mes mains désespérées
Dans ce grand abandon seront plus assurées.
Euménides, venez : soyez ici mes dieux ;
Accourez de l'enfer en ces horribles lieux ;
En ces lieux plus cruels et plus remplis de crimes
Que vos gouffres profonds regorgeant de victimes !

Page 137, vers 25 :
ÉLECTRE.
Juste ciel ! est-ce à lui de prononcer ce nom ?

D'où vient qu'il s'attendrit? je l'entends qui soupire;
Les remords en ces lieux ont-ils donc quelque empire?
Qu'importent des remords à l'horreur où je suis?

(Elle avance vers Oreste.)

Le voilà seul... frappons. Meurs, traître.... je ne puis...

ORESTE.

Ciel! Électre, est-ce vous, furieuse, tremblante?

ÉLECTRE.

Ah! je crois voir en vous un dieu qui m'épouvante.
Assassin de mon frère, oui, j'ai voulu ta mort:
J'ai fait, pour te frapper, un impuissant effort.
Ce fer m'est échappé, tu braves ma colère,
Je cède à ton génie, et je trahis mon frère.

ORESTE.

Ah! loin de le trahir... Où me suis-je engagé?

ÉLECTRE.

Sitôt que je vous vois, tout mon cœur est changé
Quoi! c'est vous qui tantôt me remplissiez d'alarmes?

ORESTE.

C'est moi qui de mon sang voudrais payer vos larmes.

ÉLECTRE.

Le nom d'Agamemnon vient de vous échapper :
Juste ciel! à ce point ai-je pu me tromper?
Ah! ne me trompez plus, parlez, il faut m'apprendre
L'excès du crime affreux que j'allais entreprendre
Par pitié, répondez, éclairez-moi, parlez.

ORESTE.

O sœur du tendre Oreste, évitez-moi, tremblez!

ÉLECTRE.

Pourquoi?

ORESTE.

Cessez... Je suis ... Gardez qu'on ne vous voie.

Page 149, premier vers:

ÉGISTHE.

Eh bien! est-il puni?

DIMAS.

Paraissez; c'est à vous, seigneur, d'être obéi.
Oreste s'est nommé dès qu'il a vu Pammène.

Page 153, vers 8 :

PAMMÈNE.

Elle oppose à son fils une main trop hardie.
Pour ce grand criminel qui touche à son trépas
Elle demande grâce, et ne l'obtiendra pas.
On dit que dans ce trouble on voit les Euménides,
Sourdes à la prière et de meurtres avides,
Ministres des arrêts prononcés par le sort,
Marcher autour d'Oreste, en appelant la mort.

IPHISE.

Jour terrible et sanglant!...

VARIANTES D'ORESTE.

Page 155, vers 7. — Dans une edition publiée chez Duchesne, conforme à la représentation, on lit :

> Banni de mon pays par le meurtre d'un père,
> Banni de mon pays pour celui de ma mère,
> Enfer que je mérite, ouvre-toi sous mes pas.
>
> ÉLECTRE, lui tendant les mains.
>
> Mon frère !
>
> PYLADE.
>
> Mon ami !
>
> ORESTE.
>
> Cessez, n'approchez pas,
> N'étendez point vos mains aux mains de ce coupable ;
> Ne souillez point vos yeux de ma vue effroyable...
> Je n'ai plus de parents, ni d'amis, ni de dieux,
> Tout est perdu pour moi. Je ne vois en ces lieux
> Que des monstres d'enfer et ma mère sanglante,
> Celle qui m'a nourri sous mes mains expirante !
> La voyez-vous ? tremblez : j'entends ses derniers cris.
>
> ÉLECTRE.
>
> Hélas ! d'Agamemnon je ne vois que le fils.
> Je t'aimerai toujours, cher et coupable Oreste.
>
> ORESTE.
>
> Dieux qui m'avez sauvé le jour que je déteste,
> Quel est l'exil nouveau que vous me prescrivez ?
> Quel est le nouveau crime....

Dans le manuscrit de la Comédie-Française, deux vers présentent une leçon différente :

> Enfers, que je mérite, ouvrez-vous sous mes pas...
> . . . .
> Ne tendez point vos mains aux mains de ce coupable. (B.)

Ibid., vers 15. — Édition de 1750 :

> Eh bien ! dieux de l'enfer, puissance impitoyable.

FIN DES VARIANTES D'ORESTE.

DISSERTATION
SUR
LES PRINCIPALES TRAGÉDIES
ANCIENNES ET MODERNES

QUI ONT PARU SUR LE SUJET D'ÉLECTRE, ET EN PARTICULIER SUR CELLE DE SOPHOCLE[1];

PAR M. DUMOLARD,
MEMBRE DE PLUSIEURS ACADÉMIES.

« Un bon critique suit toujours les règles de l'équité, et reprend en tout temps et en tout lieu ceux qui commettent des fautes. »
(*Traduction de deux vers d'*EURIPIDE.)

Le sujet d'*Électre*, un des plus beaux de l'antiquité, a été traité par les plus grands maîtres et chez toutes les nations qui ont eu du goût pour les spectacles. Eschyle, Sophocle, Euripide, l'ont embelli à l'envi chez les Grecs.

---

1. Cette *Dissertation* parut en 1750, in-12 de cinquante pages, sous le nom de Dumolard (né à Paris le 22 juillet 1709, mort le 16 mai 1772). Laharpe, dans son *Commentaire sur le théâtre de Voltaire*, page 267, dit que c'est l'ouvrage d'un *Amateur aveugle de l'antiquité, qui trouve tout beau dans Sophocle, et rien dans M. de Crébillon : il manque de goût et d'équité.* Feu Decroix, éditeur de ce *Commentaire*, pense que Voltaire « en a probablement revu le style, et croit y reconnaître, en quelques passages, son esprit et sa plume, surtout dans la troisième partie. » Ce qui est certain, c'est que, depuis plus de soixante et dix ans, cette *Dissertation* a été comprise dans les *OEuvres de Voltaire*. Il existe des exemplaires de l'édition de 1757 dans lesquels la *Dissertation* a été insérée après coup. Dans l'exemplaire que je possède, le feuillet 235-236 est supprimé et remplacé par quarante-huit pages, chiffrées toutes 234, mais avec des avant-chiffres ou post-chiffres 1-47. La quarante-huitième n'a point de chiffres, parce qu'elle est un faux-titre. Cette intercalation, dispendieuse pour le libraire, n'a pu se faire que du consentement, et même qu'à la demande de Voltaire. Elle peut avoir été faite en même temps que les additions et changements au *Siècle de Louis XIV*. L'impression intercalée est donnée pour *nouvelle édition corrigée et augmentée*. J'ai indiqué

Les Latins ont eu plusieurs tragédies sur ce sujet. Virgile (*Æn.* IV, 471) le témoigne par ce vers :

> Aut Agamemnonius scenis agitatus Orestes.

Ce qui donne à entendre que cette pièce était souvent représentée à Rome. Cicéron, dans le livre *de Finibus*, cite un fragment d'une tragédie d'*Oreste*, fort applaudie de son temps. Suétone dit que Néron chanta le rôle d'Oreste parricide; et Juvénal (satire Ire, vers 5) parle d'un *Oreste* qui était d'une longueur rebutante, et auquel l'auteur n'avait pas encore mis la dernière main :

> . . . Summi plena jam margine libri
> Scriptus, et in tergo, necdum finitus Orestes.

Baïf est le premier qui ait traité ce sujet en notre langue[1]. Son ouvrage n'est qu'une traduction de l'*Électre* de Sophocle : il a eu le sort de toutes les pièces de théâtre de son siècle. L'*Électre* de M. de Longepierre, faite en 1700, ne fut jouée, je crois, qu'en 1748[2]. Pendant cet intervalle, M. de Crébillon donna sa tragédie d'*Électre*[3]. Je ne connais que le titre de l'*Électre* du baron de Walef, qui a paru dans les Pays-Bas[4]. Enfin M. de Voltaire

les nombreuses additions faites en 1757. Les idées de Dumolard sont absolument celles de Voltaire sur Corneille, sur Crébillon, sur les spectacles. Dumolard répète ce qu'on a déjà lu dans les préfaces de *Sémiramis* et d'*Oreste*. Sans parler du défaut d'exactitude dans les citations, je remarquerai l'affectation de ne pas nommer Voltaire une seule fois dans la seconde partie consacrée à l'examen de son *Oreste*. D'après tout cela, cette *Dissertation* n'aurait pas été admise, par mes prédécesseurs, dans les OEuvres de Voltaire, que je n'aurais pas hésité à l'y comprendre. (B.)

— Cette *Dissertation* a toujours accompagné la tragédie d'*Oreste*, même du vivant de Voltaire. On ne croit pourtant pas qu'elle soit de celui-ci, ou du moins n'est-ce que la troisième partie dont il serait l'auteur. Là, en effet, on retrouve bien sa marque; mais quant aux deux autres tiers, copieux d'érudition, il faut, croyons-nous, en laisser l'honneur presque entier à M. Dumolard. Or, si Voltaire se flanqua ainsi de Dumolard, c'est qu'il n'était pas fâché : 1° d'opposer aux parodistes un éloge bien pourpensé de sa tragédie; 2° de critiquer sans scandale, sous le masque, maître Crébillon son rival, qu'il avait encensé publiquement, par convenance, le jour de la première représentation d'*Oreste*. (G. A.)

1. L'*Électre* de Baïf a été imprimée en 1537.
2. Le 22 février 1719.
3. Le 14 décembre 1708.
4. *Électre*, tragédie du baron de Walef, qui fait partie de ses OEuvres, 1731, cinq volumes in-8°, a été imprimée séparément en 1734, in-8°. Pradon avait donné une *Électre* en 1677. Depuis Voltaire, Lauraguais a donné sa *Clytemnestre*, tragédie en cinq actes et en vers, 1761, in-8°. L'*Électre, tragédie en cinq actes, imitée de Sophocle*, par M. de Rochefort, parut en 1782, in-8°; Gondeville de Montriché a fait imprimer son *Égysthe-Clytemnestre* en 1813. L'*Oreste* de Melv-Janin est de 1821. La *Clytemnestre* de M. Soumet a été jouée et imprimée en 1822. (B.)

vient de nous donner une tragédie d'*Oreste*. Erasmo di Valvasone a traduit en italien l'*Électre* de Sophocle, et Rucellai a fait une tragédie d'*Oreste*, qui se trouve dans le premier volume du Théâtre italien, donné par M. le marquis de Maffei, à Vérone, en 1723.

Je diviserai cette dissertation en trois parties. Je rechercherai dans la première quels sont les fondements de la préférence que tous les siècles ont donnée à la tragédie d'*Électre* de Sophocle sur celle d'Euripide, et sur les *Choéphores* d'Eschyle.

Dans la seconde, j'examinerai sans prévention ce qu'on doit penser de l'entreprise de l'auteur de la tragédie d'*Oreste*, de traiter ce sujet sans ce que nous appelons épisodes, et avec la simplicité des anciens, et de la manière dont il a exécuté cette entreprise.

Dans la troisième et dernière partie, je ferai voir combien il est difficile de s'écarter de la route que les anciens nous ont frayée en traitant ce sujet, sans détruire le bon goût et sans tomber dans des défauts qui passent même des pensées aux expressions.

Je soumets tout ce que je dirai dans cet écrit au jugement de ceux qui aiment sincèrement les belles-lettres, qui ont fait de bonnes études, qui connaissent en même temps le génie de la langue grecque et celui de la nôtre, qui, sans être les adorateurs serviles et aveugles des anciens, connaissent leurs beautés, les sentent, et leur rendent justice, et qui joignent l'érudition à la saine critique. Je récuse tous les autres juges comme incompétents.

Je ne cherche qu'à être utile : je ne veux faire ni d'éloge ni de satire. Le théâtre, que je regarde comme l'école de la jeunesse, mérite qu'on en parle d'une manière plus sérieuse et plus approfondie qu'on ne fait d'ordinaire dans tout ce qui s'écrit pour et contre les pièces nouvelles[1]. Le public est las de tous ces écrits, qui sont plutôt des libelles que des instructions, et de tous ces jugements dictés par un esprit de cabale et d'ignorance. Quiconque ose porter un jugement doit le motiver, sans quoi il se déclare lui-même indigne d'avoir un avis : je n'ai formé le mien qu'après avoir consulté des gens de lettres les plus éclairés. C'est ce qui m'enhardit à me nommer, afin de n'être pas confondu avec les auteurs de tant d'écrits ténébreux, dont le moins qu'on puisse dire est qu'ils sont inutiles.

PREMIÈRE PARTIE.

De l'Électre de Sophocle.

On a toujours regardé l'*Électre* de Sophocle comme un chef-d'œuvre, soit par rapport au temps auquel elle a été composée, soit par rapport au

---

1. Le P. Rapin, dans ses *Réflexions sur la Poétique*, dit, après Aristote, que la tragédie est une leçon publique, plus instructive, sans comparaison, que la philosophie, parce qu'elle instruit l'esprit par les sens, et qu'elle rectifie les passions par les passions mêmes, en calmant, par leur émotion, le trouble qu'elles excitent dans le cœur. (*Note de Voltaire*, ajoutée en 1757.)

peuple pour lequel elle a été faite. Ce temps touchait à celui de l'invention de la tragédie. Trois illustres rivaux, les chefs et les modèles de tous ceux qui ont excellé depuis dans le genre dramatique, se disputèrent la victoire. Les pièces des deux antagonistes de Sophocle furent louées, furent même récompensées ; la sienne fut couronnée et préférée. Toute la nation grecque et toute la postérité n'ont jamais varié sur ce jugement. Elle tira des gémissements et des larmes ; elle excita même des cris, qu'arrachaient la terreur et la pitié portées à leur comble : on ne peut la lire dans l'original sans répandre des pleurs. Tel est l'effet que produisit et que produit encore de nos jours la scène de l'urne, que toute l'antiquité a regardée comme un chef-d'œuvre de l'art dramatique [1]. Aulu-Gelle rapporte que de son temps, sous l'empire d'Adrien, un acteur nommé Paulus, qui faisait le rôle d'Électre, fit tirer du tombeau l'urne qui contenait les cendres de son fils bien-aimé ; et, comme si c'eût été l'urne d'Oreste, il remplit toute l'assemblée, non pas d'une simple émotion de douleur bien imitée, mais de cris et de pleurs véritables. Effectivement, cette scène est un modèle achevé du pathétique : en la lisant, on se représente un grand peuple pénétré, qui ne peut retenir ses larmes ; on croit entendre les soupirs et les sanglots, interrompus de temps en temps par les cris les plus douloureux : mais bientôt un silence morne, signe de la consternation générale, succède à ce bruit ; tout le peuple semble tomber avec Électre dans le désespoir, à la vue de ce grand objet de terreur et de compassion.

Si tous les Grecs et les Romains, si les deux nations les plus célèbres du monde, et qui ont le plus cultivé et chéri la littérature et la poésie, si deux peuples entiers aussi spirituels et aussi délicats, si tous ceux qui depuis eux, dans d'autres pays et avec des mœurs différentes, ont aimé les lettres grecques et ont été en état de sentir les beautés de cette pièce, se sont tous unanimement accordés à penser de même de l'*Électre* de Sophocle, il faut absolument que ces beautés soient de tous les temps et de tous les lieux.

En effet, tout ce qui peut concourir à rendre une pièce excellente se trouve dans celle-ci : fable bien constituée ; exposition claire, noble, entière ; observation parfaite des règles de l'art ; unité de lieu, d'action et de temps (l'action ne dure précisément que le temps de la représentation) ; conduite sage ; mœurs ou caractères vrais, et toujours également soutenus. Électre y respire continuellement la douleur et la vengeance, sans aucun mélange de passions étrangères. Oreste n'a d'autre idée que d'exécuter une entreprise aussi grande, aussi hardie, aussi difficile, qu'intéressante ; son cœur est fermé à tout autre sentiment, à tout autre objet. La douleur de Chrysothémis, plus sage, plus modérée que celle de sa sœur, fait un contraste adroit et continuel avec les emportements d'Électre. Les sentiments y sont partout convenables [2]. La scène d'Électre et de Chrysothémis fait sortir le caractère de la première par la douceur de celui de sa sœur. Ismène, dans la tragédie d'*Antigone*, de Sophocle, montre la même douceur par le même art, et pour faire

---

1. La fin de cet alinéa est de 1757. (B.)
2. La fin de cet alinéa est aussi de 1757. (B.)

contraster le caractère des deux sœurs. Ismène et Chrysothémis ont la même compassion et la même tendresse pour Antigone et pour Électre, pour Oreste et pour Polynice : la différence est qu'Antigone ayant un peu moins de dureté qu'Électre, Ismène, de son côté, a un peu plus de fermeté que Chrysothémis.

L'exposition produisait d'abord un spectacle frappant et un très-grand intérêt. L'immensité du théâtre, la magnificence artificieuse des décorations, qui suppose nécessairement une grande connaissance de la perspective, donnent lieu au gouverneur d'Oreste de lui faire observer deux villes, une forêt, des temples, des places publiques et des palais. Un Français, peu versé dans l'histoire et dans la littérature grecque, peut traiter les villes d'Argos et de Mycène, le bois de la fille d'Inachus, célèbre par les fables d'Io et d'Argus, le palais d'Agamemnon, les temples les plus renommés ; il peut, dis-je, les traiter d'objets peu intéressants ; mais que ces objets étaient frappants pour toute la Grèce ! que notre théâtre est éloigné d'en offrir de pareils ! Le reste du discours du gouverneur met le spectateur au fait, en très-peu de mots, de l'histoire d'Oreste et de son projet, que la réponse du héros achève d'expliquer. L'oracle lui défend d'avoir des troupes, et d'employer d'autres armes que la ruse et le secret.

Δόλοισι κλέψαι χειρὸς ἐνδίκους σφαγάς.

En conséquence, il envoie son gouverneur annoncer à Égisthe et à Clytemnestre qu'Oreste a été tué aux jeux pythiens. « Qu'importe, dit-il, qu'on dise que je suis mort, pourvu que je vive et que je me couvre de gloire? Quand un faux bruit nous procure un grand avantage, je ne puis le regarder comme un mal ; » ce qui fait allusion à l'idée que les anciens avaient que ces bruits de mort etaient d'un mauvais augure.

Τί γάρ με λυπεῖ τοῦθ' ὅταν λόγῳ θανών
Ἔργοισι σωθῶ, κἀξενέγκωμαι κλέος;
Δοκῶ μὲν οὐδὲν ῥῆμα σὺν κέρδει κακόν.

Il sort ensuite pour aller faire des libations sur le tombeau de son père, ainsi qu'Apollon l'a ordonné. Sa conduite ne se dement point. Les caractères ne se démentent pas davantage. Même inflexibilité, même fureur dans Électre, même douceur dans Chrysothémis, même sagesse dans Oreste et dans le gouverneur, même fierté dans Clytemnestre[1]. Traiter cette fierté de défaut, c'est insulter à toute l'antiquité, c'est ignorer ce que c'est que les mœurs dans un pareil sujet, c'est méconnaître la belle nature.

Je ne disconviendrai pas qu'avec toutes ces perfections on ne puisse faire quelques objections contre Sophocle. On dira que l'intrigue est très-simple ; je l'avoue, et je crois même que c'est la plus grande beauté de la pièce. Cette simplicité irait au détriment de l'intrigue, si cette intrigue elle-

---

1. La fin de cet alinéa est de 1757. (B.)

même était autre chose qu'un tableau continu. Sophocle, ajoutera-t-on, manque de certains traits délicats et fins, que la tragédie a pu acquérir avec le temps. Les pensées n'y sont peut-être pas assez approfondies ni assez variées. Mais les Grecs, et Sophocle en particulier, connaissaient peu ces faibles ornements. Son pinceau hardi peignait tout à grands traits; il ne s'embarrassait que d'arriver au but.

On apporte les cendres d'Oreste, qu'on dit avoir été tué aux jeux pythiens, dont on fait une très-longue description, qui appartient plus à l'épopée qu'à la tragédie. Ce récit ne forme pas d'ailleurs de nœuds assez intrigués, il ne met point le héros auquel on s'intéresse en un danger reel; il ne produit ni pitié ni terreur[1], du moins chez un peuple débarrassé du préjugé aveugle où vivaient les anciens, que ces bruits de mort étaient du plus sinistre présage. Mais ce même préjugé faisait que les Grecs n'en craignaient que plus pour Oreste; et cette crainte était si forte qu'elle suspendait tous les mouvements précédents de terreur et de compassion. Quoique ce bruit de mort mette ce heros dans le plus grand danger de perdre la vie, Oreste foule aux pieds cette crainte, parce que le but de la tragédie est d'empêcher de craindre, avec trop de faiblesse, des disgrâces communes. Sophocle ménage la crainte des spectateurs, en faisant mépriser par Oreste ce mauvais présage : la crainte du héros se porte tout entière sur l'obéissance aveugle qu'on doit aux oracles.

D'ailleurs on a toujours excusé cette description épisodique par le goût décidé, par la passion furieuse que toute la nation grecque avait pour ces jeux : en effet, c'était un des endroits de la pièce les plus applaudis. On passait à Sophocle l'anachronisme formel en faveur de la beauté de ce morceau, et de l'intérêt qu'on prenait à cette magnifique description.

On dira peut-être encore que le gouverneur d'Oreste était bien hardi de débiter à une grande reine une fable dont elle pouvait d'un moment à l'autre reconnaître la fausseté. Toute la Grèce accourait aux jeux pythiens. N'y avait-il aucun habitant de Mycène ou d'Argos qui y eût assisté? cela n'est pas probable. Personne n'en était-il encore revenu, quand le gouverneur faisait ce recit, ou quelqu'un ne pouvait-il pas en arriver dans le moment même? La reine pouvait en un instant découvrir l'imposture.

Cette objection tombe d'elle-même, pour peu que l'on fasse réflexion que l'action, qui ne dure que quatre heures, ou le temps de la représentation, est si pressée que Clytemnestre et Égisthe sont tués avant qu'ils aient le temps d'être détrompés; et encore un coup, le plaisir que ce morceau faisait à toute la nation, la beauté, la sublimité du style dans lequel il est écrit, l'emportèrent sur toutes les critiques.

Je ne saurais disconvenir que Sophocle, ainsi qu'Euripide, ne devaient pas faire de Pylade un personnage muet. Ils se sont privés par là de grandes beautés.

N'est-ce pas encore un défaut qu'Égisthe ne paraisse qu'à la dernière

---

1. On lisait en 1750 : « ... ni pitié, ni terreur. Mais on a toujours excusé, etc. » L'addition est de 1757. (B.)

scène, et pour y recevoir la mort? Quel personnage que celui d'un roi qui ne vient que pour mourir! Cependant il ne semble pas absolument nécessaire qu'Égisthe paraisse plus tôt. Le poëte inspire tant de terreur dans le cours de la pièce, qu'il n'a pas besoin d'introduire plus tôt un personnage qui ne produirait que de l'horreur, qui nuirait à son plan, ou qui du moins serait inutile.

Quant à l'atrocité de la catastrophe, elle paraît horrible dans nos mœurs; elle n'était que terrible dans celles des Grecs. C'était un fait avoué de tout le monde qu'Oreste avait tué sa mère d'un propos délibéré, pour venger le meurtre de son père. Il n'était pas permis de déguiser ni de changer une fable universellement reçue[1], c'était même ce qui faisait tout le grand tragique, tout le terrible de cette action[2] : aussi voit-on qu'Eschyle et Euripide ont exactement suivi, comme Sophocle, l'histoire consacrée. Il me semble même que la mort de Clytemnestre, tuée par son fils, est en un sens moins atroce, et sans contredit beaucoup plus théâtrale et plus tragique que le meurtre de Camille commis par Horace.

Elle me paraît moins atroce, en ce que Camille est innocente, et Clytemnestre est coupable du plus grand des crimes; crime dont elle se glorifie quelquefois, et dont elle n'a qu'un léger repentir : en cela, elle mérite infiniment plus d'être punie que Camille, qui regrette son amant et dont tout le crime ne consiste qu'en des paroles trop dures que lui arrache l'excès de sa douleur.

Elle est plus théâtrale, en ce qu'elle fait le vrai sujet de la pièce; car cette mort est préparée et attendue; et celle de Camille, dans *les Horaces*, n'est qu'un événement imprévu, qui pouvait ne pas arriver, qui ne fait qu'une double action vicieuse, et un cinquième acte inutile, qui devient lui-même une triple action dans la pièce Il n'y a qu'une seule action au contraire dans Sophocle, la punition des deux époux étant le seul sujet de la pièce. C'est cette unité qui contribuait tant au pathétique de la catastrophe. Quoi de plus pathétique en effet que ces cris de Clytemnestre : « O mon fils! mon fils! ayez pitié de celle qui vous a mis au monde! »

. . . . ὦ τέκνον, τέκνον,
Οἴκτειρε τὴν τεκοῦσαν.

On frémissait à cette terrible quoique juste réponse d'Électre : « Mais, vous-même, avez-vous eu pitié de son père et de lui? »

Ἀλλ' οὐκ ἐκ σέθεν
Ὠ'κτείρεθ' οὗτος, οὔθ' ὁ γεννήσας πατήρ.

1. Il faut que Clytemnestre soit tuée par Oreste. Aristot., *de Poet.*, c. xv. (*Note de Voltaire.*)
2. Un des principaux objets du poème dramatique est d'apprendre aux hommes à ménager leur compassion pour des sujets qui le méritent; car il y a de l'injustice d'être trop touché des malheurs de ceux qui méritent d'être misérables. On doit voir sans pitié, dit le P. Rapin, Clytemnestre tuée par son fils Oreste, dans Eschyle, parce qu'elle avait tué son époux; et l'on ne peut voir sans compassion mourir Hippolyte, parce qu'il ne meurt que pour avoir été sage et vertueux. (Voyez *Réflexions sur la Poétique.*) (*Note de Voltaire*, ajoutée en 1757.)

On tremblait à cette effrayante exclamation d'Électre à son frère : « Frappe, redouble, si tu le peux. »

. . . . παῖσον, εἰ σθένεις, διπλῆν.

Après quoi Clytemnestre expirante s'écrie : « Encore une fois, hélas ! »

Ὢ μοι μάλ' αὖθις.

« Qu'Égisthe, poursuit Électre, ne reçoit-il le même traitement ! »

. . . . εἰ γὰρ Αἰγίσθῳ θ' ὁμοῦ !

Égisthe, qui arrive dans ces terribles circonstances, croyant voir le corps d'Oreste massacré, et découvrant celui de sa femme; la mort ignominieuse de cet assassin, qui n'a pas même la consolation de mourir volontairement et en homme libre, et à qui l'on annonce qu'il sera privé de la sépulture; tout cela forme le coup de théâtre le plus frappant et le plus terrible, je ne dis pas pour notre nation, mais pour toute celle des Grecs, qui n'était point amollie par des idées d'une tendresse lâche et efféminée; pour un peuple qui, d'ailleurs humain, éclairé, poli, autant qu'aucun peuple de la terre, ne cherchait point au théâtre ces sentiments fades et doucereux auxquels nous donnons le nom de galants, et qui par conséquent était plus disposé à recevoir les impressions d'un tragique atroce.

Combien ce peuple ne s'intéressait-il pas à la gloire d'Agamemnon, à son malheur, et à sa vengeance ? Il entrait dans ces sentiments autant qu'Oreste lui-même. Les Grecs n'ignoraient pas que ce prince était coupable de tuer sa mère; mais il fallait absolument représenter ce crime. La mort de Clytemnestre était juste, et son fils n'était coupable que par l'ordre formel des dieux, qui le conduisaient pas à pas dans ce crime, par celui des destinées, dont les arrêts étaient irrévocables, qui faisaient des malheureux mortels ce qu'il leur plaisait : *Qui nos homines quasi pilas habent*. Ainsi, en condamnant Oreste autant qu'ils le devaient, les Grecs ne condamnaient point Sophocle, et ils le comblaient, au contraire, de louanges. D'ailleurs, tous les poëtes tragiques tiennent le langage de la philosophie stoïcienne.

Il me semble avoir montré les sources de l'admiration que tous les anciens ont eue pour l'*Électre* de Sophocle. Le parallèle de cette pièce avec celles d'Euripide et d'Eschyle sur ce sujet, qui sont à la vérité pleines de beautés, ne servira pas peu à démontrer entièrement combien elle leur est supérieure. On verra combien la conduite et l'intrigue de la pièce de Sophocle sont plus belles et plus raisonnables que celles des deux autres.

[1] Plusieurs critiques ont douté que la tragédie d'*Électre*, que nous avons sous le nom d'Euripide, fût de ce grand maître; on y trouve moins de chaleur et moins de liaison; et l'on pourrait soupçonner qu'elle est l'ouvrage

---

1. Cet alinéa est de 1757. (B.)

d'un poëte fort postérieur. On sait que les savants de la célèbre école d'Alexandrie ont non-seulement rectifié et corrigé, mais aussi altéré et supposé plusieurs poëmes anciens. *Électre* était peut-être mutilée ou perdue de leur temps; ils en auront lié tous les fragments pour en faire une pièce suivie. Quoi qu'il en soit, on y retrouve les fameux vers cités par Plutarque (dans la vie de Lysandre), qui préservèrent Athènes d'une destruction totale lorsque Lysandre s'en rendit le maître. En effet, comme les vainqueurs délibéraient le soir dans un festin s'ils raseraient seulement les murailles de la ville, ou s'ils la renverseraient de fond en comble, un Phocéen chanta ce beau chœur; et tous les convives en furent si émus qu'ils ne purent se résoudre à détruire une ville qui avait produit d'aussi beaux esprits, et d'aussi grands personnages.

Dans Euripide, Électre a été mariée par Égisthe à un homme sans bien et sans dignité, qui demeure hors de la ville, dans une maison conforme à sa fortune. La scène est devant cette maison; ce qui ne produit pas une décoration bien magnifique. Cet époux d'Électre, qui, à la vérité, par respect, n'a eu aucun commerce avec elle, ouvre la scène, en fait l'exposition dans un long monologue, qu'on peut regarder comme un prologue. Ce defaut, qui se trouve dans presque toutes les premières scènes d'Euripide, rend ses expositions la plupart froides et peu liées avec la pièce.

Oreste est reconnu par un vieillard, en présence de sa sœur, par une cicatrice qu'il s'est faite au-dessus du sourcil, en courant, lorsqu'il était enfant, après un chevreuil[1]

Des critiques ont trouvé cette reconnaissance trop brusque, et celle de Sophocle trop traînante. Il semble qu'ils n'aient fait aucune attention aux mœurs de la nation grecque, et qu'ils n'aient connu ni le génie ni les grâces des deux tragiques.

Oreste va ensuite avec son ami Pylade assassiner Égisthe par derrière, pendant qu'il est penché pour considérer les entrailles d'une victime; ils le tuent au milieu d'un sacrifice et d'une cérémonie religieuse, parce que tous les droits divins et humains avaient été violés dans l'assassinat d'Agamemnon, commis dans son propre palais, par une ruse abominable, et lorsqu'il allait se mettre à table et faire des libations aux dieux. Ainsi ce récit de la mort d'Égisthe contient la description d'un sacrifice. Les Grecs étaient fort curieux de ces descriptions de sacrifices, de fêtes, de jeux, etc., ainsi que des marques, cicatrices, anneaux, bijoux, cassettes, et autres choses qui amènent les reconnaissances.

Le récit qu'Électre et son frère font de la manière dont ils ont assassiné leur mère, qui ne vient sur la scène que pour y être tuée, me paraît beaucoup plus atroce que la scène de Sophocle, que j'ai rapportée ci-dessus. Oreste est livré aux furies, pour avoir exécuté l'ordre des dieux, pendant qu'Électre, qui se vante d'avoir vu cet horrible spectacle, d'avoir encouragé son frère, d'avoir conduit sa main, parce qu'Oreste s'était couvert le visage

1. Dans l'édition de 1750 on lit : « ...après un chevreuil. Il va ensuite avec son ami Pylade, etc. » Le changement est de 1757. (B.)

de son manteau; Électre, dis-je, est épargnée. Sophocle certainement l'emporte ici sur Euripide; mais les Dioscures, Castor et Pollux, frères de Clytemnestre, surviennent, et loin de prendre la défense de leur sœur, ils rejettent le crime de ses enfants sur Apollon, envoient Oreste à Athènes pour y être expié, lui prédisent qu'il courra risque d'être condamné à mort, mais qu'Apollon le sauvera, en se chargeant lui-même de ce parricide. Ils lui annoncent ensuite un sort heureux, après qu'Électre aura épousé Pylade; époux digne en effet d'une aussi grande princesse, puisqu'il était fils d'une sœur d'Agamemnon, et qu'il descendait d'Éaque, fils de Jupiter et d'Égine. C'est ce qui justifie le reproche d'un critique à M. Racine, d'avoir fait de Pylade un confident trop subalterne dans *Andromaque*, et d'avoir déshonoré par là une amitié respectable entre deux princes dont la naissance était égale.

Quant à la pièce d'Eschyle, des filles étrangères, esclaves de Clytemnestre, mais attachées à Électre, portent des présents sur le tombeau d'Agamemnon : c'est ce qui a fait donner à la pièce le nom de *Choéphores*, ou porteuses de libations ou de présents, du mot grec χοή, qui signifie des libations qu'on faisait sur les tombeaux.

Oreste est reconnu par sa sœur dès le commencement de la pièce, par trois marques assez équivoques, les cheveux, la trace des pas, et la robe ὕφασμα qu'elle a tissue elle-même, il y avait sans doute longtemps.

Les anciens eux-mêmes se sont moqués de cette reconnaissance; et M. Dacier la blâme, parce qu'elle est trop éloignée de la péripétie, ou changement d'état. Celle de Sophocle est plus simple. Oreste dit à sa sœur : « Regardez cet anneau, c'est celui de mon père. »

. . . . τήνδε προσβλέψασ' ἐμοῦ
Σφραγῖδα πατρός.

Il déclare ensuite que l'oracle d'Apollon lui a ordonné de tuer les meurtriers de son père, sous peine d'éprouver les plus cruels tourments, d'être livré aux furies, etc.

Le P. Brumoy regarde judicieusement à ce sujet qu'Oreste est criminel en obéissant et en n'obéissant pas. Cependant il ne peut se déterminer à tuer sa mère. Électre lève ses scrupules, et l'aigrit contre elle. Le chœur lui raconte le songe de la reine, qui a cru voir sortir de son sein un serpent qui lui a tiré du sang au lieu de lait. Oreste jure qu'il accomplira ce songe. Le chœur suivant est un récit des amours funestes qui ont été ensanglantées.

Oreste s'introduit dans le palais d'Égisthe sous le nom d'un marchand de la Phocide, qui vient annoncer la mort du fils d'Agamemnon. Égisthe entre dans son palais pour s'assurer de ce bruit. Oreste l'y tue, et reparaît pour assassiner sa mère sur le théâtre.

En vain elle lui demande grâce par les mamelles qui l'ont allaité. Pylade dit à son ami, qui craint encore de commettre ce parricide, qu'il doit obéir aux dieux et accomplir ses serments : « Preferez-vous, ajoute-t-il, vos ennemis aux dieux mêmes? » Oreste, déterminé, dit à sa mère : « C'est à vous-même, et non pas à moi, que vous devez attribuer votre mort. »

Σύ τοι σεαυτὴν, οὐκ ἐγὼ, κατακτενεῖς.

Quoi de plus réfléchi, de plus dur, et de plus cruel? Il n'y a point d'oracle, de destinée, qui pût diminuer sur notre théâtre l'atrocité de cette action et de ce spectacle [1] : aussi Oreste a beau se disculper, faire son apologie, et rejeter le crime sur l'oracle et sur la menace d'Apollon, *les chiens irrités de sa mère* l'environnent et le déchirent.

Électre n'est point amoureuse chez les trois tragiques grecs : en voici les raisons. Les caractères étaient constatés et comme consacrés dans les tragédies d'Eschyle, de Sophocle et d'Euripide, parce que les caractères étaient constatés chez les anciens. Ils ne s'écartaient jamais de l'opinion reçue : *Sit Medea ferox invictaque* (Horace, *Art poét.*, 123). Électre ne pouvait pas plus être amoureuse que Polyxène et Iphigénie ne pouvaient être coquettes; Médée, douce et compatissante; Antigone, faible et timide. Les sentiments étaient toujours conformes aux personnages et aux situations. Un mot de tendresse dans la bouche d'Électre aurait fait tomber la plus belle pièce du monde, parce que ce mot aurait été contre le caractère distinctif et la situation terrible de la fille d'Agamemnon, qui ne doit respirer que la vengeance.

Que dirait-on parmi nous d'un poëte qui ferait agir et parler Louis XII comme un tyran, Henri IV comme un lâche, Charlemagne comme un imbécile, saint Louis comme un impie? Quelque belle que la pièce fût d'ailleurs, je doute que le parterre eût la patience d'écouter jusqu'au bout. Pourquoi Électre, amoureuse, aurait-elle eu un meilleur succès à Athènes?

Les sentiments doucereux, les intrigues amoureuses, les transports de jalousie, les serments indiscrets de s'aimer toute la vie malgré les dieux et les hommes, tout ce verbiage langoureux, qui deshonore souvent notre théâtre, était inconnu des Grecs. La correction des mœurs était le but principal de leur théâtre. Pour y réussir, ils voulurent monter à la source de toutes les passions et de tous les sentiments. Loin de rencontrer l'amour sur leur route, ils y trouvèrent la terreur et la compassion. Ces deux sentiments leur parurent les plus vifs de tous ceux dont le cœur humain est susceptible. Mais la terreur et l'attendrissement, portés à l'excès, précipitent indubitablement les hommes dans les plus grands crimes et dans les plus grands malheurs. Les Grecs entreprirent de corriger l'un et l'autre, et de les corriger l'un par l'autre.

La crainte non corrigée, non épurée, pour me servir du terme d'Aristote, nous fait regarder comme des maux insupportables les événements fâcheux de la vie, les disgrâces imprévues, la douleur, l'exil, la perte des biens, des amis, des parents, des couronnes, de la liberté, et de la vie. La

---

1. Dans l'édition de 1750 il y a : « ...de ce spectacle. Cette courte analyse des deux pièces, etc. » L'addition est de 1757. (B.)

crainte bien épurée nous fait supporter toutes ces choses; elle nous fait même courir au-devant avec joie, lorsqu'il s'agit des intérêts de la patrie, de l'honneur, de la vertu, et de l'observation des lois éternelles etablies par les dieux. Les Grecs enseignaient sur leur théâtre à ne rien craindre alors, à ne jamais balancer entre la vie et le devoir, et à supporter, sans se troubler, toutes les disgrâces, en les voyant si fréquentes et si extrêmes dans les personnages les plus considérables et les plus vertueux; à ménager la crainte et à la tempérer, par les exemples les plus illustres. Les peuples apprenaient au théâtre qu'il y a de la pusillanimité et du crime à craindre ce qui n'est plus un mal, par le motif qui le fait surmonter, et par la cause qui le produit; puisque ce mal, si c'en est un, n'est rien en comparaison de maux inévitables et bien plus à craindre, tels que l'infamie, le crime, la colère, et la vengeance éternelle des dieux : la terreur de ces maux bien plus redoutables fait disparaître entièrement celle des premiers. L'Oreste de Sophocle s'embarrasse peu qu'on fasse courir le bruit de sa mort, pourvu qu'il obéisse ponctuellement aux oracles. Électre méprise l'esclavage et les rigueurs de sa mère et d'Égisthe, pourvu que la mort d'Agamemnon soit vengée : il faut n'avoir jamais lu ni le texte ni la traduction de Sophocle pour oser dire qu'elle songe plus à venger ses propres injures que la mort de son père. Antigone rend les honneurs funèbres à son frère, et ne craint point d'être enterrée vive, parce que l'ordre sacrilége de Créon est formellement contraire à celui des dieux, et qu'on ne peut ni ne doit jamais balancer entre les dieux et les hommes, entre la mort et la colère des immortels. Oreste, dans Sophocle, n'a rien à craindre des Euménides, parce qu'il suit fidèlement les ordres d'Apollon.

La pitié non épurée nous fait plaindre tous les malheureux qui gémissent dans l'exil, dans la misère et dans les supplices. La pitié épurée apprenait aux Grecs à ne plaindre que ceux qui n'ont point mérité ces maux, et qui souffrent injustement, à ménager leur compassion, à ne point gémir sur les malheurs qui accablent ceux qui désobéissent aux dieux et aux lois, qui trahissent la patrie, qui se sont souillés par des crimes

Clytemnestre n'est point à plaindre de périr par la main d'Oreste, parce qu'elle a elle-même assassiné son époux, parce qu'elle a goûté le barbare plaisir de rechercher dans son flanc les restes de sa vie, parce qu'elle lui avait manqué de foi par un inceste, parce qu'elle a voulu faire périr son propre fils, de peur qu'il ne vengeât la mort de son père. C'est une injustice de plaindre ceux qui méritent d'être misérables, de s'attendrir sur les malheurs qui arrivent aux tyrans, aux traîtres, aux parricides, aux sacriléges, à ceux, en un mot, qui ont transgressé toutes les règles de la justice : on ne doit les plaindre que d'avoir commis les crimes qui leur ont attiré la punition et les tourments qu'ils subissent. Mais cette pitié même ne fait que guérir l'âme de cette vile compassion qui peut l'amollir, et de ces vaines terreurs qui la troublent.

C'est ainsi que le théâtre grec tendait à la correction des mœurs par la terreur et par la compassion, sans le secours de la galanterie. C'était de ces deux sentiments que naissaient les pensées sublimes et les expressions énergiques, que nous admirons dans leurs tragédies, et auxquelles nous ne substituons que trop souvent des fadeurs, de jolis riens, et des épigrammes.

Je demande à tout homme raisonnable, dans un sujet aussi terrible que celui de la vengeance de la mort d'Agamemnon, que peut produire l'amour d'Électre et d'Oreste qui ne soit infiniment au-dessous de l'art de Sophocle? Il est bien question ici de déclarations d'amour, d'intrigues de ruelle, de combats entre l'amour et la vengeance : loin d'élever l'âme, ces faibles ressources ne feraient que l'avilir. Il en est de même de presque tous les grands sujets traités par les Grecs. L'auteur d'*Œdipe* convient lui-même[1], et cet aveu lui fait infiniment d'honneur, que l'amour de Jocaste et de Philoctète, qu'il n'a introduit que malgré lui, déroge à la grandeur de son sujet. La nouvelle tragédie de *Philoctète*[2] n'eût valu que mieux si l'auteur avait évité l'amour de Pyrrhus pour la fille de Philoctète. Le goût du siècle l'a entraîné. Ses talents auraient surmonté la prétendue difficulté de traiter ces sujets sans amour, comme Sophocle.

Mettez de l'amour dans *Athalie* et dans *Mérope*, ces deux pièces ne seront plus des chefs-d'œuvre, parce que l'amour le mieux traité n'a jamais le sérieux, la gravité, le sublime, le terrible, qu'exigent ces sujets. Électre, amoureuse, n'inspire plus cette terreur et cette pitié active des anciens. Inutilement veut-on y suppléer par des épisodes romanesques, par des descriptions déplacées, par des reconnaissances accumulées les unes sur les autres, par des conversations galantes, par des lieux communs de toute espèce, et par des idées gigantesques : on ne fait que défigurer l'art de Sophocle et la beauté du sujet. C'est faire un mauvais roman d'une excellente tragédie; et comme le style est d'ordinaire analogue aux idées, il devient lâche, boursouflé, barbare. Qu'on dise après cela que, si l'on avait quelque chose à imiter de Sophocle[3], ce ne serait certainement pas son *Électre;* qu'on appelle ce prince de la tragédie : *Grec babillard ;* il résulte de ces invectives que l'art de Sophocle est inconnu à celui qui tient ce discours, ou qu'il n'a pas daigné travailler assez son sujet pour y parvenir, ou enfin que tous ses efforts ont été inutiles, et qu'il n'a pu y atteindre. Il semble que le désespoir lui ait suggéré de condamner d'un mot Sophocle et toute la Grèce. Mais. Électre, amoureuse du fils d'Égisthe, assassin de son père, séducteur de sa mère, persécuteur d'Oreste, auteur de tous ses malheurs; Oreste, amoureux de la fille de ce même Égisthe, bourreau de toute sa famille, ravisseur de sa couronne, et qui ne cherche qu'à lui ôter la vie, auraient l'un et l'autre échoué sur le théâtre d'Athènes : ce double amour aurait eu nécessairement le plus mauvais succès. Vainement on aurait dit en faveur du poëte que plus Électre est malheureuse, plus elle est aisée à attendrir; le peuple d'Athènes aurait répondu que plus Oreste et Électre sont malheureux, moins ils sont susceptibles d'un amour puéril et

---

1. Voyez l'*Épître dédicatoire d'Oreste*, page 81.
2. Par Châteaubrun, jouée en 1755.
3. Expressions de Crébillon dans la préface de son *Électre*. (B.)

insensé; qu'ils sont trop occupés de leurs infortunes et de leur vengeance pour s'amuser à lier une partie carrée avec les deux enfants du bourreau d'Agamemnon, et de leur plus implacable ennemi. Ces amants transis auraient fait horreur à toute la Grèce, et le peuple aurait prononcé sur-le-champ contre une fable aussi absurde et aussi déshonorante pour le destructeur de Troie et pour toute la nation.

Cette courte analyse des deux pièces rivales de l'*Électre* de Sophocle suffit pour faire connaître combien celle-ci est préférable aux deux autres, par rapport à la fable (μῦθος), et par rapport aux mœurs (ἤθη).

Mais le principal mérite de Sophocle, celui qui lui a acquis l'estime et les éloges de ses contemporains et des siècles suivants jusqu'au nôtre, celui qui les lui procurera tant que les lettres grecques subsisteront, c'est la noblesse et l'harmonie de sa diction (λέξις). Quoique Euripide l'emporte quelquefois sur lui par la beauté des pensées (διάνοιαι), Sophocle est au-dessus de lui par la grandeur, par la majesté, par la pureté du style, et par l'harmonie. C'est ce que le savant et judicieux abbé Dubos appelle la poésie de style. C'est elle qui a fait donner à Sophocle le surnom d'*abeille*, c'est elle qui lui a fait remporter vingt-trois victoires sur tous les poëtes de son temps. Le dernier de ses triomphes lui coûta la vie par la surprise et par la joie imprévue qu'il en eut; de sorte qu'on peut dire de lui qu'il est mort dans le sein de la victoire.

Les termes pittoresques, et cette imagination dans l'expression, sans laquelle le vers tombe en langueur, soutiendront Homère et Sophocle dans tous les temps, et charmeront toujours les amateurs de la langue dans laquelle ces grands hommes ont écrit[1]. Ce mérite si rare de la beauté de l'élocution est, selon Quintilien, comme une musique harmonieuse qui charme les oreilles délicates. Un poëme aurait beau être parfait d'ailleurs, et conduit selon toutes les règles de l'art, il ne sera lu de personne s'il manque de ce mérite et s'il pèche par l'élocution : cela est si vrai qu'il n'y a jamais eu, dans aucune langue et chez aucun peuple, de poëme mal écrit qui jouisse de la moindre estime permanente et durable. C'est ce qui a fait entièrement oublier l'*Électre* de Longepierre, et celles dont j'ai parlé ci-dessus[2] : c'est ce qui a fait universellement rejeter parmi nous *la Pucelle* de Chapelain, et le poëme de *Clovis* de Desmarets.

« Ce sont deux poëmes épiques, ajoute M. l'abbé Dubos, dont la constitution et les mœurs valent mieux sans comparaison que celles des deux tragédies (du *Cid* et de *Pompée*). D'ailleurs leurs incidents, qui font la plus belle partie de notre histoire, doivent plus attacher la nation française que des événements arrivés depuis longtemps dans l'Espagne et dans l'Égypte. Chacun sait le succès de ces poëmes, qu'on ne saurait imputer qu'au défaut de la poésie de style. On n'y trouve presque point de senti-

---

1. Graiis ingenium, Graiis dedit ore rotundo
Musa loqui.
HOR., *de Art. poet.*, v. 323.

2. Voyez page 168.

ments naturels capables d'intéresser : ce défaut leur est commun. Quant aux images, Desmarets ne crayonne que des chimères, et Chapelain, dans son style tudesque, ne dessine rien que d'imparfait et d'estropié; toutes ses peintures sont des tableaux gothiques. De là vient le seul défaut de *la Pucelle*, mais dont il faut, selon M. Despréaux, que ses défenseurs conviennent, le défaut qu'on ne la saurait lire. »

> Sans la langue, en un mot, l'auteur le plus divin
> Est toujours, quoi qu'il fasse, un méchant écrivain.
> BOILEAU, *Art poét.*, I, 161-62.

SECONDE PARTIE.

*De la tragédie d'*ORESTE.

Il n'est pas indifférent de remarquer d'abord que, dans tous les sujets que les anciens ont traités, on n'a jamais réussi qu'en imitant leurs beautés. La différence des temps et des lieux ne fait que de très-légers changements, car le vrai et le beau sont de tous les temps et de toutes les nations. La vérité est une, et les anciens l'ont saisie parce qu'ils ne recherchaient que la nature, dont la tragédie est une imitation. *Phèdre* et *Iphigénie* en sont des preuves convaincantes. On sait le mauvais succès de ceux qui, en traitant les mêmes sujets, ont voulu s'écarter de ces grands modèles. Ils se sont écartés en effet de la nature, et il n'y a de beau que ce qui est naturel. Le décri dans lequel l'*Œdipe* de Corneille est tombé est une bonne preuve de cette vérité. Corneille voulut s'écarter de Sophocle, et il fit un mauvais ouvrage.

Il se présente une autre réflexion non moins utile, c'est que, parmi nous, les vrais imitateurs des anciens se sont toujours remplis de leur esprit au point de se rendre propres leur harmonie et leur élégance continue. La raison en est, à mon gré, qu'ayant sans cesse devant les yeux ces modèles du bon goût et du style soutenu, ils se formaient peu à peu l'habitude d'écrire comme eux, tandis que les autres, sans modèles, sans règles, s'abandonnaient aux écarts d'une imagination déréglée, ou restaient dans leur stérilité.

Ces deux principes posés, je crois ne rien dire que de raisonnable en avançant que l'auteur de la tragédie d'*Oreste* a imité Sophocle autant que nos mœurs le lui permettaient; et, quelque estime que j'aie pour la pièce grecque, je ne crois pas qu'on dût porter l'imitation plus loin.

Il a représenté Électre et son frère toujours occupés de leur douleur et de la vengeance de leur père, et n'étant susceptibles d'aucun autre sentiment. C'est précisément le caractère que Sophocle, Eschyle et Euripide leur donnent; il n'en a retranché que des expressions trop dures selon nos mœurs. Même résolution dans les deux *Électre* de poignarder le tyran; même douleur en apprenant la fausse nouvelle de la mort d'Oreste; mêmes menaces, mêmes emportements dans l'une et dans l'autre; mêmes désirs de vengeance.

Mais il n'a pas voulu représenter Électre étendant sa vengeance sur sa propre mère, se chargeant d'abord du soin de se défaire de Clytemnestre, ensuite excitant son frère à cette action détestable, et conduisant sa main dans le sein maternel. Il les a rendus plus respectueux pour celle qui leur a donné la naissance, et il a même semé dans le rôle d'Électre, tantôt des sentiments de tendresse et de respect, et tantôt des emportements, selon qu'elle a plus ou moins d'espérance.

Les rôles de Pylade et de Pammène me paraissent avoir été faits pour suppléer aux chœurs de Sophocle [1]. [On sait les effets prodigieux que faisaient ces chœurs, accompagnés de musique et de danse : à en juger par ces effets, la musique devait merveilleusement seconder et augmenter le terrible et le pathétique des vers. La danse des anciens était peut-être supérieure à leur musique ; elle exprimait, elle peignait les pensées les plus sublimes et les passions les plus violentes ; elle parlait au cœur comme aux yeux. Le chœur des Euménides d'Eschyle coûta la vie à plusieurs des spectateurs. Quant aux paroles des chœurs, elles n'étaient qu'un tissu de pensées sublimes, de principes d'équité, de vertus, et de la morale la plus épurée. Le nouvel auteur a tâché de suppléer par les rôles de Pylade et de Pammène à ces beautés qui manquent à notre théâtre.] Quelle sagesse dans l'un et dans l'autre personnage ! et quels sentiments l'auteur donne au premier ! Je n'en veux rapporter que deux exemples. Le premier est tiré de la scène où Pylade dit à Oreste (II, 1) :

> C'est assez ; et du ciel je reconnais l'ouvrage.
> Il nous a tout ravi par ce cruel naufrage ;
> Il veut seul accomplir ses augustes desseins ;
> Pour ce grand sacrifice il ne veut que nos mains.
> Tantôt de trente rois il arme la vengeance ;
> Tantôt trompant la terre, et frappant en silence,
> Il veut, en signalant son pouvoir oublié,
> N'armer que la nature et la seule amitié.

L'autre est tiré de la scène où Pylade dit à Électre qu'Oreste obéit aux dieux (IV, 11) :

> Les arrêts du destin trompent souvent notre âme :
> Il conduit les mortels ; il dirige leurs pas
> Par des chemins secrets qu'ils ne connaissent pas ;
> Il plonge dans l'abîme, et bientôt en retire ;
> Il accable de fers ; il élève à l'empire ;
> Il fait trouver la vie au milieu des tombeaux...

Le fond du rôle de Clytemnestre est tiré aussi de Sophocle, quoique tempéré par la Clytemnestre d'Euripide. On voit évidemment, dans les deux poëtes grecs, que Clytemnestre est souvent prête à s'attendrir. Elle se justifie devant Électre, elle entend ses reproches ; et il est certain que si Électre

---

1. Ce qui est entre deux crochets fut ajouté en 1757. (B.)

lui répondait avec plus de circonspection et de douceur, il serait impossible qu'alors Clytemnestre ne fût pas émue, et ne sentît pas des remords. Ainsi, puisque l'auteur d'*Oreste*, pour se conformer plus à nos mœurs et pour nous toucher davantage, rend Électre moins féroce avec sa mère, il fallait bien qu'il rendît Clytemnestre moins farouche avec sa fille. L'un est la suite de l'autre. Électre est touchée quand sa mère lui dit (I, III) :

> Mes filles devant moi ne sont point étrangères ;
> Même en dépit d'Égisthe elles m'ont été chères :
> Je n'ai point étouffé mes premiers sentiments ;
> Et, malgré la fureur de ses emportements,
> Électre, dont l'enfance a consolé sa mère
> Du sort d'Iphigénie et des rigueurs d'un père,
> Électre qui m'outrage, et qui brave mes lois,
> Dans le fond de mon cœur n'a point perdu ses droits.

Clytemnestre à son tour est émue quand sa fille lui demande pardon de ses emportements. Pouvait-elle résister à ces paroles tendres :

> Eh bien ! vous désarmez une fille éperdue.
> La nature en mon cœur est toujours entendue.
> Ma mère, s'il le faut, je condamne à vos pieds
> Ces reproches sanglants trop longtemps essuyés.
> Aux fers de mon tyran par vous-même livrée,
> D'Égisthe dans mon cœur je vous ai séparée.
> Ce sang que je vous dois ne saurait se trahir :
> J'ai pleuré sur ma mère, et n'ai pu vous haïr.

Mais ensuite, quand cette même Électre, croyant sa mère complice de la mort d'Oreste, lui fait des reproches sanglants, et qu'elle lui dit (II, v),

> Vous n'avez plus de fils ; son assassin cruel
> Craint les droits de ses sœurs au trone paternel...
> Ah ! si j'ai quelques droits, s'il est vrai qu'il les craigne,
> Dans ce sang malheureux que sa main les éteigne ;
> Qu'il achève, à vos yeux, de déchirer mon sein :
> Et, si ce n'est assez, prêtez-lui votre main ;
> Frappez, joignez Électre à son malheureux frère ;
> Frappez, dis-je ; à vos coups je connaîtrai ma mère.

y a-t-il rien de plus naturel que de voir Clytemnestre irritée reprendre alors toute sa dureté, et dire à sa fille :

> Va, j'abandonne Électre au malheur qui la suit ;
> Va, je suis Clytemnestre, et surtout je suis reine.
> Le sang d'Agamemnon n'a de droits qu'à ma haine.
> C'est trop flatter la tienne, et, de ma faible main,
> Caresser le serpent qui déchire mon sein.
> Pleure, tonne, gémis, j'y suis indifférente :
> Je ne verrai dans toi qu'une esclave imprudente,
> Flottant entre la plainte et la témérité,

> Sous la puissante main de son maître irrité.
> Je t'aimais malgré toi : l'aveu m'en est bien triste;
> Je ne suis plus pour toi que la femme d'Égisthe;
> Je ne suis plus ta mère; et toi seule as rompu
> Ces nœuds infortunés de ce cœur combattu,
> Ces nœuds qu'en frémissant réclamait la nature,
> Que ma fille déteste, et qu'il faut que j'abjure!

Ces passages de la pitié à la colère, ce jeu des passions, ne sont-ils pas véritablement tragiques? et le plaisir qu'ils ont constamment fait à toutes les représentations n'est-il pas un témoignage certain que l'auteur, en puisant également dans l'antiquité et dans la nature, a saisi tout ce que l'une et l'autre pouvaient fournir?

Mais quand Électre parle au tyran, son caractère inflexible est tellement soutenu, qu'elle ne se dément pas même en demandant la grâce de son frère (V, III) :

> Cruel, si vous pouvez pardonner à mon frère[1]
> (Je ne peux oublier le meurtre de mon père;
> Mais je pourrais du moins, muette à votre aspect,
> Me forcer au silence, et peut-être au respect), etc.

Je demande si, dans l'intrigue d'*Oreste*, la plus simple sans contredit qu'il y ait sur notre théâtre, il n'y a pas un heureux artifice à faire aborder Oreste dans sa propre patrie par une tempête, le jour même que le tyran insulte aux mânes de son père; si la rencontre du vieillard Pammène, et la scène qu'Oreste et Pylade ont avec lui, n'est pas dans le goût le plus pur de l'antiquité, sans en être une copie, et si on peut la voir sans en être attendri. La dernière scène du deuxième acte entre Iphise et Électre, qui est une très-belle imitation de Sophocle, produit tout l'effet qu'on en peut attendre.

L'exposition de la pièce d'*Oreste* me paraît aussi pleine qu'on puisse la souhaiter. Le récit de la mort d'Agamemnon, dès la seconde scène, et que l'auteur a imité d'Eschyle, mettrait seul au fait, avec ce qui le précède, le spectateur le moins instruit. Électre peut-elle, après ce récit, exprimer son état d'une manière plus précise et plus entière qu'elle ne le fait dans ces trois vers (I, II) :

> Je pleure Agamemnon, je tremble pour un frère;
> Mes mains portent des fers, et mes yeux, pleins de pleurs,
> N'ont vu que des forfaits et des persécuteurs?

Le dessein de tromper Électre pour la venger, et d'apporter les cendres prétendues d'Oreste, est entièrement de Sophocle. L'oracle avait expressément ordonné qu'on vengeât la mort d'Agamemnon par la ruse, δόλοισι [2], parce que ce meurtre avait été commis de même, et que la vengeance n'aurait

---

1. Ce vers ne se trouve ni dans le texte ni dans les variantes. (B.)
2. La fin de cet alinéa fut ajoutée en 1757. (B.)

pas été complète si les assassins avaient été punis par un autre que le fils d'Agamemnon, et d'une autre manière que celle qu'ils avaient employée en commettant le crime. Dans Euripide, Égisthe est assassiné par derrière, tandis qu'il est penché sur une victime, parce qu'il avait frappé Agamemnon lorsqu'il changeait de robe pour se mettre à table : cette robe était cousue ou fermée par le haut, de sorte que le roi ne put se dégager ni se défendre : c'est ce que le nouvel auteur a désigné par ces mots de *vêtements de mort*, et de *piége* (I, II).

L'auteur français n'a fait qu'ajouter à cet ordre des dieux une menace terrible, en cas qu'Oreste désobéît, et qu'il se découvrît à sa sœur. Cette sage défense était d'ailleurs nécessaire pour la réussite de son projet. La joie d'Électre aurait assurément éclaté, et aurait découvert son frère. D'ailleurs, que pouvait en sa faveur une princesse malheureuse et chargée de fers? Pylade a raison de dire à son ami que sa sœur peut le perdre, et ne saurait le servir; et dans un autre endroit (IV, I) :

> Renferme cette amour et si tendre et si pure.
> Doit-on craindre en ces lieux de dompter la nature?
> Ah! de quels sentiments te laisses-tu troubler?
> Il faut venger Électre, et non la consoler.

C'est cette menace des dieux qui produit le nœud et le dénoûment; c'est elle qui retient d'abord Oreste, quand Électre s'abandonne au désespoir, à la vue de l'urne qu'elle croit contenir les cendres de son frère; c'est elle qui est la cause de la résolution furieuse que prend Électre de tuer son propre frère, qu'elle croit l'assassin d'Oreste; c'est cette menace des dieux qui est accomplie quand ce frère trop tendre a désobéi; c'est elle enfin qui donne au malheureux Oreste l'aveuglement et le transport dans lesquels il tue sa mère; de sorte qu'il est puni lui-même en la punissant.

C'était une maxime reçue chez tous les anciens que les dieux punissaient la moindre désobéissance à leurs ordres comme les plus grands crimes; et c'est ce qui rend encore plus beaux ces vers que l'auteur met dans la bouche d'Oreste, au troisième acte :

> Éternelle justice, abîme impénétrable,
> Ne distinguez-vous point le faible et le coupable,
> Le mortel qui s'égare, ou qui brave vos lois,
> Qui trahit la nature, ou qui cède à sa voix[1]?

Ce ne sont pas là de ces vaines sentences détachées : ces vers sont en sentiment aussi bien qu'en maxime; ils appartiennent à cette philosophie naturelle qui est dans le cœur, et qui fait un des caractères distinctifs des ouvrages de l'auteur.

---

1. La scène de la tragédie d'*Oreste*, où se trouvaient ces vers, a été supprimée, et remplacée par les trois premières scènes de cette édition. On la trouvera avec les variantes. (K.)

Quel art n'y a-t-il pas encore à faire paraître les Euménides avant le crime d'Oreste, comme les divinités vengeresses du meurtre d'Agamemnon, et comme les avant-courrières du crime que son fils va commettre? Cela me paraît très-conforme aux idées de l'antiquité, quoique très-neuf; c'est inventer comme les anciens l'auraient fait, s'ils avaient été obligés d'adoucir le crime d'Oreste; au lieu que, dans Euripide et dans Eschyle, Oreste est livré aux furies parce qu'il a tué sa mère; ici Oreste ne tue sa mère que parce qu'il est livré aux furies; et il leur est livré parce qu'il a désobéi aux dieux en se découvrant à sa sœur.

Dans quels vers ces Euménides sont évoquées (IV, IV)!

> Euménides, venez, soyez ici mes dieux;
> Accourez de l'enfer en ces horribles lieux,
> Dans ces lieux plus cruels et plus remplis de crimes
> Que vos gouffres profonds regorgeant de victimes.
> Filles de la vengeance, armez-vous, armez-moi...
> Les voici; je les vois, et les vois sans terreur :
> L'aspect de mes tyrans m'inspirait plus d'horreur, etc. [1]

L'auteur de la tragédie d'*Oreste* a sans doute eu tort de tronquer la scène de l'urne. Il est vrai qu'un excès de délicatesse empêche quelquefois de goûter et de sentir des morceaux d'une aussi grande force, et des traits aussi mâles et aussi sublimes. Près de cinquante vers de lamentations auraient peut-être paru des longueurs à une nation impatiente, et qui n'est pas accoutumée aux longues tirades des scènes grecques. Cependant l'auteur a perdu le plus beau et l'endroit le plus pathétique de la pièce. A la vérité, il a tâché d'y suppléer par une beauté neuve. L'urne contient, selon lui, les cendres de Plistène, fils d'Égisthe; ce n'est point une urne vide et postiche. La mort d'Agamemnon est déjà à moitié vengée. Le tyran va tenir cet horrible présent de la main de son plus cruel ennemi; présent qui inspire et la terreur dans le cœur du spectateur qui est au fait, et la douleur dans celui d'Électre qui n'y est pas. Il faut avouer aussi que la coutume des anciens de recueillir les cendres des morts, et principalement de ceux qu'ils aimaient le plus tendrement, rendait cette scène infiniment plus touchante pour eux que pour nous. Il a fallu suppléer au pathétique qu'ils y trouvaient par la terreur que doit inspirer la vue des cendres de Plistène, première victime de la vengeance d'Oreste. D'ailleurs la situation de l'urne dans les mains d'Électre produit un coup de théâtre à l'arrivée d'Égisthe et de Clytemnestre. La douleur même et les fureurs d'Électre persuadent le tyran de la vérité de ce que Pammène vient de lui annoncer.

Le nouvel auteur s'est bien gardé de faire un long récit de la mort d'Oreste en présence d'Égisthe; ce récit aurait eu, dans notre langue et suivant nos mœurs, tous les défauts que les détracteurs de l'antiquité osent reprocher à celui de Sophocle. Le nouvel auteur suppose qu'Oreste et l'étranger se sont vus à Delphes. « Aisément, dit Pylade (III, VI), les malheureux s'unissent; trop promptement liés, promptement ils s'aigrissent. » Oreste a dit plus haut à Égisthe qu'il s'est vengé sans implorer le secours des rois.

Cette supposition est simple et tout à fait vraisemblable; et je crois qu'Égisthe, intéressé autant qu'il l'était à cette mort, pouvait s'en contenter sans entrer dans un examen plus approfondi : on croit très-aisément ce que l'on souhaite avec une passion violente. D'ailleurs Clytemnestre interrompt cette conversation qui l'accable; et l'action est ensuite si précipitée, ainsi que dans Sophocle, qu'il n'est pas possible à Égisthe d'en demander ni d'en apprendre davantage. Cependant, comme le caractère d'un tyran est toujours rempli de defiance, il ordonne qu'on aille chercher son fils pour confirmer le récit des deux étrangers.

La reconnaissance d'Électre et d'Oreste, fondée sur la force de la nature et sur le cri du sang, en même temps que sur les soupçons d'Iphise, sur quelques paroles équivoques d'Oreste, et sur son attendrissement, me paraît d'autant plus pathétique qu'Oreste, en se découvrant, éprouve des combats qui ajoutent beaucoup à l'attendrissement qui naît de la situation. Les reconnaissances sont toujours touchantes, à moins qu'elles ne soient très-maladroitement traitées; mais les plus belles sont peut-être celles qui produisent un effet qu'on n'attendait pas, qui servent à faire un nouveau nœud, à le resserrer, et qui replongent le héros dans un nouveau péril. On s'intéresse toujours à deux personnes malheureuses qui se reconnaissent après une longue absence et de grandes infortunes; mais si ce bonheur passager les rend encore plus misérables, c'est alors que le cœur est déchiré, ce qui est le vrai but de la tragédie.

A l'égard de cette partie de la catastrophe que l'auteur d'*Oreste* a imitée de Sophocle, et qu'il n'a pas, dit-il, osé faire représenter[1], je suis d'un avis contraire au sien; je crois que si ce morceau était joué avec terreur, il en produirait beaucoup.

Qu'on se figure Électre, Iphise, et Pylade, saisis d'effroi, et marquant chacun leur surprise aux cris de Clytemnestre; ce tableau devrait faire, ce me semble, un aussi grand effet à Paris qu'il en fit à Athènes, et cela avec d'autant plus de raison que Clytemnestre inspire beaucoup plus de pitié dans la pièce française que dans la pièce grecque. Peut-être qu'à la première représentation, des gens malintentionnés purent profiter de la difficulté de représenter cette action sur un théâtre étroit et embarrassé par la foule des spectateurs[2], pour y jeter quelque ridicule. Mais comme il est très-certain que la chose est bonne en soi, il faudrait nécessairement qu'elle parût bonne à la longue, malgré tous les discours et toutes les critiques. Il ne serait pas même impossible de disposer le théâtre et les décorations d'une manière qui favorisât ce grand tableau. Enfin il me paraît que celui[3] qui a heureusement osé faire paraître une ombre d'après Eschyle et d'après Euripide[4] pourrait fort bien faire entendre les cris de Clytemnestre d'après

---

1. Voyez sa note, page 153.
2. Voyez la note, *Théâtre*, tome Ier, page 315.
3. Voltaire lui-même, dans *Sémiramis*. (B.)
4. On voit que Voltaire tient à ce que son ombre de Ninus soit de race grecque et non d'origine anglaise. (G. A.)

Sophocle. Je maintiens que ces coups bien ménagés sont la véritable tragédie, qui ne consiste pas dans les sentiments galants, ni dans les raisonnements, mais dans une action pathétique, terrible, théâtrale, telle que celle-ci.

Électre ne participe point, dans *Oreste*, au meurtre de sa mère, comme dans l'*Électre* de Sophocle, et encore plus dans celle d'Euripide et d'Eschyle. Ce qu'elle crie à son frère dans le moment de la catastrophe la justifie (V, VIII) :

. . . . . Achève, et sois inexorable;
Venge-nous, venge-la; tranche un nœud si coupable :
Frappe, immole à ses pieds cet infâme assassin.

Je ne comprends pas comment la même nation qui voit tous les jours sans horreur le dénoûment de *Rodogune*, et qui a souffert celui de *Thyeste et d'Atrée*, pourrait désapprouver le tableau que formerait cette catastrophe : rien de moins conséquent. L'atrocité du spectacle d'un père qui voit sur le théâtre même le sang de son propre fils innocent et massacré par un frère barbare doit causer infiniment plus d'horreur que le meurtre involontaire et forcé d'une femme coupable, meurtre ordonné d'ailleurs expressément par les dieux.

Oreste est certainement plus à plaindre dans l'auteur français que dans l'athénien, et la divinité y est plus ménagée ; elle y punit un crime par un crime; mais elle punit avec raison Oreste qui a désobéi. C'est cette désobéissance qui forme précisément ce qu'il y a de plus touchant dans la pièce. Il n'est parricide que pour avoir trop écouté avec sa sœur la voix de la nature ; il n'est malheureux que pour avoir été tendre : il inspire ainsi la compassion et la terreur [1]; mais il les inspire épurées et dignes de toute la majesté du poëme dramatique : ce n'est point ici une crainte ridicule qui diminue la fermeté de l'âme ; ce n'est point une compassion mal entendue, fondée sur l'amour le plus étrange et le plus déplacé, qui serait aussi absurde qu'injuste.

Quand au dernier récit que fait Pylade, je ne sais ce qu'on y pourrait trouver à redire. Les applaudissements redoublés qu'il a reçus le mettent pleinement au-dessus de la critique. Les Grecs ont été charmés de celui d'Euripide, où le meurtre d'Égisthe est raconté fort au long. Comment notre nation pourrait-elle improuver celui-ci, qui contient d'ailleurs une révolution imprévue, mais fondée, dont tous les spectateurs sont d'autant plus satisfaits qu'elle n'est en aucune façon annoncée, qu'elle est à la fois étonnante et vraisemblable, et qu'elle conduit naturellement à la catastrophe?

Ce n'est pas un de ces dénoûments vulgaires dont parle M. de La Bruyère, et dans lequel les mutins n'entendent point raison. On voit assez quel art il y a d'avoir amené de loin cette révolution, en faisant dire à Pammène, dès le troisième acte (scène 1re) :

La race des vrais rois tôt ou tard est chérie [2].

1. La fin de cet alinéa fut ajoutée en 1757. (B.)
2. On trouvera ce vers dans les variantes.

Je demande après cela si la république des lettres n'a pas obligation à un auteur qui ressuscite l'antiquité dans toute sa noblesse, dans toute sa grandeur, et dans toute sa force, et qui y joint les plus grands efforts de la nature, sans aucun mélange des petites faiblesses et des misérables intrigues amoureuses qui déshonorent le théâtre parmi nous?

L'impression de la pièce met en liberté de juger du mérite de la diction, des pensées, et des sentiments dont elle est remplie. On verra si l'auteur a imité les grands modèles, et de quelle manière il l'a fait. On y trouvera un grand nombre de pensées tirées de Sophocle : cela était inévitable, et d'ailleurs on ne pouvait mieux faire. J'en ai reconnu plusieurs tirées ou imitées d'Euripide, qui ne me paraissent pas moins belles dans l'auteur français que dans le grec même ; telles sont ces pensées de Clytemnestre (I, III) :

> Vous pleurez dans les fers, et moi dans ma grandeur...
> Vous frappez une mère, et je l'ai mérité.

> οὐχ οὕτως ἄγαν
> Χαίρω τι, τέκνον, τοῖς δεδραμένοις ἐμοί...

Et celle-ci d'Électre, qui a été si applaudie (I, II) :

> Qui pourrait de ces dieux encenser les autels,
> S'ils voyaient sans pitié les malheurs des mortels,
> Si le crime, insolent dans son heureuse ivresse,
> Écrasait à loisir l'innocente faiblesse?

> Πέποιθα δ'· ἢ χρὴ μηκέθ' ἡγεῖσθαι θεοὺς,
> Εἰ τἄδικ' ἔσται τῆς δίκης ὑπέρτερα.

Les anciens avaient pour maxime de ne faire des acteurs subalternes, même de ceux qui contribuaient à la catastrophe, que des personnages muets, ce qui valait infiniment mieux que les dialogues insipides qu'on met de nos jours dans la bouche de deux ou trois confidents dans la même pièce. On ne trouve point dans la tragédie d'*Oreste* de ces personnages oisifs qui ne font qu'écouter des confidences; et plût au ciel que le goût en passât! Sophocle et Euripide ont mieux aimé ne point faire parler Pylade que de lui faire dire des choses inutiles. Dans la nouvelle pièce, tous les rôles sont intéressants et nécessaires.

TROISIÈME PARTIE.

Des défauts où tombent ceux qui s'écartent des anciens dans les sujets qu'ils ont traités.

Plus mon zèle pour l'antiquité et mon estime sincère pour ceux qui en ont fait revivre les beautés viennent d'éclater, plus la bienséance me prescrit de modération et de retenue en parlant de ceux qui s'en sont écartés. Bien éloigné de vouloir faire de cet écrit une satire ni même une critique, je n'aurais jamais parlé de l'*Électre* de M. de Crébillon si je ne m'y trouvais entraîné par mon sujet ; mais les termes injurieux qu'il a mis dans la préface de cette pièce contre les anciens en général, et en particulier contre Sophocle, ne permettent pas à un homme de lettres de garder le silence[1]. En effet, puisque M. de Crébillon traite de préjugé l'estime qu'on a pour Sophocle depuis près de trois mille ans ; puisqu'il dit en termes formels qu'il *croit avoir mieux réussi* que les trois tragiques grecs à rendre Électre tout à fait à plaindre ; puisqu'il ose avancer que l'Électre de Sophocle *a plus de férocité que de véritable grandeur*, et qu'elle a *autant de défauts que la sienne*, n'est-il pas même du devoir d'un homme de lettres de prévenir contre cette invective ceux qui pourraient s'y laisser surprendre, et de déposer en quelque façon à la postérité, qu'à la gloire de notre siècle il n'y a aucun homme de bon goût, aucun véritable savant, qui n'ait été révolté de ces expressions? Mon dessein n'est que de faire voir, par l'exemple même de cet auteur moderne, aux détracteurs de l'antiquité, qu'on ne peut, comme je l'ai déjà dit[2], s'écarter des anciens dans les sujets qu'ils ont traités sans s'éloigner en même temps de la nature, soit dans la fable, soit dans les caractères, soit dans l'elocution. Le cœur ne pense point par art ; et ces anciens, l'objet de leur mépris, ne consultaient que la nature ; ils puisaient dans cette source de la vérité la noblesse, l'enthousiasme, l'abondance, et la pureté. Leurs adversaires, en suivant une route opposée, et en s'abandonnant aux écarts de leur imagination déréglée, ne rencontrent que bassesse, que froideur, que stérilité, et que barbarie.

Je me bornerai ici à quelques questions auxquelles tout homme de bon sens peut aisément faire la réponse.

Comment Électre peut-elle être, chez M. de Crébillon, plus à plaindre et plus touchante que dans Sophocle, quand elle est occupée d'un amour froid auquel personne ne s'intéresse, qui ne sert en rien à la catastrophe, qui dément son caractère, qui, de l'aveu même de l'auteur, ne produit rien, qui jette enfin une espèce de ridicule sur le personnage le plus terrible et le plus inflexible de l'antiquité, le moins susceptible d'amour, et qui n'a jamais eu d'autres passions que la douleur et la vengeance? N'est-ce pas comme si on mettait sur le théâtre Cornélie amoureuse d'un jeune homme après la mort de Pompée? Qu'aurait pensé toute l'antiquité si Sophocle avait rendu Chrysotémis amoureuse d'Oreste, pour l'avoir vu une fois combattre sur des murailles, et si Oreste avait dit à cette Chrysotémis :

> Ah ! si, pour se flatter de plaire *à vos beaux yeux,*
> Il suffisait d'un bras toujours victorieux,
> Peut-être à ce bonheur aurais-je pu prétendre :
> Avec quelque valeur et le cœur le plus tendre,

---

1. Il faut avouer que répondre après quarante-deux ans est répondre un peu tard. (B.)
2. Page 181.

Quels efforts, quels travaux, quels illustres projets,
N'eût point tentés ce cœur *charmé de vos attraits!*

(*Électre* de Crébillon, II, ɪɪ)

Qu'aurait-on dit, dans Athènes si, au lieu de cette belle exposition admirée de tous les siècles. Sophocle avait introduit Électre faisant confidence de son amour à la Nuit[1]?

Qu'aurait-on dit si, la première fois qu'Électre parle à Oreste, cet Oreste lui eût fait confidence de son amour pour une fille d'Égisthe, et si Électre l'avait payé par une autre confidence de son amour pour le fils de ce tyran?

Qu'aurait-on dit si on avait entendu une fille d'Égisthe s'écrier (I, x):

Faisons tout pour l'amour, s'il ne fait rien pour moi?

[2] Qu'aurait-on dit d'une Électre surannée, qui, voyant venir le fils d'Égisthe, se serait adoucie jusqu'à dire (V, ɪ):

. . . Hélas! c'est lui. Que mon âme éperdue
S'attendrit et s'émeut à cette chère vue!

Qu'aurait-on dit si on avait vu le παιδαγωγὸς, ou gouverneur d'Oreste, devenir le principal personnage de la pièce, attirer sur soi toute l'attention, effacer entièrement et avilir celui qui doit faire le principal rôle; de sorte que la pièce devrait être intitulée *Palamède* plutôt qu'*Electre*?

Qu'aurait-on dit si on avait vu Oreste (sans son ami Pylade) devenir général des armées d'Égisthe, gagner des batailles, chasser deux rois, sans que ce gouverneur en fût instruit?

Ficta voluptatis causa sint proxima veris.
Hor., *Art poët.*, 338.

Qu'aurait-on dit du roman étranger à la pièce, que deux actes entiers ne suffisent pas pour débrouiller?

Qu'aurait-on dit enfin si Sophocle avait chargé sa pièce de deux reconnaissances, brusquées l'une et l'autre, et très-mal ménagées? Électre, qui sait ce que Tydée a fait pour Égisthe, qui n'ignore pas qu'il est amoureux de la fille de ce tyran, peut-elle soupçonner un moment, sans aucun indice, que ce même Tydée est son frère? De plus, comment est-il possible qu'Oreste ait été si peu instruit de son sort et de son nom?

Horace et tous les Romains, après les Grecs, à la vue de tant d'absurdités, se seraient écriés tous d'une voix:

Quodcumque ostendis mihi sic incredulus odi.
Hor., *Art poët.*, 188.

1. C'est ce qu'a fait Crébillon, acte Ier, scène 1re.
2. Cet alinéa fut ajouté en 1757. (B.)

et j'ose assurer qu'ils auraient trouvé l'*Électre* de Sophocle, si elle avait été composée et écrite comme la française, tout à fait déraisonnable dans le caractère, sans justesse dans la conduite, sans véritable noblesse dans les sentiments, et sans pureté dans l'expression.

Ne voit-on pas évidemment que le mépris des anciens modèles, la négligence à les étudier, et l'indocilité à s'y conformer, mènent nécessairement à l'erreur et au mauvais goût? Et n'est-il pas aussi nécessaire de faire remarquer aux jeunes gens qui veulent faire de bonnes études les fautes où sont tombés les détracteurs de l'antiquité, que de leur faire observer les beautés anciennes qu'ils doivent tâcher d'imiter? Je ne sais par quelle fatalité il arrive que les poëtes qui ont écrit contre les anciens, sans entendre leur langue, ont presque toujours très-mal parlé la leur, et que ceux qui n'ont pu être touchés de l'harmonie d'Homère et de Sophocle ont toujours péché contre l'harmonie, qui est une partie essentielle de la poésie.

On n'aurait pas hasardé impunément devant les juges et sur le théâtre d'Athènes un vers dur, ni des termes impropres. Par quelle étrange corruption se pourrait-il faire qu'on souffrît parmi nous ce nombre prodigieux de vers dans lesquels la syntaxe, la propriété des mots, la justesse des figures, le rhythme, sont éternellement violés?

Il faut avouer qu'il y a peu de pages dans l'*Électre* de M. de Crébillon où les fautes dont je parle ne se présentent en foule. La même négligence qui empêche les auteurs modernes de lire les bons auteurs de l'antiquité, les empêche de travailler avec soin leurs propres ouvrages. Ils redoutent la critique d'un ami sage, sévère, éclairé, comme ils redoutent la lecture d'Homère, de Sophocle, de Virgile, et de Cicéron. Par exemple, lorsque l'auteur d'*Électre* fait parler ainsi Itys à Électre (I, III) :

> Enfin, pour vous forcer à vous donner à moi,
> Vous savez si jamais j'exigeai rien du roi;
> Il prétend qu'avec vous un nœud sacré m'unisse;
> Ne m'en imputez point la cruelle injustice.
> Au prix de tout mon sang je voudrais être à vous,
> Si c'était votre aveu qui me fît votre époux.
> Ah! par pitié pour vous, princesse infortunée,
> Payez l'amour d'Itys par un tendre hyménée.
> Puisqu'il faut l'achever, ou descendre au tombeau,
> Laissez-en à mes feux allumer le flambeau.
> Régnez donc avec moi; c'est trop vous en défendre...

Je suppose que l'auteur eût consulté feu M. Despréaux sur ces vers, je ne dis pas sur le fond (car ce grand critique n'aurait pas pu supporter une déclaration d'amour à Électre), je dis uniquement sur la langue et sur la versification; alors M. Despréaux lui aurait dit sans doute : « Il n'y a pas un seul de tous ces vers qui ne soit à réformer. »

> Enfin, pour vous forcer à vous donner à moi,
> Vous savez si jamais j'exigeai *rien* du roi.

« Ce *rien* n'est pas français, et sert à rendre la phrase plus barbare; il fallait dire : Vous savez si jamais j'exigeai du roi qu'il vous forçât à m'épouser. »

Il prétend qu'avec vous un *nœud sacré* m'unisse;
Ne *m'en* imputez point la cruelle injustice.

« Cet *en* n'est pas français, et la *cruelle injustice* n'est pas raisonnable, dans la bouche d'Itys : il ne doit point regarder comme cruel et injuste un mariage qu'il ne veut faire que pour rendre Électre heureuse. »

Au prix de tout mon sang je voudrais être à vous,
Si c'était votre aveu qui me fît votre époux.

« *Au prix de tout mon sang* veut dire au prix de ma vie; et il n'y a pas d'apparence qu'on se marie quand on est mort. *Si c'était votre aveu qui me fit* est prosaïque, plat, et dur, même dans la prose la plus simple. »

Ah! par pitié pour vous, princesse infortunée,
Payez l'amour d'Itys par un tendre hyménée.

« Ces termes lâches et oiseux de *princesse infortunée* et de *tendre hyménée* affaibliraient la meilleure tirade; il faut éviter soigneusement ces expressions fades. *Par pitié pour vous* n'est pas placé; il fallait dire : Tout est à craindre si vous n'obéissez pas au roi; faites par pitié pour vous ce que vous ne faites pas par amour, par bienveillance, par condescendance pour moi. »

Puisqu'il faut l'achever, ou descendre au tombeau;
Laissez-*en* à mes feux allumer le flambeau.
Régnez *donc* avec moi; c'est trop vous en défendre.

« Vous devez sentir vous-même, aurait continué M. Despréaux, combien ces mots, *puisqu'il faut... laissez-en à mes feux; régnez donc avec moi,* ont à la fois de dureté et de faiblesse, combien tout cela manque de pureté, de noblesse, et de chaleur : reprenez cent fois le rabot et la lime. »

Si M. Despréaux continuait à lire, souffrirait-il les vers suivants (I, III, VI, VII) :

Qu'il *fasse que ces fers*, dont il s'est tant promis,
Soient moins honteux pour moi que l'hymen de son fils...
Ta vertu ne sert qu'à redoubler ma haine.
Egisthe ne prétend *te* faire mon époux...
B avez-*le*, mais du moins du sort qui vous accable
N'accusez *donc* que vous, *princesse inexorable* ..
Je voulais, par l'hymen d'Itys et de ma fille,
Voir rentrer quelque jour le sceptre en ma famille;
Mais *l'ingrate ne* veut que nous immoler tous...
Madame, quel malheur, troublant votre sommeil,
Vous a fait *de si loin* devancer le soleil?

Ce même Despréaux aurait-il pu s'empêcher de rire lorsque Électre dit à Égisthe (I, VIII) :

> Pour cet heureux hymen ma main est toute prête;
> Je n'en veux disposer qu'en faveur de ton sang,
> Et je la donne à qui te percera le flanc?

Cette équivoque et cette pointe lui aurait paru précisément de la même espèce que celle de Théophile, qu'il relève si bien dans une de ses judicieuses préfaces :

> Ah! voilà ce poignard qui du sang de son maître
> S'est souillé lâchement; il en rougit, le traître.

[1] Les vers de l'auteur d'*Électre* ne sont pas moins ridicules : *en faveur de ton sang* signifie *en faveur de ton fils,* et non pas *en faveur de ton sang versé.* Cette pointe *de ton sang,* et de celui qui répandra ton sang, vaut bien la pointe de Théophile [2].

Il est certain qu'un auteur éclairé par de telles critiques aurait retravaillé entièrement son ouvrage, et qu'il aurait surtout mis du naturel à la place du boursouflé. Il n'aurait point fait de ces fautes énormes contre le bon sens et contre la langue; son censeur lui aurait crié :

> Mon esprit n'admet point un pompeux barbarisme,
> Ni d'un vers ampoulé l'orgueilleux solécisme.

On n'aurait point vu un héros « voguer au gré de ses désirs plus qu'au gré des vents; la foudre ouvrir le ciel et l'onde à sillons redoublés, et bouillonner en source de feu; de pâles éclairs s'armer de toutes parts; » un héros « méditer son retour à grands pas; la suprême sagesse des dieux qui brave la crédule faiblesse des mortels; un grand cœur qui ne manque à son devoir que pour s'en instruire mieux »; un interlocuteur qui dit : « Ne pénétrez-vous pas un si triste silence? des remords d'un cœur né vertueux, qui pour punir ce cœur vont plus loin que les dieux; » une Électre qui dit : « Percez le cœur d'Itys, mais respectez le mien. »

Il n'est que trop vrai, et il faut l'avouer à la honte de notre littérature, que dans la plupart de nos auteurs tragiques on trouve rarement six vers de suite qui n'aient de pareils défauts; et cela, parce qu'ils ont la présomption de ne consulter personne [3], ou l'indocilité de ne profiter d'aucun avis. Le peu de connaissance qu'ils ont eux-mêmes des langues savantes, de la noble simplicité des anciens, de l'harmonie de la tragédie grecque, les

---

1. Cet alinéa fut ajouté en 1757. (B.)
2. La tragédie de *Pyrame et Thisbé*, par Théophile, dont on vient de citer deux vers, fut jouée en 1617, et imprimée en 1621. (B.)
3. . . . In Metii descendat judicis aures.
   HORAT., *de Arte poet.*, 387.

leur fait mépriser. La précipitation et la paresse sont encore des défauts qui les perdent sans ressource[1]. Xénophon leur crie en vain que le travail est la nourriture du sage, οἱ πόνοι ὄψον ταῖς ἀγαθαῖς. Enivrés d'un succès passager, ils se croient au-dessus des plus grands maîtres, et des anciens, qu'ils ne connaissent presque que de nom. Une bonne tragédie, ainsi qu'un bon poëme, est l'ouvrage d'un esprit sublime, *magnæ mentis opus*, dit Juvénal. Ce n'est pas un faible effort et un travail médiocre qui font y réussir.

L'illustre Racine joignait à un travail infini une grande connaissance de la tragédie grecque, une étude continuelle de ses beautés et de celles de leur langue et de la nôtre : il consultait de plus les juges les plus sévères, les plus éclairés, et qui lui étaient sincèrement attachés; il les écoutait avec docilité : enfin, il se faisait gloire, ainsi que Despréaux, d'être revêtu des dépouilles des anciens; il avait formé son style sur le leur; c'est par là qu'il s'est fait un nom immortel. Ceux qui suivent une autre route n'y parviendront jamais. On peut réussir peut-être mieux que lui dans les catastrophes; on peut produire plus de terreur, approfondir davantage les sentiments, mettre de plus grands mouvements dans les intrigues; mais quiconque ne se formera pas comme lui sur les anciens, quiconque surtout n'imitera pas la pureté de leur style et du sien, n'aura jamais de réputation dans la postérité.

[2] On joue pendant quelques années des romans barbares, qu'on nomme tragédies; mais enfin les yeux s'ouvrent : on a eu beau louer, protéger ces pièces, elles finissent par être, aux yeux de tous les hommes instruits, des monuments de mauvais goût :

> . . . . Vos exemplaria græca
> Nocturna versate manu, versate diurna.
> HORAT., *de Arte poet.*, 268.

1. . . . Carmen reprehendite, quod non
   Multa dies, et multa litura coercuit atque
   Præsectum decies non castigavit ad unguem.
   HORAT., *de Arte poet.*, 292.

2. Cet alinéa fut ajouté en 1757. La citation d'Horace, qui termine la *Dissertation*, est dans l'édition de 1750. (B.)

FIN DE LA DISSERTATION.

ROME SAUVÉE

OU

CATILINA

TRAGÉDIE EN CINQ ACTES

REPRÉSENTÉE A PARIS, LE 24 FÉVRIER 1752.

Vincet amor patriæ laudumque immensa cupido.
VIRG., *Æn.*, VI, 823.

AVERTISSEMENT

POUR LA PRÉSENTE ÉDITION.

Voltaire avait, en 1749, composé concurremment son *Oreste* et sa *Rome sauvée, ou Catilina*. Cette dernière tragédie eut d'abord le pas sur l'autre. Il en envoyait les premières scènes à d'Argental, à la date du 12 août 1749, avec ces lignes enthousiastes : « Lisez, lisez seulement ce que je vous envoie : vous allez être étonnés et je le suis moi-même. Le 3 du présent mois, ne vous en déplaise, le diable s'empara de moi et me dit : « Venge Ciceron et la France, lave la honte de ton pays. » Il m'éclaira, il me fit imaginer l'épouse de Catilina, etc. Ce diable est un bon diable ; mes anges, vous ne feriez pas mieux. Il me fit travailler jour et nuit. J'en ai pensé mourir, mais qu'importe ? En huit jours, oui, en huit jours et non en neuf, *Catilina* a été fait, et tel à peu près que les premières scènes que je vous envoie. Il est tout griffonné, et moi tout épuisé... O mes chers anges, *Mérope* est à peine une tragédie en comparaison. »

Deux jours après, il écrit au président Hainault : « J'achèverai, s'il vous plaît, mon *Catilina*, que j'ai ébauché entièrement en huit jours. Ce tour de force me surprend et m'épouvante encore. Cela est plus incroyable que de l'avoir fait en trente ans. On dira que Crébillon a trop tardé, et que je me suis trop pressé; on dira tout ce qu'on voudra. Les plus grands ouvrages ne sont, chez les Français, que l'occasion d'un bon mot. Cinq actes en huit jours, cela est très-ridicule, je le sais bien ; mais si l'on savait ce que peut l'enthousiasme, et avec quelle facilité une tête malheureusement poétique, échauffée par les *Catilinaires* de Cicéron, et plus encore par l'envie de montrer ce grand homme tel qu'il est pour la liberté, le bien-être de son pays et de sa chère patrie; avec quelle facilité, dis-je, ou plutôt avec quelle fureur une tête ainsi préparée et toute pleine de Rome, idolâtre de son sujet et dévorée par son génie, peut faire en quelques jours ce que, dans d'autres circonstances, elle ne ferait pas en une année; enfin, *si scirent donum Dei*, on serait moins étonné. Le grand point, c'est que la chose soit bonne; et il ne suffit pas qu'elle soit bonne, il faut encore qu'elle soit frappée au coin de la vérité, et qu'elle plaise. Vous aimez *Brutus* ; ceci est cent fois plus fort, plus grand, plus rempli d'action, plus terrible et plus pathétique. Je voudrais que vous eussiez la bonté de vous en faire lire les premières scènes, dont j'ai envoyé la première ébauche à M. d'Argental. »

… AVERTISSEMENT.

Le même jour, autre lettre non moins enthousiaste à la duchesse du Maine : « Madame, Votre Altesse Sérénissime est obéie, non pas aussi bien, mais aussi promptement qu'elle mérite de l'être. Vous m'avez ordonné *Catilina*, et c'est fait. La petite-fille du grand Condé, la conservatrice du bon goût et du bon sens, avait raison d'être indignée de voir la farce monstrueuse du *Catilina* de Crébillon trouver des approbateurs. Jamais Rome n'avait été plus avilie, et jamais Paris plus ridicule. Votre belle âme voulait venger l'honneur de la France; mais j'ai bien peur qu'elle n'ait remis sa vengeance à d'indignes mains. Je ne réponds, madame, que de mon zèle; il a peut-être été trop prompt. Je me suis tellement rempli l'esprit de la lecture de Cicéron, de Salluste et de Plutarque, et mon cœur est si fort échauffé par le désir de vous plaire, que j'ai fait la pièce en huit jours. Vous aurez la bonté, madame, d'y compter aussi huit nuits. Enfin l'ouvrage est achevé; je suis épouvanté de cet effort : il n'est pas croyable; mais il a été fait pour madame la duchesse du Maine. Mme du Châtelet, à qui j'apportais un acte tous les deux jours, était aussi étonnée que moi… J'ai combattu pour vous sur la frontière contre les *barbares*; c'est votre étendard que je porte. »

Comme nous l'avons dit dans l'Avertissement qui est en tête de la tragédie précédente, c'est *Oreste* qui fut présenté d'abord aux comédiens. Peu après la représentation d'*Oreste*, Voltaire fit jouer *Rome sauvée* dans son logis de la rue Traversière-Saint-Honoré. Voltaire lui-même remplissait le rôle de Cicéron, le marquis de Thibouville celui de Catilina, et M. d'Adhémar s'était chargé du personnage de César. Les costumes qui avaient servi au *Catilina* de Crébillon furent prêtés aux interprètes du nouveau *Catilina* par la faveur du duc de Richelieu. L'auditoire était composé de d'Alembert, Diderot, Marmontel, le président Hénault, l'abbé de Voisenon, l'abbé Raynal, l'abbé d'Olivet, les ducs de Richelieu et de Lavallière, le P. de Latour, etc. La pièce fut applaudie avec enthousiasme par ces spectateurs d'élite. Voltaire fut enchanté, et fit le plus grand bruit qu'il put de cette représentation privée. Il écrit à la duchesse du Maine : « Nous avons répété aujourd'hui la pièce avec ces changements, et devant qui, madame? devant des cordeliers, des jésuites, des pères de l'Oratoire, des académiciens, des magistrats, qui savent leurs *Catilinaires* par cœur! Vous ne sauriez croire quel succès votre tragédie a eu dans cette grave assemblée. Ah! madame, qu'il y a loin de Rome au cavagnole! Cependant il faut plaire même à celles qui sont occupées d'un *vieux plein*[1]. Ame de Cornélie! nous amènerons le sénat romain aux pieds de Votre Altesse; après quoi il y aura grand cavagnole, car vous réunissez tout. »

Les représentations de la rue Traversière se renouvelèrent; tout le monde voulut y assister, même MM. les comédiens ordinaires du roi. Voltaire entreprit de faire jouer *Rome sauvée* à Sceaux, chez la duchesse du Maine, et il y réussit. La fête eut lieu le lundi 22 juin. Voltaire y fit le personnage de Cicéron, avec une verve extraordinaire.

1. Expression du jeu de cavagnole. Ce jeu était une sorte de biribi, où tous les joueurs avaient des tableaux et tiraient les boules chacun à leur tour.

AVERTISSEMENT.

« Je ne crois pas qu'il soit possible, dit Lekain dans ses *Mémoires*, de rien entendre de plus vrai, de plus pathétique et de plus enthousiaste, que M. de Voltaire dans ce rôle. C'était en vérité Cicéron lui-même, tonnant à la tribune aux harangues contre le destructeur de la patrie, des lois, des mœurs et de la religion.

« Je me souviendrai toujours que Mme la duchesse du Maine, après lui avoir témoigné son étonnement et son admiration sur le nouveau rôle qu'il venait de composer, lui demanda quel était celui qui avait joué le rôle de Lentulus Sura, et que M. de Voltaire lui répondit : « Madame, c'est le « meilleur de tous. » Ce pauvre hère qu'il traitait avant tant de bonté, c'était moi-même[1]. »

Lorsqu'il partit pour Berlin le 28 juin 1750, Voltaire laissa aux comédiens français, avec qui il avait été en querelle, puis s'etait reconcilié, *le Duc de Foix* (*Adélaïde du Guesclin* transformée), *Zulime* et *Rome sauvée*. Il devait toutefois, sur le conseil de ses *anges*, retoucher à cette dernière pièce.

A Berlin, Voltaire joua *Rome sauvée* avec les princes de Prusse dans les appartements de la princesse Amélie. Il remania profondément sa tragédie, et en envoya la nouvelle version aux comédiens. Ceux-ci la mirent à l'étude, et en fixèrent la représentation au 12 février 1752. La représentation en fut, par ordre du duc de Richelieu, reculée jusqu'au 24, pour laisser le temps d'opérer d'autres changements envoyés par l'auteur. Enfin *Rome sauvée, ou Catilina* parut sur le Théâtre-Français ce jour-là, et obtint un grand succès. Citons, d'après M. Desnoiresterres, un témoignage contemporain, celui de Clément, dans les *Cinq années littéraires* (1748-1752) : « Il n'y a peut-être pas de pièce de M. de Voltaire plus radieuse que celle-ci. Qu'on ne dise plus que son feu s'est éteint : je revois tout l'éclat de son coloris. Tout le monde rend justice aux détails; on prend sa revanche sur le plan : plan ou détails, M. de Crébillon n'a pas beau jeu. Le rôle de Cicéron a été universellement applaudi; celui de Catilina lui est entièrement sacrifié. Celui d'Aurélie, femme de Catilina, a de grandes beautés ; le plus brillant de tous est celui de César; je parle toujours d'après l'impression générale. J'ai vu des ennemis de l'auteur maigrir de scène en scène à la seconde représentation. On dit qu'ils reprennent chair, et de quinze jours la conversation ne languira. »

Rome sauvée eut, dans sa nouveauté, onze représentations. Elle ne reparut pas souvent à la scène. Pendant la Révolution, on s'abstint de lui donner place sur le théâtre, à côté de *la Mort de César* et de *Brutus*.

1. Lekain n'avait alors que vingt-deux ans.

AVERTISSEMENT

DES ÉDITEURS DE L'ÉDITION DE KEHL [1].

Cette pièce, ainsi que *la Mort de César,* est d'un genre particulier, le plus difficile de tous peut-être, mais aussi le plus utile. Dans ces pièces, ce n'est ni à un seul personnage, ni à une famille qu'on s'intéresse, c'est à un grand événement historique. Elles ne produisent point ces émotions vives que le spectacle des passions tendres peut seul exciter. L'intérêt de curiosité, qu'on éprouve à suivre une intrigue, est une ressource qui leur manque. L'effet des situations extraordinaires, ou des coups de théâtre, y peut difficilement être employé. Ce qui attache dans ces pièces, c'est le développement de grands caractères placés dans des situations fortes, le plaisir d'entendre de grandes idées exprimées dans de beaux vers, et avec un style auquel l'état des personnages à qui on les prête permet de donner de la pompe et de l'énergie sans s'écarter de la vraisemblance; c'est le plaisir d'être témoin, pour ainsi dire, d'une révolution qui fait époque dans l'histoire, d'en voir sous ses yeux mouvoir tous les ressorts. Elles ont surtout l'avantage précieux de donner à l'âme de l'élévation et de la force : en sortant de ces pièces, on se trouve plus disposé à une action de courage, plus éloigné de ramper devant un homme accrédité, ou de plier devant le pouvoir injuste et absolu. Elles sont plus difficiles à faire : il ne suffit pas d'avoir un grand talent pour la poésie dramatique, il faut y joindre une connaissance approfondie de l'histoire, une tête faite pour combiner des idées de politique, de morale, et de philosophie. Elles sont aussi plus difficiles à jouer : dans les autres pièces, pourvu que les principaux personnages soient bien remplis, on peut être indulgent pour le reste; mais on ne voit pas sans dégoût un Caton, un Clodius même, dire d'une manière gauche des vers qu'il a l'air de ne pas entendre. D'ailleurs, un acteur qui a éprouvé des passions, qui a l'âme sensible, sentira toutes les nuances de la passion dans un rôle d'amant, de père, ou d'ami; mais comment un acteur qui n'a point reçu une éducation soignée, qui ne s'est point occupé des grands objets qui ont animé les personnages qu'il va représenter, trouvera-t-il le ton, l'action, les accents, qui conviennent à Cicéron et à César?

---

1. Cet *Avertissement* est de Condorcet, l'un des éditeurs de Kehl. (B.)

AVERTISSEMENT DE L'ÉDITION DE KEHL.

Rome sauvée fut représentée à Paris sur un théâtre particulier[1]. M. de Voltaire y joua le rôle de Cicéron. Jamais, dans aucun rôle, aucun acteur n'a porté si loin l'illusion : on croyait voir le consul. Ce n'étaient pas des vers récités de mémoire qu'on entendait, mais un discours sortant de l'âme de l'orateur. Ceux qui ont assisté à ce spectacle, il y a plus de trente ans, se souviennent encore du moment où l'auteur de *Rome sauvée* s'écriait :

> Romains, j'aime la gloire, et ne veux point m'en taire,

avec une vérité si frappante qu'on ne savait si ce noble aveu venait d'échapper à l'âme de Cicéron ou à celle de Voltaire.

Avant lui, *la Mort de Pompée* était le seul modèle des pièces de ce genre qu'il y eût dans notre langue, on peut dire même dans aucune langue. Ce n'est pas que le *Jules César* de Shakespeare, ses pièces tirées de l'*Histoire d'Angleterre*, ainsi que quelques tragédies espagnoles, ne soient des drames historiques; mais de telles pièces, où il n'y a ni unité ni raison, où tous les tons sont mêlés, où l'histoire est conservée jusqu'à la minutie, et les mœurs altérées jusqu'au ridicule, de telles pièces ne peuvent plus être comptées parmi les productions des arts que comme des monuments du génie brut de leurs auteurs, et de la barbarie des siècles qui les ont produites.

1. Celui que Voltaire avait fait construire dans sa maison rue Traversière-Saint-Honoré. La pièce y fut représentée le 8 juin 1750, et chez la duchesse du Maine, à Sceaux, le 22 juin. A Sceaux, comme à Paris, Voltaire joua le rôle de Cicéron, et Lekain celui de Statilius, personnage qui fut supprimé lorsque l'auteur corrigea ou refit son ouvrage l'année suivante. Voltaire était en Prusse quand sa tragédie fut représentée pour la première fois sur le Théâtre-Français, le 24 février 1752. Le roi de Prusse ayant désiré la voir jouer à sa cour, les princes et princesses de la famille royale y remplirent des rôles avec talent, et le prince Henri surtout se distingua.
Voltaire signale comme infidèle une édition qui parut en 1752. Cependant c'est dans une édition de cette date, et sous l'adresse de Berlin, que j'ai pris beaucoup de variantes.
En 1756, lors de la reprise du *Catilina* de Crébillon, Fréron fit un grand éloge de la *Rome sauvée* de Voltaire, qui a *substitué des beautés aux défauts* (voyez l'*Année littéraire*, 1756, II, 341). Mais, en 1762, il tint un autre langage. « *Oreste* et *Rome sauvée*, disait-il alors (voyez *Année littéraire*, 1762, VII, 236), n'ont servi qu'à confirmer le mérite d'*Électre* et de *Catilina* »
Je ne connais aucune parodie de *Rome sauvée*; mais, à son apparition, on publia quelques brochures : I. *Observations sur* Catilina *et* Rome sauvée, in-8° de trente-deux pages. II. *Parallèle de* Catilina *et de* Rome sauvée, in-12 de trente-deux pages. III. *Lettre à madame de* *** *sur la tragédie de* Rome sauvée, petit in-8° de treize pages. On a quelquefois indiqué comme relatives à *Rome sauvée* des brochures dont la date même prouve qu'elles sont relatives au *Catilina* de Crébillon, qui est de 1748. (B.)

PRÉFACE[1]

Deux motifs ont fait choisir ce sujet de tragédie, qui paraît impraticable, et peu fait pour les mœurs, pour les usages, la manière de penser, et le théâtre de Paris.

On a voulu essayer encore une fois, par une tragédie sans déclaration d'amour, de détruire les reproches que toute l'Europe savante fait à la France, de ne souffrir guère au théâtre que les intrigues galantes; et on a eu surtout pour objet de faire connaître Cicéron aux jeunes personnes qui fréquentent les spectacles.

Les grandeurs passées des Romains tiennent encore toute la terre attentive, et l'Italie moderne met une partie de sa gloire à découvrir quelques ruines de l'ancienne. On montre avec respect la maison que Cicéron occupa. Son nom est dans toutes les bouches, ses écrits dans toutes les mains. Ceux qui ignorent dans leur patrie quel chef était à la tête de ses tribunaux, il y a cinquante ans, savent en quel temps Cicéron était à la tête de Rome. Plus le dernier siècle de la république romaine a été bien connu de nous, plus ce grand homme a été admiré. Nos nations modernes, trop tard civilisées, ont eu longtemps de lui des idées vagues ou fausses. Ses ouvrages servaient à notre éducation; mais on ne savait pas jusqu'à quel point sa personne était respectable. L'auteur était superficiellement connu ; le consul était presque ignoré. Les lumières que nous avons acquises nous ont appris à ne lui comparer aucun des hommes qui se sont mêlés du gouvernement, et qui ont prétendu à l'éloquence.

Il semble que Cicéron aurait été tout ce qu'il aurait voulu être. Il gagna une bataille dans les gorges d'Issus, où Alexandre avait vaincu les Perses. Il est bien vraisemblable que s'il s'était donné

---

1. Cette préface, qui est de Voltaire, fut imprimée en 1753, en tête de l'édition de *Rome sauvée, ou Catilina*, qui fut donnée à la suite du *Supplément au Siècle de Louis XIV*. (B.)

tout entier à la guerre, à cette profession qui demande un sens droit et une extrême vigilance, il eût été au rang des plus illustres capitaines de son siècle ; mais, comme César n'eût été que le second des orateurs, Cicéron n'eût été que le second des généraux. Il préféra à toute autre gloire celle d'être le père de la maîtresse du monde : et quel prodigieux mérite ne fallait-il pas à un simple chevalier d'Arpinum pour percer la foule de tant de grands hommes, pour parvenir sans intrigue à la première place de l'univers, malgré l'envie de tant de patriciens qui régnaient à Rome !

Ce qui étonne surtout, c'est que, dans les tumultes et les orages de sa vie, cet homme, toujours chargé des affaires de l'État et de celles des particuliers, trouvât encore du temps pour être instruit à fond de toutes les sectes des Grecs, et qu'il fût le plus grand philosophe des Romains, aussi bien que le plus éloquent. Y a-t-il dans l'Europe beaucoup de ministres, de magistrats, d'avocats même un peu employés, qui puissent, je ne dis pas expliquer les admirables découvertes de Newton, et les idées de Leibnitz, comme Cicéron rendait compte des principes de Zénon, de Platon, et d'Épicure, mais qui puissent répondre à une question profonde de philosophie ?

Ce que peu de personnes savent, c'est que Cicéron était encore un des premiers poëtes d'un siècle où la belle poésie commençait à naître. Il balançait la réputation de Lucrèce. Y a-t-il rien de plus beau que ces vers qui nous sont restés de son poëme sur Marius, et qui font tant regretter la perte de cet ouvrage ?

> Sic[1] Jovis altisoni subito pinnata satelles,
> Arboris e trunco, serpentis saucia morsu,
> Ipsa feris subigit transfigens unguibus anguem
> Semianimum, et varia graviter cervice micantem
> Quem se intorquentem lanians rostroque cruentans,
> Jam satiata animum, jam duros ulta dolores
> Abjicit efflantem, et laceratum affligit in undas,
> Seque obitu a solis nitidos convertit ad ortus.

Je suis de plus en plus persuadé que notre langue est impuis-

---

1. Dans les *Consolations de ma captivité*, par Roucher, tome Ier, page 211, on trouve une autre traduction des vers de Cicéron. Le nouveau traducteur, comme Voltaire, suppose que le texte latin porte *sic ;* mais Cicéron a écrit *hic*. L'orateur romain, ainsi que le remarque M. A.-A. Renouard, n'a pas fait une comparaison, mais une description, un récit. (B.)

sante à rendre l'harmonieuse énergie des vers latins comme des vers grecs ; mais j'oserai donner une légère esquisse de ce petit tableau, peint par le grand homme que j'ai osé faire parler dans *Rome sauvée*, et dont j'ai imité en quelques endroits les Catilinaires.

> Tel on voit cet oiseau qui porte le tonnerre,
> Blessé par un serpent élancé de la terre ;
> Il s'envole ; il entraîne au séjour azuré
> L'ennemi tortueux dont il est entouré.
> Le sang tombe des airs. Il déchire, il dévore
> Le reptile acharné qui le combat encore ;
> Il le perce, il le tient sous ses ongles vainqueurs;
> Par cent coups redoublés il venge ses douleurs.
> Le monstre en expirant se débat, se replie ;
> Il exhale en poisons les restes de sa vie ;
> Et l'aigle tout sanglant, fier, et victorieux,
> Le rejette en fureur, et plane au haut des cieux.

Pour peu qu'on ait la moindre étincelle de goût, on apercevra dans la faiblesse de cette copie la force du pinceau de l'original. Pourquoi donc Cicéron passe-t-il pour un mauvais poëte ? parce qu'il a plu à Juvénal de le dire, parce qu'on lui a imputé un vers ridicule :

> O fortunatam natam, me consule, Romam!

C'est un vers si mauvais, que le traducteur, qui a voulu en exprimer les défauts en français, n'a pu même y réussir.

> O Rome fortunée,
> Sous mon consulat née !

ne rend pas à beaucoup près le ridicule du vers latin.

Je demande s'il est possible que l'auteur du beau morceau de poésie que je viens de citer ait fait un vers si impertinent ? Il y a des sottises qu'un homme de génie et de sens ne peut jamais dire. Je m'imagine que le préjugé, qui n'accorde presque jamais deux genres à un seul homme, fit croire Cicéron incapable de la poésie quand il y eut renoncé. Quelque mauvais plaisant, quelque ennemi de la gloire de ce grand homme, imagina ce vers ridicule, et l'attribua à l'orateur, au philosophe, au père de Rome. Juvénal, dans le siècle suivant, adopta ce bruit populaire, et le fit passer à la postérité dans ses déclamations satiriques ; et j'ose croire que beaucoup de réputations bonnes ou mauvaises se sont ainsi établies.

On impute, par exemple, au P. Malebranche ces deux vers :

> Il fait en ce beau jour le plus beau temps du monde,
> Pour aller à cheval sur la terre et sur l'onde.

On prétend qu'il les fit pour montrer qu'un philosophe peut, quand il veut, être poëte. Quel homme de bon sens croira que le P. Malebranche ait fait quelque chose de si absurde? Cependant, qu'un écrivain d'anecdotes, un compilateur littéraire, transmette à la postérité cette sottise, elle s'accréditera avec le temps; et si le P. Malebranche était un grand homme, on dirait un jour : Ce grand homme devenait un sot quand il était hors de sa sphère.

On a reproché à Cicéron trop de sensibilité, trop d'affliction dans ses malheurs. Il confie ses justes plaintes à sa femme et à son ami, et on impute à lâcheté sa franchise. Le blâme qui voudra d'avoir répandu dans le sein de l'amitié les douleurs qu'il cachait à ses persécuteurs; je l'en aime davantage. Il n'y a guère que les âmes vertueuses de sensibles. Cicéron, qui aimait tant la gloire, n'a point ambitionné celle de vouloir paraître ce qu'il n'était pas. Nous avons vu des hommes mourir de douleur pour avoir perdu de très-petites places, après avoir affecté de dire qu'ils ne les regrettaient pas : quel mal y a-t-il donc à avouer à sa femme et à son ami qu'on est fâché d'être loin de Rome qu'on a servie, et d'être persécuté par des ingrats et par des perfides? Il faut fermer son cœur à ses tyrans, et l'ouvrir à ceux qu'on aime.

Cicéron était vrai dans toutes ses démarches; il parlait de son affliction sans honte, et de son goût pour la vraie gloire sans détour. Ce caractère est à la fois naturel, haut et humain. Préférerait-on la politique de César, qui, dans ses *Commentaires*, dit qu'il a offert la paix à Pompée, et qui, dans ses lettres, avoue qu'il ne veut pas la lui donner? César était un grand homme; mais Cicéron était un homme vertueux.

Que ce consul ait été un bon poëte, un philosophe qui savait douter, un gouverneur de province parfait, un général habile; que son âme ait été sensible et vraie, ce n'est pas là le mérite dont il s'agit ici. Il sauva Rome malgré le sénat, dont la moitié était animée contre lui par l'envie la plus violente. Il se fit des ennemis de ceux mêmes dont il fut l'oracle, le libérateur, et le vengeur. Il prépara sa ruine par le service le plus signalé que jamais homme ait rendu à sa patrie. Il vit cette ruine, et il n'en fut point effrayé. C'est ce qu'on a voulu représenter dans cette tragédie : c'est moins encore l'âme farouche de Catilina que l'âme généreuse et noble de Cicéron qu'on a voulu peindre.

Nous avons toujours cru, et on s'était confirmé plus que jamais dans l'idée que Cicéron est un des caractères qu'il ne faut jamais mettre sur le théâtre. Les Anglais, qui hasardent tout, sans même savoir qu'ils hasardent, ont fait une tragédie de la conspiration de Catilina. Ben-Jonson n'a pas manqué, dans cette tragédie historique, de traduire sept ou huit pages des *Catilinaires*, et même il les a traduites en prose, ne croyant pas que l'on pût faire parler Cicéron en vers. La prose du consul et les vers des autres personnages font, à la vérité, un contraste digne de la barbarie du siècle de Ben-Jonson ; mais pour traiter un sujet si sévère, dénué de ces passions qui ont tant d'empire sur le cœur, il faut avouer qu'il fallait avoir affaire à un peuple sérieux et instruit, digne en quelque sorte qu'on mît sous ses yeux l'ancienne Rome.

Je conviens que ce sujet n'est guère théâtral pour nous qui, ayant beaucoup plus de goût, de décence, de connaissance du théâtre que les Anglais, n'avons généralement pas des mœurs si fortes. On ne voit avec plaisir au théâtre que le combat des passions qu'on éprouve soi-même. Ceux qui sont remplis de l'étude de Cicéron et de la république romaine ne sont pas ceux qui fréquentent les spectacles. Ils n'imitent point Cicéron, qui y était assidu. Il est étrange qu'ils prétendent être plus graves que lui ; ils sont seulement moins sensibles aux beaux-arts, ou retenus par un préjugé ridicule. Quelques progrès que ces arts aient faits en France, les hommes choisis qui les ont cultivés n'ont point encore communiqué le vrai goût à toute la nation. C'est que nous sommes nés moins heureusement que les Grecs et les Romains. On va aux spectacles plus par oisiveté que par un véritable amour de la littérature.

Cette tragédie paraît plutôt faite pour être lue par les amateurs de l'antiquité que pour être vue par le parterre. Elle y fut à la vérité applaudie, et beaucoup plus que *Zaïre* ; mais elle n'est pas d'un genre à se soutenir comme *Zaïre* sur le théâtre. Elle est beaucoup plus fortement écrite, et une seule scène entre César et Catilina était plus difficile à faire que la plupart des pièces où l'amour domine. Mais le cœur ramène à ces pièces ; et l'admiration pour les anciens Romains s'épuise bientôt. Personne ne conspire aujourd'hui, et tout le monde aime.

D'ailleurs les représentations de *Catilina* exigent un trop grand nombre d'acteurs, un trop grand appareil.

Les savants ne trouveront pas ici une histoire fidèle de la conjuration de Catilina ; ils sont assez persuadés qu'une tragédie n'est pas une histoire ; mais ils y verront une peinture vraie des mœurs de ce temps-là. Tout ce que Cicéron, Catilina, Caton, César, ont fait dans cette pièce n'est pas vrai ; mais leur génie et leur caractère y sont peints fidèlement.

Si on n'a pu y développer l'éloquence de Cicéron, on a du moins étalé toute sa vertu et tout le courage qu'il fit paraître dans le péril. On a montré dans Catilina ces contrastes de férocité et de séduction qui formaient son caractère ; on a fait voir César naissant, factieux et magnanime, César fait pour être à la fois la gloire et le fléau de Rome.

On n'a point fait paraître les députés des Allobroges, qui n'étaient point des ambassadeurs de nos Gaules, mais des agents d'une petite province d'Italie soumise aux Romains, qui ne firent que le personnage de délateurs, et qui par là sont indignes de figurer sur la scène avec Cicéron, César et Caton.

Si cet ouvrage paraît au moins passablement écrit, et s'il fait connaître un peu l'ancienne Rome, c'est tout ce qu'on a prétendu, et tout le prix qu'on attend.

AVIS AU LECTEUR[1]

Cette pièce est fort différente de celle qui parut, il y a plus d'un an, en 1752, à Paris, sous le même titre. Des copistes l'avaient transcrite aux représentations, et l'avaient toute défigurée. Leurs omissions étaient remplies par des mains étrangères; il y avait une centaine de vers qui n'étaient pas de l'auteur. On fit de cette copie infidèle une édition furtive : cette édition était défectueuse d'un bout à l'autre, et on ne manqua pas de l'imiter en Hollande avec beaucoup plus de fautes encore. L'auteur a soigneusement corrigé la présente édition, faite à Leipsik par son ordre et sous ses yeux ; il y a même changé des scènes entières. On ne cessera de répéter que c'est un grand abus que les auteurs soient imprimés malgré eux[2]. Un libraire se hâte de faire une mauvaise édition d'un livre qui lui tombe entre les mains ; et ce libraire se plaint ensuite quand l'auteur auquel il a fait tort donne son véritable ouvrage. Voilà où la littérature en est réduite aujourd'hui.

1. Cet *Avis* a été imprimé à la suite de la préface qui précède, avec le *Supplément au Siècle de Louis XIV*, Dresde, G.-C. Walther, 1753, petit in-8°. (B.)
2. Voyez *Théâtre*, tome Ier, page 168 ; et ci-dessus, la variante de la préface de *Nanine*, page 5 ; et l'*Avis au lecteur*, en tête d'*Oreste*, page 78. (B.)

PERSONNAGES[1]

CICÉRON.
CÉSAR.
CATILINA.
AURÉLIE.
CATON.
LUCULLUS.

CRASSUS.
CLODIUS.
CÉTHÉGUS.
LENTULUS SURA.
CONJURÉS.
LICTEURS.

Le théâtre représente, d'un côté, le palais d'Aurélie ; de l'autre, le temple de Tellus, où s'assemble le sénat. On voit dans l'enfoncement une galerie qui communique à des souterrains qui conduisent du palais d'Aurélie au vestibule du temple.

---

1. Noms des acteurs qui jouèrent dans *Rome sauvée* et dans *le Mariage forcé*, de Molière, qui l'accompagnait : LEGRAND, LA THORILLIÈRE, DUBREUIL, SABRAZIN, GRANDVAL (César), DANGEVILLE, DUBOIS, BARON, BONNEVAL, DE LA NOUE (Cicéron), PAULIN (Caton), DESCHAMPS, DROUIN, LEKAIN (Catilina), BELLECOUR ; Mmes CLAIRON (Aurélie), BRILLANT. — Recette : 4,343 livres. (G. A.)

ROME SAUVÉE
OU
CATILINA
TRAGÉDIE

ACTE PREMIER.

SCÈNE I.

CATILINA.

(Soldats dans l'enfoncement.)

Orateur insolent, qu'un vil peuple seconde,
Assis au premier rang des souverains du monde,
Tu vas tomber du faîte où Rome t'a placé.
Inflexible Caton, vertueux insensé !
Ennemi de ton siècle, esprit dur et farouche,
Ton terme est arrivé, ton imprudence y touche.
Fier sénat de tyrans qui tiens le monde aux fers,
Tes fers sont préparés, tes tombeaux sont ouverts.
Que ne puis-je en ton sang, impérieux Pompée,
Éteindre de ton nom la splendeur usurpée !
Que ne puis-je opposer à ton pouvoir fatal
Ce César si terrible, et déjà ton égal !
Quoi ! César, comme moi factieux dès l'enfance,
Avec Catilina n'est pas d'intelligence ?
Mais le piége est tendu ; je prétends qu'aujourd'hui
Le trône qui m'attend soit préparé par lui.

Il faut employer tout, jusqu'à Cicéron même,
Ce César que je crains, mon épouse que j'aime :
Sa docile tendresse, en cet affreux moment,
De mes sanglants projets est l'aveugle instrument.
Tout ce qui m'appartient doit être mon complice.
Je veux que l'amour même à mon ordre obéisse.
Titres chers et sacrés, et de père, et d'époux,
Faiblesses des humains, évanouissez-vous[1].

SCÈNE II.

CATILINA, CÉTHÉGUS; AFFRANCHIS ET SOLDATS,
dans le lointain.

CATILINA.

Eh bien ! cher Céthégus, tandis que la nuit sombre
Cache encor nos desseins et Rome dans son ombre,
Avez-vous réuni les chefs des conjurés ?

CÉTHÉGUS.

Ils viendront dans ces lieux du consul ignorés,
Sous ce portique même, et près du temple impie
Où domine un sénat, tyran de l'Italie.
Ils ont renouvelé leurs serments et leur foi.
Mais tout est-il prévu ? César est-il à toi ?
Seconde-t-il enfin Catilina qu'il aime ?

CATILINA.

Cet esprit dangereux n'agit que pour lui-même.

CÉTHÉGUS.

Conspirer sans César !

CATILINA.

Ah ! je l'y veux forcer.
Dans ce piége sanglant je veux l'embarrasser.
Mes soldats, en son nom, vont surprendre Préneste ;
Je sais qu'on le soupçonne, et je réponds du reste.
Ce consul violent va bientôt l'accuser ;
Pour se venger de lui César peut tout oser.

1. Il existe une variante de ce vers :

L'ambition l'emporte, évanouissez-vous.

Corneille a dit dans *Rodogune*, acte II, scène I,e :

Vains fantômes d'État, évanouissez-vous.

ACTE I, SCÈNE II.

Rien n'est si dangereux que César qu'on irrite ;
C'est un lion qui dort, et que ma voix excite.
Je veux que Cicéron réveille son courroux,
Et force ce grand homme à combattre pour nous.

CÉTHÉGUS.

Mais Nonnius enfin dans Préneste est le maître ;
Il aime la patrie, et tu dois le connaître :
Tes soins pour le tenter ont été superflus.
Que faut-il décider du sort de Nonnius?

CATILINA.

Je t'entends ; tu sais trop que sa fille m'est chère.
Ami, j'aime Aurélie en détestant son père.
Quand il sut que sa fille avait conçu pour moi
Ce tendre sentiment qui la tient sous ma loi ;
Quand sa haine impuissante, et sa colère vaine,
Eurent tenté sans fruit de briser notre chaîne ;
A cet hymen secret quand il a consenti,
Sa faiblesse a tremblé d'offenser son parti.
Il a craint Cicéron ; mais mon heureuse adresse
Avance mes desseins par sa propre faiblesse.
J'ai moi-même exigé, par un serment sacré,
Que ce nœud clandestin fût encore ignoré.
Céthégus et Sura sont seuls dépositaires
De ce secret utile à nos sanglants mystères.
Le palais d'Aurélie au temple nous conduit ;
C'est là qu'en sûreté j'ai moi-même introduit
Les armes, les flambeaux, l'appareil du carnage.
De nos vastes succès mon hymen est le gage.
Vous m'avez bien servi ; l'amour m'a servi mieux.
C'est chez Nonnius même, à l'aspect de ses dieux,
Sous les murs du sénat, sous sa voûte sacrée,
Que de tous nos tyrans la mort est préparée.

(Aux conjurés qui sont dans le fond.)

Vous, courez dans Préneste, où nos amis secrets
Ont du nom de César voilé nos intérêts ;
Que Nonnius surpris ne puisse se défendre.
Vous, près du Capitole, allez soudain vous rendre.
Songez qui vous servez, et gardez vos serments.

(A Céthégus)

Toi, conduis d'un coup d'œil tous ces grands mouvements.

SCÈNE III.

AURÉLIE[1], CATILINA.

AURÉLIE.

Ah! calmez les horreurs dont je suis poursuivie,
Cher époux, essuyez les larmes d'Aurélie.
Quel trouble, quel spectacle, et quel réveil affreux!
Je vous suis en tremblant sous ces murs ténébreux.
Ces soldats que je vois redoublent mes alarmes.
On porte en mon palais des flambeaux et des armes!
Qui peut nous menacer? Les jours de Marius,
De Carbon, de Sylla, sont-ils donc revenus?
De ce front si terrible éclaircissez les ombres.
Vous détournez de moi des yeux tristes et sombres.
Au nom de tant d'amour, et par ces nœuds secrets
Qui joignent nos destins, nos cœurs, nos intérêts,
Au nom de notre fils, dont l'enfance est si chère,
(Je ne vous parle point des dangers de sa mère,
Et je ne vois, hélas! que ceux que vous courez),
Ayez pitié du trouble où mes sens sont livrés;
Expliquez-vous.

CATILINA.

Sachez que mon nom, ma fortune,
Ma sûreté, la vôtre, et la cause commune,
Exigent ces apprêts qui causent votre effroi.
Si vous daignez m'aimer, si vous êtes à moi,
Sur ce qu'ont vu vos yeux observez le silence.
Des meilleurs citoyens j'embrasse la défense.
Vous voyez le sénat, le peuple, divisés,
Une foule de rois l'un à l'autre opposés:
On se menace, on s'arme; et, dans ces conjonctures,
Je prends un parti sage et de justes mesures.

AURÉLIE.

Je le souhaite au moins. Mais me tromperiez-vous?

---

1. « J'espère que je ferai quelque chose d'Aurélie, écrivait Voltaire à d'Argental; mais je me saurai toujours bon gré de n'en avoir pas fait un personnage aussi important que le consul, Catilina et César. Elle ne peut avoir que la quatrième place. Les femmes trouveront cela bien mauvais; mais ma pièce n'est guère française; elle est romaine. »

Peut-on cacher son cœur aux cœurs qui sont à nous?
Et vous justifiant, vous redoublez ma crainte.
Dans vos yeux égarés trop d'horreur est empreinte.
Ciel! que fera mon père, alors que dans ces lieux
Ces funestes apprêts viendront frapper ses yeux?
Souvent les noms de fille, et de père, et de gendre,
Lorsque Rome a parlé, n'ont pu se faire entendre.
Notre hymen lui déplut, vous le savez assez :
Mon bonheur est un crime à ses yeux offensés.
On dit que Nonnius est mandé de Préneste.
Quels effets il verra de cet hymen funeste!
Cher époux, quel usage affreux, infortuné,
Du pouvoir que sur moi l'amour vous a donné!
Vous avez un parti; mais Cicéron, mon père,
Caton, Rome, les dieux, sont du parti contraire.
Peut-être Nonnius vient vous perdre aujourd'hui.

CATILINA.

Non, il ne viendra point; ne craignez rien de lui.

AURÉLIE.

Comment?

CATILINA.

Aux murs de Rome il ne pourra se rendre
Que pour y respecter et sa fille et son gendre.
Je ne puis m'expliquer, mais souvenez-vous bien
Qu'en tout son intérêt s'accorde avec le mien.
Croyez, quand il verra qu'avec lui je partage
De mes justes projets le premier avantage,
Qu'il sera trop heureux d'abjurer devant moi
Les superbes tyrans dont il reçut la loi.
Je vous ouvre à tous deux, et vous devez m'en croire,
Une source éternelle et d'honneur et de gloire.

AURÉLIE.

La gloire est bien douteuse, et le péril certain [1].
Que voulez-vous? Pourquoi forcer votre destin?
Ne vous suffit-il pas, dans la paix, dans la guerre,
D'être un des souverains sous qui tremble la terre?
Pour tomber de plus haut, où voulez-vous monter?
Les noirs pressentiments viennent m'épouvanter.

---

1. Corneille dit dans *Cinna,* acte Ier, scène Ire.

. . . La gloire est douteuse, et le péril certain.

J'ai trop chéri le joug où je me suis soumise.
Voilà donc cette paix que je m'étais promise,
Ce repos de l'amour que mon cœur a cherché !
Les dieux m'en ont punie, et me l'ont arraché.
Dès qu'un léger sommeil vient fermer mes paupières,
Je vois Rome embrasée, et des mains meurtrières,
Des supplices, des morts, des fleuves teints de sang ;
De mon père au sénat je vois percer le flanc ;
Vous-même, environné d'une troupe en furie,
Sur des monceaux de morts exhalant votre vie ;
Des torrents de mon sang répandus par vos coups,
Et votre épouse enfin mourante auprès de vous.
Je me lève, je fuis ces images funèbres ;
Je cours, je vous demande au milieu des ténèbres :
Je vous retrouve, hélas ! et vous me replongez
Dans l'abîme des maux qui me sont présagés.

CATILINA.

Allez, Catilina ne craint point les augures ;
Et je veux du courage, et non pas des murmures,
Quand je sers et l'État, et vous, et mes amis.

AURÉLIE.

Ah ! cruel ! est-ce ainsi que l'on sert son pays ?
J'ignore à quels desseins ta fureur s'est portée ;
S'ils étaient généreux, tu m'aurais consultée[1] :
Nos communs intérêts semblaient te l'ordonner :
Si tu feins avec moi, je dois tout soupçonner.
Tu te perdras : déjà ta conduite est suspecte
A ce consul sévère, et que Rome respecte.

CATILINA.

Cicéron respecté ! lui, mon lâche rival !

SCÈNE IV.

CATILINA, AURÉLIE ; MARTIAN, l'un des conjurés.

MARTIAN.

Seigneur, Cicéron vient près de ce lieu fatal.

---

1. « Aurélie, dit Voltaire à propos de ces deux vers, est tendre, mais elle est femme. Elle s'anime par degrés ; elle aime, mais en femme vertueuse ; et on sent que, dans le fond, elle impose un peu à Catilina, tout impitoyable qu'il est, etc. » — Comparez la scène entre Portia et Brutus, dans le *Jules César* de Shakespeare. Celle-ci n'en est qu'une imitation. (G. A.)

ACTE I, SCÈNE V. 219

Par son ordre bientôt le sénat se rassemble :
Il vous mande en secret.

AURÉLIE.

Catilina, je tremble
A cet ordre subit, à ce funeste nom.

CATILINA.

Mon épouse trembler au nom de Cicéron !
Que Nonnius séduit le craigne et le révère ;
Qu'il déshonore ainsi son rang, son caractère ;
Qu'il serve, il en est digne, et je plains son erreur :
Mais de vos sentiments j'attends plus de grandeur.
Allez, souvenez-vous que vos nobles ancêtres
Choisissaient autrement leurs consuls et leurs maîtres.
Quoi ! vous, femme et Romaine, et du sang d'un Néron,
Vous seriez sans orgueil et sans ambition ?
Il en faut aux grands cœurs.

AURÉLIE.

Tu crois le mien timide ;
La seule cruauté te paraît intrépide.
Tu m'oses reprocher d'avoir tremblé pour toi.
Le consul va paraître ; adieu, mais connais-moi :
Apprends que cette épouse à tes lois trop soumise,
Que tu devais aimer, que ta fierté méprise,
Qui ne peut te changer, qui ne peut t'attendrir,
Plus Romaine que toi, peut t'apprendre à mourir.

CATILINA.

Que de chagrins divers il faut que je dévore !
Cicéron que je vois est moins à craindre encore.

SCÈNE V.

CICÉRON, dans l'enfoncement; LE CHEF DES LICTEURS,
CATILINA.

CICÉRON[1], au chef des licteurs.

Suivez mon ordre, allez ; de ce perfide cœur
Je prétends, sans témoin, sonder la profondeur.

1. En 1752, c'était La Noue qui faisait Cicéron : « Je vous avoue, écrivait de Berlin Voltaire à d'Argental, que ce singe me fait trembler. Quoi ! ni voix, ni visage, ni âme, et jouer Cicéron ! Cela seul serait capable d'augmenter mes maux ; mais je ne veux pas mourir des coups de La Noue. »

La crainte quelquefois peut ramener un traître.

CATILINA.

Quoi! c'est ce plébéien dont Rome a fait son maître!

CICÉRON.

Avant que le sénat se rassemble à ma voix,
Je viens, Catilina, pour la dernière fois,
Apporter le flambeau sur le bord de l'abîme
Où votre aveuglement vous conduit par le crime.

CATILINA.

Qui? vous?

CICÉRON.

Moi.

CATILINA.

C'est ainsi que votre inimitié...

CICÉRON.

C'est ainsi que s'explique un reste de pitié.
Vos cris audacieux, votre plainte frivole,
Ont assez fatigué les murs du Capitole.
Vous feignez de penser que Rome et le sénat
Ont avili dans moi l'honneur du consulat.
Concurrent malheureux à cette place insigne,
Votre orgueil l'attendait, mais en étiez-vous digne?
La valeur d'un soldat, le nom de vos aïeux,
Ces prodigalités d'un jeune ambitieux,
Ces jeux et ces festins qu'un vain luxe prépare,
Étaient-ils un mérite assez grand, assez rare,
Pour vous faire espérer de dispenser des lois
Au peuple souverain qui règne sur les rois?
A vos prétentions j'aurais cédé peut-être,
Si j'avais vu dans vous ce que vous deviez être.
Vous pouviez de l'État être un jour le soutien :
Mais pour être consul, devenez citoyen.
Pensez-vous affaiblir ma gloire et ma puissance,
En décriant mes soins, mon état, ma naissance?
Dans ces temps malheureux, dans nos jours corrompus,
Faut-il des noms à Rome? Il lui faut des vertus.
Ma gloire (et je la dois à ces vertus sévères)
Est de ne rien tenir des grandeurs de mes pères.
Mon nom commence en moi : de votre honneur jaloux,
Tremblez que votre nom ne finisse dans vous[1].

---

1. Voltaire met ici en vers la réponse qu'il fit au chevalier de Rohan. (G. A.)

ACTE I, SCÈNE V.   221

CATILINA.

Vous abusez beaucoup, magistrat d'une année,
De votre autorité passagère et bornée.

CICÉRON.

Si j'en avais usé, vous seriez dans les fers,
Vous, l'éternel appui des citoyens pervers ;
Vous qui, de nos autels souillant les priviléges,
Portez jusqu'aux lieux saints vos fureurs sacriléges ;
Qui comptez tous vos jours, et marquez tous vos pas
Par des plaisirs affreux ou des assassinats ;
Qui savez tout braver, tout oser, et tout feindre :
Vous enfin, qui sans moi seriez peut-être à craindre.
Vous avez corrompu tous les dons précieux [1]
Que, pour un autre usage, ont mis en vous les dieux ;
Courage, adresse, esprit, grâce, fierté sublime,
Tout, dans votre âme aveugle, est l'instrument du crime.
Je détournais de vous des regards paternels,
Qui veillaient au destin du reste des mortels.
Ma voix, que craint l'audace, et que le faible implore,
Dans le rang des Verrès ne vous mit point encore ;
Mais, devenu plus fier par tant d'impunité,
Jusqu'à trahir l'État vous avez attenté.
Le désordre est dans Rome, il est dans l'Étrurie ;
On parle de Préneste, on soulève l'Ombrie ;
Les soldats de Sylla, de carnage altérés,
Sortent de leur retraite aux meurtres préparés ;
Mallius en Toscane arme leurs mains féroces ;
Les coupables soutiens de ces complots atroces
Sont tous vos partisans déclarés ou secrets ;
Partout le nœud du crime unit vos intérêts.
Ah ! sans qu'un jour plus grand éclaire ma justice,
Sachez que je vous crois leur chef ou leur complice ;
Que j'ai partout des yeux, que j'ai partout des mains ;
Que malgré vous encore il est de vrais Romains ;
Que ce cortége affreux d'amis vendus au crime
Sentira comme vous l'équité qui m'anime.
Vous n'avez vu dans moi qu'un rival de grandeur ;

---

1. Crébillon a dit, dans son *Catilina*, acte II, scène III :

Encor, si quelquefois vous daigniez vous contraindre ;
Que, mettant à profit tant de dons précieux,
Vous affectassiez moins un orgueil odieux.

Voyez-y votre juge, et votre accusateur,
Qui va dans un moment vous forcer de répondre
Au tribunal des lois qui doivent vous confondre;
Des lois qui se taisaient sur vos crimes passés,
De ces lois que je venge, et que vous renversez.

CATILINA.

Je vous ai déjà dit, seigneur, que votre place
Avec Catilina permet peu cette audace;
Mais je veux pardonner des soupçons si honteux,
En faveur de l'État que nous servons tous deux :
Je fais plus, je respecte un zèle infatigable,
Aveugle, je l'avoue, et pourtant estimable.
Ne me reprochez plus tous mes égarements,
D'une ardente jeunesse impétueux enfants;
Le sénat m'en donna l'exemple trop funeste.
Cet emportement passe, et le courage reste.
Ce luxe, ces excès, ces fruits de la grandeur,
Sont les vices du temps, et non ceux de mon cœur.
Songez que cette main servit la république;
Que soldat en Asie, et juge dans l'Afrique,
J'ai, malgré nos excès et nos divisions,
Rendu Rome terrible aux yeux des nations.
Moi, je la trahirais! moi qui l'ai su défendre!

CICÉRON.

Marius et Sylla, qui la mirent en cendre,
Ont mieux servi l'État, et l'ont mieux défendu.
Les tyrans ont toujours quelque ombre de vertu;
Ils soutiennent les lois avant de les abattre.

CATILINA.

Ah! si vous soupçonnez ceux qui savent combattre,
Accusez donc César, et Pompée, et Crassus.
Pourquoi fixer sur moi vos yeux toujours déçus?
Parmi tant de guerriers, dont on craint la puissance,
Pourquoi suis-je l'objet de votre défiance?
Pourquoi me choisir, moi? par quel zèle emporté?...

CICÉRON.

Vous-même, jugez-vous; l'avez-vous mérité?

CATILINA.

Non, mais j'ai trop daigné m'abaisser à l'excuse;
Et plus je me défends, plus Cicéron m'accuse.
Si vous avez voulu me parler en ami,
Vous vous êtes trompé, je suis votre ennemi :

Si c'est en citoyen, comme vous je crois l'être,
Et si c'est en consul, ce consul n'est pas maître ;
Il préside au sénat, et je peux l'y braver.

CICÉRON.

J'y punis les forfaits ; tremble de m'y trouver.
Malgré toute ta haine, à mes yeux méprisable,
Je t'y protégerai si tu n'es point coupable :
Fuis Rome si tu l'es[1].

CATILINA.

C'en est trop ; arrêtez.
C'est trop souffrir le zèle où vous vous emportez.
De vos vagues soupçons j'ai dédaigné l'injure ;
Mais après tant d'affronts que mon orgueil endure,
Je veux que vous sachiez que le plus grand de tous
N'est pas d'être accusé, mais protégé par vous.

SCÈNE VI.

CICÉRON, seul.

Le traître pense-t-il, à force d'insolence,
Par sa fausse grandeur prouver son innocence ?
Tu ne peux m'imposer, perfide ; ne crois pas
Eviter l'œil vengeur attaché sur tes pas.

SCÈNE VII.

CICÉRON, CATON.

CICÉRON.

Eh bien ! ferme Caton, Rome est-elle en défense ?

CATON.

Vos ordres sont suivis. Ma prompte vigilance
A disposé déjà ces braves chevaliers
Qui sous vos étendards marcheront les premiers.
Mais je crains tout du peuple, et du sénat lui-même.

---

1. « Ne me faites point de procès sur ce que Cicéron dit (ici) à Catilina, écrit Voltaire à d'Argental. C'est précisément ce que Cicéron a dit de son vivant ; ce sont des mots consacrés, et assurément ils sont bien raisonnables. »

CICÉRON.

Du sénat?

CATON.
Enivré de sa grandeur suprême,
Dans ses divisions il se forge des fers.

CICÉRON.
Les vices des Romains ont vengé l'univers,
La vertu disparaît, la liberté chancelle ;
Mais Rome a des Catons, j'espère encor pour elle.

CATON.
Ah! qui sert son pays sert souvent un ingrat.
Votre mérite même irrite le sénat ;
Il voit d'un œil jaloux cet éclat qui l'offense.

CICÉRON.
Les regards de Caton seront ma récompense.
Au torrent de mon siècle, à son iniquité,
J'oppose ton suffrage et la postérité.
Faisons notre devoir : les dieux feront le reste.

CATON.
Eh! comment résister à ce torrent funeste,
Quand je vois dans ce temple, aux vertus élevé,
L'infâme trahison marcher le front levé?
Croit-on que Mallius, cet indigne rebelle,
Ce tribun des soldats, subalterne infidèle,
De la guerre civile arborât l'étendard ;
Qu'il osât s'avancer vers ce sacré rempart,
Qu'il eût pu fomenter ces ligues menaçantes,
S'il n'était soutenu par des mains plus puissantes ;
Si quelque rejeton de nos derniers tyrans
N'allumait en secret des feux plus dévorants?
Les premiers du sénat nous trahissent peut-être ;
Des cendres de Sylla les tyrans vont renaître.
César fut le premier que mon cœur soupçonna.
Oui, j'accuse César.

CICÉRON.
Et moi, Catilina.
De brigues, de complots, de nouveautés avide,
Vaste dans ses projets, impétueux, perfide,
Plus que César encor je le crois dangereux,
Beaucoup plus téméraire, et bien moins généreux.
Je viens de lui parler ; j'ai vu sur son visage,
J'ai vu dans ses discours son audace et sa rage,

ACTE I, SCÈNE VII.

Et la sombre hauteur d'un esprit affermi,
Qui se lasse de feindre, et parle en ennemi.
De ses obscurs complots je cherche les complices.
Tous ses crimes passés sont mes premiers indices.
J'en préviendrai la suite.

CATON.
Il a beaucoup d'amis ;
Je crains pour les Romains des tyrans réunis.
L'armée est en Asie, et le crime est dans Rome ;
Mais pour sauver l'État il suffit d'un grand homme.

CICÉRON.
Si nous sommes unis, il suffit de nous deux.
La discorde est bientôt parmi les factieux.
César peut conjurer, mais je connais son âme ;
Je sais quel noble orgueil le domine et l'enflamme.
Son cœur ambitieux ne peut être abattu
Jusqu'à servir en lâche un tyran sans vertu.
Il aime Rome encore, il ne veut point de maître ;
Mais je prévois trop bien qu'un jour il voudra l'être.
Tous deux jaloux de plaire, et plus de commander,
Ils sont montés trop haut pour jamais s'accorder.
Par leur désunion Rome sera sauvée.
Allons, n'attendons pas que, de sang abreuvée,
Elle tende vers nous ses languissantes mains,
Et qu'on donne des fers aux maîtres des humains.

FIN DU PREMIER ACTE.

ACTE DEUXIÈME

SCÈNE I.

CATILINA, CETHÉGUS.

CÉTHÉGUS.
Tandis que tout s'apprête, et que ta main hardie
Va de Rome et du monde allumer l'incendie,
Tandis que ton armée approche de ces lieux,
Sais-tu ce qui se passe en ces murs odieux?

CATILINA.
Je sais que d'un consul la sombre défiance
Se livre à des terreurs qu'il appelle prudence;
Sur le vaisseau public ce pilote égaré
Présente à tous les vents un flanc mal assuré;
Il s'agite au hasard, à l'orage il s'apprête,
Sans savoir seulement d'où viendra la tempête.
Ne crains rien du sénat : ce corps faible et jaloux
Avec joie en secret l'abandonne à nos coups.
Ce sénat divisé, ce monstre à tant de têtes,
Si fier de sa noblesse, et plus de ses conquêtes,
Voit avec les transports de l'indignation
Les souverains des rois respecter Cicéron.
César n'est point à lui, Crassus le sacrifie.
J'attends tout de ma main, j'attends tout de l'envie.
C'est un homme expirant qu'on voit d'un faible effort
Se débattre et tomber dans les bras de la mort.

CÉTHÉGUS.
Il a des envieux, mais il parle, il entraîne;
Il réveille la gloire, il subjugue la haine;
Il domine au sénat.

CATILINA.
    Je le brave en tous lieux;

ACTE II, SCÈNE I.

J'entends avec mépris ses cris injurieux :
Qu'il déclame à son gré jusqu'à sa dernière heure ;
Qu'il triomphe en parlant, qu'on l'admire, et qu'il meure.
De plus cruels soucis, des chagrins plus pressants,
Occupent mon courage, et règnent sur mes sens.

CÉTHÉGUS.

Que dis-tu ? Qui t'arrête en ta noble carrière ?
Quand l'adresse et la force ont ouvert la barrière,
Que crains-tu ?

CATILINA.

Ce n'est pas mes nombreux ennemis ;
Mon parti seul m'alarme, et je crains mes amis,
De Lentulus Sura l'ambition jalouse,
Le grand cœur de César, et surtout mon épouse.

CÉTHÉGUS.

Ton épouse ? Tu crains une femme et des pleurs ?
Laisse-lui ses remords, laisse-lui ses terreurs ;
Tu l'aimes, mais en maître, et son amour docile
Est de tes grands desseins un instrument utile.

CATILINA.

Je vois qu'il peut enfin devenir dangereux.
Rome, un époux, un fils, partagent trop ses vœux.
O Rome ! ô nom fatal ! ô liberté chérie !
Quoi ! dans ma maison même on parle de patrie !
Je veux qu'avant le temps fixé pour le combat,
Tandis que nous allons éblouir le sénat,
Ma femme, avec mon fils, de ces lieux enlevée,
Abandonne une ville aux flammes réservée ;
Qu'elle parte, en un mot. Nos femmes, nos enfants,
Ne doivent point troubler ces terribles moments.
Mais César !

CÉTHÉGUS.

Que veux-tu ? Si par ton artifice
Tu ne peux réussir à t'en faire un complice,
Dans le rang des proscrits faut-il placer son nom ?
Faut-il confondre enfin César et Cicéron ?

CATILINA.

C'est là ce qui m'occupe, et s'il faut qu'il périsse,
Je me sens étonné de ce grand sacrifice.
Il semble qu'en secret, respectant son destin,
Je révère dans lui l'honneur du nom romain.
Mais Sura viendra-t-il ?

CÉTHÉGUS.
Compte sur son audace ;
Tu sais comme, ébloui des grandeurs de sa race,
A partager ton règne il se croit destiné.
CATILINA.
Qu'à cet espoir trompeur il reste abandonné.
Tu vois avec quel art il faut que je ménage
L'orgueil présomptueux de cet esprit sauvage,
Ses chagrins inquiets, ses soupçons, son courroux.
Sais-tu que de César il ose être jaloux ?
Enfin j'ai des amis moins aisés à conduire
Que Rome et Cicéron ne coûtent à détruire.
O d'un chef de parti dur et pénible emploi !
CÉTHÉGUS.
Le soupçonneux Sura s'avance ici vers toi.

SCÈNE II.

CATILINA, CÉTHÉGUS, LENTULUS SURA.

SURA.
Ainsi, malgré mes soins et malgré ma prière,
Vous prenez dans César une assurance entière ;
Vous lui donnez Préneste ; il devient notre appui.
Pensez-vous me forcer à dépendre de lui ?

CATILINA.
Le sang des Scipions n'est point fait pour dépendre.
Ce n'est qu'au premier rang que vous devez prétendre.
Je traite avec César, mais sans m'y confier ;
Son crédit peut nous nuire, il peut nous appuyer :
Croyez qu'en mon parti, s'il faut que je l'engage,
Je me sers de son nom, mais pour votre avantage.

SURA.
Ce nom est-il plus grand que le vôtre et le mien ?
Pourquoi vous abaisser à briguer ce soutien ?
On le fait trop valoir, et Rome est trop frappée
D'un mérite naissant qu'on oppose à Pompée.
Pourquoi le rechercher alors que je vous sers ?
Ne peut-on sans César subjuguer l'univers ?

CATILINA.
Nous le pouvons sans doute, et sur votre vaillance

J'ai fondé dès longtemps ma plus forte espérance ;
Mais César est aimé du peuple et du sénat ;
Politique, guerrier, pontife, magistrat,
Terrible dans la guerre, et grand dans la tribune,
Par cent chemins divers il court à la fortune.
Il nous est nécessaire.

SURA.

Il nous sera fatal :
Notre égal aujourd'hui, demain notre rival,
Bientôt notre tyran, tel est son caractère ;
Je le crois du parti le plus grand adversaire.
Peut-être qu'à vous seul il daignera céder,
Mais croyez qu'à tout autre il voudra commander.
Je ne souffrirai point, puisqu'il faut vous le dire,
De son fier ascendant le dangereux empire.
Je vous ai prodigué mon service et ma foi,
Et je renonce à vous, s'il l'emporte sur moi.

CATILINA.

J'y consens ; faites plus, arrachez-moi la vie,
Je m'en déclare indigne, et je la sacrifie,
Si je permets jamais, de nos grandeurs jaloux,
Qu'un autre ose penser à s'élever sur nous :
Mais souffrez qu'à César votre intérêt me lie ;
Je le flatte aujourd'hui, demain je l'humilie :
Je ferai plus, peut-être ; en un mot, vous pensez
Que sur nos intérêts mes yeux s'ouvrent assez.

(A Céthégus.)

Va, prépare en secret le départ d'Aurélie ;
Que des seuls conjurés sa maison soit remplie.
De ces lieux cependant qu'on écarte ses pas,
Craignons de son amour les funestes éclats.
Par un autre chemin tu reviendras m'attendre
Vers ces lieux retirés où César va m'entendre.

SURA.

Enfin donc sans César vous n'entreprenez rien ?
Nous attendrons le fruit de ce grand entretien.

CATILINA.

Allez, j'espère en vous plus que dans César même.

CÉTHÉGUS.

Je cours exécuter ta volonté suprême,
Et sous tes étendards à jamais réunir
Ceux qui mettent leur gloire à savoir t'obéir.

SCÈNE III.

CATILINA, CÉSAR [1].

CATILINA.

Eh bien ! César, eh bien ! toi de qui la fortune
Dès le temps de Sylla me fut toujours commune,
Toi dont j'ai présagé les éclatants destins,
Toi né pour être un jour le premier des Romains,
N'es-tu donc aujourd'hui que le premier esclave
Du fameux plébéien qui t'irrite et te brave ?
Tu le hais, je le sais, et ton œil pénétrant
Voit pour s'en affranchir ce que Rome entreprend ;
Et tu balancerais, et ton ardent courage
Craindrait de nous aider à sortir d'esclavage !
Des destins de la terre il s'agit aujourd'hui,
Et César souffrirait qu'on les changeât sans lui !
Quoi ! n'es-tu plus jaloux du nom du grand Pompée ?
Ta haine pour Caton s'est-elle dissipée ?
N'es-tu pas indigné de servir les autels,
Quand Cicéron préside au destin des mortels,
Quand l'obscur habitant des rives du Fibrène
Siége au-dessus de toi sur la pourpre romaine ?
Souffriras-tu longtemps tous ces rois fastueux,
Cet heureux Lucullus, brigand voluptueux,
Fatigué de sa gloire, énervé de mollesse ;
Un Crassus étonné de sa propre richesse [2],
Dont l'opulence avide, osant nous insulter,
Asservirait l'État, s'il daignait l'acheter ?
Ah ! de quelque côté que tu jettes la vue,
Vois Rome turbulente, ou Rome corrompue ;
Vois ces lâches vainqueurs en proie aux factions,
Disputer, dévorer le sang des nations.

---

1. « Comptez, écrit Voltaire à d'Argental, que la scène de César et de Catilina fera plaisir à tout le monde... Soyez sûr que tous ceux qui ont un peu de teinture de l'histoire romaine ne seront pas fâchés d'en avoir un tableau fidèle. »

2. Crébillon, acte Ier, scène II, de son *Catilina*, avait dit :

    Crassus, plein de désirs indignes d'un grand cœur,
    Borne à de vils trésors les soins de sa grandeur.

Le monde entier t'appelle, et tu restes paisible !
Veux-tu laisser languir ce courage invincible ?
De Rome qui te parle as-tu quelque pitié ?
César est-il fidèle à ma tendre amitié ?
CÉSAR.
Oui, si dans le sénat on te fait injustice,
César te défendra, compte sur mon service.
Je ne peux te trahir ; n'exige rien de plus.
CATILINA.
Et tu bornerais là tes vœux irrésolus ?
C'est à parler pour moi que tu peux te réduire ?
CÉSAR.
J'ai pesé tes projets, je ne veux pas leur nuire ;
Je peux leur applaudir, je n'y veux point entrer.
CATILINA.
J'entends : pour les heureux tu veux te déclarer.
Des premiers mouvements spectateur immobile,
Tu veux ravir les fruits de la guerre civile,
Sur nos communs débris établir ta grandeur.
CÉSAR.
Non, je veux des dangers plus dignes de mon cœur.
Ma haine pour Caton, ma fière jalousie
Des lauriers dont Pompée est couvert en Asie,
Le crédit, les honneurs, l'éclat de Cicéron,
Ne m'ont déterminé qu'à surpasser leur nom.
Sur les rives du Rhin, de la Seine, et du Tage,
La victoire m'appelle ; et voilà mon partage.
CATILINA.
Commence donc par Rome, et songe que demain
J'y pourrais avec toi marcher en souverain.
CÉSAR.
Ton projet est bien grand, peut-être téméraire ;
Il est digne de toi ; mais, pour ne te rien taire,
Plus il doit t'agrandir, moins il est fait pour moi.
CATILINA.
Comment ?
CÉSAR.
Je ne veux pas servir ici sous toi.
CATILINA.
Ah ! crois qu'avec César on partage sans peine.
CÉSAR.
On ne partage point la grandeur souveraine.

Va, ne te flatte pas que jamais à son char
L'heureux Catilina puisse enchaîner César.
Tu m'as vu ton ami, je le suis, je veux l'être;
Mais jamais mon ami ne deviendra mon maître.
Pompée en serait digne, et s'il l'ose tenter,
Ce bras levé sur lui l'attend pour l'arrêter.
Sylla, dont tu reçus la valeur en partage,
Dont j'estime l'audace, et dont je hais la rage,
Sylla nous a réduits à la captivité :
Mais s'il ravit l'empire, il l'avait mérité;
Il soumit l'Hellespont, il fit trembler l'Euphrate,
Il subjugua l'Asie, il vainquit Mithridate.
Qu'as-tu fait? quels États, quels fleuves, quelles mers,
Quels rois par toi vaincus ont adoré nos fers?
Tu peux, avec le temps, être un jour un grand homme;
Mais tu n'as pas acquis le droit d'asservir Rome :
Et mon nom, ma grandeur, et mon autorité,
N'ont point encor l'éclat et la maturité,
Le poids qu'exigerait une telle entreprise.
Je vois que tôt ou tard Rome sera soumise.
J'ignore mon destin ; mais si j'étais un jour
Forcé par les Romains de régner à mon tour,
Avant que d'obtenir une telle victoire,
J'étendrai, si je puis, leur empire et leur gloire;
Je serai digne d'eux, et je veux que leurs fers,
D'eux-mêmes respectés, de lauriers soient couverts.

CATILINA.

Le moyen que je t'offre est plus aisé peut-être.
Qu'était donc ce Sylla qui s'est fait notre maître?
Il avait une armée, et j'en forme aujourd'hui ;
Il m'a fallu créer ce qui s'offrait à lui ;
Il profita des temps, et moi, je les fais naître.
Je ne dis plus qu'un mot : il fut roi ; veux-tu l'être?
Veux-tu de Cicéron subir ici la loi,
Vivre son courtisan, ou régner avec moi?

CÉSAR.

Je ne veux l'un ni l'autre : il n'est pas temps de feindre.
J'estime Cicéron, sans l'aimer ni le craindre.
Je t'aime, je l'avoue, et je ne te crains pas.
Divise le sénat, abaisse des ingrats,
Tu le peux, j'y consens ; mais si ton âme aspire
Jusqu'à m'oser soumettre à ton nouvel empire,

Ce cœur sera fidèle à tes secrets desseins,
Et ce bras combattra l'ennemi des Romains.

(Il sort.)

SCÈNE IV.

CATILINA.

Ah! qu'il serve, s'il l'ose, au dessein qui m'anime;
Et s'il n'en est l'appui, qu'il en soit la victime.
Sylla voulait le perdre, il le connaissait bien.
Son génie en secret est l'ennemi du mien.
Je ferai ce qu'enfin Sylla craignit de faire.

SCÈNE V.

CATILINA, CÉTHÉGUS, LENTULUS SURA.

SURA.

César s'est-il montré favorable ou contraire?

CATILINA.

Sa stérile amitié nous offre un faible appui.
Il faut et nous servir, et nous venger de lui.
Nous avons des soutiens plus sûrs et plus fidèles.
Les voici, ces héros vengeurs de nos querelles.

SCÈNE VI.

CATILINA, LES CONJURÉS.

CATILINA.

Venez, noble Pison, vaillant Autronius,
Intrépide Vargonte, ardent Statilius;
Vous tous, braves guerriers de tout rang, de tout âge,
Des plus grands des humains redoutable assemblage;
Venez, vainqueurs des rois, vengeurs des citoyens,
Vous tous, mes vrais amis, mes égaux, mes soutiens.
Encor quelques moments, un dieu qui vous seconde
Va mettre entre vos mains la maîtresse du monde.
De trente nations malheureux conquérants,

La peine était pour vous, le fruit pour vos tyrans.
Vos mains n'ont subjugué Tigrane et Mithridate,
Votre sang n'a rougi les ondes de l'Euphrate,
Que pour enorgueillir d'indignes sénateurs,
De leurs propres appuis lâches persécuteurs,
Grands par vos travaux seuls, et qui, pour récompense,
Vous permettaient de loin d'adorer leur puissance.
Le jour de la vengeance est arrivé pour vous,
Je ne propose point à votre fier courroux
Des travaux sans périls et des meurtres sans gloire :
Vous pourriez dédaigner une telle victoire ;
A vos cœurs généreux je promets des combats :
Je vois vos ennemis expirants sous vos bras :
Entrez dans leurs palais; frappez, mettez en cendre
Tout ce qui prétendra l'honneur de se défendre;
Mais surtout qu'un concert unanime et parfait
De nos vastes desseins assure en tout l'effet.
A l'heure où je vous parle on doit saisir Préneste;
Des soldats de Sylla le redoutable reste,
Par des chemins divers et des sentiers obscurs,
Du fond de la Toscane avance vers ces murs.
Ils arrivent; je sors, et je marche à leur tête.
Au dehors, au dedans, Rome est votre conquête.
Je combats Pétréius, et je m'ouvre en ces lieux,
Au pied du Capitole, un chemin glorieux.
C'est là que, par les droits que vous donne la guerre,
Nous montons en triomphe au trône de la terre,
A ce trône souillé par d'indignes Romains,
Mais lavé dans leur sang, et vengé par vos mains.
Curius et les siens doivent m'ouvrir les portes.

(Il s'arrête un moment, puis il s'adresse à un conjuré.)

Vous, des gladiateurs aurons-nous les cohortes?
Leur joignez-vous surtout ces braves vétérans,
Qu'un odieux repos fatigua trop longtemps?

LENTULUS.

Je dois les amener, sitôt que la nuit sombre
Cachera sous son voile et leur marche et leur nombre;
Je les armerai tous dans ce lieu retiré.

CATILINA.

Vous, du mont Célius êtes-vous assuré?

STATILIUS.

Les gardes sont séduits; on peut tout entreprendre.

ACTE II, SCÈNE VI.

CATILINA.

Vous, au mont Aventin que tout soit mis en cendre.
Dès que de Mallius vous verrez les drapeaux,
De ce signal terrible allumez les flambeaux.
Aux maisons des proscrits que la mort soit portée.
La première victime à mes yeux présentée,
Vous l'avez tous juré, doit être Cicéron :
Immolez César même, oui, César et Caton.
Eux morts, le sénat tombe, et nous sert en silence.
Déjà notre fortune aveugle sa prudence ;
Dans ces murs, sous son temple, à ses yeux, sous ses pas,
Nous disposons en paix l'appareil du trépas.
Surtout avant le temps ne prenez point les armes.
Que la mort des tyrans précède les alarmes ;
Que Rome et Cicéron tombent du même fer ;
Que la foudre en grondant les frappe avec l'éclair.
Vous avez dans vos mains le destin de la terre ;
Ce n'est point conspirer, c'est déclarer la guerre,
C'est reprendre vos droits, et c'est vous ressaisir
De l'univers dompté qu'on osait vous ravir.

(A Céthégus et à Lentulus Sura.)

Vous, de ces grands desseins les auteurs magnanimes,
Venez dans le sénat, venez voir vos victimes.
De ce consul encor nous entendrons la voix ;
Croyez qu'il va parler pour la dernière fois.
Et vous, dignes Romains, jurez par cette épée,
Qui du sang des tyrans sera bientôt trempée,
Jurez tous de périr ou de vaincre avec moi.

MARTIAN.

Oui, nous le jurons tous par ce fer et par toi.

UN AUTRE CONJURÉ.

Périsse le sénat !

MARTIAN.

Périsse l'infidèle
Qui pourra différer de venger ta querelle !
Si quelqu'un se repent, qu'il tombe sous nos coups !

CATILINA.

Allez, et cette nuit Rome entière est à vous.

FIN DU DEUXIÈME ACTE.

ACTE TROISIÈME.

SCÈNE I.

CATILINA, CÉTHÉGUS, AFFRANCHIS, MARTIAN, SEPTIME.

CATILINA.
Tout est-il prêt? Enfin l'armée avance-t-elle?

MARTIAN.
Oui, seigneur; Mallius, à ses serments fidèle,
Vient entourer ces murs aux flammes destinés.
Au dehors, au dedans les ordres sont donnés.
Les conjurés en foule au carnage s'excitent,
Et des moindres délais leurs courages s'irritent.
Prescrivez le moment où Rome doit périr.

CATILINA.
Sitôt que du sénat vous me verrez sortir,
Commencez à l'instant nos sanglants sacrifices;
Que du sang des proscrits les fatales prémices
Consacrent sous vos mains ce redoutable jour.
Observez, Martian, vers cet obscur détour,
Si d'un consul trompé les ardents émissaires
Oseraient épier nos terribles mystères.

CÉTHÉGUS.
Peut-être avant le temps faudrait-il l'attaquer
Au milieu du sénat qu'il vient de convoquer;
Je vois qu'il prévient tout, et que Rome alarmée...

CATILINA.
Prévient-il Mallius? prévient-il mon armée?
Connaît-il mes projets? sait-il, dans son effroi,
Que Mallius n'agit, n'est armé que pour moi?
Suis-je fait pour fonder ma fortune et ma gloire
Sur un vain brigandage, et non sur la victoire?

Va, mes desseins sont grands, autant que mesurés ;
Les soldats de Sylla sont mes vrais conjurés.
Quand des mortels obscurs, et de vils téméraires,
D'un complot mal tissu forment les nœuds vulgaires,
Un seul ressort qui manque à leurs piéges tendus
Détruit l'ouvrage entier, et l'on n'y revient plus.
Mais des mortels choisis, et tels que nous le sommes,
Ces desseins si profonds, ces crimes de grands hommes,
Cette élite indomptable, et ce superbe choix
Des descendants de Mars et des vainqueurs des rois ;
Tous ces ressorts secrets, dont la force assurée
Trompe de Cicéron la prudence égarée,
Un feu dont l'étendue embrase au même instant
Les Alpes, l'Apennin, l'aurore et le couchant,
Que Rome doit nourrir, que rien ne peut éteindre :
Voilà notre destin, dis-moi s'il est à craindre.

CÉTHÉGUS.

Sous le nom de César, Préneste est-elle à nous ?

CATILINA.

C'est là mon premier pas ; c'est un des plus grands coups
Qu'au sénat incertain je porte en assurance.
Tandis que Nonnius tombe sous ma puissance,
Tandis qu'il est perdu, je fais semer le bruit
Que tout ce grand complot par lui-même est conduit.
La moitié du sénat croit Nonnius complice.
Avant qu'on délibère, avant qu'on s'éclaircisse,
Avant que ce sénat, si lent dans ses débats,
Ait démêlé le piége où j'ai conduit ses pas,
Mon armée est dans Rome, et la terre asservie.
Allez ; que de ces lieux on enlève Aurélie,
Et que rien ne partage un si grand intérêt.

SCÈNE II.

AURÉLIE, CATILINA, CÉTHÉGUS, ETC

AURÉLIE, une lettre à la main.

Lis ton sort et le mien, ton crime et ton arrêt ;
Voilà ce qu'on m'écrit.

CATILINA.

Quelle main téméraire ?...
Eh bien ! je reconnais le seing de votre père.

AURÉLIE.

Lis...

CATILINA lit la lettre.

« La mort trop longtemps a respecté mes jours,
Une fille que j'aime en termine le cours.
Je suis trop bien puni, dans ma triste vieillesse,
De cet hymen affreux qu'a permis ma faiblesse.
Je sais de votre époux les complots odieux.
César qui nous trahit veut enlever Préneste.
Vous avez partagé leur trahison funeste;
Repentez-vous, ingrate, ou périssez comme eux... »
Mais comment Nonnius aurait-il pu connaître
Des secrets qu'un consul ignore encor peut-être?

CÉTHÉGUS.

Ce billet peut vous perdre.

CATILINA, à Céthégus.

Il pourra nous servir.

(A Aurélie.)

Il faut tout vous apprendre, il faut tout éclaircir.
Je vais armer le monde, et c'est pour ma défense.
Vous, dans ce jour de sang marqué pour ma puissance,
Voulez-vous préférer un père à votre époux?
Pour la dernière fois dois-je compter sur vous?

AURÉLIE.

Tu m'avais ordonné le silence et la fuite;
Tu voulais à mes pleurs dérober ta conduite;
Eh bien ! que prétends-tu?

CATILINA.

Partez au même instant;
Envoyez au consul ce billet important.
J'ai mes raisons, je veux qu'il apprenne à connaître
Que César est à craindre, et plus que moi peut-être.
Je n'y suis point nommé; César est accusé;
C'est ce que j'attendais, tout le reste est aisé.
Que mon fils au berceau, mon fils né pour la guerre,
Soit porté dans vos bras aux vainqueurs de la terre.
Ne rentrez avec lui dans ces murs abhorrés
Que quand j'en serai maître, et quand vous régnerez.
Notre hymen est secret : je veux qu'on le publie
Au milieu de l'armée, aux yeux de l'Italie;
Je veux que votre père, humble dans son courroux,
Soit le premier sujet qui tombe à vos genoux.

ACTE III, SCÈNE II.

Partez, daignez me croire, et laissez-vous conduire ;
Laissez-moi mes dangers, ils doivent me suffire,
Et ce n'est pas à vous de partager mes soins :
Vainqueur et couronné, cette nuit je vous joins.

AURÉLIE.

Tu vas ce jour dans Rome ordonner le carnage ?

CATILINA.

Oui, de nos ennemis j'y vais punir la rage.
Tout est prêt ; on m'attend.

AURÉLIE.

Commence donc par moi,
Commence par ce meurtre, il est digne de toi :
Barbare, j'aime mieux, avant que tout périsse,
Expirer par tes mains, que vivre ta complice.

CATILINA.

Qu'au nom de nos liens votre esprit raffermi...

CÉTHÉGUS.

Ne désespérez point un époux, un ami.
Tout vous est confié ; la carrière est ouverte,
Et reculer d'un pas, c'est courir à sa perte.

AURÉLIE.

Ma perte fut certaine au moment où mon cœur
Reçut de vos conseils le poison séducteur ;
Quand j'acceptai sa main, quand je fus abusée,
Attachée à son sort, victime méprisée.
Vous pensez que mes yeux timides, consternés,
Respecteront toujours vos complots forcenés.
Malgré moi sur vos pas vous m'avez su conduire.
J'aimais ; il fut aisé, cruels, de me séduire !
Et c'est un crime affreux dont on doit vous punir,
Qu'à tant d'atrocité l'amour ait pu servir.
Dans mon aveuglement, que ma raison déplore,
Ce reste de raison m'éclaire au moins encore.
Il fait rougir mon front de l'abus détesté
Que vous avez tous fait de ma crédulité.
L'amour me fit coupable, et je ne veux plus l'être ;
Je ne veux point servir les attentats d'un maître ;
Je renonce à mes vœux, à ton crime, à ta foi ;
Mes mains, mes propres mains s'armeront contre toi.
Frappe, et traîne dans Rome embrasée et fumante,
Pour ton premier exploit, ton épouse expirante ;
Fais périr avec moi l'enfant infortuné

Que les dieux en courroux à mes vœux ont donné ;
Et couvert de son sang, libre dans ta furie,
Barbare, assouvis-toi du sang de ta patrie.

CATILINA.

C'est donc là ce grand cœur, et qui me fut soumis ?
Ainsi vous vous rangez parmi mes ennemis ?
Ainsi dans la plus juste et la plus noble guerre
Qui jamais décida du destin de la terre,
Quand je brave un consul, et Pompée, et Caton,
Mes plus grands ennemis seront dans ma maison ?
Les préjugés romains de votre faible père
Arment contre moi-même une épouse si chère ?
Et vous mêlez enfin la menace à l'effroi ?

AURÉLIE.

Je menace le crime... et je tremble pour toi.
Dans mes emportements vois encor ma tendresse,
Frémis d'en abuser, c'est ma seule faiblesse.
Crains...

CATILINA.

Cet indigne mot n'est pas fait pour mon cœur.
Ne me parlez jamais de paix ni de terreur :
C'est assez m'offenser. Écoutez : je vous aime ;
Mais ne présumez pas que, m'oubliant moi-même,
J'immole à mon amour ces amis généreux,
Mon parti, mes desseins, et l'empire avec eux.
Vous n'avez pas osé regarder la couronne ;
Jugez de mon amour, puisque je vous pardonne :
Mais sachez...

AURÉLIE.

La couronne où tendent tes desseins,
Cet objet du mépris du reste des Romains,
Va, je l'arracherais sur mon front affermie,
Comme un signe insultant d'horreur et d'infamie.
Quoi ! tu m'aimes assez pour ne te pas venger,
Pour ne me punir pas de t'oser outrager,
Pour ne pas ajouter ta femme à tes victimes ?
Et moi je t'aime assez pour arrêter tes crimes.
Et je cours...

SCÈNE III.

CATILINA, CÉTHÉGUS, LENTULUS SURA, AURÉLIE, etc.

SURA.

C'en est fait, et nous sommes perdus ;
Nos amis sont trahis, nos projets confondus.
Préneste entre nos mains n'a point été remise ;
Nonnius vient dans Rome ; il sait notre entreprise.
Un de nos confidents, dans Préneste arrêté,
A subi les tourments, et n'a point résisté.
Nous avons trop tardé ; rien ne peut nous défendre,
Nonnius au sénat vient accuser son gendre.
Il va chez Cicéron, qui n'est que trop instruit.

AURÉLIE.

Eh bien ! de tes forfaits tu vois quel est le fruit !
Voilà ces grands desseins où j'aurais dû souscrire,
Ces destins de Sylla, ce trône, cet empire !
Es-tu désabusé ? Tes yeux sont-ils ouverts ?

CATILINA, après un moment de silence.

Je ne m'attendais pas à ce nouveau revers.
Mais... me trahiriez-vous ?

AURÉLIE.

Je le devrais peut-être.
Je devrais servir Rome, en la vengeant d'un traître :
Nos dieux m'en avoueraient. Je ferai plus ; je veux
Te rendre à ton pays, et vous sauver tous deux.
Ce cœur n'a pas toujours la faiblesse en partage.
Je n'ai point tes fureurs, mais j'aurai ton courage ;
L'amour en donne au moins. J'ai prévu le danger ;
Ce danger est venu, je veux le partager.
Je vais trouver mon père ; il faudra que j'obtienne
Qu'il m'arrache la vie, ou qu'il sauve la tienne.
Il m'aime, il est facile, il craindra devant moi
D'armer le désespoir d'un gendre tel que toi.
J'irai parler de paix à Cicéron lui-même.
Ce consul qui te craint, ce sénat où l'on t'aime,
Où César te soutient, où ton nom est puissant,
Se tiendront trop heureux de te croire innocent.

On pardonne aisément à ceux qui sont à craindre.
Repens-toi seulement, mais repens-toi sans feindre;
Il n'est que ce parti quand on est découvert :
Il blesse ta fierté, mais tout autre te perd,
Et je te donne au moins, quoi qu'on puisse entreprendre,
Le temps de quitter Rome, ou d'oser t'y défendre.
Plus de reproche ici sur tes complots pervers;
Coupable, je t'aimais; malheureux, je te sers :
Je mourrai pour sauver et tes jours et ta gloire.
Adieu : Catilina doit apprendre à me croire :
Je l'avais mérité.

CATILINA, l'arrêtant.

Que faire, et quel danger?
Écoutez... le sort change, il me force à changer...
Je me rends... je vous cède... il faut vous satisfaire...
Mais songez qu'un époux est pour vous plus qu'un père,
Et que, dans le péril dont nous sommes pressés,
Si je prends un parti, c'est vous qui m'y forcez.

AURÉLIE.

Je me charge de tout, fût-ce encor de ta haine.
Je te sers, c'est assez. Fille, épouse, et Romaine,
Voilà tous mes devoirs, je les suis; et le tien
Est d'égaler un cœur aussi pur que le mien.

SCÈNE IV.

CATILINA, CÉTHÉGUS, AFFRANCHIS, LENTULUS SURA.

SURA.

Est-ce Catilina que nous venons d'entendre?
N'es-tu de Nonnius que le timide gendre?
Esclave d'une femme, et d'un seul mot troublé,
Ce grand cœur s'est rendu sitôt qu'elle a parlé.

CÉTHÉGUS.

Non, tu ne peux changer; ton génie invincible,
Animé par l'obstacle, en sera plus terrible.
Sans ressource à Préneste, accusés au sénat,
Nous pourrions être encor les maîtres de l'État;
Nous le ferions trembler, même dans les supplices.
Nous avons trop d'amis, trop d'illustres complices,
Un parti trop puissant, pour ne pas éclater.

ACTE III, SCÈNE V.

SURA.

Mais avant le signal on peut nous arrêter.
C'est lorsque dans la nuit le sénat se sépare,
Que le parti s'assemble, et que tout se déclare.
Que faire?

CÉTHÉGUS, à Catilina.

Tu te tais, et tu frémis d'effroi?

CATILINA.

Oui, je frémis du coup que mon sort veut de moi.

SURA.

J'attends peu d'Aurélie; et, dans ce jour funeste,
Vendre cher notre vie est tout ce qui nous reste.

CATILINA.

Je compte les moments, et j'observe les lieux.
Aurélie, en flattant ce vieillard odieux,
En le baignant de pleurs, en lui demandant grâce,
Suspendra pour un temps sa course et sa menace.
Cicéron, que j'alarme, est ailleurs arrêté;
C'en est assez, amis, tout est en sûreté.
Qu'on transporte soudain les armes nécessaires;
Armez tout, affranchis, esclaves, et sicaires;
Débarrassez l'amas de ces lieux souterrains,
Et qu'il en reste encore assez pour mes desseins.
Vous, fidèle affranchi, brave et prudent Septime,
Et vous, cher Martian, qu'un même zèle anime,
Observez Aurélie, observez Nonnius:
Allez; et dans l'instant qu'ils ne se verront plus,
Abordez-le en secret de la part de sa fille;
Peignez-lui son danger, celui de sa famille;
Attirez-le en parlant vers ce détour obscur
Qui conduit au chemin de Tibur et d'Anxur:
Là, saisissant tous deux le moment favorable,
Vous... Ciel! que vois-je?

SCÈNE V.

CICÉRON ET LES PRÉCÉDENTS.

CICÉRON.

Arrête, audacieux coupable;
Où portes-tu tes pas? Vous, Céthégus, parlez...
Sénateurs, affranchis, qui vous a rassemblés?

CATILINA.
Bientôt dans le sénat nous pourrons te l'apprendre.
CÉTHÉGUS.
De ta poursuite vaine on saura s'y défendre.
SURA.
Nous verrons si, toujours prompt à nous outrager,
Le fils de Tullius nous ose interroger.
CICÉRON.
J'ose au moins demander qui sont ces téméraires.
Sont-ils, ainsi que vous, des Romains consulaires,
Que la loi de l'État me force à respecter
Et que le sénat seul ait le droit d'arrêter?
Qu'on les charge de fers; allez, qu'on les entraîne.
CATILINA.
C'est donc toi qui détruis la liberté romaine?
Arrêter des Romains sur tes lâches soupçons!
CICÉRON.
Ils sont de ton conseil, et voilà mes raisons.
Vous-mêmes, frémissez. Licteurs, qu'on m'obéisse.
(On emmène Septime et Martian)
CATILINA.
Implacable ennemi, poursuis ton injustice;
Abuse de ta place, et profite du temps,
Il faudra rendre compte, et c'est où je t'attends.
CICÉRON.
Qu'on fasse à l'instant même interroger ces traîtres.
Va, je pourrai bientôt traiter ainsi leurs maîtres.
J'ai mandé Nonnius : il sait tous tes desseins.
J'ai mis Rome en défense, et Préneste en mes mains.
Nous verrons qui des deux emporte la balance,
Ou de ton artifice, ou de ma vigilance.
Je ne te parle plus ici de repentir;
Je parle de supplice, et veux t'en avertir.
Avec les assassins sur qui tu te reposes,
Viens t'asseoir au sénat, et suis-moi, si tu l'oses.

SCÈNE VI.

CATILINA, CÉTHÉGUS, LENTULUS SURA.

CÉTHÉGUS.

Faut-il donc succomber sous les puissants efforts
D'un bras habile et prompt qui rompt tous nos ressorts?
Faut-il qu'à Cicéron le sort nous sacrifie?

CATILINA.

Jusqu'au dernier moment ma fureur le défie.
C'est un homme alarmé, que son trouble conduit,
Qui cherche à tout apprendre, et qui n'est pas instruit :
Nos amis arrêtés vont accroître ses peines ;
Ils sauront l'éblouir de clartés incertaines.
Dans ce billet fatal César est accusé.
Le sénat en tumulte est déjà divisé.
Mallius et l'armée aux portes vont paraître.
Vous m'avez cru perdu ; marchez, et je suis maître.

SURA.

Nonnius du consul éclaircit les soupçons.

CATILINA.

Il ne le verra pas, c'est moi qui t'en réponds.
Marchez, dis-je ; au sénat parlez en assurance,
Et laissez-moi le soin de remplir ma vengeance.
Allons... Où vais-je?

CÉTHÉGUS.

Eh bien?

CATILINA.

Aurélie! ah, grands dieux!
Qu'allez-vous ordonner de ce cœur furieux?
Écartez-la, surtout. Si je la vois paraître,
Tout prêt à vous servir, je tremblerai peut-être[1].

---

1. « J'ai imaginé, écrit Voltaire à d'Argental, qu'il fallait que Catilina aimât sa femme ; il ne l'aime, à la vérité, qu'en Catilina ; mais, s'il ne la regardait que comme une personne indifférente, dont il se sert pour cacher des armes dans sa cave, cette femme serait trop peu de chose. »

FIN DU TROISIÈME ACTE.

ACTE QUATRIÈME.

SCÈNE I.

(Le théâtre doit représenter le lieu préparé pour le sénat. Cette salle laisse voir une partie de la galerie qui conduit du palais d'Aurélie au temple de Tellus Un double rang de sièges forme un cercle dans cette salle; le siége de Cicéron, plus élevé, est au milieu.)

CÉTHÉGUS, LENTULUS SURA, retirés vers le devant.

SURA.
Tous ces pères de Rome, au sénat appelés,
Incertains de leur sort, et de soupçons troublés,
Ces monarques tremblants tardent bien à paraître.

CÉTHÉGUS.
L'oracle des Romains, ou qui du moins croit l'être,
Dans d'impuissants travaux sans relâche occupé,
Interroge Septime ; et, par ses soins trompé,
Il a retardé tout par ses fausses alarmes.

SURA.
Plût au ciel que déjà nous eussions pris les armes!
Je crains, je l'avouerai, cet esprit du sénat,
Ces préjugés sacrés de l'amour de l'État,
Cet antique respect, et cette idolâtrie,
Que réveille en tout temps le nom de la patrie.

CÉTHÉGUS.
La patrie est un nom sans force et sans effet ;
On le prononce encor, mais il n'a plus d'objet.
Le fanatisme usé des siècles héroïques
Se conserve, il est vrai, dans des âmes stoïques ;
Le reste est sans vigueur, ou fait des vœux pour nous.
Cicéron, respecté, n'a fait que des jaloux ;
Caton est sans crédit ; César nous favorise :
Défendons-nous ici, Rome sera soumise.

ACTE IV, SCÈNE II.

SURA.

Mais si Catilina, par sa femme séduit,
De tant de nobles soins nous ravissait le fruit!
Tout homme a sa faiblesse, et cette âme hardie
Reconnaît en secret l'ascendant d'Aurélie.
Il l'aime, il la respecte, il pourra lui céder.

CÉTHÉGUS.

Sois sûr qu'à son amour il saura commander.

SURA.

Mais tu l'as vu frémir; tu sais ce qu'il en coûte.
Quand de tels intérêts...

CÉTHÉGUS, en le tirant à part.

Caton approche, écoute.

(Lentulus et Céthégus s'assoient à un bout de la salle.)

SCÈNE II.

CATON entre au sénat avec LUCULLUS, CRASSUS, FAVO-
NIUS, CLODIUS, MURÉNA, CÉSAR, CATULLUS,
MARCELLUS, ETC.

CATON, en regardant les deux conjurés.

Lucullus, je me trompe, ou ces deux confidents
S'occupent en secret de soins trop importants.
Le crime est sur leur front, qu'irrite ma présence.
Déjà la trahison marche avec arrogance.
Le sénat qui la voit cherche à dissimuler.
Le démon de Sylla semble nous aveugler.
L'âme de ce tyran dans le sénat respire.

CÉTHÉGUS.

Je vous entends assez, Caton; qu'osez-vous dire?

CATON, en s'asseyant, tandis que les autres prennent place.

Que les dieux du sénat, les dieux de Scipion,
Qui contre toi, peut-être, ont inspiré Caton,
Permettent quelquefois les attentats des traîtres;
Qu'ils ont à des tyrans asservi nos ancêtres;
Mais qu'ils ne mettront pas en de pareilles mains
La maîtresse du monde et le sort des humains.
J'ose encore ajouter que son puissant génie,
Qui n'a pu qu'une fois souffrir la tyrannie,

Pourra dans Céthégus et dans Catilina
Punir tous les forfaits qu'il permit à Sylla.

CÉSAR.

Caton, que faites-vous? et quel affreux langage!
Toujours votre vertu s'explique avec outrage.
Vous révoltez les cœurs, au lieu de les gagner.

(César s'assied.)

CATON, à César.

Sur les cœurs corrompus vous cherchez à régner.
Pour les séditieux César toujours facile,
Conserve en nos périls un courage tranquille.

CÉSAR.

Caton, il faut agir dans les jours des combats;
Je suis tranquille ici, ne vous en plaignez pas.

CATON.

Je plains Rome, César, et je la vois trahie.
O ciel! pourquoi faut-il qu'aux climats de l'Asie,
Pompée, en ces périls, soit encore arrêté?

CÉSAR.

Quand César est pour vous, Pompée est regretté?

CATON.

L'amour de la patrie anime ce grand homme.

CÉSAR.

Je lui dispute tout, jusqu'à l'amour de Rome.

SCÈNE III.

LES MÊMES, CICÉRON.

(Cicéron, arrivant avec précipitation, tous les sénateurs se lèvent)

CICÉRON.

Ah! dans quels vains débats perdez-vous ces instants?
Quand Rome à son secours appelle ses enfants,
Qu'elle vous tend les bras, et que ses sept collines
Se couvrent à vos yeux de meurtres, de ruines,
Qu'on a déjà donné le signal des fureurs,
Qu'on a déjà versé le sang des sénateurs?

LUCULLUS.

O ciel!

ACTE IV, SCÈNE IV.

CATON.

Que dites-vous?
CICÉRON, debout.
J'avais d'un pas rapide
Guidé des chevaliers la cohorte intrépide,
Assuré des secours aux postes menacés,
Armé les citoyens avec ordre placés.
J'interrogeais chez moi ceux qu'en ce trouble extrême
Aux yeux de Céthégus j'avais surpris moi-même.
Nonnius, mon ami, ce vieillard généreux,
Cet homme incorruptible, en ces temps malheureux,
Pour sauver Rome et vous arrive de Préneste.
Il venait m'éclairer dans ce trouble funeste,
M'apprendre jusqu'aux noms de tous les conjurés,
Lorsque de notre sang deux monstres altérés,
A coups précipités frappent ce cœur fidèle,
Et font périr en lui tout le fruit de mon zèle.
Il tombe mort; on court, on vole, on les poursuit;
Le tumulte, l'horreur, les ombres de la nuit,
Le peuple, qui se presse, et qui se précipite,
Leurs complices enfin favorisent leur fuite.
J'ai saisi l'un des deux qui, le fer à la main,
Égaré, furieux, se frayait un chemin :
Je l'ai mis dans les fers, et j'ai su que ce traître
Avait Catilina pour complice et pour maître.

(Cicéron s'assied avec le sénat.)

SCÈNE IV.

LES MÊMES, CATILINA.

(Catilina, debout entre Caton et César. Céthégus est auprès de César, le sénat assis.)

CATILINA.

Oui, sénat, j'ai tout fait, et vous voyez la main
Qui de votre ennemi vient de percer le sein.
Oui, c'est Catilina qui venge la patrie,
C'est moi qui d'un perfide ai terminé la vie.
CICÉRON.
Toi, fourbe? toi, barbare?

CATON.
Oses-tu te vanter?...
CÉSAR.
Nous pourrons le punir, mais il faut l'écouter.
CÉTHÉGUS.
Parle, Catilina, parle, et force au silence
De tous tes ennemis l'audace et l'éloquence.
CICÉRON.
Romains, où sommes-nous?
CATILINA.
Dans les temps du malheur,
Dans la guerre civile, au milieu de l'horreur,
Parmi l'embrasement qui menace le monde,
Parmi des ennemis qu'il faut que je confonde.
— Les neveux de Sylla, séduits par ce grand nom,
Ont osé de Sylla montrer l'ambition.
J'ai vu la liberté dans les cœurs expirante,
Le sénat divisé, Rome dans l'épouvante,
Le désordre en tous lieux, et surtout Cicéron
Semant ici la crainte, ainsi que le soupçon.
Peut-être il plaint les maux dont Rome est affligée :
Il vous parle pour elle; et moi, je l'ai vengée.
Par un coup effrayant je lui prouve aujourd'hui
Que Rome et le sénat me sont plus chers qu'à lui.
Sachez que Nonnius était l'âme invisible,
L'esprit qui gouvernait ce grand corps si terrible,
Ce corps de conjurés qui, des monts Apennins,
S'étend jusqu'où finit le pouvoir des Romains.
Les moments étaient chers, et les périls extrêmes.
Je l'ai su, j'ai sauvé l'État, Rome, et vous-mêmes.
Ainsi, par un soldat fut puni Spurius[1];
Ainsi les Scipions ont immolé Gracchus.
Qui m'osera punir d'un si juste homicide?

---

1. Spurius Mélius était un chevalier romain qui, dans un temps de disette, forma des magasins de grains, et les distribua aux citoyens. Il devint leur idole. Le sénat l'accusa d'aspirer à la tyrannie, et, pour opposer à la faveur populaire une autorité redoutable au peuple, on nomma dictateur le célèbre Cincinnatus. Il cita Spurius à son tribunal, et envoya Servilius Ahala, qu'il avait choisi pour général de la cavalerie, sommer l'accusé d'y comparaître. Mélius refusa d'obéir, Servilius le tua, et le dictateur approuva sa conduite. On sait quel fut le sort des Gracques. Catilina s'excuse devant le sénat par des exemples de violence approuvés par le sénat même, et commis pour ses intérêts. (K.)

ACTE IV, SCÈNE IV.

Qui de vous peut encor m'accuser?

CICÉRON.

Moi, perfide!
Moi, qu'un Catilina se vante de sauver;
Moi, qui connais ton crime, et qui vais le prouver.
Que ces deux affranchis viennent se faire entendre.
Sénat, voici la main qui mettait Rome en cendre;
Sur un père de Rome il a porté ses coups;
Et vous souffrez qu'il parle, et qu'il s'en vante à vous?
Vous souffrez qu'il vous trompe, alors qu'il vous opprime?
Qu'il fasse insolemment des vertus de son crime?

CATILINA.

Et vous souffrez, Romains, que mon accusateur
Des meilleurs citoyens soit le persécuteur?
Apprenez des secrets que le consul ignore;
Et profitez-en tous, s'il en est temps encore.
Sachez qu'en son palais, et presque sous ces lieux,
Nonnius enfermait l'amas prodigieux
De machines, de traits, de lances et d'épées,
Que dans des flots de sang Rome doit voir trempées.
Si Rome existe encore, amis, si vous vivez,
C'est moi, c'est mon audace à qui vous le devez.
Pour prix de mon service, approuvez mes alarmes;
Sénateurs, ordonnez qu'on saisisse ces armes.

CICÉRON, aux licteurs.

Courez chez Nonnius, allez, et qu'à nos yeux
On amène sa fille en ces augustes lieux.
Tu trembles à ce nom!

CATILINA.

Moi, trembler? Je méprise
Cette ressource indigne où ta haine s'épuise.
Sénat, le péril croît, quand vous délibérez.
Eh bien! sur ma conduite êtes-vous éclairés?

CICÉRON.

Oui, je le suis, Romains, je le suis sur son crime.
Qui de vous peut penser qu'un vieillard magnanime
Ait formé de si loin ce redoutable amas,
Ce dépôt des forfaits et des assassinats?
Dans ta propre maison ta rage industrieuse
Craignait de mes regards la lumière odieuse.
De Nonnius trompé tu choisis le palais,
Et ton noir artifice y cacha tes forfaits.

Peut-être as-tu séduit sa malheureuse fille.
Ah! cruel, ce n'est pas la première famille
Où tu portas le trouble, et le crime, et la mort.
Tu traites Rome ainsi : c'est donc là notre sort!
Et tout couvert d'un sang qui demande vengeance,
Tu veux qu'on t'applaudisse et qu'on te récompense!
Artisan de la guerre, affreux conspirateur,
Meurtrier d'un vieillard, et calomniateur,
Voilà tout ton service, et tes droits, et tes titres.
O vous des nations jadis heureux arbitres,
Attendez-vous ici, sans force et sans secours,
Qu'un tyran forcené dispose de vos jours?
Fermerez-vous les yeux au bord des précipices?
Si vous ne vous vengez, vous êtes ses complices.
Rome ou Catilina doit périr aujourd'hui.
Vous n'avez qu'un moment : jugez entre elle et lui.

CÉSAR.

Un jugement trop prompt est souvent sans justice.
C'est la cause de Rome; il faut qu'on l'éclaircisse.
Aux droits de nos égaux est-ce à nous d'attenter?
Toujours dans ses pareils il faut se respecter.
Trop de sévérité tient de la tyrannie.

CATON.

Trop d'indulgence ici tient de la perfidie.
Quoi! Rome est d'un côté, de l'autre un assassin,
C'est Cicéron qui parle, et l'on est incertain?

CÉSAR.

Il nous faut une preuve; on n'a que des alarmes.
Si l'on trouve en effet ces parricides armes,
Et si de Nonnius le crime est avéré,
Catilina nous sert, et doit être honoré[1].

(A Catilina.)

Tu me connais : en tout je te tiendrai parole.

CICÉRON.

O Rome! ô ma patrie! ô dieux du Capitole!

---

1. César avait eu, dans sa jeunesse, des liaisons avec Catilina, et ceux qui découvrirent la conspiration à Cicéron nommèrent César parmi les complices, soit que réellement il y eût trempé, soit qu'ils eussent voulu augmenter l'importance de leur service en mêlant un grand nom aux noms obscurs ou méprisés des autres complices. Mais la conduite de César, pendant la conjuration, fit soupçonner qu'il regrettait qu'elle n'eût pas eu des suites qui auraient pu le rendre nécessaire, et lui ouvrir le chemin à la souveraine puissance. (K.)

Ainsi d'un scélérat un héros est l'appui!
Agissez-vous pour vous, en nous parlant pour lui?
César, vous m'entendez; et Rome trop à plaindre
N'aura donc désormais que ses enfants à craindre?

CLODIUS.

Rome est en sûreté; César est citoyen.
Qui peut avoir ici d'autre avis que le sien?

CICÉRON.

Clodius, achevez : que votre main seconde
La main qui prépara la ruine du monde.
C'en est trop, je ne vois dans ces murs menacés
Que conjurés ardents et citoyens glacés.
Catilina l'emporte, et sa tranquille rage,
Sans crainte et sans danger, médite le carnage.
Au rang des sénateurs il est encore admis;
Il proscrit le sénat, et s'y fait des amis;
Il dévore des yeux le fruit de tous ses crimes :
Il vous voit, vous menace, et marque ses victimes;
Et lorsque je m'oppose à tant d'énormités,
César parle de droits et de formalités;
Clodius à mes yeux de son parti se range;
Aucun ne veut souffrir que Cicéron le venge.
Nonnius par ce traître est mort assassiné.
N'avons-nous pas sur lui le droit qu'il s'est donné?
Le devoir le plus saint, la loi le plus chérie,
Est d'oublier la loi pour sauver la patrie.
Mais vous n'en avez plus.

SCÈNE V.

LE SÉNAT, AURÉLIE.

AURÉLIE.

     O vous! sacrés vengeurs,
Demi-dieux sur la terre, et mes seuls protecteurs,
Consul, auguste appui qu'implore l'innocence,
Mon père par ma voix vous demande vengeance :
J'ai retiré ce fer enfoncé dans son flanc.

 (En voulant se jeter aux pieds de Cicéron, qui la relève.)

Mes pleurs mouillent vos pieds arrosés de son sang.

Secourez-moi, vengez ce sang qui fume encore,
Sur l'infâme assassin que ma douleur ignore.
CICÉRON, en montrant Catilina.
Le voici.
AURÉLIE.
Dieux!
CICÉRON.
C'est lui, lui qui l'assassina,
Qui s'en ose vanter.
AURÉLIE.
O ciel! Catilina!
L'ai-je bien entendu? Quoi! monstre sanguinaire!
Quoi! c'est toi, c'est ta main qui massacra mon père?
(Des licteurs la soutiennent.)
CATILINA, se tournant vers Céthégus, et se jetant eperdu entre ses bras.
Quel spectacle, grands dieux! Je suis trop bien puni.
CÉTHÉGUS.
A ce fatal objet quel trouble t'a saisi?
Aurélie à nos pieds vient demander vengeance :
Mais si tu servis Rome, attends ta récompense.
CATILINA, se tournant vers Aurélie.
Aurélie, il est vrai... qu'un horrible devoir...
M'a forcé... Respectez mon cœur, mon désespoir...
Songez qu'un nœud plus saint et plus inviolable...

SCÈNE VI.

LE SÉNAT, AURÉLIE, LE CHEF DES LICTEURS.

LE CHEF DES LICTEURS.
Seigneur, on a saisi ce dépôt formidable.
CICÉRON.
Chez Nonnius?
LE CHEF.
Chez lui. Ceux qui sont arrêtés
N'accusent que lui seul de tant d'iniquités.
AURÉLIE.
O comble de la rage et de la calomnie!
On lui donne la mort : on veut flétrir sa vie!
Le cruel dont la main porta sur lui les coups...

ACTE IV, SCÈNE VI.

CICÉRON.

Achevez.

AURÉLIE.

Justes dieux! où me réduisez-vous?

CICÉRON.

Parlez; la vérité dans son jour doit paraître.
Vous gardez le silence à l'aspect de ce traître!
Vous baissez devant lui vos yeux intimidés!
Il frémit devant vous! Achevez, répondez.

AURÉLIE.

Ah! je vous ai trahis; c'est moi qui suis coupable.

CATILINA.

Non, vous ne l'êtes point....

AURÉLIE.

Va, monstre impitoyable;
Va, ta pitié m'outrage, elle me fait horreur.
Dieux! j'ai trop tard connu ma détestable erreur.
Sénat, j'ai vu le crime, et j'ai tu les complices;
Je demandais vengeance, il me faut des supplices.
Ce jour menace Rome, et vous, et l'univers.
Ma faiblesse a tout fait, et c'est moi qui vous perds.
Traître, qui m'as conduite à travers tant d'abîmes,
Tu forças ma tendresse à servir tous tes crimes.
Périsse, ainsi que moi, le jour, l'horrible jour,
Où ta rage a trompé mon innocent amour!
Ce jour où, malgré moi, secondant ta furie,
Fidèle à mes serments, perfide à ma patrie,
Conduisant Nonnius à cet affreux trépas,
Et, pour mieux l'égorger, le pressant dans mes bras,
J'ai présenté sa tête à ta main sanguinaire!

(Tandis qu'Aurélie parle au bout du théâtre, Cicéron est assis, plongé dans la douleur.)

Murs sacrés, dieux vengeurs, sénat, mânes d'un père,
Romains, voilà l'époux dont j'ai suivi la loi,
Voilà votre ennemi!... Perfide, imite-moi.

(Elle se frappe.)

CATILINA.

Où suis-je? malheureux!

CATON.

O jour épouvantable!

CICÉRON, se levant.

Jour trop digne en effet d'un siècle si coupable!

AURÉLIE.

Je devais... un billet remis entre vos mains...
Consul... de tous côtés je vois vos assassins...
Je me meurs[1]...

(On emmène Aurélie.)

CICÉRON.

S'il se peut, qu'on la secoure, Aufide;
Qu'on cherche cet écrit. En est-ce assez, perfide?
Sénateurs, vous tremblez, vous ne vous joignez pas
Pour venger tant de sang, et tant d'assassinats?
Il vous impose encor? Vous laissez impunie
La mort de Nonnius, et celle d'Aurélie?

CATILINA.

Va, toi-même as tout fait; c'est ton inimitié
Qui me rend dans ma rage un objet de pitié :
Toi, dont l'ambition, de la mienne rivale,
Dont la fortune heureuse, à mes destins fatale,
M'entraîna dans l'abîme où tu me vois plongé.
Tu causas mes fureurs, mes fureurs t'ont vengé.
J'ai haï ton génie, et Rome qui l'adore;
J'ai voulu ta ruine, et je la veux encore.
Je vengerai sur toi tout ce que j'ai perdu :
Ton sang paiera ce sang à tes yeux répandu :
Meurs en craignant la mort, meurs de la mort d'un traître,
D'un esclave échappé que fait punir son maître.
Que tes membres sanglants, dans ta tribune épars,
Des inconstants Romains repaissent les regards.
Voilà ce qu'en partant ma douleur et ma rage
Dans ces lieux abhorrés te laissent pour présage :
C'est le sort qui t'attend, et qui va s'accomplir;
C'est l'espoir qui me reste, et je cours le remplir.

CICÉRON.

Qu'on saisisse ce traître.

CÉTHÉGUS.

En as-tu la puissance?

SURA.

Oses-tu prononcer quand le sénat balance?

---

1. Cette Aurélie de 1752 ne ressemble nullement à l'Aurélie de 1750. Celle-ci était douce, tendre, et le rôle devait être joué par Mlle Gaussin. Voltaire en fit depuis une figure énergique, et il prit pour interprète Mlle Clairon. (G. ...)

CATILINA.

La guerre est déclarée; amis, suivez mes pas.
C'en est fait; le signal vous appelle aux combats.
Vous, sénat incertain, qui venez de m'entendre,
Choisissez à loisir le parti qu'il faut prendre.

(Il sort avec quelques sénateurs de son parti.)

CICÉRON.

Eh bien! choisissez donc, vainqueurs de l'univers,
De commander au monde, ou de porter des fers.
O grandeur des Romains! ô majesté flétrie!
Sur le bord du tombeau, réveille-toi, patrie!
Lucullus, Muréna, César même, écoutez:
Rome demande un chef en ces calamités;
Gardons l'égalité pour des temps plus tranquilles:
Les Gaulois sont dans Rome, il vous faut des Camilles!
Il faut un dictateur, un vengeur, un appui:
Qu'on nomme le plus digne, et je marche sous lui[1].

SCÈNE VII.

LE SÉNAT, LE CHEF DES LICTEURS.

LE CHEF DES LICTEURS.

Seigneur, en secourant la mourante Aurélie,
Que nos soins vainement rappelaient à la vie,
J'ai trouvé ce billet par son père adressé.

CICÉRON, en lisant.

Quoi! d'un danger plus grand l'État est menacé!
« César qui nous trahit veut enlever Préneste. »
Vous, César, vous trempiez dans ce complot funeste!

---

1. C'était au consul du jour à nommer le dictateur. Cicéron ne pouvait se nommer lui-même. Antoine, son collègue, était un homme estimé comme général, mais obéré et débauché; ses goûts et l'état de sa fortune l'avaient lié avec tout ce que Rome renfermait alors de factieux.
Cicéron n'osait se fier à lui, et s'assurer qu'Antoine le nommerait. Crassus, César, Lucullus, étaient plus ou moins suspects. On prit donc le parti de ne point nommer de dictateur, et le sénat porta le décret: *Videant consules ne quid detrimenti respublica capiat.* Ce décret donnait aux consuls une autorité absolue semblable à celle du dictateur, mais non pour un temps fixé, et seulement tant que le sénat voulait la continuer. L'exercice des autres magistratures n'était pas suspendu. Enfin on pouvait demander compte aux consuls de la conduite qu'ils avaient tenue pendant le temps qu'ils avaient joui de cette autorité. (K.)

Lisez, mettez le comble à des malheurs si grands.
César, étiez-vous fait pour servir des tyrans?
CÉSAR.
J'ai lu, je suis Romain, notre perte s'annonce.
Le danger croît, j'y vole, et voilà ma réponse.

(Il sort.)

CATON.
Sa réponse est douteuse, il est trop leur appui.
CICÉRON.
Marchons, servons l'État contre eux et contre lui.

(A une partie des sénateurs.)

Vous, si les derniers cris d'Aurélie expirante,
Ceux du monde ébranlé, ceux de Rome sanglante,
Ont réveillé dans vous l'esprit de vos aïeux,
Courez au Capitole, et défendez vos dieux :
Du fier Catilina soutenez les approches.
Je ne vous ferai point d'inutiles reproches
D'avoir pu balancer entre ce monstre et moi.

(A d'autres sénateurs)

Vous, sénateurs blanchis dans l'amour de la loi,
Nommez un chef enfin, pour n'avoir point de maîtres;
Amis de la vertu, séparez-vous des traîtres.

(Les sénateurs se séparent de Céthégus et de Lentulus Sura.)

Point d'esprit de parti, de sentiments jaloux :
C'est par là que jadis Sylla régna sur nous.
Je vole en tous les lieux où vos dangers m'appellent,
Où de l'embrasement les flammes étincellent.
Dieux! animez ma voix, mon courage, et mon bras,
Et sauvez les Romains, dussent-ils être ingrats!

FIN DU QUATRIÈME ACTE.

ACTE CINQUIÈME.

SCÈNE I.

CATON, ET UNE PARTIE DES SÉNATEURS, debout,
en habit de guerre.

CLODIUS, à Caton.

Quoi ! lorsque défendant cette enceinte sacrée,
A peine aux factieux nous en fermons l'entrée,
Quand partout le sénat s'exposant au danger,
Aux ordres d'un Samnite a daigné se ranger ;
Cet altier plébéien nous outrage et nous brave !
Il sert un peuple libre, et le traite en esclave !
Un pouvoir passager est à peine en ses mains,
Il ose en abuser, et contre des Romains !
Contre ceux dont le sang a coulé dans la guerre !
Les cachots sont remplis des vainqueurs de la terre ;
Et cet homme inconnu, ce fils heureux du sort
Condamne insolemment ses maîtres à la mort [1] !

---

1. A cette époque, aucun citoyen romain ne pouvait être condamné à mort qu'en violant les lois. Cicéron, avant de faire de l'autorité illimitée qu'il avait reçue un usage contraire à une loi respectée dans Rome et chère au peuple, consulta le sénat. Ce fut dans cette occasion que César et Caton prononcèrent deux discours : Caton, pour prouver la nécessité de faire mourir les conjurés ; César, pour proposer de les renfermer seulement dans quelques villes d'Italie. Ces discours nous ont été transmis par Salluste. On ignore, à la vérité, si ce sont réellement ceux que César et Caton ont prononcés dans le sénat, ou des discours de l'invention de Salluste, suivant l'usage des anciens historiens.

Il est à remarquer que César, souverain pontife, dit en plein sénat, dans ce discours, « qu'il ne faut pas punir de mort les conjurés, parce que la mort leur ôtera le sentiment de toutes les peines, et celui de leur opprobre ; qu'elle serait une grâce plutôt qu'un supplice » ; il nie hautement les peines après la mort. Soit que César ait fait ce discours, soit que Salluste, auteur contemporain, l'ait attribué au souverain pontife, il en résulte également que les idées religieuses des anciens Romains étaient bien différentes des nôtres. Un auteur qui ne serait pas absolument fou (ce qu'on ne peut supposer de Salluste) n'introduirait pas dans un livre

Catilina pour nous serait moins tyrannique ;
On ne le verrait point flétrir la république.
Je partage avec vous les malheurs de l'État ;
Mais je ne peux souffrir la honte du sénat.

CATON.

La honte, Clodius, n'est que dans vos murmures.
Allez de vos amis déplorer les injures ;
Mais sachez que le sang de nos patriciens,
Ce sang des Céthégus et des Cornéliens,
Ce sang si précieux, quand il devient coupable,
Devient le plus abject et le plus condamnable.
Regrettez, respectez ceux qui nous ont trahis ;
On les mène à la mort, et c'est par mon avis.
Celui qui vous sauva les condamne au supplice.
De quoi vous plaignez-vous ? est-ce de sa justice ?
Est-ce elle qui produit cet indigne courroux ?
En craignez-vous la suite, et la méritez-vous ?
Quand vous devez la vie aux soins de ce grand homme,
Vous osez l'accuser d'avoir trop fait pour Rome !
Murmurez, mais tremblez ; la mort est sur vos pas.
Il n'est pas encor temps de devenir ingrats.
On a dans les périls de la reconnaissance ;
Et c'est le temps du moins d'avoir de la prudence.
Catilina paraît jusqu'au pied du rempart ;
On ne sait point encor quel parti prend César,
S'il veut ou conserver, ou perdre la patrie.
Cicéron agit seul, et seul se sacrifie ;
Et vous considérez, entourés d'ennemis,
Si celui qui vous sert vous a trop bien servis !

CLODIUS.

Caton, plus implacable encor que magnanime,
Aime les châtiments plus qu'il ne hait le crime.
Respectez le sénat ; ne lui reprochez rien.
Vous parlez en censeur ; il nous faut un soutien.
Quand la guerre s'allume, et quand Rome est en cendre,
Les édits d'un consul pourront-ils nous défendre ?

---

sérieux un roi d'Angleterre avançant en plein parlement *qu'il n'y a rien après la mort*, comme une opinion toute simple, et qui ne doit scandaliser personne.

Le sénat suivit l'avis de Caton ; mais le suffrage de ce corps si puissant n'empêcha point que Cicéron ne fût recherché, dans la suite, comme ayant abusé de son pouvoir, et qu'il ne subît la peine de l'exil. Clodius fut son accusateur. (K.)

ACTE V, SCÈNE II. 261

N'a-t-il contre une armée, et des conspirateurs,
Que l'orgueil des faisceaux, et les mains des licteurs?
Vous parlez de dangers! Pensez-vous nous instruire
Que ce peuple insensé s'obstine à se détruire?
Vous redoutez César! Eh! qui n'est informé
Combien Catilina de César fut aimé?
Dans le péril pressant qui croît et nous obsède,
Vous montrez tous nos maux : montrez-vous le remède?

CATON.

Oui, j'ose conseiller, esprit fier et jaloux,
Que l'on veille à la fois sur César et sur vous.
Je conseillerais plus; mais voici votre père.

SCÈNE II.

CICÉRON, CATON, UNE PARTIE DES SÉNATEURS.

CATON, à Cicéron.

Viens, tu vois des ingrats. Mais Rome te défère
Les noms, les sacrés noms de père et de vengeur:
Et l'envie à tes pieds t'admire avec terreur.

CICÉRON.

Romains, j'aime la gloire, et ne veux point m'en taire[1];
Des travaux des humains c'est le digne salaire.
Sénat, en vous servant il la faut acheter :
Qui n'ose la vouloir, n'ose la mériter.
Si j'applique à vos maux une main salutaire,
Ce que j'ai fait est peu, voyons ce qu'il faut faire.
Le sang coulait dans Rome : ennemis, citoyens,
Gladiateurs, soldats, chevaliers, plébéiens,
Étalaient à mes yeux la déplorable image,
Et d'une ville en cendre, et d'un champ de carnage ;
La flamme, en s'élançant de cent toits dévorés,
Dans l'horreur du combat guidait les conjurés ;
Céthégus et Sura s'avançaient à leur tête,
Ma main les a saisis ; leur juste mort est prête.
Mais quand j'étouffe l'hydre, il renaît en cent lieux :
Il faut fendre partout les flots des factieux.

1. Voici le fameux couplet que Voltaire disait avec tant d'âme.

Tantôt Catilina, tantôt Rome l'emporte.
Il marche au Quirinal, il s'avance à la porte;
Et là, sur des amas de mourants et de morts,
Ayant fait à mes yeux d'incroyables efforts,
Il se fraie un passage, il vole à son armée.
J'ai peine à rassurer Rome entière alarmée.
Antoine, qui s'oppose au fier Catilina,
A tous ces vétérans aguerris sous Sylla,
Antoine, que poursuit notre mauvais génie,
Par un coup imprévu voit sa force affaiblie;
Et son corps accablé, désormais sans vigueur,
Sert mal en ces moments les soins de son grand cœur;
Pétréius étonné vainement le seconde.
Ainsi de tous côtés la maîtresse du monde,
Assiégée au dehors, embrasée au dedans,
Est cent fois en un jour à ses derniers moments.

CRASSUS.

Que fait César?

CICÉRON.

Il a, dans ce jour mémorable,
Déployé, je l'avoue, un courage indomptable;
Mais Rome exigeait plus d'un cœur tel que le sien.
Il n'est pas criminel, il n'est pas citoyen.
Je l'ai vu dissiper les plus hardis rebelles;
Mais bientôt, ménageant des Romains infidèles,
Il s'efforçait de plaire aux esprits égarés,
Aux peuples, aux soldats, et même aux conjurés;
Dans le péril horrible où Rome était en proie,
Son front laissait briller une secrète joie :
Sa voix, d'un peuple entier sollicitant l'amour,
Semblait inviter Rome à le servir un jour.
D'un trop coupable sang sa main était avare.

CATON.

Je vois avec horreur tout ce qu'il nous prépare.
Je le redis encore, et veux le publier,
De César en tout temps il faut se défier.

SCÈNE III.

LE SÉNAT, CÉSAR.

CÉSAR.

Eh bien! dans ce sénat, trop prêt à se détruire,
La vertu de Caton cherche encore à me nuire?
De quoi m'accuse-t-il?

CATON.

D'aimer Catilina,
De l'avoir protégé lorsqu'on le soupçonna,
De ménager encor ceux qu'on pouvait abattre,
De leur avoir parlé quand il fallait combattre.

CÉSAR.

Un tel sang n'est pas fait pour teindre mes lauriers.
Je parle aux citoyens, je combats les guerriers.

CATON.

Mais tous ces conjurés, ce peuple de coupables,
Que sont-ils à vos yeux?

CÉSAR.

Des mortels méprisables.
A ma voix, à mes coups ils n'ont pu résister.
Qui se soumet à moi n'a rien à redouter.
C'est maintenant qu'on donne un combat véritable.
Des soldats de Sylla l'élite redoutable
Est sous un chef habile, et qui sait se venger.
Voici le vrai moment où Rome est en danger.
Pétréius est blessé, Catilina s'avance.
Le soldat sous les murs est à peine en défense.
Les guerriers de Sylla font trembler les Romains.
Qu'ordonnez-vous, consul, et quels sont vos desseins?

CICÉRON.

Les voici : que le ciel m'entende et les couronne.
Vous avez mérité que Rome vous soupçonne.
Je veux laver l'affront dont vous êtes chargé,
Je veux qu'avec l'État votre honneur soit vengé.
Au salut des Romains je vous crois nécessaire;
Je vous connais : je sais ce que vous pouvez faire,
Je sais quels intérêts vous peuvent éblouir :
César veut commander, mais il ne peut trahir.

Vous êtes dangereux, vous êtes magnanime.
En me plaignant de vous, je vous dois mon estime.
Partez; justifiez l'honneur que je vous fais.
Le monde entier sur vous a les yeux désormais.
Secondez Pétréius, et délivrez l'empire.
Méritez que Caton vous aime et vous admire.
Dans l'art des Scipions vous n'avez qu'un rival.
Nous avons des guerriers, il faut un général :
Vous l'êtes, c'est sur vous que mon espoir se fonde :
César, entre vos mains je mets le sort du monde.

CÉSAR, en l'embrassant.

Cicéron à César a dû se confier;
Je vais mourir, seigneur, ou vous justifier.

(Il sort.)

CATON.

De son ambition vous allumez les flammes.

CICÉRON.

Va, c'est ainsi qu'on traite avec les grandes âmes.
Je l'enchaîne à l'État en me fiant à lui;
Ma générosité le rendra notre appui.
Apprends à distinguer l'ambitieux du traître.
S'il n'est pas vertueux, ma voix le force à l'être.
Un courage indompté, dans le cœur des mortels,
Fait ou les grands héros ou les grands criminels.
Qui du crime à la terre a donné les exemples,
S'il eût aimé la gloire, eût mérité des temples.
Catilina lui-même, à tant d'horreurs instruit,
Eût été Scipion, si je l'avais conduit.
Je réponds de César, il est l'appui de Rome.
J'y vois plus d'un Sylla, mais j'y vois un grand homme.

(Se tournant vers le chef des licteurs, qui entre en armes.)

Eh bien! les conjurés!

LE CHEF DES LICTEURS.

Seigneur, ils sont punis;
Mais leur sang a produit de nouveaux ennemis.
C'est le feu de l'Etna qui couvait sous la cendre;
Un tremblement de plus va partout le répandre;
Et si de Pétréius le succès est douteux,
Ces murs sont embrasés, vous tombez avec eux.
Un nouvel Annibal nous assiége et nous presse;
D'autant plus redoutable en sa cruelle adresse
Que, jusqu'au sein de Rome et parmi ses enfants,

En creusant vos tombeaux, il a des partisans.
On parle en sa faveur dans Rome qu'il ruine;
Il l'attaque au dehors, au dedans il domine;
Tout son génie y règne, et cent coupables voix
S'élèvent contre vous, et condamnent vos lois.
Les plaintes des ingrats et les clameurs des traîtres
Réclament contre vous les droits de nos ancêtres,
Redemandent le sang répandu par vos mains :
On parle de punir le vengeur des Romains.

CLODIUS.

Vos égaux après tout, que vous deviez entendre,
Par vous seul condamnés, n'ayant pu se défendre,
Semblent autoriser...

CICÉRON.

Clodius, arrêtez;
Renfermez votre envie et vos témérités;
Ma puissance absolue est de peu de durée;
Mais tant qu'elle subsiste, elle sera sacrée.
Vous aurez tout le temps de me persécuter;
Mais quand le péril dure il faut me respecter.
Je connais l'inconstance aux humains ordinaire;
J'attends sans m'ébranler les retours du vulgaire.
Scipion accusé sur des prétextes vains,
Remercia les dieux, et quitta les Romains.
Je puis en quelque chose imiter ce grand homme :
Je rendrai grâce au ciel, et resterai dans Rome.
A l'État malgré vous j'ai consacré mes jours;
Et, toujours envié, je servirai toujours.

CATON.

Permettez que dans Rome encor je me présente,
Que j'aille intimider une foule insolente,
Que je vole au rempart, que du moins mon aspect
Contienne encor César, qui m'est toujours suspect.
Et si dans ce grand jour la fortune contraire...

CICÉRON.

Caton, votre présence est ici nécessaire.
Mes ordres sont donnés, César est au combat;
Caton de la vertu doit l'exemple au sénat.
Il en doit soutenir la grandeur expirante.
Restez... Je vois César, et Rome est triomphante.

(Il court au-devant de César.)

Ah! c'est donc par vos mains que l'État soutenu...

CÉSAR.

Je l'ai servi peut-être, et vous m'aviez connu.
Pétréius est couvert d'une immortelle gloire ;
Le courage et l'adresse ont fixé la victoire.
Nous n'avons combattu sous ce sacré rempart
Que pour ne rien laisser au pouvoir du hasard,
Que pour mieux enflammer des âmes héroïques,
A l'aspect imposant de leurs dieux domestiques.
Métellus, Muréna, les braves Scipions,
Ont soutenu le poids de leurs augustes noms.
Ils ont aux yeux de Rome étalé le courage
Qui subjugua l'Asie, et détruisit Carthage.
Tous sont de la patrie et l'honneur et l'appui.
Permettez que César ne parle point de lui[1].

Les soldats de Sylla, renversés sur la terre,
Semblent braver la mort, et défier la guerre.
De tant de nations ces tristes conquérants
Menacent Rome encor de leurs yeux expirants.
Si de pareils guerriers la valeur nous seconde,
Nous mettrons sous nos lois ce qui reste du monde.
Mais il est, grâce au ciel, encor de plus grands cœurs,
Des héros plus choisis, et ce sont leurs vainqueurs.
Catilina, terrible au milieu du carnage,
Entouré d'ennemis immolés à sa rage,
Sanglant, couvert de traits, et combattant toujours,
Dans nos rangs éclaircis a terminé ses jours.
Sur des morts entassés l'effroi de Rome expire.
Romain je le condamne, et soldat je l'admire,
J'aimai Catilina ; mais vous voyez mon cœur ;
Jugez si l'amitié l'emporte sur l'honneur[2].

CICÉRON.

Tu n'as point démenti mes vœux et mon estime.

---

1. En sortant de la première représentation de *Rome sauvée*, M. d'Alembert dit à M. de Voltaire : « Il y a dans votre pièce un vers que j'eusse voulu retrancher :

Permettez que César ne parle point de lui.

— Si je n'avais eu, répondit l'auteur de la tragédie, que des hommes tels que vous pour spectateurs, je ne l'aurais pas écrit. » (K.) — En fixant ce propos à la première représentation de *Rome sauvée*, les éditeurs de Kehl entendent parler de la représentation qui eut lieu chez Voltaire même, en 1750. (G. A.)

2. Tout le cinquième acte, en 1752, fut applaudi, et, surtout pour le rôle de César, il y eut de l'enthousiasme dans le parterre. (G. A.)

Va, conserve à jamais cet esprit magnanime.
Que Rome admire en toi son éternel soutien.
Grands dieux! que ce héros soit toujours citoyen.
Dieux! ne corrompez pas cette âme généreuse,
Et que tant de vertu ne soit pas dangereuse [1].

1. C'est à la suite de *Rome sauvée* que chronologiquement devraient être classés le *Duc d'Alençon* et le *Duc de Foix*. Voyez, *Théâtre*, tome II, ces deux pièces, et l'avertissement d'*Adélaïde*. (G. A.)

FIN DE ROME SAUVÉE.

VARIANTES

DE LA TRAGÉDIE DE *ROME SAUVÉE*.

Page 213, vers 2 :

Plébéien qui régis les souverains du monde.

Ibid., vers 11 :

Mais surtout que ne puis-je à mes vastes desseins
Du courageux César associer les mains !
. . . .

Page 214, vers 2 :

Ce César que je crains, mon épouse que j'aime.
Il faut que l'artifice aiguise dans mes mains
Ce fer qui va nager dans le sang des Romains.
Aurélie à mon cœur en est encor plus chère ;
Sa tendresse docile, empressée à me plaire,
Est l'aveugle instrument d'un ouvrage d'horreurs.
Tout ce qui m'appartient doit servir mes fureurs.

Page 215, vers 4 :

Crois-moi, quand il verra qu'avec lui je partage
De ces grands changements le premier avantage,
La fière ambition qu'il couve dans son cœur
Lui parlera sans doute avec plus de hauteur.

Ibid., vers 11 :

Ne me reproche rien : l'amour m'a bien servi.
C'est chez ce Nonnius, c'est chez mon ennemi,
Près des murs du sénat, sous la voûte sacrée,
Que de tous nos tyrans la perte est préparée.
Ce souterrain secret au sénat nous conduit
C'est là qu'en sûreté j'ai moi-même introduit
Les armes, les flambeaux, l'appareil du carnage.
Du succès que j'attends mon hymen est le gage.
L'ami de Cicéron, l'austère Nonnius,
M'outragea trop longtemps par ses tristes vertus.

Contre lui-même enfin j'arme ici sa famille;
Je séduis tous les siens, je lui ravis sa fille;
Et sa propre maison, par un heureux effort,
Est un rempart secret d'où va partir la mort.
Préneste en ce jour meme à mon ordre est remise.
Nonnius, arrêté dans Préneste soumise,
Saura, quand il verra l'univers embrasé,
Quel gendre et quel ami le lâche a refusé.

Page 216, vers 18 :

CATILINA.

Ma sûreté, la vôtre, et la cause commune,
Exigent ces apprêts qui vous glacent d'effroi;
Mais vous, si vous songez que vous êtes à moi,
Tremblez que d'un coup d'œil l'indiscrète imprudence
Ose de votre époux trahir la confiance.

Page 217, vers 27 :

AURÉLIE.

Vous nous perdez tous deux; tout sera reconnu.

CATILINA.

Croyez-moi, dans Préneste il sera retenu.

AURÉLIE.

Qui? mon père! osez-vous... que votre âme amollie...

CATILINA.

Vous l'affaiblissez trop : je vous aime, Aurélie,
Mais que votre intérêt s'accorde avec le mien;
Lorsque j'agis pour vous ne me reprochez rien :
Ce qui fait aujourd'hui votre crainte mortelle,
Sera pour vous de gloire une source éternelle.

Il y avait une autre version de ce passage; on lisait :

Vous nous perdez tous trois, je vous en averti.

Ce vers, qui rimait à *démenti,* a été conservé par la lettre à d'Argental, de septembre 1751. Dans la même lettre, Voltaire dit qu'il aimerait infiniment mieux les vers suivants :

Ne vous aveuglez point, vous nous perdez tous trois.
Je sais qu'en vos conseils on compte peu ma voix,
Qu'on y ménage à peine une épouse timide;
Je sais, Catilina, que ton âme intrépide
Sacrifiera sans trouble et ta femme et ton fils
A l'espoir incertain d'accabler ton pays, etc.
. . . .
Tu n'es plus qu'un tyran, tu ne vois plus en moi
Qu'une épouse tremblante, indigne de ta foi.

Mais ces premières versions ne se rattachent pas parfaitement au texte actuel. (B.)

Page 218, vers 17 :

> Allez ; Catilina ne craint point les augures.
> Étouffez le reproche, et cessez vos murmures ;
> Ils me percent le cœur, mais ils sont superflus.
>
> (Il prend sur la table le papier qu'il écrivait, et le donne à un soldat qu'il fait approcher.)
>
> Vous, portez cet écrit au camp de Mallius.
>
> (A un autre.)
>
> Vous, courez vers Lecca, dans les murs de Préneste ;
> Des vétérans, dans Rome, observez ce qui reste.
> Allez : je vous joindrai quand il en sera temps ;
> Songez qui vous servez, et gardez vos serments.
>
> (Les soldats sortent.)
>
> AURÉLIE.
>
> Vous me faites frémir ; chaque mot est un crime.
>
> CATILINA.
>
> Croyez qu'un prompt succès rendra tout légitime :
> Que je sers et l'État, et vous, et mes amis.
>
> AURÉLIE.
>
> . . . .

Ibid., vers 21. — Au lieu de ce vers et du suivant, il paraît, d'après la lettre déjà citée, qu'il y avait d'abord :

> Ne suis-je qu'une esclave au silence réduite,
> Par un maître absolu dans le piége conduite ?

Ces deux vers eux-mêmes en remplaçaient d'autres, dont un seul est conservé dans la lettre :

> Une esclave trop tendre, encor trop peu soumise. (B.)

Ibid., vers 26 :

> A ce consul sévère, et que Rome respecte ;
> Je le crains ; son génie est au tien trop fatal.
>
> CATILINA.
>
> Ne vous abaissez pas à craindre mon rival ;
> Allez ; souvenez-vous que vos nobles ancêtres...

Page 220, vers 8 :

> C'est ainsi que s'explique un reste de pitié.
> A l'aspect des faisceaux dont le peuple m'honore,
> Je sais quel vain dépit vous presse et vous dévore ;
> Je sais dans quel excès, dans quels égarements,
> Vous ont précipité vos fiers ressentiments.
> Concurrent malheureux à cette place insigne,
> Pour me la disputer il en faut être digne.
> La valeur d'un soldat, le rang de vos aïeux....

Page 222, vers 2 :

 Les soupçons du sénat sont assez légitimes.
 Je ne veux point vous perdre, et, malgré tous vos crimes,
 Je vous protégerai si vous vous repentez;
 Mais vous êtes perdu si vous me résistez.
 A qui parlé-je enfin? Faut-il que je vous nomme
 Un des pères du monde, ou l'opprobre de Rome?
 Profitez des moments qui vous sont accordés :
 Tout est entre vos mains; choisissez, répondez.

Comme la scène entre Caton et Cicéron précédait la scène entre Catilina et Cicéron, celle-ci était suivie de ce monologue, et d'une scène entre Céthégus et Catilina, alors la troisième du deuxième acte, et qui en est actuellement la première avec des changements.

CATILINA, seul.

Ne crois pas m'échapper, consul que je dédaigne :
Tyran par la parole, il faut finir ton règne.
Ton sénat factieux voit d'un œil courroucé
Un citoyen samnite à sa tête placé;
Ce sénat, qui lui-même à mes traits est en butte,
Me prêtera les mains pour avancer ta chute.
Va, de tous mes desseins tu n'es pas éclairci,
Et ce n'est pas Verrès que tu combats ici.

CATILINA, CÉTHÉGUS.

CATILINA.

Céthégus, l'heure approche où cette main hardie
Doit de Rome et du monde allumer l'incendie;
Tout presse.

CÉTHÉGUS.

   Tout m'alarme, il faudrait commencer.
J'écoutais Cicéron, et j'allais le percer
Si j'avais remarqué qu'il eût eu des indices
Des dangers qu'il soupçonne, et du nom des complices.
Il sera dans une heure instruit de ton dessein.

CATILINA.

En recevant le coup il connaîtra la main.
Une heure me suffit pour mettre Rome en cendre.
Que fera Cicéron? Que peut-il entreprendre?
Que crains-tu du sénat? Ce corps faible et jaloux,
Avec joie, en secret, s'abandonne à nos coups.
Ce sénat divisé, ce monstre à tant de têtes,
Si fier de sa noblesse, et plus de ses conquêtes,
Voit avec les transports de l'indignation
Les souverains des rois respecter Cicéron.
Lucullus, Clodius, les Nérons, César même,
Frémissent comme nous de sa grandeur suprême.

Il a dans le sénat plus d'ennemis que moi.
Clodius, en secret, m'engage enfin sa foi :
Et nous avons pour nous l'absence de Pompée.
J'attends tout de l'envie, et tout de mon épée.
C'est un homme expirant qu'on voit d'un faible effort
Se débattre et tomber dans les bras de la mort.
Je ne crains que César, et peut-être Aurélie.
. . . .

CÉTHÉGUS.

Aurélie, en effet, a trop ouvert les yeux.
Ses cris et ses remords importunent les dieux.
Pour ce mystère affreux son âme est trop peu faite ;
Mais tu sais gouverner sa tendresse inquiète.
Ne pensons qu'à César : nos femmes, nos enfants,
Ne doivent point troubler ces terribles moments.
César trahirait-il Catilina qu'il aime?

CATILINA.

Je ne sais : mais César n'agit que pour lui-même.

CÉTHÉGUS.

Dans le rang des proscrits faut-il placer son nom?
Faut-il confondre enfin César et Cicéron?

CATILINA.

Sans doute il le faudra, si par un artifice
Je ne peux réussir à m'en faire un complice,
Si des soupçons secrets, avec soin répandus,
Ne produisent bientôt les effets attendus ;
Si d'un consul trompé la prudence ombrageuse
N'irrite de César la fierté courageuse.
En un mot si mes soins ne peuvent le fléchir,
Si César est à craindre, il faut s'en affranchir.
Enfin je vais m'ouvrir à cette âme profonde,
Voir s'il faut qu'il périsse ou bien qu'il me seconde.

CÉTHÉGUS.

Et moi je vais presser ceux dont le sûr appui
Nous servira peut-être à nous venger de lui.
. . . .

Cette longue variante, qui ne se rattache pas bien clairement au texte, a été donnée par les éditeurs de Kehl, sans doute d'après un manuscrit ; je n'ai encore vu aucune édition qui la contienne. (B.)

Page 223, vers 17. — Dans une édition de Berlin, chez Étienne de Bourdeaux, 1752, on lit :

Eh bien ! sage Caton. (B.)

Page 224, premier vers :

CICÉRON.

Il est trop vrai, Caton, nous méritons des maîtres ;
Nous dégénérons trop des mœurs de nos ancêtres ;
Le luxe et l'avarice ont préparé nos fers.
Les vices des Romains ont vengé l'univers.

La vertu disparaît, la liberté chancelle ;
Mais Rome a des Catons, j'espère encor pour elle.
CATON.
Que me sert la justice ? Elle a trop d'ennemis ;
Et je vois trop d'ingrats que vous avez servis.
Il en est au sénat.
CICÉRON.
Qu'importe ce qu'il pense ?
Les regards de Caton seront ma récompense.

Cette variante donne lieu à la même observation que la variante de la page 222, vers 2. (B.)

Page 224, vers 3 :

. . . . Sævior armis
Luxuria incubuit, victumque ulciscitur orbem.
JUVÉNAL, VI...

Ibid., vers 27 :
Et moi, Catilina,
De brigues, de complots, de nouveautés avide,
Vaste dans ses projets, dans le crime intrépide,
Plus que César encor je le crois dangereux,
Beaucoup plus téméraire, et bien moins généreux.
Avec art quelquefois, souvent à force ouverte,
Vain rival de ma gloire, il conspira ma perte.
Aujourd'hui qu'il médite un plus grand attentat,
Je ne crains rien pour moi, je crains tout pour l'État.
Je vois sa trahison, j'en cherche les complices ;
Tous ses crimes passés sont mes premiers indices.
Il faut tout prévenir. Des chevaliers romains
Déjà du Champ de Mars occupent les chemins.
J'ai placé Pétréius à la porte Colline ;
Je mets en sûreté Préneste et Terracine.
J'observe le perfide en tous temps, en tous lieux.
Je sais que ce matin ses amis odieux
L'accompagnaient en foule au lieu même où nous sommes...
Martian l'affranchi, ministre des forfaits,
S'est échappé soudain, chargé d'ordres secrets.
Ai-je enfin sur ce monstre un soupçon légitime ?
CATON.
Votre œil inévitable a démêlé le crime ;
Mais surtout redoutez César et Clodius..
Clodius, implacable en sa sombre furie,
Jaloux de vos honneurs, hait en vous la patrie.
Du fier Catilina tous deux sont les amis.
Je crains pour les Romains trois tyrans réunis.
L'armée est en Asie, et le crime est dans Rome ;
Mais pour sauver l'État il suffit d'un grand homme.
CICÉRON.
Sylla poursuit encor cet État déchiré ;
Je le vois tout sanglant, mais non désespéré.

J'attends Catilina ; son âme inquiétée
Semble, depuis deux jours, incertaine, agitée ;
Peut-être qu'en secret il redoute aujourd'hui
La grandeur d'un dessein trop au-dessus de lui.
Reconnu, découvert, il tremblera peut-être.
La crainte quelquefois peut ramener un traître.
Toi, ferme et noble appui de notre liberté,
Va de nos vrais Romains ranimer la fierté :
Rallume leur courage au feu de ton génie,
Et fais, en paraissant, trembler la tyrannie.

Cette scène entre Caton et Cicéron précédait, dans les premières éditions, la scène entre Cicéron et Catilina, et commençait le deuxième acte. (K.) — Voyez mon observation à la fin de la variante de la page 222, vers 2. (B.)

Page 226, acte II. — Dans l'édition de Berlin, chez Étienne de Bourdeaux, 1752, le deuxième acte commençait ainsi :

SCÈNE I.

CATILINA, CÉTHÉGUS.

CATILINA.

Céthégus, l'heure approche où cette main hardie
Doit de Rome et du monde allumer l'incendie.

CÉTHÉGUS.

Hâtons l'instant fatal, il peut nous échapper ;
J'écoutais Cicéron, et j'allais le frapper
Si j'avais remarqué qu'il eût eu des indices
Du danger qu'il soupçonne et du nom des complices.

CATILINA.

Non, Céthégus, crois-moi, ce coup prématuré
Soulèverait un peuple inconstant, égaré,
Armerait le sénat, qui flotte et qui s'arrête ;
La tempête à la fois doit fondre sur leur tête ;
Que Rome et Cicéron tombent du même fer,
Que la foudre en grondant les frappe avec l'éclair.
Lentulus viendra-t-il ?

CÉTHÉGUS.

Compte sur son audace :
Tu sais comme ébloui des grandeurs de sa race
A partager ton règne il se croit destiné.

CATILINA.

Qu'à cet espoir frivole il reste abandonné ;
Conjuré sans génie, et soldat intrépide,
Il peut servir beaucoup, mais il faut qu'on le guide.
Et le fier Clodius ?

CÉTHÉGUS.

Il voudrait de ses mains

Écraser s'il pouvait l'idole des Romains;
Mais il balance encor.
CATILINA.
Je pense le connaître,
Il se déclarera dès qu'il me verra maître;
Mais César, Aurélie, occupent mon esprit,
L'une d'un trouble affreux, et l'autre de dépit.
CÉTHÉGUS.
Je conçois que César t'inquiète et te gêne;
Je n'ai jamais compté sur cette âme hautaine :
Mais peux-tu redouter une femme et des pleurs?
Laisse-lui les remords, laisse-lui les terreurs;
Tu l'aimes, mais en maître, et ton amour docile
Est de tes grands desseins un instrument utile.
CATILINA.
Ce n'est pas le remords qui s'empare de moi,
La pitié pour l'État, bien moins encor l'effroi;
Mais ces liens secrets, une épouse adorée,
La naissance d'un fils, une mère éplorée,
Un cœur qui m'idolâtre, et qui dans ce grand jour
Peut payer de son sang ce malheureux amour,
Te dirai-je encor plus, l'involontaire hommage
Que sa vertu trompée arrache à mon courage,
Et ce respect secret qu'il me faut déguiser
Jusqu'à forcer mon âme à la tyranniser :
Voilà ce qui me trouble, et ce cruel orage
Ne pourra s'apaiser qu'au milieu du carnage.
CÉTHÉGUS.
Peut-elle nous trahir?
CATILINA.
Non, je connais son cœur.
Mais de tous nos desseins perçant la profondeur,
Son œil s'en effarouche, et son âme effrayée
Gémit dans les horreurs dont elle est dévorée.
Ciel! se peut-il qu'un cœur que mes mains ont formé,
Des préjugés romains soit encor animé?
O Rome! ô nom puissant! liberté trop chérie!
Quoi! dans ma maison même on parle de patrie?
CÉTHÉGUS.
Ne songeons qu'à César; nos femmes, nos enfants,
N'ont pas droit d'occuper ces précieux instants.
A ta longue amitié, si César infidèle
Refuse la grandeur qui par ta voix l'appelle,
Dans le rang des proscrits faut-il placer son nom?
Faut-il confondre enfin César et Cicéron?
CATILINA.
Sans doute, il le faudra, si par mon artifice
Je ne puis réussir à m'en faire un complice;
En un mot, si mes soins ne peuvent le fléchir.
Si César est à craindre, il faut s'en affranchir.
Mais déjà Lentulus vers nous se précipite,
Et je lis dans ses yeux la fureur qui l'agite.

SCÈNE II.

CATILINA, LENTULUS, CÉTHÉGUS.

LENTULUS.
Tandis que ton armée approche de ces lieux,
Sais-tu ce qui se passe en ces murs odieux ?
CATILINA.
Je sais que d'un consul la sombre défiance
Se livre à des terreurs qu'il appelle prudence.
Sur le vaisseau public, ce pilote égaré
Présente à tous les vents un flanc mal assuré :
Il s'agite au hasard, à l'orage il s'apprête,
Sans savoir seulement d'où viendra la tempête.
LENTULUS.
Il la prévoit du moins : des chevaliers romains
Déjà du Champ de Mars occupent les chemins ;
Pétréius est mandé vers la porte Colline,
Il envoie à Préneste, on marche à Terracine ;
Il sera dans une heure instruit de ton dessein.
CATILINA.
En recevant le coup il connaîtra la main ;
Une heure me suffit pour mettre Rome en cendre ;
Cicéron contre moi ne peut rien entreprendre.
Ne crains rien du sénat, ce corps faible et jaloux
Avec joie en secret l'abandonne à nos coups.
Ce sénat divisé, ce monstre à tant de têtes,
Si fier de sa noblesse, et plus de ses conquêtes,
Voit avec les transports de l'indignation
Les souverains des rois respecter Cicéron :
Lucullus, Clodius, les Nérons, César même,
Frémissent comme nous de sa grandeur suprême.
Ce Samnite arrogant croit leur donner la loi.
Il a dans le sénat plus d'ennemis que moi.
César n'est point à lui, Crassus le sacrifie.
J'attends tout de ma main, j'attends tout de l'envie ;
C'est un homme expirant qu'on voit d'un faible effort
Se débattre et tomber dans les bras de la mort.
LENTULUS.
Oui, nous le haïssons ; mais il parle, il entraîne,
Il fait pâlir l'envie, il subjugue la haine ;
Je le crains au sénat.
CATILINA.
   Je le brave en tous lieux,
J'entends avec mépris ses cris injurieux.
Qu'il déclame à son gré jusqu'à sa dernière heure,
Qu'il triomphe au sénat, qu'on l'admire, et qu'il meure.
Vers ces lieux souterrains nous allons rassembler
Ces vengeurs, ces héros, prêts à se signaler.
Rassurez cependant mon épouse éperdue,
A nos grands intérêts accoutumez sa vue ;

> Que de ces lieux surtout on écarte ses pas :
> Je crains de son amour les funestes éclats ;
> Ce terrible moment n'est point fait pour les larmes,
> Et surtout sa vertu fait naître mes alarmes.
> Allez, je vous attends ; César vient, laissez-moi
> De ce génie altier tenter encor la foi.

Quelques-uns des vers de la scène première se trouvent aussi dans la variante de la page 224, vers 27.

C'est pour les vers 7 et suivants de la scène première que sont les variantes conservées dans la lettre à d'Argental, du 8 janvier 1752.

> Ce coup prématuré
> Armerait le sénat qui flotte et qui s'arrête :
> L'orage au même instant doit fondre sur leur tête. (B.)

Page 228, vers 4 :

> Qu'à cet espoir frivole il reste abandonné.
> Conjuré sans génie, et soldat intrépide,
> Il est fait pour servir sous la main qui le guide.

Page 232, vers 14 :

> Quels triomphes encore ont signalé ta vie ?
> Pour oser dompter Rome, il faut l'avoir servie.
> Marius a régné : peut-être quelque jour
> Je pourrai des Romains triompher à mon tour.
> Mais avant d'obtenir une telle victoire...
> . . . .

Page 233, vers 4 :

> Et s'il en est l'appui, qu'il en soit la victime.
> Plus César devient grand, moins je dois l'épargner ;
> Et je n'ai point d'amis, alors qu'il faut régner.
> Sylla, dont il me parle, et qu'il prend pour modèle,
> Qu'était-il, après tout, qu'un général rebelle ?
> Il avait une armée, et j'en forme aujourd'hui ;
> Il m'a fallu créer ce qui s'offrait à lui ;
> Il profita des temps, et moi, je les fais naître ;
> Il subjugua vingt rois, je vais dompter leur maître.
> C'est là mon premier pas : le sénat va périr,
> Et César n'aura point le temps de le servir.

Page 235, vers 14. — Au lieu de ce vers et du suivant, on lit dans l'édition de Berlin :

> Que, dans le même temps attaqués et vaincus,
> Ils tombent sous les coups qu'ils n'auront pas prévus. (B.)

Page 237, vers 8. — C'est le texte de l'édition de Dresde, 1753, que, dans une de ses lettres, Voltaire dit être *très-bonne*. Les autres éditions portent : *Ces crimes des grands hommes.* (B.)

Page 237, vers 11. — Dans un manuscrit, au lieu de ce vers et du suivant, on lit :

    Tous ces divers moyens qui, loin de se détruire,
    Peuvent tous s'entr'aider sans pouvoir s'entre-nuire,
    Un feu dont l'artifice, etc. (B.)

Ibid., vers 27.—Dans l'édition de Berlin, au lieu des trois derniers vers de cette scène, on lisait :

    Mon armée est dans Rome, et la terre est soumise;
    J'ai droit de l'espérer, mais dans cette entreprise
    S'il est quelques périls que je dois dédaigner,
    A la tendre Aurélie il les faut épargner.
    Ne souffrons en ces lieux rien qui touche notre âme :
    Je fais partir de Rome et mon fils et ma femme,
    Et, dégagé des soins d'un trop tendre intérêt... (B.)

Page 238, premier vers :

    . . . « La mort trop longtemps épargna mes vieux jours :
    Vous seule, fille ingrate, en terminez le cours.
    De nos cruels tyrans vous servez la furie :
    Catilina, César, ont trahi la patrie.
    Pour comble de malheur un traître vous séduit.
    Le fléau de l'État l'est donc de ma famille?
    Frémissez, malheureuse; un père trop instruit
    Vient sauver, s'il le peut, sa patrie et sa fille. »

Ibid., vers 12 :

    Il n'est plus temps de feindre, il faut tout éclaircir;
    Je vais armer le monde, et c'est pour ma défense.
    On poursuit mon trépas; je poursuis ma vengeance.
    J'ai lieu de me flatter que tous mes ennemis
    Vont périr à mes pieds, ou vont ramper soumis;
    Et mon seul déplaisir est de voir votre père
    Jeté par son destin dans le parti contraire.
    Mais un père à vos yeux est-il plus qu'un époux?
    Osez-vous me chérir? puis-je compter sur vous?

            AURÉLIE.
    Eh bien! qu'exiges-tu?

            CATILINA.
            Qu'à mon sort engagée,
    Votre âme soit plus ferme, et soit moins partagée.
    Souvenez-vous surtout que vous m'avez promis
    De ne trahir jamais ni moi ni mes amis.

            AURÉLIE.
    Je te le jure encor : va, crois-en ma tendresse;
    Elle n'a pas besoin de nouvelle promesse.

Quand tu reçus ma foi, tu sais qu'en ces moments,
Le serment que je fis valut tous les serments.
Ah! quelques attentats que ta fureur prépare,
Je ne puis te trahir... ni t'approuver, barbare.

CATILINA.

Vous approuverez tout lorsque nos ennemis
Viendront à vos genoux, désarmés et soumis,
Implorer en tremblant la clémence d'un homme
Dont dépendra leur vie et le destin de Rome.
Laissez-moi préparer ma gloire et vos grandeurs;
Espérez tout; allez.

AURÉLIE.

Laisse-moi mes terreurs.
Tu n'es qu'ambitieux, je ne suis que sensible,
Et je vois mieux que toi dans quel état horrible
Tu vas plonger des jours que j'avais crus heureux.
Poursuis, trame sans moi tes complots ténébreux,
Méprise mes conseils, accable un cœur trop tendre,
Creuse à ton gré l'abîme où tu nous fais descendre.
J'en vois toute l'horreur, et j'en pâlis d'effroi;
Mais en te condamnant, je m'y jette après toi.

CATILINA.

Faites plus, Aurélie, écartez vos alarmes,
Jouissez avec nous du succès de nos armes,
Prenez des sentiments tels qu'en avaient conçus
L'épouse de Sylla, celle de Marius;
Tels que mon nom, ma gloire et mon cœur le demandent.
Regardez d'un œil sec les périls qui m'attendent :
Soyez digne de moi. Le sceptre des humains
N'est point fait pour passer en de tremblantes mains.
Apprenez que mon camp, qui s'approche en silence,
Dans une heure, au plus tard, attend votre présence.
Que l'auguste moitié du premier des humains
S'accoutume à jouir des honneurs souverains;
Que mon fils au berceau, mon fils né pour la guerre,
Soit porté dans vos bras aux vainqueurs de la terre;
Que votre père enfin reconnaisse aujourd'hui
Les intérêts sacrés qui m'unissent à lui;
Qu'il respecte son gendre, et qu'il n'ose me nuire.
Mais avant qu'en mon camp je vous fasse conduire,
Je veux qu'à ce consul, à mon lâche rival,
Vous fassiez parvenir ce billet si fatal.
J'ai mes raisons, je veux qu'il apprenne à connaître
Et tout ce qu'est César, et tout ce qu'il peut être.
Laissez, sans vous troubler, tout le reste à mes soins :
Vainqueur et couronné, cette nuit je vous joins.

Page 238, vers 29. — Ce vers et les sept qui le suivent sont pris dans l'edition de Berlin, 1752, et dans celle de Dresde, 1753. (B.)

Page 239, vers 7 :

AURÉLIE.

Commence donc par moi, qu'il faudra désarmer;

Malheureux, punis-moi du crime de t'aimer.
Tu m'oses reprocher d'être faible et timide!
Eh bien! cruel époux, dans le crime intrépide,
Frappe ce lâche cœur qui t'a gardé sa foi,
Qui déteste ta rage, et qui meurt tout à toi!
Frappe, ingrat; j'aime mieux, avant que tout périsse,
Voir en toi mon bourreau que d'être ta complice.

CATILINA.

Aurélie! à ce point pouvez-vous m'outrager?

AURÉLIE.

Je t'outrage et te sers, et tu peux t'en venger.
Oui, je vais arrêter ta fureur meurtrière;
Et c'est moi que tes mains combattront la première.
Es-tu désabusé? Tu nous as perdus tous.

CATILINA.

Dans ces affreux moments puis-je compter sur vous?
Vous serai-je encor cher?

AURÉLIE.

— Oui, mais il faut me croire.
Je défendrai tes jours, je défendrai ta gloire.
J'ai haï tes complots, j'en ai craint le danger;
Ce danger est venu, je vais le partager.
Je n'ai point tes fureurs, mais j'aurai ton courage;
L'amour en donne au moins; et malgré ton outrage,
Malgré tes cruautés, constant dans ses bienfaits,
Cet amour est encor plus grand que tes forfaits.

CATILINA.

Eh bien! que voulez-vous? que prétendez-vous faire?

AURÉLIE.

Mourir, ou te sauver. Tu sais quel est mon père:
En moi de ses vieux ans il voit l'unique appui.
Il est sensible, il m'aime, et le sang parle en lui.
Je vais lui déclarer le saint nœud qui nous lie,
Il saura que mes jours dépendent de ta vie.
Je peindrai tes remords: il craindra devant moi
D'armer le désespoir d'un gendre tel que toi;
Et je te donne au moins, quoi qu'il puisse entreprendre,
Le temps de quitter Rome, ou d'oser t'y défendre.
J'arrêterai mon père au péril de mes jours.

CATILINA, *après un moment de recueillement.*

Je reçois vos conseils ainsi que vos secours,
Je me rends... le sort change... il faut vous satisfaire.

Page 240, vers 2. — Édition de Berlin:

Que l'horrible destin du nœud qui nous rassemble
Ne laisse point à Rome un fils qui te ressemble.

CATILINA.

Et c'est donc là ce cœur qui me fut si soumis. (B.)

Ibid., avant-dernier vers. — Édition de Berlin:

Et moi je t'aime assez pour arrêter tes crimes,
Et je cours de ce pas.

SCÈNE III.

CATILINA, AURÉLIE, LENTULUS, CÉTHÉGUS.

LENTULUS.
Tout est désespéré !
CATILINA.
Que nous dis-tu ?
LENTULUS.
Son père en nos murs est entré.
AURÉLIE.
Lui ?
CATILINA.
Préneste en mes mains ne serait pas remise !
Préneste est en défense ; il sait notre entreprise ;
Un de nos confidents dans Préneste arrêté
A subi les tourments, et n'a pas résisté.
Nonnius a tout su : rien ne peut nous défendre. (B.)

Page 242, vers 6. — Une première version, conservée dans la lettre à d'Argental, du mois de septembre 1751, était ainsi :

Et je te donne au moins, quoi qu'on puisse entreprendre,
Le temps de quitter Rome et d'oser t'y défendre :
Je vole, et je reviens.
CATILINA.
Ciel ! quel nouveau danger !
Écoutez... le sort change. (B.)

Page 245, vers 18 :

Remords, approchez-vous de ce cœur furieux...
Eloignez-la surtout : si je la vois paraître,
Prêt à vous venger tous, je tremblerai peut-être.
CÉTHÉGUS.
Voilà votre chemin.
CATILINA.
Je m'égarais, je sors :
C'est le chemin du crime, et j'y cours sans remords.

Page 246, dernier vers. — Édition de Berlin :

Défendons-nous ici, Rome sera soumise.
LENTULUS.
Que fait Catilina ? peut-être qu'il se perd.
CÉTHÉGUS.
Tu le verras bientôt ; il nous venge, il nous sert.
LENTULUS.
Cependant Nonnius que lui-même il redoute.
CÉTHÉGUS.
Ami, ne poursuis pas, Caton approche : écoute.

Page 250, vers 10 :

Ont osé de Sylla montrer l'ambition.
Mallius, un soldat qui n'a que du courage,
Un aveugle instrument de leur secrète rage,
Descend comme un torrent du haut des Apennins ;
Jusqu'aux remparts de Rome il s'ouvre les chemins.
Le péril est partout ; l'erreur, la défiance,
M'accusaient avec eux de trop d'intelligence.
Je voyais à regret vos injustes soupçons
Dans vos cœurs prévenus tenir lieu de raisons.
Mais si vous m'avez fait cette injure cruelle,
Le danger vous excuse, et surtout votre zèle.
Vous le savez, César ; vous le savez, sénat,
Plus on est soupçonné, plus on doit à l'État.
Cicéron plaint les maux dont Rome est affligée :
Il vous parlait pour elle, et moi, je l'ai vengée.
Par un coup effrayant je lui prouve aujourd'hui
Que Rome et le sénat me sont plus chers qu'à lui.
Sachez que Nonnius était l'âme invisible,
L'esprit qui gouvernait ce grand corps si terrible,
Ce corps de conjurés, qui des monts Apennins
S'étend jusqu'où finit le pouvoir des Romains.
Il venait consommer ce qu'on ose entreprendre,
Allumer les flambeaux qui mettaient Rome en cendre,
Égorger les consuls à vos yeux éperdus :
Caton était proscrit, et Rome n'était plus.
Les moments étaient chers, et les périls extrêmes.
Je l'ai su, j'ai sauvé l'État, Rome, et vous-mêmes.
Ainsi par Scipion fut immolé Gracchus ;
Ainsi par un soldat fut puni Spurius ;
Ainsi ce fier Caton qui m'écoute et me brave,
Caton, né sous Sylla, Caton, né son esclave,
Demandait une épée, et de ses faibles mains
Voulait sur un tyran venger tous les Romains.

Page 253, vers 28 :

Mon père par ma voix vous demande vengeance :
Son sang est répandu, j'ignore par quels coups ;
Il est mort, il expire, et peut-être pour vous.
C'est dans votre palais, c'est dans ce sanctuaire,
Sous votre tribunal, et sous votre œil sévère,
Que cent coups de poignard ont épuisé son flanc.
(En voulant se jeter aux pieds de Cicéron, qui la relève.)
Mes pleurs mouillent vos pieds arrosés de son sang.
Secourez-moi, vengez ce sang qui fume encore
Sur l'infâme assassin que ma douleur ignore.

        CICÉRON, en montrant Catilina.

Le voici...

        AURÉLIE.

Dieux !...

        CICÉRON.

C'est lui, lui qui l'assassina...
Qui s'en ose vanter !

VARIANTES DE ROME SAUVÉE.

AURÉLIE.

O ciel! Catilina!
L'ai-je bien entendu? quoi! monstre sanguinaire!
Quoi! c'est toi... mon époux a massacré mon père!

CICÉRON.

Lui? votre époux?

AURÉLIE.

Je meurs.

CATILINA.

Oui, les plus sacrés nœuds,
De son père ignorés, nous unissent tous deux.
Oui, plus ces nœuds sont saints, plus grand est le service.
J'ai fait en frémissant cet affreux sacrifice ;
Et si des dictateurs ont immolé leurs fils,
Je crois faire autant qu'eux pour sauver mon pays
Quand, malgré mon hymen et l'amour qui me lie,
J'immole à nos dangers le père d'Aurélie.

AURÉLIE, revenant à elle.

Oses-tu...

CICÉRON, au sénat.

Sans horreur avez-vous pu l'ouïr?
Sénateurs, à ce point il peut vous éblouir?

LE SÉNAT, AURÉLIE, LE CHEF DES LICTEURS.

LE CHEF DES LICTEURS.

Seigneur, on a saisi ce dépôt formidable...

CICÉRON.

Chez Nonnius, ô ciel!

CRASSUS.

Qui des deux est coupable?

CICÉRON.

En pouvez-vous douter? Ah! madame, au sénat
Nommez, nommez l'auteur de ce noir attentat.
J'ai toute la pitié que votre état demande ;
Mais éclaircissez tout, Rome vous le commande.

AURÉLIE.

Ah! laissez-moi mourir! Que me demandez-vous?
Ce cruel!... je ne puis accuser mon époux...

CICÉRON.

C'est l'accuser assez.

LENTULUS.

C'est assez le défendre.

CICÉRON.

Poursuivez donc, cruels, et mettez Rome en cendre.
Achevez : il vous reste à le déclarer roi.

AURÉLIE.

Sauvez Rome, consul, et ne perdez que moi.
Si vous ne m'arrachez cette odieuse vie,
De mes sanglantes mains vous me verrez punie.
Sauvez Rome, vous dis-je, et ne m'épargnez point.

CICÉRON.

Quoi! ce fier ennemi vous impose à ce point!

Vous gardez devant lui ce silence timide !
Vous ménagez encore un époux parricide !
####### CATILINA.
Consul, elle est d'un sang que l'on doit détester ;
Mais elle est mon épouse, il la faut respecter.
####### CICÉRON.
Crois-moi, je ferai plus, je la vengerai, traître !
(A Aurélie.)
Eh bien ! si devant lui vous craignez de paraître,
Daignez de votre père attendre le vengeur,
Et renfermez chez vous votre juste douleur.
Là je vous parlerai.
####### AURÉLIE.
Que pourrai-je vous dire ?
Le sang d'un père parle, et devrait vous suffire.
Sénateurs, tremblez tous... le jour est arrivé...
Je ne le verrai pas... mon sort est achevé.
Je succombe.
####### CATILINA.
Ayez soin de cette infortunée.
####### CICÉRON.
Allez, qu'en son palais elle soit ramenée.
(On l'emmène.)
####### CATILINA.
Qu'ai-je vu, malheureux ! je suis trop bien puni.
####### CÉTHÉGUS.
A ce fatal objet, quel trouble t'a saisi ?
Aurélie à nos pieds a demandé vengeance ;
Mais si tu sers Rome, attends ta récompense.
####### CICÉRON.
Qu'entends-je ? Ah ! sénateurs, en proie à votre sort,
Ouvrez enfin les yeux que va fermer la mort.
Sur les bords du tombeau, réveille-toi, patrie !
(En montrant Catilina.)
Vous avez déjà vu l'essai de sa furie,
Ce n'est qu'un des ressorts par ce traître employés ;
Tous les autres en foule ici sont déployés.
On lève des soldats jusqu'au milieu de Rome ;
On les engage à lui, c'est lui seul que l'on nomme.
Que font ces vétérans dans la campagne épars ?
Qui va les rassembler au pied de nos remparts ?
Que demande Lecca dans les murs de Préneste ?
Traître, je sais trop bien tout l'appui qui te reste.
Mais je t'ai confondu dans l'un de tes desseins ;
J'ai mis Rome en défense, et Préneste en mes mains.
Je te suis en tous lieux, à Rome, en Étrurie ;
Tu me trouves partout épiant ta furie,
Combattant tes projets que tu crois nous cacher ;
Chez tous tes confidents ma main va te chercher.
Du sénat et de Rome il est temps que tu sortes.
Ce n'est pas tout, Romains, une armée est aux portes,
Une armée est dans Rome, et le fer et les feux
Vont renverser sur vous vos temples et vos dieux.
C'est du mont Aventin que partiront les flammes

Qui doivent embraser vos enfants et vos femmes ;
Et sans les fruits heureux d'un travail assidu,
Ce terrible moment serait déjà venu.
Sans mon soin redoublé, que l'on nommait frivole,
Déjà les conjurés marchaient au Capitole.
Ce temple où nous voyons les rois à nos genoux,
Détruit et consumé, périssait avec vous.
Cependant à vos yeux Catilina paisible
Se prépare avec joie à ce carnage horrible :
Au rang des sénateurs il est encore assis ;
Il proscrit le sénat, et s'y fait des amis ;
Il dévore des yeux le fruit de tous ses crimes :
Il vous voit, vous menace, et marque ses victimes,
Et quand ma voix s'oppose à tant d'énormités,
Vous me parlez de droits et de formalités !
Vous respectez en lui le rang qu'il déshonore !
Vos bras intimidés sont enchaînés encore !
Ah ! si vous hésitez, si, méprisant mes soins,
Vous n'osez le punir, défendez-vous du moins.

CATON.

Va, les dieux immortels ont parlé par ta bouche.
Consul, délivre-nous de ce monstre farouche !
Tout dégouttant du sang dont il souilla ses mains,
Il atteste les droits des citoyens romains ;
Use des mêmes droits : pour venger la patrie
Nous n'avons pas besoin des aveux d'Aurélie.
Tu l'as trop convaincu, lui-même est interdit ;
Et sur Catilina le seul soupçon suffit.
Céthégus nous disait, et bien mieux qu'il ne pense,
Qu'on doit immoler tout à Rome, à sa défense :
Immole ce perfide, abandonne aux bourreaux
L'artisan des forfaits et l'auteur de nos maux :
Frappe malgré César, et sacrifie à Rome
Cet homme détesté, si ce monstre est un homme.
Je suis trop indigné qu'aux yeux de Cicéron
Il ait osé s'asseoir à côté de Caton.

(Caton se lève, et passe du côté de Cicéron. Tous les sénateurs le suivent,
hors Cethegus, Lentulus, Crassus, Clodius, qui restent avec Catilina.)

CICÉRON, au sénat.

Courage, sénateurs, du monde augustes maîtres,
Amis de la vertu, séparez-vous des traîtres.
Le démon de Sylla semblait vous aveugler :
Allez au Capitole, allez vous rassembler ;
C'est là qu'on doit porter les premières alarmes.
Mêlez l'appui des lois à la force des armes ;
D'une escorte nombreuse entourez le sénat ;
Et que tout citoyen soit aujourd'hui soldat.
Créez un dictateur en ces temps difficiles.
Les Gaulois sont dans Rome, il vous faut des Camilles.
On attaque sans peine un corps trop divisé :
Lui-même il se détruit ; le vaincre est trop aisé.
Réuni sous un chef, il devient indomptable.
Je suis loin d'aspirer à ce faix honorable :

Qu'on le donne au plus digne, et je révère en lui
Un pouvoir dangereux, nécessaire aujourd'hui.
Que Rome seule parle, et soit seule servie;
Point d'esprit de parti, de cabales, d'envie,
De faibles intérêts, de sentiments jaloux :
C'est par là que jadis Sylla régna sur vous;
Par là, sous Marius, j'ai vu tomber vos pères.
Des tyrans moins fameux, cent fois plus sanguinaires,
Tiennent le bras levé, les fers, et le trépas;
Je les montre à vos yeux : ne les voyez-vous pas?
Écoutez-vous sur moi l'envie et les caprices?
Oubliez qui je suis, songez à mes services;
Songez à Rome, à vous qui vous sacrifiez,
Non à de vains honneurs qu'on m'a trop enviés.
Allez, ferme Caton, présidez à ma place.
César, soyez fidèle; et que l'antique audace
Du brave Lucullus, de Crassus, de Céson,
S'allume au feu divin de l'âme de Caton.
Je cours en tous les lieux où mon devoir m'oblige,
Où mon pays m'appelle, où le danger m'exige.
Je vais combler l'abîme entr'ouvert sous vos pas,
Et malgré vous, enfin, vous sauver du trépas.

(Il sort avec le sénat.)

CATILINA, à Cicéron.

J'atteste encor les lois que vous osez enfreindre;
Vous allumez un feu qu'il vous fallait éteindre,
Un feu par qui bientôt Rome s'embrasera;
Mais c'est dans votre sang que ma main l'éteindra.

CÉTHÉGUS.

Viens, le sénat encor hésite et se partage :
Tandis qu'il délibère, achevons notre ouvrage.

Page 255, vers 14. — C'est probablement à ce vers et au suivant que devaient être substitués ceux que Voltaire rapporte dans sa lettre à d'Argental, du 6 février 1752 :

J'ai vécu pour vous seul, et ne suis point entrée
Dans ces divisions dont Rome est déchirée. (B.)

Ibid., vers 21. — Dans sa lettre à d'Argental, de septembre 1751, ce vers est ainsi cité :

Et pour mieux l'égorger le prenant dans mes bras. (B.)

Page 259, scène Ire. — Édition de Berlin :

SCÈNE I.

CICÉRON, LICTEURS; LENTULUS ET CÉTHÉGUS, enchaînés.

CICÉRON, aux soldats.

Allez de tous côtés, poursuivez ces pervers,
Et qu'en ce moment même on les charge de fers!

Sénat, tu m'as remis les rênes de l'empire,
Je les tiens pour un jour, ce jour peut me suffire ;
Je vengerai l'État, je vengerai la loi ;
Sénat, tu seras libre, et même malgré toi.
Rome, reçois ici tes premiers sacrifices.
Vous, de Catilina détestables complices,
Dont la rage en mon sein brûlait de s'assouvir,
D'autant plus criminels que vous vouliez servir,
Qu'étant nés dans le rang des maîtres de la terre,
Vos odieuses mains, dans cette infâme guerre,
Ne versaient notre sang que pour mieux cimenter
Le trône où votre égal était prêt de monter ;
Traîtres, il n'est plus temps de tromper ma justice ;
Licteurs, vengez les lois, qu'on les traîne au supplice.

LENTULUS.

Va, le trépas n'est rien ; le recevoir de toi,
Voilà le seul affront qui rejaillit sur moi ;
Mais tremble en le donnant, tremble de rendre compte
Du sang patricien que tu couvres de honte :
Tu pourras payer cher l'orgueil de le verser,
Et c'est ton propre arrêt que j'entends prononcer.

CÉTHÉGUS.

Tu crois notre entreprise à tes yeux découverte,
Tu ne la connais pas : elle assure ta perte.
Tant de braves Romains ouvertement armés
Pour deux hommes de moins ne sont point alarmés.
Crois-moi, de tels desseins, des coups si redoutables
Dont le moindre eût suffi pour perdre tes semblables,
Conservent quelque force et peuvent t'arrêter.
Souverain d'un moment, tu peux en profiter.
Hâte-toi, Cicéron, Catilina nous venge ;
Notre sort va finir, mais déjà le tien change.

CICÉRON.

Oui, traîtres, le destin peut être encor douteux ;
Mais sans en être instruits, vous périrez tous deux !
(On les emmène.)

SCÈNE II.

CICÉRON, CATON, UNE PARTIE DES SÉNATEURS.

CATON, aux sénateurs.

Cessez de murmurer, remerciez un père.
(A Cicéron)
Triomphe des ingrats, Rome ici te défère
Les noms, les noms sacrés de père et de vengeur.

La lettre à d'Argental, du 8 janvier 1752, contient une autre version de quelques-uns des premiers vers de cette variante. (B.)

FIN DES VARIANTES DE ROME SAUVÉE.

L'ORPHELIN

DE LA CHINE

TRAGÉDIE EN CINQ ACTES

REPRÉSENTÉE, POUR LA PREMIÈRE FOIS, LE 20 AOUT 1755.

AVERTISSEMENT
POUR LA PRÉSENTE ÉDITION.

En août 1753, Voltaire annonçait à d'Argental qu'il travaillait à une tragédie « toute pleine d'amour »; cette tragédie, c'était *l'Orphelin de la Chine*, c'etaient *ses Magots*, comme il l'appelait.

Voltaire indique, dans l'épître dédicatoire au duc de Richelieu, la source de cette tragédie; une pièce chinoise, *l'Orphelin de Tchao*, traduite par le P. Prémare, lui en a suggéré l'idée. La traduction du P. Prémare était incomplète. M. Stanislas Julien en a donné une plus complète depuis lors. Voici d'abord tout au long le titre du drame chinois : « Le Petit Orphelin de la famille de Tchao, qui se venge d'une manière ec'atante. » M. Hippolyte Lucas le resume ainsi :

« Les longs monologues des héros ne prouvent pas en faveur de l'art dramatique des Chinois. Chacun s'annonce lui-même : « Je m'appelle Tchao-so, » dit le gendre du roi. Un messager lui apporte trois présents qui sont : une corde d'arc, du vin empoisonné, et un poignard; on lui laisse la liberté du choix : il prend le parti de se tuer d'un coup de poignard.

« Tou-an-kon, le ministre de la guerre, explique ainsi naïvement sa position : « Je suis Tou-an-kon; craignant que la princesse ne mît au monde un « fils qui, une fois devenu grand, me poursuivrait comme un ennemi acharné, « je l'ai emprisonnée dans son propre palais; elle doit être accouchée mainte- « nant. » Et plus loin, il dit en parlant de l'enfant : « Attendons qu'il ait atteint « l'âge d'un mois, et je le ferai périr sous le tranchant du glaive; c'est alors « qu'on pourra dire que j'ai détruit la plante en extirpant la racine. »

« La mère se pend de desespoir, l'enfant se trouve sauvé par un serviteur fidèle. Que dit Tou-an-kon? « Je vais contrefaire un ordre du roi, et « me faire apporter tous les enfants mâles du royaume de Tsin qui ont plus « d'un mois et moins de six; je les couperai en trois les uns après les autres, « et je ne puis manquer d'envelopper dans ce massacre l'orphelin de la maison « de Tchao. »

« Tou-an-kon agit comme le roi Hérode; celui qui a sauvé l'orphelin livre son propre fils à la place. Tou-an-kon, croyant adopter le fils de ce serviteur, élève l'orphelin dans sa maison, sous le nom de Tching-pey. Vingt ans après, Tching-pey s'écrie en s'adressant à Tou-an-kon : « Holà, vieux scelérat, je « suis l'orphelin de la famille de Tchao. Il y a vingt ans que tu massacras

« sans pitié ma maison entière, qui se composait de trois cents personnes; je
« vais te pendre aujourd'hui pour venger les injures de ma famille. »

On voit que la ressemblance entre ce drame et celui de Voltaire, où l'Orphelin ne paraît pas, est assez lointaine. On cite encore comme ayant servi au poëte tragique un roman anglais intitulé *Oronoko*, que Laplace a traduit en français et dont Saint-Lambert a donné une imitation sous le nom de *Ziméo*.

Lorsque Voltaire remit le manuscrit à Lekain, il lui fit ces recommandations : « Mon ami, vous avez les inflexions de la voix naturellement douces; gardez-vous bien d'en laisser échapper quelques-unes dans le rôle de Gengis. Il faut bien vous mettre dans la tête que j'ai voulu peindre un tigre qui, en caressant sa femelle, lui enfonce ses griffes dans les reins. »

L'Orphelin de la Chine fut représenté aux Délices, près de Genève, avant de paraître à Paris. L'acteur qui jouait le rôle de Gengis-kan étant quelquefois traînant et monotone, en entendait l'auteur gémir : « Frère Gengis! frère Gengis! »

Le président de Montesquieu, qui était spectateur, s'endormit profondément. Voltaire lui jeta son chapeau à la tête, en disant : « Il croit être à l'audience! »

L'Orphelin de la Chine fut représenté par les Comédiens français le 20 août 1755, et fut applaudi d'un bout à l'autre. Mlle Clairon, qui jouait Idamé, atteignit dans cette pièce le point de perfection auquel l'art pouvait porter son talent. La célèbre actrice, qui depuis longtemps méditait avec Lekain la réforme du costume, eut le bon goût et le courage de renoncer aux paniers, et de paraître vêtue comme l'exigeait son rôle.

Lekain, le premier soir, fut au-dessous de lui-même, mais se releva aux représentations suivantes. Mme Denis écrivait des Délices à d'Argental, le 9 septembre 1755 : « Mon oncle a reçu aujourd'hui une lettre de M. Lekain dont il est enchanté. Il lui avoue qu'il a mal joué la première fois, et qu'il joue bien actuellement. Toutes les lettres que nous recevons le confirment. J'étais bien sûre de lui, et je ne doute pas qu'il ne fasse sentir à merveille tous les contrastes du rôle. C'est le meilleur garçon du monde, et tout plein de talent. Je me flatte que vous aimez à la folie Mlle Clairon; je suis sûre que vous et moi nous pensons de même quand je dis à mon oncle que, pour avoir un grand succès, il faut de grands rôles de femmes. Il commence à être de cet avis, et est bien résolu de faire de beaux rôles à Mlle Clairon. »

L'Orphelin de la Chine eut, dans sa nouveauté, seize représentations. Il fut joué à Fontainebleau, et applaudi par la cour comme il l'avait été par la ville. On sait qu'avant Voltaire, Pierre Corneille avait songé à placer l'action d'une de ses tragédies en Chine. *L'Orphelin de la Chine* n'en est pas moins la première pièce dont l'empire du Milieu ait enrichi notre littérature.

AVERTISSEMENT

DE BEUCHOT.

Lorsque Voltaire commença cette tragédie, en 1754, il ne croyait pas que le sujet pût fournir plus de trois actes. Ce fut d'Argental qui exigea qu'il en fît cinq. La pièce fut représentée pour la première fois à Paris, le 20 août 1755. Dans sa dédicace à Richelieu, l'auteur dit avoir pris l'idée de son *Orphelin de la Chine*, à la lecture d'une traduction d'une pièce chinoise imprimée dans la *Description de la Chine*. Lorsque la pièce française parut, on publia une nouvelle édition de la pièce chinoise, sous ce titre : *Tchao-chi-cou-eulh, ou l'Orphelin de la maison de Tchao, tragédie chinoise, traduite par le R. P. de Prémare, missionnaire de la Chine, avec des éclaircissements sur le théâtre des Chinois et sur l'histoire véritable de l'Orphelin de Tchao, par M. Sorel Desflottes*, à Péking (Paris), 1755, in-12 de 96 pages.

Les *Magots*, parodie de l'*Orphelin de la Chine*, en vers et en un acte, représentée pour la première fois par les comédiens italiens ordinaires du roi, le 19 mars 1756 (par Boucher, officier au service de la Compagnie des Indes), furent imprimés en 1756, in-12 de 44 pages.

L'*Analyse de la tragédie de l'Orphelin de la Chine*, par M. le chevalier de La Morlière, est de 1755, in-12 de 43 pages.

La *Lettre à un homme du vieux temps, sur l'Orphelin de la Chine*, in-8° de 15 pages, est de Poinsinet le jeune.

La *Lettre à madame de ***, sur l'Orphelin de la Chine*, 1755, in-12 de 24 pages, a été attribuée à tort à La Morlière.

Murphy, comédien anglais et auteur d'une tragédie de *l'Orphelin de la Chine*, adressa, le 30 avril 1759, à Voltaire, une *Lettre* contenant la critique de la pièce française. Cette *Lettre*, traduite et imprimée dans les *Variétés littéraires*, par Arnaud et Suard, donna naissance à l'opuscule anglais intitulé *A letter from M. de Voltaire to the author of the Orphan of China*, 1759, in-8°. C'est une critique de la pièce de Murphy; mais elle n'est point de Voltaire, quoiqu'on y ait mis son nom.

Des *Observations sur l'Orphelin de la Chine* sont imprimées à la suite d'une *Épître à M. de Voltaire*, par Gazon d'Ourxigné, dont une nouvelle édition fut publiée en 1760.

Un nommé Raux avait mis, en 1756, trois tragédies de Voltaire en figures d'émail : c'était *Zaïre*, *Mérope* et *l'Orphelin de la Chine*. (Voyez l'*Année littéraire*, 1756, tome VIII, p. 45.)

A MONSEIGNEUR

LE MARÉCHAL DUC DE RICHELIEU

PAIR DE FRANCE,

PREMIER GENTILHOMME DE LA CHAMBRE DU ROI, COMMANDANT EN LANGUEDOC,

L'UN DES QUARANTE DE L'ACADÉMIE.

Je voudrais, monseigneur, vous présenter de beau marbre comme les Génois [1], et je n'ai que des figures chinoises à vous offrir. Ce petit ouvrage ne paraît pas fait pour vous; il n'y a aucun héros dans cette pièce qui ait réuni tous les suffrages par les agréments de son esprit, ni qui ait soutenu une république prête à succomber, ni qui ait imaginé de renverser une colonne anglaise avec quatre canons. Je sens mieux que personne le peu que je vous offre; mais tout se pardonne à un attachement de quarante années. On dira peut-être qu'au pied des Alpes, et vis-à-vis des neiges éternelles, où je me suis retiré, et où je devais n'être que philosophe, j'ai succombé à la vanité d'imprimer que ce qu'il y a eu de plus brillant sur les bords de la Seine ne m'a jamais oublié. Cependant je n'ai consulté que mon cœur; il me conduit seul; il a toujours inspiré mes actions et mes paroles: il se trompe quelquefois, vous le savez; mais ce n'est pas après des épreuves si longues. Permettez donc que, si cette faible tragédie peut durer quelque temps après moi, on sache que l'auteur ne vous a pas été indifférent; permettez qu'on apprenne que, si votre oncle fonda les beaux-arts en France, vous les avez soutenus dans leur décadence.

L'idée de cette tragédie me vint, il y a quelque temps, à la lecture de *l'Orphelin de Tchao*, tragédie chinoise, traduite par le

1. Les Génois avaient érigé une statue à Richelieu pour sa défense de leur ville en 1747. (B.)

P. Prémare[1], qu'on trouve dans le recueil que le P. du Halde a donné au public. Cette pièce chinoise fut composée au xive siècle, sous la dynastie même de Gengis-kan : c'est une nouvelle preuve que les vainqueurs tartares ne changèrent point les mœurs de la nation vaincue; ils protégèrent tous les arts établis à la Chine : ils adoptèrent toutes ses lois.

Voilà un grand exemple de la supériorité naturelle que donnent la raison et le génie sur la force aveugle et barbare ; et les Tartares ont deux fois donné cet exemple, car lorsqu'ils ont conquis encore ce grand empire, au commencement du siècle passé, ils se sont soumis une seconde fois à la sagesse des vaincus ; et les deux peuples n'ont formé qu'une nation, gouvernée par les plus anciennes lois du monde : événement frappant, qui a été le premier but de mon ouvrage.

La tragédie chinoise qui porte le nom de *l'Orphelin* est tirée d'un recueil immense des pièces de théâtre de cette nation : elle cultivait depuis plus de trois mille ans cet art, inventé un peu plus tard par les Grecs, de faire des portraits vivants des actions des hommes, et d'établir de ces écoles de morale où l'on enseigne la vertu en action et en dialogues. Le poëme dramatique ne fu donc longtemps en honneur que dans ce vaste pays de la Chine, séparé et ignoré du reste du monde, et dans la seule ville d'Athènes. Rome ne le cultiva qu'au bout de quatre cents années. Si vous le cherchez chez les Perses, chez les Indiens[2], qui passent pour des peuples inventeurs, vous ne l'y trouvez pas ; il n'y est jamais parvenu. L'Asie se contentait des fables de Pilpay et de Lokman, qui renferment toute la morale, et qui instruisent en allégories toutes les nations et tous les siècles.

Il semble qu'après avoir fait parler les animaux, il n'y eût qu'un pas à faire pour faire parler les hommes, pour les introduire sur la scène, pour former l'art dramatique : cependant ces

---

1. L'édition originale porte Brémare. C'est une faute qui, depuis 1755, s'est répétée d'édition en édition jusqu'en 1825. Elle avait cependant été signalée dans le *Mercure* de 1755, décembre, tome Ier, page 218 : la traduction du P. Prémare, imprimée d'abord dans la *Description de la Chine*, a été réimprimée en 1755, ainsi qu'il est dit dans l'*Avertissement* de Beuchot.
2. L'art dramatique n'était point inconnu des Indiens. Nous avons les *Chefs-d'œuvre du théâtre indien, traduits de l'original sanscrit en anglais par M. H.-H. Wilson, et de l'anglais en français par M. A. Langlois*, 1828, deux volumes in-8°. M. Chezy vient d'imprimer en sanscrit, avec une traduction française, la *Reconnaissance de Sakountala*, 1830, in-4°. Une traduction de *Sakountala, ou l'Anneau fatal*, faite par Bruguières de Sorsum, d'après la traduction de W. Jones, avait paru en 1803, in-8°. (B.)

peuples ingénieux ne s'en avisèrent jamais. On doit inférer de là que les Chinois, les Grecs et les Romains, sont les seuls peuples anciens qui aient connu le véritable esprit de la société. Rien, en effet, ne rend les hommes plus sociables, n'adoucit plus leurs mœurs, ne perfectionne plus leur raison, que de les rassembler pour leur faire goûter ensemble les plaisirs purs de l'esprit : aussi nous voyons qu'à peine Pierre le Grand eut policé la Russie et bâti Pétersbourg, que les théâtres s'y sont établis. Plus l'Allemagne s'est perfectionnée, et plus nous l'avons vue adopter nos spectacles : le peu de pays où ils n'étaient pas reçus dans le siècle passé n'étaient pas mis au rang des pays civilisés.

L'Orphelin de Tchao est un monument précieux qui sert plus à faire connaître l'esprit de la Chine que toutes les relations qu'on a faites et qu'on fera jamais de ce vaste empire. Il est vrai que cette pièce est toute barbare en comparaison des bons ouvrages de nos jours; mais aussi c'est un chef-d'œuvre, si on le compare à nos pièces du xive siècle. Certainement nos troubadours, notre basoche, la société des enfants sans souci, et de la mère-sotte, n'approchaient pas de l'auteur chinois. Il faut encore remarquer que cette pièce est écrite dans la langue des mandarins, qui n'a point changé, et qu'à peine entendons-nous la langue qu'on parlait du temps de Louis XII et de Charles VIII.

On ne peut comparer *l'Orphelin de Tchao* qu'aux tragédies anglaises et espagnoles du xviie siècle, qui ne laissent pas encore de plaire au delà des Pyrénées et de la mer. L'action de la pièce chinoise dure vingt-cinq ans, comme dans les farces monstrueuses de Shakespeare et de Lope de Vega, qu'on a nommées tragédies; c'est un entassement d'événements incroyables. L'ennemi de la maison de Tchao veut d'abord en faire périr le chef en lâchant sur lui un gros dogue, qu'il fait croire être doué de l'instinct de découvrir les criminels, comme Jacques Aymar, parmi nous, devinait les voleurs par sa baguette. Ensuite il suppose un ordre de l'empereur, et envoie à son ennemi Tchao une corde, du poison, et un poignard; Tchao chante selon l'usage, et se coupe la gorge, en vertu de l'obéissance que tout homme sur la terre doit de droit divin à un empereur de la Chine. Le persécuteur fait mourir trois cents personnes de la maison de Tchao. La princesse, veuve, accouche de l'orphelin. On dérobe cet enfant à la fureur de celui qui a exterminé toute la maison, et qui veut encore faire périr au berceau le seul qui reste. Cet exterminateur ordonne qu'on égorge dans les villages d'alentour tous les enfants, afin que l'orphelin soit enveloppé dans la destruction générale.

On croit lire les *Mille et une Nuits* en action et en scènes ; mais, malgré l'incroyable, il y règne de l'intérêt ; et, malgré la foule des événements, tout est de la clarté la plus lumineuse : ce sont là deux grands mérites en tout temps et chez toutes nations ; et ce mérite manque à beaucoup de nos pièces modernes. Il est vrai que la pièce chinoise n'a pas d'autres beautés : unité de temps et d'action, développements de sentiments, peinture des mœurs, éloquence, raison, passion, tout lui manque : et cependant, comme je l'ai déjà dit, l'ouvrage est supérieur à tout ce que nous faisions alors.

Comment les Chinois, qui, au xiv° siècle, et si longtemps auparavant, savaient faire de meilleurs poëmes dramatiques que tous les Européans[1], sont-ils restés toujours dans l'enfance grossière de l'art, tandis qu'à force de soins et de temps notre nation est parvenue à produire environ une douzaine de pièces qui, si elles ne sont pas parfaites, sont pourtant fort au-dessus de tout ce que le reste de la terre a jamais produit en ce genre? Les Chinois, comme les autres Asiatiques, sont demeurés aux premiers éléments de la poésie, de l'éloquence, de la physique, de l'astronomie, de la peinture, connus par eux si longtemps avant nous. Il leur a été donné de commencer en tout plus tôt que les autres peuples, pour ne faire ensuite aucun progrès. Ils ont ressemblé aux Égyptiens, qui, ayant d'abord enseigné les Grecs, finirent par n'être pas capables d'être leurs disciples.

Ces Chinois, chez qui nous avons voyagé à travers tant de périls, ces peuples de qui nous avons obtenu avec tant de peine la permission de leur apporter l'argent de l'Europe, et de venir les instruire, ne savent pas encore à quel point nous leur sommes supérieurs ; ils ne sont pas assez avancés pour oser seulement vouloir nous imiter. Nous avons puisé dans leur histoire des sujets de tragédie, et ils ignorent si nous avons une histoire.

Le célèbre abbé Metastasio a pris pour sujet d'un de ses poëmes dramatiques[2] le même sujet à peu près que moi, c'est-à-dire un orphelin échappé au carnage de sa maison ; et il a puisé cette aventure dans une dynastie qui régnait neuf cents ans avant notre ère.

La tragédie chinoise de *l'Orphelin de Tchao* est tout un autre

---

1. Le P. du Halde, tous les auteurs des *Lettres édifiantes*, tous les voyageurs, ont toujours écrit *Européans ;* et ce n'est que depuis quelques années qu'on s'est avisé d'imprimer *Européens.* (*Note de Voltaire.*)
2. Le Héros chinois (*l'Eroe chinese*). (B.)

ÉPITRE DÉDICATOIRE. 299

sujet. J'en ai choisi un tout différent encore des deux autres, et qui ne leur ressemble que par le nom. Je me suis arrêté à la grande époque de Gengis-kan, et j'ai voulu peindre les mœurs des Tartares et des Chinois. Les aventures les plus intéressantes ne sont rien quand elles ne peignent pas les mœurs; et cette peinture, qui est un des plus grands secrets de l'art, n'est encore qu'un amusement frivole quand elle n'inspire pas la vertu.

J'ose dire que depuis *la Henriade* jusqu'à *Zaïre*, et jusqu'à cette pièce chinoise, bonne ou mauvaise, tel a été toujours le principe qui m'a inspiré; et que, dans l'histoire du siècle de Louis XIV, j'ai célébré mon roi et ma patrie, sans flatter ni l'un ni l'autre. C'est dans un tel travail que j'ai consumé plus de quarante années. Mais voici ce que dit un auteur chinois traduit en espagnol par le célèbre Navarette :

« Si tu composes quelque ouvrage, ne le montre qu'à tes amis : crains le public et tes confrères; car on falsifiera, on empoisonnera ce que tu auras fait, et on t'imputera ce que tu n'auras pas fait. La calomnie, qui a cent trompettes, les fera sonner pour te perdre, tandis que la vérité, qui est muette, restera auprès de toi. Le célèbre Ming fut accusé d'avoir mal pensé du Tien et du Li, et de l'empereur Vang; on trouva le vieillard moribond qui achevait le panégyrique de Vang, et un hymne au Tien et au Li[1], etc. »

---

1. Voltaire fait ici allusion aux accusations portées contre lui à propos des vers injurieux qu'on disait être dans *la Pucelle*, et de certaines phrases de l'*Essai sur les mœurs*). (G. A.)

PERSONNAGES[1]

GENGIS-KAN, empereur tartare.
OCTAR, \
OSMAN, / guerriers tartares.
ZAMTI, mandarin lettré.
IDAMÉ, femme de Zamti.
ASSÉLI, attachée à Idamé.
ÉTAN, attaché à Zamti.

La scène est dans un palais des mandarins, qui tient au palais impérial, dans la ville de Cambalu, aujourd'hui Pékin.

---

[1]. Noms des acteurs qui jouèrent dans *l'Orphelin de la Chine,* et dans *l'Épreuve réciproque,* de Legrand, qui l'accompagnait : LEGRAND, LA THORILLIÈRE, DUBREUIL, SARRAZIN (Zamti), DANGEVILLE, BONNEVAL, DUBOIS, LEKAIN (Gengis), BELLECOUR, PRÉVILLE, PAULIN; Mmes LAVOY, DROUIN, CLAIRON (Idamé), BRILLANT, HUS. — Recette : 4,717 livres (G. A.)

L'ORPHELIN

DE LA CHINE

TRAGÉDIE

ACTE PREMIER.

SCÈNE I.

IDAMÉ, ASSÉLI.

IDAMÉ.
Se peut-il qu'en ce temps de désolation,
En ce jour de carnage et de destruction,
Quand ce palais sanglant, ouvert à des Tartares,
Tombe avec l'univers sous ces peuples barbares,
Dans cet amas affreux de publiques horreurs,
Il soit encor pour moi de nouvelles douleurs?
ASSÉLI.
Eh! qui n'éprouve, hélas! dans la perte commune,
Les tristes sentiments de sa propre infortune?
Qui de nous vers le ciel n'élève pas ses cris
Pour les jours d'un époux, ou d'un père, ou d'un fils?
Dans cette vaste enceinte, au Tartare inconnue,
Où le roi dérobait à la publique vue
Ce peuple désarmé de paisibles mortels,
Interprètes des lois, ministres des autels,
Vieillards, femmes, enfants, troupeau faible et timide,
Dont n'a point approché cette guerre homicide,

Nous ignorons encore à quelle atrocité
Le vainqueur insolent porte sa cruauté.
Nous entendons gronder la foudre et les tempêtes.
Le dernier coup approche, et vient frapper nos têtes.

IDAMÉ.

O fortune! ô pouvoir au-dessus de l'humain!
Chère et triste Asséli, sais-tu quelle est la main
Qui du Catai sanglant presse le vaste empire,
Et qui s'appesantit sur tout ce qui respire?

ASSÉLI.

On nomme ce tyran du nom de Roi des rois.
C'est ce fier Gengis-kan, dont les affreux exploits
Font un vaste tombeau de la superbe Asie.
Octar, son lieutenant, déjà, dans sa furie,
Porte au palais, dit-on, le fer et les flambeaux.
Le Catai passe enfin sous des maîtres nouveaux :
Cette ville, autrefois souveraine du monde,
Nage de tous côtés dans le sang qui l'inonde ;
Voilà ce que cent voix, en sanglots superflus,
Ont appris dans ces lieux à mes sens éperdus [1].

IDAMÉ.

Sais-tu que ce tyran de la terre interdite,
Sous qui de cet État la fin se précipite,
Ce destructeur des rois, de leur sang abreuvé,
Est un Scythe, un soldat dans la poudre élevé,
Un guerrier vagabond de ces déserts sauvages,
Climat qu'un ciel épais ne couvre que d'orages?
C'est lui qui, sur les siens briguant l'autorité,
Tantôt fort et puissant, tantôt persécuté,
Vint jadis à tes yeux, dans cette auguste ville,
Aux portes du palais demander un asile.
Son nom est Témugin ; c'est t'en apprendre assez.

ASSÉLI.

Quoi! c'est lui dont les vœux vous furent adressés!
Quoi! c'est ce fugitif, dont l'amour et l'hommage
A vos parents surpris parurent un outrage!
Lui qui traîne après soi tant de rois ses suivants,
Dont le nom seul impose au reste des vivants?

---

1. Mlle Clairon ayant supprimé ces deux vers, « Vous pouvez être très-sûre, lui écrivit Voltaire, que les sanglots n'ont pas d'autre passage que celui de la voix, et si on n'est pas accoutumé à cette expression, il faudra bien qu'on s'y accoutume. »

IDAMÉ.

C'est lui-même, Asséli : son superbe courage,
Sa future grandeur, brillaient sur son visage ;
Tout semblait, je l'avoue, esclave auprès de lui ;
Et lorsque de la cour il mendiait l'appui,
Inconnu, fugitif, il ne parlait qu'en maître.
Il m'aimait ; et mon cœur s'en applaudit peut-être¹ :
Peut-être qu'en secret je tirais vanité
D'adoucir ce lion dans mes fers arrêté,
De plier à nos mœurs cette grandeur sauvage,
D'instruire à nos vertus son féroce courage,
Et de le rendre enfin, graces à ces liens,
Digne un jour d'être admis parmi nos citoyens.
Il eût servi l'État, qu'il détruit par la guerre :
Un refus a produit les malheurs de la terre.
De nos peuples jaloux tu connais la fierté.
De nos arts, de nos lois l'auguste antiquité,
Une religion de tout temps épurée,
De cent siècles de gloire une suite avérée :
Tout nous interdisait, dans nos préventions,
Une indigne alliance avec les nations.
Enfin un autre hymen, un plus saint nœud m'engage ;
Le vertueux Zamti mérita mon suffrage.
Qui l'eût cru, dans ces temps de paix et de bonheur,
Qu'un Scythe méprisé serait notre vainqueur ?
Voilà ce qui m'alarme, et qui me désespère.
J'ai refusé sa main ; je suis épouse et mère :
Il ne pardonne pas : il se vit outrager ;
Et l'univers sait trop s'il aime à se venger.
Étrange destinée, et revers incroyable !
Est-il possible, ô dieu ! que ce peuple innombrable
Sous le glaive du Scythe expire sans combats,
Comme de vils troupeaux que l'on mène au trépas ?

ASSÉLI.

Les Coréens, dit-on, rassemblaient une armée ;
Mais nous ne savons rien que par la renommée,

---

1. On peut comparer ces vers à ceux que dit Aricie dans la *Phedre* de Racine :

> Phèdre en vain s'honorait des soupirs de Thésée :
> Pour moi, je suis plus fière, et fuis la gloire aisée
> D'arracher un hommage à mille autres offert,
> Et d'entrer dans un cœur de toutes parts ouvert.

Et tout nous abandonne aux mains des destructeurs.

IDAMÉ.

Que cette incertitude augmente mes douleurs !
J'ignore à quel excès parviennent nos misères,
Si l'empereur encore au palais de ses pères
A trouvé quelque asile, ou quelque défenseur,
Si la reine est tombée aux mains de l'oppresseur,
Si l'un et l'autre touche à son heure fatale.
Hélas ! ce dernier fruit de leur foi conjugale,
Ce malheureux enfant, à nos soins confié,
Excite encor ma crainte ainsi que ma pitié.
Mon époux au palais porte un pied téméraire ;
Une ombre de respect pour son saint ministère
Peut-être adoucira ces vainqueurs forcenés.
On dit que ces brigands aux meurtres acharnés,
Qui remplissent de sang la terre intimidée,
Ont d'un dieu cependant conservé quelque idée ;
Tant la nature même, en toute nation,
Grava l'Être suprême et la religion.
Mais je me flatte en vain qu'aucun respect les touche ;
La crainte est dans mon cœur, et l'espoir dans ma bouche ;
Je me meurs...

SCÈNE II.

IDAMÉ, ZAMTI, ASSÉLI.

IDAMÉ.

Est-ce vous, époux infortuné ?
Notre sort sans retour est-il déterminé ?
Hélas ! qu'avez-vous vu ?

ZAMTI.

Ce que je tremble à dire.
Le malheur est au comble ; il n'est plus, cet empire [1] :

---

1. Tout ce récit est imité de Virgile :

> . . . Fuimus Troes, fuit Ilium et ingens
> Gloria Teucrorum . . . .
> . . . Incensa Danai dominantur in urbe.
>
> *Æn.*, lib. II, v. 325.

Voyez encore *Æn.*, lib. V, v. 361, 500, etc.

ACTE I, SCÈNE II.

Sous le glaive étranger j'ai vu tout abattu.
De quoi nous a servi d'adorer la vertu?
Nous étions vainement, dans une paix profonde,
Et les législateurs et l'exemple du monde;
Vainement par nos lois l'univers fut instruit :
La sagesse n'est rien ; la force a tout détruit.
J'ai vu de ces brigands la horde hyperborée[1],
Par des fleuves de sang se frayant une entrée
Sur les corps entassés de nos frères mourants,
Portant partout le glaive et les feux dévorants.
Ils pénètrent en foule à la demeure auguste
Où de tous les humains le plus grand, le plus juste,
D'un front majestueux attendait le trépas.
La reine évanouie était entre ses bras.
De leurs nombreux enfants ceux en qui le courage
Commençait vainement à croître avec leur âge,
Et qui pouvaient mourir les armes à la main,
Étaient déjà tombés sous le fer inhumain.
Il restait près de lui ceux dont la tendre enfance
N'avait que la faiblesse et des pleurs pour défense;
On les voyait encore autour de lui pressés,
Tremblants à ses genoux qu'ils tenaient embrassés.
J'entre par des détours inconnus au vulgaire;
J'approche en frémissant de ce malheureux père;
Je vois ces vils humains, ces monstres des déserts,
A notre auguste maître osant donner des fers,
Traîner dans son palais, d'une main sanguinaire,
Le père, les enfants, et leur mourante mère.

IDAMÉ.

C'est donc là leur destin! Quel changement, ô cieux!

ZAMTI.

Ce prince infortuné tourne vers moi les yeux;
Il m'appelle, il me dit, dans la langue sacrée,
Du conquérant tartare et du peuple ignorée :
« Conserve au moins le jour au dernier de mes fils! »
Jugez si mes serments et mon cœur l'ont promis;

---

1. Voltaire avait employé ce mot dans son *Epître à Uranie*, où il dit :

Amérique, vastes contrées,
Peuples que Dieu fit naître aux portes du soleil,
Vous, nations hyperborées.

Laharpe fait remarquer la nouveauté de l'expression de *horde hyperborée*.

Jugez de mon devoir quelle est la voix pressante.
J'ai senti ranimer ma force languissante;
J'ai revolé vers vous. Les ravisseurs sanglants
Ont laissé le passage à mes pas chancelants;
Soit que dans les fureurs de leur horrible joie,
Au pillage acharnés, occupés de leur proie,
Leur superbe mépris ait détourné les yeux;
Soit que cet ornement d'un ministre des cieux,
Ce symbole sacré du grand dieu que j'adore,
A la férocité puisse imposer encore;
Soit qu'enfin ce grand dieu, dans ses profonds desseins,
Pour sauver cet enfant qu'il a mis dans mes mains,
Sur leurs yeux vigilants répandant un nuage,
Ait égaré leur vue ou suspendu leur rage.

IDAMÉ.

Seigneur, il serait temps encor de le sauver :
Qu'il parte avec mon fils; je les puis enlever :
Ne désespérons point, et préparons leur fuite;
De notre prompt départ qu'Étan ait la conduite.
Allons vers la Corée, au rivage des mers,
Aux lieux où l'océan ceint ce triste univers.
La terre a des déserts et des antres sauvages;
Portons-y ces enfants, tandis que les ravages
N'inondent point encor ces asiles sacrés,
Éloignés du vainqueur, et peut-être ignorés.
Allons; le temps est cher, et la plainte inutile.

ZAMTI.

Hélas! le fils des rois n'a pas même un asile!
J'attends les Coréens; ils viendront, mais trop tard :
Cependant la mort vole au pied de ce rempart.
Saisissons, s'il se peut, le moment favorable
De mettre en sûreté ce gage inviolable.

SCÈNE III.

ZAMTI, IDAMÉ, ASSÉLI, ÉTAN.

ZAMTI.

Étan, où courez-vous, interdit, consterné?

IDAMÉ.

Fuyons de ce séjour au Scythe abandonné.

ÉTAN.

Vous êtes observés ; la fuite est impossible ;
Autour de notre enceinte une garde terrible
Aux peuples consternés offre de toutes parts
Un rempart hérissé de piques et de dards.
Les vainqueurs ont parlé ; l'esclavage en silence
Obéit à leur voix dans cette ville immense ;
Chacun reste immobile et de crainte et d'horreur
Depuis que sous le glaive est tombé l'empereur.

ZAMTI.

Il n'est donc plus !

IDAMÉ.

O cieux !

ÉTAN.

De ce nouveau carnage
Qui pourra retracer l'épouvantable image ?
Son épouse, ses fils sanglants et déchirés...
O famille de dieux sur la terre adorés !
Que vous dirai-je ? hélas ! leurs têtes exposées
Du vainqueur insolent excitent les risées,
Tandis que leurs sujets, tremblant de murmurer,
Baissent des yeux mourants qui craignent de pleurer.
De nos honteux soldats les alfanges[1] errantes
A genoux ont jeté leurs armes impuissantes.
Les vainqueurs fatigués dans nos murs asservis,
Lassés de leur victoire et de sang assouvis,
Publiant à la fin le terme du carnage,
Ont, au lieu de la mort, annoncé l'esclavage.
Mais d'un plus grand désastre on nous menace encor ;
On prétend que ce roi des fiers enfants du Nord,
Gengis-kan, que le ciel envoya pour détruire,
Dont les seuls lieutenants oppriment cet empire,
Dans nos murs autrefois inconnu, dédaigné,
Vient, toujours implacable, et toujours indigné,
Consommer sa colère et venger son injure.
Sa nation farouche est d'une autre nature

---

1. Toutes les éditions données du vivant de l'auteur portent *alfanges*. *Alfange* est un vieux mot tiré de l'arabe, qui signifie *épée*. Il a été employé en ce sens par Corneille (*Cid*, acte IV, sc. III). Voltaire l'a détourné de son acception et employé dans le sens de *bataillons*. Les éditeurs de Kehl ont substitué à ce mot celui de *phalanges*.

Que les tristes humains qu'enferment nos remparts :
Ils habitent des champs, des tentes et des chars [1];
Ils se croiraient gênés dans cette ville immense ;
De nos arts, de nos lois la beauté les offense.
Ces brigands vont changer en d'éternels déserts
Les murs que si longtemps admira l'univers.

IDAMÉ.

Le vainqueur vient sans doute armé de la vengeance.
Dans mon obscurité j'avais quelque espérance ;
Je n'en ai plus. Les cieux, à nous nuire attachés,
Ont éclairé la nuit où nous étions cachés.
Trop heureux les mortels inconnus à leur maître !

ZAMTI.

Les nôtres sont tombés : le juste ciel peut-être
Voudra pour l'orphelin signaler son pouvoir :
Veillons sur lui ; voilà notre premier devoir.
Que nous veut ce Tartare ?

IDAMÉ.

O ciel, prends ma défense !

SCÈNE IV.

ZAMTI, IDAMÉ, ASSÉLI, OCTAR, GARDES.

OCTAR.

Esclaves, écoutez ; que votre obéissance
Soit l'unique réponse aux ordres de ma voix.
Il reste encore un fils du dernier de vos rois ;
C'est vous qui l'élevez : votre soin téméraire
Nourrit un ennemi dont il faut se défaire.
Je vous ordonne, au nom du vainqueur des humains,
De remettre aujourd'hui cet enfant dans mes mains :
Je vais l'attendre ; allez ; qu'on m'apporte ce gage.
Pour peu que vous tardiez, le sang et le carnage

On lit dans Horace, liv. III, ode 24 :

Campestres melius Scythæ
Quorum plaustra vagas rite trahunt domos
Vivunt, et rigidi Getæ,
Immetata quibus jugera liberas
Fruges et Cererem ferunt.

Vont de mon maître encor signaler le courroux,
Et la destruction commencera par vous.
La nuit vient, le jour fuit; vous, avant qu'il finisse,
Si vous aimez la vie, allez, qu'on obéisse.

SCÈNE V.

ZAMTI, IDAMÉ.

IDAMÉ.

Où sommes-nous réduits? ô monstres! ô terreur!
Chaque instant fait éclore une nouvelle horreur,
Et produit des forfaits dont l'âme intimidée
Jusqu'à ce jour de sang n'avait point eu d'idée.
Vous ne répondez rien; vos soupirs élancés
Au ciel qui nous accable en vain sont adressés.
Enfant de tant de rois, faut-il qu'on sacrifie
Aux ordres d'un soldat ton innocente vie?

ZAMTI.

J'ai promis, j'ai juré de conserver ses jours.

IDAMÉ.

De quoi lui serviront vos malheureux secours?
Qu'importent vos serments, vos stériles tendresses?
Êtes-vous en état de tenir vos promesses?
N'espérons plus.

ZAMTI.

Ah ciel! Eh quoi! vous voudriez
Voir du fils de mes rois les jours sacrifiés?

IDAMÉ.

Non, je n'y puis penser sans des torrents de larmes,
Et si je n'étais mère, et si, dans mes alarmes,
Le ciel me permettait d'abréger un destin
Nécessaire à mon fils élevé dans mon sein,
Je vous dirais: Mourons, et, lorsque tout succombe,
Sur les pas de nos rois descendons dans la tombe.

ZAMTI.

Après l'atrocité de leur indigne sort,
Qui pourrait redouter et refuser la mort?
Le coupable la craint, le malheureux l'appelle,
Le brave la défie, et marche au-devant d'elle;

Le sage, qui l'attend, la reçoit sans regrets[1].
IDAMÉ.
Quels sont en me parlant vos sentiments secrets ?
Vous baissez vos regards, vos cheveux se hérissent,
Vous pâlissez, vos yeux de larmes se remplissent :
Mon cœur répond au vôtre ; il sent tous vos tourments.
Mais que résolvez-vous ?
ZAMTI.
De garder mes serments.
Auprès de cet enfant, allez, daignez m'attendre.
IDAMÉ.
Mes prières, mes cris, pourront-ils le défendre ?

SCÈNE VI.

ZAMTI, ÉTAN.

ÉTAN.
Seigneur, votre pitié ne peut le conserver.
Ne songez qu'à l'État, que sa mort peut sauver :
Pour le salut du peuple il faut bien qu'il périsse[2].
ZAMTI.
Oui... je vois qu'il faut faire un triste sacrifice.
Écoute : cet empire est-il cher à tes yeux ?
Reconnais-tu ce dieu de la terre et des cieux,
Ce dieu que sans mélange annonçaient nos ancêtres,
Méconnu par le bonze, insulté par nos maîtres ?
ÉTAN.
Dans nos communs malheurs il est mon seul appui :
Je pleure la patrie, et n'espère qu'en lui.
ZAMTI.
Jure ici par son nom, par sa toute-puissance,

---

1. Catilina, dans la pièce de Crébillon, dit :

    . . . . La mort n'est qu'un instant
    Que le grand cœur defie, et que le lâche attend.

C'est un soldat romain qui se donne la mort pour se dérober au supplice :
Zamti est un philosophe chinois résigné à la mort. (K.)

2. Expedit unum hominem mori pro populo.

JOAN.... 18, 14.

ACTE I, SCÈNE VI.

Que tu conserveras dans l'éternel silence
Le secret qu'en ton sein je dois ensevelir.
Jure-moi que tes mains oseront accomplir
Ce que les intérêts et les lois de l'empire,
Mon devoir, et mon dieu, vont par moi te prescrire.

ÉTAN.

Je le jure, et je veux, dans ces murs désolés,
Voir nos malheurs communs sur moi seul assemblés,
Si, trahissant vos vœux, et démentant mon zèle,
Ou ma bouche ou ma main vous était infidèle.

ZAMTI.

Allons, il ne m'est plus permis de reculer.

ÉTAN.

De vos yeux attendris je vois des pleurs couler.
Hélas! de tant de maux les atteintes cruelles
Laissent donc place encore à des larmes nouvelles!

ZAMTI.

On a porté l'arrêt! Rien ne peut le changer!

ÉTAN.

On presse; et cet enfant, qui vous est étranger...

ZAMTI.

Étranger! lui! mon roi!

ÉTAN.

Notre roi fut son père;
Je le sais, j'en frémis : parlez, que dois-je faire?

ZAMTI.

On compte ici mes pas; j'ai peu de liberté.
Sers-toi de la faveur de ton obscurité.
De ce dépôt sacré tu sais quel est l'asile :
Tu n'es point observé; l'accès t'en est facile.
Cachons pour quelque temps cet enfant précieux
Dans le sein des tombeaux bâtis par ses aïeux.
Nous remettrons bientôt au chef de la Corée
Ce tendre rejeton d'une tige adorée.
Il peut ravir du moins à nos cruels vainqueurs
Ce malheureux enfant, l'objet de leurs terreurs :
Il peut sauver mon roi. Je prends sur moi le reste.

ÉTAN.

Et que deviendrez-vous sans ce gage funeste?
Que pourrez-vous répondre au vainqueur irrité?

ZAMTI.

J'ai de quoi satisfaire à sa férocité.

ÉTAN.

Vous, seigneur?

ZAMTI.

O nature! ô devoir tyrannique!

ÉTAN.

Eh bien?

ZAMTI.

Dans son berceau saisis mon fils unique.

ÉTAN.

Votre fils!

ZAMTI.

Songe au roi que tu dois conserver.
Prends mon fils... que son sang... je ne puis achever.

ÉTAN.

Ah! que m'ordonnez-vous?

ZAMTI.

Respecte ma tendresse;
Respecte mon malheur, et surtout ma faiblesse;
N'oppose aucun obstacle à cet ordre sacré,
Et remplis ton devoir après l'avoir juré.

ÉTAN.

Vous m'avez arraché ce serment téméraire.
A quel devoir affreux me faut-il satisfaire?
J'admire avec horreur ce dessein généreux;
Mais si mon amitié...

ZAMTI.

C'en est trop, je le veux.
Je suis père; et ce cœur, qu'un tel arrêt déchire,
S'en est dit cent fois plus que tu ne peux m'en dire.
J'ai fait taire le sang, fais taire l'amitié.
Pars.

ÉTAN.

Il faut obéir.

ZAMTI.

Laisse-moi, par pitié.

SCÈNE VII.

ZAMTI.

J'ai fait taire le sang! Ah! trop malheureux père
J'entends trop cette voix si fatale et si chère.
Ciel! impose silence aux cris de ma douleur :
Mon épouse, mon fils, me déchirent le cœur.
De ce cœur effrayé cache-moi la blessure.
L'homme est trop faible, hélas! pour dompter la nature :
Que peut-il par lui-même? achève, soutiens-moi;
Affermis la vertu prête à tomber sans toi.

FIN DU PREMIER ACTE.

ACTE DEUXIÈME.

SCÈNE I.

ZAMTI.

Étan auprès de moi tarde trop à se rendre :
Il faut que je lui parle; et je crains de l'entendre.
Je tremble malgré moi de son fatal retour.
O mon fils! mon cher fils! as-tu perdu le jour?
Aura-t-on consommé ce fatal sacrifice?
Je n'ai pu de ma main te conduire au supplice;
Je n'en eus pas la force; en ai-je assez au moins
Pour apprendre l'effet de mes funestes soins?
En ai-je encore assez pour cacher mes alarmes?

SCÈNE II.

ZAMTI, ÉTAN.

ZAMTI.
Viens, ami... je t'entends... je sais tout par tes larmes.
ÉTAN.
Votre malheureux fils...
ZAMTI.
Arrête, parle-moi
De l'espoir de l'empire, et du fils de mon roi;
Est-il en sûreté?
ÉTAN.
Les tombeaux de ses pères
Cachent à nos tyrans sa vie et ses misères.
Il vous devra des jours pour souffrir commencés;
Présent fatal, peut-être!
ZAMTI.
Il vit : c'en est assez.

O vous, à qui je rends ces services fidèles!
O mes rois! pardonnez mes larmes paternelles.

ÉTAN.

Osez-vous en ces lieux gémir en liberté?

ZAMTI.

Où porter ma douleur et ma calamité?
Et comment désormais soutenir les approches,
Le désespoir, les cris, les éternels reproches,
Les imprécations d'une mère en fureur?
Encor, si nous pouvions prolonger son erreur!

ÉTAN.

On a ravi son fils dans sa fatale absence :
A nos cruels vainqueurs on conduit son enfance;
Et soudain j'ai volé pour donner mes secours
Au royal orphelin dont on poursuit les jours.

ZAMTI.

Ah! du moins, cher Étan, si tu pouvais lui dire
Que nous avons livré l'héritier de l'empire,
Que j'ai caché mon fils, qu'il est en sûreté!
Imposons quelque temps à sa crédulité.
Hélas! la vérité si souvent est cruelle!
On l'aime; et les humains sont malheureux par elle[1].
Allons... ciel! elle-même approche de ces lieux:
La douleur et la mort sont peintes dans ses yeux.

SCÈNE III.

ZAMTI, IDAMÉ.

IDAMÉ.

Qu'ai-je vu? Qu'a-t-on fait? barbare, est-il possible?
L'avez-vous commandé ce sacrifice horrible?

---

1. L'abbé Mongault était très-vaporeux. Employé dans l'éducation du duc d'Orléans, fils du Régent, comme l'abbé Dubois l'avait été dans celle du Régent, il n'avait eu qu'une abbaye, et Dubois était devenu cardinal, premier ministre, quoique l'abbé Mongault lui fût supérieur en naissance, en esprit, en lumières et en probité. Il eut la faiblesse d'être malheureux de la destinée du cardinal, et il n'aurait pas voulu, sans doute, l'acheter au même prix. Un jour on lui demandait ce que c'était que les vapeurs dont il se plaignait : « C'est une terrible maladie, répondit-il, elle fait voir les choses telles qu'elles sont. » C'est dans ce même sens que ces vers de Zamti sont vrais. (K.)

Non, je ne puis le croire; et le ciel irrité
N'a pas dans votre sein mis tant de cruauté.
Non, vous ne serez point plus dur et plus barbare
Que la loi du vainqueur, et le fer du Tartare.
Vous pleurez, malheureux!

ZAMTI.

Ah! pleurez avec moi;
Mais avec moi songez à sauver votre roi.

IDAMÉ.

Que j'immole mon fils!

ZAMTI.

Telle est notre misère :
Vous êtes citoyenne avant que d'être mère.

IDAMÉ.

Quoi! sur toi la nature a si peu de pouvoir!

ZAMTI.

Elle n'en a que trop, mais moins que mon devoir;
Et je dois plus au sang de mon malheureux maître,
Qu'à cet enfant obscur à qui j'ai donné l'être.

IDAMÉ.

Non, je ne connais point cette horrible vertu.
J'ai vu nos murs en cendre, et ce trône abattu;
J'ai pleuré de nos rois les disgrâces affreuses;
Mais par quelles fureurs, encor plus douloureuses,
Veux-tu, de ton épouse avançant le trépas,
Livrer le sang d'un fils qu'on ne demande pas?
Ces rois ensevelis, disparus dans la poudre,
Sont-ils pour toi des dieux dont tu craignes la foudre[1]?
A ces dieux impuissants, dans la tombe endormis,
As-tu fait le serment d'assassiner ton fils?
Hélas! grands et petits, et sujets, et monarques,
Distingués un moment par de frivoles marques[2],
Égaux par la nature, égaux par le malheur,
Tout mortel est chargé de sa propre douleur[3];

---

1. On lit dans Virgile :

   Id cinerem aut manes credis curare sepultos.

   Æn., IV, 34.

2. Voltaire, dans son *Commentaire sur Corneille*, dit que *marques*, pour rimer à *monarques*, ne doivent jamais paraître dans la poésie. (B.)

3. Virgile a dit :

   Quisque suos patimur Manes.

   Æn., VI, 743.

Sa peine lui suffit; et, dans ce grand naufrage,
Rassembler nos débris, voilà notre partage.
Où serais-je, grand dieu, si ma crédulité
Eût tombé dans le piége à mes pas présenté?
Auprès du fils des rois si j'étais demeurée,
La victime aux bourreaux allait être livrée,
Je cessais d'être mère, et le même couteau
Sur le corps de mon fils me plongeait au tombeau.
Grâces à mon amour, inquiète, troublée,
A ce fatal berceau l'instinct m'a rappelée.
J'ai vu porter mon fils à nos cruels vainqueurs;
Mes mains l'ont arraché des mains des ravisseurs.
Barbare, ils n'ont point eu ta fermeté cruelle;
J'en ai chargé soudain cette esclave fidèle,
Qui soutient de son lait ses misérables jours,
Ces jours qui périssaient sans moi, sans mon secours;
J'ai conservé le sang du fils et de la mère,
Et j'ose dire encor de son malheureux père.

ZAMTI.

Quoi! mon fils est vivant!

IDAMÉ.

Oui, rends grâces au ciel,
Malgré toi favorable à ton cœur paternel.
Repens-toi.

ZAMTI.

Dieu des cieux, pardonnez cette joie,
Qui se mêle un moment aux pleurs où je me noie!
O ma chère Idamé! ces moments seront courts :
Vainement de mon fils vous prolongiez les jours;
Vainement vous cachiez cette fatale offrande :
Si nous ne donnons pas le sang qu'on nous demande,
Nos tyrans soupçonneux seront bientôt vengés;
Nos citoyens tremblants, avec nous égorgés,
Vont payer de vos soins les efforts inutiles;
De soldats entourés, nous n'avons plus d'asiles;
Et mon fils, qu'au trépas vous croyez arracher,
A l'œil qui le poursuit ne peut plus se cacher.
Il faut subir son sort[1].

---

1. On lit dans Virgile :

    Nec nos obniti contra, neque tendere tantum
    Sufficimus: superat quoniam fortuna, sequamur.
                        Æn., V, 21.

IDAMÉ.
Ah! cher époux, demeure;
Écoute-moi du moins.

ZAMTI.
Hélas!... il faut qu'il meure.

IDAMÉ.
Qu'il meure! arrête, tremble, et crains mon désespoir;
Crains sa mère.

ZAMTI.
Je crains de trahir mon devoir.
Abandonnez le vôtre; abandonnez ma vie
Aux détestables mains d'un conquérant impie.
C'est mon sang qu'à Gengis il vous faut demander.
Allez, il n'aura pas de peine à l'accorder.
Dans le sang d'un époux trempez vos mains perfides;
Allez : ce jour n'est fait que pour des parricides.
Rendez vains mes serments, sacrifiez nos lois,
Immolez votre époux, et le sang de vos rois.

IDAMÉ.
De mes rois! Va, te dis-je; ils n'ont rien à prétendre;
Je ne dois point mon sang en tribut à leur cendre :
Va, le nom de sujet n'est pas plus saint pour nous
Que ces noms si sacrés et de père et d'époux.
La nature et l'hymen, voilà les lois premières,
Les devoirs, les liens, des nations entières;
Ces lois viennent des dieux; le reste est des humains[1].
Ne me fais point haïr le sang des souverains :
Oui, sauvons l'orphelin d'un vainqueur homicide;
Mais ne le sauvons pas au prix d'un parricide;
Que les jours de mon fils n'achètent point ses jours :
Loin de l'abandonner, je vole à son secours;
Je prends pitié de lui; prends pitié de toi-même,
De ton fils innocent, de sa mère qui t'aime.

1. On était accoutumé sur notre théâtre à voir des sujets immoler leurs enfants pour sauver ceux de leurs rois, et l'on fut étonné d'entendre dans *l'Orphelin* le cri de la nature. Zamti ne devait pas sacrifier son fils pour le fils de l'empereur. Un particulier, une nation même n'a pas le droit de livrer un innocent à la mort pour des vues d'utilité politique. Mais Zamti, en immolant son fils unique, faisait, à ce qu'il regardait comme son devoir, le sacrifice le plus grand qu'un homme puisse faire. En sacrifiant un étranger, il n'eût été qu'odieux; en sacrifiant son fils, il est intéressant quoique injuste. (K.)

La censure avait fait difficulté un instant de laisser passer ces trois vers; mais ils furent maintenus.

Je ne menace plus, je tombe à tes genoux.
O père infortuné! cher et cruel époux!
Pour qui j'ai méprisé, tu t'en souviens peut-être,
Ce mortel qu'aujourd'hui le sort a fait ton maître;
Accorde-moi mon fils, accorde-moi ce sang
Que le plus pur amour a formé dans mon flanc,
Et ne résiste point au cri terrible et tendre
Qu'à tes sens désolés l'amour a fait entendre.

ZAMTI.

Ah! c'est trop abuser du charme et du pouvoir
Dont la nature et vous combattez mon devoir.
Trop faible épouse, hélas! si vous pouviez connaître...

IDAMÉ.

Je suis faible, oui, pardonne; une mère doit l'être.
Je n'aurai point de toi ce reproche à souffrir
Quand il faudra te suivre, et qu'il faudra mourir.
Cher époux, si tu peux au vainqueur sanguinaire,
A la place du fils, sacrifier la mère,
Je suis prête : Idamé ne se plaindra de rien;
Et mon cœur est encore aussi grand que le tien.

ZAMTI.

Oui, j'en crois ta vertu.

SCÈNE IV.

ZAMTI, IDAMÉ, OCTAR, GARDES.

OCTAR.

Quoi! vous osez reprendre
Ce dépôt que ma voix vous ordonna de rendre?
Soldats, suivez leurs pas, et me répondez d'eux :
Saisissez cet enfant qu'ils cachent à mes yeux;
Allez : votre empereur en ces lieux va paraître;
Apportez la victime aux pieds de votre maître.
Soldats, veillez sur eux.

ZAMTI.

Je suis prêt d'obéir :
Vous aurez cet enfant.

IDAMÉ.

Je ne le puis souffrir :
Non, vous ne l'obtiendrez, cruels, qu'avec ma vie.

OCTAR.

Qu'on fasse retirer cette femme hardie.
Voici votre empereur; ayez soin d'empêcher
Que tous ces vils captifs osent en approcher.

SCÈNE V.

GENGIS, OCTAR, OSMAN, TROUPE DE GUERRIERS.

GENGIS.

On a poussé trop loin le droit de ma conquête.
Que le glaive se cache, et que la mort s'arrête :
Je veux que les vaincus respirent désormais.
J'envoyai la terreur, et j'apporte la paix :
La mort du fils des rois suffit à ma vengeance.
Étouffons dans son sang la fatale semence
Des complots éternels et des rébellions,
Qu'un fantôme de prince inspire aux nations.
Sa famille est éteinte : il vit; il doit la suivre.
Je n'en veux qu'à des rois, mes sujets doivent vivre.
Cessez de mutiler tous ces grands monuments,
Ces prodiges des arts consacrés par les temps;
Respectez-les, ils sont le prix de mon courage :
Qu'on cesse de livrer aux flammes, au pillage,
Ces archives de lois, ce vaste amas d'écrits,
Tous ces fruits du génie, objets de vos mépris :
Si l'erreur les dicta, cette erreur m'est utile;
Elle occupe ce peuple, et le rend plus docile [1].
Octar, je vous destine à porter mes drapeaux
Aux lieux où le soleil renaît du sein des eaux.

(A un de ses suivants.)

Vous, dans l'Inde soumise, humble dans sa défaite,
Soyez de mes décrets le fidèle interprète,
Tandis qu'en Occident je fais voler mes fils
Des murs de Samarcande aux bords du Tanaïs.
Sortez : demeure, Octar.

n a pendant quelque temps retranché ces huit vers.

SCÈNE VI.

GENGIS, OCTAR.

GENGIS.

Eh bien! pouvais-tu croire
Que le sort m'élevât à ce comble de gloire?
Je foule aux pieds ce trône, et je règne en des lieux
Où mon front avili n'osa lever les yeux.
Voici donc ce palais, cette superbe ville
Où, caché dans la foule, et cherchant un asile,
J'essuyai les mépris qu'à l'abri du danger
L'orgueilleux citoyen prodigue à l'étranger :
On dédaignait un Scythe, et la honte et l'outrage
De mes vœux mal conçus devinrent le partage;
Une femme ici même a refusé la main
Sous qui, depuis cinq ans, tremble le genre humain.

OCTAR.

Quoi! dans ce haut degré de gloire et de puissance,
Quand le monde à vos pieds se prosterne en silence,
D'un tel ressouvenir vous seriez occupé!

GENGIS.

Mon esprit, je l'avoue, en fut toujours frappé.
Des affront attachés à mon humble fortune
C'est le seul dont je garde une idée importune.
Je n'eus que ce moment de faiblesse et d'erreur :
Je crus trouver ici le repos de mon cœur ;
Il n'est point dans l'éclat dont le sort m'environne :
La gloire le promet; l'amour, dit-on, le donne.
J'en conserve un dépit trop indigne de moi ;
Mais au moins je voudrais qu'elle connût son roi ;
Que son œil entrevît, du sein de la bassesse,
De qui son imprudence outragea la tendresse ;
Qu'à l'aspect des grandeurs, qu'elle eût pu partager,
Son désespoir secret servît à me venger.

OCTAR.

Mon oreille, seigneur, était accoutumée
Aux cris de la victoire et de la renommée,
Au bruit des murs fumants renversés sous vos pas,
Et non à ces discours, que je ne conçois pas.

GENGIS.

Non, depuis qu'en ces lieux mon âme fut vaincue,
Depuis que ma fierté fut ainsi confondue,
Mon cœur s'est désormais défendu sans retour
Tous ces vils sentiments qu'ici l'on nomme amour.
Idamé, je l'avoue, en cette âme égarée
Fit une impression que j'avais ignorée.
Dans nos antres du Nord, dons nos stériles champs,
Il n'est point de beauté qui subjugue nos sens ;
De nos travaux grossiers les compagnes sauvages
Partageaient l'âpreté de nos mâles courages :
Un poison tout nouveau me surprit en ces lieux ;
La tranquille Idamé le portait dans ses yeux :
Ses paroles, ses traits, respiraient l'art de plaire.
Je rends grâce au refus qui nourrit ma colère ;
Son mépris dissipa ce charme suborneur,
Ce charme inconcevable, et souverain du cœur.
Mon bonheur m'eût perdu ; mon âme tout entière
Se doit aux grands objets de ma vaste carrière.
J'ai subjugué le monde, et j'aurais soupiré !
Ce trait injurieux, dont je fus déchiré,
Ne rentrera jamais dans mon âme offensée ;
Je bannis sans regret cette lâche pensée :
Une femme sur moi n'aura point ce pouvoir ;
Je la veux oublier, je ne veux point la voir :
Qu'elle pleure à loisir sa fierté trop rebelle ;
Octar, je vous défends que l'on s'informe d'elle.

OCTAR.

Vous avez en ces lieux des soins plus importants.

GENGIS.

Oui, je me souviens trop de tant d'égarements.

SCÈNE VII.

GENGIS, OCTAR, OSMAN.

OSMAN.

La victime, seigneur, allait être égorgée ;
Une garde autour d'elle était déjà rangée ;
Mais un événement, que je n'attendais pas,
Demande un nouvel ordre, et suspend son trépas ;

Une femme éperdue, et de larmes baignée,
Arrive, tend les bras à la garde indignée,
Et nous surprenant tous par ses cris forcenés :
« Arrêtez, c'est mon fils que vous assassinez !
C'est mon fils ! on vous trompe au choix de la victime. »
Le désespoir affreux qui parle et qui l'anime,
Ses yeux, son front, sa voix, ses sanglots, ses clameurs,
Sa fureur intrépide au milieu de ses pleurs,
Tout semblait annoncer, par ce grand caractère,
Le cri de la nature, et le cœur d'une mère.
Cependant son époux devant nous appelé,
Non moins éperdu qu'elle, et non moins accablé,
Mais sombre et recueilli dans sa douleur funeste :
« De nos rois, a-t-il dit, voilà ce qui nous reste ;
Frappez ; voilà le sang que vous me demandez. »
De larmes, en parlant, ses yeux sont inondés.
Cette femme à ces mots d'un froid mortel saisie,
Longtemps sans mouvement, sans couleur, et sans vie,
Ouvrant enfin les yeux, d'horreur appesantis,
Dès qu'elle a pu parler a réclamé son fils :
Le mensonge n'a point des douleurs si sincères ;
On ne versa jamais de larmes plus amères.
On doute, on examine, et je reviens confus
Demander à vos pieds vos ordres absolus.

GENGIS.

Je saurai démêler un pareil artifice ;
Et qui m'a pu tromper est sûr de son supplice.
Ce peuple de vaincus prétend-il m'aveugler ?
Et veut-on que le sang recommence à couler ?

OCTAR.

Cette femme ne peut tromper votre prudence :
Du fils de l'empereur elle a conduit l'enfance :
Aux enfants de son maître on s'attache aisément ;
Le danger, le malheur ajoute au sentiment ;
Le fanatisme alors égale la nature,
Et sa douleur si vraie ajoute à l'imposture.
Bientôt, de son secret perçant l'obscurité,
Vos yeux sur cette nuit répandront la clarté.

GENGIS.

Quelle est donc cette femme ?

OCTAR.

     On dit qu'elle est unie

A l'un de ces lettrés que respectait l'Asie,
Qui, trop enorgueillis du faste de leurs lois,
Sur leur vain tribunal osaient braver cent rois.
Leur foule est innombrable : ils sont tous dans les chaînes ;
Ils connaîtront enfin des lois plus souveraines :
Zamti, c'est là le nom de cet esclave altier
Qui veillait sur l'enfant qu'on doit sacrifier.

GENGIS.

Allez interroger ce couple condamnable ;
Tirez la vérité de leur bouche coupable ;
Que nos guerriers surtout, à leurs postes fixés,
Veillent dans tous les lieux où je les ai placés ;
Qu'aucun d'eux ne s'écarte. On parle de surprise ;
Les Coréens, dit-on, tentent quelque entreprise ;
Vers les rives du fleuve on a vu des soldats.
Nous saurons quels mortels s'avancent au trépas,
Et si l'on veut forcer les enfants de la guerre
A porter le carnage aux bornes de la terre.

FIN DU DEUXIÈME ACTE.

ACTE TROISIÈME.

SCÈNE I.

GENGIS, OSMAN, TROUPE DE GUERRIERS.

GENGIS.

A-t-on de ces captifs éclairci l'imposture?
A-t-on connu leur crime et vengé mon injure?
Ce rejeton des rois, à leur garde commis,
Entre les mains d'Octar est-il enfin remis?

OSMAN.

Il cherche à pénétrer dans ce sombre mystère.
A l'aspect des tourments, ce mandarin sévère
Persiste en sa réponse avec tranquillité;
Il semble sur son front porter la vérité :
Son épouse en tremblant nous répond par des larmes;
Sa plainte, sa douleur, augmente encor ses charmes.
De pitié malgré nous nos cœurs étaient surpris,
Et nous nous étonnions de nous voir attendris :
Jamais rien de si beau ne frappa notre vue.
Seigneur, le croiriez-vous? cette femme éperdue
A vos sacrés genoux demande à se jeter.
« Que le vainqueur des rois daigne enfin m'écouter :
Il pourra d'un enfant protéger l'innocence;
Malgré ses cruautés j'espère en sa clémence :
Puisqu'il est tout-puissant, il sera généreux;
Pourrait-il rebuter les pleurs des malheureux? »
C'est ainsi qu'elle parle; et j'ai dû lui promettre
Qu'à vos pieds en ces lieux vous daignerez l'admettre.

GENGIS.

De ce mystère enfin je dois être éclairci.

(A sa suite.)

Oui, qu'elle vienne : allez, et qu'on l'amène ici.

Qu'elle ne pense pas que, par de vaines plaintes,
Des soupirs affectés, et quelques larmes feintes,
Aux yeux d'un conquérant on puisse en imposer :
Les femmes de ces lieux ne peuvent m'abuser
Je n'ai que trop connu leurs larmes infidèles[1],
Et mon cœur dès longtemps s'est affermi contre elles.
Elle cherche un honneur dont dépendra son sort ;
Et vouloir me tromper, c'est demander la mort.

OSMAN.

Voilà cette captive à vos pieds amenée.

GENGIS.

Que vois-je ? est-il possible ? ô ciel ! ô destinée !
Ne me trompé-je point ? est-ce un songe ? une erreur ?
C'est Idamé ! c'est elle ! et mes sens[2]...

SCÈNE II.

GENGIS, IDAMÉ, OCTAR, OSMAN, GARDES.

IDAMÉ.

Ah ! seigneur,
Tranchez les tristes jours d'une femme éperdue.
Vous devez vous venger, je m'y suis attendue ;
Mais, seigneur, épargnez un enfant innocent.

GENGIS.

Rassurez-vous ; sortez de cet effroi pressant...
Ma surprise, madame, est égale à la vôtre...
Le destin qui fait tout nous trompa l'un et l'autre.
Les temps sont bien changés : mais si l'ordre des cieux
D'un habitant du Nord, méprisable à vos yeux,
A fait un conquérant sous qui tremble l'Asie,
Ne craignez rien pour vous, votre empereur oublie
Les affronts qu'en ces lieux essuya Témugin.
J'immole à ma victoire, à mon trône, au destin,
Le dernier rejeton d'une race ennemie :
Le repos de l'État me demande sa vie ;

---

1. « Je vous demande grâce aussi pour ces deux vers, écrivait Voltaire aux comédiens. Le parterre ne hait pas ces petites excursions sur vous autres, mesdames. »

2. On avait retranché ces vers à la première représentation. Voltaire les fit rétablir. (G. A.)

ACTE III, SCÈNE II.

Il faut qu'entre mes mains ce dépôt soit livré.
Votre cœur sur un fils doit être rassuré ;
Je le prends sous ma garde.

IDAMÉ.

A peine je respire.

GENGIS.

Mais de la vérité, madame, il faut m'instruire :
Quel indigne artifice ose-t-on m'opposer?
De vous, de votre époux, qui prétend m'imposer?

IDAMÉ.

Ah! des infortunés épargnez la misère.

GENGIS.

Vous savez si je dois haïr ce téméraire.

IDAMÉ.

Vous, seigneur!

GENGIS.

J'en dis trop, et plus que je ne veux.

IDAMÉ.

Ah! rendez-moi, seigneur, un enfant malheureux :
Vous me l'avez promis ; sa grâce est prononcée.

GENGIS.

Sa grâce est dans vos mains : ma gloire est offensée,
Mes ordres méprisés, mon pouvoir avili ;
En un mot, vous savez jusqu'où je suis trahi.
C'est peu de m'enlever le sang que je demande,
De me désobéir alors que je commande,
Vous êtes dès longtemps instruite à m'outrager :
Ce n'est pas d'aujourd'hui que je dois me venger.
Votre époux!... ce seul nom le rend assez coupable.
Quel est donc ce mortel, pour vous si respectable,
Qui sous ses lois, madame, a pu vous captiver?
Quel est cet insolent qui pense me braver?
Qu'il vienne.

IDAMÉ.

Mon époux, vertueux et fidèle,
Objet infortuné de ma douleur mortelle,
Servit son dieu, son roi, rendit mes jours heureux.

GENGIS.

Qui!... lui? Mais depuis quand formâtes-vous ces nœuds?

IDAMÉ.

Depuis que loin de nous le sort, qui vous seconde,
Eut entraîné vos pas pour le malheur du monde.

GENGIS.

J'entends; depuis le jour que je fus outragé,
Depuis que de vous deux je dus être vengé,
Depuis que vos climats ont mérité ma haine.

SCÈNE III.

GENGIS, OCTAR, OSMAN, d'un côté; IDAMÉ,
ZAMTI, de l'autre; GARDES.

GENGIS.

Parle; as-tu satisfait à ma loi souveraine?
As-tu mis dans mes mains le fils de l'empereur?

ZAMTI.

J'ai rempli mon devoir, c'en est fait; oui, seigneur.

GENGIS.

Tu sais si je punis la fraude et l'insolence :
Tu sais que rien n'échappe aux coups de ma vengeance;
Que si le fils des rois par toi m'est enlevé,
Malgré ton imposture, il sera retrouvé;
Que son trépas certain va suivre ton supplice.

(A ses gardes.)
Mais je veux bien le croire. Allez, et qu'on saisisse
L'enfant que cet esclave a remis en vos mains.
Frappez.

ZAMTI.

Malheureux père!

IDAMÉ.

Arrêtez, inhumains!
Ah! seigneur, est-ce ainsi que la pitié vous presse?
Est-ce ainsi qu'un vainqueur sait tenir sa promesse?

GENGIS.

Est-ce ainsi qu'on m'abuse, et qu'on croit me jouer?
C'en est trop; écoutez, il faut tout m'avouer.
Sur cet enfant, madame, expliquez-vous sur l'heure,
Instruisez-moi de tout; répondez, ou qu'il meure.

IDAMÉ.

Eh bien! mon fils l'emporte : et si, dans mon malheur,
L'aveu que la nature arrache à ma douleur
Est encore à vos yeux une offense nouvelle;
S'il faut toujours du sang à votre âme cruelle,

ACTE III, SCÈNE III.

Frappez ce triste cœur qui cède à son effroi,
Et sauvez un mortel plus généreux que moi.
Seigneur, il est trop vrai que notre auguste maître,
Qui, sans vos seuls exploits, n'eût point cessé de l'être,
A remis à mes mains, aux mains de mon époux,
Ce dépôt respectable à tout autre qu'à vous.
Seigneur, assez d'horreurs suivaient votre victoire,
Assez de cruautés ternissaient tant de gloire ;
Dans des fleuves de sang tant d'innocents plongés,
L'empereur et sa femme, et cinq fils égorgés,
Le fer de tous côtés dévastant cet empire,
Tous ces champs de carnage auraient dû vous suffire.
Un barbare en ces lieux est venu demander
Ce dépôt précieux que j'aurais dû garder,
Ce fils de tant de rois, notre unique espérance.
A cet ordre terrible, à cette violence,
Mon époux, inflexible en sa fidélité,
N'a vu que son devoir, et n'a point hésité :
Il a livré son fils. La nature outragée
Vainement déchirait son âme partagée ;
Il imposait silence à ses cris douloureux.
Vous deviez ignorer ce sacrifice affreux :
J'ai dû plus respecter sa fermeté sévère ;
Je devais l'imiter : mais enfin je suis mère :
Mon âme est au-dessous d'un si cruel effort ;
Je n'ai pu de mon fils consentir à la mort.
Hélas ! au désespoir que j'ai trop fait paraître,
Une mère aisément pouvait se reconnaître.
Voyez de cet enfant le père confondu,
Qui ne vous a trahi qu'à force de vertu :
L'un n'attend son salut que de son innocence ;
Et l'autre est respectable alors qu'il vous offense.
Ne punissez que moi, qui trahis à la fois
Et l'époux que j'admire, et le sang de mes rois.
Digne époux ! digne objet de toute ma tendresse !
La pitié maternelle est ma seule faiblesse :
Mon sort suivra le tien ; je meurs si tu péris ;
Pardonne-moi du moins d'avoir sauvé ton fils [1].

---

1. « Je vous demande avec la plus vive instance, écrivait Voltaire à d'Argental, qu'on ne retranche rien au couplet de Mlle Clairon au troisième acte... Mme Denis, qui joue Idamé sur notre petit théâtre, serait bien fâchée que cette tirade fût plus courte. »

ZAMTI.

Je t'ai tout pardonné, je n'ai plus à me plaindre.
Pour le sang de mon roi je n'ai plus rien à craindre;
Ses jours sont assurés.

GENGIS.

Traître, ils ne le sont pas :
Va réparer ton crime, ou subir le trépas.

ZAMTI.

Le crime est d'obéir à des ordres injustes.
La souveraine voix de mes maîtres augustes,
Du sein de leurs tombeaux, parle plus haut que toi :
Tu fus notre vainqueur, et tu n'es pas mon roi ;
Si j'étais ton sujet, je te serais fidèle.
Arrache-moi la vie, et respecte mon zèle :
Je t'ai livré mon fils, j'ai pu te l'immoler ;
Penses-tu que pour moi je puisse encor trembler?

GENGIS.

Qu'on l'ôte de mes yeux.

IDAMÉ.

Ah! daignez...

GENGIS.

Qu'on l'entraîne.

IDAMÉ.

Non, n'accablez que moi des traits de votre haine.
Cruel! qui m'aurait dit que j'aurais par vos coups
Perdu mon empereur, mon fils, et mon époux?
Quoi! votre âme jamais ne peut être amollie?

GENGIS.

Allez, suivez l'époux à qui le sort vous lie.
Est-ce à vous de prétendre encore à me toucher?
Et quel droit avez-vous de me rien reprocher?

IDAMÉ.

Ah! je l'avais prévu, je n'ai plus d'espérance.

GENGIS.

Allez, dis-je, Idamé : si jamais la clémence
Dans mon cœur malgré moi pouvait encore entrer,
Vous sentez quels affronts il faudrait réparer.

SCÈNE IV.

GENGIS, OCTAR.

GENGIS.

D'où vient que je gémis? d'où vient que je balance?
Quel dieu parlait en elle, et prenait sa défense?
Est-il dans les vertus, est-il dans la beauté
Un pouvoir au-dessus de mon autorité?
Ah! demeurez, Octar; je me crains, je m'ignore :
Il me faut un ami, je n'en eus point encore;
Mon cœur en a besoin.

OCTAR.

Puisqu'il faut vous parler,
S'il est des ennemis qu'on vous doive immoler,
Si vous voulez couper d'une race odieuse,
Dans ses derniers rameaux, la tige dangereuse,
Précipitez sa perte; il faut que la rigueur,
Trop nécessaire appui du trône d'un vainqueur,
Frappe sans intervalle un coup sûr et rapide :
C'est un torrent qui passe en son cours homicide;
Le temps ramène l'ordre et la tranquillité;
Le peuple se façonne à la docilité;
De ses premiers malheurs l'image est affaiblie;
Bientôt il les pardonne, et même il les oublie.
Mais lorsque goutte à goutte on fait couler le sang,
Qu'on ferme avec lenteur, et qu'on rouvre le flanc,
Que les jours renaissants ramènent le carnage,
Le désespoir tient lieu de force et de courage,
Et fait d'un peuple faible un peuple d'ennemis,
D'autant plus dangereux qu'ils étaient plus soumis.

GENGIS.

Quoi! c'est cette Idamé! quoi! c'est là cette esclave!
Quoi! l'hymen l'a soumise au mortel qui me brave!

OCTAR.

Je conçois que pour elle il n'est point de pitié;
Vous ne lui devez plus que votre inimitié.
Cet amour, dites-vous, qui vous touche pour elle,
Fut d'un feu passager la légère étincelle :
Ses imprudents refus, la colère, et le temps,
En ont éteint dans vous les restes languissants;

Elle n'est à vos yeux qu'une femme coupable,
D'un criminel obscur épouse méprisable.
GENGIS.
Il en sera puni; je le dois, je le veux :
Ce n'est pas avec lui que je suis généreux.
Moi, laisser respirer un vaincu que j'abhorre !
Un esclave ! un rival !
OCTAR.
Pourquoi vit-il encore?
Vous êtes tout-puissant, et n'êtes point vengé !
GENGIS.
Juste ciel ! à ce point mon cœur serait changé !
C'est ici que ce cœur connaîtrait les alarmes,
Vaincu par la beauté, désarmé par les larmes,
Dévorant mon dépit et mes soupirs honteux !
Moi, rival d'un esclave, et d'un esclave heureux !
Je souffre qu'il respire, et cependant on l'aime !
Je respecte Idamé jusqu'en son époux même;
Je crains de la blesser en enfonçant mes coups
Dans le cœur détesté de cet indigne époux.
Est-il bien vrai que j'aime? est-ce moi qui soupire?
Qu'est-ce donc que l'amour? a-t-il donc tant d'empire?
OCTAR.
Je n'appris qu'à combattre, à marcher sous vos lois;
Mes chars et mes coursiers, mes flèches, mon carquois,
Voilà mes passions et ma seule science :
Des caprices du cœur j'ai peu d'intelligence;
Je connais seulement la victoire et nos mœurs :
Les captives toujours ont suivi leurs vainqueurs.
Cette délicatesse importune, étrangère,
Dément votre fortune et votre caractère.
Et qu'importe pour vous qu'une esclave de plus
Attende en gémissant vos ordres absolus?
GENGIS.
Qui connaît mieux que moi jusqu'où va ma puissance?
Je puis, je le sais trop, user de violence;
Mais quel bonheur honteux, cruel, empoisonné,
D'assujettir un cœur qui ne s'est point donné,
De ne voir en des yeux, dont on sent les atteintes,
Qu'un nuage de pleurs et d'éternelles craintes,
Et de ne posséder, dans sa funeste ardeur,
Qu'une esclave tremblante à qui l'on fait horreur !

Les monstres des forêts qu'habitent nos Tartares
Ont des jours plus sereins, des amours moins barbares.
Enfin il faut tout dire : Idamé prit sur moi
Un secret ascendant qui m'imposait la loi.
Je tremble que mon cœur aujourd'hui s'en souvienne :
J'en étais indigné ; son âme eut sur la mienne,
Et sur mon caractère, et sur ma volonté,
Un empire plus sûr et plus illimité,
Que je n'en ai reçu des mains de la victoire
Sur cent rois détrônés, accablés de ma gloire :
Voilà ce qui tantôt excitait mon dépit.
Je la veux pour jamais chasser de mon esprit.
Je me rends tout entier à ma grandeur suprême ;
Je l'oublie : elle arrive ; elle triomphe, et j'aime.

SCÈNE V.

GENGIS, OCTAR, OSMAN.

GENGIS.

Eh bien ! que résout-elle, et que m'apprenez-vous ?

OSMAN.

Elle est prête à périr auprès de son époux,
Plutôt que découvrir l'asile impénétrable
Où leurs soins ont caché cet enfant misérable ;
Ils jurent d'affronter le plus cruel trépas.
Son époux la retient tremblante entre ses bras ;
Il soutient sa constance, il l'exhorte au supplice :
Ils demandent tous deux que la mort les unisse.
Tout un peuple autour d'eux pleure et frémit d'effroi.

GENGIS.

Idamé, dites-vous, attend la mort de moi ?
Ah ! rassurez son âme et faites-lui connaître
Que ses jours sont sacrés, qu'ils sont chers à son maître.
C'en est assez ; volez.

SCÈNE VI.

GENGIS, OCTAR.

OCTAR.

Quels ordres donnez-vous
Sur cet enfant des rois qu'on dérobe à nos coups ?

GENGIS.

Aucun.

OCTAR.

Vous commandiez que notre vigilance
Aux mains d'Idamé même enlevât son enfance.

GENGIS.

Qu'on attende.

OCTAR.

On pourrait...

GENGIS.

Il ne peut m'échapper.

OCTAR.

Peut-être elle vous trompe.

GENGIS.

Elle ne peut tromper.

OCTAR.

Voulez-vous de ces rois conserver ce qui reste?

GENGIS.

Je veux qu'Idamé vive; ordonne tout le reste.
Va la trouver. Mais non, cher Octar, hâte-toi
De forcer son époux à fléchir sous ma loi :
C'est peu de cet enfant; c'est peu de son supplice;
Il faut bien qu'il me fasse un plus grand sacrifice.

OCTAR.

Lui?

GENGIS.

Sans doute : oui, lui-même.

OCTAR.

Et quel est votre espoir?

GENGIS.

De dompter Idamé, de l'aimer, de la voir,
D'être aimé de l'ingrate, ou de me venger d'elle,
De la punir. Tu vois ma faiblesse nouvelle :
Emporté, malgré moi, par de contraires vœux,
Je frémis, et j'ignore encor ce que je veux.

FIN DU TROISIÈME ACTE.

ACTE QUATRIÈME.

SCÈNE I.

GENGIS, TROUPE DE GUERRIERS TARTARES.

GENGIS.

Ainsi la liberté, le repos, et la paix,
Ce but de mes travaux me fuira pour jamais!
Je ne puis être à moi! D'aujourd'hui je commence
A sentir tout le poids de ma triste puissance :
Je cherchais Idamé; je ne vois près de moi
Que ces chefs importuns qui fatiguent leur roi.

(A sa suite.)

Allez, au pied des murs hâtez-vous de vous rendre :
L'insolent Coréen ne pourra nous surprendre;
Ils ont proclamé roi cet enfant malheureux,
Et, sa tête à la main, je marcherai contre eux.
Pour la dernière fois que Zamti m'obéisse :
J'ai trop de cet enfant différé le supplice.

(Il reste seul.)

Allez. Ces soins cruels, à mon sort attachés,
Gênent trop mes esprits d'un autre soin touchés :
Ce peuple à contenir, ces vainqueurs à conduire,
Des périls à prévoir, des complots à détruire;
Que tout pèse à mon cœur en secret tourmenté!
Ah! je fus plus heureux dans mon obscurité.

SCÈNE II.

GENGIS, OCTAR.

GENGIS.

Eh bien! vous avez vu ce mandarin farouche?

OCTAR.

Nul péril ne l'émeut, nul respect ne le touche.

Seigneur, en votre nom j'ai rougi de parler
A ce vil ennemi qu'il fallait immoler ;
D'un œil d'indifférence il a vu le supplice ;
Il répète les noms de devoir, de justice ;
Il brave la victoire : on dirait que sa voix,
Du haut d'un tribunal, nous dicte ici des lois.
Confondez avec lui son épouse rebelle ;
Ne vous abaissez point à soupirer pour elle ;
Et détournez les yeux de ce couple proscrit,
Qui vous ose braver quand la terre obéit.

GENGIS.

Non, je ne reviens point encor de ma surprise :
Quels sont donc ces humains que mon bonheur maîtrise ?
Quels sont ces sentiments, qu'au fond de nos climats
Nous ignorions encore et ne soupçonnions pas ?
A son roi, qui n'est plus, immolant la nature,
L'un voit périr son fils sans crainte et sans murmure :
L'autre, pour son époux, est prête à s'immoler :
Rien ne peut les fléchir, rien ne les fait trembler.
Que dis-je ? si j'arrête une vue attentive
Sur cette nation désolée et captive,
Malgré moi je l'admire en lui donnant des fers :
Je vois que ses travaux ont instruit l'univers ;
Je vois un peuple antique, industrieux, immense.
Ses rois sur la sagesse ont fondé leur puissance,
De leurs voisins soumis heureux législateurs,
Gouvernant sans conquête, et régnant par les mœurs.
Le ciel ne nous donna que la force en partage ;
Nos arts sont les combats, détruire est notre ouvrage.
Ah ! de quoi m'ont servi tant de succès divers ?
Quel fruit me revient-il des pleurs de l'univers ?
Nous rougissons de sang le char de la victoire.
Peut-être qu'en effet il est une autre gloire :
Mon cœur est en secret jaloux de leurs vertus ;
Et, vainqueur, je voudrais égaler les vaincus.

OCTAR.

Pouvez-vous de ce peuple admirer la faiblesse ?
Quel mérite ont des arts enfants de la mollesse,
Qui n'ont pu les sauver des fers et de la mort ?
Le faible est destiné pour servir le plus fort :
Tout cède sur la terre aux travaux, au courage ;
Mais c'est vous qui cédez, qui souffrez un outrage,

Vous qui tendez les mains, malgré votre courroux,
A je ne sais quels fers inconnus parmi nous ;
Vous qui vous exposez à la plainte importune
De ceux dont la valeur a fait votre fortune.
Ces braves compagnons de vos travaux passés
Verront-ils tant d'honneurs par l'amour effacés ?
Leur grand cœur s'en indigne, et leurs fronts en rougissent ;
Leurs clameurs jusqu'à vous par ma voix retentissent ;
Je vous parle en leur nom comme au nom de l'État.
Excusez un Tartare, excusez un soldat
Blanchi sous le harnais et dans votre service,
Qui ne peut supporter un amoureux caprice,
Et qui montre la gloire à vos yeux éblouis.

GENGIS.

Que l'on cherche Idamé.

OCTAR.

Vous voulez...

GENGIS.

Obéis.

De ton zèle hardi réprime la rudesse ;
Je veux que mes sujets respectent ma faiblesse.

SCÈNE III.

GENGIS.

A mon sort à la fin je ne puis résister ;
Le ciel me la destine, il n'en faut point douter.
Qu'ai-je fait, après tout, dans ma grandeur suprême ?
J'ai fait des malheureux, et je le suis moi-même ;
Et de tous ces mortels attachés à mon rang,
Avides de combats, prodigues de leur sang,
Un seul a-t-il jamais, arrêtant ma pensée,
Dissipé les chagrins de mon âme oppressée ?
Tant d'États subjugués ont-ils rempli mon cœur ?
Ce cœur, lassé de tout, demandait une erreur
Qui pût de mes ennuis chasser la nuit profonde,
Et qui me consolât sur le trône du monde[1].

---

1. On peut comparer cette situation de Gengis à celle d'Auguste, et ces vers de *l'Orphelin* à ceux-ci de *Cinna* :

> Et comme notre esprit jusqu'au dernier soupir
> Toujours vers quelque objet pousse quelque désir,

Par ses tristes conseils Octar m'a révolté :
Je ne vois près de moi qu'un tas ensanglanté
De monstres affamés et d'assassins sauvages,
Disciplinés au meurtre, et formés aux ravages ;
Ils sont nés pour la guerre, et non pas pour ma cour ;
Je les prends en horreur, en connaissant l'amour :
Qu'ils combattent sous moi, qu'ils meurent à ma suite ;
Mais qu'ils n'osent jamais juger de ma conduite.
Idamé ne vient point... c'est elle, je la voi.

SCÈNE IV.

GENGIS, IDAMÉ.

IDAMÉ.

Quoi ! vous voulez jouir encor de mon effroi ?
Ah ! seigneur, épargnez une femme, une mère ;
Ne rougissez-vous pas d'accabler ma misère ?

GENGIS.

Cessez à vos frayeurs de vous abandonner :
Votre époux peut se rendre, on peut lui pardonner ;
J'ai déjà suspendu l'effet de ma vengeance,
Et mon cœur pour vous seule a connu la clémence.
Peut-être ce n'est pas sans un ordre des cieux
Que mes prospérités m'ont conduit à vos yeux :
Peut-être le destin voulut vous faire naître
Pour fléchir un vainqueur, pour captiver un maître,
Pour adoucir en moi cette âpre dureté
Des climats où mon sort en naissant m'a jeté.
Vous m'entendez, je règne, et vous pourriez reprendre
Un pouvoir que sur moi vous deviez peu prétendre.
Le divorce, en un mot, par mes lois est permis ;
Et le vainqueur du monde à vous seule est soumis.

Il se ramène en soi, n'ayant plus où se prendre,
Et, monté sur le faîte, il aspire à descendre.

Rien ne forme plus le goût, comme le remarque M. de Voltaire, que ces comparaisons, lorsque surtout deux hommes d'un génie égal, mais très-différent, ont à exprimer un même fond d'idées, dans des circonstances et avec des accessoires qui ne sont pas les mêmes. Ici l'un peint un tyran, et la satiété d'une âme épuisée par des passions violentes ; et l'autre peint un conquérant, et le vide d'un cœur qui a conservé sa sensibilité et son énergie. (K.)

S'il vous fut odieux, le trône a quelques charmes ;
Et le bandeau des rois peut essuyer des larmes [1].
L'intérêt de l'État et de vos citoyens
Vous presse autant que moi de former ces liens.
Ce langage, sans doute, a de quoi vous surprendre :
Sur les débris fumants des trônes mis en cendre,
Le destructeur des rois dans la poudre oubliés
Semblait n'être plus fait pour se voir à vos pieds :
Mais sachez qu'en ces lieux votre foi fut trompée ;
Par un rival indigne elle fut usurpée :
Vous la devez, madame, au vainqueur des humains ;
Témugin vient à vous vingt sceptres dans les mains.
Vous baissez vos regards, et je ne puis comprendre
Dans vos yeux interdits ce que je dois attendre :
Oubliez mon pouvoir, oubliez ma fierté,
Pesez vos intérêts, parlez en liberté.

IDAMÉ.

A tant de changements tour à tour condamnée
Je ne le cèle point, vous m'avez étonnée :
Je vais, si je le puis, reprendre mes esprits ;
Et, quand je répondrai, vous serez plus surpris.
Il vous souvient du temps et de la vie obscure
Où le ciel enfermait votre grandeur future ;
L'effroi des nations n'était que Témugin ;
L'univers n'était pas, seigneur, en votre main :
Elle était pure alors, et me fut présentée :
Apprenez qu'en ce temps je l'aurais acceptée.

GENGIS.

Ciel ! que m'avez-vous dit ? ô ciel ! vous m'aimeriez !
Vous !

IDAMÉ.

J'ai dit que ces vœux, que vous me présentiez,
N'auraient point révolté mon âme assujettie,
Si les sages mortels à qui j'ai dû la vie
N'avaient fait à mon cœur un contraire devoir.
De nos parents sur nous vous savez le pouvoir :
Du dieu que nous servons ils sont la vive image ;

---

1. Égée dit à Églé, dans l'opéra de *Thésée* (I, viii) :

C'est peut-être un peu tard m'offrir à vos beaux yeux
Je ne suis plus au temps de l'aimable jeunesse ;
Mais je suis roi, belle princesse,
Et roi victorieux.

Nous leur obéissons en tout temps, en tout âge.
Cet empire détruit, qui dut être immortel,
Seigneur, était fondé sur le droit paternel,
Sur la foi de l'hymen, sur l'honneur, la justice,
Le respect des serments ; et, s'il faut qu'il périsse,
Si le sort l'abandonne à vos heureux forfaits,
L'esprit qui l'anima ne périra jamais.
Vos destins sont changés ; mais le mien ne peut l'être.

GENGIS.

Quoi ! vous m'auriez aimé !

IDAMÉ.

C'est à vous de connaître
Que ce serait encore une raison de plus
Pour n'attendre de moi qu'un éternel refus.
Mon hymen est un nœud formé par le ciel même :
Mon époux m'est sacré : je dirai plus, je l'aime.
Je le préfère à vous, au trône, à vos grandeurs.
Pardonnez mon aveu ; mais respectez nos mœurs.
Ne pensez pas non plus que je mette ma gloire
A remporter sur vous cette illustre victoire,
A braver un vainqueur, à tirer vanité
De ces justes refus qui ne m'ont point coûté :
Je remplis mon devoir, et je me rends justice ;
Je ne fais point valoir un pareil sacrifice.
Portez ailleurs les dons que vous me proposez,
Détachez-vous d'un cœur qui les a méprisés ;
Et, puisqu'il faut toujours qu'Idamé vous implore,
Permettez qu'à jamais mon époux les ignore.
De ce faible triomphe il serait moins flatté
Qu'indigné de l'outrage à ma fidélité.

GENGIS.

Il sait mes sentiments, madame ; il faut les suivre :
Il s'y conformera s'il aime encore à vivre.

IDAMÉ.

Il en est incapable ; et si dans les tourments
La douleur égarait ses nobles sentiments,
Si son âme vaincue avait quelque mollesse,
Mon devoir et ma foi soutiendraient sa faiblesse ;
De son cœur chancelant je deviendrais l'appui
En attestant des nœuds déshonorés par lui.

GENGIS.

Ce que je viens d'entendre, ô dieux ! est-il croyable ?

ACTE IV, SCÈNE IV.

Quoi! lorsque envers vous-même il s'est rendu coupable ;
Lorsque sa cruauté, par un barbare effort,
Vous arrachant un fils, l'a conduit à la mort!

IDAMÉ.

Il eut une vertu, seigneur, que je révère :
Il pensait en héros, je n'agissais qu'en mère ;
Et, si j'étais injuste assez pour le haïr,
Je me respecte assez pour ne le point trahir.

GENGIS.

Tout m'étonne dans vous, mais aussi tout m'outrage :
J'adore avec dépit cet excès de courage ;
Je vous aime encore plus quand vous me résistez :
Vous subjuguez mon cœur, et vous le révoltez.
Redoutez-moi ; sachez que, malgré ma faiblesse,
Ma fureur peut aller plus loin que ma tendresse.

IDAMÉ.

Je sais qu'ici tout tremble ou périt sous vos coups :
Les lois vivent encore, et l'emportent sur vous [1].

GENGIS.

Les lois! il n'en est plus : quelle erreur obstinée
Ose les alléguer contre ma destinée ?
Il n'est ici de lois que celles de mon cœur,
Celles d'un souverain, d'un Scythe, d'un vainqueur :
Les lois que vous suivez m'ont été trop fatales.
Oui, lorsque dans ces lieux nos fortunes égales,
Nos sentiments, nos cœurs l'un vers l'autre emportés
(Car je le crois ainsi malgré vos cruautés),
Quand tout nous unissait, vos lois, que je déteste,
Ordonnèrent ma honte et votre hymen funeste.
Je les anéantis, je parle, c'est assez :
Imitez l'univers, madame ; obéissez.
Vos mœurs, que vous vantez, vos usages austères,
Sont un crime à mes yeux, quand ils me sont contraires.
Mes ordres sont donnés, et votre indigne époux
Doit remettre en mes mains votre empereur et vous :

---

1. A ce vers les comédiens avaient substitué :

Mon devoir et ma loi sont au-dessus de vous.

« Je ne peux pas concevoir, écrit Voltaire à Mlle Clairon, comment on a pu ôter de votre rôle ce vers au quatrième acte. C'est assurément un des moins mauvais de la pièce. » — On avait changé ce vers parce qu'on craignait sans doute la réplique de Gengis : *Les lois, il n'en est plus*. (G. A.)

Leurs jours me répondront de votre obéissance.
Pensez-y ; vous savez jusqu'où va ma vengeance,
Et songez à quel prix vous pouvez désarmer
Un maître qui vous aime, et qui rougit d'aimer [1].

SCENE V.

IDAMÉ, ASSÉLI.

IDAMÉ.
Il me faut donc choisir leur perte ou l'infamie !
O pur sang de mes rois ! ô moitié de ma vie !
Cher époux, dans mes mains quand je tiens votre sort,
Ma voix, sans balancer, vous condamne à la mort !
ASSÉLI.
Ah ! reprenez plutôt cet empire suprême
Qu'aux beautés, aux vertus, attacha le ciel même ;
Ce pouvoir, qui soumit ce Scythe furieux
Aux lois de la raison qu'il lisait dans vos yeux.
Longtemps accoutumée à dompter sa colère,
Que ne pouvez-vous point, puisque vous savez plaire !
IDAMÉ.
Dans l'état où je suis c'est un malheur de plus.
ASSÉLI.
Vous seule adouciriez le destin des vaincus :
Dans nos calamités, le ciel, qui vous seconde,
Veut vous opposer seule à ce tyran du monde ;
Vous avez vu tantôt son courage irrité
Se dépouiller pour vous de sa férocité.
Il aurait dû cent fois, il devrait même encore,
Perdre dans votre époux un rival qu'il abhorre ;

---

1. Voici une scène qui pouvait prêter aux allusions : « Vous connaissez le sujet, et vous connaissez la nation, écrivait Voltaire à d'Argental. Il n'est pas douteux que la conduite d'Idamé ne fût regardée comme la condamnation d'une personne (la Pompadour), qui n'est pas Chinoise... L'application que je crains est si aisée à faire, que je n'oserais même envoyer l'ouvrage à la personne qui pourrait être l'objet de cette application. Je vais tâcher de supprimer quelques vers dont on pourrait tirer des interprétations malignes. » Et encore : « Vous croyez bien qu'ils (les partisans de Crébillon) ne manqueront pas de dire que c'est une bravade faite à sa protectrice, et Dieu sait si alors on ne lui fait pas entendre que c'est non-seulement une bravade, mais une offense et une espèce de satire. »

Zamti pourtant respire après l'avoir bravé ;
A son épouse encore il n'est point enlevé.
On vous respecte en lui ; ce vainqueur sanguinaire
Sur les débris du monde a craint de vous déplaire.
Enfin, souvenez-vous que, dans ces mêmes lieux,
Il sentit, le premier, le pouvoir de vos yeux :
Son amour autrefois fut pur et légitime.
IDAMÉ.
Arrête ; il ne l'est plus : y penser est un crime.

SCÈNE VI.

ZAMTI, IDAMÉ, ASSÉLI.

IDAMÉ.
Ah ! dans ton infortune et dans mon désespoir,
Suis-je encor ton épouse et peux-tu me revoir ?
ZAMTI.
On le veut : du tyran tel est l'ordre funeste ;
Je dois à ses fureurs ce moment qui me reste.
IDAMÉ.
On t'a dit à quel prix ce tyran daigne enfin
Sauver tes tristes jours, et ceux de l'orphelin ?
ZAMTI.
Ne parlons pas des miens, laissons notre infortune.
Un citoyen n'est rien dans la perte commune ;
Il doit s'anéantir. Idamé, souviens-toi
Que mon devoir unique est de sauver mon roi :
Nous lui devions nos jours, nos services, notre être,
Tout, jusqu'au sang d'un fils qui naquit pour son maître ;
Mais l'honneur est un bien que nous ne devons pas.
Cependant l'orphelin n'attend que le trépas ;
Mes soins l'ont enfermé dans ces asiles sombres
Où des rois ses aïeux on révère les ombres ;
La mort, si nous tardons, l'y dévore avec eux.
En vain des Coréens le prince généreux
Attend ce cher dépôt que lui promit mon zèle.
Étan, de son salut ce ministre fidèle,
Étan, ainsi que moi, se voit chargé de fers.
Toi seule à l'orphelin restes dans l'univers ;

C'est à toi maintenant de conserver sa vie,
Et ton fils, et ta gloire à mon honneur unie.
IDAMÉ.
Ordonne; que veux-tu? que faut-il?
ZAMTI.
M'oublier,
Vivre pour ton pays, lui tout sacrifier.
Ma mort, en éteignant les flambeaux d'hyménée,
Est un arrêt des cieux qui fait ta destinée.
Il n'est plus d'autres soins ni d'autres lois pour nous :
L'honneur d'être fidèle aux cendres d'un époux
Ne saurait balancer une gloire plus belle.
C'est au prince, à l'État, qu'il faut être fidèle.
Remplissons de nos rois les ordres absolus;
Je leur donnai mon fils, je leur donne encor plus.
Libre par mon trépas, enchaîne ce Tartare;
Éteins sur mon tombeau les foudres du barbare :
Je commence à sentir la mort avec horreur
Quand ma mort t'abandonne à cet usurpateur :
Je fais en frémissant ce sacrifice impie;
Mais mon devoir l'épure, et mon trépas l'expie :
Il était nécessaire autant qu'il est affreux.
Idamé, sers de mère à ton roi malheureux;
Règne, que ton roi vive, et que ton époux meure :
Règne, dis-je, à ce prix : oui, je le veux...
IDAMÉ.
Demeure.
Me connais-tu? Veux-tu que ce funeste rang
Soit le prix de ma honte, et le prix de ton sang?
Penses-tu que je sois moins épouse que mère?
Tu t'abuses, cruel, et ta vertu sévère
A commis contre toi deux crimes en un jour,
Qui font frémir tous deux la nature et l'amour.
Barbare envers ton fils, et plus envers moi-même,
Ne te souvient-il plus qui je suis, et qui t'aime?
Crois-moi; dans nos malheurs il est un sort plus beau,
Un plus noble chemin pour descendre au tombeau.
Soit amour, soit mépris, le tyran qui m'offense,
Sur moi, sur mes desseins, n'est pas en défiance :
Dans ces remparts fumants, et de sang abreuvés,
Je suis libre, et mes pas ne sont point observés;
Le chef des Coréens s'ouvre un secret passage,

Non loin de ces tombeaux où ce précieux gage
A l'œil qui le poursuit fut caché par tes mains :
De ces tombeaux sacrés je sais tous les chemins ;
Je cours y ranimer sa languissante vie,
Le rendre aux défenseurs armés pour la patrie,
Le porter en mes bras dans leurs rangs belliqueux,
Comme un présent d'un dieu qui combat avec eux.
Nous mourrons, je le sais, mais tout couverts de gloire ;
Nous laisserons de nous une illustre mémoire.
Mettons nos noms obscurs au rang des plus grands noms,
Et juge si mon cœur a suivi tes leçons.

ZAMTI.

Tu l'inspires, grand dieu ! que ton bras la soutienne !
Idamé, ta vertu l'emporte sur la mienne ;
Toi seule as mérité que les cieux attendris
Daignent sauver par toi ton prince et ton pays[1].

1. « Le caractère de Zamti, dit M. Hippolyte Lucas, devient comique comme celui de Georges Dandin. » Mais Voltaire lui-même avait senti tout le premier le ridicule de ce rôle. Il ne voulait pas de Zamti : « La situation d'un homme à qui on veut ôter sa femme a quelque chose de si avilissant pour lui qu'il ne faut pas qu'il paraisse : sa vue ne peut faire qu'un mauvais effet. » Ainsi écrivait-il à d'Argental ; mais d'Argental voulait cinq actes, et il fallut imaginer un Zamti. (G. A.)

FIN DU QUATRIÈME ACTE.

ACTE CINQUIÈME.

SCÈNE I.

IDAMÉ, ASSÉLI.

ASSÉLI.

Quoi ! rien n'a résisté ! tout a fui sans retour !
Quoi ! je vous vois deux fois sa captive en un jour !
Fallait-il affronter ce conquérant sauvage ?
Sur les faibles mortels il a trop d'avantage.
Une femme, un enfant, des guerriers sans vertu !
Que pouviez-vous ? hélas !

IDAMÉ.

J'ai fait ce que j'ai dû.
Tremblante pour mon fils, sans force, inanimée,
J'ai porté dans mes bras l'empereur à l'armée.
Son aspect a d'abord animé les soldats :
Mais Gengis a marché ; la mort suivait ses pas[1] ;
Et des enfants du Nord la horde ensanglantée
Aux fers dont je sortais m'a soudain rejetée.
C'en est fait.

ASSÉLI.

Ainsi donc ce malheureux enfant
Retombe entre ses mains, et meurt presque en naissant :
Votre époux avec lui termine sa carrière.

IDAMÉ.

L'un et l'autre bientôt voit son heure dernière.
Si l'arrêt de la mort n'est point porté contre eux,
C'est pour leur préparer des tourments plus affreux.
Mon fils, ce fils si cher, va les suivre peut-être.

---

1. « Mes Tartares tuent tout, écrivait Voltaire, et j'ai bien peur qu'ils ne fassent pleurer personne. »

ACTE V, SCÈNE I.

Devant ce fier vainqueur il m'a fallu paraître;
Tout fumant de carnage, il m'a fait appeler,
Pour jouir de mon trouble, et pour mieux m'accabler.
Ses regards inspiraient l'horreur et l'épouvante.
Vingt fois il a levé sa main toute sanglante
Sur le fils de mes rois, sur mon fils malheureux.
Je me suis en tremblant jetée au-devant d'eux;
Tout en pleurs, à ses pieds je me suis prosternée;
Mais lui, me repoussant d'une main forcenée,
La menace à la bouche, et détournant les yeux,
Il est sorti pensif, et rentré furieux;
Et s'adressant aux siens d'une voix oppressée,
Il leur criait vengeance, et changeait de pensée;
Tandis qu'autour de lui ses barbares soldats
Semblaient lui demander l'ordre de mon trépas.

ASSÉLI.

Pensez-vous qu'il donnât un ordre si funeste?
Il laisse vivre encor votre époux qu'il déteste;
L'orphelin aux bourreaux n'est point abandonné.
Daignez demander grâce, et tout est pardonné.

IDAMÉ.

Non, ce féroce amour est tourné tout en rage.
Ah! si tu l'avais vu redoubler mon outrage,
M'assurer de sa haine, insulter à mes pleurs!

ASSÉLI.

Et vous doutez encor d'asservir ses fureurs?
Ce lion subjugué, qui rugit dans sa chaîne,
S'il ne vous aimait pas, parlerait moins de haine.

IDAMÉ.

Qu'il m'aime ou me haïsse, il est temps d'achever
Des jours que, sans horreur, je ne puis conserver.

ASSÉLI.

Ah! que résolvez-vous?

IDAMÉ.

        Quand le ciel en colère
De ceux qu'il persécute a comblé la misère,
Il les soutient souvent dans le sein des douleurs,
Et leur donne un courage égal à leurs malheurs.
J'ai pris, dans l'horreur même où je suis parvenue,
Une force nouvelle, à mon cœur inconnue.
Va, je ne craindrai plus ce vainqueur des humains;
Je dépendrai de moi : mon sort est dans mes mains.

ASSÉLI.
Mais ce fils, cet objet de crainte et de tendresse,
L'abandonnerez-vous ?

IDAMÉ.
Tu me rends ma faiblesse,
Tu me perces le cœur. Ah ! sacrifice affreux !
Que n'avais-je point fait pour ce fils malheureux !
Mais Gengis, après tout, dans sa grandeur altière,
Environné de rois couchés dans la poussière,
Ne recherchera point un enfant ignoré,
Parmi les malheureux dans la foule égaré ;
Ou peut-être il verra d'un regard moins sévère
Cet enfant innocent dont il aima la mère :
A cet espoir au moins mon triste cœur se rend ;
C'est une illusion que j'embrasse en mourant.
Haïra-t-il ma cendre, après m'avoir aimée ?
Dans la nuit de la tombe en serai-je opprimée ?
Poursuivra-t-il mon fils ?

SCÈNE II.

IDAMÉ, ASSÉLI, OCTAR.

OCTAR.
Idamé, demeurez :
Attendez l'empereur en ces lieux retirés.
(A sa suite.)
Veillez sur ces enfants ; et vous à cette porte,
Tartares, empêchez qu'aucun n'entre et ne sorte.
(A Asséli.)
Éloignez-vous.

IDAMÉ.
Seigneur, il veut encor me voir !
J'obéis, il le faut, je cède à son pouvoir.
Si j'obtenais du moins, avant de voir un maître,
Qu'un moment à mes yeux mon époux pût paraître,
Peut-être du vainqueur les esprits ramenés
Rendraient enfin justice à deux infortunés.
Je sens que je hasarde une prière vaine :
La victoire est chez vous implacable, inhumaine ;
Mais enfin la pitié, seigneur, en vos climats,

Est-elle un sentiment qu'on ne connaisse pas?
Et ne puis-je implorer votre voix favorable?
OCTAR.
Quand l'arrêt est porté, qui conseille est coupable.
Vous n'êtes plus ici sous vos antiques rois,
Qui laissaient désarmer la rigueur de leurs lois.
D'autres temps, d'autres mœurs : ici règnent les armes ;
Nous ne connaissons point les prières, les larmes.
On commande, et la terre écoute avec terreur.
Demeurez, attendez l'ordre de l'empereur.

SCÈNE III.

IDAMÉ.

Dieu des infortunés, qui voyez mon outrage,
Dans ces extrémités soutenez mon courage ;
Versez du haut des cieux, dans ce cœur consterné,
Les vertus de l'époux que vous m'avez donné.

SCÈNE IV.

GENGIS, IDAMÉ.

GENGIS.

Non, je n'ai point assez déployé ma colère,
Assez humilié votre orgueil téméraire,
Assez fait de reproche aux infidélités
Dont votre ingratitude a payé mes bontés.
Vous n'avez pas conçu l'excès de votre crime,
Ni tout votre danger, ni l'horreur qui m'anime,
Vous, que j'avais aimée, et que je dus haïr ;
Vous, qui me trahissiez, et que je dois punir.
IDAMÉ.
Ne punissez que moi ; c'est la grâce dernière
Que j'ose demander à la main meurtrière
Dont j'espérais en vain fléchir la cruauté.
Éteignez dans mon sang votre inhumanité.
Vengez-vous d'une femme à son devoir fidèle ;
Finissez ses tourments.
GENGIS.
        Je ne le puis, cruelle ;

Les miens sont plus affreux, je les veux terminer.
Je viens pour vous punir, je puis tout pardonner.
Moi, pardonner! à vous! non, craignez ma vengeance :
Je tiens le fils des rois, le vôtre, en ma puissance.
De votre indigne époux je ne vous parle pas ;
Depuis que vous l'aimez, je lui dois le trépas :
Il me trahit, me brave, il ose être rebelle.
Mille morts punissaient sa fraude criminelle :
Vous retenez mon bras, et j'en suis indigné ;
Oui, jusqu'à ce moment, le traître est épargné.
Mais je ne prétends plus supplier ma captive.
Il le faut oublier, si vous voulez qu'il vive.
Rien n'excuse à présent votre cœur obstiné :
Il n'est plus votre époux, puisqu'il est condamné ;
Il a péri pour vous : votre chaîne odieuse
Va se rompre à jamais par une mort honteuse.
C'est vous qui m'y forcez ; et je ne conçois pas
Le scrupule insensé qui le livre au trépas.
Tout couvert de son sang, je devais, sur sa cendre,
A mes vœux absolus vous forcer de vous rendre ;
Mais sachez qu'un barbare, un Scythe, un destructeur,
A quelques sentiments dignes de votre cœur.
Le destin, croyez-moi, nous devait l'un à l'autre ;
Et mon âme a l'orgueil de régner sur la vôtre.
Abjurez votre hymen, et, dans le même temps,
Je place votre fils au rang de mes enfants.
Vous tenez dans vos mains plus d'une destinée ;
Du rejeton des rois l'enfance condamnée,
Votre époux qu'à la mort un mot peut arracher,
Les honneurs les plus hauts tout prêts à le chercher,
Le destin de son fils, le vôtre, le mien même,
Tout dépendra de vous, puisque enfin je vous aime.
Oui, je vous aime encor ; mais ne présumez pas
D'armer contre mes vœux l'orgueil de vos appas ;
Gardez-vous d'insulter à l'excès de faiblesse
Que déjà mon courroux reproche à ma tendresse.
C'est un danger pour vous que l'aveu que je fais :
Tremblez de mon amour, tremblez de mes bienfaits,
Mon âme à la vengeance est trop accoutumée ;
Et je vous punirais de vous avoir aimée.
Pardonnez : je menace encore en soupirant ;
Achevez d'adoucir ce courroux qui se rend :

Vous ferez d'un seul mot le sort de cet empire ;
Mais ce mot important, madame, il faut le dire :
Prononcez sans tarder, sans feinte, sans détour,
Si je vous dois enfin ma haine ou mon amour.

IDAMÉ.

L'une et l'autre aujourd'hui serait trop condamnable ;
Votre haine est injuste, et votre amour coupable ;
Cet amour est indigne et de vous et de moi :
Vous me devez justice ; et si vous êtes roi,
Je la veux, je l'attends pour moi contre vous-même.
Je suis loin de braver votre grandeur suprême ;
Je la rappelle en vous, lorsque vous l'oubliez ;
Et vous-même en secret vous me justifiez.

GENGIS.

Eh bien ! vous le voulez ; vous choisissez ma haine,
Vous l'aurez ; et déjà je la retiens à peine :
Je ne vous connais plus ; et mon juste courroux
Me rend la cruauté que j'oubliais pour vous.
Votre époux, votre prince, et votre fils, cruelle,
Vont payer de leur sang votre fierté rebelle.
Ce mot que je voulais les a tous condamnés ;
C'en est fait, et c'est vous qui les assassinez.

IDAMÉ.

Barbare !
GENGIS.
Je le suis ; j'allais cesser de l'être :
Vous aviez un amant, vous n'avez plus qu'un maître,
Un ennemi sanglant, féroce, sans pitié,
Dont la haine est égale à votre inimitié.

IDAMÉ.

Eh bien ! je tombe aux pieds de ce maître sévère :
Le ciel l'a fait mon roi ; seigneur, je le révère :
Je demande à genoux une grâce de lui.

GENGIS.

Inhumaine, est-ce à vous d'en attendre aujourd'hui ?
Levez-vous : je suis prêt encore à vous entendre.
Pourrai-je me flatter d'un sentiment plus tendre ?
Que voulez-vous ? parlez.

IDAMÉ.

Seigneur, qu'il soit permis
Qu'en secret mon époux près de moi soit admis,
Que je lui parle.

GENGIS.

Vous!

IDAMÉ.

Écoutez ma prière.
Cet entretien sera ma ressource dernière :
Vous jugerez après si j'ai dû résister.

GENGIS.

Non, ce n'était pas lui qu'il fallait consulter :
Mais je veux bien encor souffrir cette entrevue.
Je crois qu'à la raison son âme enfin rendue
N'osera plus prétendre à cet honneur fatal
De me désobéir, et d'être mon rival.
Il m'enleva son prince, il vous a possédée.
Que de crimes! Sa grâce est encore accordée :
Qu'il la tienne de vous, qu'il vous doive son sort ;
Présentez à ses yeux le divorce ou la mort :
Oui, j'y consens. Octar, veillez à cette porte.
Vous, suivez-moi. Quel soin m'abaisse et me transporte!
Faut-il encore aimer? est-ce là mon destin?

(Il sort.)

IDAMÉ.

Je renais, et je sens s'affermir dans mon sein
Cette intrépidité dont je doutais encore.

SCÈNE V.

ZAMTI, IDAMÉ.

IDAMÉ.

O toi, qui me tiens lieu de ce ciel que j'implore,
Mortel plus respectable et plus grand à mes yeux
Que tous ces conquérants dont l'homme a fait des dieux!
L'horreur de nos destins ne t'est que trop connue;
La mesure est comblée, et notre heure est venue.

ZAMTI.

Je le sais.

IDAMÉ.

C'est en vain que tu voulus deux fois
Sauver le rejeton de nos malheureux rois.

ZAMTI.

Il n'y faut plus penser, l'espérance est perdue;

De tes devoirs sacrés tu remplis l'étendue :
Je mourrai consolé.
           IDAMÉ.
                Que deviendra mon fils ?
Pardonne encor ce mot à mes sens attendris,
Pardonne à ces soupirs; ne vois que mon courage.
            ZAMTI.
Nos rois sont au tombeau, tout est dans l'esclavage.
Va, crois-moi, ne plaignons que les infortunés
Qu'à respirer encor le ciel a condamnés.
            IDAMÉ.
La mort la plus honteuse est ce qu'on te prépare.
            ZAMTI.
Sans doute; et j'attendais les ordres du barbare :
Ils ont tardé longtemps.
            IDAMÉ.
                  Eh bien! écoute-moi :
Ne saurons-nous mourir que par l'ordre d'un roi ?
Les taureaux aux autels tombent en sacrifice;
Les criminels tremblants sont traînés au supplice;
Les mortels généreux disposent de leur sort[1] :
Pourquoi des mains d'un maître attendre ici la mort ?
L'homme était-il donc né pour tant de dépendance!
De nos voisins altiers imitons la constance;
De la nature humaine ils soutiennent les droits,
Vivent libres chez eux, et meurent à leur choix;
Un affront leur suffit pour sortir de la vie,
Et plus que le néant ils craignent l'infamie.
Le hardi Japonais n'attend pas qu'au cercueil
Un despote insolent le plonge d'un coup d'œil.
Nous avons enseigné ces braves insulaires;
Apprenons d'eux enfin des vertus nécessaires;
Sachons mourir comme eux.
            ZAMTI.
                  Je t'approuve, et je crois
Que le malheur extrême est au-dessus des lois.
J'avais déjà conçu tes desseins magnanimes;
Mais seuls et désarmés, esclaves et victimes,
Courbés sous nos tyrans, nous attendons leurs coups.

---

1. Ce sont les vers que dit Clavières, ex-ministre des finances en 1793, avant de se suicider. (G. A.)

IDAMÉ, en tirant son poignard.

Tiens, sois libre avec moi; frappe, et délivre-nous.

ZAMTI.

Ciel!

IDAMÉ.

Déchire ce sein, ce cœur qu'on déshonore.
J'ai tremblé que ma main, mal affermie encore,
Ne portât sur moi-même un coup mal assuré.
Enfonce dans ce cœur un bras moins égaré;
Immole avec courage une épouse fidèle;
Tout couvert de mon sang, tombe et meurs auprès d'elle;
Qu'à mes derniers moments j'embrasse mon époux;
Que le tyran le voie, et qu'il en soit jaloux.

ZAMTI.

Grâce au ciel, jusqu'au bout ta vertu persévère;
Voilà de ton amour la marque la plus chère.
Digne épouse, reçois mes éternels adieux;
Donne ce glaive, donne, et détourne les yeux.

IDAMÉ, en lui donnant le poignard.

Tiens, commence par moi; tu le dois : tu balances!

ZAMTI.

Je ne puis.

IDAMÉ.

Je le veux.

ZAMTI.

Je frémis.

IDAMÉ.

Tu m'offenses.
Frappe, et tourne sur toi tes bras ensanglantés.

ZAMTI.

Eh bien! imite-moi.

IDAMÉ, lui saisissant le bras.

Frappe, dis-je...

SCÈNE VI.

GENGIS, OCTAR, IDAMÉ, ZAMTI, GARDES.

GENGIS, accompagné de ses gardes, et désarmant Zamti.

Arrêtez,
Arrêtez, malheureux! O ciel! qu'alliez-vous faire?

ACTE V, SCÈNE VI.

IDAMÉ.
Nous délivrer de toi, finir notre misère,
A tant d'atrocités dérober notre sort.
ZAMTI.
Veux-tu nous envier jusques à notre mort?
GENGIS.
Oui... Dieu, maître des rois, à qui mon cœur s'adresse,
Témoin de mes affronts, témoin de ma faiblesse,
Toi qui mis à mes pieds tant d'États, tant de rois,
Deviendrai-je à la fin digne de mes exploits?
Tu m'outrages, Zamti; tu l'emportes encore
Dans un cœur né pour moi, dans un cœur que j'adore.
Ton épouse à mes yeux, victime de sa foi,
Veut mourir de ta main, plutôt que d'être à moi.
Vous apprendrez tous deux à souffrir mon empire,
Peut-être à faire plus.
IDAMÉ.
Que prétends-tu nous dire?
ZAMTI.
Quel est ce nouveau trait de l'inhumanité?
IDAMÉ.
D'où vient que notre arrêt n'est pas encor porté?
GENGIS.
Il va l'être, madame, et vous allez l'apprendre.
Vous me rendiez justice, et je vais vous la rendre.
A peine dans ces lieux je crois ce que j'ai vu :
Tous deux je vous admire, et vous m'avez vaincu.
Je rougis, sur le trône où m'a mis la victoire,
D'être au-dessous de vous au milieu de ma gloire.
En vain par mes exploits j'ai su me signaler;
Vous m'avez avili : je veux vous égaler.
J'ignorais qu'un mortel pût se dompter lui-même;
Je l'apprends; je vous dois cette gloire suprême :
Jouissez de l'honneur d'avoir pu me changer.
Je viens vous réunir : je viens vous protéger.
Veillez, heureux époux, sur l'innocente vie
De l'enfant de vos rois, que ma main vous confie;
Par le droit des combats j'en pouvais disposer;
Je vous remets ce droit, dont j'allais abuser.
Croyez qu'à cet enfant, heureux dans sa misère.
Ainsi qu'à votre fils, je tiendrai lieu de père :
Vous verrez si l'on peut se fier à ma foi.

Je fus un conquérant, vous m'avez fait un roi[1].
(A Zamti.)

Soyez ici des lois l'interprète suprême ;
Rendez leur ministère aussi saint que vous-même ;
Enseignez la raison, la justice, et les mœurs.
Que les peuples vaincus gouvernent les vainqueurs,
Que la sagesse règne, et préside au courage ;
Triomphez de la force, elle vous doit hommage :
J'en donnerai l'exemple, et votre souverain
Se soumet à vos lois les armes à la main.

IDAMÉ.

Ciel ! que viens-je d'entendre ? Hélas ! puis-je vous croire ?

ZAMTI.

Êtes-vous digne enfin, seigneur, de votre gloire ?
Ah ! vous ferez aimer votre joug aux vaincus.

IDAMÉ.

Qui peut vous inspirer ce dessein ?

GENGIS.

Vos vertus[2].

---

1. « La conversion de Gengis-kan, imitée de la clémence d'Auguste, dit M. Hippolyte Lucas, est malheureusement puérile. » Nous croyons que Voltaire juge mieux lorsqu'il dit lui-même : « Gengis, c'est *Arlequin poli par l'amour.* » C'est plutôt le Cimon de Boccace et de La Fontaine :

Cimon aima, puis devint honnête homme. (G. A.)

2. « Il m'est impossible de finir plus heureusement, écrivait Voltaire à d'Argental. Lekain aura assez d'esprit pour ne pas dire ce mot comme un compliment. Il le dira après un temps ; il le dira avec un enthousiasme d'attendrissement, et il fera cent fois plus d'effet qu'avec une péroraison inutile. »

FIN DE L'ORPHELIN DE LA CHINE.

VARIANTES

DE L'ORPHELIN DE LA CHINE.

Page 305, vers 28. — Dans les éditions de 1755, Zamti continue ainsi son récit :

> Le pillage et le meurtre environnaient ces lieux.
> Ce prince infortuné, etc. (B.)

Page 309, premier vers. — Éditions de 1755 :

> Vont encore en ces lieux signaler son courroux.

Page 318, vers 11. — Éditions de 1755 :

> Comblez-en les horreurs, trahissez à la fois
> Et le ciel et l'empire, et le sang de vos rois.

Page 320, vers 15. — On lit dans les éditions de Duchesne :

> Ces prodiges des arts, consacrés par les temps,
> Échappés aux fureurs des flammes, du pillage.

Voltaire lui-même a signalé cette version comme défectueuse. Voyez *Théâtre*, tome Ier, page 2. (B.)

Page 344, vers 2. — Dans les premières éditions, immédiatement après ce vers, on lisait :

> Remplissons de nos rois les ordres absolus :
> Je leur donnai mon fils ; je leur donne encor plus,
> Libre par mon trépas, va fléchir un Tartare ;
> Passe sur mon tombeau dans les bras d'un barbare.

A quelques mots près, ces vers se retrouvent plus bas.

Ibid., vers 20. — Les premières éditions :

> Tu serviras de mère à ton roi malheureux.

Page 344, vers 31. — Éditions de 1755 :

. . et qui t'aime?
Crois-moi, le juste ciel daigne mieux m'inspirer;
Je puis sauver mon roi sans nous déshonorer.
Soit amour, etc.

Page 345, dernier vers. — Dans sa lettre à Mlle Clairon, du 25 octobre 1755, Voltaire rapporte quatre vers que cette actrice récitait à la fin du quatrième acte, et qu'il la prie de supprimer. (B.)

Page 355, vers 25. — Éditions de 1755 :

Je l'apprends; je vous dois cette grandeur suprême.

FIN DES VARIANTES DE L'ORPHELIN DE LA CHINE.

SOCRATE

OUVRAGE DRAMATIQUE EN TROIS ACTES

TRADUIT DE L'ANGLAIS DE FEU M. THOMSON,
PAR FEU M. FATEMA, COMME ON SAIT.

(1759)

PRÉFACE[1]

DE M. FATEMA[2], TRADUCTEUR.

On a dit dans un livre, et répété dans un autre, qu'il est impossible qu'un homme simplement vertueux, sans intrigue, sans passions, puisse plaire sur la scène. C'est une injure faite au genre humain : elle doit être repoussée, et ne peut l'être plus fortement que par la pièce de feu M. Thomson[3]. Le célèbre Addison avait balancé longtemps entre ce sujet et celui de Caton. Addison pensait que Caton était l'homme vertueux qu'on cherchait, mais que Socrate était encore au-dessus. Il disait que la vertu de Socrate avait été moins dure, plus humaine, plus résignée à la volonté de Dieu, que celle de Caton. Ce sage Grec, disait-il, ne crut pas, comme le Romain, qu'il fût permis d'attenter sur soi-même, et d'abandonner le poste où Dieu nous a placés. Enfin Addison regardait Caton comme la victime de la liberté, et Socrate comme le martyr de la sagesse. Mais le chevalier Richard Steele lui persuada

---

1. *Socrate* n'est autre chose qu'une allégorie satirique et transparente, où les conventions du genre ne sont pas même toujours gardées; et M. de Laharpe a fait remarquer que l'auteur, qui a toujours Paris devant les yeux, oublie de temps en temps que sa pièce représente Athènes, l'aréopage, et les prêtres de Cérès. (K.)
Le *Socrate*, composé en juin 1759, fut imprimé la même année. La date de 1755, mise à la *Préface*, est une preuve de plus que Voltaire a quelquefois antidaté ses ouvrages. Quelques passages de *Socrate* ont été ajoutés en 1761. J'ai indiqué quelles étaient ces additions. Une *Lettre au sujet de Socrate*, pièce dramatique, supposée traduite de l'anglais, a été imprimée dans le *Journal encyclopédique* du 1ᵉʳ février 1760. (B.)
2. On ne connaît point d'auteur hollandais du nom de Fatema. Mais il a existé un Sibrand Feitama, né à Amsterdam en 1694, mort en 1758, qui a traduit en vers hollandais le *Brutus* de Voltaire et sa *Henriade*. Jean, neveu de Sibrand, avait traduit *Mérope*. (B.)
3. Voltaire avait écrit *Tompson*; mais le chantre des *Saisons*, auteur de *Sophonisbe*, etc., s'appelait Thomson. Il était mort en 1748. (B.)

que le sujet de Caton était plus théâtral que l'autre, et surtout plus convenable à sa nation dans un temps de trouble.

En effet, la mort de Socrate aurait fait peu d'impression peut-être dans un pays où l'on ne persécute personne pour sa religion, et où la tolérance a si prodigieusement augmenté la population et les richesses, ainsi que dans la Hollande, ma chère patrie. Richard Steele dit expressément, dans le *Tatler*, « qu'on doit choisir pour le sujet des pièces de théâtre le vice le plus dominant chez la nation pour laquelle on travaille. » Le succès de *Caton* ayant enhardi Addison, il jeta enfin sur le papier l'esquisse de *la Mort de Socrate*, en trois actes. La place de secrétaire d'État, qu'il occupa quelque temps après, lui déroba le temps dont il avait besoin pour finir cet ouvrage. Il donna son manuscrit à M. Thomson, son élève : celui-ci n'osa pas d'abord traiter un sujet si grave et si dénué de tout ce qui est en possession de plaire au théâtre.

Il commença par d'autres tragédies : il donna *Sophonisbe*, *Coriolan*, *Tancrède*, etc., et finit sa carrière par *la Mort de Socrate*, qu'il écrivit en prose, scène par scène, et qu'il confia à ses illustres amis M. Doddington et M. Littleton, comptés parmi les plus beaux génies d'Angleterre. Ces deux hommes, toujours consultés par lui, voulurent qu'il renouvelât la méthode de Shakespeare, d'introduire des personnages du peuple dans la tragédie ; de peindre Xantippe, femme de Socrate, telle qu'elle était en effet, une bourgeoise acariâtre, grondant son mari, et l'aimant ; de mettre sur la scène tout l'aréopage, et de faire, en un mot, de cette pièce une de ces représentations naïves de la vie humaine, un de ces tableaux où l'on peint toutes les conditions.

Cette entreprise n'est pas sans difficulté ; et, quoique le sublime continu soit d'un genre infiniment supérieur, cependant ce mélange du pathétique et du familier a son mérite. On peut comparer ce genre à *l'Odyssée*, et l'autre à *l'Iliade*. M. Littleton ne voulut pas qu'on jouât cette pièce, parce que le caractère de Mélitus ressemblait trop à celui du sergent de loi Catbrée, dont il était allié. D'ailleurs ce drame était une esquisse plutôt qu'un ouvrage achevé.

Il me donna donc ce drame de M. Thomson, à son dernier voyage en Hollande. Je le traduisis d'abord en hollandais, ma langue maternelle. Cependant je ne le fis point jouer sur le théâtre d'Amsterdam, quoique, Dieu merci, nous n'ayons parmi nos pédants aucun pédant aussi odieux et aussi impertinent que M. Catbrée. Mais la multiplicité des acteurs que ce drame exige m'empêcha de le faire exécuter : je le traduisis ensuite en français, et je veux bien laisser courir cette traduction, en attendant que je fasse imprimer l'original.

A Amsterdam, 1755.

Depuis ce temps on a représenté *la Mort de Socrate* à Londres, mais ce n'est pas le drame de M. Thomson[1].

N. B. — Il y a eu des gens assez bêtes pour réfuter les vérités palpables qui sont dans cette préface. Ils prétendent que M. Fatema n'a pu écrire cette préface en 1755, parce qu'il était mort, disent-ils, en 1754. Quand cela serait, voilà une plaisante raison ! Mais le fait est qu'il est décédé en 1757[2].

1. Lekain pensa un instant à monter cette comédie, et s'en ouvrit à Voltaire, qui ne crut pas qu'elle pût être jouée. « Cependant, si on le veut absolument, répondit le poëte, il faudra s'y prêter, à condition que l'auteur de *Socrate* la rende plus susceptible du théâtre de Paris. » Il écrivait également à d'Argental, qui devait être de moitié avec Lekain dans le projet, en admettant qu'il ne l'eût pas inspiré au grand acteur : « Vous êtes un homme bien hardi de vouloir faire jouer *la Mort de Socrate;* vous êtes un Anti-Anitus. Mais que dira maître Anitus-Joly de Fleury ? Ce *Socrate* est un peu fortifié depuis longtemps par de nouvelles scènes, par des additions dans le dialogue. Toutes ces additions ne tendent qu'à rendre les persécuteurs plus ridicules et plus exécrables : mais aussi elles ne contribuent pas à les désarmer. Les Fleury feront ce qu'ils firent à *Mahomet;* et ce pantalon de Rezzonico (élu pape récemment sous le nom de Clément XIII) ne fera pas pour moi ce que fit ce bon polichinelle de Benoît XIV. » (*Lettre du 25 mai 1760.*) En dernière analyse, on dut renoncer à faire représenter une satire qui s'en prenait à trop forte partie, et que la censure aurait, à coup sûr, refusée impitoyablement. (G. D.)

2. Ou plutôt en 1758 ; voyez la note 2 de la page 361. Ce *nota bene* a été ajouté en 1761. Personne n'avait fait le reproche dont y parle Voltaire. (B.)

PERSONNAGES.

SOCRATE.
ANITUS, grand-prêtre de Cérès.
MÉLITUS, un des juges d'Athènes.
XANTIPPE, femme de Socrate.
AGLAÉ, jeune Athénienne elevée par Socrate.
SOPHRONIME, jeune Athénien élevé par Socrate.
DRIXA, marchande,
TERPANDRE et ACROS, } attachés à Anitus.
JUGES.
DISCIPLES DE SOCRATE.
NONOTI,
CHOMOS, } pédants [1] protégés par Anitus.
BERTIOS,

---

[1]. Aucune édition ne comprend dans la liste des personnages les noms des complices d'Anitus, qui paraissent dans la scène septième du deuxième acte (ajoutée en 1761), et qui rappellent les noms de *Nonotte, Chaumeix*, et *Berthier*. Dans toutes les éditions données du vivant de l'auteur, ils sont désignés par les noms de *Grafios, Chomos* et *Bertillos*. Les éditions de Kehl sont les premières dans lesquelles ces noms ont été changés. (B.)

SOCRATE

OUVRAGE DRAMATIQUE

ACTE PREMIER.

SCÈNE I.

ANITUS[1], DRIXA, TERPANDRE, ACROS.

ANITUS.

Ma chère confidente, et mes chers affidés, vous savez combien d'argent je vous ai fait gagner aux dernières fêtes de Cérès. Je me marie, et j'espère que vous ferez votre devoir dans cette grande occasion.

DRIXA.

Oui, sans doute, monseigneur, pourvu que vous nous en fassiez gagner encore davantage.

ANITUS.

Il me faudra, madame Drixa, deux beaux tapis de Perse : vous, Terpandre, je ne vous demande que deux grands candélabres d'argent, et à vous une demi-douzaine de robes de soie brochées d'or.

TERPANDRE.

Cela est un peu fort; mais, monseigneur, il n'y a rien qu'on ne fasse pour mériter votre sainte protection.

ANITUS.

Vous regagnerez tout cela au centuple. C'est le meilleur moyen de mériter les faveurs des dieux et des déesses. Donnez beaucoup, et vous recevrez beaucoup; et surtout ne manquez

---

1. Omer Joly de Fleury, avocat général. (G. A.)

jamais d'ameuter le peuple contre tous les gens de qualité qui ne font point assez de vœux, et qui ne présentent point assez d'offrandes.

ACROS.

C'est à quoi nous ne manquerons jamais; c'est un devoir trop sacré pour n'y être pas fidèles.

ANITUS.

Allez, mes chers amis, les dieux vous maintiennent dans des sentiments si pieux et si justes! et comptez que vous prospérerez, vous, vos enfants, et les enfants de vos petits-enfants.

TERPANDRE.

C'est de quoi nous sommes sûrs, car vous l'avez dit.

SCÈNE II.

ANITUS, DRIXA.

ANITUS.

Eh bien! ma chère madame Drixa, je crois que vous ne trouverez pas mauvais que j'épouse Aglaé; mais je ne vous en aime pas moins, et nous vivrons ensemble comme à l'ordinaire.

DRIXA.

Oh! monseigneur, je ne suis point jalouse; et pourvu que le commerce aille bien, je suis fort contente. Quand j'ai eu l'honneur d'être une de vos maîtresses, j'ai joui d'une grande considération dans Athènes. Si vous aimez Aglaé, j'aime le jeune Sophronime; et Xantippe, la femme de Socrate, m'a promis qu'elle me le donnerait en mariage. Vous aurez toujours les mêmes droits sur moi. Je suis seulement fâchée que ce jeune homme soit élevé par ce vilain Socrate, et qu'Aglaé soit encore entre ses mains. Il faut les en tirer au plus vite. Xantippe sera charmée d'être débarrassée d'eux. Le beau Sophronime et la belle Aglaé sont fort mal entre les mains de Socrate.

ANITUS.

Je me flatte bien, ma chère madame Drixa, que Mélitus et moi nous perdrons cet homme dangereux, qui ne prêche que la vertu et la divinité, et qui s'est osé moquer de certaines aventures arrivées aux mystères de Cérès; mais il est le tuteur d'Aglaé. Agathon, père d'Aglaé, a laissé, dit-on, de grands biens; Aglaé est adorable; j'idolâtre Aglaé: il faut que j'épouse Aglaé, et que je ménage Socrate, en attendant que je le fasse pendre.

DRIXA.

Ménagez Socrate, pourvu que j'aie mon jeune homme. Mais comment Agathon a-t-il pu laisser sa fille entre les mains de ce vieux nez épaté de Socrate, de cet insupportable raisonneur, qui corrompt les jeunes gens, et qui les empêche de fréquenter les courtisanes et les saints mystères?

ANITUS.

Agathon était entiché des mêmes principes. C'était un de ces sobres et sérieux extravagants, qui ont d'autres mœurs que les nôtres, qui sont d'un autre siècle et d'une autre patrie; un de nos ennemis jurés, qui pensent avoir rempli tous leurs devoirs quand ils ont adoré la divinité, secouru l'humanité, cultivé l'amitié, et étudié la philosophie; de ces gens qui prétendent insolemment que les dieux n'ont pas écrit l'avenir sur le foie d'un bœuf; de ces raisonneurs impitoyables qui trouvent à redire que les prêtres sacrifient des filles, ou passent la nuit avec elles, selon le besoin: vous sentez que ce sont des monstres qui ne sont bons qu'à étouffer. S'il y avait seulement dans Athènes cinq ou six sages qui eussent autant de considération que lui, c'en serait assez pour m'ôter la moitié de mes rentes et de mes honneurs.

DRIXA.

Diable! voilà qui est sérieux cela.

ANITUS.

En attendant que je l'étrangle, je vais lui parler sous ces portiques, et conclure avec lui l'affaire de mon mariage.

DRIXA.

Le voici: vous lui faites trop d'honneur. Je vous laisse, et je vais parler de mon jeune homme à Xantippe.

ANITUS.

Les dieux vous conduisent, ma chère Drixa; servez-les toujours, gardez-vous de ne croire qu'un seul dieu, et n'oubliez pas mes deux beaux tapis de Perse.

SCÈNE III.

ANITUS, SOCRATE.

ANITUS.

Eh! bonjour, mon cher Socrate, le favori des dieux, et le plus sage des mortels. Je me sens élevé au-dessus de moi-même toutes les fois que je vous vois, et je respecte en vous la nature humaine.

SOCRATE.

Je suis un homme simple, dépourvu de sciences, et plein de faiblesses comme les autres. C'est beaucoup si vous me supportez.

ANITUS.

Vous supporter! je vous admire : je voudrais vous ressembler, s'il était possible ; et c'est pour être plus souvent témoin de vos vertus, pour entendre plus souvent vos leçons, que je veux épouser votre belle pupille Aglaé, dont la destinée dépend de vous.

SOCRATE.

Il est vrai que son père Agathon, qui était mon ami, c'est-à-dire beaucoup plus qu'un parent, me confia par son testament cette aimable et vertueuse orpheline.

ANITUS.

Avec des richesses considérables? car on dit que c'est le meilleur parti d'Athènes.

SOCRATE.

C'est sur quoi je ne puis vous donner aucun éclaircissement ; son père, ce tendre ami dont les volontés me sont sacrées, m'a défendu, par ce même testament, de divulguer l'état de la fortune de sa fille.

ANITUS.

Ce respect pour les dernières volontés d'un ami, et cette discrétion, sont dignes de votre belle âme. Mais on sait assez qu'Agathon était un homme riche.

SOCRATE.

Il méritait de l'être, si les richesses sont une faveur de l'Être suprême.

ANITUS.

On dit qu'un petit écervelé, nommé Sophronime, lui fait la cour à cause de sa fortune ; mais je suis persuadé que vous éconduirez un pareil personnage, et qu'un homme comme moi n'aura point de rival.

SOCRATE.

Je sais ce que je dois penser d'un homme comme vous : mais ce n'est pas à moi de gêner les sentiments d'Aglaé. Je lui sers de père, je ne suis point son maître : elle doit disposer de son cœur. Je regarde la contrainte comme un attentat. Parlez-lui ; si elle écoute vos propositions, je souscris à ses volontés.

ANITUS.

J'ai déjà le consentement de Xantippe votre femme ; sans doute elle est instruite des sentiments d'Aglaé ; ainsi je regarde la chose comme faite.

SOCRATE.

Je ne puis regarder les choses comme faites que quand elles le sont.

SCÈNE IV.

SOCRATE, ANITUS, AGLAÉ.

SOCRATE.

Venez, belle Aglaé, venez décider de votre sort. Voilà un monseigneur, prêtre d'un haut rang, le premier prêtre d'Athènes, qui s'offre pour être votre époux. Je vous laisse toute la liberté de vous expliquer avec lui. Cette liberté serait gênée par ma présence. Quelque choix que vous fassiez, je l'approuve. Xantippe préparera tout pour vos noces.

(Il sort.)

AGLAÉ.

Ah! généreux Socrate, c'est avec bien du regret que je vous vois partir.

ANITUS.

Il paraît, aimable Aglaé, que vous avez une grande confiance dans le bon Socrate.

AGLAÉ.

Je le dois : il me sert de père, et il forme mon âme.

ANITUS.

Eh bien! s'il dirige vos sentiments, pourriez-vous me dire ce que vous pensez de Cérès, de Cybèle, de Vénus?

AGLAÉ.

Hélas! j'en penserai tout ce que vous voudrez.

ANITUS.

C'est bien dit : vous ferez aussi tout ce que je voudrai.

AGLAÉ.

Non : l'un est fort différent de l'autre.

ANITUS.

Vous voyez que le sage Socrate consent à notre union; Xantippe, sa femme, presse ce mariage. Vous savez quels sentiments vous m'avez inspirés. Vous connaissez mon rang et mon crédit; vous voyez que mon bonheur, et peut-être le vôtre, ne dépendent que d'un mot de votre bouche.

AGLAÉ.

Je vais vous répondre avec la vérité que ce grand homme qui sort d'ici m'a instruite à ne dissimuler jamais, et avec la liberté qu'il me laisse. Je respecte votre dignité, je connais peu votre personne, et je ne puis me donner à vous.

ANITUS.

Vous ne pouvez! vous qui êtes libre! Ah! cruelle Aglaé, vous ne le voulez donc pas?

AGLAÉ.

Il est vrai, je ne le veux pas.

ANITUS.

Songez-vous bien à l'affront que vous me faites? Je vois trop que Socrate me trahit; c'est lui qui dicte votre réponse; c'est lui qui donne la préférence à ce jeune Sophronime, à mon indigne rival, à cet impie...

AGLAÉ.

Sophronime n'est point impie; il lui est attaché dès l'enfance; Socrate lui sert de père comme à moi. Sophronime est plein de grâces et de vertus. Je l'aime, j'en suis aimée : il ne tient qu'à moi d'être sa femme; mais je ne serai pas plus à lui qu'à vous.

ANITUS.

Tout ce que vous me dites m'étonne. Quoi! vous osez m'avouer que vous aimez Sophronime?

AGLAÉ.

Oui, j'ose vous l'avouer, parce que rien n'est plus vrai.

ANITUS.

Et quand il ne tient qu'à vous d'être heureuse avec lui, vous refusez sa main?

AGLAÉ.

Rien n'est plus vrai encore.

ANITUS.

C'est sans doute la crainte de me déplaire qui suspend votre engagement avec lui?

AGLAÉ.

Non, assurément; car n'ayant jamais cherché à vous plaire, je ne crains point de vous déplaire.

ANITUS.

Vous craignez donc d'offenser les dieux, en préférant un profane comme Sophronime à un ministre des autels?

AGLAÉ.

Point du tout; je suis persuadée que l'Être suprême se soucie fort peu que je vous épouse ou non.

ANITUS.

L'Être suprême! ma chère fille, ce n'est pas ainsi qu'il faut parler; vous devez dire les dieux et les déesses. Prenez garde, j'entrevois en vous des sentiments dangereux, et je sais trop qui vous les a inspirés. Sachez que Cérès, dont je suis le grand-prêtre, peut vous punir d'avoir méprisé son culte et son ministre.

AGLAÉ.

Je ne méprise ni l'un ni l'autre. On m'a dit que Cérès préside aux blés ; je le veux croire : mais elle ne se mêlera pas de mon mariage.

ANITUS.

Elle se mêle de tout. Vous en savez trop : mais enfin j'espère vous convertir. Êtes-vous bien résolue à ne point épouser Sophronime ?

AGLAÉ.

Oui, j'y suis très-résolue ; et j'en suis très-fâchée.

ANITUS.

Je ne comprends rien à toutes ces contradictions. Écoutez : je vous aime ; j'ai voulu faire votre bonheur, et vous placer dans un haut rang. Croyez-moi, ne m'offensez pas, ne rejetez point votre fortune ; songez qu'il faut sacrifier tout à un établissement avantageux ; que la jeunesse passe, et que la fortune reste ; que les richesses et les honneurs doivent être votre unique but ; que je vous parle de la part des dieux et des déesses. Je vous conjure d'y faire réflexion. Adieu, ma chère fille : je vais prier Cérès qu'elle vous inspire, et j'espère encore qu'elle touchera votre cœur. Adieu encore une fois : souvenez-vous que vous m'avez promis de ne point épouser Sophronime.

AGLAÉ.

C'est à moi que je l'ai promis, non à vous.

(Anitus sort.)

(Aglaé seule.)

Que cet homme redouble mon chagrin ! je ne sais pourquoi je ne vois jamais ce prêtre sans frémir. Mais voici Sophronime : hélas ! tandis que son rival me remplit de terreur, celui-ci redouble mes regrets et mon attendrissement.

SCÈNE V.

AGLAÉ, SOPHRONIME.

SOPHRONIME.

Chère Aglaé, je vois Anitus, ce prêtre de Cérès, ce méchant homme, cet ennemi juré de Socrate, sortir d'auprès de vous, et vos yeux semblent mouillés de quelques larmes.

AGLAÉ.

Lui! il est l'ennemi de notre bienfaiteur Socrate? Je ne m'étonne plus de l'aversion qu'il m'inspirait avant même qu'il m'eût parlé.

SOPHRONIME.

Hélas! serait-ce à lui que je dois imputer les pleurs qui obscurcissent vos yeux?

AGLAÉ.

Il ne peut m'inspirer que des dégoûts. Non, Sophronime, il n'y a que vous qui puissiez faire couler mes larmes.

SOPHRONIME.

Moi, grands dieux! moi qui voudrais les payer de mon sang! moi, qui vous adore, qui me flatte d'être aimé de vous, qui ne vis que pour vous, qui voudrais mourir pour vous! moi, j'aurais à me reprocher d'avoir jeté un moment d'amertume sur votre vie! Vous pleurez, et j'en suis la cause! Qu'ai-je donc fait? quel crime ai-je commis?

AGLAÉ.

Vous n'en pouvez commettre. Je pleure, parce que vous méritez toute ma tendresse, parce que vous l'avez, et qu'il me faut renoncer à vous.

SOPHRONIME.

Quels mots funestes avez-vous prononcés! Non, je ne puis le croire; vous m'aimez, vous ne pouvez changer. Vous m'avez promis d'être à moi, vous ne voulez point ma mort.

AGLAÉ.

Je veux que vous viviez heureux, Sophronime, et je ne puis vous rendre heureux. J'espérais, mais ma fortune m'a trompée : je jure que, ne pouvant être à vous, je ne serai à personne. Je l'ai déclaré à cet Anitus qui me recherche, et que je méprise; je vous le déclare, le cœur pénétré de la plus vive douleur, et de l'amour le plus tendre.

SOPHRONIME.

Puisque vous m'aimez, je dois vivre; mais si vous me refusez votre main, je dois mourir. Chère Aglaé, au nom de tant d'amour, au nom de vos charmes et de vos vertus, expliquez-moi ce mystère funeste.

SCÈNE VI.

SOCRATE, SOPHRONIME, AGLAÉ.

SOPHRONIME.

O Socrate! mon maître, mon père! je me vois ici le plus infortuné des hommes, entre les deux êtres par qui je respire : c'est vous qui m'avez appris la sagesse; c'est Aglaé qui m'a appris à sentir l'amour. Vous avez donné votre consentement à notre hymen : la belle Aglaé, qui semblait le désirer, me refuse; et, en me disant qu'elle m'aime, elle me plonge le poignard dans le cœur. Elle rompt notre hymen, sans m'apprendre la cause d'un si cruel caprice : ou empêchez mon malheur, ou apprenez-moi, s'il est possible, à le soutenir.

SOCRATE.

Aglaé est maîtresse de ses volontés; son père m'a fait son tuteur, et non pas son tyran. Je faisais mon bonheur de vous unir ensemble : si elle a changé d'avis, j'en suis surpris, j'en suis affligé; mais il faut écouter ses raisons : si elles sont justes, il faut s'y conformer.

SOPHRONIME.

Elles ne peuvent être justes.

AGLAÉ.

Elles le sont, du moins à mes yeux : daignez m'écouter l'un et l'autre. Quand vous eûtes accepté le testament secret de mon père, sage et généreux Socrate, vous me dîtes qu'il me laissait un bien honnête, avec lequel je pourrais m'établir. Je formai dès lors le dessein de donner cette fortune à votre cher disciple Sophronime, qui n'a que vous d'appui, et qui ne possède pour toute richesse que sa vertu : vous avez approuvé ma résolution. Vous concevez quel était mon bonheur de faire celui d'un Athénien que je regarde comme votre fils. Pleine de ma félicité, transportée d'une douce joie, que mon cœur ne pouvait contenir, j'ai confié cet état délicieux de mon âme à Xantippe votre femme, et aussitôt cet état a disparu. Elle m'a traitée de visionnaire. Elle m'a montré le testament de mon père, qui est mort dans la pauvreté, qui ne me laisse rien, et qui me recommande à l'amitié dont vous fûtes unis.

En ce moment, éveillée après mon songe, je n'ai senti que la douleur de ne pouvoir faire la fortune de Sophronime : je ne veux point l'accabler du poids de ma misère.

SOPHRONIME.

Je vous l'avais bien dit, Socrate, que ses raisons ne vaudraient rien : si elle m'aime, ne suis-je pas assez riche? Je n'ai subsisté, il est vrai, que par vos bienfaits; mais il n'est point d'emploi pénible que je n'embrasse pour faire subsister ma chère Aglaé. Je devrais, il est vrai, lui faire le sacrifice de mon amour, lui chercher moi-même un parti avantageux : mais j'avoue que je n'en ai pas la force; et par là je suis indigne d'elle. Mais si elle pouvait se contenter de mon état, si elle pouvait s'abaisser jusqu'à moi! Non, je n'ose le demander, je n'ose le souhaiter; et je succombe à un malheur qu'elle supporte.

SOCRATE.

Mes enfants, Xantippe est bien indiscrète de vous avoir montré ce testament; mais croyez, belle Aglaé, qu'elle vous a trompée.

AGLAÉ.

Elle ne m'a point trompée : j'ai vu de mes yeux ma misère; l'écriture de mon père m'est assez connue. Soyez sûr, Socrate, que je saurai soutenir la pauvreté; je sais travailler de mes mains : c'est assez pour vivre, c'est tout ce qu'il me faut; mais ce n'est pas assez pour Sophronime.

SOPHRONIME.

C'en est trop mille fois pour moi, âme tendre, âme sublime, digne d'avoir été élevée par Socrate : une pauvreté noble et laborieuse est l'état naturel de l'homme. J'aurais voulu vous offrir un trône; mais si vous daignez vivre avec moi, notre pauvreté respectable est au-dessus du trône de Crésus.

SOCRATE.

Vos sentiments me plaisent autant qu'ils m'attendrissent; je vois avec transport germer dans vos cœurs cette vertu que j'y ai semée. Jamais mes soins n'ont été mieux récompensés; jamais mon espérance n'a été plus remplie. Mais encore une fois, Aglaé, croyez-moi, ma femme vous a mal instruite. Vous êtes plus riche que vous ne pensez. Ce n'est pas à elle, c'est à moi que votre père vous a confiée. Ne peut-il pas avoir laissé un bien que Xantippe ignore?

AGLAÉ.

Non, Socrate; il dit précisément dans son testament qu'il me laisse pauvre.

SOCRATE.

Et moi je vous dis que vous vous trompez, qu'il vous a laissé de quoi vivre heureuse avec le vertueux Sophronime, et qu'il faut que vous veniez tous deux signer le contrat tout à l'heure.

SCÈNE VII.

SOCRATE, XANTIPPE, AGLAÉ, SOPHRONIME.

XANTIPPE.

Allons, allons, ma fille, ne vous amusez point aux visions de mon mari; la philosophie est fort bonne quand on est à son aise; mais vous n'avez rien; il faut vivre: vous philosopherez après. J'ai conclu votre mariage avec Anitus, digne prêtre, homme puissant, homme de crédit: venez, suivez-moi; il ne faut ni lenteur ni contradiction; j'aime qu'on m'obéisse, et vite; c'est pour votre bien: ne raisonnez pas, et suivez-moi.

SOPHRONIME.

Ah ciel! ah! chère Aglaé!

SOCRATE.

Laissez-la dire, et fiez-vous à moi de votre bonheur.

XANTIPPE.

Comment, qu'on me laisse dire? Vraiment, je le prétends bien, et surtout qu'on me laisse faire. C'est bien à vous, avec votre sagesse et votre démon familier, et votre ironie, et toutes vos fadaises qui ne sont bonnes à rien, à vous mêler de marier des filles! Vous êtes un bonhomme, mais vous n'entendez rien aux affaires de ce monde, et vous êtes trop heureux que je vous gouverne. Allons, Aglaé, venez, que je vous établisse. Et vous, qui restez là tout étonné, j'ai aussi votre affaire: Drixa est votre fait; vous me remercierez tous deux, tout sera conclu dans la minute; je suis expéditive, ne perdons point de temps: tout cela devrait déjà être terminé.

SOCRATE.

Ne la cabrez pas, mes enfants; marquez-lui toute sorte de déférences; il faut lui complaire, puisqu'on ne peut la corriger. C'est le triomphe de la raison de bien vivre avec les gens qui n'en ont pas.

FIN DU PREMIER ACTE.

ACTE DEUXIÈME.

SCÈNE I.

SOCRATE, SOPHRONIME.

SOPHRONIME.

Divin Socrate, je ne puis croire mon bonheur : comment se peut-il qu'Aglaé, dont le père est mort dans une pauvreté extrême, ait cependant une dot si considérable ?

SOCRATE.

Je vous l'ai déjà dit ; elle avait plus qu'elle ne croyait. Je connais mieux qu'elle les ressources de son père. Qu'il vous suffise de jouir tous deux d'une fortune que vous méritez : pour moi, je dois le secret aux morts comme aux vivants.

SOPHRONIME.

Je n'ai plus qu'une crainte, c'est que ce prêtre de Cérès, à qui vous m'avez préféré, ne venge sur vous les refus d'Aglaé : c'est un homme bien à craindre.

SOCRATE.

Eh ! que peut craindre celui qui fait son devoir ? Je connais la rage de mes ennemis, je sais toutes leurs calomnies ; mais quand on ne cherche qu'à faire du bien aux hommes, et qu'on n'offense point le ciel, on ne redoute rien, ni pendant la vie, ni à la mort.

SOPHRONIME.

Rien n'est plus vrai ; mais je mourrais de douleur si la félicité que je vous dois portait vos ennemis à vous forcer de mettre en usage votre héroïque constance.

SCÈNE II.

SOCRATE, SOPHRONIME, AGLAÉ.

AGLAÉ.

Mon bienfaiteur, mon père, homme au-dessus des hommes, j'embrasse vos genoux. Secondez-moi, Sophronime : c'est lui, c'est Socrate qui nous marie aux dépens de sa fortune, qui paye ma dot, qui se prive, pour nous, de la plus grande partie de son bien. Non, nous ne le souffrirons pas; nous ne serons pas riches à ce prix : plus notre cœur est reconnaissant, plus nous devons imiter la noblesse du sien.

SOPHRONIME.

Je me jette à vos pieds comme elle; je suis saisi comme elle; nous sentons également vos bienfaits. Nous vous aimons trop, Socrate, pour en abuser. Regardez-nous comme vos enfants; mais que vos enfants ne vous soient point à charge. Votre amitié est le plus grand des biens, c'est le seul que nous voulons. Quoi! vous n'êtes pas riche, et vous faites ce que les puissants de la terre ne feraient pas! Si nous acceptions vos bienfaits, nous en serions indignes.

SOCRATE.

Levez-vous, mes enfants, vous m'attendrissez trop. Écoutez-moi, ne faut-il pas respecter les volontés des morts? Votre père, Aglaé, que je regardais comme la moitié de moi-même, ne m'a-t-il pas ordonné de vous traiter comme ma fille? je lui obéis : je trahirais l'amitié et la confiance si je faisais moins. J'ai accepté son testament, je l'exécute : le peu que je vous donne est inutile à ma vieillesse, qui est sans besoins. Enfin, si j'ai dû obéir à mon ami, vous devez obéir à votre père : c'est moi qui le suis aujourd'hui; c'est moi qui, par ce nom sacré, vous ordonne de ne me pas accabler de douleur en me refusant. Mais retirez-vous, j'aperçois Xantippe. J'ai mes raisons pour vous conjurer de l'éviter dans ces moments.

AGLAÉ.

Ah! que vous nous ordonnez des choses cruelles!

SCÈNE III.

SOCRATE, XANTIPPE.

XANTIPPE.

Vraiment, vous venez de faire là un beau chef-d'œuvre; par ma foi, mon cher mari, il faudrait vous interdire. Voyez, s'il vous plaît, que de sottises! Je promets Aglaé au prêtre Anitus, qui a du crédit parmi les grands; je promets Sophronime à cette grosse marchande Drixa, qui a du crédit chez le peuple; et vous mariez vos deux étourdis ensemble pour me faire manquer à ma parole :

ce n'est pas assez, vous les dotez de la plus grande partie de votre bien. Vingt mille drachmes, justes dieux! vingt mille drachmes! N'êtes-vous pas honteux? De quoi vivrez-vous à l'âge de soixante et dix ans? qui payera vos médecins, quand vous serez malade? vos avocats, quand vous aurez des procès? enfin que ferai-je, quand ce fripon, ce cou tors d'Anitus et son parti, que vous auriez eus pour vous, s'attacheront à vous persécuter, comme ils ont fait tant de fois? Le ciel confonde les philosophes et la philosophie, et ma sotte amitié pour vous! Vous vous mêlez de conduire les autres, et il vous faudrait des lisières; vous raisonnez sans cesse, et vous n'avez pas le sens commun. Si vous n'étiez pas le meilleur homme du monde, vous seriez le plus ridicule et le plus insupportable. Écoutez : il n'y a qu'un mot qui serve; rompez dans l'instant cet impertinent marché, et faites tout ce que veut votre femme.

SOCRATE.

C'est très-bien parler, ma chère Xantippe, et avec modération; mais écoutez-moi à votre tour. Je n'ai point proposé ce mariage. Sophronime et Aglaé s'aiment, et sont dignes l'un de l'autre. Je vous ai déjà donné tout le bien que je pouvais vous céder par les lois; je donne presque tout ce qui me reste à la fille de mon ami : le peu que je garde me suffit. Je n'ai ni médecin à payer, parce que je suis sobre; ni avocat, parce que je n'ai ni prétentions ni dettes. A l'égard de la philosophie que vous me reprochez, elle m'enseigne à souffrir l'indignation d'Anitus, et vos injures; à vous aimer malgré votre humeur.

(Il sort.)

SCÈNE IV.

XANTIPPE.

Le vieux fou! il faut que je l'estime malgré moi; car, après tout, il y a je ne sais quoi de grand dans sa folie. Le sang-froid de ses extravagances me fait enrager. J'ai beau le gronder, je perds mes peines. Il y a trente ans que je crie après lui; et quand j'ai bien crié, il m'en impose, et je suis toute confondue : est-ce qu'il y aurait dans cette âme-là quelque chose de supérieur à la mienne?

SCÈNE V.

XANTIPPE, DRIXA.

DRIXA.

Eh bien! madame Xantippe, voilà comme vous êtes maîtresse chez vous! Fi! que cela est lâche de se laisser gouverner par son mari! Ce maudit Socrate m'enlève donc ce beau garçon dont je voulais faire la fortune! Il me le payera, le traître.

XANTIPPE.

Ma pauvre madame Drixa, ne vous fâchez pas contre mon mari; je me suis assez fâchée contre lui : c'est un imbécile, je le sais bien; mais, dans le fond, c'est bien le meilleur cœur du monde : cela n'a point de malice; il fait toutes les sottises possibles, sans y entendre finesse, et avec tant de probité, que cela désarme. D'ailleurs il est têtu comme une mule. J'ai passé ma vie à le tourmenter, je l'ai même battu quelquefois : non-seulement je n'ai pu le corriger, je n'ai même jamais pu le mettre en colère. Que voulez-vous que j'y fasse?

DRIXA.

Je me vengerai, vous dis-je. J'aperçois sous ces portiques son bon ami Anitus, et quelques-uns des nôtres : laissez-moi faire.

XANTIPPE.

Mon dieu, je crains que tous ces gens-là ne jouent quelque tour à mon mari. Allons vite l'avertir; car, après tout, on ne peut s'empêcher de l'aimer.

SCÈNE VI.

ANITUS, DRIXA, TERPANDRE, ACROS.

DRIXA.

Nos injures sont communes, respectable Anitus : vous êtes trahi comme moi. Ce malhonnête homme de Socrate donne presque tout son bien à Aglaé, uniquement pour vous désespérer. Il faut que vous en tiriez une vengeance éclatante.

ANITUS.

C'est bien mon intention, le ciel y est intéressé : cet homme méprise sans doute les dieux, puisqu'il me dédaigne. On a déjà intenté contre lui quelques accusations ; il faut que vous m'aidiez tous à les renouveler ; nous le mettrons en danger de sa vie ; alors je lui offrirai ma protection, à condition qu'il me cède Aglaé, et qu'il vous rende votre beau Sophronime ; par là nous remplirons tous nos devoirs : il sera puni par la crainte que nous lui aurons donnée : j'obtiendrai ma maîtresse, et vous aurez votre amant.

DRIXA.

Vous parlez comme la sagesse elle-même : il faut que quelque divinité vous inspire. Instruisez-nous ; que faut-il faire ?

ANITUS.

Voici bientôt l'heure où les juges passeront pour aller au tribunal : Mélitus est à leur tête.

DRIXA.

Mais ce Mélitus est un petit pédant, un méchant homme, qui est votre ennemi.

ANITUS.

Oui, mais il est encore plus l'ennemi de Socrate : c'est un scélérat hypocrite qui soutient les droits de l'aréopage contre moi ; mais nous nous réunissons toujours quand il s'agit de perdre ces faux sages, capables d'éclairer le peuple sur notre conduite. Écoutez, ma chère Drixa, vous êtes dévote ?

DRIXA.

Oui, assurément, monseigneur : j'aime l'argent et le plaisir de tout mon cœur : mais en fait de dévotion je ne le cède à personne.

ANITUS.

Allez prendre quelque dévot du peuple avec vous ; et quand les juges passeront, criez à l'impiété.

TERPANDRE.

Y a-t-il quelque chose à gagner ? nous sommes prêts.

ACROS.

Oui ; mais quelle espèce d'impiété ?

ANITUS.

De toutes les espèces. Vous n'avez qu'à l'accuser hardiment de ne point croire aux dieux : c'est le plus court.

DRIXA.

Oh ! laissez-moi faire.

ANITUS.

Vous serez parfaitement secondés. Allez sous ces portiques ameuter vos amis. Je vais ce pendant instruire quelques gazetiers de controverse, quelques folliculaires qui viennent souvent dîner chez moi. Ce sont des gens bien méprisables, je l'avoue ; mais ils peuvent nuire dans l'occasion, quand ils sont bien dirigés. Il faut se servir de tout pour faire triompher la bonne cause. Allez, mes chers amis ; recommandez-vous à Cérès : vous viendrez crier, au signal que je donnerai ; c'est le sûr moyen de gagner le ciel, et surtout de vivre heureux sur la terre.

SCÈNE VII[1].

ANITUS, NONOTI, CHOMOS, BERTIOS.

ANITUS.

Infatigable Nonoti, profond Chomos, délicat Bertios, avez-vous fait contre ce méchant Socrate les petits ouvrages que je vous ai commandés ?

NONOTI.

J'ai travaillé, monseigneur ; il ne s'en relèvera pas.

CHOMOS.

J'ai démontré la vérité contre lui : il est confondu.

BERTIOS.

Je n'ai dit qu'un mot dans mon journal[2] : il est perdu.

ANITUS.

Prenez garde, Nonoti, je vous ai défendu la prolixité. Vous êtes ennuyeux de votre naturel : vous pourriez lasser la patience de la cour.

NONOTI.

Monseigneur, je n'ai fait qu'une feuille ; j'y prouve que l'âme est une quintessence infuse, que les queues ont été données aux animaux pour chasser les mouches, que Cérès fait des miracles, et que, par conséquent, Socrate est un ennemi de l'État, qu'il faut exterminer.

ANITUS.

On ne peut mieux conclure. Allez porter votre délation au second juge, qui est un excellent philosophe : je vous réponds que vous serez bientôt défait de votre ennemi Socrate.

NONOTI.

Monseigneur, je ne suis point son ennemi : je suis fâché seu-

---

1. Cette scène ne date que de 1761. Voltaire suivait ici l'exemple que venait de donner Palissot en mettant en scène les philosophes. — On lisait dans les premières éditions : *Graflos, Chomos* et *Bertillos*. — Voyez la note, page 364.

2. Berthier avait la direction du journal de Trévoux.

lement qu'il ait tant de réputation ; et tout ce que j'en fais est pour la gloire de Cérès, et pour le bien de la patrie.

ANITUS.

Allez, dis-je, dépêchez-vous. Eh bien ! savant Chomos, qu'avez-vous fait ?

CHOMOS.

Monseigneur, n'ayant rien trouvé à reprendre dans les écrits de Socrate, je l'accuse adroitement de penser tout le contraire de ce qu'il a dit ; et je montre le venin répandu dans tout ce qu'il dira[1].

ANITUS.

A merveille. Portez cette pièce au quatrième juge : c'est un homme qui n'a pas le sens commun, et qui vous entendra parfaitement. Et vous, Bertios ?

BERTIOS.

Monseigneur, voici mon dernier journal sur le chaos. Je fais voir adroitement, en passant du chaos aux jeux olympiques, que Socrate pervertit la jeunesse.

ANITUS.

Admirable ! Allez de ma part chez le septième juge, et dites-lui que je lui recommande Socrate. Bon, voici déjà Mélitus, le chef des onze, qui s'avance. Il n'y a point de détour à prendre avec lui : nous nous connaissons trop l'un et l'autre.

SCÈNE VIII.

ANITUS, MÉLITUS.

ANITUS.

Monsieur le juge, un mot. Il faut perdre Socrate.

MÉLITUS.

Monsieur le prêtre, il y a longtemps que j'y pense : unissons-nous sur ce point, nous n'en serons pas moins brouillés sur le reste.

ANITUS.

Je sais bien que nous nous haïssons tous deux : mais, en se détestant, il faut se réunir pour gouverner la république.

---

1. Dans son réquisitoire du 23 janvier 1759 contre l'*Encyclopédie*, l'avocat général Joly de Fleury avait dit que s'il n'y avait pas de venin dans certains articles de l'*Encyclopédie*, il y en aurait sûrement dans les articles qui n'étaient pas encore faits. Voyez la lettre de Voltaire à d'Alembert du 19 octobre 1764. (B.)

MÉLITUS.

D'accord. Personne ne nous entend ici : je sais que vous êtes un fripon ; vous ne me regardez pas comme un honnête homme; je ne puis vous nuire, parce que vous êtes grand-prêtre ; vous ne pouvez me perdre, parce que je suis grand-juge ; mais Socrate peut nous faire tort à l'un et à l'autre en nous démasquant ; nous devons donc commencer, vous et moi, par le faire mourir, et puis nous verrons comment nous pourrons nous exterminer l'un l'autre à la première occasion.

ANITUS.

On ne peut mieux parler. (A part.) Hom ! que je voudrais tenir ce coquin d'aréopagite sur un autel, les bras pendants d'un côté et les jambes de l'autre, lui ouvrir le ventre avec mon couteau d'or, et consulter son foie tout à mon aise !

MÉLITUS, à part.

Ne pourrai-je jamais tenir ce pendard de sacrificateur dans la geôle, et lui faire avaler une pinte de ciguë à mon plaisir ?

ANITUS.

Or çà, mon cher ami, voilà vos camarades qui avancent : j'ai préparé les esprits du peuple.

MÉLITUS.

Fort bien, mon cher ami ; comptez sur moi comme sur vous-même dans ce moment, mais rancune tenant toujours.

SCÈNE IX.

ANITUS, MÉLITUS, quelques JUGES d'Athènes qui passent sous les portiques.
(Anitus parle à l'oreille de Mélitus.)

DRIXA, TERPANDRE, ACROS, ensemble.

Justice, justice, scandale, impiété, justice, justice, irréligion, impiété, justice !

ANITUS.

Qu'est-ce donc, mes amis ? de quoi vous plaignez-vous ?

DRIXA, TERPANDRE, ACROS.

Justice, au nom du peuple !

MÉLITUS.

Contre qui ?

DRIXA, TERPANDRE, ACROS.

Contre Socrate.

MÉLITUS.

Ah! ah! contre Socrate? Ce n'est pas d'aujourd'hui qu'on se plaint de lui. Qu'a-t-il fait?

ACROS.

Je n'en sais rien.

TERPANDRE.

On dit qu'il donne de l'argent aux filles pour se marier.

ACROS.

Oui, il corrompt la jeunesse.

DRIXA.

C'est un impie : il n'a point offert de gâteaux à Cérès. Il dit qu'il y a trop d'or et trop d'argent inutiles dans les temples; que les pauvres meurent de faim, et qu'il faut les soulager.

ACROS.

Oui, il dit que les prêtres de Cérès s'enivrent quelquefois : cela est vrai, c'est un impie.

DRIXA.

C'est un hérétique; il nie la pluralité des dieux; il est déiste; il ne croit qu'un seul dieu; c'est un athée [1].

(Tous trois ensemble.)

Oui, il est hérétique, déiste, athée.

MÉLITUS.

Voilà des accusations très-graves et très-vraisemblables : on m'avait déjà averti de tout ce que vous nous dites.

ANITUS.

L'État est en danger, si on laisse de telles horreurs impunies. Minerve nous ôtera son secours.

DRIXA.

Oui, Minerve, sans doute : je l'ai entendu faire des plaisanteries sur le hibou de Minerve.

MÉLITUS.

Sur le hibou de Minerve! O ciel! n'êtes-vous pas d'avis, messieurs, qu'on le mette en prison tout à l'heure?

LES JUGES, ensemble.

Oui, en prison, vite, en prison!

MÉLITUS.

Huissiers, amenez à l'instant Socrate en prison.

DRIXA.

Et qu'ensuite il soit brûlé sans avoir été entendu.

---

1. C'est à peu près le raisonnement qui avait été fait contre Voltaire lui-même en 1758. (B.)

UN DES JUGES.

Ah! il faut du moins l'entendre : nous ne pouvons enfreindre la loi.

ANITUS.

C'est ce que cette bonne dévote voulait dire : il faut l'entendre, mais ne se pas laisser surprendre à ce qu'il dira ; car vous savez que ces philosophes sont d'une subtilité diabolique : ce sont eux qui ont troublé tous les États où nous apportions la concorde.

MÉLITUS.

En prison! en prison!

SCÈNE X.

LES PRÉCÉDENTS, XANTIPPE, SOPHRONIME, AGLAÉ, SOCRATE, enchaîné; VALETS DE VILLE.

XANTIPPE.

Eh, miséricorde! on traîne mon mari en prison : n'avez-vous pas honte, messieurs les juges, de traiter ainsi un homme de son âge? quel mal a-t-il pu faire? il en est incapable : hélas! il est plus bête que méchant[1]. Messieurs, ayez pitié de lui. Je vous l'avais bien dit, mon mari, que vous vous attireriez quelque méchante affaire : voilà ce que c'est que de doter des filles. Que je suis malheureuse!

SOPHRONIME.

Ah! messieurs, respectez sa vieillesse et sa vertu; chargez-moi de fers : je suis prêt à donner ma liberté, ma vie pour la sienne.

AGLAÉ.

Oui, nous irons en prison au lieu de lui ; nous mourrons pour lui, s'il le faut. N'attentez rien sur le plus juste et le plus grand des hommes. Prenez-nous pour vos victimes.

MÉLITUS.

Vous voyez comme il corrompt la jeunesse.

SOCRATE.

Cessez, ma femme, cessez, mes enfants, de vous opposer à la

---

1. On prétend que la servante de La Fontaine en disait autant de son maître ; ce n'est pas la faute à M. Thomson si Xantippe l'a dit avant cette servante. M. Thomson a peint Xantippe telle qu'elle était; il ne devait pas en faire une Cornélie. — Cette note (de Voltaire) a été ajoutée en 1761. Elle a été omise dans plusieurs éditions récentes. (B.)

volonté du ciel : elle se manifeste par l'organe des lois. Quiconque résiste à la loi est indigne d'être citoyen. Dieu veut que je sois chargé de fers, je me soumets à ses décrets sans murmure. Dans ma maison, dans Athènes, dans les cachots, je suis également libre : et puisque je vois en vous tant de reconnaissance et tant d'amitié, je suis toujours heureux. Qu'importe que Socrate dorme dans sa chambre ou dans la prison d'Athènes? Tout est dans l'ordre éternel, et ma volonté doit y être.

MÉLITUS.

Qu'on entraîne ce raisonneur. Voilà comme ils sont tous ; ils vous poussent des arguments jusque sous la potence.

ANITUS.

Messieurs, ce qu'il vient de dire m'a touché. Cet homme montre de bonnes dispositions. Je pourrais me flatter de le convertir. Laissez-moi lui parler un moment en particulier, et ordonnez que sa femme et ces jeunes gens se retirent.

UN JUGE.

Nous le voulons bien, vénérable Anitus ; vous pouvez lui parler avant qu'il comparaisse devant notre tribunal.

SCÈNE XI.

ANITUS, SOCRATE.

ANITUS.

Vertueux Socrate, le cœur me saigne de vous voir en cet état.

SOCRATE.

Vous avez donc un cœur?

ANITUS.

Oui, et je suis prêt à tout faire pour vous.

SOCRATE.

Vraiment, je suis persuadé que vous avez déjà beaucoup fait.

ANITUS.

Écoutez ; votre situation est plus dangereuse que vous ne pensez : il y va de votre vie.

SOCRATE.

Il s'agit donc de peu de chose.

ANITUS.

C'est peu pour votre âme intrépide et sublime ; c'est tout aux yeux de ceux qui chérissent comme moi votre vertu. Croyez-moi ; de quelque philosophie que votre âme soit armée, il est dur de périr par le dernier supplice. Ce n'est pas tout ; votre réputation, qui doit vous être chère, sera flétrie dans tous les siècles. Non-seulement tous les dévots et toutes les dévotes riront de votre mort, vous insulteront, allumeront le bûcher si on vous brûle, serreront la corde si on vous étrangle, broieront la ciguë si on vous empoisonne ; mais ils rendront votre mémoire exécrable à tout l'avenir. Vous pouvez aisément détourner de vous une fin si funeste : je vous réponds de vous sauver la vie, et même de vous faire déclarer par les juges le plus sage des hommes, ainsi que vous l'avez été par l'oracle d'Apollon ; il ne s'agit que de me céder votre jeune pupille Aglaé, avec la dot que vous lui donnez, s'entend ; nous ferons aisément casser son mariage avec Sophronime. Vous jouirez d'une vieillesse paisible et honorée, et les dieux et les déesses vous béniront.

SOCRATE.

Huissiers, conduisez-moi en prison sans tarder davantage[1].

(On l'emmène.)

ANITUS.

Cet homme est incorrigible : ce n'est pas ma faute ; j'ai fait mon devoir, je n'ai rien à me reprocher : il faut l'abandonner à son sens réprouvé, et le laisser mourir impénitent.

1. C'est à peu près la réponse de Philoxène à Denis le Tyran. (B.)

FIN DU DEUXIÈME ACTE.

ACTE TROISIÈME.

SCÈNE I.

LES JUGES, assis sur leur tribunal; SOCRATE, debout.

UN JUGE, à Anitus.

Vous ne devriez pas siéger ici ; vous êtes prêtre de Cérès.

ANITUS.

Je n'y suis que pour l'édification.

MÉLITUS.

Silence. Écoutez, Socrate; vous êtes accusé d'être mauvais citoyen, de corrompre la jeunesse, de nier la pluralité des dieux, d'être hérétique, déiste, et athée[1] : répondez.

SOCRATE.

Juges athéniens, je vous exhorte à être toujours bons citoyens comme j'ai toujours tâché de l'être, à répandre votre sang pour la patrie comme j'ai fait dans plus d'une bataille. A l'égard de la jeunesse dont vous parlez, ne cessez de la guider par vos conseils, et surtout par vos exemples ; apprenez-lui à aimer la véritable vertu, et à fuir la misérable philosophie de l'école. L'article de la pluralité des dieux est d'une discussion un peu plus difficile; mais vous m'entendrez aisément.

Juges athéniens, il n'y a qu'un Dieu.

MÉLITUS et UN AUTRE JUGE.

Ah ! le scélérat !

SOCRATE.

Il n'y a qu'un Dieu, vous dis-je ; sa nature est d'être infini ; nul être ne peut partager l'infini avec lui. Levez vos yeux vers les globes célestes, tournez-les vers la terre et les mers, tout se correspond, tout est fait l'un pour l'autre ; chaque être est intimement lié avec les autres êtres ; tout est d'un même dessein : il n'y

---

1. Voyez la note de la page 384.

a donc qu'un seul architecte, un seul maître, un seul conservateur. Peut-être a-t-il daigné former des génies, des démons, plus puissants et plus éclairés que les hommes; et, s'ils existent, ce sont des créatures comme vous; ce sont ses premiers sujets, et non pas des dieux : mais rien dans la nature ne nous avertit qu'ils existent, tandis que la nature entière nous annonce un Dieu et un père. Ce Dieu n'a pas besoin de Mercure et d'Iris pour nous signifier ses ordres : il n'a qu'à vouloir, et c'est assez. Si par Minerve vous n'entendiez que la sagesse de Dieu, si par Neptune vous n'entendiez que ses lois immuables, qui élèvent et qui abaissent les mers, je vous dirais : Il vous est permis de révérer Neptune et Minerve, pourvu que dans ces emblèmes vous n'adoriez jamais que l'Être éternel, et que vous ne donniez pas occasion aux peuples de s'y méprendre.

ANITUS.

Quel galimatias impie !

SOCRATE.

Gardez-vous de tourner jamais la religion en métaphysique : la morale est son essence. Adorez et ne disputez plus. Si nos ancêtres ont dit que le dieu suprême descendit dans les bras d'Alcmène, de Danaé, de Sémélé, et qu'il en eut des enfants, nos ancêtres ont imaginé des fables dangereuses. C'est insulter la Divinité de prétendre qu'elle ait commis avec une femme, de quelque manière que ce puisse être, ce que nous appelons chez les hommes un adultère. C'est décourager le reste des hommes d'oser dire que, pour être un grand homme, il faut être né de l'accouplement mystérieux de Jupiter et d'une de vos femmes ou filles. Miltiade, Cimon, Thémistocle, Aristide, que vous avez persécutés, valaient bien, peut-être, Persée, Hercule, et Bacchus; il n'y a d'autre manière d'être les enfants de Dieu que de chercher à lui plaire, et d'être justes. Méritez ce titre, en ne rendant jamais de jugements iniques.

MÉLITUS.

Que de blasphèmes et d'insolences !

UN AUTRE JUGE.

Que d'absurdités ! On ne sait ce qu'il veut dire.

MÉLITUS.

Socrate, si vous vous mêlez toujours de faire des raisonnements, ce n'est pas là ce qu'il nous faut : répondez net et avec précision. Vous êtes-vous moqué du hibou de Minerve?

SOCRATE.

Juges athéniens, prenez garde à vos hiboux. Quand vous proposez des choses ridicules à croire, trop de gens alors se déterminent à ne rien croire du tout; ils ont assez d'esprit pour voir que votre doctrine est impertinente; mais ils n'en ont pas assez pour s'élever jusqu'à la loi véritable; ils savent rire de vos petits dieux, et ils ne savent pas adorer le Dieu de tous les êtres, unique, incompréhensible, incommunicable, éternel, et tout juste, comme tout-puissant.

MÉLITUS.

Ah! le blasphémateur! ah! le monstre! il n'en a dit que trop : je conclus à la mort.

PLUSIEURS JUGES.

Et nous aussi.

UN JUGE.

Nous sommes plusieurs qui ne sommes pas de cet avis; nous trouvons que Socrate a très-bien parlé. Nous croyons que les hommes seraient plus justes et plus sages s'ils pensaient comme lui; et pour moi, loin de le condamner, je suis d'avis qu'on le récompense.

PLUSIEURS JUGES.

Nous pensons de même.

MÉLITUS.

Les opinions semblent se partager.

ANITUS.

Messieurs de l'aréopage, laissez-moi interroger Socrate. Croyez-vous que le soleil tourne, et que l'aréopage soit de droit divin?

SOCRATE.

Vous n'êtes pas en droit de me faire des questions; mais je suis en droit de vous enseigner ce que vous ignorez. Il importe peu pour la société que ce soit la terre qui tourne; mais il importe que les hommes qui tournent avec elle soient justes. La vertu seule est de droit divin; et vous, et l'aréopage, n'avez d'autres droits que ceux que la nation vous a donnés.

ANITUS.

Illustres et équitables juges, faites sortir Socrate.

(Mélitus fait un signe. On emmène Socrate. Anitus continue.)

Vous l'avez entendu, auguste aréopage, institué par le ciel; cet homme dangereux nie que le soleil tourne, et que vos charges soient de droit divin. Si ces horribles opinions se répandent, plus de magistrats, et plus de soleil : vous n'êtes plus ces juges établis par les lois fondamentales de Minerve, vous n'êtes plus les maîtres de l'État, vous ne devez plus juger que suivant les lois; et si vous dépendez des lois, vous êtes perdu. Punissez la

ACTE III, SCÈNE I.

rébellion, vengez le ciel et la terre. Je sors. Redoutez la colère des dieux si Socrate reste en vie.

(Anitus sort, et les juges opinent.)

UN JUGE.

Je ne veux point me brouiller avec Anitus, c'est un homme trop à craindre. S'il ne s'agissait que des dieux, encore passe.

UN JUGE, à celui qui vient de parler.

Entre nous, Socrate a raison; mais il a tort d'avoir raison si publiquement. Je ne fais pas plus de cas de Cérès et de Neptune que lui; mais il ne devait pas dire devant tout l'aréopage ce qu'il ne faut dire qu'à l'oreille. Où est le mal, après tout, d'empoisonner un philosophe, surtout quand il est laid et vieux?

UN AUTRE JUGE.

S'il y a de l'injustice à condamner Socrate, c'est l'affaire d'Anitus, ce n'est pas la mienne; je mets tout sur sa conscience; d'ailleurs il est tard, on perd son temps. A la mort, à la mort, et qu'on n'en parle plus.

UN AUTRE.

On dit qu'il est hérétique et athée; à la mort, à la mort.

MÉLITUS.

Qu'on appelle Socrate. (On l'amène.) Les dieux soient bénis, la pluralité est pour la mort. Socrate, les dieux vous condamnent, par notre bouche, à boire de la ciguë tant que mort s'ensuive.

SOCRATE.

Nous sommes tous mortels; la nature vous condamne à mourir tous dans peu de temps, et probablement vous aurez tous une fin plus triste que la mienne. Les maladies qui amènent le trépas sont plus douloureuses qu'un gobelet de ciguë. Au reste, je dois des éloges aux juges qui ont opiné en faveur de l'innocence; je ne dois aux autres que ma pitié.

UN JUGE, sortant.

Certainement cet homme-là méritait une pension de l'État au lieu d'un gobelet de ciguë.

UN AUTRE JUGE.

Cela est vrai; mais aussi de quoi s'avisait-il de se brouiller avec un prêtre de Cérès?

UN AUTRE JUGE.

Je suis bien aise, après tout, de faire mourir un philosophe : ces gens-là ont une certaine fierté dans l'esprit, qu'il est bon de mater un peu.

UN JUGE.

Messieurs, un petit mot : ne ferions-nous pas bien, tandis que nous avons la main à la pâte, de faire mourir tous les géomètres, qui prétendent que les trois angles d'un triangle sont égaux à deux droits? Ils scandalisent étrangement la populace occupée à lire leurs livres.

UN AUTRE JUGE.

Oui, oui ; nous les pendrons à la première session. Allons dîner[1].

SCÈNE II.

SOCRATE.

Depuis longtemps j'étais préparé à la mort. Tout ce que je crains à présent, c'est que ma femme Xantippe ne vienne troubler mes derniers moments, et interrompre la douceur du recueillement de mon âme ; je ne dois m'occuper que de l'Être suprême, devant qui je dois bientôt paraître. Mais la voilà : il faut se résigner à tout.

SCÈNE III.

SOCRATE, XANTIPPE, LES DISCIPLES DE SOCRATE.

XANTIPPE.

Eh bien! pauvre homme, qu'est-ce que ces gens de loi ont conclu? êtes-vous condamné à l'amende? êtes-vous banni? êtes-vous absous? Mon dieu! que vous m'avez donné d'inquiétude! tâchez, je vous prie, que cela n'arrive pas une seconde fois.

SOCRATE.

Non, ma femme, cela n'arrivera pas deux fois, je vous en réponds ; ne soyez en peine de rien. Soyez les bienvenus, mes chers disciples, mes amis.

CRITON, à la tête des disciples de Socrate.

Vous nous voyez aussi alarmés de votre sort que votre femme Xantippe : nous avons obtenu des juges la permission de vous

---

1. Au XVIe siècle, il se passa une scène à peu près semblable, et un des juges dit ces propres paroles : *A la mort; et allons dîner.* — Cette note (de Voltaire) a aussi été ajoutée en 1761. Fréron, dans l'*Année littéraire*, 1759, tome V, page 132, avait remarqué que le trait du juge était rapporté dans les mémoires du cardinal de Retz. (B.)

ACTE III, SCÈNE III.

voir. Juste ciel! faut-il voir Socrate chargé de chaînes! Souffrez que nous baisions ces fers que vous honorez, et qui sont la honte d'Athènes. Est-il possible qu'Anitus et les siens aient pu vous mettre en cet état?

SOCRATE.

Ne pensons point à ces bagatelles, mes chers amis, et continuons l'examen que nous faisions hier de l'immortalité de l'âme. Nous disions, ce me semble, que rien n'est plus probable et plus consolant que cette idée. En effet, la matière change et ne périt point; pourquoi l'âme périrait-elle? Se pourrait-il faire que, nous étant élevés jusqu'à la connaissance d'un Dieu, à travers le voile du corps mortel, nous cessassions de le connaître quand ce voile sera tombé? Non; puisque nous pensons, nous penserons toujours : la pensée est l'être de l'homme, cet être paraîtra devant un dieu juste, qui récompense la vertu, qui punit le crime, et qui pardonne les faiblesses.

XANTIPPE.

C'est bien dit; je n'y entends rien : on pensera toujours, parce qu'on a pensé! Est-ce qu'on se mouchera toujours, parce qu'on s'est mouché? Mais que nous veut ce vilain homme avec son gobelet?

LE GEÔLIER, OU VALET DES ONZE, apportant la tasse de cigue.

Tenez, Socrate, voilà ce que le sénat vous envoie.

XANTIPPE.

Quoi! maudit empoisonneur de la république, tu viens ici tuer mon mari en ma présence! Je te dévisagerai, monstre!

SOCRATE.

Mon cher ami, je vous demande pardon pour ma femme; elle a toujours grondé son mari, elle vous traite de même : je vous prie d'excuser cette petite vivacité. Donnez.

(Il prend le gobelet.)

UN DES DISCIPLES.

Que ne nous est-il permis de prendre ce poison, divin Socrate! par quelle horrible injustice nous êtes-vous ravi? Quoi! les criminels ont condamné le juste! les fanatiques ont proscrit le sage! Vous allez mourir!

SOCRATE.

Non, je vais vivre. Voici le breuvage de l'immortalité. Ce n'est pas ce corps périssable qui vous a aimés, qui vous a enseignés, c'est mon âme seule qui a vécu avec vous; et elle vous aimera à jamais.

(Il veut boire.)

LE VALET DES ONZE.

Il faut auparavant que je détache vos chaînes, c'est la règle.

SOCRATE.

Si c'est la règle, détachez.

(Il se gratte un peu la jambe.)

UN DES DISCIPLES.

Quoi! vous souriez?

SOCRATE.

Je souris en réfléchissant que le plaisir vient de la douleur. C'est ainsi que la félicité éternelle naîtra des misères de cette vie [1].

(Il boit.)

CRITON.

Hélas! qu'avez-vous fait?

XANTIPPE.

Hélas! c'est pour je ne sais combien de discours ridicules, de cette espèce, qu'on fait mourir ce pauvre homme. En vérité, mon mari, vous me fendez le cœur, et j'étranglerais tous les juges de mes mains. Je vous grondais, mais je vous aimais; et ce sont des gens polis qui vous empoisonnent. Ah! ah! mon cher mari, ah!

SOCRATE.

Calmez-vous, ma bonne Xantippe; ne pleurez point, mes amis: il ne sied pas aux disciples de Socrate de répandre des larmes.

CRITON.

Et peut-on n'en pas verser après cette sentence affreuse, après cet empoisonnement juridique [2], ordonné par des ignorants pervers, qui ont acheté cinquante mille drachmes le droit d'assassiner impunément leurs concitoyens.

SOCRATE.

C'est ainsi qu'on traitera souvent les adorateurs d'un seul Dieu, et les ennemis de la superstition.

CRITON.

Hélas! faut-il que vous soyez une de ces victimes?

SOCRATE.

Il est beau d'être la victime de la Divinité. Je meurs satisfait.

---

1. J'ai pris la liberté de retrancher ici deux pages entières du beau sermon de Socrate. Ces moralités, qui sont devenues lieux communs, sont bien ennuyeuses. Les bonnes gens qui ont cru qu'il fallait faire parler Socrate longtemps ne connaissaient ni le cœur humain, ni le théâtre. *Semper ad eventum festinat;* voilà la grande règle que M. Thompson a observée. — Cette note (de Voltaire) est de 1761.

2. Voltaire n'a cessé d'être blessé de la vénalité des charges en France; cependant la fin de ce couplet depuis le mot *ordonné* est posthume. (B.)

Il est vrai que j'aurais voulu joindre à la consolation de vous voir celle d'embrasser aussi Sophronime et Aglaé : je suis étonné de ne les pas voir ici ; ils auraient rendu mes derniers moments encore plus doux qu'ils ne sont.

CRITON.

Hélas ! ils ignorent que vous avez consommé l'iniquité de vos juges : ils parlent au peuple ; ils encouragent les magistrats qui ont pris votre parti. Aglaé révèle le crime d'Anitus : sa honte va être publique ; Aglaé et Sophronime vous sauveraient peut-être la vie. Ah ! cher Socrate, pourquoi avez-vous précipité vos derniers moments ?

SCÈNE IV.

LES PRÉCÉDENTS, AGLAÉ, SOPHRONIME.

AGLAÉ.

Divin Socrate, ne craignez rien ; Xantippe, consolez-vous ; dignes disciples de Socrate, ne pleurez plus.

SOPHRONIME.

Vos ennemis sont confondus : tout le peuple prend votre défense.

AGLAÉ.

Nous avons parlé, nous avons révélé la jalousie et l'intrigue de l'impie Anitus. C'était à moi de demander justice de son crime, puisque j'en étais la cause.

SOPHRONIME.

Anitus se dérobe par la fuite à la fureur du peuple ; on le poursuit, lui et ses complices ; on rend des grâces solennelles aux juges qui ont opiné en votre faveur. Le peuple est à la porte de la prison, et attend que vous paraissiez, pour vous conduire chez vous en triomphe. Tous les juges se sont rétractés.

XANTIPPE.

Hélas ! que de peines perdues !

UN DES DISCIPLES.

O ciel ! ô Socrate ! pourquoi obéissiez-vous ?

AGLAÉ.

Vivez, cher Socrate, bienfaiteur de votre patrie, modèle des hommes, vivez pour le bonheur du monde.

CRITON.

Couple vertueux, dignes amis, il n'est plus temps.

XANTIPPE.

Vous avez trop tardé.

AGLAÉ.

Comment! il n'est plus temps! juste ciel!

SOPHRONIME.

Quoi! Socrate aurait déjà bu la coupe empoisonnée?

SOCRATE.

Aimable Aglaé, tendre Sophronime, la loi ordonnait que je prisse le poison : j'ai obéi à la loi, tout injuste qu'elle est, parce qu'elle n'opprime que moi. Si cette injustice eût été commise envers un autre, j'aurais combattu. Je vais mourir : mais l'exemple d'amitié et de grandeur d'âme que vous donnez au monde ne périra jamais. Votre vertu l'emporte sur le crime de ceux qui m'ont accusé. Je bénis ce qu'on appelle mon malheur; il a mis au jour toute la force de votre belle âme. Ma chère Xantippe, soyez heureuse, et songez que pour l'être il faut dompter son humeur. Mes disciples bien-aimés, écoutez toujours la voix de la philosophie, qui méprise les persécuteurs, et qui prend pitié des faiblesses humaines ; et vous, ma fille Aglaé, mon fils Sophronime, soyez toujours semblables à vous-mêmes.

AGLAÉ.

Que nous sommes à plaindre de n'avoir pu mourir pour vous!

SOCRATE.

Votre vie est précieuse, la mienne est inutile : recevez mes tendres et derniers adieux. Les portes de l'éternité s'ouvrent pour moi.

XANTIPPE.

C'était un grand homme, quand j'y songe! Ah! je vais soulever la nation, et manger le cœur d'Anitus.

SOPHRONIME.

Puissions-nous élever des temples à Socrate, si un homme en mérite!

CRITON.

Puisse au moins sa sagesse apprendre aux hommes que c'est à Dieu seul que nous devons des temples!

FIN DE SOCRATE.

L'ÉCOSSAISE

COMÉDIE EN CINQ ACTES

PAR

M. HUME

TRADUITE EN FRANÇAIS PAR JÉROME CARRÉ

REPRESENTÉE, POUR LA PREMIÈRE FOIS, SUR LE THÉATRE-FRANÇAIS,
LE 26 JUILLET 1760.

J'ai vengé l'univers autant que je l'ai pu.

AVERTISSEMENT

POUR LA PRÉSENTE ÉDITION.

Au milieu des combats tragiques qu'il livre à Crébillon, Voltaire lance contre Fréron le brûlot de l'*Écossaise*.

Le critique de l'*Année littéraire* était, de tous les adversaires de Voltaire, celui qui avait peut-être le don de l'irriter davantage. Quand il s'en prenait à lui, Voltaire n'était jamais de sang-froid. Au mois de mars 1750, à la suite d'articles de Fréron et de l'abbé de La Porte, il écrivait à M. Berrier, lieutenant de police, pour lui demander d'imposer silence à ses ennemis. Il s'adressait à M. de Mairan, qui était fort influent auprès du chancelier d'Aguesseau, pour obtenir la suppression des *Lettres sur quelques écrits de ce temps* (c'était le titre de la publication périodique que dirigeait alors Fréron) et de l'*Almanach des gens de lettres* où écrivait l'abbé de La Porte.

Lorsqu'il s'agit de choisir, vers la même époque, un nouveau correspondant du roi de Prusse et qu'il est un moment question de Fréron, Voltaire ne se contient pas. Les lettres qu'il écrit à Frédéric pour le détourner de ce choix ont un accent de fureur. Voilà déjà dix ans que cette exaspération s'est fait jour; et l'*Année littéraire*, fondée en 1754, a multiplié et aggravé les torts du rédacteur des *Lettres sur quelques écrits de ce temps*. Aussi Voltaire, pour se venger, ne songe pas à moins qu'à une sorte d'exécution publique, à une exécution en plein théâtre.

Il était justifié dans une certaine mesure par un précédent tout récent. Un ministre avait autorisé, ordonné même, la représentation des *Philosophes* de Palissot, joués le 2 mai de cette année. Voltaire n'était pas personnellement attaqué dans cette pièce, et l'auteur avait eu soin de faire une très-formelle exception en sa faveur. Il avait même envoyé son œuvre à Voltaire avec une lettre d'hommage. Mais Voltaire ne se laissa pas séduire. Il prit la défense de ses collaborateurs de l'*Encyclopédie*, et fit à Palissot de vifs reproches de sa satire.

Il était, disons-nous, justifié par cet ouvrage où le théâtre semblait revenir aux licences aristophanesques; mais justifié un peu par hasard, car le *Café, ou l'Écossaise* était imprimé au moment où les *Philosophes* furent représentés. La nouvelle comédie de Voltaire, où il faisait figurer son adversaire Fréron sous les traits cruellement noircis du libelliste Frélon, était donnée comme une comédie anglaise de M. Hume, prêtre écossais, traduite en français par Jérôme Carré, un de ces pseudonymes dont Voltaire avait tout un arsenal. Des exemplaires en circulaient dès le 19 mai 1760, puisqu'à cette date l'auteur, écrivant à Mme d'Épinay, demande à la « belle philosophe » ce que c'est qu'une comédie intitulée le *Café*, et que, le lendemain, il prend la peine de la désavouer en écrivant au pasteur Bertrand.

Le 3 juin, Fréron publiait dans sa feuille une longue analyse de la pièce anonyme. Il disait qu'on l'attribuait à Voltaire, mais qu'il n'était pas supposable que celui-ci fût l'auteur d'un production si faible.

« Le gazetier qui joue un rôle postiche dans l'*Écossaise* est appelé Frélon. On lui donne les qualifications d'*écrivain de feuilles*, de *fripon*, de *crapaud*, de *lézard*, de *couleuvre*, d'*araignée*, de *langue de vipère*, d'*esprit de travers*, de *cœur de boue*, de *méchant*, de *faquin*, d'*impudent*, de *lâche coquin*, d'*espion*, de *dogue*, etc. Il m'est revenu que quelques petits écrivailleurs prétendaient que c'était moi qu'on avait voulu désigner sous le nom de *Frélon* ; à la bonne heure, qu'ils le croient, ou qu'ils feignent de le croire, et qu'ils tâchent même de le faire croire à d'autres. Mais si c'est moi réellement que l'auteur a eu en vue, j'en conclus que ce n'est pas M. de Voltaire qui a fait ce drame. Ce grand poëte, qui a beaucoup de génie, surtout celui de l'invention, ne se serait pas abaissé à être le plagiaire de M. Piron, qui, longtemps avant l'*Écossaise*, m'a très-ingénieusement appelé *Frélon* ; il est vrai qu'il avait dérobé lui-même ce bon mot, cette idée charmante, cet effort d'esprit incroyable, à M. Chévrier, auteur infiniment plaisant. De plus, M. de Voltaire aurait-il jamais osé traiter quelqu'un de fripon ; Il connaît les égards ; il sait trop ce qu'il se doit à lui-même et ce qu'il doit aux autres. »

Ce que Fréron disait, il n'en était pas convaincu ; il savait très-bien que le grand polémiste ne se refusait absolument aucune arme, lorsqu'il s'agissait de combattre un adversaire. Il en citait une preuve au moment même : il racontait une anecdote dont le principal personnage n'était pas bien difficile à deviner. « Je suis accoutumé depuis longtemps au petit ressentiment des écrivains... Un auteur français très-célèbre, qui s'était retiré dans une cour d'Allemagne, fit un ouvrage dont il ne me fut pas possible de dire beaucoup de bien. Ma critique blessa son amour-propre. Un jour on lui demanda des nouvelles de la France. Il répondit d'abord qu'il n'en savait point. Par hasard, on vint à parler de moi : « Ah! ce pauvre Fréron ! « s'écria-t-il d'un air touché ; il est condamné aux galères ; il est parti ces « jours derniers avec la chaîne ; on me l'a mandé de Paris. » On interrogea l'auteur sur les raisons qui m'avaient attiré ce malheur ; on le pria de montrer la lettre dans laquelle on lui apprenait cette étrange aventure. Il répondit qu'on ne lui avait écrit que le fait sans lui expliquer la cause, et qu'il avait déchiré la lettre. On vit tout d'un coup que c'était une gentillesse d'esprit. Je ne pus m'empêcher d'en rire moi-même lorsque quelques amis m'écrivirent cette heureuse saillie. »

C'est à cette anecdote qu'il est fait allusion dans la requête de Jérôme Carré *A Messieurs les Parisiens* qu'on trouve ci-après (voyez page 415).

La pièce était entre les mains du public. Il s'agissait de la faire représenter ; et c'est pour en obtenir la permission que l'exemple de la liberté accordée contre les philosophes était concluant. Les amis de Voltaire firent habilement valoir cet argument, et la pièce fut livrée aux comédiens, qui la répétèrent avec activité.

La *Requête aux Parisiens* parut la veille de la représentation, et acheva de donner à la prétendue comédie anglaise son vrai sens, et de disposer le public comme le voulait l'auteur.

Quelques modifications avaient été faites. Le personnage figurant Fréron s'appelait Wasp et non plus Frélon (*Wasp* est le mot anglais). Fréron, informé de ce détail, va trouver les comédiens, il les invite à conserver le nom de Frélon, et même à mettre son nom sans déguisement aucun, s'ils pensent que cela puisse contribuer au succès de la pièce. « Il étaient assez portés à m'obliger, dit-il. Apparemment qu'il n'a pas dépendu d'eux de me faire ce plaisir, et j'en suis très-fâché. Notre théâtre aurait acquis une petite liberté honnête dont on aurait tiré un grand avantage pour la perfection de l'art dramatique. »

Fréron assista à la première représentation qui eut lieu le 26 juillet ; il était au milieu de l'orchestre. « Il soutint, dit Collé dans son *Journal*, assez bien les premières scènes ; mais M. de Malesherbes, qui était à côté de lui, le vit ensuite plusieurs fois devenir cramoisi et puis pâlir. Il avait placé sa femme au premier rang de l'amphithéâtre ; M. Marivaux m'a dit qu'elle se trouva mal. »

Le récit de cette fameuse soirée fut fait par Fréron dans l'*Année littéraire*, sous la date du 27 juillet, et avec ce titre : *Relation d'une grande bataille*. M. G. Desnoiresterres a reproduit en entier ce récit [1]. qu'il est curieux de comparer avec celui que donne Voltaire dans l'avertissement ci-après.

L'*Écossaise* eut beaucoup de succès, elle fut suivie, avec une grande affluence de spectateurs, jusqu'à la seizième représentation ; on la joua dans toutes les provinces, et elle y reçut le même accueil qu'à Paris.

1. *Voltaire aux Délices*, pages 488-492.

AVERTISSEMENT

DE BEUCHOT.

Fréron n'a pas toujours dit du mal de Voltaire, et prétendait même que *personne n'avait loué plus que lui M. de Voltaire* [1]. Il est très-vrai que l'éloge de l'auteur de *la Henriade* se trouve dans plusieurs volumes de l'*Année littéraire;* mais c'est dans les premiers volumes de cette collection [2]. Les hostilités commencèrent à la fin de 1758 [3], et Fréron ne publiait pas un volume sans y faire quelque sortie contre Voltaire, que le plus souvent il nommait, mais qu'il désignait tantôt sous le titre de *philosophiste du jour* [4], de *Hobbes, Spinosa, Collins, Vannini moderne* [5], tantôt sous celui de *sophiste de nos jours* [6]. Voltaire, harcelé sans cesse, perdit patience, et composa *l'Écossaise*. Une aventure arrivée à Mlle de Livry qui, après avoir été sa maîtresse, devint marquise de Gouvernet, et à laquelle il adressa l'épître connue sous le nom des *Tu* et des *Vous*, lui fournit les rôles de Lindane, de Freeport, et de Fabrice. La pièce imprimée arriva à Paris vers la fin de mai 1760. L'auteur ne la destinait pas à la représentation, et ne l'avait faite que *pour faire donner Fréron au diable* [7]. La première édition, Londres (Genève), en xij et 204 pages in-12, ne contenait que la *Préface* et la pièce. L'auteur faisait, pour la seconde édition, graver une estampe où l'on voit *un âne qui se met à braire en regardant une lyre suspendue à un arbre*. Au bas de l'estampe on lisait :

> Que veut dire
> Cette lyre?
> C'est Melpomène ou Clairon.
> Et ce monsieur qui soupire,
> Et fait rire,
> N'est-ce pas Martin F.....?

---

1. *Année littéraire*, 1769, tome VIII, page 39.
2. Voyez 1756, tome VIII, page 335; 1757, II, 55; IV, 192; VI, 46; 1758, II, 31; III, 283; IV, 146.
3. Voyez *Année littéraire*, 1758, tome VIII, pages 312, 356; 1759, II, 203-210; III, 242-255; IV, 81 et suiv.; V, 71, 133; VI, 137; VIII, 9, 23.
4. *Idem*, 1759, tome I, page 290.
5. *Idem, ibid.*, page 304.
6. *Idem*, 1754, tome IV, page 214.
7. Lettre à d'Argental, du 27 juin 1760.

AVERTISSEMENT DE BEUCHOT.

On m'a raconté que Fréron, ayant appris l'usage que Voltaire devait faire de cette estampe, annonça que Voltaire préparait une nouvelle édition de *l'Écossaise*, qui serait *ornée du portrait de l'auteur* [1]. Cette plaisanterie empêcha Voltaire de faire ce qu'il aurait voulu; la nouvelle édition de *l'Écossaise* parut sans estampe. Mais Voltaire se contenta d'en différer la publication, et la fit distribuer avec *Tancrède* [2].

Il y avait près de deux mois que *l'Écossaise* était imprimée, lorsqu'on la représenta sur le Théâtre-Français, le 26 juillet [3]. A la représentation on substitua le nom de *Wasp* qui, en anglais, signifie *guêpe*, à celui de *Frélon*. Le 25 juillet avait été distribuée la requête de Jérôme Carré *A Messieurs les Parisiens*, qu'on trouvera page 413. *L'Écossaise* eut seize représentations [4] ; mais, pendant qu'on cessait de la jouer sur le Théâtre-Français, on se disposait à la faire paraître sur le théâtre des Italiens, où, le 20 septembre, on donna *l'Écossaise mise en vers par M. de LaGrange*. Deux parodies furent jouées sur le théâtre de l'Opéra-Comique ou de la Foire : *l'Écosseuse*, par Poinsinet jeune et d'Avesne; *les Nouveaux Calotins*, par Harny. Ces deux pièces sont imprimées; la seconde est moins une parodie qu'une pièce faite à l'occasion de la comédie de Voltaire. *La Petite Écosseuse, parodie de l'Écossaise, par Taconnet*, a été imprimée, mais non représentée.

La *Relation d'une grande bataille*, imprimée dans l'*Année littéraire*, tome V de 1760, page 209, est un compte rendu de la première représentation.

La *Lettre sur la comédie de l'Écossaise*, 1760, in-12 de 12 pages, avec cette épigraphe : *Usquequo tandem?* est une satire très-violente dont l'auteur m'est inconnu.

Le *Discours sur la satire contre les philosophes* (comédie de Palissot), 1760, in-12, est de l'abbé Coyer, qui parle à la fin du succès brillant de *l'Écossaise*.

Les *Avis*, petite pièce en prose de 16 pages in-8°, contient des réflexions critiques sur la comédie des *Philosophes* et sur celle de *l'Écossaise*.

L'*Épitre à un ami dans sa retraite à l'occasion des* Philosophes *et de* l'Écossaise, 1760, in-12 de 12 pages, est en vers libres.

1. J'ai eu beau feuilleter l'*Année littéraire*, je n'ai pu y trouver cette annonce. Mais je dois dire aussi que j'ai aperçu un carton à la fin du compte rendu de *l'Écossaise* (1760, IV, 115-116), et l'existence de ce carton permet de croire à l'existence de la plaisanterie faite par Fréron.
2. Voyez, dans le présent volume, l'*Avertissement* de Beuchot sur cette tragédie.
3. *Les Spectacles de Paris*, 1761, page 134; *Année littéraire*, 1760, V, 209; *Mémoires de Collé*, II, 369; le *Mercure* (août) dit le 27, et d'après lui une note des éditeurs de la *Correspondance de Grimm* donne la même date. Mais, en 1760, le 27 juillet était un dimanche, qui n'est guère le jour des premières représentations. La date du 10 auguste, donnée par quelques personnes à la première représentation de *l'Écossaise*, est démentie par la lettre de d'Alembert du 3 auguste, qui dit que la quatrième représentation avait eu lieu le 2.
4. Lettre de d'Alembert, du 2 septembre 1760. Collé, dans ses *Mémoires* (II, 374), ne parle que de treize représentations.

AVERTISSEMENT DE BEUCHOT.

Duverger de Saint-Étienne ayant adressé à Voltaire une *Épître* (en vers) *sur la comédie de* l'Écossaise, épître imprimée dans le *Mercure*, deuxième volume d'octobre 1760, pages 44-45, Voltaire l'en remercia par une lettre qu'on trouvera dans la *Correspondance*, en décembre 1760.

Voici comment les rôles de *l'Écossaise* étaient distribués : Fabrice, *Armand*; Lindane, *mademoiselle Gaussin*; lord Monrose, *Brizard*; lord Murray, *Bellemain*; Polly, *mademoiselle Dangeville*; Freeport, *Préville*; Frélon, *Dubois*; lady Alton, *madame Préville*; André, *Durancy*; un messager d'État, *d'Auberval*. Les quatre interlocuteurs (dans la scène III du premier acte) étaient *Lekain, Bonneval, Paulin, Blainville*.

C'est à cause des noms de Mlle Gaussin et de Lekain que j'ai donné cette liste, au risque d'encourir quelques reproches. Car je n'ai point oublié que Voltaire avait *une aversion invincible pour la coutume nouvellement introduite* de donner les noms des acteurs [1].

La substitution de *Wasp* à *Frélon* ne fut pas le seul changement que Voltaire fit à sa pièce pour la représentation. Les additions et corrections se retrouvent dans une édition d'Amsterdam (Paris) 1760, in-12 de xij et 408 pages. Je ne sais comment il se fait qu'un assez grand nombre de ces corrections n'est pas dans les éditions suivantes, malgré l'importance ou la justesse de la plupart. Mais je les ai toutes introduites ou rétablies. Les éditions de 1760, Londres (Genève), et Amsterdam (Paris), ainsi que leurs réimpressions ou contrefaçons, n'ont d'autre préliminaire que la *Préface*.

Dans la réimpression qui fait partie du volume publié en 1761, sous le titre de *Seconde suite des Mélanges de littérature*, etc., Voltaire a rétabli le nom de Frélon, et a mis en tête de la comédie : 1° l'*Épître dédicatoire*; 2° la requête de Jérôme Carré *A Messieurs les Parisiens*; 3° un *Avertissement*; 4° la *Préface* (de 1760). J'ai laissé la dédicace à la première place. Immédiatement après elle j'ai mis la *Préface* (de Voltaire), non-seulement parce que cette préface a précédé la *Requête* et l'*Avertissement*, mais surtout parce qu'elle est citée dans la *Requête*.

En prenant le texte de l'édition d'Amsterdam (Paris), 1760, j'ai conservé cependant les passages ajoutés postérieurement.

---

1. Lettre à d'Argental, du 16 décembre au soir, de l'année 1760. — La coutume a prévalu tellement, malgré l'aversion de Voltaire, que l'indication des premiers interprètes, dans les pièces tant anciennes que nouvelles, est à présent jugée presque indispensable (1877).

ÉPITRE DÉDICATOIRE

DU TRADUCTEUR DE L'ÉCOSSAISE

A M. LE COMTE DE LAURAGUAIS[1].

Monsieur,

La petite bagatelle que j'ai l'honneur de mettre sous votre protection n'est qu'un prétexte pour vous parler avec liberté.

Vous avez rendu un service éternel aux beaux-arts et au bon goût en contribuant, par votre générosité, à donner à la ville de Paris un théâtre moins indigne d'elle. Si on ne voit plus sur la scène César et Ptolémée, Athalie et Joad, Mérope et son fils, entourés et pressés d'une foule de jeunes gens, si les spectacles ont plus de décence, c'est à vous seul qu'on en est redevable. Ce bienfait est d'autant plus considérable que l'art de la tragédie et de la comédie est celui dans lequel les Français se sont distingués davantage. Il n'en est aucun dans lequel ils n'aient de très-illustres rivaux, ou même des maîtres. Nous avons quelques bons philosophes; mais, il faut l'avouer, nous ne sommes que les disciples des Newton, des Locke, des Galilée. Si la France a quelques historiens, les Espagnols, les Italiens, les Anglais même, nous disputent la supériorité dans ce genre. Le seul Massillon aujourd'hui passe chez les gens de goût pour un orateur agréable; mais qu'il est encore loin de l'archevêque Tillotson aux yeux du reste de l'Europe! Je ne prétends point peser le mérite des hommes de génie; je n'ai pas la main assez forte pour tenir cette balance:

---

1. Louis-Léon-Félicité, comte de Lauraguais, né le 3 juillet 1733, devint duc de Brancas en 1773, à la mort du duc de Villars-Brancas son père, et mourut le 9 octobre 1824. (B.) — Il fut, sous la Révolution française, membre du club des Cordeliers. (G. A.)

je vous dis seulement comment pensent les autres peuples ; et vous savez, monsieur, vous qui, dans votre première jeunesse, avez voyagé pour vous instruire, vous savez que presque chaque peuple a ses hommes de génie, qu'il préfère à ceux de ses voisins.

Si vous descendez des arts de l'esprit pur à ceux où la main a plus de part, quel peintre oserions-nous préférer aux grands peintres d'Italie? C'est dans le seul art des Sophocle que toutes les nations s'accordent à donner la préférence à la nôtre : c'est pourquoi, dans plusieurs villes d'Italie, la bonne compagnie se rassemble pour représenter nos pièces, ou dans notre langue, ou en italien ; c'est ce qui fait qu'on trouve des théâtres français à Vienne et à Pétersbourg.

Ce qu'on pouvait reprocher à la scène française était le manque d'action et d'appareil. Les tragédies étaient souvent de longues conversations en cinq actes. Comment hasarder ces spectacles pompeux, ces tableaux frappants, ces actions grandes et terribles, qui, bien ménagées, sont un des plus grands ressorts de la tragédie ; comment apporter le corps de César sanglant sur la scène [1] ; comment faire descendre une reine éperdue dans le tombeau de son époux, et l'en faire sortir mourante de la main de son fils [2], au milieu d'une foule qui cache, et le tombeau, et le fils, et la mère, et qui énerve la terreur du spectacle par le contraste du ridicule?

C'est de ce défaut monstrueux que vos seuls bienfaits ont purgé la scène ; et quand il se trouvera des génies qui sauront allier la pompe d'un appareil nécessaire et la vivacité d'une action également terrible et vraisemblable à la force des pensées, et surtout à la belle et naturelle poésie, sans laquelle l'art dramatique n'est rien, ce sera vous, monsieur, que la postérité devra remercier [3].

---

1. Dans la *Mort de César*, acte III, scène VIII ; voyez *Théâtre*, tome II.
2. Dans *Sémiramis*, acte V, scènes II et VIII ; voyez *Théâtre*, tome III.
3. Il y avait longtemps que M. de Voltaire avait réclamé contre l'usage ridicule de placer les spectateurs sur le théâtre, et de rétrécir l'avant-scène par des banquettes, lorsque M. le comte de Lauraguais donna les sommes nécessaires pour mettre les comédiens à portée de détruire cet usage.

M. de Voltaire s'est élevé contre l'indécence d'un parterre debout et tumultueux ; et dans les nouvelles salles construites à Paris, le parterre est assis. Ses justes réclamations ont été écoutées sur des objets plus importants. On lui doit en grande partie la suppression des sépultures dans les églises, l'établissement des cimetières hors des villes, la diminution du nombre des fêtes, même celle qu'ont ordonnée des évêques qui n'avaient jamais lu ses ouvrages ; enfin l'abolition de la

ÉPITRE DÉDICATOIRE. 407

Mais il ne faut pas laisser ce soin à la postérité ; il faut avoir le courage de dire à son siècle ce que nos contemporains font de noble et d'utile. Les justes éloges sont un parfum qu'on réserve pour embaumer les morts. Un homme fait du bien, on étouffe ce bien pendant qu'il respire ; et si on en parle, on l'exténue, on le défigure : n'est-il plus ? on exagère son mérite pour abaisser ceux qui vivent.

Je veux du moins que ceux qui pourront lire ce petit ouvrage sachent qu'il y a dans Paris plus d'un homme estimable et malheureux secouru par vous ; je veux qu'on sache que tandis que vous occupez votre loisir à faire revivre, par les soins les plus coûteux et les plus pénibles, un art utile[1] perdu dans l'Asie, qui l'inventa, vous faites renaître un secret plus ignoré, celui de soulager par vos bienfaits cachés la vertu indigente[2].

Je n'ignore pas qu'à Paris il y a, dans ce qu'on appelle le monde, des gens qui croient pouvoir donner des ridicules aux belles actions qu'ils sont incapables de faire ; et c'est ce qui redouble mon respect pour vous.

P. S. Je ne mets point mon inutile nom au bas de cette épître, parce que je ne l'ai jamais mis à aucun de mes ouvrages ; et quand on le voit à la tête d'un livre ou dans une affiche, qu'on s'en prenne uniquement à l'afficheur ou au libraire.

---

servitude, de la glèbe, et celle de la torture. Tous ces changements se sont faits à la vérité lentement, à demi, et comme si l'on eût voulu prouver en les faisant qu'on suivait, non sa propre raison, mais qu'on cédait à l'impulsion irrésistible que M. de Voltaire avait donnée aux esprits.

La tolérance qu'il avait tant prêchée s'est établie, peu de temps après sa mort, en Suède et dans les États héréditaires de la maison d'Autriche ; et, quoi qu'on en dise, nous la verrons bientôt s'établir en France. (K.) — Il en coûta 30,000 francs au comte de Lauraguais pour la suppression des banquettes qui encombraient la scène, et dont Voltaire s'est plaint souvent. La suppression date du 23 avril 1759. (B.)

1. Il s'agit des recherches sur la porcelaine de Chine ; voyez *Mercure*, juillet 1764, tome II, page 143. (B.)

2. M. le comte de Lauraguais avait fait une pension au célèbre du Marsais, qui, sans lui, eût traîné sa vieillesse dans la misère. Le gouvernement ne lui donnait aucun secours, parce qu'il était soupçonné d'être janséniste, et même d'avoir écrit en faveur du gouvernement contre les prétentions de la cour de Rome. (K.) — L'*Exposition de la doctrine de l'Église gallicane*, commencée par du Marsais, et terminée par le duc de La Feuillade, ne parut qu'après la mort de du Marsais, 1757, in-12. (B.)

PRÉFACE[1]

La comédie dont nous présentons la traduction aux amateurs de la littérature est de M. Hume[2], pasteur de l'église d'Édimbourg, déjà connu par deux belles tragédies jouées à Londres : il est parent[3] et ami de ce célèbre philosophe M. Hume, qui a creusé avec tant de hardiesse et de sagacité les fondements de la métaphysique et de la morale. Ces deux philosophes font également honneur à l'Écosse, leur patrie.

La comédie intitulée *l'Écossaise* nous parut un de ces ouvrages qui peuvent réussir dans toutes les langues, parce que l'auteur peint la nature, qui est partout la même : il a la naïveté et la vérité de l'estimable Goldoni[4], avec peut-être plus d'intrigue, de force, et d'intérêt. Le dénoûment, le caractère de l'héroïne, et celui de Freeport, ne ressemblent à rien de ce que nous connaissons sur les théâtres de France; et cependant c'est la nature pure. Cette pièce paraît un peu dans le goût de ces romans anglais qui ont fait tant de fortune; ce sont des touches semblables, la même peinture des mœurs, rien de recherché, nulle envie d'avoir de l'esprit, et de montrer misérablement l'auteur, quand on ne doit montrer que les personnages; rien d'étranger au sujet; point de tirade d'écolier, de ces maximes triviales qui remplissent le vide de l'action : c'est une justice que nous sommes obligé de rendre à notre célèbre auteur.

Nous avouons en même temps que nous avons cru, par le

---

1. Cette préface est en tête de la première édition. Elle est de Voltaire, ainsi que les deux autres écrits qui la suivent immédiatement, et que la dédicace qui la précède. Voyez l'Avertissement de Beuchot.
2. On sent bien que c'était une plaisanterie d'attribuer cette pièce à M. Hume. (*Note de Voltaire.* 1761.)
3. Dans la première édition, on lisait : *Il est le frère de ce célèbre.* (B.)
4. Lessing prétend que Voltaire a imité, dans *l'Écossaise*, le *Café* de Goldoni. Il ajoute que le caractère de Frélon est calqué sur celui de Marzio. Que Voltaire se soit inspiré de Goldoni, c'est croyable; mais quant au caractère de Frélon, il est bien original, car il l'avait déjà esquissé dans *l'Envieux* vers 1738. (G. A.)

conseil des hommes les plus éclairés, devoir retrancher quelque chose du rôle de Frélon, qui paraissait encore dans les derniers actes : il était puni, comme de raison, à la fin de la pièce ; mais cette justice qu'on lui rendait semblait mêler un peu de froideur au vif intérêt qui entraîne l'esprit au dénoûment.

De plus, le caractère de Frélon est si lâche et si odieux, que nous avons voulu épargner aux lecteurs la vue trop fréquente de ce personnage, plus dégoûtant que comique. Nous convenons qu'il est dans la nature ; car, dans les grandes villes où la presse jouit de quelque liberté, on trouve toujours quelques-uns de ces misérables qui se font un revenu de leur impudence, de ces Arétins subalternes qui gagnent leur pain à dire et à faire du mal, sous le prétexte d'être utiles aux belles-lettres ; comme si les vers qui rongent les fruits et les fleurs pouvaient leur être utiles !

L'un des deux illustres savants, et, pour nous exprimer encore plus correctement, l'un de ces deux hommes de génie qui ont présidé au *Dictionnaire encyclopédique*, à cet ouvrage nécessaire au genre humain, dont la suspension fait gémir l'Europe ; l'un de ces deux grands hommes, dis-je, dans des essais qu'il s'est amusé à faire sur l'art de la comédie[1], remarque très-judicieusement que l'on doit songer à mettre sur le théâtre les conditions et les états des hommes. L'emploi du Frélon de M. Hume est une espèce d'état en Angleterre : il y a même une taxe établie sur les feuilles de ces gens-là. Ni cet état ni ce caractère ne paraissaient dignes du théâtre en France ; mais le pinceau anglais ne dédaigne rien ; il se plaît quelquefois à tracer des objets dont la bassesse peut révolter quelques autres nations. Il n'importe aux Anglais que le sujet soit bas, pourvu qu'il soit vrai. Ils disent que la comédie étend ses droits sur tous les caractères et sur toutes les conditions ; que tout ce qui est dans la nature doit être peint ; que nous avons une fausse délicatesse, et que l'homme le plus méprisable peut servir de contraste au plus galant homme.

J'ajouterai, pour la justification de M. Hume, qu'il a l'art de ne présenter son Frélon que dans des moments où l'intérêt n'est pas encore vif et touchant. Il a imité ces peintres qui peignent un crapaud, un lézard, une couleuvre, dans un coin du tableau, en conservant aux personnages la noblesse de leur caractère.

---

1. Diderot : l'autre homme de génie est d'Alembert. (B.) — Voyez, dans les *OEuvres de Diderot*, les *Entretiens sur le Fils naturel*. Édition Garnier frères, tome VII, page 85.

PRÉFACE. 411

Ce qui nous a frappé vivement dans cette pièce, c'est que l'unité de temps, de lieu, et d'action, y est observée scrupuleusement. Elle a encore ce mérite, rare chez les Anglais comme chez les Italiens, que le théâtre n'est jamais vide. Rien n'est plus commun et plus choquant que de voir deux acteurs sortir de la scène, et deux autres venir à leur place sans être appelés, sans être attendus ; ce défaut insupportable ne se trouve point dans l'Écossaise.

Quant au genre de la pièce, il est dans le haut comique, mêlé au genre de la simple comédie. L'honnête homme y sourit de ce sourire de l'âme, préférable au rire de la bouche. Il y a des endroits attendrissants jusqu'aux larmes, mais sans pourtant qu'aucun personnage s'étudie à être pathétique ; car de même que la bonne plaisanterie consiste à ne vouloir point être plaisant, ainsi celui qui vous émeut ne songe point à vous émouvoir : il n'est point rhétoricien, tout part du cœur. Malheur à celui qui tâche, dans quelque genre que ce puisse être !

Nous ne savons pas si cette pièce pourrait être représentée à Paris ; notre état et notre vie, qui ne nous ont pas permis de fréquenter souvent les spectacles, nous laissent dans l'impuissance de juger quel effet une pièce anglaise ferait en France.

Tout ce que nous pouvons dire, c'est que, malgré tous les efforts que nous avons faits pour rendre exactement l'original, nous sommes très-loin d'avoir atteint au mérite de ses expressions, toujours fortes et toujours naturelles.

Ce qui est beaucoup plus important, c'est que cette comédie est d'une excellente morale, et digne de la gravité du sacerdoce dont l'auteur est revêtu, sans rien perdre de ce qui peut plaire aux honnêtes gens du monde.

La comédie ainsi traitée est un des plus utiles efforts de l'esprit humain ; il faut convenir que c'est un art, et un art très-difficile. Tout le monde peut compiler des faits et des raisonnements : il est aisé d'apprendre la trigonométrie ; mais tout art demande un talent, et le talent est rare.

Nous ne pouvons mieux finir cette préface que par ce passage de notre compatriote Montaigne sur les spectacles.

« J'ai sousténu les premiers personnages ez tragedies latines de Bucanan, de Guerente, et de Muret, qui se representerent à nostre college de Guienne, avecques dignité. En cela, Andreas Goveanus, nostre principal, comme en toutes aultres parties de sa charge, feut sans comparaison le plus grand principal de France ; et m'en tenoit on maistre ouvrier. C'est un exercice que ie ne mesloue point aux ieunes enfants de maison, et ai veu nos princes s'y addonner depuis en personne ; à l'exemple d'aulcuns des anciens, honnestement et louablement : il estoit loisible mesme d'en faire mestier aux gents d'honneur en Grece, *Aristoni tragico actori rem aperit : huic et genus et fortuna honesta erant ; nec ars, quia nihil tale apud Græcos pudori est, ea deformabat* (Tit.-Liv., xxiv, 24) ; car i'ai tousiours accusé d'impertinence ceulx qui condamnent ces esbattements ; et d'iniustice ceulx qui refusent l'entrée de nos bonnes villes aux comediens qui le valent, et envient aux peuples ces plaisirs publicques. Les bonnes polices prennent soing d'assembler les citoyens, et les r'allier, comme aux offices serieux de la devotion, aussi aux exercices et ieux ; la societé et amitié s'en augmente ; et puis on ne leur sçauroit conceder des passetemps plus reglez que ceulx qui se font en presence d'un chascun, et à la veue mesme du magistrat ; et trouveroy raisonnable que le prince, à ses despens, en gratifiast quelquesfois la commune, d'une affection et bonté comme paternelle ; et qu'aux villes populeuses il y eust des lieux destinez et disposez pour ces spectacles ; quelque divertissement de pires actions et occultes. Pour revenir à mon propos, il n'y a rien tel que d'alleicher l'appetit et l'affection, aultrement on ne fait que des asnes chargez de livres ; on leur donne à coups de fouet en garde leur pochette pleine de science ; laquelle, pour bien faire, il ne fault pas seulement loger chez soy, il la fault espouser. » *Essais*, liv. I, ch. xxv, à la fin.

A MESSIEURS
LES PARISIENS[1]

Messieurs[2],

Je suis forcé par l'illustre M. Fréron de m'exposer *vis-à-vis*[3] de vous. Je parlerai sur le *ton* du sentiment et du respect ; ma plainte sera marquée au *coin* de la bienséance, et éclairée du *flambeau* de la vérité. J'espère que M. Fréron sera confondu *vis-à-vis* des honnêtes gens qui ne sont pas accoutumés à se prêter aux méchancetés de ceux qui, n'étant pas *sentimentés*, font *métier et marchandise*[4] d'insulter *le tiers et le quart*, sans aucune *provocation*, comme dit Cicéron dans l'oraison *pro Murena*, page 4.

Messieurs, je m'appelle Jérôme Carré, natif de Montauban ; je suis un pauvre jeune homme sans fortune, et comme la volonté me change d'entrer dans Montauban, à cause que M. Lefranc de Pompignan m'y persécute, je suis venu implorer la protection

---

1. Cette plaisanterie fut publiée la veille de la représentation. (1761.)
2. La première édition de cet opuscule était intitulée *Requête de Jérôme Carré aux Parisiens*. Une autre édition a pour titre *Requête adressée à MM. les Parisiens, par B.-Jérôme Carré, natif de Montauban, traducteur de la comédie intitulée* le Café, ou l'Écossaise, *pour servir de post-préface à ladite comédie : A Messieurs les Parisiens*. Cette *Requête*, composée dès le mois de juin (voyez lettre d'Argental, 19 juin 1760) était imprimée en juillet. Voltaire n'avait pas encore vu l'imprimé à la fin d'auguste ; on lui avait dit qu'il était différent du manuscrit. Voyez lettre à Damilaville, du 29 auguste. (B.)
3. Dans les *Opuscules de Fréron*, tome II, page 78, on lit : *Défaut essentiel* vis-à-vis *des trois quarts des gens du monde*. Voltaire a souvent critiqué le mauvais emploi du mot *vis-à-vis*; voyez, par exemple, dans la *Correspondance*, la lettre à d'Olivet, du 5 janvier 1767. (B.)
4. Hémistiche du *Tartuffe*, acte I*er*, scène VI :

Font de dévotion métier et marchandise.

des Parisiens. J'ai traduit la comédie de *l'Écossaise* de M. Hume. Les comédiens français et les italiens voulaient la représenter : elle aurait peut-être été jouée cinq ou six fois, et voilà que M. Fréron emploie son autorité et son crédit pour empêcher ma traduction de paraître ; lui qui encourageait tant les jeunes gens, quand il était jésuite [1], les opprime aujourd'hui : il a fait une feuille entière [2] contre moi ; il commence par dire méchamment que ma traduction vient de Genève [3], pour me faire *suspecter* d'être hérétique.

Ensuite il appelle M. Hume, M. Home [4] ; et puis il dit que M. Hume le prêtre, auteur de cette pièce, n'est pas parent de M. Hume le philosophe. Qu'il consulte seulement le *Journal encyclopédique* du mois d'avril 1758, journal que je regarde comme le premier des cent soixante-treize journaux qui paraissent tous les mois en Europe. il y verra cette annonce, page 137 :

« L'auteur de *Douglas* est le ministre Hume, parent du fameux David Hume, si célèbre par son impiété [5]. »

"Je ne sais pas si M. David Hume est impie : s'il l'est, j'en suis bien fâché, et je prie Dieu pour lui, comme je le dois ; mais il résulte que l'auteur de *l'Écossaise* est M. Hume le prêtre, parent de M. David Hume ; ce qu'il fallait prouver, et ce qui est très-indifférent.

J'avoue à ma honte que je l'ai cru son frère [6] ; mais qu'il soit frère ou cousin, il est toujours certain qu'il est l'auteur de *l'Écossaise*. Il est vrai que, dans le journal que je cite, *l'Écossaise* n'est pas expressément nommée ; on n'y parle que d'*Agis* et de *Douglas* : mais c'est une bagatelle.

Il est si vrai qu'il est l'auteur de *l'Écossaise*, que j'ai en main plusieurs de ses lettres, par lesquelles il me remercie de l'avoir

---

1. Fréron avait fait, comme Voltaire, ses études au collége Louis-le-Grand ; il n'avait pas été plus que lui jésuite. (G. D.)
2. Le compte que Fréron rend de *l'Écossaise* avant la représentation remplit 44 pages sur les 72 dont se composait chacun de ses cahiers ; voyez *Année littéraire*, 1760, tome IV, pages 73-116.
3. Fréron le dit page 73.
4. Cette faute n'est pas dans l'*Année littéraire*. (B.)
5. Cela se lit en effet dans le *Journal encyclopédique* du 1ᵉʳ avril 1758, L'auteur de l'article était l'abbé Prévost, qui cessa, bientôt après, de travailler à ce journal. Voyez le *Mercure*, 1766, juillet, tome I, page 94. (B.)
6. Dans les premières éditions (voyez page 409, la *Préface* qualifiait M. Hume *frère* de David Hume. (B.)

traduite : en voici une que je soumets aux lumières du charitable lecteur.

My dear translator, mon cher traducteur, *you have committed many a blunder in your performance*, vous avez fait plusieurs balourdises dans votre traduction : *you have quite impoverish'd the character of Wasp, and you have blotted his chastisement at the end of the drama...* vous avez affaibli le caractère de Frélon, et vous avez supprimé son châtiment à la fin de la pièce.

Il est vrai, et je l'ai déjà dit[1], que j'ai fort adouci les traits dont l'auteur peint son Wasp (ce mot *wasp* veut dire *frélon*); mais je ne l'ai fait que par le conseil des personnes les plus judicieuses de Paris. La politesse française ne permet pas certains termes que la liberté anglaise emploie volontiers. Si je suis coupable, c'est par excès de retenue ; et j'espère que messieurs les Parisiens, dont je demande la protection, pardonneront les défauts de la pièce en faveur de ma circonspection.

Il semble que M. Hume ait fait sa comédie uniquement dans la vue de mettre son Wasp sur la scène, et moi j'ai retranché tout ce que j'ai pu de ce personnage ; j'ai aussi retranché quelque chose de milady Alton, pour m'éloigner moins de vos mœurs, et pour faire voir quel est mon respect pour les dames.

M. Fréron, dans la vue de me nuire, dit dans sa feuille, page 114, qu'on l'appelle aussi Frélon, que plusieurs personnes de mérite[2] l'ont souvent nommé ainsi. Mais, messieurs, qu'est-ce que cela peut avoir de commun avec un personnage anglais dans la pièce de M. Hume? Vous voyez bien qu'il ne cherche que de vains prétextes pour me ravir la protection dont je vous supplie de m'honorer.

Voyez, je vous prie, jusqu'où va sa malice : il dit, page 115, que le bruit courut longtemps qu'*il avait été condamné aux galères*[3] ; et il affirme qu'en effet, pour la condamnation, elle n'a jamais eu lieu : mais, je vous en supplie, que ce monsieur ait été aux galères quelque temps, ou qu'il y aille, quel rapport cette anecdote peut-elle avoir avec la traduction d'un drame anglais ? Il parle des raisons qui *pouvaient*, dit-il, *lui avoir attiré ce malheur*. Je vous jure, messieurs, que je n'entre dans aucune de ces raisons ; il peut y en avoir de bonnes, sans que M. Hume doive s'en inquiéter : qu'il aille aux galères ou non, je n'en suis pas moins le traducteur de

---

1. Dans la Préface (voyez pages 409-410).
2. Voyez l'avertissement pour la présente édition, page 400.
3. Les mots imprimés en italique sont en effet dans l'*Année littéraire*. (B.)

l'Écossaise. Je vous demande, messieurs, votre protection contre lui. Recevez ce petit drame avec cette affabilité que vous témoignez aux étrangers.

J'ai l'honneur d'être avec un profond respect,

MESSIEURS,

Votre très-humble et très-obéissant serviteur,

JÉROME CARRÉ,

natif de Montauban, demeurant dans l'impasse de Saint-Thomas-du-Louvre; car j'appelle *impasse*, messieurs, ce que vous appelez *cul-de-sac*. Je trouve qu'une rue ne ressemble ni à un cul ni à un sac. Je vous prie de vous servir du mot *impasse*, qui est noble, sonore, intelligible, nécessaire, au lieu de celui de cul, en dépit du sieur Fréron, ci-devant jésuite.

AVERTISSEMENT [1]

Cette lettre de M. Jérôme Carré eut tout l'effet qu'elle méritait. La pièce fut représentée au commencement d'août 1760 [2]. On commença tard; et quelqu'un demandant pourquoi on attendait si longtemps : *C'est apparemment*, répondit tout haut un homme d'esprit [3], *que Fréron est monté à l'hôtel de ville* [4]. Comme ce Fréron avait eu l'inadvertance de se reconnaître dans la comédie de *l'Écossaise*, quoique M. Hume ne l'eût jamais eu en vue, le public le reconnut aussi. La comédie était sue de tout le monde par cœur avant qu'on la jouât, et cependant elle fut reçue avec un succès prodigieux. Fréron fit encore la faute d'imprimer dans je ne sais quelles feuilles, intitulées *l'Année littéraire*, que *l'Écossaise* n'avait réussi qu'à l'aide d'une cabale composée de douze à quinze cents personnes [5], qui toutes, disait-il, le haïssaient et le méprisaient souverainement. Mais M. Jérôme Carré était bien loin de faire des cabales; tout Paris sait assez qu'il n'est pas à portée d'en faire : d'ailleurs il n'avait jamais vu ce Fréron, et il ne pouvait comprendre pourquoi tous les spectateurs s'obstinaient à voir Fréron dans Frélon. Un avocat, à la seconde représentation, s'écria : *Courage, monsieur Carré; vengez le public!* Le parterre et les loges applaudirent à ces paroles par des battements de mains qui ne finissaient point. Carré, au sortir du spectacle, fut embrassé par plus de cent

---

1. Cet *Avertissement*, dont Voltaire est l'auteur, est de 1761. (B.).
2. La première représentation est du 26 juillet : voyez la note 3, page 403 (B.)
3. D'Alembert : voyez sa lettre du 3 auguste 1760. (B.).
4. Les condamnés, avant leur exécution, étaient conduits à l'hôtel de ville, où on leur demandait s'ils n'avaient pas de révélations à faire. (G. D.)
5. Fréron, *Année littéraire*, 1760, tome V, page 210 et suiv., sans donner le nombre des cabaleurs, désigne comme leurs chefs Sedaine, Diderot, Grimm, et Lamorlière, ayant sous leurs ordres les typographes et les libraires de l'*Encyclopédie*, leurs garçons de boutique, des clercs de procureurs, des écrivains sous les charniers, des apprentis chirurgiens et perruquiers ; il compose le corps de réserve de laquais et de savoyards. (B.)

personnes. « Que vous êtes aimable, monsieur Carré, lui disait-on, d'avoir fait justice de cet homme dont les mœurs sont encore plus odieuses que la plume ! — Eh, messieurs, répondit Carré, vous me faites plus d'honneur que je ne mérite ; je ne suis qu'un pauvre traducteur d'une comédie pleine de morale et d'intérêt. »

Comme il parlait ainsi sur l'escalier, il fut barbouillé de deux baisers par la femme de Fréron. « Que je vous suis obligée, dit-elle, d'avoir puni mon mari ! Mais vous ne le corrigerez point. » L'innocent Carré était tout confondu ; il ne comprenait pas comment un personnage anglais pouvait être pris pour un Français nommé Fréron ; et toute la France lui faisait compliment de l'avoir peint trait pour trait. Ce jeune homme apprit, par cette aventure, combien il faut avoir de circonspection : il comprit en général que toutes les fois qu'on fait le portrait d'un homme ridicule, il se trouve toujours quelqu'un qui lui ressemble.

Ce rôle de Frélon était très-peu important dans la pièce ; il ne contribua en rien au vrai succès, car elle reçut dans plusieurs provinces les mêmes applaudissements qu'à Paris. On peut dire à cela que ce Frélon était autant estimé dans les provinces que dans la capitale ; mais il est bien plus vraisemblable que le vif intérêt qui règne dans la pièce de M. Hume en a fait tout le succès. Peignez un faquin, vous ne réussirez qu'auprès de quelques personnes : intéressez, vous plairez à tout le monde.

Quoi qu'il en soit, voici la traduction d'une lettre de milord Boldthinker au prétendu Hume, au sujet de sa pièce de *l'Écossaise :*

« Je crois, mon cher Hume, que vous avez encore quelque talent ; vous en êtes comptable à la nation : c'est peu d'avoir immolé ce vilain Frélon à la risée publique sur tous les théâtres de l'Europe, où l'on joue votre aimable et vertueuse *Écossaise :* faites plus ; mettez sur la scène tous ces vils persécuteurs de la littérature, tous ces hypocrites noircis de vices, et calomniateurs de la vertu ; traînez sur le théâtre, devant le tribunal du public, ces fanatiques enragés qui jettent leur écume sur l'innocence, et ces hommes faux qui vous flattent d'un œil et qui vous menacent de l'autre, qui n'osent parler devant un philosophe, et qui tâchent de le détruire en secret ; exposez au grand jour ces détestables cabales qui voudraient replonger les hommes dans les ténèbres. »

« Vous avez gardé trop longtemps le silence : on ne gagne rien à vouloir adoucir les pervers ; il n'y a plus d'autre moyen de rendre les lettres respectables que de faire trembler ceux qui les outragent. C'est le dernier parti que prit Pope avant que de mourir : il rendit ridicules à jamais, dans sa *Dunciade*, tous ceux qui devaient l'être; ils n'osèrent plus se montrer, ils disparurent; toute la nation lui applaudit : car si, dans les commencements, la malignité donna un peu de vogue à ces lâches ennemis de Pope, de Swift, et de leurs amis, la raison reprit bientôt le dessus. Les zoïles ne sont soutenus qu'un temps. Le vrai talent des vers est une arme qu'il faut employer à venger le genre humain. Ce n'est pas les Pantolabes et les Nomentanus [1] seulement qu'il faut effleurer; ce sont les Anitus et les Mélitus qu'il faut écraser. Un vers bien fait transmet à la dernière postérité la gloire d'un homme de bien et la honte d'un méchant. Travaillez, vous ne manquerez pas de matière, etc. »

1. Pantolabus et Nomentanus sont nommés par Horace, livre Ier, sat. VIII, vers 10. (B.)

PERSONNAGES.

MAÎTRE FABRICE, tenant un café a ec des appartements.
LINDANE, Écossaise.
LE LORD MONROSE, Écossais.
LE LORD MURRAY.
POLLY, suivante.
FREEPORT, qu'on prononce FRIPORT, gros négociant de Londres.
FRÉLON, écrivain de feuilles.
LADY ALTON : on prononce lédy.
ANDRÉ [1], laquais de lord Monrose.
PLUSIEURS ANGLAIS, qui viennent au café.
DOMESTIQUES.
UN MESSAGER D'ÉTAT [2].

La scène est à Londres.

---

1. Ce personnage est l'un des interlocuteurs de la scène Ire du IIIe acte. Cependant beaucoup d'éditions omettent son nom dans la liste des personnages. (B.)
2. Voyez ci-dessus, page 404, les noms des acteurs qui jouèrent l'Écossaise dans l'origine. L'Écossaise fut donnée, le premier soir, avec les Trois Frères rivaux, comédie en un acte et en vers de La Font.

L'ÉCOSSAISE

COMÉDIE

ACTE PREMIER.

SCÈNE I.

(La scène représente un cafe et des chambres sur les ailes, de façon qu'on peut entrer de plain-pied des appartements dans le café [1].)

FABRICE, FRÉLON.

FRÉLON, dans un coin, auprès d'une table sur laquelle il y a une écritoire et du café, lisant la gazette.

Que de nouvelles affligeantes ! Des grâces répandues sur plus de vingt personnes ! aucune sur moi ! Cent guinées de gratification à un bas-officier, parce qu'il a fait son devoir ! le beau mérite ! Une pension à l'inventeur d'une machine qui ne sert qu'à soulager des ouvriers ! une à un pilote ! Des places à des gens de lettres ! et à moi, rien ! Encore, encore, et à moi, rien ! (Il jette la gazette et se promène.) Cependant je rends service à l'État ; j'écris plus de feuilles que personne ; je fais enchérir le papier... et à moi, rien ! Je voudrais me venger de tous ceux à qui on croit du mérite. Je gagne déjà quelque chose à dire du mal ; si je puis

---

1. On a fait hausser et baisser une toile au théâtre de Paris, pour marquer le passage d'une chambre à une autre : la vraisemblance et la décence ont été bien mieux observées à Lyon, à Marseille, et ailleurs. Il y avait sur le théâtre un cabinet à côté du café. C'est ainsi qu'on aurait dû en user à Paris. (*Note de Voltaire.* 1761.)
— Voltaire écrivait à d'Argental avant la première représentation : « Où est donc la difficulté de diviser en deux pièces le fond du théâtre, de pratiquer une porte dans une cloison qui avance de quatre ou cinq pieds ? L'avant-scène est alors supposée tantôt le café, tantôt la chambre de Lindane ; c'est ainsi qu'on en use dans tous les théâtres de l'Europe qui sont bien entendus. »

parvenir à en faire, ma fortune est faite. J'ai loué des sots, j'ai dénigré les talents ; à peine y a-t-il de quoi vivre. Ce n'est pas à médire, c'est à nuire qu'on fait fortune [1].

(Au maître du café.)

Bonjour, monsieur Fabrice, bonjour. Toutes les affaires vont bien, hors les miennes : j'enrage.

FABRICE.

Monsieur Frélon, monsieur Frélon, vous vous faites bien des ennemis.

FRÉLON.

Oui, je crois que j'excite un peu d'envie.

FABRICE.

Non, sur mon âme; ce n'est point du tout ce sentiment-là que vous faites naître : écoutez; j'ai quelque amitié pour vous ; je suis fâché d'entendre parler de vous comme on en parle. Comment faites-vous donc pour avoir tant d'ennemis, monsieur Frélon ?

FRÉLON.

C'est que j'ai du mérite, monsieur Fabrice.

FABRICE.

Cela peut être, mais il n'y a encore que vous qui me l'ayez dit : on prétend que vous êtes un ignorant; cela ne me fait rien : mais on ajoute que vous êtes malicieux, et cela me fâche, car je suis bonhomme.

FRÉLON.

J'ai le cœur bon, j'ai le cœur tendre; je dis un peu de mal des hommes, mais j'aime toutes les femmes, monsieur Fabrice, pourvu qu'elles soient jolies ; et, pour vous le prouver, je veux absolument que vous m'introduisiez chez cette aimable personne qui loge chez vous, et que je n'ai pu encore voir dans son appartement.

FABRICE.

Oh, pardi ! monsieur Frélon, cette jeune personne-là n'est guère faite pour vous ; car elle ne se vante jamais, et ne dit de mal de personne.

FRÉLON.

Elle ne dit de mal de personne, parce qu'elle ne connaît personne. N'en seriez-vous point amoureux, mon cher monsieur Fabrice ?

FABRICE.

Oh ! non : elle a quelque chose de si noble dans son air, que je n'ose jamais être amoureux d'elle : d'ailleurs sa vertu....

1. Comparez la première scène de *l'Envieux*. Voyez *Théâtre*, tome II

FRÉLON.

Ha! ha! ha! ha! sa vertu!...

FABRICE.

Oui, qu'avez-vous à rire? est-ce que vous ne croyez pas à la vertu, vous? Voilà un équipage de campagne qui s'arrête à ma porte; un domestique en livrée qui porte une malle : c'est quelque seigneur qui vient loger chez moi.

FRÉLON.

Recommandez-moi vite à lui, mon cher ami.

SCÈNE II.

LE LORD MONROSE, FABRICE, FRÉLON.

MONROSE.

Vous êtes monsieur Fabrice, à ce que je crois?

FABRICE.

A vous servir, monsieur.

MONROSE.

Je n'ai que peu de jours à rester dans cette ville. O ciel! daigne m'y protéger... Infortuné que je suis!... On m'a dit que je serais mieux chez vous qu'ailleurs, que vous êtes un bon et honnête homme.

FABRICE.

Chacun doit l'être. Vous trouverez ici, monsieur, toutes les commodités de la vie, un appartement assez propre, table d'hôte, si vous daignez me faire cet honneur, liberté de manger chez vous, l'amusement de la conversation dans le café.

MONROSE.

Avez-vous ici beaucoup de locataires?

FABRICE.

Nous n'avons à présent qu'une jeune personne, très-belle et très-vertueuse.

FRÉLON.

Eh, oui, très-vertueuse! hé! hé!

FABRICE.

Qui vit dans la plus grande retraite.

MONROSE.

La jeunesse et la beauté ne sont pas faites pour moi. Qu'on me prépare, je vous prie, un appartement où je puisse être en solitude... Que de peines!... Y a-t-il quelque nouvelle intéressante dans Londres?

FABRICE.

M. Frélon peut vous en instruire, car il en fait ; c'est l'homme du monde qui parle et qui écrit le plus : il est très-utile aux étrangers.

MONROSE, en se promenant.

Je n'en ai que faire.

FABRICE.

Je vais donner ordre que vous soyez bien servi.

(Il sort.)

FRÉLON.

Voici un nouveau débarqué : c'est un grand seigneur, sans doute, car il a l'air de ne se soucier de personne. Milord, permettez que je vous présente mes hommages et ma plume.

MONROSE.

Je ne suis point milord ; c'est être un sot de se glorifier de son titre, et c'est être un faussaire de s'arroger un titre qu'on n'a pas. Je suis ce que je suis : quel est votre emploi dans la maison ?

FRÉLON.

Je ne suis point de la maison, monsieur ; je passe ma vie au café ; j'y compose des brochures, des feuilles ; je sers les honnêtes gens. Si vous avez quelque ami à qui vous vouliez donner des éloges, ou quelque ennemi dont on doive dire du mal, quelque auteur à protéger ou à décrier, il n'en coûte qu'une pistole par paragraphe. Si vous voulez faire quelque connaissance agréable ou utile, je suis encore votre homme.

MONROSE.

Et vous ne faites point d'autre métier dans la ville ?

FRÉLON.

Monsieur, c'est un très-bon métier.

MONROSE.

Et on ne vous a pas encore montré en public, le cou décoré d'un collier de fer de quatre pouces de hauteur ?

FRÉLON.

Voilà un homme qui n'aime pas la littérature.

SCÈNE III.

FRÉLON, se remettant à sa table. Plusieurs personnes paraissent dans l'intérieur du café. MONROSE avance sur le bord du théâtre.

MONROSE.

Mes infortunes sont-elles assez longues, assez affreuses ? Errant, proscrit, condamné à perdre la tête dans l'Écosse, ma patrie, j'ai perdu mes honneurs, ma femme, mon fils, ma famille entière : une fille me reste, errante comme moi, misérable, et peut-être déshonorée ; et je mourrai donc sans être vengé de cette barbare famille de Murray, qui m'a persécuté, qui m'a tout ôté, qui m'a rayé du nombre des vivants ! car enfin je n'existe plus ; j'ai perdu jusqu'à mon nom par l'arrêt qui me condamne en Écosse ; je ne suis qu'une ombre qui vient errer autour de son tombeau.

UN DE CEUX qui sont entrés dans le café, frappant sur l'épaule de Frélon, qui écrit.

Eh bien, tu étais hier à la pièce nouvelle ; l'auteur fut bien applaudi ; c'est un jeune homme de mérite, et sans fortune, que la nation doit encourager.

UN AUTRE.

Je me soucie bien d'une pièce nouvelle. Les affaires publiques me désespèrent ; toutes les denrées sont à bon marché, on nage dans une abondance pernicieuse ; je suis perdu, je suis ruiné.

FRÉLON, écrivant.

Cela n'est pas vrai : la pièce ne vaut rien ; l'auteur est un sot, et ses protecteurs aussi ; les affaires publiques n'ont jamais été plus mauvaises ; tout renchérit ; l'État est anéanti, et je le prouve par mes feuilles.

UN SECOND.

Tes feuilles sont des feuilles de chêne ; la vérité est que la philosophie est bien dangereuse, et que c'est elle qui nous a fait perdre l'île de Minorque.

MONROSE, toujours sur le devant du théâtre.

Le fils de milord Murray me payera tous mes malheurs. Que ne puis-je au moins, avant de périr, punir par le sang du fils toutes les barbaries du père !

UN TROISIÈME INTERLOCUTEUR, dans le fond.

La pièce d'hier m'a paru très-bonne.

FRÉLON.

Le mauvais goût gagne ; elle est détestable,

LE TROISIÈME INTERLOCUTEUR.

Il n'y a de détestable que tes critiques.

LE SECOND.

Et moi, je vous dis que les philosophes font baisser les fonds publics, et qu'il faut envoyer un autre ambassadeur à la Porte.

FRÉLON.

Il faut siffler la pièce qui réussit, et ne pas souffrir qu'il se fasse rien de bon.

(Ils parlent tous quatre en même temps.)

UN INTERLOCUTEUR.

Va, s'il n'y avait rien de bon, tu perdrais le plus grand plaisir de la satire. Le cinquième acte surtout a de très-grandes beautés.

LE SECOND INTERLOCUTEUR.

Je n'ai pu me défaire d'aucune de mes marchandises.

LE TROISIÈME.

Il y a beaucoup à craindre cette année pour la Jamaïque; ces philosophes la feront prendre.

FRÉLON.

Le quatrième et le cinquième acte sont pitoyables.

MONROSE, se tournant.

Quel sabbat!

LE PREMIER INTERLOCUTEUR.

Le gouvernement ne peut pas subsister tel qu'il est.

LE TROISIÈME INTERLOCUTEUR.

Si le prix de l'eau des Barbades ne baisse pas, la patrie est perdue.

MONROSE.

Se peut-il que toujours, et en tout pays, dès que les hommes sont rassemblés, ils parlent tous à la fois! quelle rage de parler avec la certitude de n'être point entendu!

FABRICE, arrivant avec une serviette.

Messieurs, on a servi : surtout ne vous querellez point à table, ou je ne vous reçois plus chez moi. (A Monrose.) Monsieur veut-il nous faire l'honneur de venir dîner avec nous?

MONROSE.

Avec cette cohue? non, mon ami; faites-moi apporter à manger dans ma chambre. (Il se retire à part, et dit à Fabrice :) Écoutez, un mot : milord Falbrige est-il à Londres?

FABRICE.

Non; mais il revient bientôt.

MONROSE.

Est-il vrai qu'il vient ici quelquefois?

FABRICE.

Il y venait avant son voyage d'Espagne[1].

---

1. Toutes les éditions faites jusqu'à ce jour (1831) portent : « Il m'a fait cet honneur. » Ce texte est indiqué par Voltaire lui-même, dans sa lettre à d'Argental, du 9 juillet 1760 : « Cette petite particularité, dit-il, est nécessaire : 1° pour faire voir que Monrose ne vient pas sans raison se loger dans ce café-là; 2° qu'il a besoin de Falbrige; 3° pour prévenir les esprits sur la mort de ce Falbrige; 4° pour fonder la demeure de Lindane près d'un café où ce Falbrige *vient quelquefois*. C'est un rien; mais ce rien c'est beaucoup. » (B.)

ACTE I, SCÈNE IV.

MONROSE.

Cela suffit : bonjour. Que la vie m'est odieuse!
(Il sort.)

FABRICE.

Cet homme-là me paraît accablé de chagrins et d'idées. Je ne serais point surpris qu'il allât se tuer là-haut; ce serait dommage, il a l'air d'un honnête homme.

(Les survenants sortent pour dîner. Frélon est toujours à la table où il écrit. Ensuite Fabrice frappe à la porte de l'appartement de Lindane.)

SCÈNE IV.

FABRICE, POLLY, FRÉLON.

FABRICE.

Mademoiselle Polly! mademoiselle Polly!

POLLY.

Eh bien! qu'y a-t-il, notre cher hôte?

FABRICE.

Seriez-vous assez complaisante pour venir dîner en compagnie?

POLLY.

Hélas! je n'ose; car ma maîtresse ne mange point : comment voulez-vous que je mange? nous sommes si tristes!

FABRICE.

Cela vous égayera.

POLLY.

Je ne puis être gaie : quand ma maîtresse souffre, il faut que je souffre avec elle.

FABRICE.

Je vous enverrai donc secrètement ce qu'il vous faudra.
(Il sort.)

FRÉLON, se levant de sa table.

Je vous suis, monsieur Fabrice. Ma chère Polly, vous ne voulez donc jamais m'introduire chez votre maîtresse. Vous rebutez toutes mes prières.

POLLY.

C'est bien à vous d'oser faire l'amoureux d'une personne de sa sorte!

FRÉLON.

Eh! de quelle sorte est-elle donc?

POLLY.

D'une sorte qu'il faut respecter : vous êtes fait tout au plus pour les suivantes.

FRÉLON.

C'est-à-dire que, si je vous en contais, vous m'aimeriez?

POLLY.

Assurément non.

FRÉLON.

Et pourquoi donc ta maîtresse s'obstine-t-elle à ne me point recevoir, et que la suivante me dédaigne?

POLLY.

Pour trois raisons : c'est que vous êtes bel esprit, ennuyeux, et méchant.

FRÉLON.

C'est bien à ta maîtresse, qui languit ici dans la pauvreté, à me dédaigner!

POLLY.

Ma maîtresse pauvre! qui vous a dit cela, langue de vipère? Ma maîtresse est très-riche : si elle ne fait point de dépense, c'est qu'elle hait le faste : elle est vêtue simplement par modestie; elle mange peu, c'est par régime; et vous êtes un impertinent.

FRÉLON.

Qu'elle ne fasse pas tant la fière : nous connaissons sa conduite, nous savons sa naissance, nous n'ignorons pas ses aventures.

POLLY.

Quoi donc? que connaissez-vous? que voulez-vous dire?

FRÉLON.

J'ai partout des correspondances.

POLLY.

O ciel! cet homme peut nous perdre. Monsieur Frélon, mon cher monsieur Frélon, si vous savez quelque chose, ne nous trahissez pas.

FRÉLON.

Ah! ah! j'ai donc deviné? il y a donc quelque chose? et je suis le cher monsieur Frélon. Ah ça, je ne dirai rien; mais il faut...

POLLY.

Quoi?

FRÉLON.

Il faut m'aimer.

POLLY.

Fi donc! cela n'est pas possible.

FRÉLON.

Ou aimez-moi, ou craignez-moi : vous savez qu'il y a quelque chose.

POLLY.

Non, il n'y a rien, sinon que ma maîtresse est aussi respectable que vous êtes haïssable : nous sommes très à notre aise, nous ne craignons rien, et nous nous moquons de vous.

FRÉLON.

Elles sont très à leur aise, de là je conclus que tout leur manque ; elles ne craignent rien, c'est-à-dire qu'elles tremblent d'être découvertes... Ah ! je viendrai à bout de ces aventurières, ou je ne pourrai. Je me vengerai de leur insolence. Mépriser monsieur Frélon !

(Il sort.)

SCÈNE V.

LINDANE, sortant de sa chambre, dans un déshabillé des plus simples ; POLLY.

LINDANE.

Ah ! ma pauvre Polly, tu étais avec ce vilain homme de Frélon : il me donne toujours de l'inquiétude : on dit que c'est un esprit de travers, et un homme dangereux, dont la langue, la plume, et les démarches, sont également méchantes ; qu'il cherche à s'insinuer partout, pour faire le mal s'il n'y en a point, et pour l'augmenter s'il en trouve. Je serais sortie de cette maison qu'il fréquente, sans la probité et le bon cœur de notre hôte.

POLLY.

Il voulait absolument vous voir, et je le rembarrais...

LINDANE.

Il veut me voir ; et milord Murray n'est point venu ! il n'est point venu depuis deux jours !

POLLY.

Non, madame ; mais parce que milord ne vient point, faut-il pour cela ne dîner jamais ?

LINDANE.

Ah ! souviens-toi surtout de lui cacher toujours ma misère, et à lui, et à tout le monde : ce n'est point la pauvreté qui est intolérable, c'est le mépris : je sais manquer de tout, mais je veux qu'on l'ignore.

POLLY.

Hélas! ma chère maîtresse, on s'en aperçoit assez en me voyant : pour vous, ce n'est pas de même ; la grandeur d'âme vous soutient : il semble que vous vous plaisiez à combattre la mauvaise fortune ; vous n'en êtes que plus belle ; mais moi, je maigris à vue d'œil : depuis un an que vous m'avez prise à votre service en Écosse, je ne me reconnais plus.

LINDANE.

Il ne faut perdre ni le courage ni l'espérance : je supporte ma pauvreté, mais la tienne me déchire le cœur. Ma chère Polly, qu'au moins le travail de mes mains serve à rendre ta destinée moins affreuse : n'ayons d'obligation à personne ; va vendre ce que j'ai brodé ces jours-ci. (Elle donne un petit ouvrage de broderie.) Je ne réussis pas mal à ces petits ouvrages. Que mes mains te nourrissent et t'habillent : tu m'as aidée ; il est beau de ne devoir notre subsistance qu'à notre vertu.

POLLY.

Laissez-moi baiser, laissez-moi arroser de mes larmes ces belles mains qui ont fait ce travail précieux. Oui, madame, j'aimerais mieux mourir auprès de vous dans l'indigence, que de servir des reines. Que ne puis-je vous consoler !

LINDANE.

Hélas! milord Murray n'est point venu! lui, que je devrais haïr! lui, le fils de celui qui a fait tous nos malheurs! Ah! le nom de Murray nous sera toujours funeste : s'il vient, comme il viendra sans doute, qu'il ignore absolument ma patrie, mon état, mon infortune.

POLLY.

Savez-vous bien que ce méchant Frélon se vante d'en avoir quelque connaissance?

LINDANE.

Eh! comment pourrait-il en être instruit, puisque tu l'es à peine? Il ne sait rien ; personne ne m'écrit ; je suis dans ma chambre comme dans mon tombeau : mais il feint de savoir quelque chose, pour se rendre nécessaire. Garde-toi qu'il devine jamais seulement le lieu de ma naissance. Chère Polly, tu le sais, je suis une infortunée dont le père fut proscrit dans les derniers troubles, dont la famille est détruite ; il ne me reste que mon courage. Mon père est errant de désert en désert, en Écosse. Je serais déjà partie de Londres pour m'unir à sa mauvaise fortune, si je n'avais pas quelque espérance en milord Falbrige. J'ai su qu'il avait été le meilleur ami de mon père. Personne n'abnadonne son ami. Falbrige est revenu d'Espagne; il est à Windsor : j'attends son retour[1]. Mais, hélas! Murray ne revient point! Je t'ai ouvert mon cœur; songe que tu le perces du coup de la mort si tu laisses jamais entrevoir l'état où je suis.

POLLY.

Et à qui en parlerais-je? Je ne sors jamais d'auprès de vous; et puis le monde est si indifférent sur les malheurs d'autrui!

LINDANE.

Il est indifférent, Polly; mais il est curieux, mais il aime à déchirer les blessures des infortunés; et si les hommes sont compatissants avec les femmes, ils en abusent, ils veulent se faire un droit de notre misère; et je veux rendre cette misère respectable. Mais hélas! milord Murray ne viendra point[2]!

SCÈNE VI.

LINDANE, POLLY; FABRICE, avec une serviette.

FABRICE.

Pardonnez... madame... mademoiselle... Je ne sais comment vous nommer, ni comment vous parler: vous m'imposez du respect. Je sors de table pour vous demander vos volontés... je ne sais comment m'y prendre.

LINDANE.

Mon cher hôte, croyez que toutes vos attentions me pénètrent le cœur; que voulez-vous de moi?

FABRICE.

C'est moi qui voudrais bien que vous voulussiez avoir quelque volonté. Il me semble que vous n'avez pas dîné hier.

LINDANE.

J'étais malade.

---

1. « Tout le procès-verbal du voyage de Lindane à Londres, et de ce qu'elle y fait, ne tiendra pas dix lignes », écrivait Voltaire à d'Argental en composant sa pièce.

2. « Pourquoi avez-vous la cruauté, écrit encore Voltaire à d'Argental, de vouloir que Lindane ennuie le public de la manière dont elle a fait connaissance avec Murray? Ce Murray venait au café; ce coquin de Frélon qui y vient aussi y a bien vu Lindane; pourquoi milord Murray ne l'aurait-il pas vue? Ce sont ces petites misères, qu'on appelle en France bienséances, qui font languir la plupart de nos comédies. Voilà pourquoi on ne peut les jouer ni en Italie ni en Angleterre, où l'on veut beaucoup d'action, beaucoup d'intérêt, beaucoup d'allées et de venues, et point de préliminaires inutiles. »

FABRICE.

Vous êtes plus que malade, vous êtes triste... Entre nous, pardonnez...; il paraît que votre fortune n'est pas comme votre personne.

LINDANE.

Comment? quelle imagination! je ne me suis jamais plainte de ma fortune.

FABRICE.

Non, vous dis-je, elle n'est pas si belle, si bonne, si désirable que vous l'êtes.

LINDANE.

Que voulez-vous dire?

FABRICE.

Que vous touchez ici tout le monde, et que vous l'évitez trop. Écoutez : je ne suis qu'un homme simple, qu'un homme du peuple; mais je vois tout votre mérite comme si j'étais un homme de la cour : ma chère dame, un peu de bonne chère : nous avons là-haut un vieux gentilhomme, avec qui vous devriez manger.

LINDANE.

Moi, me mettre à table avec un homme, avec un inconnu?...

FABRICE.

C'est un vieillard qui me paraît un galant homme. Vous paraissez bien affligée, il paraît bien triste aussi : deux afflictions mises ensemble peuvent devenir une consolation.

LINDANE.

Je ne veux, je ne peux voir personne.

FABRICE.

Souffrez au moins que ma femme vous fasse sa cour; daignez permettre qu'elle mange avec vous, pour vous tenir compagnie. Souffrez quelques soins...

LINDANE.

Je vous rends grâce avec sensibilité; mais je n'ai besoin de rien.

FABRICE.

Oh! je n'y tiens pas : vous n'avez besoin de rien, et vous n'avez pas le nécessaire!

LINDANE.

Qui vous en a pu imposer si témérairement?

FABRICE.

Pardon!

LINDANE.

Vous extravaguez, mon cher hôte.

ACTE I, SCÈNE VII.

FABRICE, en tirant Polly par la manche.

Va, ma pauvre Polly, il y a un bon dîner tout prêt dans le cabinet qui donne dans la chambre de ta maîtresse, je t'en avertis. Cette femme-là est incompréhensible. Mais qui est donc cette autre dame qui entre dans mon café comme si c'était un homme? Elle a l'air bien furibond.

POLLY.

Ah! ma chère maîtresse, c'est milady Alton, celle qui voulait épouser milord; je l'ai vue une fois rôder près d'ici : c'est elle.

LINDANE.

Milord ne viendra point, c'en est fait; je suis perdue: pourquoi me suis-je obstinée à vivre?

(Elle rentre.)

SCÈNE VII[1].

LADY ALTON, ayant traversé avec colère le théâtre, et prenant Fabrice par le bras.

Suivez-moi, il faut que je vous parle.

FABRICE.

A moi, madame?

LADY ALTON.

A vous, malheureux!

FABRICE.

Quelle diablesse de femme!

---

1. Aux premières représentations, cette dernière scène avait été retranchée par les comédiens. Voltaire la fit rétablir. (G. A.)

FIN DU PREMIER ACTE.

ACTE DEUXIÈME.

SCÈNE I.

LADY ALTON, FABRICE.

LADY ALTON.

Je ne crois pas un mot de ce que vous me dites, monsieur le cafetier. Vous me mettez toute hors de moi-même.

FABRICE.

Eh! madame, revenez à vous.

LADY ALTON.

Vous m'osez assurer que cette aventurière est une personne d'honneur, après qu'elle a reçu chez elle un homme de la cour : vous devriez mourir de honte.

FABRICE.

Pourquoi, madame? Quand milord y est venu, il n'y est point venu en secret; elle l'a reçu en public, les portes de son appartement ouvertes, ma femme présente. Vous pouvez mépriser mon état, mais vous devez estimer ma probité; et quant à celle que vous appelez une aventurière, si vous connaissiez ses mœurs, vous la respecteriez.

LADY ALTON.

Laissez-moi, vous m'importunez.

FABRICE.

Oh, quelle femme! quelle femme!

LADY ALTON.

(Elle va à la porte de Lindane, et frappe rudement.)

Qu'on m'ouvre.

SCÈNE II.

LINDANE, LADY ALTON.

LINDANE.

Eh! qui peut frapper ainsi? et que vois-je?

ACTE II, SCÈNE II.

LADY ALTON.

Connaissez-vous les grandes passions, mademoiselle?

LINDANE.

Hélas! madame, voilà une étrange question.

LADY ALTON.

Connaissez-vous l'amour véritable, non pas l'amour insipide, l'amour langoureux; mais cet amour, là, qui fait qu'on voudrait empoisonner sa rivale, tuer son amant, et se jeter ensuite par la fenêtre?

LINDANE.

Mais c'est la rage dont vous me parlez là.

LADY ALTON.

Sachez que je n'aime point autrement, que je suis jalouse, vindicative, furieuse, implacable.

LINDANE.

Tant pis pour vous, madame.

LADY ALTON.

Répondez-moi; milord Murray n'est-il pas venu ici quelquefois?

LINDANE.

Que vous importe, madame? et de quel droit venez-vous m'interroger? Suis-je une criminelle? êtes-vous mon juge?

LADY ALTON.

Je suis votre partie : si milord vient encore vous voir, si vous flattez la passion de cet infidèle, tremblez : renoncez à lui, ou vous êtes perdue.

LINDANE.

Vos menaces m'affermiraient dans ma passion pour lui, si j'en avais une.

LADY ALTON.

Je vois que vous l'aimez, que vous vous laissez séduire par un perfide; je vois qu'il vous trompe, et que vous me bravez : mais sachez qu'il n'est point de vengeance à laquelle je ne me porte.

LINDANE.

Eh bien! madame, puisqu'il est ainsi, je l'aime.

LADY ALTON.

Avant de me venger, je veux vous confondre; tenez, connaissez le traître; voilà les lettres qu'il m'a écrites; voilà son portrait qu'il m'a donné. (Elle le donne à Lindane.)

LINDANE.

Qu'ai-je vu, malheureuse!... Madame...

LADY ALTON.

Eh bien ?...

LINDANE, en rendant le portrait.

Je ne l'aime plus.

LADY ALTON.

Gardez votre résolution et votre promesse ; sachez que c'est un homme inconstant, dur, orgueilleux, que c'est le plus mauvais caractère...

LINDANE.

Arrêtez, madame ; si vous continuiez à en dire du mal, je l'aimerais peut-être encore. Vous êtes venue ici pour achever de m'ôter la vie ; vous n'aurez pas de peine. Polly, c'en est fait ; allons cacher la dernière de mes douleurs.

(Elles sortent.)

SCÈNE III.

LADY ALTON, FRÉLON.

LADY ALTON.

Quoi ! être trahie, abandonnée pour cette petite créature ! (A Frélon.) Gazetier littéraire, approchez ; m'avez-vous servie ? avez-vous employé vos correspondances ? m'avez-vous obéi ? avez-vous découvert quelle est cette insolente qui fait le malheur de ma vie ?

FRÉLON.

J'ai rempli les volontés de Votre Grandeur ; je sais qu'elle est Écossaise, et qu'elle se cache.

LADY ALTON.

Voilà de belles nouvelles !

FRÉLON.

Je n'ai rien découvert de plus jusqu'à présent.

LADY ALTON.

Et en quoi m'as-tu donc servie ?

FRÉLON.

Quand on découvre peu de chose, on ajoute quelque chose, et quelque chose avec quelque chose fait beaucoup. J'ai fait une hypothèse.

LADY ALTON.

Comment, pédant ! une hypothèse !

FRÉLON.

Oui, j'ai supposé qu'elle est malintentionnée contre le gouvernement.

LADY ALTON.

Ce n'est point supposer, rien n'est posé plus vrai : elle est très-malintentionnée, puisqu'elle veut m'enlever mon amant.

FRÉLON.

Vous voyez bien que, dans un temps de trouble, une Écossaise qui se cache est une ennemie de l'État.

LADY ALTON.

Je ne le vois pas ; mais je voudrais que la chose fût.

FRÉLON.

Je ne le parierais pas, mais j'en jurerais[1].

LADY ALTON.

Et tu serais capable de l'affirmer?

FRÉLON.

Je suis en relation avec des personnes de conséquence. Je connais fort la maîtresse du valet de chambre d'un premier commis du ministre ; je pourrais même parler aux laquais de milord votre amant, et dire que le père de cette fille, en qualité de malintentionné, l'a envoyée à Londres comme malintentionnée ; je supposerais même que le père est ici. Voyez-vous, cela pourrait avoir des suites, et on mettrait votre rivale en prison.

LADY ALTON.

Ah! je respire ; les grandes passions veulent être servies par des gens sans scrupule ; je n'aime ni les demi-vengeances, ni les demi-fripons ; je veux que le vaisseau aille à pleines voiles, ou qu'il se brise. Tu as raison ; une Écossaise qui se cache, dans un temps où tous les gens de son pays sont suspects, est sûrement

---

1. Ce bon mot avait déjà fourni à Piron le sujet d'une épigramme dialoguée, entre deux Normands :

LE PREMIER NORMAND.
Fable ! à d'autres ! tu veux rire.
LE SECOND.
Non, parbleu ! foi de chrétien
Vrai comme je suis de Vire.
LE PREMIER.
En jurerais-tu ?
LE SECOND.
Très-bien.
LE PREMIER.
Encor n'en croirai-je rien,
Qu'un louis il ne m'en coûte ;
Le voilà : parie.
LE SECOND.
Écoute,
Je te l'avouerai tout bas :
J'en jurerais bien sans doute,
Mais je ne parierais pas.

une ennemie de l'État. Je croyais que tu n'étais qu'un barbouilleur de papier, mais je vois que tu as en effet des talents. Je t'ai déjà récompensé; je te récompenserai encore. Il faudra m'instruire de tout ce qui se passe ici.

FRÉLON.

Madame, je vous conseille de faire usage de tout ce que vous saurez, et même de ce que vous ne saurez pas. La vérité a besoin de quelques ornements : le mensonge peut être vilain, mais la fiction est belle ; qu'est-ce, après tout, que la vérité ? la conformité à nos idées : or ce qu'on dit est toujours conforme à l'idée qu'on a quand on parle ; ainsi il n'y a point proprement de mensonge.

LADY ALTON.

Tu me parais subtil : il semble que tu aies étudié à Saint-Omer[1]. Va, dis-moi seulement ce que tu découvriras, je ne t'en demande pas davantage.

SCÈNE IV.

LADY ALTON, FABRICE.

LADY ALTON.

Voilà, je l'avoue, le plus impudent et le plus lâche coquin qui soit dans les trois royaumes. Nos dogues mordent par instinct de courage ; et lui, par instinct de bassesse. A présent que je suis un peu plus de sang-froid, je pense qu'il me ferait haïr la vengeance ; je sens que je prendrais contre lui le parti de ma rivale. Elle a dans son état humble une fierté qui me plaît ; elle est décente, on la dit sage : mais elle m'enlève mon amant, il n'y a pas moyen de pardonner. (A Fabrice, qu'elle aperçoit agissant dans le café.) Adieu, mon maître ; faisons la paix : vous êtes un honnête homme, vous ; mais vous avez dans votre maison un vilain griffonneur.

FABRICE.

Bien des gens m'ont déjà dit, madame, qu'il est aussi méchant que Lindane est vertueuse et aimable.

LADY ALTON.

Aimable ! tu me perces le cœur.

---

1. Il y avait à Saint-Omer un collége de jésuites anglais très-renommé dans toute la Grande-Bretagne. — Il se pourrait que la rédaction de cette note fût des éditeurs de Kehl. Dans toutes les éditions antérieures, la note était ainsi conçue : *Autrefois on envoyait plusieurs enfants faire leurs études au collége de Saint-Omer.* (B.)

SCÈNE V.

FREEPORT[1], vêtu simplement, mais proprement, avec un large chapeau ; FABRICE.

FABRICE.

Ah! Dieu soit béni! vous voilà de retour, monsieur Freeport; comment vous trouvez-vous de votre voyage à la Jamaïque?

FREEPORT.

Fort bien, monsieur Fabrice. J'ai gagné beaucoup, mais je m'ennuie. (Au garçon du café.) Hé, du chocolat, les papiers publics; on a plus de peine à s'amuser qu'à s'enrichir.

FABRICE.

Voulez-vous les feuilles de Frélon?

FREEPORT.

Non : que m'importe ce fatras? Je me soucie bien qu'une araignée dans le coin d'un mur marche sur sa toile pour sucer le sang des mouches! Donnez les gazettes ordinaires. Qu'y a-t-il de nouveau dans l'État?

FABRICE.

Rien pour le présent.

FREEPORT.

Tant mieux; moins de nouvelles, moins de sottises. Comment vont vos affaires, mon ami? Avez-vous beaucoup de monde chez vous? Qui logez-vous à présent?

FABRICE.

Il est venu ce matin un vieux gentilhomme qui ne veut voir personne.

FREEPORT.

Il a raison : les hommes ne sont pas bons à grand'chose : fripons ou sots, voilà pour les trois quarts; et pour l'autre quart, il se tient chez soi.

FABRICE.

Cet homme n'a pas même la curiosité de voir une femme charmante que nous avons dans la maison.

---

1. C'est une vraie création que ce Freeport. Lessing nous apprend que les Anglais furent très-flattés de cette figure. Colmann, leur principal auteur dramatique en ce temps-là, fit, d'après *l'Écossaise*, une comédie dont Freeport fut le principal personnage, et qui eut pour titre le *Marchand anglais*. (G. A.)

FREEPORT.

Il a tort. Et quelle est cette femme charmante?

FABRICE.

Elle est encore plus singulière que lui; il y a quatre mois qu'elle est chez moi, et qu'elle n'est pas sortie de son appartement; elle s'appelle Lindane; mais je ne crois pas que ce soit son véritable nom.

FREEPORT.

C'est sans doute une honnête femme, puisqu'elle loge ici..

FABRICE.

Oh! elle est bien plus qu'honnête; elle est belle, pauvre, et vertueuse : entre nous, elle est dans la dernière misère, et elle est fière à l'excès.

FREEPORT.

Si cela est, elle a bien plus tort que votre vieux gentilhomme.

FABRICE.

Oh! point; sa fierté est encore une vertu de plus; elle consiste à se priver du nécessaire, et à ne vouloir pas qu'on le sache : elle travaille de ses mains pour gagner de quoi me payer, ne se plaint jamais, dévore ses larmes; j'ai mille peines à lui faire garder pour ses besoins l'argent de son loyer : il faut des ruses incroyables pour faire passer jusqu'à elle les moindres secours; je lui compte tout ce que je lui fournis à moitié de ce qu'il coûte : quand elle s'en aperçoit, ce sont des querelles qu'on ne peut apaiser, et c'est la seule qu'elle ait eue dans la maison : enfin, c'est un prodige de malheur, de noblesse, et de vertu; elle m'arrache quelquefois des larmes d'admiration et de tendresse.

FREEPORT.

Vous êtes bien tendre; je ne m'attendris point, moi; je n'admire personne; mais j'estime... Écoutez : comme je m'ennuie, je veux voir cette femme-là; elle m'amusera.

FABRICE.

Oh! monsieur, elle ne reçoit presque jamais de visites. Nous avions un milord qui venait quelquefois chez elle; mais elle ne voulait point lui parler sans que ma femme y fût présente : depuis quelque temps il n'y vient plus, et elle vit plus retirée que jamais.

FREEPORT.

J'aime les personnes de cette humeur; je hais la cohue aussi bien qu'elle : qu'on me la fasse venir; où est son appartement?

FABRICE.

Le voici de plain-pied au café.

FREEPORT.

Allons, je veux entrer.

FABRICE.

Cela ne se peut pas.

FREEPORT.

Il faut bien que cela se puisse : où est la difficulté d'entrer dans une chambre? Qu'on m'apporte chez elle mon chocolat et les gazettes. (Il tire sa montre.) Je n'ai pas beaucoup de temps à perdre : mes affaires m'appellent à deux heures.

(Il pousse la porte et entre.)

SCÈNE VI.

LINDANE, paraissant tout effrayée; POLLY la suit, FREEPORT, FABRICE.

LINDANE.

Eh, mon Dieu! qui entre ainsi chez moi avec tant de fracas? Monsieur, vous me paraissez peu civil, et vous devriez respecter davantage ma solitude et mon sexe.

FREEPORT.

Pardon. (A Fabrice) Qu'on m'apporte mon chocolat, vous dis-je.

FABRICE.

Oui, monsieur; si madame le permet.

(Freeport s'assied près d'une table, lit la gazette, et jette un coup d'œil sur Lindane et sur Polly : il ôte son chapeau et le remet.)

POLLY.

Cet homme me paraît familier.

FREEPORT.

Madame, pourquoi ne vous asseyez-vous pas quand je suis assis?

LINDANE.

Monsieur, c'est que vous ne devriez pas l'être; c'est que je suis très-étonnée; c'est que je ne reçois point de visite d'un inconnu.

FREEPORT.

Je suis très-connu; je m'appelle Freeport, loyal négociant, riche; informez-vous de moi à la Bourse.

LINDANE.

Monsieur, je ne connais personne en ce pays-là, et vous me feriez plaisir de ne point incommoder une femme à qui vous devez quelques égards.

FREEPORT.

Je ne prétends point vous incommoder; je prends mes aises, prenez les vôtres; je lis les gazettes; travaillez en tapisserie, et prenez du chocolat avec moi... ou sans moi... comme vous voudrez.

POLLY.

Voilà un étrange original!

LINDANE.

O ciel! quelle visite je reçois! Cet homme bizarre m'assassine : je ne pourrai m'en défaire : comment M. Fabrice a-t-il pu souffrir cela? Il faut bien s'asseoir.

(Elle s'assied, et travaille à son ouvrage.)

(Un garçon apporte du chocolat; Freeport en prend sans en offrir;
il parle et boit par reprises.)

FREEPORT.

Écoutez. Je ne suis pas homme à compliment; on m'a dit de vous... le plus grand bien qu'on puisse dire d'une femme : vous êtes pauvre et vertueuse; mais on ajoute que vous êtes fière, et cela n'est pas bien.

POLLY.

Et qui vous a dit tout cela, monsieur?

FREEPORT.

Parbleu, c'est le maître de la maison, qui est un très-galant homme, et que j'en crois sur sa parole.

LINDANE.

C'est un tour qu'il vous joue : il vous a trompé, monsieur; non pas sur la fierté, qui n'est que le partage de la vraie modestie; non pas sur la vertu, qui est mon premier devoir; mais sur la pauvreté, dont il me soupçonne. Qui n'a besoin de rien n'est jamais pauvre.

FREEPORT.

Vous ne dites pas la vérité, et cela est encore plus mal que d'être fière : je sais mieux que vous que vous manquez de tout, et quelquefois même vous vous dérobez un repas.

POLLY.

C'est par ordre du médecin.

FREEPORT.

Taisez-vous; est-ce que vous êtes fière aussi, vous?

POLLY.

Oh! l'original! l'original!

FREEPORT.

En un mot, ayez de l'orgueil ou non, peu m'importe. J'ai fait un voyage à la Jamaïque, qui m'a valu cinq mille guinées; je me

ACTE II, SCÈNE VI. 443

suis fait une loi (et ce doit être celle de tout bon chrétien) de donner toujours le dixième de ce que je gagne; c'est une dette que ma fortune doit payer à l'état malheureux où vous êtes... oui, où vous êtes, et dont vous ne voulez pas convenir. Voilà ma dette de cinq cents guinées payée. Point de remerciement, point de reconnaissance; gardez l'argent et le secret.

(Il jette une grosse bourse sur la table.)

POLLY.

Ma foi, ceci est bien plus original encore.

LINDANE, se levant et se détournant.

Je n'ai jamais été si confondue. Hélas! que tout ce qui m'arrive m'humilie! quelle générosité! mais quel outrage!

FREEPORT, continuant à lire les gazettes, et à prendre son chocolat.

L'impertinent gazetier! le plat animal! peut-on dire de telles pauvretés avec un ton si emphatique? *Le roi est venu en haute personne.* Eh, malotru! qu'importe que sa personne soit haute ou petite? Dis le fait tout rondement.

LINDANE, s'approchant de lui.

Monsieur...

FREEPORT.

Eh bien?

LINDANE.

Ce que vous faites pour moi me surprend plus encore que ce que vous dites; mais je n'accepterai certainement point l'argent que vous m'offrez : il faut vous avouer que je ne me crois pas en état de vous le rendre.

FREEPORT.

Qui vous parle de le rendre?

LINDANE.

Je ressens jusqu'au fond du cœur toute la vertu de votre procédé, mais la mienne ne peut en profiter : recevez mon admiration; c'est tout ce que je puis.

POLLY.

Vous êtes cent fois plus singulière que lui. Eh! madame, dans l'état où vous êtes, abandonnée de tout le monde, avez-vous perdu l'esprit de refuser un secours que le ciel vous envoie par la main du plus bizarre et du plus galant homme du monde?

FREEPORT.

Et que veux-tu dire, toi? en quoi suis-je bizarre?

POLLY.

Si vous ne prenez pas pour vous, madame, prenez pour moi; je vous sers dans votre malheur, il faut que je profite au moins de cette bonne fortune. Monsieur, il ne faut plus dissimuler ; nous sommes dans la dernière misère, et sans la bonté attentive du maître du café, nous serions mortes mille fois. Ma maîtresse a caché son état à ceux qui pouvaient lui rendre service ; vous l'avez su malgré elle : obligez-la, malgré elle, à ne pas se priver du nécessaire que le ciel lui envoie par vos mains généreuses.

LINDANE.

Tu me perds d'honneur, ma chère Polly.

POLLY.

Et vous vous perdez de folie, ma chère maîtresse.

LINDANE.

Si tu m'aimes, prends pitié de ma gloire ; ne me réduis pas à mourir de honte pour avoir de quoi vivre.

FREEPORT, toujours lisant.

Que disent ces bavardes-là ?

POLLY.

Si vous m'aimez, ne me réduisez pas à mourir de faim par vanité.

LINDANE.

Polly, que dirait milord, s'il m'aimait encore, s'il me croyait capable d'une telle bassesse ? J'ai toujours feint avec lui de n'avoir aucun besoin de secours, et j'en accepterais d'un autre, d'un inconnu !

POLLY.

Vous avez mal fait de feindre, et vous faites très-mal de refuser. Milord ne dira rien, car il vous abandonne.

LINDANE.

Ma chère Polly, au nom de nos malheurs, ne nous déshonorons point : congédie honnêtement cet homme estimable et grossier, qui sait donner, et qui ne sait pas vivre ; dis-lui que quand une fille accepte d'un homme de tels présents, elle est toujours soupçonnée d'en payer la valeur aux dépens de sa vertu.

FREEPORT, toujours prenant son chocolat, et lisant.

Hem ! que dit-elle là ?

POLLY, s'approchant de lui.

Hélas ! monsieur, elle dit des choses qui me paraissent absurdes ; elle parle de soupçons ; elle dit qu'une fille...

FREEPORT.

Ah ! ah ! est-ce qu'elle est fille ?

POLLY.

Oui, monsieur, et moi aussi.

FREEPORT.

Tant mieux; elle dit donc qu'une fille...?

POLLY.

Qu'une fille ne peut honnêtement accepter d'un homme.

FREEPORT.

Elle ne sait ce qu'elle dit : pourquoi me soupçonner d'un dessein malhonnête, quand je fais une action honnête?

POLLY.

Entendez-vous, mademoiselle?

LINDANE.

Oui, j'entends, je l'admire, et je suis inébranlable dans mon refus. Polly, on dirait qu'il m'aime : oui, ce méchant homme de Frélon le dirait : je serais perdue.

POLLY, allant vers Freeport.

Monsieur, elle craint que l'on ne dise que vous l'aimez.

FREEPORT.

Quelle idée! comment puis-je l'aimer? je ne la connais pas. Rassurez-vous, mademoiselle, je ne vous aime point du tout. Si je viens dans quelques années à vous aimer par hasard, et vous aussi à m'aimer, à la bonne heure... comme vous vous aviserez je m'aviserai. Si vous vous en passez, je m'en passerai. Si vous dites que je vous ennuie, vous m'ennuierez. Si vous voulez ne me revoir jamais, je ne vous reverrai jamais. Si vous voulez que je revienne, je reviendrai. Adieu, adieu. (Il tire sa montre.) Mon temps se perd, j'ai des affaires; serviteur.

LINDANE.

Allez, monsieur, emportez mon estime et ma reconnaissance; mais surtout emportez votre argent, et ne me faites pas rougir davantage.

FREEPORT.

Elle est folle.

LINDANE.

Fabrice! monsieur Fabrice! à mon secours! venez!

FABRICE, arrivant en hâte.

Quoi donc, madame?

LINDANE, lui donnant la bourse.

Tenez, prenez cette bourse que monsieur a laissée par mégarde; remettez-la-lui, je vous en charge; assurez-le de mon estime, et sachez que je n'ai besoin du secours de personne.

FABRICE, prenant la bourse.

Ah! monsieur Freeport, je vous reconnais bien à cette bonne

action : mais comptez que mademoiselle vous trompe, et qu'elle en a très-grand besoin.

LINDANE.

Non, cela n'est pas vrai. Ah! monsieur Fabrice! est-ce vous qui me trahissez?

FABRICE.

Je vais vous obéir, puisque vous le voulez. (Bas à M. Freeport.) Je garderai cet argent, et il servira, sans qu'elle le sache, à lui procurer tout ce qu'elle se refuse. Le cœur me saigne; son état et sa vertu me pénètrent l'âme.

FREEPORT.

Elles me font aussi quelque sensation ; mais elle est trop fière. Dites-lui que cela n'est pas bien d'être fière. Adieu.

SCÈNE VII.

LINDANE, POLLY.

POLLY.

Vous avez là bien opéré, madame ; le ciel daignait vous secourir ; vous voulez mourir dans l'indigence; vous voulez que je sois la victime d'une vertu dans laquelle il entre peut-être un peu de vanité ; et cette vanité nous perd l'une et l'autre.

LINDANE.

C'est à moi de mourir, ma chère enfant ; milord ne m'aime plus ; il m'abandonne depuis trois jours ; il a aimé mon impitoyable et superbe rivale ; il l'aime encore, sans doute ; c'en est fait ; j'étais trop coupable en l'aimant ; c'est une erreur qui doit finir. (Elle écrit.)

POLLY.

Elle paraît désespérée; hélas! elle a sujet de l'être ; son état est bien plus cruel que le mien : une suivante a toujours des ressources ; mais une personne qui se respecte n'en a pas.

LINDANE, ayant plié sa lettre.

Je ne fais pas un bien grand sacrifice. Tiens, quand je ne serai plus, porte cette lettre à celui...

POLLY.

Que dites-vous ?

LINDANE.

A celui qui est la cause de ma mort : je te recommande à lui ; mes dernières volontés le toucheront. Va! (Elle l'embrasse.) Sois sûre que de tant d'amertumes, celle de n'avoir pu te récompenser moi-même n'est pas la moins sensible à ce cœur infortuné.

POLLY.

Ah! mon adorable maîtresse! que vous me faites verser de larmes, et que vous me glacez d'effroi! Que voulez-vous faire? quel dessein horrible! quelle lettre! Dieu me préserve de la lui rendre jamais! (Elle déchire la lettre.) Hélas! pourquoi ne vous êtes-vous pas expliquée avec milord? Peut-être que votre réserve cruelle lui aura déplu.

LINDANE.

Tu m'ouvres les yeux; je lui aurai déplu, sans doute: mais comment me découvrir au fils de celui qui a perdu mon père et ma famille?

POLLY.

Quoi! madame, ce fut donc le père de milord qui...

LINDANE.

Oui, ce fut lui-même qui persécuta mon père, qui le fit condamner à la mort, qui nous a dégradés de noblesse, qui nous a ravi notre existence. Sans père, sans mère, sans bien, je n'ai que ma gloire et mon fatal amour. Je devais détester le fils de Murray; la fortune qui me poursuit me l'a fait connaître; je l'ai aimé, et je dois m'en punir.

POLLY.

Que vois-je! vous pâlissez, vos yeux s'obscurcissent...

LINDANE.

Puisse ma douleur me tenir lieu du poison et du fer que j'implorais!

POLLY.

A l'aide, monsieur Fabrice, à l'aide! Ma maîtresse s'évanouit.

FABRICE.

Au secours! que tout le monde descende, ma femme, ma servante, monsieur le gentilhomme de là-haut, tout le monde...

(La femme et la servante de Fabrice, et Polly, emmènent Lindane dans sa chambre.)

LINDANE, en sortant.

Pourquoi me rendez-vous à la vie?

SCÈNE VIII.

MONROSE, FABRICE.

MONROSE.

Qu'y a-t-il donc, notre hôte!

FABRICE.

C'était cette belle demoiselle, dont je vous ai parlé, qui s'évanouissait; mais ce ne sera rien.

MONROSE.

Ah! tant mieux, vous m'avez effrayé. Je croyais que le feu était à la maison.

FABRICE.

J'aimerais mieux qu'il y fût que de voir cette jeune personne en danger. Si l'Écosse a plusieurs filles comme elle, ce doit être un beau pays.

MONROSE.

Quoi! elle est d'Écosse?

FABRICE.

Oui, monsieur, je ne le sais que d'aujourd'hui; c'est notre faiseur de feuilles qui me l'a dit, car il sait tout, lui.

MONROSE.

Et son nom, son nom?

FABRICE.

Elle s'appelle Lindane.

MONROSE.

Je ne connais point ce nom-là. (Il se promène.) On ne prononce point le nom de ma patrie que mon cœur ne soit déchiré. Peut-on avoir été traité avec plus d'injustice et de barbarie! Tu es mort, cruel Murray, indigne ennemi! ton fils reste; j'aurai justice ou vengeance. O ma femme! ô mes chers enfants! ma fille! j'ai donc tout perdu sans ressource! Que de coups de poignard auraient fini mes jours si la juste fureur de me venger ne me forçait pas à porter dans l'affreux chemin du monde ce fardeau détestable de la vie!

FABRICE, revenant.

Tout va mieux, Dieu merci!

MONROSE.

Comment? quel changement y a-t-il dans les affaires? quelle révolution?

ACTE II, SCÈNE VIII.

FABRICE.

Monsieur, elle a repris ses sens; elle se porte très-bien; encore un peu pâle, mais toujours belle.

MONROSE.

Ah! ce n'est que cela? Il faut que je sorte, que j'aille, que je hasarde... oui... je le veux.

(Il sort.)

FABRICE.

Cet homme ne se soucie pas des filles qui s'évanouissent. S'il avait vu Lindane, il ne serait pas si indifférent.

FIN DU DEUXIÈME ACTE.

ACTE TROISIÈME.

SCENE I.

LADY ALTON, ANDRÉ.

LADY ALTON.

Oui, puisque je ne peux voir le traître chez lui, je le verrai ici ; il y viendra sans doute. Frélon avait raison ; une Écossaise cachée ici dans ce temps de trouble ! elle conspire contre l'État ; elle sera enlevée, l'ordre est donné : ah ! du moins, c'est contre moi qu'elle conspire ! c'est de quoi je ne suis que trop sûre. Voici André, le laquais de milord ; je serai instruite de tout mon malheur. André, vous apportez ici une lettre de milord, n'est-il pas vrai ?

ANDRÉ.

Oui, madame.

LADY ALTON.

Elle est pour moi ?

ANDRÉ.

Non, madame, je vous jure.

LADY ALTON.

Comment ? Ne m'en avez-vous pas apporté plusieurs de sa part ?

ANDRÉ.

Oui ; mais celle-ci n'est pas pour vous : c'est pour une personne qu'il aime à la folie.

LADY ALTON.

Eh bien ! ne m'aimait-il pas à la folie, quand il m'écrivait ?

ANDRÉ.

Oh ! que non, madame ; il vous aimait si tranquillement ! mais ici ce n'est pas de même ; il ne dort ni ne mange ; il court jour et nuit ; il ne parle que de sa chère Lindane : cela est tout différent, vous dis-je.

ACTE III, SCÈNE I.

LADY ALTON.

Le perfide! le méchant homme! N'importe, je vous dis que cette lettre est pour moi : n'est-elle pas sans dessus?

ANDRÉ.

Oui, madame.

LADY ALTON.

Toutes les lettres que vous m'avez apportées n'étaient-elles pas sans dessus aussi?

ANDRÉ.

Oui ; mais elle est pour Lindane.

LADY ALTON.

Je vous dis qu'elle est pour moi ; et, pour vous le prouver, voici dix guinées de port que je vous donne.

ANDRÉ.

Ah! oui, madame, vous m'y faites penser, vous avez raison, la lettre est pour vous, je l'avais oublié... Mais cependant, comme elle n'était pas pour vous, ne me décelez pas ; dites que vous l'avez trouvée chez Lindane.

LADY ALTON.

Laisse-moi faire.

ANDRÉ.

Quel mal, après tout, de donner à une femme une lettre écrite pour une autre ? Il n'y a rien de perdu ; toutes ces lettres se ressemblent. Si Mlle Lindane ne reçoit pas sa lettre, elle en recevra d'autres. Ma commission est faite. Oh! je fais bien mes commissions, moi.

(Il sort.)

LADY ALTON ouvre la lettre, et lit.

Lisons : « Ma chère, ma respectable, ma vertueuse Lindane... » Il ne m'en a jamais tant écrit... « Il y a deux jours, il y a un siècle que je m'arrache au bonheur d'être à vos pieds, mais c'est pour vos seuls intérêts : je sais qui vous êtes, et ce que je vous dois : je périrai, ou les choses changeront. Mes amis agissent ; comptez sur moi comme sur l'amant le plus fidèle, et sur un homme digne peut-être de vous servir. »

(Après avoir lu.)

C'est une conspiration, il n'en faut point douter : elle est d'Écosse ; sa famille est malintentionnée ; le père de Murray a commandé en Écosse ; ses amis agissent : il court jour et nuit. Dieu merci! j'ai agi aussi ; et, si elle n'accepte pas mes offres, elle sera enlevée dans une heure, avant que son indigne amant la secoure.

SCÈNE II.

LADY ALTON, POLLY, LINDANE.

LADY ALTON, à Polly, qui passe de la chambre de sa maîtresse dans une chambre du café.

Mademoiselle, allez dire tout à l'heure à votre maîtresse qu'il faut que je lui parle, qu'elle ne craigne rien, que je n'ai que des choses très-agréables à lui dire; qu'il s'agit de son bonheur (avec emportement) et qu'il faut qu'elle vienne tout à l'heure, tout à l'heure : entendez-vous? qu'elle ne craigne point, vous dis-je.

POLLY.

Oh, madame! nous ne craignons rien; mais votre physionomie me fait trembler.

LADY ALTON.

Nous verrons si je ne viens pas à bout de cette fille vertueuse, avec les propositions que je vais lui faire.

LINDANE, arrivant toute tremblante, soutenue par Polly.

Que voulez-vous, madame? Venez-vous insulter encore à ma douleur?

LADY ALTON.

Non; je viens vous rendre heureuse. Je sais que vous n'avez rien; je suis riche, je suis grande dame; je vous offre un de mes châteaux sur les frontières d'Écosse, avec les terres qui en dépendent; allez y vivre avec votre famille, si vous en avez; mais il faut dans l'instant que vous abandonniez milord pour jamais, et qu'il ignore, toute sa vie, votre retraite.

LINDANE.

Hélas! madame, c'est lui qui m'abandonne; ne soyez point jalouse d'une infortunée; vous m'offrez en vain une retraite; j'en trouverai sans vous une éternelle, dans laquelle je n'aurai pas au moins à rougir de vos bienfaits.

LADY ALTON.

Comme vous me répondez, téméraire!

LINDANE.

La témérité ne doit point être mon partage; mais la fermeté doit l'être. Ma naissance vaut bien la vôtre; mon cœur vaut peut-être mieux; et, quant à ma fortune, elle ne dépendra jamais de personne, encore moins de ma rivale.

(Elle sort.)

ACTE III, SCÈNE III.

LADY ALTON, seule.

Elle dépendra de moi. Je suis fâchée qu'elle me réduise à cette extrémité. Mais enfin, elle m'y a forcée. Infidèle amant! passion funeste.

SCÈNE III.

FREEPORT, MONROSE, paraissent dans le café avec LA FEMME DE FABRICE; LA SERVANTE, LES GARÇONS DU CAFÉ, qui mettent tout en ordre; FABRICE, LADY ALTON.

LADY ALTON, à Fabrice.

Monsieur Fabrice, vous me voyez ici souvent : c'est votre faute.

FABRICE.

Au contraire, madame, nous souhaiterions...

LADY ALTON.

J'en suis fâchée plus que vous; mais vous m'y reverrez encore, vous dis-je.

(Elle sort.)

FABRICE.

Tant pis. A qui en a-t-elle donc? Quelle différence d'elle à cette Lindane, si belle et si patiente!

FREEPORT.

Oui. A propos, vous m'y faites songer ; elle est, comme vous dites, belle et honnête.

FABRICE.

Je suis fâché que ce brave gentilhomme ne l'ait pas vue; il en aurait été touché.

MONROSE.

Ah! j'ai d'autres affaires en tête... (A part.) Malheureux que je suis!

FREEPORT.

Je passe mon temps à la Bourse ou à la Jamaïque : cependant la vue d'une jeune personne ne laisse pas de réjouir les yeux d'un galant homme. Vous me faites songer, vous dis-je, à cette petite créature : beau maintien, conduite sage, belle tête, démarche noble. Il faut que je la voie un de ces jours encore une fois... C'est dommage qu'elle soit si fière.

MONROSE, à Freeport.

Notre hôte m'a confié que vous en aviez agi avec elle d'une manière admirable.

FREEPORT.

Moi? non... n'en auriez-vous pas fait autant à ma place?

MONROSE.

Je le crois, si j'étais riche, et si elle le méritait.

FREEPORT.

Eh bien! que trouvez-vous donc là d'admirable? (Il prend les gazettes) Ah! ah! voyons ce que disent les nouveaux papiers d'aujourd'hui. Hom! hom! le lord Falbrige mort!

MONROSE, s'avançant.

Falbrige mort! le seul ami qui me restait sur la terre! le seul dont j'attendais quelque appui! Fortune! tu ne cesseras jamais de me persécuter!

FREEPORT.

Il était votre ami? j'en suis fâché... « D'Édimbourg, le 14 avril... On cherche partout le lord Monrose, condamné depuis onze ans à perdre la tête. »

MONROSE.

Juste ciel! qu'entends-je! hem! que dites-vous? milord Monrose condamné à...

FREEPORT.

Oui, parbleu, le lord Monrose... Lisez vous-même; je ne me trompe pas.

MONROSE lit.

(Froidement.) Oui, cela est vrai... (A part.) Il faut sortir d'ici. Je ne crois pas que la terre et l'enfer conjurés ensemble aient jamais assemblé tant d'infortunes contre un seul homme. (A son valet Jacq, qui est dans un coin de la salle.) Hé, va faire seller mes chevaux, et que je puisse partir, s'il est nécessaire, à l'entrée de la nuit... Comme les nouvelles courent! comme le mal vole!

FREEPORT.

Il n'y a point de mal à cela; qu'importe que le lord Monrose soit décapité ou non? Tout s'imprime, tout s'écrit, rien ne demeure : on coupe une tête aujourd'hui, le gazetier le dit le lendemain, et le surlendemain on n'en parle plus. Si cette demoiselle Lindane n'était pas si fière, j'irais savoir comme elle se porte : elle est fort jolie et fort honnête.

SCÈNE IV.

LES PRÉCÉDENTS, UN MESSAGER D'ÉTAT.

LE MESSAGER.

Vous vous appelez Fabrice?

FABRICE.

Oui, monsieur; en quoi puis-je vous servir?

LE MESSAGER.

Vous tenez un café et des appartements?

FABRICE.

Oui.

LE MESSAGER.

Vous avez chez vous une jeune Écossaise nommée Lindane?

FABRICE.

Oui, assurément, et c'est notre bonheur de l'avoir chez nous.

FREEPORT.

Oui, elle est jolie et honnête. Tout le monde m'y fait songer.

LE MESSAGER.

Je viens pour m'assurer d'elle de la part du gouvernement; voilà mon ordre.

FABRICE.

Je n'ai pas une goutte de sang dans les veines.

MONROSE, à part.

Une jeune Écossaise qu'on arrête! et le jour même que j'arrive! Toute ma fureur renaît. O patrie! ô famille! Hélas!

FREEPORT.

On n'a jamais arrêté les filles par ordre du gouvernement : fi! que cela est vilain! Vous êtes un grand brutal, monsieur le messager d'État.

FABRICE.

Ouais, mais si c'était une aventurière, comme le disait notre ami Frélon! Cela va perdre ma maison... me voilà ruiné. Cette dame de la cour avait ses raisons, je le vois bien... Non, non, elle est très-honnête.

LE MESSAGER.

Point de raisonnement, en prison, ou caution, c'est la règle.

FABRICE.

Je me fais caution, moi, ma maison, mon bien, ma personne.

LE MESSAGER.

Votre personne et rien, c'est la même chose ; votre maison ne vous appartient peut-être pas ; votre bien, où est-il ? Il faut de l'argent.

FABRICE.

Mon bon monsieur Freeport, donnerai-je les cinq cents guinées que je garde, et qu'elle a refusées aussi noblement que vous les avez offertes ?

FREEPORT.

Belle demande ! apparemment... Monsieur le messager, je dépose cinq cents guinées, mille, deux mille, s'il le faut ; voilà comme je suis fait. Je m'appelle Freeport. Je réponds de la vertu de la fille... autant que je peux... mais il ne faudrait pas qu'elle fût si fière.

LE MESSAGER.

Venez, monsieur, faire votre soumission.

FREEPORT.

Très-volontiers, très-volontiers.

FABRICE.

Tout le monde ne place pas ainsi son argent.

FREEPORT.

En l'employant à faire du bien, c'est le placer au plus haut intérêt.

(Freeport et le messager vont compter de l'argent, et écrire au fond du café.)

SCÈNE V.

MONROSE, FABRICE.

FABRICE.

Monsieur, vous êtes étonné peut-être du procédé de M. Freeport, mais c'est sa façon. Heureux ceux qu'il prend tout d'un coup en amitié ! Il n'est pas complimenteur, mais il oblige en moins de temps que les autres ne font des protestations de services.

MONROSE.

Il y a de belles âmes... Que deviendrai-je ?

FABRICE.

Gardons-nous au moins de dire à notre pauvre petite le danger qu'elle a couru.

MONROSE.

Allons, partons cette nuit même.

FABRICE.

Il ne faut avertir les gens de leur danger que quand il est passé.

MONROSE.

Le seul ami que j'avais à Londres est mort!... Que fais-je ici?

FABRICE.

Nous la ferions évanouir encore une fois.

SCÈNE VI.

MONROSE.

On arrête une jeune Écossaise, une personne qui vit retirée, qui se cache, qui est suspecte au gouvernement! Je ne sais... mais cette aventure me jette dans de profondes réflexions... Tout réveille l'idée de mes malheurs, mes afflictions, mon attendrissement, mes fureurs.

SCÈNE VII.

MONROSE, POLLY.

MONROSE, apercevant Polly qui passe.

Mademoiselle, un petit mot, de grâce... Êtes-vous cette jeune et aimable personne née en Écosse, qui...

POLLY.

Oui, monsieur, je suis assez jeune; je suis Écossaise, et pour aimable, bien des gens me disent que je le suis.

MONROSE.

Ne savez-vous aucune nouvelle de votre pays?

POLLY.

Oh! non, monsieur; il y a si longtemps que je l'ai quitté.

MONROSE.

Et qui sont vos parents, je vous prie?

POLLY.

Mon père était un excellent boulanger, à ce que j'ai ouï dire, et ma mère avait servi une dame de qualité.

MONROSE.

Ah! j'entends; c'est vous apparemment qui servez cette jeune personne dont on m'a tant parlé; je me méprenais.

POLLY.

Vous me faites bien de l'honneur.

MONROSE.

Vous savez sans doute qui est votre maîtresse?

POLLY.

Oui, monsieur, c'est la plus douce, la plus aimable fille, la plus courageuse dans le malheur.

MONROSE.

Elle est donc malheureuse?

POLLY.

Oui, monsieur, et moi aussi; mais j'aime mieux la servir que d'être heureuse.

MONROSE.

Mais je vous demande si vous ne connaissez pas sa famille.

POLLY.

Monsieur, ma maîtresse veut être inconnue : elle n'a point de famille; que me demandez-vous là? pourquoi ces questions?

MONROSE.

Une inconnue! O ciel si longtemps impitoyable! s'il était possible qu'à la fin je pusse!... Mais quelles vaines chimères! Dites-moi, je vous prie, quel est l'âge de votre maîtresse?

POLLY.

Oh! pour son âge, on peut le dire; car elle est bien au-dessus de son âge; elle a dix-huit ans.

MONROSE.

Dix-huit ans!... hélas! ce serait précisément l'âge qu'aurait ma malheureuse Monrose, ma chère fille, seul reste de ma maison, seul enfant que mes mains aient pu caresser dans son berceau : dix-huit ans?...

POLLY.

Oui, monsieur, et moi je n'en ai que vingt-deux : il n'y a pas une si grande différence. Je ne sais pas pourquoi vous faites tout seul tant de réflexions sur son âge.

MONROSE.

Dix-huit ans! et née dans ma patrie! et elle veut être inconnue! je ne me possède plus : il faut, avec votre permission, que je la voie, que je lui parle tout à l'heure.

POLLY.

Ces dix-huit ans tournent la tête à ce bon vieux gentilhomme. Monsieur, il est impossible que vous voyiez à présent ma maîtresse; elle est dans l'affliction la plus cruelle.

MONROSE.

Ah! c'est pour cela même que je veux la voir.

POLLY.

De nouveaux chagrins qui l'ont accablée, qui ont déchiré son cœur, lui ont fait perdre l'usage de ses sens. Elle est à peine revenue à elle, et le peu de repos qu'elle goûte dans ce moment est un repos mêlé de trouble et d'amertume : de grâce, monsieur, ménagez sa faiblesse et ses douleurs.

MONROSE.

Tout ce que vous me dites redouble mon empressement. Je suis son compatriote; je partage toutes ses afflictions; je les diminuerai peut-être : souffrez qu'avant de quitter cette ville, je puisse entretenir votre maîtresse.

POLLY.

Mon cher compatriote, vous m'attendrissez : attendez encore quelques moments. Je vais à elle : je reviendrai à vous.

SCÈNE VIII.

MONROSE, FABRICE.

FABRICE, le tirant par la manche.

Monsieur, n'y a-t-il personne là?

MONROSE.

Que j'attends son retour avec des mouvements d'impatience et de trouble!

FABRICE.

Ne nous écoute-t-on point?

MONROSE.

Mon cœur ne peut suffire à tout ce qu'il éprouve.

FABRICE.

On vous cherche...

MONROSE, se tournant.

Qui? quoi? comment? pourquoi? que voulez-vous dire?

FABRICE.

On vous cherche, monsieur. Je m'intéresse à ceux qui logent chez moi. Je ne sais qui vous êtes : mais on est venu me demander qui vous étiez : on rôde autour de la maison, on s'informe, on entre, on passe, on repasse, on guette, et je ne serai point surpris si, dans peu, on vous fait le même compliment qu'à cette jeune et chère demoiselle, qui est, dit-on, de votre pays.

MONROSE.

Ah! il faut absolument que je lui parle avant de partir.

FABRICE.

Partez vite, croyez-moi; notre ami Freeport ne serait peut-être pas d'humeur à faire pour vous ce qu'il a fait pour une belle personne de dix-huit ans.

MONROSE.

Pardon... Je ne sais... où j'étais... je vous entendais à peine... Que faire? où aller, mon cher hôte? Je ne puis partir sans la voir... Venez, que je vous parle un moment dans quelque endroit plus solitaire, et surtout que je puisse ensuite entretenir cette jeune Écossaise.

FABRICE.

Ah! je vous avais bien dit que vous seriez enfin curieux de la voir. Soyez sûr que rien n'est plus beau et plus honnête.

FIN DU TROISIÈME ACTE.

ACTE QUATRIÈME.

SCÈNE I.

FABRICE, FRÉLON, dans le café, à une table; FREEPORT, une pipe à la main, au milieu d'eux.

FABRICE.

Je suis obligé de vous l'avouer, monsieur Frélon; si tout ce qu'on dit est vrai, vous me feriez plaisir de ne plus fréquenter chez nous.

FRÉLON.

Tout ce qu'on dit est toujours faux : quelle mouche vous pique, monsieur Fabrice?

FABRICE.

Vous venez écrire ici vos feuilles : mon café passera pour une boutique de poison.

FREEPORT, se retournant vers Fabrice.

Ceci mérite qu'on y pense, voyez-vous?

FABRICE.

On prétend que vous dites du mal de tout le monde.

FREEPORT, à Frélon.

De tout le monde, entendez-vous? C'est trop.

FABRICE.

On commence même à dire que vous êtes un délateur; mais je ne veux pas le croire.

FREEPORT, à Frélon.

Un délateur... entendez-vous? cela passe la raillerie.

FRÉLON.

Je suis un compilateur illustre, un homme de goût.

FABRICE.

De goût ou de dégoût, vous me faites tort, vous dis-je.

FRÉLON.

Au contraire, c'est moi qui achalande votre café; c'est moi

qui l'ai mis à la mode ; c'est ma réputation qui vous attire du monde.

FABRICE.

Plaisante réputation! celle d'un espion, d'un malhonnête homme (pardonnez si je répète ce qu'on dit), et d'un mauvais auteur!

FRÉLON.

Monsieur Fabrice, monsieur Fabrice, arrêtez, s'il vous plaît : on peut attaquer mes mœurs ; mais pour ma réputation d'auteur, je ne le souffrirai jamais.

FABRICE.

Laissez là vos écrits : savez-vous bien, puisqu'il faut tout vous dire, que vous êtes soupçonné d'avoir voulu perdre Mlle Lindane?

FREEPORT.

Si je le croyais, je le noierais de mes mains, quoique je ne sois pas méchant.

FABRICE.

On prétend que c'est vous qui l'avez accusée d'être Écossaise, et qui avez aussi accusé ce brave gentilhomme de là-haut d'être Écossais.

FRÉLON.

Eh bien! quel mal y a-t-il à être de son pays?

FABRICE.

On ajoute que vous avez eu plusieurs conférences avec les gens de cette dame si colère qui est venue ici, et avec ceux de ce milord qui n'y vient plus ; que vous redites tout, que vous envenimez tout.

FREEPORT, à Frélon.

Seriez-vous un mauvais sujet, en effet? Je ne les aime pas, au moins.

FABRICE.

Ah! Dieu merci, je crois que j'aperçois enfin notre milord.

FREEPORT.

Un milord! adieu. Je n'aime pas plus les grands seigneurs que les mauvais écrivains.

FABRICE.

Celui-ci n'est pas un grand seigneur comme un autre.

FREEPORT.

Ou comme un autre, ou différent d'un autre, n'importe. Je ne me gêne jamais, et je sors. Mon ami, je ne sais ; il me revient toujours dans la tête une idée de notre jeune Écossaise : je reviendrai incessamment; oui, je reviendrai; je veux lui parler sérieusement. Adieu. (En revenant.) Dites-lui de ma part que je pense beaucoup de bien d'elle.

SCÈNE II.

LORD MURRAY, pensif et agité; FRÉLON, lui faisant la révérence, qu'il ne regarde pas; FABRICE, s'eloignant un peu.

LORD MURRAY, à Fabrice, d'un air distrait.

Je suis très-aise de vous revoir, mon brave et honnête homme : comment se porte cette belle et respectable personne que vous avez le bonheur de posséder chez vous?

FABRICE.

Milord, elle a été très-malade depuis qu'elle ne vous a vu; mais je suis sûr qu'elle se portera mieux aujourd'hui.

LORD MURRAY.

Grand Dieu, protecteur de l'innocence, je t'implore pour elle! daigne te servir de moi pour rendre justice à la vertu, et pour tirer d'oppression les infortunés! Grâces à tes bontés et à mes soins, tout m'annonce un succès favorable. (A Fabrice) Ami, laisse-moi parler en particulier à cet homme. (En montrant Frélon.)

FRÉLON, a Fabrice.

Eh bien! tu vois qu'on t'avait bien trompé sur mon compte, et que j'ai du crédit à la cour.

FABRICE, en sortant.

Je ne vois point cela.

LORD MURRAY, a Frelon.

Mon ami.

FRÉLON.

Monseigneur, permettez-vous que je vous dédie un tome?...

LORD MURRAY.

Non; il ne s'agit point de dédicace. C'est vous qui avez appris à mes gens l'arrivée de ce vieux gentilhomme venu d'Écosse; c'est vous qui l'avez dépeint, qui êtes allé faire le même rapport aux gens du ministre d'État.

FRÉLON.

Monseigneur, je n'ai fait que mon devoir.

LORD MURRAY, lui donnant quelques guinees.

Vous m'avez rendu service, sans le savoir; je ne regarde pas à l'intention : on prétend que vous vouliez nuire, et que vous

avez fait du bien ; tenez, voilà pour le bien que vous avez fait ;
mais, si vous vous avisez jamais de prononcer le nom de cet
homme et de Mlle Lindane, je vous ferai jeter par les fenêtres
de votre grenier. Allez.

FRÉLON.

Grand merci, monseigneur. Tout le monde me dit des
injures, et me donne de l'argent : je suis bien plus habile que je
ne croyais [1].

SCÈNE III.

LORD MURRAY, POLLY.

LORD MURRAY, seul un moment.

Un vieux gentilhomme arrivé d'Écosse, Lindane née dans le
même pays ! Hélas ! s'il était possible que je pusse réparer les torts
de mon père ! si le ciel permettait... ! Entrons. (A Polly, qui sort de la
chambre de Lindane.) Chère Polly, n'es-tu pas bien étonnée que j'aie
passé tant de temps sans venir ici ? deux jours entiers !... je ne
me le pardonnerais jamais, si je ne les avais employés pour la
respectable fille de milord Monrose : les ministres étaient à
Windsor ; il a fallu y courir. Va, le ciel t'inspira bien quand tu te
rendis à mes prières, et que tu m'appris le secret de sa naissance.

POLLY.

J'en tremble encore ; ma maîtresse me l'avait tant défendu ! Si
je lui donnais le moindre chagrin, je mourrais de douleur. Hélas !
votre absence lui a causé aujourd'hui un assez long évanouissement, et je ne sais comment j'ai eu assez de forces pour la secourir.

LORD MURRAY.

Tiens, voilà pour le service que tu lui as rendu.

POLLY.

Milord, j'accepte vos dons : je ne suis pas si fière que la belle
Lindane, qui n'accepte rien, et qui feint d'être à son aise, quand
elle est dans la plus extrême indigence.

LORD MURRAY.

Juste ciel ! la fille de Monrose dans la pauvreté ! malheureux
que je suis ! que m'as-tu dit ? combien je suis coupable ! que je

---

1. Ici finit le rôle de Frélon. Voltaire ne voulut pas lui donner plus d'importance afin de pouvoir faire accepter la pièce pour une traduction anglaise. (G. A.)

vais tout réparer! que son sort changera! Hélas! pourquoi me l'a-t-elle caché?

POLLY.

Je crois que c'est la seule fois de sa vie qu'elle vous trompera.

LORD MURRAY.

Entrons, entrons vite; jetons-nous à ses pieds : c'est trop tarder.

POLLY.

Ah, milord! gardez-vous-en bien; elle est actuellement avec un gentilhomme, si vieux, si vieux, qui est de son pays, et ils se disent des choses si intéressantes!

LORD MURRAY.

Quel est-il ce vieux gentilhomme, pour qui je m'intéresse déjà comme elle?

POLLY.

Je l'ignore.

LORD MURRAY.

O destinée! juste ciel! pourrais-tu faire que cet homme fût ce que je désire qu'il soit? Et que se disaient-ils, Polly?

POLLY.

Milord, ils commençaient à s'attendrir; et comme ils s'attendrissaient, ce bonhomme n'a pas voulu que je fusse présente, et je suis sortie.

SCÈNE IV.

LADY ALTON, LORD MURRAY, POLLY.

LADY ALTON.

Ah! je vous y prends enfin, perfide! Me voilà sûre de votre inconstance, de mon opprobre, et de votre intrigue.

LORD MURRAY.

Oui, madame, vous êtes sûre de tout. (A part.) Quel contre-temps effroyable!

LADY ALTON.

Monstre! perfide!

LORD MURRAY.

Je puis être un monstre à vos yeux, et je n'en suis pas fâché; mais pour perfide, je suis très-loin de l'être : ce n'est pas mon caractère. Avant d'en aimer une autre, je vous ai déclaré que je ne vous aimais plus.

LADY ALTON.

Après une promesse de mariage! scélérat! après m'avoir juré tant d'amour!

LORD MURRAY.

Quand je vous ai juré de l'amour, j'en avais; quand je vous ai promis de vous épouser, je voulais tenir ma parole.

LADY ALTON.

Eh! qui t'a empêché de tenir ta parole, parjure?

LORD MURRAY.

Votre caractère, vos emportements : je me mariais pour être heureux, et j'ai vu que nous ne l'aurions été ni l'un ni l'autre.

LADY ALTON.

Tu me quittes pour une vagabonde, pour une aventurière.

LORD MURRAY.

Je vous quitte pour la vertu, pour la douceur, et pour les grâces.

LADY ALTON.

Traître! tu n'es pas où tu crois en être; je me vengerai plus tôt que tu ne penses.

LORD MURRAY.

Je sais que vous êtes vindicative, envieuse plutôt que jalouse, emportée plutôt que tendre : mais vous serez forcée à respecter celle que j'aime.

LADY ALTON.

Allez, lâche, je connais l'objet de vos amours mieux que vous; je sais qui elle est; je sais qui est l'étranger arrivé aujourd'hui pour elle; je sais tout : des hommes plus puissants que vous sont instruits de tout; et bientôt on vous enlèvera l'indigne objet pour qui vous m'avez méprisée.

LORD MURRAY.

Que veut-elle dire, Polly? elle me fait mourir d'inquiétude.

POLLY.

Et moi, de peur. Nous sommes perdus.

LORD MURRAY.

Ah! madame, arrêtez-vous; un mot; expliquez-vous, écoutez...

LADY ALTON.

Je n'écoute point, je ne réponds rien, je ne m'explique point. Vous êtes, comme je vous l'ai déjà dit, un inconstant, un volage, un cœur faux, un traître, un perfide, un homme abominable.

(Elle sort.)

SCÈNE V.

LORD MURRAY, POLLY.

LORD MURRAY.

Que prétend cette furie? que la jalousie est affreuse! O ciel! fais que je sois toujours amoureux, et jamais jaloux! Que veut-elle? elle parle de faire enlever ma chère Lindane et cet étranger; que veut-elle dire? sait-elle quelque chose?

POLLY.

Hélas! il faut vous l'avouer; ma maîtresse est arrêtée par l'ordre du gouvernement : je crois que je le suis aussi; et, sans un homme, qui est la bonté même, et qui a bien voulu être notre caution, nous serions en prison à l'heure que je vous parle : on m'avait fait jurer de n'en rien dire; mais le moyen de se taire avec vous?

LORD MURRAY.

Qu'ai-je entendu? quelle aventure! et que de revers accumulés en foule! Je vois que le nom de ta maîtresse est toujours suspect. Hélas! ma famille a fait tous les malheurs de la sienne : le ciel, la fortune, mon amour, l'équité, la raison, allaient tout réparer; la vertu m'inspirait; le crime s'oppose à tout ce que je tente : il ne triomphera pas. N'alarme point ta maîtresse; je cours chez le ministre; je vais tout presser, tout faire. Je m'arrache au bonheur de la voir pour celui de la servir. Je cours, et je revole. Dis-lui bien que je m'éloigne parce que je l'adore.

(Il sort.)

POLLY.

Voilà d'étranges aventures! je vois que ce monde-ci n'est qu'un combat perpétuel des méchants contre les bons, et qu'on en veut toujours aux pauvres filles.

SCÈNE VI.

MONROSE, LINDANE; POLLY reste un moment,
et sort à un signe que lui fait sa maîtresse.

MONROSE.

Chaque mot que vous m'avez dit me perce l'âme. Vous, née dans le Locaber! et témoin de tant d'horreurs! persécutée, errante, et si malheureuse avec des sentiments si nobles!

LINDANE.

Peut-être je dois ces sentiments mêmes à mes malheurs; peut-être, si j'avais été élevée dans le luxe et la mollesse, cette âme, qui s'est fortifiée par l'infortune, n'eût été que faible.

MONROSE.

O vous! digne du plus beau sort du monde, cœur magnanime, âme élevée, vous m'avouez que vous êtes d'une de ces familles proscrites, dont le sang a coulé sur les échafauds, dans nos guerres civiles, et vous vous obstinez à me cacher votre nom et votre naissance!

LINDANE.

Ce que je dois à mon père me force au silence : il est proscrit lui-même; on le cherche, je l'exposerais peut-être, si je me nommais : vous m'inspirez du respect et de l'attendrissement; mais je ne vous connais pas : je dois tout craindre. Vous voyez que je suis suspecte moi-même; que je suis arrêtée et prisonnière; un mot peut me perdre.

MONROSE.

Hélas! un mot ferait peut-être la première consolation de ma vie. Dites-moi du moins quel âge vous aviez quand la destinée cruelle vous sépara de votre père, qui fut depuis si malheureux?

LINDANE.

Je n'avais que cinq ans.

MONROSE.

Grand Dieu, qui avez pitié de moi! toutes ces époques rassemblées, toutes les choses qu'elle m'a dites, sont autant de traits de lumière qui m'éclairent dans les ténèbres où je marche. O Providence! ne t'arrête point dans tes bontés!

LINDANE.

Quoi! vous versez des larmes! Hélas! tout ce que je vous ai dit m'en fait bien répandre.

MONROSE, s'essuyant les yeux.

Achevez, je vous en conjure. Quand votre père eut quitté sa famille pour ne plus la revoir, combien restâtes-vous auprès de votre mère?

LINDANE.

J'avais dix ans quand elle mourut, dans mes bras, de douleur et de misère, et que mon frère fut tué dans une bataille.

MONROSE.

Ah! je succombe! Quel moment et quel souvenir! Chère et malheureuse épouse!... fils heureux d'être mort, et de n'avoir pas vu tant de désastres! Reconnaîtriez-vous ce portrait? (Il tire un portrait de sa poche.)

LINDANE.

Que vois-je? est-ce un songe? c'est le portrait même de ma mère : mes larmes l'arrosent, et mon cœur, qui se fend, s'échappe vers vous.

MONROSE.

Oui, c'est là votre mère, et je suis ce père infortuné dont la tête est proscrite, et dont les mains tremblantes vous embrassent.

LINDANE.

Je respire à peine! où suis-je? Je tombe à vos genoux! Voici le premier instant heureux de ma vie... O mon père!... hélas! comment osez-vous venir dans cette ville? Je tremble pour vous au moment que je goûte le bonheur de vous voir.

MONROSE.

Ma chère fille, vous connaissez toutes les infortunes de notre maison; vous savez que la maison des Murray, toujours jalouse de la nôtre, nous plongea dans ce précipice. Toute ma famille a été condamnée; j'ai tout perdu. Il me restait un ami qui pouvait, par son crédit, me tirer de l'abîme où je suis, qui me l'avait promis ; j'apprends, en arrivant, que la mort me l'a enlevé, qu'on me cherche en Écosse, que ma tête y est à prix. C'est sans doute le fils de mon ennemi qui me persécute encore : il faut que je meure de sa main, ou que je lui arrache la vie.

LINDANE.

Vous venez, dites-vous, pour tuer milord Murray?

MONROSE.

Oui, je vous vengerai, je vengerai ma famille, ou je périrai ; je ne hasarde qu'un reste de jours déjà proscrits.

LINDANE.

O fortune! dans quelle nouvelle horreur tu me rejettes! Que faire? quel parti prendre? Ah, mon père!

MONROSE.

Ma fille, je vous plains d'être née d'un père si malheureux.

LINDANE.

Je suis plus à plaindre que vous ne pensez... Êtes-vous bien résolu à cette entreprise funeste?

MONROSE.

Résolu comme à la mort.

LINDANE.

Mon père, je vous conjure, par cette vie fatale que vous m'avez donnée, par vos malheurs, par les miens, qui sont peut-être plus grands que les vôtres, de ne me pas exposer à l'horreur de vous perdre lorsque je vous retrouve... Ayez pitié de moi, épargnez votre vie et la mienne.

MONROSE.

Vous m'attendrissez; votre voix pénètre mon cœur; je crois entendre celle de votre mère. Hélas! que voulez-vous?

LINDANE.

Que vous cessiez de vous exposer, que vous quittiez cette ville si dangereuse pour vous... et pour moi... Oui, c'en est fait, mon parti est pris. Mon père, je renoncerai à tout pour vous... oui, à tout... Je suis prête à vous suivre : je vous accompagnerai, s'il le faut, dans quelque île affreuse des Orcades[1]; je vous y servirai de mes mains; c'est mon devoir, je le remplirai... C'en est fait, partons.

MONROSE.

Vous voulez que je renonce à vous venger?

LINDANE.

Cette vengeance me ferait mourir : partons, vous dis-je.

MONROSE.

Eh bien! l'amour paternel l'emporte : puisque vous avez le courage de vous attacher à ma funeste destinée, je vais tout préparer pour que nous quittions Londres avant qu'une heure se passe; soyez prête, et recevez encore mes embrassements et mes larmes.

SCÈNE VII.

LINDANE, POLLY.

LINDANE.

C'en est fait, ma chère Polly, je ne reverrai plus milord Murray; je suis morte pour lui.

POLLY.

Vous rêvez, mademoiselle; vous le reverrez dans quelques minutes. Il était ici tout à l'heure.

LINDANE.

Il est ici, et il ne m'a point vue! c'est là le comble. O mon malheureux père! que ne suis-je partie plus tôt!

---

1. Voltaire cherche à rappeler ici les infortunes de Charles-Édouard. Voyez le *Précis du siècle de Louis XV*. (G. A.)

ACTE IV, SCÈNE VII.

POLLY.

S'il n'avait pas été interrompu par cette détestable milady Alton...

LINDANE.

Quoi! c'est ici même qu'il l'a vue pour me braver, après avoir été trois jours sans me voir, sans m'écrire! Peut-on plus indignement se voir outrager? Va, sois sûre que je m'arracherais la vie dans ce moment, si ma vie n'était pas nécessaire à mon père.

POLLY.

Mais, mademoiselle, écoutez-moi donc; je vous jure que milord...

LINDANE.

Lui perfide! c'est ainsi que sont faits les hommes! Père infortuné, je ne penserai désormais qu'à vous.

POLLY.

Je vous jure que vous avez tort, que milord n'est point perfide, que c'est le plus aimable homme du monde, qu'il vous aime de tout son cœur, qu'il m'en a donné des marques.

LINDANE.

La nature doit l'emporter sur l'amour : je ne sais où je vais, je ne sais ce que je deviendrai ; mais sans doute je ne serai jamais si malheureuse que je le suis.

POLLY.

Vous n'écoutez rien : reprenez vos esprits, ma chère maîtresse ; on vous aime.

LINDANE.

Ah! Polly, es-tu capable de me suivre?

POLLY.

Je vous suivrai jusqu'au bout du monde : mais on vous aime, vous dis-je.

LINDANE.

Laisse-moi, ne me parle point de milord. Hélas! quand il m'aimerait, il faudrait partir encore. Ce gentilhomme que tu as vu avec moi...

POLLY.

Eh bien?

LINDANE.

Viens, tu apprendras tout : les larmes, les soupirs, me suffoquent. Allons tout préparer pour notre départ.

FIN DU QUATRIÈME ACTE.

ACTE CINQUIÈME.

SCÈNE I.

LINDANE, FREEPORT, FABRICE.

FABRICE.

Cela perce le cœur, mademoiselle : Polly fait votre paquet, vous nous quittez.

LINDANE.

Mon cher hôte, et vous, monsieur, à qui je dois tant, vous qui avez déployé un caractère si généreux, car on m'a dit ce que vous avez fait pour moi, vous ne me laissez que la douleur de ne pouvoir reconnaître vos bienfaits ; mais je ne vous oublierai de ma vie.

FREEPORT.

Qu'est-ce donc que tout cela ? qu'est-ce que c'est que ça ? qu'est-ce que ça ? Si vous êtes contente de nous, il ne faut point vous en aller : est-ce que vous craignez quelque chose ? Vous avez tort ; une fille n'a rien à craindre.

FABRICE.

Monsieur Freeport, ce vieux gentilhomme qui est de son pays fait aussi son paquet. Mademoiselle pleurait, et ce monsieur pleurait aussi, et ils partent ensemble. Je pleure aussi en vous parlant.

FREEPORT.

Je n'ai pleuré de ma vie : fi ! que cela est sot de pleurer ! les yeux n'ont point été donnés à l'homme pour cette besogne. Je suis affligé, je ne le cache pas ; et quoiqu'elle soit fière, comme je le lui ai dit, elle est si honnête qu'on est fâché de la perdre. Je veux que vous m'écriviez, si vous vous en allez, mademoiselle : je vous ferai toujours du bien... Nous nous retrouverons peut-être un jour, que sait-on ? Ne manquez pas de m'écrire... n'y manquez pas.

LINDANE.

Je vous le jure avec la plus vive reconnaissance; et si jamais la fortune...

FREEPORT.

Ah! mon ami Fabrice, cette personne-là est très-bien née. Je serais très-aise de recevoir de vos lettres : n'allez pas y mettre de l'esprit, au moins.

FABRICE.

Mademoiselle, pardonnez; mais je songe que vous ne pouvez partir, que vous êtes ici sous la caution de M. Freeport, et qu'il perd cinq cents guinées si vous nous quittez.

LINDANE.

O ciel! autre infortune, autre humiliation : quoi! il faudrait que je fusse enchaînée ici, et que milord... et mon père...

FREEPORT, à Fabrice.

Oh! qu'à cela ne tienne : quoiqu'elle ait je ne sais quoi qui me touche, qu'elle parte si elle en a envie. Je me soucie de cinq cents guinées comme de rien. (Bas, à Fabrice.) Fourre-lui encore les cinq cents autres guinées dans sa valise. Allez, mademoiselle, partez quand il vous plaira : écrivez-moi, revoyez-moi, quand vous reviendrez... car j'ai conçu pour vous beaucoup d'estime et d'affection.

SCÈNE II.

LORD MURRAY, ET SES GENS, dans l'enfoncement; LINDANE, ET LES PRÉCÉDENTS, sur le devant.

LORD MURRAY, à ses gens.

Restez ici, vous; vous, courez à la chancellerie, et rapportez-moi le parchemin qu'on expédie, dès qu'il sera scellé. Vous, qu'on aille préparer tout dans la nouvelle maison que je viens de louer. (Il tire un papier de sa poche et le lit.) Quel bonheur d'assurer celui de Lindane!

LINDANE, à Polly.

Hélas! en le voyant, je me sens déchirer le cœur.

FREEPORT.

Ce milord-là vient toujours mal à propos : il est si beau et si bien mis qu'il me déplaît souverainement; mais, après tout, que cela me fait-il? j'ai quelque affection... mais je n'aime point, moi. Adieu, mademoiselle.

LINDANE.

Je ne partirai point sans vous témoigner encore ma reconnaissance et mes regrets.

FREEPORT.

Non, non; point de ces cérémonies-là, vous m'attendririez peut-être : je vous dis que je n'aime point... je vous verrai pourtant encore une fois; je resterai dans la maison, je veux vous voir partir. Allons, Fabrice, aider ce bon gentilhomme de là-haut : je me sens, vous dis-je, de la bonne volonté pour cette demoiselle.

SCÈNE III.

Lord MURRAY, LINDANE, POLLY.

LORD MURRAY.

Enfin donc je goûte en liberté le charme de votre vue. Dans quelle maison vous êtes! elle ne vous convient pas : une plus digne de vous vous attend. Quoi! belle Lindane, vous baissez les yeux, et vous pleurez! Quel est cet homme qui vous parlait? vous aurait-il causé quelque chagrin? il en porterait la peine sur l'heure.

LINDANE, en essuyant ses larmes.

Hélas! c'est un bonhomme, un homme vertueux, qui a eu pitié de moi dans mon cruel malheur, qui ne m'a point abandonnée, qui n'a pas insulté à mes disgrâces, qui n'a point parlé ici longtemps à ma rivale en dédaignant de me voir; qui, s'il m'avait aimée, n'aurait point passé trois jours sans m'écrire.

LORD MURRAY.

Ah! croyez que j'aimerais mieux mourir que de mériter le moindre de vos reproches : je n'ai été absent que pour vous, je n'ai songé qu'à vous, je vous ai servie malgré vous; si, en revenant ici, j'ai trouvé cette femme vindicative et cruelle qui voulait vous perdre, je ne me suis échappé un moment que pour prévenir ses desseins funestes. Grand Dieu! moi, ne vous avoir pas écrit!

LINDANE.

Non.

LORD MURRAY.

Elle a, je le vois bien, intercepté mes lettres : sa méchanceté augmente encore, s'il se peut, ma tendresse; qu'elle rappelle la vôtre. Ah! cruelle, pourquoi m'avez-vous caché votre nom illustre, et l'état malheureux où vous êtes, si peu fait pour ce grand nom?

LINDANE.

Qui vous l'a dit?

LORD MURRAY, montrant Polly.

Elle-même, votre confidente.

LINDANE.

Quoi! tu m'as trahie?

POLLY.

Vous vous trahissiez vous-même; je vous ai servie.

LINDANE.

Eh bien! vous me connaissez : vous savez quelle haine a toujours divisé nos deux maisons; votre père a fait condamner le mien à la mort; il m'a réduite à cet état que j'ai voulu vous cacher. Et vous, son fils! vous! vous osez m'aimer!

LORD MURRAY.

Je vous adore, et je le dois. Mon cœur, ma fortune, mon sang est à vous; confondons ensemble deux noms ennemis : j'apporte à vos pieds le contrat de notre mariage; daignez l'honorer de ce nom qui m'est si cher. Puissent les remords et l'amour du fils réparer les fautes du père!

LINDANE.

Hélas! et il faut que je parte, et que je vous quitte pour jamais.

LORD MURRAY.

Que vous partiez! que vous me quittiez! Vous me verrez plutôt expirer à vos pieds. Hélas! daignez-vous m'aimer?

POLLY.

Vous ne partirez point, mademoiselle; j'y mettrai bon ordre : vous prenez toujours des résolutions désespérées. Milord, secondez-moi bien.

LORD MURRAY.

Eh! qui a pu vous inspirer le dessein de me fuir, de rendre tous mes soins inutiles?

LINDANE.

Mon père.

LORD MURRAY.

Votre père? Eh! où est-il? que veut-il? que ne me parlez-vous?

LINDANE.

Il est ici : il m'emmène; c'en est fait.

LORD MURRAY.

Non, je jure par vous qu'il ne vous enlèvera pas. Il est ici? conduisez-moi à ses pieds.

LINDANE.

Ah! milord, gardez qu'il ne vous voie; il n'est venu ici que pour finir ses malheurs en vous arrachant la vie, et je ne fuyais avec lui que pour détourner cette horrible résolution.

LORD MURRAY.

La vôtre est plus cruelle : croyez que je ne le crains pas, et que je le ferai rentrer en lui-même. (En se retournant) Quoi! on n'est pas encore revenu? Ciel! que le mal se fait rapidement, et le bien avec lenteur !

LINDANE.

Le voici qui vient me chercher : si vous m'aimez, ne vous montrez pas à lui, privez-vous de ma vue, épargnez-lui l'horreur de la vôtre, éloignez-vous du moins pour quelque temps.

LORD MURRAY.

Ah! que c'est avec regret! mais vous m'y forcez : je vais rentrer; je vais prendre des armes qui pourront faire tomber les siennes de ses mains.

SCÈNE IV.

MONROSE, LINDANE.

MONROSE.

Allons, ma chère fille, seul soutien, unique consolation de ma déplorable vie! partons.

LINDANE.

Malheureux père d'une infortunée! je ne vous abandonnerai jamais : cependant daignez souffrir que je reste encore.

MONROSE.

Quoi! après m'avoir si fort pressé vous-même de partir! après m'avoir offert de me suivre dans les déserts où nous allons cacher nos disgrâces! Avez-vous changé de dessein? Avez-vous retrouvé et perdu en si peu de temps le sentiment de la nature?

LINDANE.

Je n'ai point changé, j'en suis incapable... je vous suivrai... mais, encore une fois, attendez quelque temps; accordez cette grâce à celle qui vous doit des jours si remplis d'orages; ne me refusez pas des instants précieux.

MONROSE.

Ils sont précieux en effet, et vous les perdez : songez-vous que nous sommes à chaque moment en danger d'être découverts, que vous avez été arrêtée, qu'on me cherche, que vous pouvez voir demain votre père périr par le dernier supplice?

LINDANE.

Ces mots sont un coup de foudre pour moi : je n'y résiste plus; j'ai honte d'avoir tardé... Cependant j'avais quelque espoir... N'importe, vous êtes mon père, je vous suis. Ah, malheureuse!

SCÈNE V.

FREEPORT ET FABRICE, paraissant d'un côté, tandis que MONROSE ET SA FILLE parlent de l'autre.

FREEPORT, à Fabrice.

Sa suivante a pourtant remis son paquet dans sa chambre; elles ne partiront point. J'en suis bien aise; je m'accoutumais à elle : je ne l'aime point; mais elle est si bien née que je la voyais partir avec une espèce d'inquiétude que je n'ai jamais sentie, une espèce de trouble... je ne sais quoi de fort extraordinaire.

MONROSE, à Freeport.

Adieu, monsieur; nous partons le cœur plein de vos bontés : je n'ai jamais connu de ma vie un plus digne homme que vous; vous me faites pardonner au genre humain.

FREEPORT.

Vous partez donc avec cette dame? Je n'approuve point cela; vous devriez rester. Il me vient des idées qui vous conviendront peut-être : demeurez.

SCÈNE VI.

LES PRÉCÉDENTS; LORD MURRAY, dans le fond, recevant un rouleau de parchemin de la main de ses gens.

LORD MURRAY.

Ah! je le tiens enfin ce gage de mon bonheur! Soyez béni, ô ciel! qui m'avez secondé.

FREEPORT.

Quoi! verrai-je toujours ce maudit milord? Que cet homme me choque avec ses grâces!

MONROSE, à sa fille, tandis que milord Murray parle à son domestique.

Quel est cet homme, ma fille?

LINDANE.

Mon père, c'est... O ciel! ayez pitié de nous.

FABRICE.

Monsieur, c'est milord Murray, le plus galant homme de la cour, le plus généreux.

MONROSE.

Murray! grand Dieu! mon fatal ennemi, qui vient encore insulter à tant de malheurs! (Il tire son épée.) Il aura le reste de ma vie, ou moi la sienne.

LINDANE.

Que faites-vous, mon père? arrêtez.

MONROSE.

Cruelle fille! c'est ainsi que vous me trahissez?

FABRICE, se jetant au-devant de Monrose.

Monsieur, point de violence dans ma maison, je vous en conjure; vous me perdriez.

FREEPORT.

Pourquoi empêcher les gens de se battre quand ils en ont envie? Les volontés sont libres, laissez-les faire.

LORD MURRAY, toujours au fond du théâtre, à Monrose.

Vous êtes le père de cette respectable personne, n'est-il pas vrai?

LINDANE.

Je me meurs.

MONROSE.

Oui, puisque tu le sais, je ne le désavoue pas. Viens, fils cruel d'un père cruel, achève de te baigner dans mon sang.

FABRICE.

Monsieur, encore une fois...

LORD MURRAY.

Ne l'arrêtez pas, j'ai de quoi le désarmer. (Il tire son épée.)

LINDANE, entre les bras de Polly.

Cruel! vous oseriez!...

LORD MURRAY.

Oui, j'ose... Père de la vertueuse Lindane, je suis le fils de votre ennemi. (Il jette son épée.) C'est ainsi que je me bats contre vous.

FREEPORT.

En voici bien d'une autre!

LORD MURRAY.

Percez mon cœur d'une main; mais de l'autre prenez cet écrit; lisez, et connaissez-moi. (Il lui donne le rouleau.)

ACTE V, SCÈNE VI.   479

MONROSE.

Que vois-je? ma grâce! le rétablissement de ma maison! O ciel! et c'est à vous, c'est à vous, Murray, que je dois tout? Ah! mon bienfaiteur!... (Il veut se jeter à ses pieds.) Vous triomphez de moi plus que si j'étais tombé sous vos coups.

LINDANE.

Ah! que je suis heureuse! mon amant est digne de moi.

LORD MURRAY.

Embrassez-moi, mon père.

MONROSE.

Hélas! et comment reconnaître tant de générosité?

LORD MURRAY, en montrant Lindane.

Voilà ma récompense.

MONROSE.

Le père et la fille sont à vos genoux pour jamais.

FREEPORT, à Fabrice.

Mon ami, je me doutais bien que cette demoiselle n'était pas faite pour moi; mais, après tout, elle est tombée en bonnes mains, et cela me fait plaisir[1].

---

1. « Les Italiens, dit Lessing, ont aussi une traduction de *l'Écossaise*, qui se trouve dans la première partie de la Bibliothèque théâtrale de Diodati. Elle suit pas à pas l'original, comme fait la traduction allemande; seulement, pour conclure, elle a une scène de plus. Voltaire dit que dans l'original anglais Frélon, à la fin, est puni, mais que ce châtiment lui a paru nuire d'autant plus à l'intérêt principal de la pièce qu'il est mérité : c'est pourquoi il n'en parle pas. Mais cette excuse n'a pas semblé suffisante au traducteur italien; et il a complété la pièce par la punition de Frélon, attendu que les Italiens sont grands amis de la justice en poésie. »

FIN DE L'ÉCOSSAISE.

VARIANTES

DE LA COMÉDIE *L'ÉCOSSAISE.*

Page 424, ligne 24. — Cette dernière phrase fut ajoutée après la première édition. (B.)

Page 425, ligne 26. — Édition de 1760 :

UN SECOND.

Tes feuilles sont des feuilles de chêne : la vérité est que le Grand-Turc arme puissamment pour faire une descente à la Virginie, et que c'est ce qui fait tomber les fonds publics.

La prise de Minorque, dont il est question dans la nouvelle version qui date de 1761, avait eu lieu en 1756. La rappeler était une flatterie pour le maréchal de Richelieu, commandant de l'expédition. (B.)

Ibid., ligne 39. — Édition de 1760 :

LE SECOND.

Et moi, je vous dis que les fonds baissent, et qu'il faut envoyer un autre ambassadeur à la Porte.

Page 426, ligne 9. — Les cinq derniers mots n'étaient pas dans la première édition. (B.)

Ibid., ligne 29. — Toute la fin de cette scène fut ajoutée à la représentation. (B.)

Page 428, ligne 18. — La première et la plupart des éditions contiennent de plus ces mots :

... et qui est nourrie par charité,

qui, supprimés dans l'édition de 1760, à laquelle je m'astreins, ont été cependant conservés dans l'édition de 1761 et les suivantes. (B.)

Page 429, ligne 10. — Dans toutes les éditions, autres que celle qui m'a servi de copie, on lit :

Je conclus qu'elles meurent de faim. (B.)

Ibid., ligne 13. — Cette dernière phrase fut ajoutée à la représentation. (B.)

Ibid, ligne 22. — Dans toutes les éditions, autres que celle qui m'a servi de copie, il y a :

... et un cœur de boue. (B.)

Ibid., ligne 37. — Dans les éditions ordinaires on lit de plus ici :

Je veux bien vivre de pain et d'eau. (B.)

Page 430, ligne 40. — Cette phrase et les quatre qui la suivent n'étaient pas dans l'édition de 1760. (B.)

Page 432, ligne 23. — Les éditions autres que celle que j'ai prise pour copie portent :

... me paraît tout votre fait. (B.)

Ibid., ligne 41. — Dans les éditions autres que celle à laquelle je me suis astreint, on lit de plus ici :

LINDANE.

Ah, Polly ! il est deux heures, et milord Murray ne viendra point !

FABRICE.

Eh bien ! madame, ce milord dont vous parlez, je sais que c'est l'homme le plus vertueux de la cour ; vous ne l'avez jamais reçu ici que devant témoins : pourquoi n'avoir pas fait avec lui, honnêtement, devant témoins, quelques petits repas que j'aurais fournis ? C'est peut-être votre parent ? (B.)

Page 434, ligne 8. — Les éditions autres que celle que j'ai suivie portaient :

Eh bien ! madame, rentrez donc toute dans vous-même. (B.)

Ibid., ligne 16. — Les éditions de 1760 contiennent de plus ces mots :

... sa suivante présente. (B.)

Page 435, ligne 2. — Ce couplet et les cinq qui le suivent ne sont pas dans les éditions de 1760 ; ils n'ont été ajoutés que plusieurs années après. (B.)

Ibid., ligne 41. — Dans les éditions ordinaires on lisait de plus :

Ne le gardez pas, au moins ; il faut le rendre, ou je... (B.)

Page 436, ligne 14. — Dans les éditions autres que celle que j'ai prise pour copie, la scène se terminait ainsi :

... Polly, c'en est fait; viens m'aider à cacher la dernière de mes douleurs.
POLLY.
Qu'est-il donc arrivé, ma chère maîtresse, et qu'est devenu votre courage?
LINDANE.
On en a contre l'infortune, l'injustice, l'indigence; il y a cent traits qui s'émoussent sur un cœur noble; il en vient un qui porte enfin le coup de la mort. (B.)

Page 437, ligne 13. — Dans les différentes éditions, on lisait de plus :

... devant des gens de conséquence? (B.)

Ibid., ligne 21. — Dans l'édition originale, et dans beaucoup d'autres, il y a :

... votre rivale, pour ses mauvaises intentions, dans la prison où j'ai déjà été pour mes feuilles. (B.)

Ibid., ligne 24. — Cette phrase : *Je n'aime,* etc., est supprimée dans beaucoup d'éditions. (B.)

Page 438, ligne 2. — Dans es éditions autres que celle dont je me suis servi pour copie on lisait de plus :

Tu n'es pas un imbécile, comme on le dit. (B.)

Ibid., ligne 22. — On lisait dans l'édition originale et dans beaucoup d'autres :

... de bassesse; il me ferait, je crois, haïr la vengeance. Je sens que je prendrais, etc. (B.)

Page 440, ligne 40. — Dans la première édition il y avait :

J'aime qu'on se retire; *je me retirerai avec elle.* Qu'on me la fasse venir.

Les mots que j'ai imprimés en italique, et que Voltaire a supprimés, avaient été critiqués par Fréron, *Année littéraire,* 1760, IV, 107. (B.)

Page 442, ligne 9. — Dans les éditions autres que celle que j'ai suivie on lit de plus ici :

Et milord ne vient point! (B.)

Page 444, ligne 4. — Dans les éditions ordinaires on lit :

... mortes de froid et de faim. (B.)

Page 445, ligne 16. — Dans les éditions autres que celle qui m'a servi de copie on lisait :

Monsieur, elle craint que vous ne l'aimiez. (B.)

Page 447, ligne 7. — En 1760, il y avait seulement

    Quel dessein horrible! hélas! pourquoi, etc. (B.)

Page 448, ligne 10. — Dans les éditions autres que celle que j'ai prise pour copie ce couplet commençait ainsi :

    Ces petites fantaisies de filles passent vite, et ne sont pas dangereuses. Que voulez-vous que je fasse à une fille qui se trouve mal? Est-ce pour cela que vous m'avez fait descendre? Je croyais, etc. (B.)

Page 450, ligne 6. — Dans les éditions ordinaires on lit :

    Ce barbouilleur de feuilles.

Dans l'édition que j'ai prise pour copie il y a *Wasp;* mais Voltaire ayant, dès 1761, rétabli le nom de *Frélon,* c'est, ce me semble, ce dernier mot que je devais mettre ici. (B.)

Page 451, ligne 40. — Dans les éditions ordinaires on répétait, après *jour et nuit :*

    C'est une conspiration. (B.)

Page 453, ligne 4. — Dans les éditions, autres que celle que j'ai prise pour copie, après *cette extrémité* on lisait :

    J'ai honte de m'être servie de ce faquin de Frélon. (B.)

Ibid., ligne 5. — Dans les mêmes éditions on lisait encore :

    Je suffoque. (B.)

Page 454, ligne 25. — Dans les mêmes éditions, après *d'ici* il y a :

    La maison est trop publique. (B.)

Page 455, ligne 25. — Dans les mêmes éditions on lisait de plus :

    Que deviendra ma fille infortunée? Elle est peut-être ainsi la victime de mes malheurs; elle languit dans la pauvreté ou dans la prison. Ah! pourquoi est-elle née? (B.)

Page 456, ligne 31. — Dans les mêmes éditions, au lieu de *oblige* on lit :

    ... Rend service. (B.)

Page 459, ligne 6. — Dans les mêmes éditions il y a de plus :

Hélas! elle n'est pas de ces filles qui s'évanouissent pour peu de chose. (B.)

Ibid., ligne 17. — Dans les mêmes éditions, après *moments* on lit :

Les filles qui se sont évanouies sont bien longtemps à se remettre avant de recevoir une visite. (B.)

Page 461, ligne 22. — Dans les mêmes éditions il y a :

... un délateur, un fripon. (B.)

Ibid., ligne 25. — Dans *id.* :

Un fripon. (B.)

Page 462, ligne 26. — Dans *id.* :

On prétend. (B.)

Ibid., ligne 31. — Dans *id.* :

... un fripon. (B.)

Page 463, ligne 3. — Dans *id.* on lit de plus :

Serviteur, cette Écossaise est belle et honnête. (B.)

Page 464, ligne 27. — Dans *id.* :

Et je me serais évanouie si je n'avais pas eu besoin de mes forces pour la secourir. (B.)

Ibid., ligne 29. — Dans *id.* :

... pour l'évanouissement où tu as eu envie de tomber. (B.)

Page 467, ligne 12. — Dans *id.* :

Un gros homme. (B.)

Page 471, avant-dernière ligne. — Dans *id.* :

... me suffoquent. Suis-moi, et sois prête à partir. (B.)

Page 472, ligne 9. — Dans *id.* :

... si généreux, vous qui ne me laissez. (B.)

Ibid., ligne 11. — Dans *id.* :

... vos bienfaits, je ne vous oublierai. (B.)

Page 473, ligne 7. — La dernière phrase n'est pas dans l'édition originale. (B.)

Ibid., ligne 18. — Dans les éditions autres que celle que j'ai suivie, on lisait de plus :

Il ne faut point gêner les filles. (B.)

Page 473, ligne 22. — L'édition originale porte seulement :

... beaucoup d'affection. (B.)

Ibid., ligne 31. — Les éditions autres que celle qui m'a servi de copie portent :

... d'assurer le bonheur. (B.)

Page 474, ligne 10. — Dans l'édition originale on lit :

... vous dis-je, quelque affection pour cette fille. (B.)

Ibid., ligne 17. — Dans les éditions autres que celle que j'ai prise pour copie on lit :

... ce gros homme. (B.)

Ibid., ligne 21. — Dans *id.* :

... grossièrement vertueux. (B.)

Page 475, ligne 18. — Dans *id.* on lit de plus, après *je le dois* :

C'est à mon amour à réparer les cruautés de mon père; c'est une justice de la Providence. (B.)

Page 476, ligne 3. — Dans *id.* :

Ah! cher amant, gardez, etc. (B.)

Ibid., ligne 4. — Dans l'édition originale il y a :

... que pour finir sa vie en vous arrachant la vôtre. (B.)

Ibid., ligne 14. — Dans les éditions ordinaires on lit :

Écartez-vous du moins... (B.)

Page 479, ligne 6. — Édition de 1760 :

... Ah! mon bienfaiteur!... ôtez-moi plutôt cette vie, pour me punir d'avoir attenté à la vôtre. (B.)

FIN DES VARIANTES DE L'ÉCOSSAISE.

TANCRÈDE

TRAGEDIE EN CINQ ACTES

REPRÉSENTÉE PAR LES COMÉDIENS FRANÇAIS ORDINAIRES DU ROI,
LE 3 SEPTEMBRE 1760.

AVERTISSEMENT

POUR LA PRÉSENTE ÉDITION.

« L'aventure d'Ariodant et de Genèvre dans le poëme de l'Arioste, traitée depuis sous une autre forme dans un roman très-agréable de Mme de Fontaines, intitulé *la Comtesse de Savoie*, a fourni à Voltaire le sujet de *Tancrède*. J'entends par le sujet l'idée principale, l'idée mère qui, dans toute espèce de drame, est si décisive pour l'intérêt et le succès. Celle-ci était une des plus heureuses dont le génie dramatique pût s'emparer. C'est un amant qui combat pour sauver l'honneur et la vie de sa maîtresse, en même temps qu'il la croit coupable de la plus odieuse infidélité [1]. »

Vous vous rappelez, en effet, le récit qui commence au cinquième chant de l'*Orlando furioso*

Tu intenderai
La maggior crudeltade et la piu espressa
Ch'in Tebe, o in Argo, o ch'in Micene mai,
O in loco piu crudel fosse commessa.

« L'action que vous allez entendre dépasse en cruauté et en atrocité celles qui jadis furent commises à Thèbes, à Mycènes, à Argos, dans tous les lieux enfin célèbres par les crimes les plus barbares... »

Il faudrait remonter plus haut que l'Arioste, et jusqu'au moyen âge, si l'on voulait chercher l'idée première de la fable d'Ariodant et de Genèvre. Mais comme Laharpe a le soin de le constater, Voltaire n'eut pas même besoin de puiser cette idée dans l'*Orlando furioso*. Il la trouva dans un petit roman de Mme de Fontaines, dont il avait salué l'apparition par une pièce de vers, quand il n'avait que dix-neuf ans. *La Comtesse de Savoie*, que l'auteur lui avait lue en 1713, car elle ne fut imprimée qu'en 1726, laissa sans doute une vive impression dans l'esprit de Voltaire. Une phrase de ce petit roman, un mot nous met pour ainsi dire sur les traces du travail qui se fit dans son esprit. Le héros de Mme de Fontaines s'appelle Mendoce. L'auteur dit quelque part que « Mendoce était en Sicile, où il rendait son nom aussi fameux que celui des Tancrède ». Il est bien probable que c'est à cause de

---

[1]. Laharpe, *Cours de littérature*, édit. de 1825, tome XII, p. 291.

cette simple phrase que le héros de la tragédie s'appelle Tancrède et que
l'action se passe à Syracuse. Du reste, toute la trame est de l'invention de
Voltaire, et il n'a emprunté à ses devanciers que le fond du sujet.

Voltaire avait, comme toujours, fait rapidement l'ébauche de sa pièce,
du 22 avril au 28 mai 1759; si l'on en croit Laharpe, ce n'était pas la première fois qu'il s'attaquait à ce sujet. « Je tiens de Voltaire lui-même,
dit-il, que, dans l'espace de trois ans, il renonça et revint trois fois à *Tancrède*, et ne l'exécuta qu'après l'avoir cru longtemps impraticable. » La première esquisse achevée, envoyée à d'Argental, elle fut retouchée et remaniée
pendant une année. Le 1er septembre 1760, il demandait grâce à Mme Scaliger
(Mme d'Argental), qui sollicitait encore des corrections. Le 3 septembre, la
première représentation eut lieu, et les remaniements continuèrent; la correspondance des derniers mois de l'année est toute remplie de vers nouveaux à substituer aux vers anciens.

Le succès fut éclatant. Mme d'Épinay écrit à Mlle de Valori, à la date du
10 septembre 1760 : « J'ai pourtant trouvé le secret, au milieu de tous nos
maux, de voir *Tancrède* et d'y fondre en larmes; on y meurt, la princesse
y meurt aussi, mais de sa belle mort. C'est une nouveauté touchante, qui
vous entraîne de douleur et d'applaudissements. Mlle Clairon y fait des
merveilles; il y a un certain : *Eh bien, mon père !*... Ah! ma Jeanne, ne
me dites jamais *eh bien* de ce ton-là, si vous ne voulez pas que je meure.
Au reste, si vous avez un amant, défaites-vous-en dès demain s'il n'est
pas paladin; il n'y a que ces gens-là pour faire honneur aux femmes; êtes-
vous vertueuse, ils l'apprennent à l'univers; ne l'êtes-vous pas, ils égorge-
raient mille hommes plutôt que d'en convenir, et ils ne boivent ni ne man-
gent qu'ils n'aient prouvé que vous l'êtes. Rien n'est comparable à Lekain,
pas même lui. Enfin, ma Jeanne, tout cela est si plein de beautés qu'on ne
sait auquel entendre. Il y avait l'autre jour un étranger dans le parterre,
qui pleurait, criait, battait des mains... D'Argental, enchanté, lui dit : « Eh
« bien, monsieur, ce Voltaire est un grand homme, n'est-ce pas? Comment
« trouvez-vous cela ? — Monsieur, ça est fort propre, fort propre assurément. »
Vous voyez d'ici la mine que l'on fait à cette réponse, et si l'on peut vivre
sans voir une pièce qui fait dire de si belles choses. »

Voltaire était enchanté, et, n'oubliant jamais ses ennemis même dans sa
joie, il écrivait à tout le monde : « On dit que Satan était dans l'amphithéâtre sous la figure de Fréron, et qu'une larme d'une dame étant tombée sur
le nez du malheureux, il fit psh, psh, comme si ç'avait été de l'eau bénite. »

Mlle Clairon avait demandé sérieusement à Voltaire, pour le troisième acte,
un échafaud, un bourreau, et tout l'appareil du supplice. « On venait d'essayer, dit Geoffroy, sur le même théâtre, une chambre tendue de noir où se
trouve une fille seule avec le cadavre de son amant, qu'elle contemple à la
lueur d'une lampe sépulcrale; Mlle Clairon, avec son échafaud, avait la noble
ambition de l'emporter sur la tenture noire et sur le cadavre. » Voltaire
sentit l'abus et le ridicule d'un pareil spectacle; il écrivit à Lekain : « Je
me flatte que vous n'êtes pas de l'avis de Mlle Clairon, qui demande un
échafaud; cela n'est bon qu'à la Grève... La potence et les valets de bour-

reau ne doivent pas déshonorer la scène à Paris. M˟˟ᵉ Clairon n'a certainement pas besoin de cet indigne secours pour toucher et attendrir tous les cœurs. »

Diderot le soutient dans son refus. « On dit que M˟˟ᵉ Clairon demande un échafaud dans la décoration ; ne le souffrez pas, morbleu ! C'est peut-être une belle chose en soi ; mais si le génie élève jamais une potence sur la scène, bientôt les imitateurs y accrocheront le pendu en personne. »

La partie faible de la nouvelle tragédie était le style ; l'essai des rimes croisées ne parut pas heureux. « Cette forme de versification, dit Laharpe, se prête beaucoup trop aisément à la longueur des phrases, à une marche lente et traînante. C'est une dangereuse facilité que celle de trouver la rime au bout de quatre grands vers : aussi tombe-t-il très-souvent dans le prosaïsme et dans la langueur. »

Tancrède, dans sa nouveauté, eut treize représentations.

Cette tragédie eut dans notre siècle une fortune qu'il faut signaler ici. Le rôle d'Aménaïde fut choisi par le Théâtre-Français pour le quatrième rôle de M˟˟ᵉ Rachel, et *Tancrède* fut annoncé solennellement le 9 août 1838.

« M˟˟ᵉ Rachel, jeune et vaillante, dit J. Janin, avait étudié d'un grand zèle et d'une immense ardeur le rôle d'Aménaïde : elle en avait bien compris tout le mélange, un mélange ingénieux de dignité, de résolution, de prudence, de courage et d'orgueil mêlé d'amour. A peine Aménaïde obéit à un moment de faiblesse, et aussi vite elle se relève, et tout de suite après la voilà qui s'indigne et qui ne comprend pas que Tancrède ait soupçonné Aménaïde. Absolument il faut que Tancrède expire en implorant son pardon pour que la fière Aménaïde oublie enfin son injure. Ainsi ce beau rôle est encore empreint de l'énergie et de la volonté des anciennes tragédiennes, des femmes à la Clairon ; de grandes et hardies créatures, naturellement insolentes et dédaigneuses, reines chez elles et reines au théâtre, reines partout, et toujours flattées, au théâtre, hors du théâtre ; entourées, fêtées, honorées, célébrées, adorées ; despotes féminins qui ne respectaient rien, pas même le parterre : telles étaient les tragédiennes de Voltaire, accomplies en toutes sortes de vices et de vertus, qui nous paraîtraient également insupportables aujourd'hui... »

Une artiste que les cabales voulurent un moment opposer à M˟˟ᵉ Rachel, M˟˟ᵉ Maxime, joua également le rôle d'Aménaïde.

AVERTISSEMENT

DE BEUCHOT.

Les éditeurs de l'édition de Kehl remarquent dans une de leurs notes (voyez ci-après, note 2 de la page 550) que l'histoire d'Ariodant et de Genèvre, au cinquième chant du *Roland furieux*, fournit à Voltaire le sujet de *Tancrède*. C'est avec plus de raison qu'ils disent ailleurs[1] que le sujet est pris dans *la Comtesse de Savoie*, roman de Mme de Fontaines.

Commencée le 22 avril 1759, la tragédie de *Tancrède* était finie le 18 mai suivant, mais elle n'était pas encore faite[2]. Voltaire y avait déjà fait, à plusieurs reprises, de grands changements[3], lorsqu'il la fit jouer, trois fois, en octobre 1759, sur son théâtre de Tourney[4]. Mais ce ne fut que le 3 septembre 1760 que *Tancrède* fut représenté sur le Théâtre-Français. Ce n'était pas tout à fait la pièce de Voltaire; les comédiens l'avaient horriblement étranglée[5], et y avaient ajouté une soixantaine de vers de leur cru[6]. L'auteur, après la représentation, y changea encore deux cents vers[7]; et, quoiqu'il eût envoyé les corrections à Prault petit-fils, il se plaint que ce libraire ait imprimé cette tragédie autrement que l'auteur l'avait faite[8], et trouvait l'édition de Paris l'*excès du ridicule*[9].

L'édition faite à Genève chez les frères Cramer, et conséquemment sous les yeux de l'auteur, ne parut qu'après celle de Paris; quelques passages de la dédicace furent supprimés ou changés[10]; mais ce qui est bizarre, c'est qu'avec *Tancrède* (édition de Genève), Voltaire fit distribuer la gravure

---

1. Voyez leur note sur l'épître à Mme de Fontaines, 1713.
2. Lettre à d'Argental, 19 mai 1759.
3. Lettres au même, des 15 juin et 18 octobre 1759.
4. Lettre à Albergati Capacelli, du 1er novembre; lettre à d'Argental, du 5 novembre 1759, et à Mme de Fontaines, du même jour.
5. Lettre à d'Argental, du 23 septembre 1760.
6. Lettre à Duclos, du 22 octobre.
7. Lettre à d'Argental, du 25 octobre.
8. Lettre au même, du 29 mars 1761.
9. Lettre à Mlle Clairon, du 7 augusto 1761.
10. Je les donne en variantes. (B.)

où Fréron figure sous la forme d'un âne, et dont j'ai parlé dans ma préface de *l'Écossaise*[1]. En rejetant l'explication que j'ai donnée de la réunion de la gravure à la tragédie, on ne peut, ce me semble, contester le fait. Il est établi bien moins par un très-grand nombre d'exemplaires que par l'existence d'une contrefaçon de la tragédie, qui contient une contrefaçon de la gravure.

Voltaire, dans sa lettre à Thieriot, du 19 octobre 1760, dit avoir déjà lu deux brochures sur *Tancrède*, l'une de La Noue, l'autre d'une bonne âme (qu'il ne nomme pas). Je ne sais quelle est la brochure que Voltaire attribue à La Noue. Je crois que l'autre est la *Lettre critique à M*** sur la tragédie de Tancrède*, petit in-8° de 30 pages, date du 25 septembre 1760, et qu'on a quelquefois attribuée à Diderot; c'est une erreur. La lettre de Diderot à Voltaire, sur *Tancrède*, est datée du 28 novembre 1760, et fait partie des œuvres de Diderot[2]. Une *Lettre sur les rimes croisées dans les vers alexandrins et sur l'unité de lieu, par l'abbé Levesque*, fut imprimée dans le *Mercure* de novembre 1760. Elle avait été écrite à l'occasion de *Tancrède*, et une réponse qu'on y fit parut dans l'*Année littéraire*, tome VIII de 1760, page 236, sous le titre de *Lettre sur la versification de la tragédie de Tancrède, par M. Moniseau, avocat au parlement*. Le *Mercure* de février 1761, pages 57-67, contient une *Réponse à la lettre de M. Moniseau*.

Le 8 octobre 1760 les comédiens italiens donnèrent *la Nouvelle Joute, parodie de Tancrède*, imprimée la même année in-8°. On devait, avant la représentation, prononcer un discours, parodie de celui que Lekain avait prononcé le 3 septembre. Ce discours, qui ne fut pas débité, a été imprimé dans l'*Année littéraire*, tome VII de 1760, page 45, dans le tome II des *Anecdotes dramatiques*, etc. Une autre parodie de *Tancrède*, jouée sur le même théâtre, le 4 avril 1761, est intitulée *Quand parlera-t-elle?* L'auteur est Riccoboni (François), qui déjà, en 1736, avait, avec Dominique, donné une parodie d'*Alzire*. C'est au libraire André-Charles Cailleau qu'on doit les *Tragédies de M. de Voltaire, ou Tancrède jugé par ses sœurs, comédie nouvelle en un acte et en prose*, 1760, in-12.

Les notes de Voltaire sont au bas des pages; toutes ces notes sont dans les éditions de 1764. La scène IV du Ier acte contenait, dans les premières éditions, une note que, par respect pour Voltaire, je n'ai pas reproduite dans la pièce. Cette note était ainsi conçue : « Il est nécessaire d'avertir que si cette tragédie est représentée dans les provinces, l'actrice qui jouera Aménaïde doit dire tous les endroits marqués d'une étoile avec une froideur contrainte; » et trois couplets de cette scène étaient seuls précédés de ce signe. Cette note, qui est peut-être des comédiens à qui Voltaire avait abandonné le produit des représentations et celui de l'impression, n'avait pas été conservée par l'auteur dans son édition in-4° de 1769.

---

1. Voyez ci-dessus l'Avertissement de Beuchot, page 402.
2. Voyez *OEuvres complètes de Diderot*, édition Garnier frères, tome XIX, p. 456.

Je n'ai trouvé dans aucune des éditions que j'ai vues, et je n'ai point donné la variante du vers 120 (vers 6 de la page 505) de la première scène du premier acte. *Poursuivons* au lieu de *proscrivons* ne me paraît qu'une faute d'impression. J'ai, à l'exemple de mes prédécesseurs, pris dans diverses lettres de Voltaire quelques variantes. J'en ai négligé quelques-unes qui ne pouvaient plus se rattacher au texte tel qu'il nous est parvenu [1].

1. Voyez entre autres, dans la lettre à d'Argental, du 23 juin 1759, deux vers sans rime qui étaient primitivement dans la scène 1re de l'acte II.

A MADAME
LA MARQUISE DE POMPADOUR.

Madame,

Toutes les épîtres dédicatoires ne sont pas de lâches flatteries, toutes ne sont pas dictées par l'intérêt : celle que vous reçûtes de M. Crébillon, mon confrère à l'Académie, et mon premier maître[1] dans un art que j'ai toujours aimé, fut un monument de sa reconnaissance ; le mien durera moins, mais il est aussi juste. J'ai vu dès votre enfance[2] les grâces et les talents se développer ; j'ai reçu de vous, dans tous les temps, des témoignages d'une bonté toujours égale. Si quelque censeur pouvait désapprouver l'hommage que je vous rends[3], ce ne pourrait être qu'un cœur né ingrat. Je vous dois beaucoup, madame, et je dois le dire. J'ose encore plus, j'ose vous remercier publiquement du bien que vous avez fait à un très-grand nombre de véritables gens de lettres, de grands artistes, d'hommes de mérite en plus d'un genre.

---

1. Crébillon avait dédié son *Catilina* à Mme de Pompadour. Lorsqu'il citait ici Crébillon *avec quelque éloge*, Voltaire ne savait pas qu'il avait, comme censeur, donné son approbation à la comédie des *Philosophes*, et *qu'il se fût* ainsi *dégradé au point d'être le receleur de Palissot* (lettre à Duclos, le 22 octobre 1760). Peu après, il écrivait à Mme d'Argental, le 26 novembre . « *Crebillon, mon maître ;* bonne plaisanterie que Fréron prend pour du sérieux. » (B.)

2. Voltaire avait connu Mme de Pompadour chez les Paris.

3. Une lettre anonyme dénonça cette phrase comme une perfidie. Mme du Haussot, qui rapporte cette lettre dans ses *Mémoires* (page 357 du volume intitulé *Mélanges d'histoire et de littérature*, 1827, in-8°), trouve que, par cette phrase, Voltaire avoue qu'il *sent qu'on doit trouver extraordinaire qu'il dédie son ouvrage à une femme que le public juge peu estimable. Voltaire fut dès ce moment perdu dans l'esprit de madame* (de Pompadour) *et dans celui du roi, et il n'a certainement jamais pu en deviner la cause.* Voltaire voulait, par cette dédicace, montrer aux sots que les philosophes ont autant d'appui que les persécuteurs des philosophes. Voyez sa lettre à d'Argental, du 27 octobre 1760. (B.)

Les cabales sont affreuses, je le sais; la littérature en sera toujours troublée, ainsi que tous les autres états de la vie. On calomniera toujours les gens de lettres comme les gens en place; et j'avouerai que l'horreur pour ces cabales m'a fait prendre le parti de la retraite, qui seul m'a rendu heureux. Mais j'avoue en même temps que vous n'avez jamais écouté aucune de ces petites factions, que jamais vous ne reçûtes d'impression de l'imposture secrète qui blesse sourdement le mérite, ni de l'imposture publique qui l'attaque insolemment. Vous avez fait du bien avec discernement, parce que vous avez jugé par vous-même; aussi je n'ai connu ni aucun homme de lettres, ni aucune personne sans prévention, qui ne rendît justice à votre caractère, non-seulement en public, mais dans les conversations particulières, où l'on blâme beaucoup plus qu'on ne loue. Croyez, madame, que c'est quelque chose que le suffrage de ceux qui savent penser [1].

De tous les arts que nous cultivons en France, l'art de la tragédie n'est pas celui qui mérite le moins l'attention publique; car il faut avouer que c'est celui dans lequel les Français se sont le plus distingués. C'est d'ailleurs au théâtre seul que la nation se rassemble; c'est là que l'esprit et le goût de la jeunesse se forment: les étrangers y viennent apprendre notre langue; nulle mauvaise maxime n'y est tolérée, et nul sentiment estimable n'y est débité sans être applaudi; c'est une école toujours subsistante de poésie et de vertu.

La tragédie n'est pas encore peut-être tout à fait ce qu'elle doit être : supérieure à celle d'Athènes en plusieurs endroits, il lui manque ce grand appareil que les magistrats d'Athènes savaient lui donner.

Permettez-moi, madame, en vous dédiant une tragédie, de m'étendre sur cet art des Sophocle et des Euripide. Je sais que toute la pompe de l'appareil ne vaut pas une pensée sublime, ou un sentiment; de même que la parure n'est presque rien sans la beauté. Je sais bien que ce n'est pas un grand mérite de parler aux yeux; mais j'ose être sûr que le sublime et le touchant portent un coup beaucoup plus sensible quand ils sont soutenus d'un appareil convenable, et qu'il faut frapper l'âme et les yeux à la

---

1. Les éditions de Prault petit-fils, 1761, et Duchesne, 1763, ont ici un alinéa de plus :

« Continuez, madame, à favoriser tous les beaux-arts; ils font la gloire d'une nation; ils sont chers aux belles âmes; il n'y a que les esprits durs et insipides qui les dédaignent : vous en avez cultivé plusieurs avec succès, et il n'en est aucun sur lequel vous n'ayez de lumières. » (B.)

fois. Ce sera le partage des génies qui viendront après nous. J'aurai du moins encouragé ceux qui me feront oublier.

C'est dans cet esprit, madame, que je dessinai la faible esquisse que je soumets à vos lumières. Je la crayonnai dès que je sus que le théâtre de Paris était changé[1], et devenait un vrai spectacle. Des jeunes gens de beaucoup de talent la représentèrent avec moi sur un petit théâtre que je fis faire à la campagne. Quoique ce théâtre fût extrêmement étroit, les acteurs ne furent point gênés ; tout fut exécuté facilement ; ces boucliers, ces devises, ces armes qu'on suspendait dans la lice, faisaient un effet qui redoublait l'intérêt, parce que cette décoration, cette action devenait une partie de l'intrigue. Il eût fallu que la pièce eût joint à cet avantage celui d'être écrite avec plus de chaleur, que j'eusse pu éviter les longs récits, que les vers eussent été faits avec plus de soin. Mais le temps[2] où nous nous étions proposé de nous donner ce divertissement ne permettait pas de délai ; la pièce fut faite et apprise en deux mois[3].

Mes amis me mandent que les comédiens de Paris ne l'ont représentée que parce qu'il en courait une grande quantité de copies infidèles[4]. Il a donc fallu la laisser paraître avec tous les défauts que je n'ai pu corriger. Mais ces défauts mêmes instruiront ceux qui voudront travailler dans le même goût[5].

1. Grâce au duc de Lauraguais : voyez, page 406, la note des éditeurs de Kehl et la note de Beuchot.
2. Dans les éditions déjà citées de Prault et de Duchesne, on lit : « Mais le temps pressait auquel on s'était proposé de donner ce nouveau spectacle. La pièce, etc. » (B.)
3. Dans les éditions de Prault et de Duchesne déjà citées, on lit cette phrase de plus :

« Elle fut jouée par des Français et par des étrangers réunis : c'est peut-être le seul moyen d'empêcher que la pureté de la langue ne se corrompe, et que la prononciation ne s'altère dans les pays où l'on nous fait l'honneur de parler français. » (B.)

4. Ceci nous a été confirmé par M. Wagnière. Il avait fait plusieurs copies de la pièce. Les premières qui furent envoyées à Paris y furent communiquées indiscrètement à des curieux ; elles se multiplièrent ; plusieurs furent plus ou moins altérées ou falsifiées ; celle dont se servirent d'abord les comédiens n'était pas la meilleure, et ne contenait pas les dernières corrections de l'auteur. (*Note posthume de M. Decroix.*)

5. Dans les éditions de Prault et de Duchesne, on lit de plus :

« Je ne saurais trop recommander qu'on cherche à mettre sur notre scène quelques parties de notre histoire de France. On m'a dit que les noms des anciennes maisons qu'on retrouve dans *Zaïre*, dans *le Duc de Foix*, dans *Tancrède*, ont fait plaisir à la nation. C'est encore peut-être un nouvel aiguillon de gloire pour ceux qui descendent de ces races illustres. Il me semble qu'après avoir fait paraître tant de héros étrangers sur la scène, il nous manquait d'y montrer les nôtres. J'ai eu le bonheur de peindre le grand, l'aimable Henri IV, dans un poëme qui ne déplait

Il y a encore dans cette pièce une autre nouveauté qui me paraît mériter d'être perfectionnée ; elle est écrite en vers croisés. Cette sorte de poésie sauve l'uniformité de la rime ; mais aussi ce genre d'écrire est dangereux, car tout a son écueil. Ces grands tableaux, que les anciens regardaient comme une partie essentielle de la tragédie, peuvent aisément nuire au théâtre de France, en le réduisant à n'être presque qu'une vaine décoration ; et la sorte de vers que j'ai employés dans *Tancrède* approche peut-être trop de la prose. Ainsi il pourrait arriver qu'en voulant perfectionner la scène française, on la gâterait entièrement. Il se peut qu'on y ajoute un mérite qui lui manque, il se peut qu'on la corrompe.

J'insiste seulement sur une chose, c'est la variété dont on a besoin dans une ville immense, la seule de la terre qui ait jamais eu des spectacles tous les jours. Tant que nous saurons maintenir par cette variété le mérite de notre scène[1], ce talent nous rendra toujours agréables aux autres peuples ; c'est ce qui fait que des personnes de la plus haute distinction représentent souvent nos[2] ouvrages dramatiques en Allemagne, en Italie, qu'on les traduit même en Angleterre, tandis que nous voyons dans nos provinces[3] des salles de spectacle magnifiques, comme on voyait des cirques dans toutes les provinces romaines ; preuve incontestable du goût qui subsiste parmi nous, et preuve de nos ressources dans les temps les plus difficiles. C'est en vain que plusieurs de nos compatriotes s'efforcent d'annoncer[4] notre décadence en tout genre[5]. Je ne suis pas de l'avis de ceux qui, au sortir du spectacle, dans un souper délicieux, dans le sein du luxe et du plaisir, disent gaiement que tout est perdu ; je suis assez près d'une ville de province, aussi peuplée que Rome moderne, et beaucoup plus opulente, qui entretient plus de quarante mille ouvriers, et qui vient de construire en même temps le plus bel hôpital du royaume,

---

pas aux bons citoyens. Un temps viendra que quelque génie plus heureux l'introduira sur la scène avec plus de majesté.

« Je dois parler encore d'une petite nouveauté qui est dans *Tancrède*, et qui peut mériter un jour d'être perfectionnée. Cette pièce est écrite en vers croisés. Cette sorte de poésie, etc. » — J'ai donné une liste d'environ 80 pièces de théâtre où figure Henri IV (voyez n° 4211 de la *Bibliographie de la France*, année 1828. (B.)

1. Dans les éditions de Prault et de Duchesne, on lit : « de notre théâtre. » (B.)
2. Dans les éditions de Prault et de Duchesne, on lit : « nos tragédies et nos comédies dans plus d'une ville étrangère, tandis que, etc. » (B.)
3. A Bordeaux et à Lyon. (B.)
4. Les éditions de Prault et de Duchesne portent : « d'annoncer à l'Europe. » (B.)
5. Dans ces mêmes éditions, on lit : « J'avoue que je ne suis pas, etc. » (B.)

et le plus beau théâtre.[1] De bonne foi, tout cela existerait-il si les campagnes ne produisaient que des ronces?

J'ai choisi pour mon habitation un des moins bons terrains qui soient en France; cependant rien ne nous y manque : le pays est orné de maisons qu'on eût regardées autrefois comme trop belles ; le pauvre qui veut s'occuper y cesse d'être pauvre ; cette petite province est devenue un jardin riant. Il vaut mieux, sans doute, fertiliser sa terre que de se plaindre à Paris de la stérilité de sa terre[2].

Me voilà, madame, un peu loin de *Tancrède* : j'abuse du droit de mon âge, j'abuse de vos moments, je tombe dans les digressions, je dis peu en beaucoup de paroles. Ce n'est pas là le caractère de votre esprit; mais je serais plus diffus si je m'abandonnais aux sentiments de ma reconnaissance. Recevez avec votre bonté ordinaire, madame, mon attachement et mon respect, que rien ne peut altérer jamais.

Ferney en Bourgogne, 10 d'octobre 1759[3].

1. Lyon.
2. La France était alors obérée et surchargée d'impôts, mais les campagnes étaient cultivées; et si l'on avait comparé la masse des impôts avec la somme du produit net des terres, peut-être l'aurait-on trouvée dans une moindre proportion que du temps de Charles IX, de Henri III, ou même de Henri IV. Si l'on avait comparé de même la somme de ce produit net au nombre des hommes employés à la culture, on l'aurait trouvée dans un rapport plus grand. Il résulte de cette seconde comparaison qu'il pouvait y avoir, en 1760, plus de valeurs réelles qu'on pouvait employer à payer la main-d'œuvre des travaux d'industrie et de construction, que dans des temps regardés comme plus heureux. L'impôt est injuste lorsqu'il excède les dépenses nécessaires et strictement nécessaires à la prospérité publique : il est alors un véritable vol aux contribuables. Il est injuste encore lorsqu'il n'est pas distribué proportionnellement aux propriétés de chacun. Il est tyrannique lorsque sa forme assujettit les citoyens à des gênes ou à des vexations inutiles; mais il n'est destructeur de la richesse nationale que lorsque, soit par sa grandeur, soit par sa forme, il diminue l'intérêt de former des entreprises de culture, ou qu'il les fait négliger. Il n'était pas encore parvenu à ce point en 1760; et, quoiqu'il y eût en France beaucoup de malheureux, quoique le peuple gémît sous le poids de la fiscalité, le royaume était encore riche et bien cultivé. Tout était si peu perdu à cette époque que quelques années d'une bonne administration eussent alors suffi pour tout réparer. Ce que dit ici M. de Voltaire était donc très-vrai; mais ce n'était en aucune manière une excuse pour ceux qui gouvernaient. (K.)
3. Dans les éditions de Prault et de Duchesne, cette dédicace est datée du 19 octobre 1760. Elle est sans date dans les autres éditions. Voltaire, dans sa lettre à d'Argental, du 28 décembre 1760, recommande de mettre et motive la date telle que je l'ai mise. Dans sa lettre à Mme d'Argental, du 25 octobre 1760, il dit qu'il ne signe pas la dédicace parce qu'il est trop ridicule d'écrire une dissertation comme on écrit une lettre, avec un *très-humble serviteur*. (B.)

PERSONNAGES

ARGIRE,
TANCRÈDE,
ORBASSAN, } chevaliers.
LORÉDAN,
CATANE,
ALDAMON, soldat.
AMÉNAÏDE, fille d'Argire.
FANIE, suivante d'Aménaïde.
PLUSIEURS CHEVALIERS, assistant au conseil.
ÉCUYERS, SOLDATS, PEUPLE.

La scène est à Syracuse, d'abord dans le palais d'Argire, et dans une salle du conseil; ensuite dans une place publique, sur laquelle cette salle est construite. L'époque de l'action est de l'année 1005. Les Sarrasins d'Afrique avaient conquis toute la Sicile au IX⁰ siècle; Syracuse avait secoué leur joug. Des gentilshommes normands commencèrent à s'établir vers Salerne, dans la Pouille. — Les empereurs grecs possédaient Messine; les Arabes tenaient Palerme et Agrigente.

---

1. Noms des acteurs qui jouèrent dans *Tancrède* et dans *le Retour imprévu*, de Regnard, qui l'accompagnait : GRANDVAL (Orbassan), DANGEVILLE, DUBOIS, BONNEVAL, LEKAIN (Tancrède), BELLECOUR (Lorédan), BRIZARD (Argire), BLAINVILLE, MOLÉ, DURANCY, DAUBERVAL; Mmes DROUIN (Fanie), CLAIRON (Aménaïde), PRÉVILLE, CAMOUCHE, DUBOIS aînée, DUBOIS cadette. (G. A.)

TANCRÈDE

TRAGÉDIE

ACTE PREMIER.

SCÈNE I.

ASSEMBLÉE DES CHEVALIERS, rangés en demi-cercle.

ARGIRE.

Illustres chevaliers, vengeurs de la Sicile,
Qui daignez, par égard au déclin de mes ans,
Vous assembler chez moi pour chasser nos tyrans,
Et former un État triomphant et tranquille ;
Syracuse en ses murs a gémi trop longtemps
Des desseins avortés d'un courage inutile.
Il est temps de marcher à ces fiers musulmans,
Il est temps de sauver d'un naufrage funeste
Le plus grand de nos biens, le plus cher qui nous reste,
Le droit le plus sacré des mortels généreux,
La liberté : c'est là que tendent tous nos vœux.
Deux puissants ennemis de notre république,
Des droits des nations, du bonheur des humains,
Les Césars de Byzance, et les fiers Sarrasins,
Nous menacent encor de leur joug tyrannique.
Ces despotes altiers, partageant l'univers,
Se disputent l'honneur de nous donner des fers.
Le Grec a sous ses lois les peuples de Messine ;
Le hardi Solamir insolemment domine
Sur les fertiles champs couronnés par l'Etna,
Dans les murs d'Agrigente, aux campagnes d'Enna ;

Et tout de Syracuse annonçait la ruine.
Mais nos communs tyrans, l'un de l'autre jaloux,
Armés pour nous détruire, ont combattu pour nous;
Ils ont perdu leur force en disputant leur proie.
A notre liberté le ciel ouvre une voie;
Le moment est propice, il faut en profiter.
La grandeur musulmane est à son dernier âge;
On commence en Europe à la moins redouter.
Dans la France un Martel, en Espagne un Pélage,
Le grand Léon [1] dans Rome, armé d'un saint courage,
Nous ont assez appris comme on peut la dompter.
  Je sais qu'aux factions Syracuse livrée
N'a qu'une liberté faible et mal assurée.
Je ne veux point ici vous rappeler ces temps
Où nous tournions sur nous nos armes criminelles,
Où l'État répandait le sang de ses enfants.
Étouffons dans l'oubli nos indignes querelles.
Orbassan, qu'il ne soit qu'un parti parmi nous,
Celui du bien public et du salut de tous.
Que de notre union l'État puisse renaître;
Et, si de nos égaux nous fûmes trop jaloux,

---

1. Léon IV, un des grands papes que Rome ait jamais eus. Il chassa les Arabes, et sauva Rome en 849. Voici comme en parle l'auteur de l'*Essai sur l'histoire générale et sur les mœurs des nations* : « Il était né Romain; le courage des premiers âges de la république revivait en lui dans un temps de lâcheté et de corruption, tel qu'un des beaux monuments de l'ancienne Rome qu'on trouve quelquefois dans les ruines de la nouvelle. » — Les premières éditions étaient sans nom d'auteur, ainsi que Voltaire l'avait demandé par sa lettre à Mme d'Argental, du 25 octobre 1760. L'*Essai sur l'histoire générale* est, depuis 1769, intitulé *Essai sur les mœurs*. Le passage cité par Voltaire est au chapitre XXVII. Les éditeurs de Kehl avaient substitué à la note de Voltaire que je rétablis une note qu'ils avaient composée, et que voici : « Par le grand Léon, M. de Voltaire entend Léon IV, et non le pape Léon Ier, connu dans les cloîtres sous le nom de saint Léon, de Léon le Grand. Ce saint Léon est le premier pape qui ait approuvé le supplice des hérétiques. Il dit dans ses lettres que le tyran Maxime, en punissant de mort Priscillien, a rendu un grand service à l'Église; et il poursuivit avec violence ce qui restait de priscillianistes en Espagne. Les légendaires racontent qu'un jour une femme lui ayant baisé la main, il sentit un mouvement de concupiscence; qu'en conséquence il se coupa la main. Mais la Vierge la lui rendit quelques jours après, afin qu'il pût célébrer la messe. C'est depuis ce temps qu'on baise les pieds du pape, attendu que le pied étant enveloppé dans une pantoufle, le saint père court moins de risque d'être obligé de se le couper. On sent bien que ce n'est pas à ce pape que M. de Voltaire a pu donner le nom de Grand. D'ailleurs saint Léon vivait plusieurs siècles avant l'époque où la tragédie de *Tancrède* est placée. »
  — On a donné quelquefois cette note des éditeurs de Kehl pour une note de Voltaire. (B.)

Vivons et périssons sans avoir eu de maître.

ORBASSAN.

Argire, il est trop vrai que les divisions
Ont régné trop longtemps entre nos deux maisons :
L'État en fut troublé ; Syracuse n'aspire
Qu'à voir les Orbassans unis au sang d'Argire.
Aujourd'hui l'un par l'autre il faut nous protéger.
En citoyen zélé j'accepte votre fille ;
Je servirai l'État, vous, et votre famille ;
Et, du pied des autels où je vais m'engager,
Je marche à Solamir et je cours vous venger.
Mais ce n'est pas assez de combattre le Maure ;
Sur d'autres ennemis il faut jeter les yeux ;
Il fut d'autres tyrans non moins pernicieux,
Que peut-être un vil peuple ose chérir encore.
De quel droit les Français, portant partout leurs pas,
Se sont-ils établis dans nos riches climats ?
De quel droit un Coucy[1] vint-il dans Syracuse,
Des rives de la Seine aux bords de l'Aréthuse ?
D'abord modeste et simple, il voulut vous servir ;
Bientôt fier et superbe, il se fit obéir.
Sa race, accumulant d'immenses héritages,
Et d'un peuple ébloui maîtrisant les suffrages,
Osa sur ma famille élever sa grandeur.
Nous l'en avons punie, et, malgré sa faveur,
Nous voyons ses enfants bannis de nos rivages.
Tancrède[2], un rejeton de ce sang dangereux,
Des murs de Syracuse éloigné dès l'enfance,
A servi, nous dit-on, les Césars de Byzance ;
Il est fier, outragé, sans doute valeureux :
Il doit haïr nos lois, il cherche la vengeance.
Tout Français est à craindre : on voit même en nos jours
Trois simples écuyers[3], sans bien et sans secours,
Sortis des flancs glacés de l'humide Neustrie[4],
Aux champs Apuliens[5] se faire une patrie ;

---

1. Un seigneur de Coucy s'établit en Sicile du temps de Charles le Chauve.
2. Ce n'est pas Tancrède de Hauteville, qui n'alla en Italie que quelque temps après.
3. Les premiers Normands qui passèrent dans la Pouille, Drogon, Bateric et Ripostel.
4. La Normandie.
5. Le pays de Naples. (*Notes de Voltaire.*)

Et, n'ayant pour tout droit que celui des combats,
Chasser les possesseurs, et fonder des États.
Grecs, Arabes, Français, Germains, tout nous dévore;
Et nos champs, malheureux par leur fécondité,
Appellent l'avarice et la rapacité
Des brigands du midi, du nord, et de l'aurore.
Nous devons nous défendre ensemble et nous venger.
J'ai vu plus d'une fois Syracuse trahie;
Maintenons notre loi, que rien ne doit changer;
Elle condamne à perdre et l'honneur et la vie
Quiconque entretiendrait avec nos ennemis
Un commerce secret, fatal à son pays.
A l'infidélité l'indulgence encourage.
On ne doit épargner ni le sexe ni l'âge.
Venise ne fonda sa fière autorité
Que sur la défiance et la sévérité :
Imitons sa sagesse en perdant les coupables.

LORÉDAN.

Quelle honte en effet, dans nos jours déplorables,
Que Solamir, un Maure, un chef de musulmans,
Dans la Sicile encore ait tant de partisans!
Que partout dans cette île et guerrière et chrétienne,
Que même parmi nous Solamir entretienne
Des sujets corrompus, vendus à ses bienfaits!
Tantôt chez les Césars occupé de nous nuire,
Tantôt dans Syracuse ayant su s'introduire,
Nous préparant la guerre et nous offrant la paix,
Et pour nous désunir soigneux de nous séduire!
Un sexe dangereux, dont les faibles esprits
D'un peuple encor plus faible attirent les hommages,
Toujours des nouveautés et des héros épris,
A ce Maure imposant prodigua ses suffrages.
Combien de citoyens aujourd'hui prévenus
Pour ces arts séduisants que l'Arabe cultive[1]!
Arts trop pernicieux, dont l'éclat les captive,
A nos vrais chevaliers noblement inconnus.
Que notre art soit de vaincre, et je n'en veux point d'autre.
J'espère en ma valeur, j'attends tout de la vôtre;
Et j'approuve surtout cette sévérité

---

[1]. En ce temps les Arabes cultivaient seuls les sciences en Occident, et ce sont eux qui fondèrent l'école de Salerne. (*Note de Voltaire*)

Vengeresse des lois et de la liberté.
Pour détruire l'Espagne il a suffi d'un traître[1] :
Il en fut parmi nous; chaque jour en voit naître.
Mettons un frein terrible à l'infidélité;
Au salut de l'État que toute pitié cède;
Combattons Solamir, et proscrivons Tancrède.
Tancrède, né d'un sang parmi nous détesté,
Est plus à craindre encor pour notre liberté.
Dans le dernier conseil un décret juste et sage
Dans les mains d'Orbassan remit son héritage,
Pour confondre à jamais nos ennemis cachés,
A ce nom de Tancrède en secret attachés;
Du vaillant Orbassan c'est le juste partage,
Sa dot, sa récompense[2].

CATANE.

Oui, nous y souscrivons.
Que Tancrède, s'il veut, soit puissant à Byzance;
Qu'une cour odieuse honore sa vaillance;
Il n'a rien à prétendre aux lieux où nous vivons.
Tancrède, en se donnant un maître despotique,
A renoncé lui-même à nos sacrés remparts :
Plus de retour pour lui; l'esclave des Césars
Ne doit rien posséder dans une république.
Orbassan de nos lois est le plus ferme appui,
Et l'État, qu'il soutient, ne pouvait moins pour lui;
Tel est mon sentiment.

ARGIRE.

Je vois en lui mon gendre;
Ma fille m'est bien chère, il est vrai; mais enfin
Je n'aurais point pour eux dépouillé l'orphelin :
Vous savez qu'à regret on m'y vit condescendre.

LORÉDAN.

Blâmez-vous le sénat?

ARGIRE.

Non; je hais la rigueur,

---

1. Le comte Julien, ou l'archevêque Opas. (*Note de Voltaire.*)
2. « Je suppose que mes juges trouveront bon, écrit Voltaire à Mme d'Argental, que les biens de Tancrède soient une dot que l'État donne à Orbassan pour son mariage; ils verront sans doute que cette circonstance le rend plus odieux à Tancrède et à sa maîtresse... Il ne faut pas, à la vérité, qu'Orbassan reproche au beau-père de s'y opposer; mais il n'est peut-être pas mal qu'un autre chevalier fasse ce reproche au beau-père. »

Mais toujours à la loi je fus prêt à me rendre,
Et l'intérêt commun l'emporta dans mon cœur.

ORBASSAN.

Ces biens sont à l'État, l'État seul doit les prendre.
Je n'ai point recherché cette faible faveur.

ARGIRE.

N'en parlons plus : hâtons cet heureux hyménée ;
Qu'il amène demain la brillante journée
Où ce chef arrogant d'un peuple destructeur,
Solamir, à la fin, doit connaître un vainqueur.
Votre rival en tout, il osa bien prétendre,
En nous offrant la paix, à devenir mon gendre[1] ;
Il pensait m'honorer par cet hymen fatal.
Allez... dans tous les temps triomphez d'un rival :
Mes amis, soyons prêts... ma faiblesse et mon âge
Ne me permettent plus l'honneur de commander ;
A mon gendre Orbassan vous daignez l'accorder.
Vous suivre est pour mes ans un assez beau partage ;
Je serai près de vous ; j'aurai cet avantage ;
Je sentirai mon cœur encor se ranimer ;
Mes yeux seront témoins de votre fier courage,
Et vous auront vus vaincre avant de se fermer.

LORÉDAN.

Nous combattrons sous vous, seigneur ; nous osons croire
Que ce jour, quel qu'il soit, nous sera glorieux ;
Nous nous promettons tous l'honneur de la victoire,
Ou l'honneur consolant de mourir à vos yeux.

SCÈNE II.

ARGIRE, ORBASSAN.

ARGIRE.

Eh bien ! brave Orbassan, suis-je enfin votre père ?
Tous vos ressentiments sont-ils bien effacés ?

---

1. Il était très-commun de marier des chrétiennes à des musulmans ; et Abdélasis, le fils de Mussa, conquérant de l'Espagne, épousa la fille du roi Rodrigue. Cet exemple fut imité dans tous les pays où les Arabes portèrent leurs armes victorieuses. (*Note de Voltaire.*)

Pourrai-je en vous d'un fils trouver le caractère?
Dois-je compter sur vous?
ORBASSAN.
Je vous l'ai dit assez :
J'aime l'État, Argire, il nous réconcilie.
Cet hymen nous rapproche, et la raison nous lie;
Mais le nœud qui nous joint n'eût point été formé
Si, dans notre querelle, à jamais assoupie,
Mon cœur, qui vous haït, ne vous eût estimé.
L'amour peut avoir part à ma nouvelle chaîne;
Mais un si noble hymen ne sera point le fruit
D'un feu né d'un instant, qu'un autre instant détruit,
Que suit l'indifférence, et trop souvent la haine.
Ce cœur, que la patrie appelle aux champs de Mars,
Ne sait point soupirer au milieu des hasards.
Mon hymen a pour but l'honneur de vous complaire,
Notre union naissante, à tous deux nécessaire,
La splendeur de l'État, votre intérêt, le mien;
Devant de tels objets l'amour a peu de charmes.
Il pourra resserrer un si noble lien;
Mais sa voix doit ici se taire au bruit des armes.
ARGIRE.
J'estime en un soldat cette mâle fierté;
Mais la franchise plaît, et non l'austérité.
J'espère que bientôt ma chère Aménaïde
Pourra fléchir en vous ce courage rigide.
C'est peu d'être un guerrier; la modeste douceur
Donne un prix aux vertus, et sied à la valeur.
Vous sentez que ma fille au sortir de l'enfance,
Dans nos temps orageux de trouble et de malheur
Par sa mère élevée à la cour de Byzance,
Pourrait s'effaroucher de ce sévère accueil,
Qui tient de la rudesse et ressemble à l'orgueil.
Pardonnez aux avis d'un vieillard et d'un père.
ORBASSAN.
Vous-même pardonnez à mon humeur austère :
Élevé dans nos camps, je préférai toujours
A ce mérite faux des politesses vaines,
A cet art de flatter, à cet esprit des cours,
La grossière vertu des mœurs républicaines :
Mais je sais respecter la naissance et le rang
D'un estimable objet formé de votre sang;

Je prétends par mes soins mériter qu'elle m'aime,
Vous regarder en elle et m'honorer moi-même.

ARGIRE.

Par mon ordre en ces lieux elle avance vers vous.

SCÈNE III.

ARGIRE, ORBASSAN, AMÉNAÏDE.

ARGIRE.

Le bien de cet État, les voix de Syracuse,
Votre père, le ciel, vous donnent un époux ;
Leurs ordres réunis ne souffrent point d'excuse.
Ce noble chevalier, qui se rejoint à moi,
Aujourd'hui par ma bouche a reçu votre foi.
Vous connaissez son nom, son rang, sa renommée ;
Puissant dans Syracuse, il commande l'armée ;
Tous les droits de Tancrède entre ses mains remis...

AMÉNAÏDE, à part.

De Tancrède !

ARGIRE.

A mes yeux sont le moins digne prix
Qui relève l'éclat d'une telle alliance..

ORBASSAN.

Elle m'honore assez, seigneur ; et sa présence
Rend plus cher à mon cœur le don que je reçois.
Puissé-je, en méritant vos bontés et son choix,
Du bonheur de tous trois confirmer l'espérance !

AMÉNAÏDE.

Mon père, en tous les temps je sais que votre cœur
Sentit tous mes chagrins, et voulut mon bonheur.
Votre choix me destine un héros en partage ;
Et quand ces longs débats qui troublèrent vos jours,
Grâce à votre sagesse, ont terminé leur cours,
Du nœud qui vous rejoint votre fille est le gage ;
D'une telle union je conçois l'avantage.
  Orbassan permettra que ce cœur étonné,
Qu'opprima dès l'enfance un sort toujours contraire,
Par ce changement même au trouble abandonné,
Se recueille un moment dans le sein de son père.

ORBASSAN.

Vous le devez, madame ; et, loin de m'opposer
A de tels sentiments, dignes de mon estime,
Loin de vous détourner d'un soin si légitime,
Des droits que j'ai sur vous je craindrais d'abuser.
J'ai quitté nos guerriers, je revole à leur tête :
C'est peu d'un tel hymen, il le faut mériter.
La victoire en rend digne ; et j'ose me flatter
Que bientôt des lauriers en orneront la fête.

SCÈNE IV.

ARGIRE, AMÉNAÏDE.

ARGIRE.

Vous semblez interdite ; et vos yeux pleins d'effroi,
De larmes obscurcis, se détournent de moi.
Vos soupirs étouffés semblent me faire injure :
La bouche obéit mal lorsque le cœur murmure.

AMÉNAÏDE.

Seigneur, je l'avouerai, je ne m'attendais pas
Qu'après tant de malheurs, et de si longs débats,
Le parti d'Orbassan dût être un jour le vôtre ;
Que mes tremblantes mains uniraient l'un et l'autre,
Et que votre ennemi dût passer dans mes bras.
Je n'oublierai jamais que la guerre civile
Dans vos propres foyers vous priva d'un asile ;
Que ma mère, à regret évitant le danger,
Chercha loin de nos murs un rivage étranger ;
Que des bras paternels avec elle arrachée,
A ses tristes destins dans Byzance attachée,
J'ai partagé longtemps les maux qu'elle a soufferts.
Au sortir du berceau j'ai connu les revers :
J'appris sous une mère, abandonnée, errante,
A supporter l'exil et le sort des proscrits,
L'accueil impérieux d'une cour arrogante,
Et la fausse pitié, pire que les mépris.
Dans un sort avili noblement élevée,
De ma mère bientôt cruellement privée,
Je me vis seule au monde, en proie à mon effroi,
Roseau faible et tremblant, n'ayant d'appui que moi.

Votre destin changea. Syracuse en alarmes
Vous remit dans vos biens, vous rendit vos honneurs,
Se reposa sur vous du destin de ses armes,
Et de ses murs sanglants repoussa ses vainqueurs.
Dans le sein paternel je me vis rappelée,
Un malheur inouï m'en avait exilée :
Peut-être j'y reviens pour un malheur nouveau.
Vos mains de mon hymen allument le flambeau.
Je sais quel intérêt, quel espoir vous anime ;
Mais de vos ennemis je me vis la victime :
Je suis enfin la vôtre ; et ce jour dangereux
Peut-être de nos jours sera le plus affreux.

ARGIRE.

Il sera fortuné, c'est à vous de m'en croire.
Je vous aime, ma fille, et j'aime votre gloire.
On a trop murmuré quand ce fier Solamir,
Pour le prix de la paix qu'il venait nous offrir,
Osa me proposer de l'accepter pour gendre;
Je vous donne au héros qui marche contre lui,
Au plus grand des guerriers armés pour nous défendre,
Autrefois mon émule, à présent notre appui.

AMÉNAÏDE.

Quel appui ! vous vantez sa superbe fortune ;
Mes vœux plus modérés la voudraient plus commune :
Je voudrais qu'un héros si fier et si puissant
N'eût point, pour s'agrandir, dépouillé l'innocent.

ARGIRE.

Du conseil, il est vrai, la prudence sévère
Veut punir dans Tancrède une race étrangère :
Elle abusa longtemps de son autorité ;
Elle a trop d'ennemis.

AMÉNAÏDE.

Seigneur, où je m'abuse,
Ou Tancrède est encore aimé dans Syracuse.

ARGIRE.

Nous rendons tous justice à son cœur indompté ;
Sa valeur a, dit-on, subjugué l'Illyrie ;
Mais plus il a servi sous l'aigle des Césars,
Moins il doit espérer de revoir sa patrie :
Il est par un décret chassé de nos remparts.

AMÉNAÏDE.

Pour jamais! lui? Tancrède?

ACTE I, SCÈNE IV.

ARGIRE.

Oui, l'on craint sa présence ;
Et si vous l'avez vu dans les murs de Byzance,
Vous savez qu'il nous hait.

AMÉNAÏDE.

Je ne le croyais pas.
Ma mère avait pensé qu'il pouvait être encore
L'appui de Syracuse et le vainqueur du Maure ;
Et lorsque dans ces lieux des citoyens ingrats
Pour ce fier Orbassan contre vous s'animèrent,
Qu'ils ravirent vos biens, et qu'ils vous opprimèrent,
Tancrède aurait pour vous affronté le trépas.
C'est tout ce que j'ai su.

ARGIRE.

C'est trop, Aménaïde :
Rendez-vous aux conseils d'un père qui vous guide ;
Conformez-vous au temps, conformez-vous aux lieux.
Solamir, et Tancrède, et la cour de Byzance,
Sont tous également en horreur à nos yeux.
Votre bonheur dépend de votre complaisance.
J'ai pendant soixante ans combattu pour l'État[1] ;
Je le servis injuste, et le chéris ingrat :
Je dois penser ainsi jusqu'à ma dernière heure.
Prenez mes sentiments, et devant que je meure,
Consolez mes vieux ans dont vous faites l'espoir.
Je suis prêt à finir une vie orageuse :
La vôtre doit couler sous les lois du devoir ;
Et je mourrai content si vous vivez heureuse.

AMÉNAÏDE.

Ah, seigneur! croyez-moi, parlez moins de bonheur.
Je ne regrette point la cour d'un empereur,
Je vous ai consacré mes sentiments, ma vie ;
Mais, pour en disposer, attendez quelques jours.
Au crédit d'Orbassan trop d'intérêt vous lie :
Ce crédit si vanté doit-il durer toujours ?
Il peut tomber ; tout change, et ce héros peut-être
S'est trop tôt déclaré votre gendre et mon maître.

ARGIRE.

Comment? que dites-vous?

1. On lit dans *Zaïre*, acte II, scène III :
    Mon Dieu! j'ai combattu soixante ans pour ta gloire.

AMÉNAÏDE.

     Cette témérité
Est peu respectueuse et vous semble une injure.
Je sais que dans les cours mon sexe plus flatté
Dans votre république a moins de liberté :
A Byzance on le sert ; ici la loi plus dure
Veut de l'obéissance et défend le murmure.
Les musulmans altiers, trop longtemps vos vainqueurs,
Ont changé la Sicile, ont endurci vos mœurs :
Mais qui peut altérer vos bontés paternelles ?

ARGIRE.

Vous seule, vous, ma fille, en abusant trop d'elles.
De tout ce que j'entends mon esprit est confus :
J'ai permis vos délais, mais non pas vos refus.
La loi ne peut plus rompre un nœud si légitime :
La parole est donnée ; y manquer est un crime.
Vous me l'avez bien dit, je suis né malheureux :
Jamais aucun succès n'a couronné mes vœux.
Tous les jours de ma vie ont été des orages.
Dieu puissant ! détournez ces funestes présages ;
Et puisse Aménaïde, en formant ces liens,
Se préparer des jours moins tristes que les miens !

SCÈNE V.

AMÉNAÏDE.

Tancrède, cher amant ! moi, j'aurais la faiblesse
De trahir mes serments pour ton persécuteur !
Plus cruelle que lui, perfide avec bassesse,
Partageant ta dépouille avec cet oppresseur,
Je pourrais...

SCÈNE VI.

AMÉNAÏDE, FANIE.

AMÉNAÏDE.

    Viens, approche, ô ma chère Fanie !
Vois le trait détesté qui m'arrache la vie.
Orbassan par mon père est nommé mon époux !

ACTE I, SCÈNE VI.

FANIE.

Je sens combien cet ordre est douloureux pour vous.
J'ai vu vos sentiments, j'en ai connu la force.
Le sort n'eut point de traits, la cour n'eut point d'amorce,
Qui pussent arrêter ou détourner vos pas
Quand la route par vous fut une fois choisie.
Votre cœur s'est donné, c'est pour toute la vie.
Tancrède et Solamir, touchés de vos appas,
Dans la cour des Césars en secret soupirèrent :
Mais celui que vos yeux justement distinguèrent,
Qui seul obtint vos vœux, qui sut les mériter,
En sera toujours digne; et, puisque dans Byzance
Sur le fier Solamir il eut la préférence,
Orbassan dans ces lieux ne pourra l'emporter :
Votre âme est trop constante.

AMÉNAÏDE.

Ah! tu n'en peux douter.
On dépouille Tancrède, on l'exile, on l'outrage :
C'est le sort d'un héros d'être persécuté[1];
Je sens que c'est le mien de l'aimer davantage.
Écoute : dans ces murs Tancrède est regretté;
Le peuple le chérit.

FANIE.

Banni dans son enfance,
De son père oublié les fastueux amis
Ont bientôt à son sort abandonné le fils.
Peu de cœurs comme vous tiennent contre l'absence.
A leurs seuls intérêts les grands sont attachés.
Le peuple est plus sensible.

AMÉNAÏDE.

Il est aussi plus juste.

FANIE.

Mais il est asservi : nos amis sont cachés;
Aucun n'ose parler pour ce proscrit auguste.
Un sénat tyrannique est ici tout-puissant.

AMÉNAÏDE.

Oui, je sais qu'il peut tout quand Tancrède est absent.

---

1. En avril 1762, le maréchal de Broglie ayant été exilé de la cour, tout le monde battit des mains à ces vers, et on cria : *Broglie! Broglie!* par manière de protestation. (G. A.)

FANIE.

S'il pouvait se montrer, j'espérerais encore ;
Mais il est loin de vous.

AMÉNAÏDE.

Juste ciel, je t'implore !

(A Fanie.)

Je me confie à toi. Tancrède n'est pas loin ;
Et, quand de l'écarter on prend l'indigne soin,
Lorsque la tyrannie au comble est parvenue,
Il est temps qu'il paraisse, et qu'on tremble à sa vue.
Tancrède est dans Messine.

FANIE.

Est-il vrai ? justes cieux !
Et cet indigne hymen est formé sous ses yeux !

AMÉNAÏDE.

Il ne le sera pas... non, Fanie ; et peut-être
Mes oppresseurs et moi nous n'aurons plus qu'un maître.
Viens... je t'apprendrai tout... mais il faut tout oser :
Le joug est trop honteux ; ma main doit le briser.
La persécution enhardit ma faiblesse[1].
Le trahir est un crime ; obéir est bassesse.
S'il vient, c'est pour moi seule, et je l'ai mérité :
Et moi, timide esclave, à son tyran promise,
Victime malheureuse indignement soumise,
Je mettrais mon devoir dans l'infidélité !
Non, l'amour à mon sexe inspire le courage :
C'est à moi de hâter ce fortuné retour ;
Et s'il est des dangers que ma crainte envisage,
Ces dangers me sont chers, ils naissent de l'amour.

---

1. « Je m'en tiens à cette manière de finir le premier acte, écrit Voltaire ; cela fortifie le caractère d'Aménaïde, et rend en même temps ses accusateurs moins odieux... Le second acte commence encore d'une façon plus forte... et cette fermeté du caractère d'Aménaïde prépare mieux les reproches vigoureux qu'elle fait ensuite à son père. »

FIN DU PREMIER ACTE.

ACTE DEUXIÈME.

SCÈNE I.

AMÉNAÏDE.

Où porté-je mes pas?... d'où vient que je frissonne?
Moi, des remords! qui, moi? le crime seul les donne...
Ma cause est juste... O cieux! protégez mes desseins!
(A Fanie, qui entre.)
Allons, rassurons-nous... Suis-je en tout obéie?

FANIE.

Votre esclave est parti ; la lettre est dans ses mains.

AMÉNAÏDE.

Il est maître, il est vrai, du secret de ma vie ;
Mais je connais son zèle ; il m'a toujours servie[1].
On doit tout quelquefois aux derniers des humains.
Né d'aïeux musulmans chez les Syracusains,
Instruit dans les deux lois et dans les deux langages,
Du camp des Sarrasins il connaît les passages,
Et des monts de l'Etna les plus secrets chemins :
C'est lui qui découvrit, par une course utile,
Que Tancrède en secret a revu la Sicile ;
C'est lui par qui le ciel veut changer mes destins.
Ma lettre, par ses soins, remise aux mains d'un Maure,
Dans Messine demain doit être avant l'aurore.
Des Maures et des Grecs les besoins mutuels
Ont toujours conservé, dans cette longue guerre,
Une correspondance à tous deux nécessaire ;
Tant la nature unit les malheureux mortels!

---

1. « Mes anges voient bien, écrit Voltaire aux d'Argental, qu'à l'égard du billet porté par le balourd, quatre vers au plus suffiront pour graisser cette poulie... La confidente peut dire : « Il nous fut attaché, etc. », et en faire un excellent domestique qui fait pendre sa maîtresse en ne disant pas son secret. »

FANIE.

Ce pas est dangereux; mais le nom de Tancrède,
Ce nom si redoutable, à qui tout autre cède,
Et qu'ici nos tyrans ont toujours en horreur,
Ce beau nom que l'amour grava dans votre cœur,
N'est point dans cette lettre à Tancrède adressée.
Si vous l'avez toujours présent à la pensée,
Vous avez su du moins le taire en écrivant.
Au camp des Sarrasins votre lettre portée
Vainement serait lue, ou serait arrêtée.
Enfin, jamais l'amour ne fut moins imprudent,
Ne sut mieux se voiler dans l'ombre du mystère,
Et ne fut plus hardi sans être téméraire;
Je ne puis cependant vous cacher mon effroi.

AMÉNAÏDE.

Le ciel jusqu'à présent semble veiller sur moi;
Il ramène Tancrède, et tu veux que je tremble?

FANIE.

Hélas! qu'en d'autres lieux sa bonté vous rassemble.
La haine et l'intérêt s'arment trop contre lui :
Tout son parti se tait; qui sera son appui?

AMÉNAÏDE.

Sa gloire. Qu'il se montre, il deviendra le maître.
Un héros qu'on opprime attendrit tous les cœurs;
Il les anime tous quand il vient à paraître.

FANIE.

Son rival est à craindre.

AMÉNAÏDE.

Ah! combats ces terreurs,
Et ne m'en donne point. Souviens-toi que ma mère
Nous unit l'un et l'autre à ses derniers moments;
Que Tancrède est à moi; qu'aucune loi contraire
Ne peut rien sur nos vœux et sur nos sentiments.
Hélas! nous regrettions cette île si funeste,
Dans le sein de la gloire et des murs des Césars;
Vers ces champs trop aimés, qu'aujourd'hui je déteste,
Nous tournions tristement nos avides regards.
J'étais loin de penser que le sort qui m'obsède
Me gardât pour époux l'oppresseur de Tancrède,
Et que j'aurais pour dot l'exécrable présent
Des biens qu'un ravisseur enlève à mon amant.
Il faut l'instruire au moins d'une telle injustice;

ACTE II, SCÈNE I.

Qu'il apprenne de moi sa perte et mon supplice ;
Qu'il hâte son retour et défende ses droits.
Pour venger un héros je fais ce que je dois.
Ah! si je le pouvais, j'en ferais davantage.
J'aime, je crains un père, et respecte son âge ;
Mais je voudrais armer nos peuples soulevés
Contre cet Orbassan qui nous a captivés.
D'un brave chevalier sa conduite est indigne :
Intéressé, cruel, il prétend à l'honneur!
Il croit d'un peuple libre être le protecteur!
Il ordonne ma honte, et mon père la signe!
Et je dois la subir, et je dois me livrer
Au maître impérieux qui pense m'honorer!
Hélas! dans Syracuse on hait la tyrannie ;
Mais la plus exécrable, et la plus impunie,
Est celle qui commande et la haine et l'amour,
Et qui veut nous forcer de changer en un jour.
Le sort en est jeté.

FANIE.
Vous aviez paru craindre.

AMÉNAÏDE.
Je ne crains plus.

FANIE.
On dit qu'un arrêt redouté
Contre Tancrède même est aujourd'hui porté :
Il y va de la vie à qui le veut enfreindre.

AMÉNAÏDE.
Je le sais ; mon esprit en fut épouvanté :
Mais l'amour est bien faible alors qu'il est timide.
J'adore, tu le sais, un héros intrépide ;
Comme lui je dois l'être.

FANIE.
Une loi de rigueur
Contre vous, après tout, serait-elle écoutée ?
Pour effrayer le peuple elle paraît dictée.

AMÉNAÏDE.
Elle attaque Tancrède, elle me fait horreur,
Que cette loi jalouse est digne de nos maîtres !
Ce n'était point ainsi que ses braves ancêtres,
Ces généreux Français, ces illustres vainqueurs,
Subjuguaient l'Italie, et conquéraient des cœurs.
On aimait leur franchise, on redoutait leurs armes ;

Les soupçons n'entraient point dans leurs esprits altiers.
L'honneur avait uni tous ces grands chevaliers :
Chez les seuls ennemis ils portaient les alarmes;
Et le peuple, amoureux de leur autorité,
Combattait pour leur gloire et pour sa liberté.
Ils abaissaient les Grecs, ils triomphaient du Maure.
Aujourd'hui je ne vois qu'un sénat ombrageux,
Toujours en défiance, et toujours orageux,
Qui lui-même se craint, et que le peuple abhorre.
Je ne sais si mon cœur est trop plein de ses feux;
Trop de prévention peut-être me possède;
Mais je ne puis souffrir ce qui n'est pas Tancrède :
La foule des humains n'existe point pour moi;
Son nom seul en ces lieux dissipe mon effroi,
Et tous ses ennemis irritent ma colère.

SCÈNE II.

AMÉNAÏDE, FANIE, sur le devant; ARGIRE,
LES CHEVALIERS, au fond.

ARGIRE.

Chevaliers... je succombe à cet excès d'horreur.
Ah! j'espérais du moins mourir sans déshonneur.
(A sa fille, avec des sanglots mêlés de colère.)
Retirez-vous... sortez...

AMÉNAÏDE.

Qu'entends-je? vous, mon père!

ARGIRE.

Moi, ton père! est-ce à toi de prononcer ce nom,
Quand tu trahis ton sang, ton pays, ta maison?

AMÉNAÏDE, faisant un pas, appuyée sur Fanie.

Je suis perdue!...

ARGIRE.

Arrête... ah, trop chère victime!
Qu'as-tu fait?

AMÉNAÏDE, pleurant.

Nos malheurs...

ARGIRE.

Pleures-tu sur ton crime?

ACTE II, SCÈNE III.

AMÉNAÏDE.

Je n'en ai point commis.

ARGIRE.

Quoi! tu démens ton seing?

AMÉNAÏDE.

Non...

ARGIRE.

Tu vois que le crime est écrit de ta main.
Tout sert à m'accabler, tout sert à te confondre[1].
Ma fille!... il est donc vrai?... tu n'oses me répondre.
Laisse au moins dans le doute un père au désespoir.
J'ai vécu trop longtemps... Qu'as-tu fait?...

AMÉNAÏDE.

Mon devoir.
Aviez-vous fait le vôtre?

ARGIRE.

Ah! c'en est trop, cruelle :
Oses-tu te vanter d'être si criminelle?
Laisse-moi, malheureuse; ôte-toi de ces lieux :
Va, sors... une autre main saura fermer mes yeux.

AMÉNAÏDE sort, presque évanouie, entre les bras de Fanie.

Je me meurs.

SCÈNE III.

ARGIRE, LES CHEVALIERS.

ARGIRE.

Mes amis, dans une telle injure...
Après son aveu même... après ce crime affreux...
Excusez d'un vieillard les sanglots douloureux...
Je dois tout à l'État... mais tout à la nature.
Vous n'exigerez pas qu'un père malheureux
A vos sévères voix mêle sa voix tremblante.
Aménaïde, hélas! ne peut être innocente;
Mais signer à la fois mon opprobre et sa mort,
Vous ne le voulez pas... c'est un barbare effort :
La nature en frémit, et j'en suis incapable.

---

1. « Ce billet destiné à Tancrède, dit M. Hipp. Lucas, et que vous croyez écrit à Solamir, vous impatiente au dernier point. »

LORÉDAN.

Nous plaignons tous, seigneur, un père respectable;
Nous sentons sa blessure, et craignons de l'aigrir:
Mais vous-même avez vu cette lettre coupable;
L'esclave la portait au camp de Solamir;
Auprès de ce camp même on a surpris le traître,
Et l'insolent Arabe a pu le voir punir.
Ses odieux desseins n'ont que trop su paraître.
L'État était perdu. Nos dangers, nos serments,
Ne souffrent point de nous de vains ménagements :
Les lois n'écoutent point la pitié paternelle;
L'État parle, il suffit.

ARGIRE.

Seigneur, je vous entends,
Je sais ce qu'on prépare à cette criminelle.
Mais elle était ma fille... et voilà son époux...
Je cède à ma douleur... Je m'abandonne à vous...
Il ne me reste plus qu'à mourir avant elle.

(Il sort.)

SCÈNE IV.

LES CHEVALIERS.

CATANE.

Déjà de la saisir l'ordre est donné par nous.
Sans doute il est affreux de voir tant de noblesse,
Les grâces, les attraits, la plus tendre jeunesse,
L'espoir de deux maisons, le destin le plus beau,
Par le dernier supplice enfermés au tombeau.
Mais telle est parmi nous la loi de l'hyménée;
C'est la religion lâchement profanée,
C'est la patrie enfin que nous devons venger.
L'infidèle en nos murs appelle l'étranger!
La Grèce et la Sicile ont vu des citoyennes,
Renonçant à leur gloire, au titre de chrétiennes,
Abandonner nos lois pour ces fiers musulmans,
Vainqueurs de tous côtés, et partout nos tyrans :
Mais que d'un chevalier la fille respectée,

(A Orbassan.)

Sur le point d'être à vous, et marchant à l'autel,
Exécute un complot si lâche et si cruel!

De ce crime nouveau Syracuse infectée
Veut de notre justice un exemple éternel.

LORÉDAN.
Je l'avoue en tremblant ; sa mort est légitime :
Plus sa race est illustre, et plus grand est le crime.
On sait de Solamir l'espoir ambitieux,
On connaît ses desseins, son amour téméraire,
Ce malheureux talent de tromper et de plaire,
D'imposer aux esprits, et d'éblouir les yeux.
C'est à lui que s'adresse un écrit si funeste,
« Régnez dans nos États » : ces mots trop odieux
Nous révèlent assez un complot manifeste.
Pour l'honneur d'Orbassan je supprime le reste ;
Il nous ferait rougir. Quel est le chevalier
Qui daignera jamais, suivant l'antique usage,
Pour ce coupable objet signaler son courage,
Et hasarder sa gloire à le justifier ?

CATANE.
Orbassan, comme vous nous sentons votre injure ;
Nous allons l'effacer au milieu des combats.
Le crime rompt l'hymen : oubliez la parjure.
Son supplice vous venge, et ne vous flétrit pas.

ORBASSAN.
Il me consterne, au moins... et, coupable ou fidèle,
Sa main me fut promise... On approche... C'est elle
Qu'au séjour des forfaits conduisent des soldats...
Cette honte m'indigne autant qu'elle m'offense :
Laissez-moi lui parler.

SCÈNE V.

LES CHEVALIERS, sur le devant; AMÉNAÏDE, au fond, entourée de gardes.

AMÉNAÏDE, dans le fond.
    O céleste puissance !
Ne m'abandonnez point dans ces moments affreux.
Grand Dieu! vous connaissez l'objet de tous mes vœux :
Vous connaissez mon cœur; est-il donc si coupable ?

CATANE.
Vous voulez voir encor cet objet condamnable ?

ORBASSAN.

Oui, je le veux.

CATANE.

Sortons. Parlez-lui, mais songez
Que les lois, les autels, l'honneur, sont outragés :
Syracuse à regret exige une victime.

ORBASSAN.

Je le sais comme vous ; un même soin m'anime.
Éloignez-vous, soldats.

SCÈNE VI.

AMÉNAÏDE, ORBASSAN.

AMÉNAÏDE.

Qu'osez-vous attenter?
A mes derniers moments venez-vous insulter?

ORBASSAN.

Ma fierté jusque-là ne peut être avilie.
Je vous donnais ma main, je vous avais choisie;
Peut-être l'amour même avait dicté ce choix.
Je ne sais si mon cœur s'en souviendrait encore,
Ou s'il est indigné d'avoir connu ses lois;
Mais il ne peut souffrir ce qui le déshonore.
Je ne veux point penser qu'Orbassan soit trahi
Pour un chef étranger, pour un chef ennemi,
Pour un de ces tyrans que notre culte abhorre :
Ce crime est trop indigne; il est trop inouï :
Et, pour vous, pour l'État, et surtout pour ma gloire,
Je veux fermer les yeux, et prétends ne rien croire.
Syracuse aujourd'hui voit en moi votre époux :
Ce titre me suffit; je me respecte en vous ;
Ma gloire est offensée, et je prends sa défense.
Les lois des chevaliers ordonnent ces combats;
Le jugement de Dieu[1] dépend de notre bras;
C'est le glaive qui juge et qui fait l'innocence.
Je suis prêt.

AMÉNAÏDE.

Vous?

---

1. On sait assez qu'on appelait ces combats *le jugement de Dieu*.
(*Note de Voltaire.*)

ACTE II, SCÈNE VI.

ORBASSAN.

Moi seul ; et j'ose me flatter,
Qu'après cette démarche, après cette entreprise
(Qu'aux yeux de tout guerrier mon honneur autorise),
Un cœur qui m'était dû me saura mériter.
Je n'examine point si votre âme surprise
Ou par mes ennemis, ou par un séducteur,
Un moment aveuglée eut un moment d'erreur,
Si votre aversion fuyait mon hyménée.
Les bienfaits peuvent tout sur une âme bien née ;
La vertu s'affermit par un remords heureux.
Je suis sûr, en un mot, de l'honneur de tous deux.
Mais ce n'est point assez : j'ai le droit de prétendre
(Soit fierté, soit amour) un sentiment plus tendre.
Les lois veulent ici des serments solennels ;
J'en exige un de vous, non tel que la contrainte
En dicte à la faiblesse, en impose à la crainte,
Qu'en se trompant soi-même on prodigue aux autels :
A ma franchise altière il faut parler sans feinte :
Prononcez. Mon cœur s'ouvre, et mon bras est armé.
Je puis mourir pour vous ; mais je dois être aimé.

AMÉNAÏDE.

Dans l'abîme effroyable où je suis descendue,
A peine avec horreur à moi-même rendue,
Cet effort généreux, que je n'attendais pas,
Porte le dernier coup à mon âme éperdue,
Et me plonge au tombeau qui s'ouvrait sous mes pas.
Vous me forcez, seigneur, à la reconnaissance ;
Et, tout près du sépulcre où l'on va m'enfermer,
Mon dernier sentiment est de vous estimer.
Connaissez-moi ; sachez que mon cœur vous offense ;
Mais je n'ai point trahi ma gloire et mon pays :
Je ne vous trahis point, je n'avais rien promis.
Mon âme envers la vôtre est assez criminelle ;
Sachez qu'elle est ingrate, et non pas infidèle...
Je ne peux vous aimer ; je ne peux à ce prix
Accepter un combat pour ma cause entrepris.
Je sais de votre loi la dureté barbare,
Celle de mes tyrans, la mort qu'on me prépare.
Je ne me vante point du fastueux effort
De voir, sans m'alarmer, les apprêts de ma mort...
Je regrette la vie... elle dut m'être chère.

Je pleure mon destin, je gémis sur mon père[1];
Mais, malgré ma faiblesse et malgré mon effroi,
Je ne puis vous tromper; n'attendez rien de moi.
Je vous parais coupable après un tel outrage;
Mais ce cœur, croyez-moi, le serait davantage
Si jusqu'à vous complaire il pouvait s'oublier.
Je ne veux (pardonnez à ce triste langage)
De vous pour mon époux, ni pour mon chevalier.
J'ai prononcé; jugez, et vengez votre offense.

ORBASSAN.

Je me borne, madame, à venger mon pays,
A dédaigner l'audace, à braver le mépris,
A l'oublier. Mon bras prenait votre défense :
Mais, quitte envers ma gloire, aussi bien qu'envers vous,
Je ne suis plus qu'un juge à son devoir fidèle;
Soumis à la loi seule, insensible comme elle,
Et qui ne doit sentir ni regrets ni courroux.

SCÈNE VII.

AMÉNAÏDE; SOLDATS, dans l'enfoncement.

AMÉNAÏDE.

J'ai donc dicté l'arrêt... et je me sacrifie!
O toi, seul des humains qui méritas ma foi,
Toi, pour qui je mourrai, pour qui j'aimais la vie,
Je suis donc condamnée!... Oui, je le suis pour toi;
Allons... je l'ai voulu... Mais tant d'ignominie,
Mais un père accablé, dont les jours vont finir!
Des liens, des bourreaux... Ces apprêts d'infamie!

---

1. Iphigénie, près d'être immolée, dit à son père, acte IV, scène IV :

> D'un œil aussi content, d'un cœur aussi soumis,
> Que j'acceptais l'époux que vous m'aviez promis,
> Je saurai, s'il le faut, victime obéissante,
> Tendre au fer de Calchas une tête innocente.

Cette résignation paraît exagérée : le sentiment d'Aménaïde est plus vrai et aussi touchant; mais dans cette comparaison, ce n'est point Racine qui est inférieur à Voltaire, c'est l'art qui a fait des progrès. Pour rendre les vertus dramatiques plus imposantes, on les a d'abord exagérées : mais le comble de l'art est de les rendre à la fois naturelles et héroïques. Cette perfection ne pouvait être que le fruit du temps, de l'étude des grands modèles, et surtout de l'étude de leurs fautes. (K.)

O mort! affreuse mort! puis-je vous soutenir?
Tourments, trépas honteux... tout mon courage cède...
Non, il n'est point de honte en mourant pour Tancrède.
On peut m'ôter le jour, et non pas me punir.
Quoi! je meurs en coupable!... un père, une patrie!
Je les servais tous deux, et tous deux m'ont flétrie!
Et je n'aurai pour moi, dans ces moments d'horreur,
Que mon seul témoignage, et la voix de mon cœur!

(A Fanie, qui entre.)

Quels moments pour Tancrède! O ma chère Fanie!

(Fanie lui baise la main en pleurant, et Aménaïde l'embrasse.)

La douceur de te voir ne m'est donc point ravie!

FANIE.

Que ne puis-je avant vous expirer en ces lieux!

AMÉNAÏDE.

Ah!... je vois s'avancer ces monstres odieux...

(Les gardes qui étaient dans le fond s'avancent pour l'emmener.)

Porte un jour au héros à qui j'étais unie
Mes derniers sentiments et mes derniers adieux,
Fanie... il apprendra si je mourus fidèle.
Je coûterai du moins des larmes à ses yeux;
Je ne meurs que pour lui... ma mort est moins cruelle[1].

---

1. Mlle Clairon tronquait cette scène, et substituait un jeu muet à la déclamation. (G. A.)

FIN DU DEUXIÈME ACTE.

ACTE TROISIÈME[1].

SCÈNE I.

TANCRÈDE, suivi de deux écuyers qui portent sa lance, son écu, etc.; ALDAMON.

TANCRÈDE.
A tous les cœurs bien nés que la patrie est chère!
Qu'avec ravissement je revois ce séjour!
Cher et brave Aldamon, digne ami de mon père,
C'est toi dont l'heureux zèle a servi mon retour.
Que Tancrède est heureux! que ce jour m'est prospère!
Tout mon sort est changé. Cher ami! je te dois
Plus que je n'ose dire, et plus que tu ne crois.

ALDAMON.
Seigneur, c'est trop vanter mes services vulgaires,
Et c'est trop relever un sort tel que le mien;
Je ne suis qu'un soldat, un simple citoyen...

TANCRÈDE.
Je le suis comme vous : les citoyens sont frères.

ALDAMON.
Deux ans dans l'Orient sous vous j'ai combattu;
Je vous vis effacer l'éclat de vos ancêtres;
J'admirai d'assez près votre haute vertu;
C'est là mon seul mérite. Élevé par mes maîtres,
Né dans votre maison, je vous suis asservi.
Je dois...

TANCRÈDE.
Vous ne devez être que mon ami.
Voilà donc ces remparts que je voulais défendre,

---

1. C'est pour cet acte qu'on voulait tendre le théâtre en noir, et dresser un échafaud.

ACTE III, SCÈNE I.

Ces murs toujours sacrés pour le cœur le plus tendre,
Ces murs qui m'ont vu naître, et dont je suis banni
Apprends-moi dans quels lieux respire Aménaïde !

ALDAMON.

Dans ce palais antique où son père réside ;
Cette place y conduit : plus loin vous contemplez
Ce tribunal auguste, où l'on voit assemblés
Ces vaillants chevaliers, ce sénat intrépide,
Qui font les lois du peuple, et combattent pour lui,
Et qui vaincraient toujours le musulman perfide
S'ils ne s'étaient privés de leur plus grand appui.
Voilà leurs boucliers, leurs lances, leurs devises,
Dont la pompe guerrière annonce aux nations
La splendeur de leurs faits, leurs nobles entreprises.
Votre nom seul ici manquait à ces grands noms.

TANCRÈDE.

Que ce nom soit caché, puisqu'on le persécute ;
Peut-être en d'autres lieux il est célèbre assez.

(A ses écuyers.)

Vous, qu'on suspende ici mes chiffres effacés ;
Aux fureurs des partis qu'ils ne soient plus en butte ;
Que mes armes sans faste, emblème des douleurs,
Telles que je les porte au milieu des batailles,
Ce simple bouclier, ce casque sans couleurs,
Soient attachés sans pompe à ces tristes murailles.

(Les écuyers suspendent ses armes aux places vides, au milieu des autres trophées.

Conservez ma devise, elle est chère à mon cœur ;
Elle a dans mes combats soutenu ma vaillance ;
Elle a conduit mes pas, et fait mon espérance ;
Les mots en sont sacrés ; c'est *l'amour et l'honneur*.

Lorsque les chevaliers descendront dans la place,
Vous direz qu'un guerrier, qui veut être inconnu,
Pour les suivre au combat dans leurs murs est venu,
Et qu'à les imiter il borne son audace.

(A Aldamon.)

Quel est leur chef, ami ?

ALDAMON.

Ce fut depuis trois ans,
Comme vous l'avez su, le respectable Argire.

TANCRÈDE, à part.

Père d'Aménaïde !...

ALDAMON.

On le vit trop longtemps
Succomber au parti dont nous craignons l'empire.
Il reprit à la fin sa juste autorité :
On respecte son rang, son nom, sa probité ;
Mais l'âge l'affaiblit. Orbassan lui succède.

TANCRÈDE.

Orbassan! l'ennemi, l'oppresseur de Tancrède !
Ami, quel est le bruit répandu dans ces lieux !
Ah ! parle, est-il bien vrai que cet audacieux
D'un père trop facile ait surpris la faiblesse,
Que sur Aménaïde il ait levé les yeux,
Qu'il ait osé prétendre à s'unir avec elle ?

ALDAMON.

Hier confusément j'en appris la nouvelle.
Pour moi, loin de la ville, établi dans ce fort
Où je vous ai reçu, grâce à mon heureux sort,
A mon poste attaché, j'avouerai que j'ignore
Ce qu'on a fait depuis dans ces murs que j'abhorre :
On vous y persécute, ils sont affreux pour moi.

TANCRÈDE.

Cher ami, tout mon cœur s'abandonne à ta foi[1] ;
Cours chez Aménaïde, et parais devant elle ;
Dis-lui qu'un inconnu, brûlant du plus beau zèle
Pour l'honneur de son sang, pour son auguste nom,
Pour les prospérités de sa noble maison,
Attaché dès l'enfance à sa mère, à sa race,
D'un entretien secret lui demande la grâce.

ALDAMON.

Seigneur, dans sa maison j'eus toujours quelque accès ;
On y voit avec joie, on accueille, on honore,
Tous ceux qu'à votre nom le zèle attache encore.
Plût au ciel qu'on eût vu le pur sang des Français
Uni dans la Sicile au noble sang d'Argire !
Quel que soit le dessein, seigneur, qui vous inspire,
Puisque vous m'envoyez, je réponds du succès.

---

1. « Ne sentez-vous pas, écrit Voltaire à Lekain, que tout l'artifice de cette scène consiste, de la part de Tancrède, à s'ouvrir par gradation avec Aldamon? Il s'en faut bien qu'il doive lui dire tout son secret; et quand il lui dit : *Cher ami*, etc., remarquez qu'il se donne bien garde de dire : *J'aime Aménaïde*. Il le lui fait assez entendre, et cela est bien plus naturel et bien plus piquant... Il ne permet à son amour d'éclater que dans son monologue. »

SCÈNE II.

TANCRÈDE; SES ÉCUYERS, au fond.

TANCRÈDE.

Il sera favorable; et ce ciel qui me guide,
Ce ciel qui me ramène aux pieds d'Aménaïde,
Et qui, dans tous les temps, accorda sa faveur
Au véritable amour, au véritable honneur,
Ce ciel qui m'a conduit dans les tentes du Maure,
Parmi mes ennemis soutient ma cause encore.
Aménaïde m'aime, et son cœur me répond
Que le mien dans ces lieux ne peut craindre un affront.
Loin des camps des Césars, et loin de l'Illyrie,
Je viens enfin pour elle au sein de ma patrie,
De ma patrie ingrate, et qui, dans mon malheur,
Après Aménaïde est si chère à mon cœur!
J'arrive : un autre ici l'obtiendrait de son père!
Et sa fille à ce point aurait pu me trahir!
Quel est cet Orbassan? quel est ce téméraire?
Quels sont donc les exploits dont il doit s'applaudir?
Qu'a-t-il fait de si grand qui le puisse enhardir
A demander un prix qu'on doit à la vaillance,
Qui des plus grands héros serait la récompense,
Qui m'appartient du moins par les droits de l'amour?
Avant de me l'ôter, il m'ôtera le jour.
Après mon trépas même elle serait fidèle.
L'oppresseur de mon sang ne peut régner sur elle.
Oui, ton cœur m'est connu, je ne redoute rien,
Ma chère Aménaïde, il est tel que le mien,
Incapable d'effroi, de crainte et d'inconstance.

SCÈNE III.

TANCRÈDE, ALDAMON.

TANCRÈDE.

Ah! trop heureux ami, tu sors de sa présence :
Tu vois tous mes transports; allons, conduis mes pas.

ALDAMON.
Vers ces funestes lieux, seigneur, n'avancez pas.
TANCRÈDE.
Que me dis-tu? Les pleurs inondent ton visage!
ALDAMON.
Ah! fuyez pour jamais ce malheureux rivage;
Après les attentats que ce jour a produits,
Je n'y puis demeurer, tout obscur que je suis.
TANCRÈDE.
Comment?...
ALDAMON.
Portez ailleurs ce courage sublime :
La gloire vous attend aux tentes des Césars;
Elle n'est point pour vous dans ces affreux remparts :
Fuyez; vous n'y verriez que la honte et le crime.
TANCRÈDE.
De quels traits inouïs viens-tu percer mon cœur!
Qu'as-tu vu? Que t'a dit, que fait Aménaïde?
ALDAMON.
J'ai trop vu vos desseins... Oubliez-la, seigneur.
TANCRÈDE.
Ciel! Orbassan l'emporte! Orbassan! la perfide!
L'ennemi de son père, et mon persécuteur!
ALDAMON.
Son père a ce matin signé cet hyménée,
Et la pompe fatale en était ordonnée...
TANCRÈDE.
Et je serais témoin de cet excès d'horreur!
ALDAMON.
Votre dépouille ici leur fut abandonnée,
Vos biens étaient sa dot. Un rival odieux,
Seigneur, vous enlevait le bien de vos aïeux.
TANCRÈDE.
Le lâche! il m'enlevait ce qu'un héros méprise.
Aménaïde, ô ciel! en ses mains est remise?
Elle est à lui?
ALDAMON.
Seigneur, ce sont les moindres coups
Que le ciel irrité vient de lancer sur vous.
TANCRÈDE.
Achève donc, cruel, de m'arracher la vie;
Achève... parle... hélas!

ACTE III, SCÈNE III.

ALDAMON.
Elle allait être unie
Au fier persécuteur de vos jours glorieux ;
Le flambeau de l'hymen s'allumait en ces lieux,
Lorsqu'on a reconnu quelle est sa perfidie :
C'est peu d'avoir changé, d'avoir trompé vos vœux,
L'infidèle, seigneur, vous trahissait tous deux.

TANCRÈDE.
Pour qui?

ALDAMON.
Pour une main étrangère, ennemie,
Pour l'oppresseur altier de notre nation,
Pour Solamir.

TANCRÈDE.
O ciel! ô trop funeste nom!
Solamir!... Dans Byzance il soupira pour elle :
Mais il fut dédaigné, mais je fus son vainqueur ;
Elle n'a pu trahir ses serments et mon cœur ;
Tant d'horreur n'entre point dans une âme si belle ;
Elle en est incapable.

ALDAMON.
A regret j'ai parlé ;
Mais ce secret horrible est partout révélé.

TANCRÈDE.
Écoute : je connais l'envie et l'imposture ;
Eh! quel cœur généreux échappe à leur injure!
Proscrit dès mon berceau, nourri dans le malheur,
Mais toujours éprouvé, moi qui suis mon ouvrage,
Qui d'États en États ai porté mon courage,
Qui partout de l'envie ai senti la fureur,
Depuis que je suis né, j'ai vu la calomnie
Exhaler les venins de sa bouche impunie,
Chez les républicains, comme à la cour des rois [1].
Argire fut longtemps accusé par sa voix ;
Il souffrit comme moi : cher ami, je m'abuse,
Ou ce monstre odieux règne dans Syracuse ;
Ses serpents sont nourris de ces mortels poisons
Que dans les cœurs trompés jettent les factions.
De l'esprit de parti je sais quelle est la rage :

---

1. Voyez, page 550, la note des éditeurs de Kehl.

L'auguste Aménaïde en éprouve l'outrage.
Entrons : je veux la voir, l'entendre, et m'éclairer.

ALDAMON.

Ah! seigneur, arrêtez ; il faut donc tout vous dire ;
On l'arrache des bras du malheureux Argire ;
Elle est aux fers.

TANCRÈDE.

Qu'entends-je ?

ALDAMON.

Et l'on va la livrer,
Dans cette place même, au plus affreux supplice.

TANCRÈDE.

Aménaïde !

ALDAMON.

Hélas ! si c'est une justice,
Elle est bien odieuse ; on ose en murmurer,
On pleure ; mais, seigneur, on se borne à pleurer.

TANCRÈDE.

Aménaïde ! ô cieux !... Crois-moi, ce sacrifice,
Cet horrible attentat ne s'achèvera pas.

ALDAMON.

Le peuple au tribunal précipite ses pas :
Il la plaint, il gémit, en la nommant perfide ;
Et d'un cruel spectacle indignement avide,
Turbulent, curieux avec compassion,
Il s'agite en tumulte autour de la prison.
Étrange empressement de voir des misérables !
On hâte en gémissant ces moments formidables.
Ces portiques, ces lieux que vous voyez déserts,
De nombreux citoyens seront bientôt couverts.
Éloignez-vous, venez.

TANCRÈDE.

Quel vieillard vénérable
Sort d'un temple en tremblant, les yeux baignés de pleurs ?
Ses suivants consternés imitent ses douleurs.

ALDAMON.

C'est Argire, seigneur, c'est ce malheureux père...

TANCRÈDE.

Retire-toi... Surtout ne me découvre pas.
Que je le plains !

SCÈNE IV.

ARGIRE, dans un des côtés de la scène; TANCRÈDE, sur le devant;
ALDAMON, loin de lui, dans l'enfoncement.

ARGIRE.

O ciel! avance mon trépas.
O mort! viens me frapper; c'est ma seule prière.

TANCRÈDE.

Noble Argire, excusez un de ces chevaliers
Qui, contre le croissant déployant leur bannière,
Dans de si saints combats vont chercher des lauriers.
Vous voyez le moins grand de ces dignes guerriers.
Je venais... Pardonnez... dans l'état où vous êtes,
Si je mêle à vos pleurs mes larmes indiscrètes.

ARGIRE.

Ah! vous êtes le seul qui m'osiez consoler;
Tout le reste me fuit, ou cherche à m'accabler.
Vous-même pardonnez à mon désordre extrême.
A qui parlé-je? hélas!

TANCRÈDE.

Je suis un étranger,
Plein de respect pour vous, touché comme vous-même,
Honteux, et frémissant de vous interroger;
Malheureux comme vous... Ah! par pitié... de grâce,
Une seconde fois excusez tant d'audace.
Est-il vrai?... votre fille!... est-il possible?...

ARGIRE.

Hélas!
Il est trop vrai, bientôt on la mène au trépas.

TANCRÈDE.

Elle est coupable?

ARGIRE, avec des soupirs et des pleurs.

Elle est... la honte de son père [1].

TANCRÈDE.

Votre fille!... Seigneur, nourri loin de ces lieux,
Je pensais, sur le bruit de son nom glorieux,

---

1. « Il est très-naturel et même indispensable, écrit Voltaire aux d'Argental, que Tancrède croie Aménaïde coupable, puisque son père même avoue à Tancrède qu'il n'est que trop sûr du crime de sa fille. »

Que si la vertu même habitait sur la terre,
Le cœur d'Aménaïde était son sanctuaire.
Elle est coupable! ô jour! ô détestables bords!
Jour à jamais affreux!

ARGIRE.

Ce qui me désespère,
Ce qui creuse ma tombe, et ce qui chez les morts
Avec plus d'amertume encor me fait descendre,
C'est qu'elle aime son crime, et qu'elle est sans remords.
Aussi nul chevalier ne cherche à la défendre :
Ils ont en gémissant signé l'arrêt mortel ;
Et, malgré notre usage antique et solennel,
Si vanté dans l'Europe et si cher au courage,
De défendre en champ clos le sexe qu'on outrage,
Celle qui fut ma fille à mes yeux va périr,
Sans trouver un guerrier qui l'ose secourir.
Ma douleur s'en accroît, ma honte s'en augmente ;
Tout frémit, tout se tait, aucun ne se présente.

TANCRÈDE.

Il s'en présentera; gardez-vous d'en douter[1].

ARGIRE.

De quel espoir, seigneur, daignez-vous me flatter?

TANCRÈDE.

Il s'en présentera, non pas pour votre fille,
Elle est loin d'y prétendre et de le mériter,
Mais pour l'honneur sacré de sa noble famille,
Pour vous, pour votre gloire, et pour votre vertu.

---

1. « J'étais, dit Laharpe, à la première représentation de *Tancrède*, il y a bien des années, et j'étais bien jeune : je n'ai jamais oublié le prodigieux effet que produisit dans toute l'assemblée le moment où l'acteur unique, qui ne jouait pas Tancrède, mais qui l'était, sortant de son accablement à ces derniers mots : *Aucun ne se présente,* comme saisi d'un transport involontaire, serrant dans ses mains les mains tremblantes d'Argire, d'une voix animée par l'amour et altérée par la rage, fit entendre ce vers, ce cri sublime, l'un des plus beaux que jamais on ait entendus sur la scène :

Il s'en présentera ; gardez-vous d'en douter.

« Rien ne peut se comparer au transport que ce vers excita. Ce n'était pas un applaudissement ordinaire, encore moins de ces bravos de commande qu'on obtient aujourd'hui à si bon marché et qui ne signifient pas plus qu'ils ne coûtent ; ce n'était pas non plus un enthousiasme de convention ou de complaisance pour l'ouvrage d'un grand homme ; la pièce avait été jusque-là sévèrement jugée. Mais, à ce vers, un cri universel s'éleva de tous les coins de la salle ; il semblait que ce fût là le mot qu'on attendait, et qu'il fût sorti en même temps de l'âme de tous les spectateurs comme de celle de Tancrède. »

ARGIRE.

Vous rendez quelque vie à ce cœur abattu.
Eh! qui, pour nous défendre, entrera dans la lice?
Nous sommes en horreur, on est glacé d'effroi;
Qui daignera me tendre une main protectrice?
Je n'ose m'en flatter... Qui combattra?

TANCRÈDE.

Qui? moi.
Moi, dis-je; et, si le ciel seconde ma vaillance,
Je demande de vous, seigneur, pour récompense,
De partir à l'instant sans être retenu,
Sans voir Aménaïde, et sans être connu.

ARGIRE.

Ah! seigneur, c'est le ciel, c'est Dieu qui vous envoie.
Mon cœur triste et flétri ne peut goûter de joie;
Mais je sens que j'expire avec moins de douleur.
Ah! ne puis-je savoir à qui, dans mon malheur,
Je dois tant de respect et de reconnaissance?
Tout annonce à mes yeux votre haute naissance :
Hélas! qui vois-je en vous?

TANCRÈDE.

Vous voyez un vengeur.

SCÈNE V.

ORBASSAN, ARGIRE, TANCRÈDE, CHEVALIERS,
SUITE.

ORBASSAN, à Argire.

L'État est en danger, songeons à lui, seigneur.
Nous prétendions demain sortir de nos murailles;
Nous sommes prévenus. Ceux qui nous ont trahis
Sans doute avertissaient nos cruels ennemis.
Solamir veut tenter le destin des batailles;
Nous marcherons à lui. Vous, si vous m'en croyez,
Dérobez à vos yeux un spectacle funeste,
Insupportable, horrible à nos sens effrayés.

ARGIRE.

Il suffit, Orbassan; tout l'espoir qui me reste
C'est d'aller expirer au milieu des combats.
(Montrant Tancrède.)
Ce brave chevalier y guidera mes pas :

Et, malgré les horreurs dont ma race est flétrie,
Je périrai du moins en servant ma patrie.

ORBASSAN.

Des sentiments si grands sont bien dignes de vous.
Allez aux musulmans porter vos derniers coups;
Mais, avant tout, fuyez cet appareil barbare,
Si peu fait pour vos yeux, et déjà qu'on prépare.
On approche.

ARGIRE.

Ah! grand Dieu!

ORBASSAN.

Les regards paternels
Doivent se détourner de ces objets cruels.
Ma place me retient, et mon devoir sévère
Veut qu'ici je contienne un peuple téméraire :
L'inexorable loi ne sait rien ménager;
Tout horrible qu'elle est, je la dois protéger.
Mais vous, qui n'avez point cet affreux ministère,
Qui peut vous retenir, et qui peut vous forcer
A voir couler le sang que la loi va verser?
On vient; éloignez-vous.

TANCRÈDE, à Argire.

Non, demeurez, mon père.

ORBASSAN.

Et qui donc êtes-vous?

TANCRÈDE.

Votre ennemi, seigneur,
L'ami de ce vieillard, peut-être son vengeur,
Peut-être autant que vous à l'État nécessaire.

SCÈNE VI.

La scène s'ouvre : on voit AMÉNAÏDE au milieu des gardes; LES CHEVALIERS, LE PEUPLE, remplissent la place.

ARGIRE, à Tancrède.

Généreux inconnu, daignez me soutenir;
Cachez-moi ces objets... C'est ma fille elle-même[1].

---

1. Voltaire, racontant la manière dont il jouait ce rôle chez lui à Tournoy, dit : « Je pleurais avec Tancrède; je frissonnais quand on amenait ma fille; je me rejetais dans les bras de Tancrède et de mes suivants. On s'intéresse à moi comme à ma fille. Je suis faible, d'accord; un vieux bonhomme doit l'être; c'est la nature pure. »

TANCRÈDE.

Quels moments pour tous trois!

AMÉNAÏDE.

O justice suprême!
Toi qui vois le passé, le présent, l'avenir,
Tu lis seule en mon cœur, toi seule es équitable;
Des profanes humains la foule impitoyable
Parle et juge en aveugle, et condamne au hasard.
Chevaliers, citoyens, vous qui tous avez part
Au sanguinaire arrêt porté contre ma vie,
Ce n'est pas devant vous que je me justifie.
Que ce ciel qui m'entend juge entre vous et moi.
Organes odieux d'un jugement inique,
Oui, je vous outrageais : j'ai trahi votre loi ;
Je l'avais en horreur, elle était tyrannique :
Oui, j'offensais un père, il a forcé mes vœux ;
J'offensais Orbassan, qui, fier et rigoureux,
Prétendait sur mon âme une injuste puissance.
Citoyens, si la mort est due à mon offense,
Frappez ; mais écoutez, sachez tout mon malheur :
Qui va répondre à Dieu parle aux hommes sans peur [1].
Et vous, mon père, et vous, témoin de mon supplice,
Qui ne deviez pas l'être, et de qui la justice

(Apercevant Tancrède)

Aurait pu... Ciel! ô ciel! qui vois-je à ses côtés?
Est-ce lui?... je me meurs.

(Elle tombe évanouie entre les gardes [2].)

---

1. Quinault a dit, dans *Atys*, I, vi :

> Qui n'a plus qu'un moment à vivre
> N'a plus rien à dissimuler.

M. de Voltaire, dans *la Comtesse de Givry* (variante, scène vi de l'acte III), dit, en parlant d'un vieux soldat :

> Il touche au jour fatal où l'homme ne ment plus. (K.)

2. Diderot écrit à Voltaire : « Ah! mon cher maître, si vous voyiez la Clairon traversant la scène, à demi renversée sur les bourreaux qui l'environnent, ses genoux se dérobant sous elle, les bras tombants, comme morte; si vous entendiez le cri qu'elle pousse en apercevant Tancrède, vous resteriez plus convaincu que jamais que le silence et la pantomime ont quelquefois un pathétique que toutes les ressources de l'art oratoire n'atteignent pas... Ouvrez vos portefeuilles. Voyez l'*Esther* du Poussin *paraissant devant Assuérus;* c'est la Clairon allant au supplice. Mais pourquoi Aménaïde n'est-elle pas soutenue par ses femmes comme l'*Esther* du Poussin? Pourquoi ne vois-je pas sur la scène le même groupe? »

TANCRÈDE.
Ah! ma seule présence
Est pour elle un reproche! il n'importe... Arrêtez,
Ministres de la mort, suspendez la vengeance;
Arrêtez, citoyens, j'entreprends sa défense,
Je suis son chevalier : ce père infortuné,
Prêt à mourir comme elle, et non moins condamné,
Daigne avouer mon bras propice à l'innocence.
Que la seule valeur rende ici des arrêts;
Des dignes chevaliers c'est le plus beau partage;
Que l'on ouvre la lice à l'honneur, au courage;
Que les juges du camp fassent tous les apprêts.
Toi, superbe Orbassan, c'est toi que je défie;
Viens mourir de mes mains ou m'arracher la vie;
Tes exploits et ton nom ne sont pas sans éclat;
Tu commandes ici, je veux t'en croire digne,
Je jette devant toi le gage du combat.

(Il jette son gantelet sur la scène.)

L'oses-tu relever?

ORBASSAN.
Ton arrogance insigne
Ne mériterait pas qu'on te fît cet honneur :

(Il fait signe à son écuyer de ramasser le gage de bataille.)

Je le fais à moi-même; et, consultant mon cœur,
Respectant ce vieillard qui daigne ici t'admettre,
Je veux bien avec toi descendre à me commettre,
Et daigner te punir de m'oser défier.
Quel est ton rang, ton nom? ce simple bouclier
Semble nous annoncer peu de marques de gloire.

TANCRÈDE.
Peut-être il en aura des mains de la victoire.
Pour mon nom, je le tais, et tel est mon dessein;
Mais je te l'apprendrai les armes à la main.
Marchons.

ORBASSAN.
Qu'à l'instant même on ouvre la barrière;
Qu'Aménaïde ici ne soit plus prisonnière
Jusqu'à l'événement de ce léger combat.
Vous, sachez, compagnons, qu'en quittant la carrière,
Je marche à votre tête, et je défends l'État.
D'un combat singulier la gloire est périssable;
Mais servir la patrie est l'honneur véritable.

TANCRÈDE.

Viens; et vous, chevaliers, j'espère qu'aujourd'hui
L'État sera sauvé par d'autres que par lui.

SCÈNE VII.

ARGIRE, sur le devant; AMÉNAÏDE, au fond, à qui l'on a ôté les fers.

AMÉNAÏDE, revenant à elle.

Ciel! que deviendra-t-il? Si l'on sait sa naissance,
Il est perdu.

ARGIRE.

Ma fille...

AMÉNAÏDE, appuyée sur Fanie, et se retournant vers son père.

Ah! que me voulez-vous?
Vous m'avez condamnée.

ARGIRE.

O destins en courroux!
Voulez-vous, ô mon Dieu qui prenez sa défense,
Ou pardonner sa faute, ou venger l'innocence?
Quels bienfaits à mes yeux daignez-vous accorder?
Est-ce justice ou grâce? Ah! je tremble et j'espère.
Qu'as-tu fait? et comment dois-je te regarder?
Avec quels yeux, hélas!

AMÉNAÏDE.

Avec les yeux d'un père.
Votre fille est encore au bord de son tombeau.
Je ne sais si le ciel me sera favorable :
Rien n'est changé, je suis encor sous le couteau[1].
Tremblez moins pour ma gloire, elle est inaltérable;
Mais si vous êtes père, ôtez-moi de ces lieux;
Dérobez votre fille, accablée, expirante,
A tout cet appareil, à la foule insultante
Qui sur mon infortune arrête ici ses yeux,

---

1. Tout ce passage fut tronqué aux premières représentations par les acteurs... Voltaire demanda à genoux qu'on laissât ce troisième acte tel qu'il était... *Je suis encor sous le couteau* est une expression noble et terrible : si on ne la trouve pas ailleurs, tant mieux; elle a le mérite de la nouveauté, de la vérité, et de l'intérêt. (G. A.)

Observe mes affronts, et contemple des larmes
Dont la cause est si belle... et qu'on ne connaît pas.

ARGIRE.

Viens; mes tremblantes mains rassureront tes pas.
Ciel! de son défenseur favorisez les armes,
Ou d'un malheureux père avancez le trépas [1].

---

1. « Je ne connais pas, dit Geoffroy, de personnage aussi intéressant (que Tancrède) dans aucune tragédie de Voltaire; et peut-être tout ce qu'il y a de mieux dans tout son théâtre, c'est le troisième acte de cette pièce. On peut le regarder comme le dernier soupir du poete, qui avait alors soixante-six ans, et on doit lui appliquer ce vers de Corneille :

Et son dernier soupir est un soupir illustre. »

FIN DU TROISIÈME ACTE

ACTE QUATRIÈME.

SCÈNE I.

TANCRÈDE, LORÉDAN, CHEVALIERS.

(Marche guerrière : on porte les armes de Tancrède devant lui.)

LORÉDAN.

Seigneur, votre victoire est illustre et fatale :
Vous nous avez privés d'un brave chevalier
Dont le cœur à l'État se livrait tout entier,
Et de qui la valeur fut à la vôtre égale ;
Ne pouvons-nous savoir votre nom, votre sort ?

TANCRÈDE, dans l'attitude d'un homme pensif et affligé.

Orbassan ne l'a su qu'en recevant la mort ;
Il emporte au tombeau mon secret et ma haine.
De mon sort malheureux ne soyez point en peine ;
Si je puis vous servir, qu'importe qui je sois ?

LORÉDAN.

Demeurez ignoré, puisque vous voulez l'être ;
Mais que votre vertu se fasse ici connaître
Par un courage utile et de dignes exploits.
Les drapeaux du croissant dans nos champs vont paraître ;
Défendez avec nous notre culte et nos lois ;
Voyez dans Solamir un plus grand adversaire ;
Nous perdons notre appui, mais vous le remplacez.
Rendez-nous le héros que vous nous ravissez ;
Le vainqueur d'Orbassan nous devient nécessaire.
Solamir vous attend.

TANCRÈDE.

Oui, je vous ai promis
De marcher avec vous contre vos ennemis ;
Je tiendrai ma parole : et Solamir peut-être

Est plus mon ennemi que celui de l'État.
Je le hais plus que vous : mais, quoi qu'il en puisse être,
Sachez que je suis prêt pour ce nouveau combat.

CATANE.

Nous attendons beaucoup d'une telle vaillance;
Attendez tout aussi de la reconnaissance
Que devra Syracuse à votre illustre bras.

TANCRÈDE.

Il n'en est point pour moi, je n'en exige pas;
Je n'en veux point, seigneur; et cette triste enceinte
N'a rien qui désormais soit l'objet de mes vœux.
Si je verse mon sang, si je meurs malheureux,
Je ne prétends ici récompense ni plainte,
Ni gloire ni pitié. Je ferai mon devoir;
Solamir me verra, c'est là tout mon espoir.

LORÉDAN.

C'est celui de l'État; déjà le temps nous presse.
Ne songeons qu'à l'objet qui tous nous intéresse,
A la victoire; et vous, qui l'allez partager,
Vous serez averti quand il faudra vous rendre
Au poste où l'ennemi croit bientôt nous surprendre.
Dans le sang musulman tout prêts à nous plonger,
Tout autre sentiment nous doit être étranger.
Ne pensons, croyez-moi, qu'à servir la patrie.

(Les chevaliers sortent.)

TANCRÈDE.

Qu'elle en soit digne ou non, je lui donne ma vie.

SCÈNE II.

TANCRÈDE, ALDAMON.

ALDAMON.

Ils ne connaissent pas quel trait envenimé
Est caché dans ce cœur trop noble et trop charmé.
Mais, malgré vos douleurs, et malgré votre outrage,
Ne remplirez-vous pas l'indispensable usage
De paraître en vainqueur aux yeux de la beauté
Qui vous doit son honneur, ses jours, sa liberté,
Et de lui présenter de vos mains triomphantes
D'Orbassan terrassé les dépouilles sanglantes?

ACTE IV, SCÈNE II.

TANCRÈDE.

Non sans doute, Aldamon, je ne la verrai pas.

ALDAMON.

Eh quoi! pour la servir vous cherchiez le trépas,
Et vous fuyez loin d'elle?

TANCRÈDE.

Et son cœur le mérite.

ALDAMON.

Je vois trop à quel point son crime vous irrite;
Mais pour ce crime, enfin, vous avez combattu.

TANCRÈDE.

Oui, j'ai tout fait pour elle, il est vrai, je l'ai dû.
Je n'ai pu, cher ami, malgré sa perfidie,
Supporter ni sa mort ni son ignominie;
Et, l'eussé-je aimé moins[1], comment l'abandonner?
J'ai dû sauver ses jours, et non lui pardonner.
Qu'elle vive, il suffit, et que Tancrède expire.
Elle regrettera l'amant qu'elle a trahi,
Le cœur qu'elle a perdu, ce cœur qu'elle déchire...
A quel excès, ô ciel! je lui fus asservi!
Pouvais-je craindre, hélas! de la trouver parjure?
Je pensais adorer la vertu la plus pure;
Je croyais les serments, les autels, moins sacrés
Qu'une simple promesse, un mot d'Aménaïde...

ALDAMON.

Tout est-il en ces lieux ou barbare ou perfide?
A la proscription vos jours furent livrés;
La loi vous persécute, et l'amour vous outrage.
Eh bien! s'il est ainsi, fuyons de ce rivage:
Je vous suis au combat; je vous suis pour jamais,
Loin de ces murs affreux, trop souillés de forfaits.

TANCRÈDE.

Quel charme, dans son crime, à mes esprits rappelle
L'image des vertus que je crus voir en elle!
Toi, qui me fais descendre avec tant de tourment
Dans l'horreur du tombeau dont je t'ai délivrée,
Odieuse coupable... et peut-être adorée!
Toi, qui fais mon destin jusqu'au dernier moment;
Ah! s'il était possible, ah! si tu pouvais être

---

1. La grammaire exigeait *aimée;* mais Voltaire excuse l'emploi du participe absolu en poésie; voyez son commentaire sur *Cinna* (acte Ier, scène III). (B.)

Ce que mes yeux trompés t'ont vu toujours paraître !
Non, ce n'est qu'en mourant que je puis l'oublier ;
Ma faiblesse est affreuse... il la faut expier,
Il faut périr... mourons, sans nous occuper d'elle.

ALDAMON.

Elle vous a paru tantôt moins criminelle.
L'univers, disiez-vous, au mensonge est livré ;
La calomnie y règne.

TANCRÈDE.

Ah ! tout est avéré,
Tout est approfondi dans cet affreux mystère :
Solamir en ces lieux adora ses attraits ;
Il demanda sa main pour le prix de la paix..
Hélas ! l'eût-il osé, s'il n'avait pas su plaire ?
Ils sont d'intelligence. En vain j'ai cru mon cœur,
En vain j'avais douté ; je dois en croire un père :
Le père le plus tendre est son accusateur :
Il condamne sa fille ; elle-même s'accuse ;
Enfin mes yeux l'ont vu ce billet plein d'horreur :
« Puissiez-vous vivre en maître au sein de Syracuse,
Et régner dans nos murs, ainsi que dans mon cœur ! »
Mon malheur est certain.

ALDAMON.

Que ce grand cœur l'oublie,
Qu'il dédaigne une ingrate à ce point avilie.

TANCRÈDE.

Et pour comble d'horreur, elle a cru s'honorer !
Au plus grand des humains elle a cru se livrer !
Que cette idée encor m'accable et m'humilie !
L'Arabe impérieux domine en Italie ;
Et le sexe imprudent, que tant d'éclat séduit,
Ce sexe à l'esclavage en leurs États réduit,
Frappé de ce respect que des vainqueurs impriment,
Se livre par faiblesse aux maîtres qui l'oppriment !
Il nous trahit pour eux, nous, son servile appui,
Qui vivons à ses pieds, et qui mourons pour lui !
Ma fierté suffirait, dans une telle injure,
Pour détester ma vie et pour fuir la parjure.

SCÈNE III.

TANCRÈDE, ALDAMON, PLUSIEURS CHEVALIERS.

CATANE.

Nos chevaliers sont prêts; le temps est précieux.

TANCRÈDE.

Oui, j'en ai trop perdu : je m'arrache à ces lieux;
Je vous suis, c'en est fait.

SCÈNE IV.

TANCRÈDE, AMÉNAÏDE, ALDAMON, FANIE, CHEVALIERS.

AMÉNAÏDE, arrivant avec précipitation.

O mon dieu tutélaire !
Maître de mon destin, j'embrasse vos genoux.
(Tancrède la relève, mais en se détournant.)
Ce n'est point m'abaisser; et mon malheureux père
A vos pieds, comme moi, va tomber devant vous.
Pourquoi nous dérober votre auguste présence?
Qui pourra condamner ma juste impatience?
Je m'arrache à ses bras... mais ne puis-je, seigneur,
Me permettre ma joie, et montrer tout mon cœur?
Je n'ose vous nommer... et vous baissez la vue...
Ne puis-je vous revoir, en cet affreux séjour,
Qu'au milieu des bourreaux qui m'arrachaient le jour?
Vous êtes consterné... mon âme est confondue;
Je crains de vous parler... quelle contrainte, hélas !
Vous détournez les yeux... vous ne m'écoutez pas [1].

TANCRÈDE, d'une voix entrecoupée.

Retournez... consolez ce vieillard que j'honore;
D'autres soins plus pressants me rappellent encore.

---

[1]. Dans *Artémire*, acte IV, scène IV, voyez *Théâtre*, tome Ier, page 144, Voltaire avait dit :
Vous détournez les yeux, et ne m'écoutez pas.

Envers vous, envers lui, j'ai rempli mon devoir,
J'en ai reçu le prix... je n'ai point d'autre espoir :
Trop de reconnaissance est un fardeau peut-être ;
Mon cœur vous en dégage... et le vôtre est le maître
De pouvoir à son gré disposer de son sort.
Vivez heureuse... et moi, je vais chercher la mort.

SCÈNE V.

AMÉNAÏDE, FANIE.

AMÉNAÏDE.

Veillé-je ? et du tombeau suis-je en effet sortie ?
Est-il vrai que le ciel m'ait rendue à la vie ?
Ce jour, ce triste jour éclaire-t-il mes yeux ?
Ce que je viens d'entendre, ô ma chère Fanie !
Est un arrêt de mort, plus dur, plus odieux,
Plus affreux que les lois qui m'avaient condamnée.

FANIE.

L'un et l'autre est horrible à mon âme étonnée.

AMÉNAÏDE.

Est-ce Tancrède, ô ciel ! qui vient de me parler ?
As-tu vu sa froideur altière, avilissante,
Ce courroux dédaigneux dont il m'ose accabler ?
Fanie, avec horreur il voyait son amante !
Il m'arrache à la mort, et c'est pour m'immoler !
Qu'ai-je donc fait, Tancrède ? Ai-je pu vous déplaire ?

FANIE.

Il est vrai que son front respirait la colère,
Sa voix entrecoupée affectait des froideurs ;
Il détournait les yeux, mais il cachait ses pleurs.

AMÉNAÏDE.

Il me rebute, il fuit, me renonce, et m'outrage !
Quel changement affreux a formé cet orage ?
Que veut-il ? quelle offense excite son courroux ?
De qui dans l'univers peut-il être jaloux ?
Oui, je lui dois la vie, et c'est toute ma gloire.
Seul objet de mes vœux, il est mon seul appui.
Je mourais, je le sais, sans lui, sans sa victoire ;
Mais s'il sauva mes jours, je les perdais pour lui.

ACTE IV, SCÈNE V.

FANIE.

Il le peut ignorer : la voix publique entraîne ;
Même en s'en défiant, on lui résiste à peine.
Cet esclave, sa mort, ce billet malheureux,
Le nom de Solamir, l'éclat de sa vaillance,
L'offre de son hymen, l'audace de ses feux,
Tout parlait contre vous, jusqu'à votre silence,
Ce silence si fier, si grand, si généreux,
Qui dérobait Tancrède à l'injuste vengeance
De vos communs tyrans armés contre vous deux.
Quels yeux pouvaient percer ce voile ténébreux ?
Le préjugé l'emporte, et l'on croit l'apparence.

AMÉNAÏDE.

Lui, me croire coupable !

FANIE.

Ah ! s'il peut s'abuser,
Excusez un amant.

AMÉNAÏDE, reprenant sa fierté et ses forces.

Rien ne peut l'excuser...
Quand l'univers entier m'accuserait d'un crime :
Sur son jugement seul un grand homme appuyé
A l'univers séduit oppose son estime.
Il aura donc pour moi combattu par pitié !
Cet opprobre est affreux, et j'en suis accablée.
Hélas ! mourant pour lui, je mourais consolée ;
Et c'est lui qui m'outrage et m'ose soupçonner !
C'en est fait ; je ne veux jamais lui pardonner ;
Ses bienfaits sont toujours présents à ma pensée,
Ils resteront gravés dans mon âme offensée ;
Mais s'il a pu me croire indigne de sa foi,
C'est lui qui pour jamais est indigne de moi.
Ah ! de tous mes affronts c'est le plus grand peut-être.

FANIE.

Mais il ne connaît pas...

AMÉNAÏDE.

Il devait me connaître ;
Il devait respecter un cœur tel que le mien ;
Il devait présumer qu'il était impossible
Que jamais je trahisse un si noble lien.
Ce cœur est aussi fier que son bras invincible ;
Ce cœur était en tout aussi grand que le sien,
Moins soupçonneux, sans doute, et surtout plus sensible.

Je renonce à Tancrède, au reste des mortels ;
Ils sont faux ou méchants, ils sont faibles, cruels,
Ou trompeurs, ou trompés ; et ma douleur profonde,
En oubliant Tancrède, oubliera tout le monde.

SCÈNE VI.

ARGIRE, AMÉNAÏDE, suite.

ARGIRE, soutenu par ses écuyers.

Mes amis, avancez, sans plaindre mes tourments.
On va combattre ; allons, guidez mes pas tremblants.
Ne pourrai-je embrasser ce héros tutélaire ?
Ah ! ne puis-je savoir qui t'a sauvé le jour ?

AMÉNAÏDE, plongée dans sa douleur, appuyée d'une main sur Fanie,
et se tournant à moitié vers son père.

Un mortel autrefois digne de mon amour,
Un héros en ces lieux opprimé par mon père,
Que je n'osais nommer, que vous avez proscrit,
Le seul et cher objet de ce fatal écrit,
Le dernier rejeton d'une famille auguste,
Le plus grand des humains, hélas ! le plus injuste ;
En un mot, c'est Tancrède.

ARGIRE.

O ciel ! que m'as-tu dit ?

AMÉNAÏDE.

Ce que ne peut cacher la douleur qui m'égare,
Ce que je vous confie en craignant tout pour lui.

ARGIRE.

Lui, Tancrède !

AMÉNAÏDE.

Et quel autre eût été mon appui ?

ARGIRE.

Tancrède qu'opprima notre sénat barbare ?

AMÉNAÏDE.

Oui, lui-même.

ARGIRE.

Et pour nous il fait tout aujourd'hui !
Nous lui ravissions tout, biens, dignités, patrie ;
Et c'est lui qui pour nous vient prodiguer sa vie !
O juges malheureux, qui dans nos faibles mains

Tenons aveuglément le glaive et la balance,
Combien nos jugements sont injustes et vains,
Et combien nous égare une fausse prudence!
Que nous étions ingrats! que nous étions tyrans!

AMÉNAÏDE.

Je puis me plaindre à vous, je le sais... mais, mon père,
Votre vertu se fait des reproches si grands
Que mon cœur désolé tremble de vous en faire;
Je les dois à Tancrède.

ARGIRE.

A lui par qui je vis,
A qui je dois tes jours?

AMÉNAÏDE.

Ils sont trop avilis,
Ils sont trop malheureux. C'est en vous que j'espère;
Réparez tant d'horreurs et tant de cruauté;
Ah! rendez-moi l'honneur que vous m'avez ôté.
Le vainqueur d'Orbassan n'a sauvé que ma vie;
Venez, que votre voix parle et me justifie.

ARGIRE.

Sans doute, je le dois.

AMÉNAÏDE.

Je vole sur vos pas.

ARGIRE.

Demeure.

AMÉNAÏDE.

Moi rester! je vous suis aux combats.
J'ai vu la mort de près, et je l'ai vue horrible;
Croyez qu'aux champs d'honneur elle est bien moins terrible
Qu'à l'indigne échafaud où vous me conduisiez.
Seigneur, il n'est plus temps que vous me refusiez :
J'ai quelques droits sur vous; mon malheur me les donne.
Faudra-t-il que deux fois mon père m'abandonne?

ARGIRE.

Ma fille, je n'ai plus d'autorité sur toi;
J'en avais abusé, je dois l'avoir perdue.
Mais quel est ce dessein qui me glace d'effroi?
Crains les égarements de ton âme éperdue.
Ce n'est point en ces lieux, comme en d'autres climats,
Où le sexe, élevé loin d'une triste gêne,
Marche avec les héros, et s'en distingue à peine;
Et nos mœurs et nos lois ne le permettent pas.

AMÉNAÏDE.

Quelles lois! quelles mœurs indignes et cruelles!
Sachez qu'en ce moment je suis au-dessus d'elles :
Sachez que, dans ce jour d'injustice et d'horreur,
Je n'écoute plus rien que la loi de mon cœur.
Quoi! ces affreuses lois, dont le poids vous opprime,
Auront pris dans vos bras votre sang pour victime!
Elles auront permis qu'aux yeux des citoyens
Votre fille ait paru dans d'infâmes liens,
Et ne permettront pas qu'aux champs de la victoire
J'accompagne mon père, et défende ma gloire!
Et le sexe en ces lieux, conduit aux échafauds,
Ne pourra se montrer qu'au milieu des bourreaux [1]!
L'injustice à la fin produit l'indépendance [2].
Vous frémissez, mon père; ah! vous deviez frémir
Quand, de vos ennemis caressant l'insolence,
Au superbe Orbassan vous pûtes vous unir
Contre le seul mortel qui prend votre défense,
Quand vous m'avez forcée à vous désobéir.

ARGIRE.

Va, c'est trop accabler un père déplorable :

---

1. Lors de la réaction thermidorienne, on appliquait ces vers à Charlotte Corday, à Mme Roland, etc. (G. A.)
2. On a cru reconnaître dans ce vers le sentiment qu'une longue suite d'injustices avait dû produire dans l'âme de l'auteur; comme dans ceux-ci :

> Proscrit dès le berceau, nourri dans le malheur,
> Moi toujours éprouvé, moi, qui suis mon ouvrage,
> Qui d'États en États ai porté mon courage,
> Qui partout de l'envie ai senti la fureur,
> Depuis que je suis né, j'ai vu la calomnie
> Exhaler les venins de sa bouche impunie,
> Chez les républicains comme à la cour des rois.

On a cru reconnaître encore le sentiment d'un grand homme qui, après avoir été privé de la liberté dans sa jeunesse pour des vers qu'il n'avait point faits, forcé d'aller chercher en Angleterre un abri contre la haine des bigots, d'aller oublier à Berlin les cabales des gens de lettres, et la haine que les gens en place portent sourdement à tout homme supérieur, avait été ensuite obligé de quitter Berlin par les intrigues d'un géomètre médiocre, jaloux d'un grand poëte, et retrouvait à Genève les monstres qui l'avaient persécuté à Paris et à Berlin, la Superstition et l'Envie.

Remarquons ici que c'est vraisemblablement au goût de Voltaire pour l'Arioste que nous devons *Tancrède*. Il était impossible qu'un aussi grand artiste ne vît dans l'histoire d'Ariodant et de Genèvre un bloc précieux d'où devait sortir une belle tragédie. C'est une des pièces du théâtre français qui font le plus d'effet à la représentation, et peut-être celle de toutes où l'on trouve un plus grand nombre de vers de situation et d'une sensibilité profonde et passionnée. (K.)

N'abuse point du droit de me trouver coupable ;
Je le suis, je le sens, je me suis condamné :
Ménage ma douleur ; et si ton cœur encore
D'un père au désespoir ne s'est point détourné,
Laisse-moi seul mourir par les flèches du Maure.
Je vais joindre Tancrède, et tu n'en peux douter.
Vous, observez ses pas.

SCÈNE VII.

AMÉNAÏDE.

Qui pourra m'arrêter ?
Tancrède, qui me hais, et qui m'as outragée,
Qui m'oses mépriser après m'avoir vengée,
Oui, je veux à tes yeux combattre et t'imiter ;
Des traits sur toi lancés affronter la tempête,
En recevoir les coups... en garantir ta tête ;
Te rendre à tes côtés tout ce que je te doi ;
Punir ton injustice en expirant pour toi ;
Surpasser, s'il se peut, ta rigueur inhumaine ;
Mourante entre tes bras, t'accabler de ma haine,
De ma haine trop juste, et laisser, à ma mort,
Dans ton cœur qui m'aima le poignard du remord,
L'éternel repentir d'un crime irréparable,
Et l'amour que j'abjure, et l'horreur qui m'accable.

FIN DU QUATRIÈME ACTE.

ACTE CINQUIÈME.

SCÈNE I.

LES CHEVALIERS ET LEURS ÉCUYERS, l'épée à la main;
DES SOLDATS, portant des trophées; LE PEUPLE, dans le fond.

LORÉDAN.

Allez, et préparez les chants de la victoire,
Peuple, au Dieu des combats prodiguez votre encens;
C'est lui qui nous fait vaincre, à lui seul est la gloire.
S'il ne conduit nos coups, nos bras sont impuissants.
Il a brisé les traits, il a rompu les piéges
Dont nous environnaient ces brigands sacriléges,
De cent peuples vaincus dominateurs cruels.
Sur leurs corps tout sanglants érigez vos trophées;
Et, foulant à vos pieds leurs fureurs étouffées,
Des trésors du croissant ornez nos saints autels.
Que l'Espagne opprimée, et l'Italie en cendre,
L'Égypte terrassée, et la Syrie aux fers,
Apprennent aujourd'hui comme on peut se défendre
Contre ces fiers tyrans, l'effroi de l'univers.
C'est à nous maintenant de consoler Argire;
Que le bonheur public apaise ses douleurs :
Puissions-nous voir en lui, malgré tous ses malheurs,
L'homme d'État heureux quand le père soupire!
   Mais pourquoi ce guerrier, ce héros inconnu,
A qui l'on doit, dit-on, le succès de nos armes,
Avec nos chevaliers n'est-il point revenu?
Ce triomphe à ses yeux a-t-il si peu de charmes?
Croit-il de ses exploits que nous soyons jaloux?
Nous sommes assez grands pour être sans envie.
Veut-il fuir Syracuse après l'avoir servie?
   (A Catane.)
Seigneur, il a longtemps combattu près de vous;

D'où vient qu'ayant voulu courir notre fortune
Il ne partage point l'allégresse commune?

CATANE.

Apprenez-en la cause, et daignez m'écouter.
Quand du chemin d'Etna vous fermiez le passage,
Placé loin de vos yeux, j'étais vers le rivage
Où nos fiers ennemis osaient nous résister.
Je l'ai vu courir seul et se précipiter.
Nous étions étonnés qu'il n'eût point ce courage
Inaltérable et calme au milieu du carnage,
Cette vertu d'un chef, et ce don d'un grand cœur :
Un désespoir affreux égarait sa valeur ;
Sa voix entrecoupée et son regard farouche
Annonçaient la douleur qui troublait ses esprits.
Il appelait souvent Solamir à grands cris ;
Le nom d'Aménaïde échappait de sa bouche ;
Il la nommait parjure, et, malgré ses fureurs,
De ses yeux enflammés j'ai vu tomber des pleurs.
Il cherchait à mourir ; et, toujours invincible,
Plus il s'abandonnait, plus il était terrible.
Tout cédait à nos coups, et surtout à son bras ;
Nous revenions vers vous, conduits par la victoire ;
Mais lui, les yeux baissés, insensible à sa gloire,
Morne, triste, abattu, regrettant le trépas,
Il appelle en pleurant Aldamon qui s'avance ;
Il l'embrasse, il lui parle, et loin de nous s'élance
Aussi rapidement qu'il avait combattu.
« C'est pour jamais », dit-il. Ces mots nous laissent croire
Que ce grand chevalier, si digne de mémoire,
Veut être à Syracuse à jamais inconnu.
Nul ne peut soupçonner le dessein qui le guide.
Mais dans le même instant je vois Aménaïde,
Je la vois éperdue au milieu des soldats,
La mort dans les regards, pâle, défigurée ;
Elle appelle Tancrède, elle vole, égarée :
Son père, en gémissant, suit à peine ses pas ;
Il ramène avec nous Aménaïde en larmes.
« C'est Tancrède, dit-il, ce héros dont les armes
Ont étonné nos yeux par de si grands exploits,
Ce vengeur de l'État, vengeur d'Aménaïde ;
C'est lui que ce matin, d'une commune voix,
Nous déclarions rebelle, et nous nommions perfide ;

C'est ce même Tancrède exilé par nos lois. »
Amis, que faut-il faire, et quel parti nous reste?

LORÉDAN.

Il n'en est qu'un pour nous, celui du repentir.
Persister dans sa faute est horrible et funeste :
Un grand homme opprimé doit nous faire rougir.
On condamna souvent la vertu, le mérite :
Mais, quand ils sont connus, il les faut honorer.

SCÈNE II.

LES CHEVALIERS, ARGIRE; AMÉNAÏDE,
dans l'enfoncement, soutenue par ses femmes.

ARGIRE, arrivant avec précipitation.

Il les faut secourir, il les faut délivrer.
Tancrède est en péril; trop de zèle l'excite :
Tancrède s'est lancé parmi les ennemis,
Contre lui ramenés, contre lui seul unis.
Hélas! j'accuse en vain mon âge qui me glace.
O vous, de qui la force est égale à l'audace,
Vous qui du faix des ans n'êtes point affaiblis,
Courez tous, dissipez ma crainte impatiente,
Courez, rendez Tancrède à ma fille innocente.

LORÉDAN.

C'est nous en dire trop : le temps est cher, volons;
Secourons sa valeur qui devient imprudente,
Et cet emportement que nous désapprouvons.

SCÈNE III.

ARGIRE, AMÉNAÏDE.

ARGIRE.

O ciel! tu prends pitié d'un père qui t'adore;
Tu m'as rendu ma fille, et tu me rends encore
L'heureux libérateur qui nous a tous vengés.

(Aménaïde s'avance.)

Ma fille, un juste espoir dans nos cœurs doit renaître.
J'ai causé tes malheurs, je les ai partagés;

Je les termine enfin : Tancrède va paraître.
Ne puis-je consoler tes esprits affligés?

AMÉNAÏDE.

Je me consolerai, quand je verrai Tancrède,
Quand ce fatal objet de l'horreur qui m'obsède
Aura plus de justice, et sera sans danger,
Quand j'apprendrai de vous qu'il vit sans m'outrager,
Et lorsque ses remords expieront mes injures.

ARGIRE.

Je ressens ton état, sans doute il doit t'aigrir.
On n'essuya jamais des épreuves plus dures.
Je sais ce qu'il en coûte, et qu'il est des blessures
Dont un cœur généreux peut rarement guérir :
La cicatrice en reste, il est vrai ; mais, ma fille,
Nous avons vu Tancrède en ces lieux abhorré ;
Apprends qu'il est chéri, glorieux, honoré :
Sur toi-même il répand tout l'éclat dont il brille.
Après ce qu'il a fait, il veut nous faire voir,
Par l'excès de sa gloire et de tant de services,
L'excès où ses rivaux portaient leurs injustices.
Le vulgaire est content, s'il remplit son devoir :
Il faut plus au héros, il faut que sa vaillance
Aille au delà du terme et de notre espérance :
C'est ce que fait Tancrède ; il passe notre espoir.
Il te verra constante, il te sera fidèle.
Le peuple en ta faveur s'élève et s'attendrit :
Tancrède va sortir de son erreur cruelle ;
Pour éclairer ses yeux, pour calmer son esprit,
Il ne faudra qu'un mot.

AMÉNAÏDE.

Et ce mot n'est pas dit.
Que m'importe à présent ce peuple et son outrage,
Et sa faveur crédule, et sa pitié volage,
Et la publique voix que je n'entendrai pas?
D'un seul mortel, d'un seul dépend ma renommée.
Sachez que votre fille aime mieux le trépas
Que de vivre un moment sans en être estimée.
Sachez (il faut enfin m'en vanter devant vous)
Que dans mon bienfaiteur j'adorais mon époux.
Ma mère au lit de mort a reçu nos promesses ;
Sa dernière prière a béni nos tendresses :
Elle joignit nos mains, qui fermèrent ses yeux.

Nous jurâmes par elle, à la face des cieux,
Par ses mânes, par vous, vous, trop malheureux père,
De nous aimer en vous, d'être unis pour vous plaire,
De former nos liens dans vos bras paternels.
Seigneur... les échafauds ont été nos autels.
Mon amant, mon époux cherche un trépas funeste,
Et l'horreur de ma honte est tout ce qui me reste.
Voilà mon sort.

ARGIRE.

Eh bien! ce sort est réparé;
Et nous obtiendrons plus que tu n'as espéré.

AMÉNAÏDE.

Je crains tout.

SCÈNE IV.

ARGIRE, AMÉNAÏDE, FANIE.

FANIE.

Partagez l'allégresse publique,
Jouissez plus que nous de ce prodige unique.
Tancrède a combattu; Tancrède a dissipé
Le reste d'une armée au carnage échappé.
Solamir est tombé sous cette main terrible,
Victime dévouée à notre État vengé,
Au bonheur d'un pays qui devient invincible,
Surtout à votre nom qu'on avait outragé.
La prompte renommée en répand la nouvelle;
Ce peuple, ivre de joie, et volant après lui,
Le nomme son héros, sa gloire, son appui,
Parle même du trône où sa vertu l'appelle[1].
Un seul de nos guerriers, seigneur, l'avait suivi;
C'est ce même Aldamon qui sous vous a servi.
Lui seul a partagé ses exploits incroyables;
Et quand nos chevaliers, dans un danger si grand,
Lui sont venus offrir leurs armes secourables,
Tancrède avait tout fait, il était triomphant.
Entendez-vous ces cris qui vantent sa vaillance?
On l'élève au-dessus des héros de la France,

---

1. On a appliqué ces vers à Bonaparte. (G. A.)

Des Roland, des Lisois, dont il est descendu.
Venez de mille mains couronner sa vertu,
Venez voir ce triomphe, et recevoir l'hommage
Que vous avez de lui trop longtemps attendu.
Tout vous rit, tout vous sert, tout venge votre outrage ;
Et Tancrède à vos vœux est pour jamais rendu.

AMÉNAÏDE.

Ah ! je respire enfin ; mon cœur connaît la joie.
Ah ! mon père, adorons le ciel qui me renvoie,
Par ces coups inouïs, tout ce que j'ai perdu.
De combien de tourments sa bonté nous délivre !
Ce n'est qu'en ce moment que je commence à vivre.
Mon bonheur est au comble ; hélas ! il m'est bien dû.
Je veux tout oublier ; pardonnez-moi mes plaintes,
Mes reproches amers et mes frivoles craintes.
Oppresseurs de Tancrède, ennemis, citoyens,
Soyez tous à ses pieds, il va tomber aux miens.

ARGIRE.

Oui, le ciel pour jamais daigne essuyer nos larmes.
Je me trompe, ou je vois le fidèle Aldamon,
Qui suivait seul Tancrède et secondait ses armes ;
C'est lui, c'est ce guerrier si cher à ma maison.
De nos prospérités la nouvelle est certaine :
Mais d'où vient que vers nous il se traîne avec peine ?
Est-il blessé ? Ses yeux annoncent la douleur.

SCÈNE V[1].

ARGIRE, AMÉNAÏDE, ALDAMON, FANIE.

AMÉNAÏDE.

Parlez, cher Aldamon, Tancrède est donc vainqueur ?

ALDAMON.

Sans doute il l'est, madame.

AMÉNAÏDE.

A ces chants d'allégresse,
A ces voix que j'entends, il s'avance en ces lieux ?

ALDAMON.

Ces chants vont se changer en des cris de tristesse.

---

1. Voltaire comptait beaucoup sur l'effet de ces deux dernières scènes.

AMÉNAÏDE.

Qu'entends-je? Ah! malheureuse!

ALDAMON.

Un jour si glorieux
Est le dernier des jours de ce héros fidèle.

AMÉNAÏDE.

Il est mort!

ALDAMON.

La lumière éclaire encor ses yeux :
Mais il est expirant d'une atteinte mortelle.
Je vous apporte ici de funestes adieux.
Cette lettre fatale, et de son sang tracée,
Doit vous apprendre, hélas! sa dernière pensée.
Je m'acquitte en tremblant de cet affreux devoir.

ARGIRE.

O jour de l'infortune! ô jour du désespoir!

AMÉNAÏDE, revenant à elle.

Donnez-moi mon arrêt, il me défend de vivre;
Il m'est cher... O Tancrède! ô maître de mon sort!
Ton ordre, quel qu'il soit, est l'ordre de te suivre;
J'obéirai... Donnez votre lettre et la mort.

ALDAMON.

Lisez donc; pardonnez ce triste ministère.

AMÉNAÏDE.

O mes yeux! lirez-vous ce sanglant caractère?
Le pourrai-je? il le faut... c'est mon dernier effort.

(Elle lit.)

« Je ne pouvais survivre à votre perfidie;
Je meurs dans les combats, mais je meurs par vos coups.
J'aurais voulu, cruelle, en m'exposant pour vous,
Vous avoir conservé la gloire avec la vie... »
Eh bien, mon père[1]!

(Elle se jette dans les bras de Fanie)

ARGIRE.

Enfin, les destins désormais
Ont assouvi leur haine, ont épuisé leurs traits :
Nous voilà maintenant sans espoir et sans crainte.
Ton état et le mien ne permet plus la plainte.
Ma chère Aménaïde, avant que de quitter

---

1. Grimm écrit dans la *Correspondance littéraire* : « Le mot d'Aménaïde, *eh bien, mon père?* lorsqu'elle a lu la lettre de Tancrède, est sublime. »

ACTE V, SCÈNE VI.

Ce jour, ce monde affreux que je dois détester,
Que j'apprenne du moins à ma triste patrie
Les honneurs qu'on devait à ta vertu trahie;
Que, dans l'horrible excès de ma confusion,
J'apprenne à l'univers à respecter ton nom !

AMÉNAÏDE.

Eh ! que fait l'univers à ma douleur profonde ?
Que me fait ma patrie et le reste du monde ?
Tancrède meurt.

ARGIRE.

Je cède aux coups qui m'ont frappé.

AMÉNAÏDE.

Tancrède meurt, ô ciel ! sans être détrompé !
Vous en êtes la cause... Ah ! devant qu'il expire...
Que vois-je ? mes tyrans !

SCÈNE VI.

LORÉDAN, CHEVALIERS, SUITE, AMÉNAÏDE, ARGIRE, FANIE, ALDAMON; TANCRÈDE, dans le fond, porté par des soldats.

LORÉDAN.

O malheureux Argire !
O fille infortunée ! on conduit devant vous
Ce brave chevalier percé de nobles coups.
Il a trop écouté son aveugle furie ;
Il a voulu mourir, mais il meurt en héros.
De ce sang précieux, versé pour la patrie,
Nos secours empressés ont suspendu les flots.
Cette âme, qu'enflammait un courage intrépide,
Semble encor s'arrêter pour voir Aménaïde ;
Il la nomme ; les pleurs coulent de tous les yeux ;
Et d'un juste remords je ne puis me défendre.

(Pendant qu'il parle, on approche lentement Tancrède vers Aménaïde presque évanouie entre les bras de ses femmes ; elle se débarrasse précipitamment des femmes qui la soutiennent, et, se retournant avec horreur vers Lorédan, dit :)

AMÉNAÏDE.

Barbares, laissez là vos remords odieux.

(Puis courant à Tancrède, et se jetant à ses pieds :)

Tancrède, cher amant, trop cruel et trop tendre,

Dans nos derniers instants, hélas! peux-tu m'entendre?
Tes yeux appesantis peuvent-ils me revoir?
Hélas! reconnais-moi, connais mon désespoir.
Dans le même tombeau souffre au moins ton épouse;
C'est là le seul honneur dont mon âme est jalouse.
Ce nom sacré m'est dû; tu me l'avais promis :
Ne sois point plus cruel que tous nos ennemis;
Honore d'un regard ton épouse fidèle...
(Il la regarde)
C'est donc là le dernier que tu jettes sur elle!...
De ton cœur généreux son cœur est-il haï?
Peux-tu me soupçonner?

TANCRÈDE, se soulevant un peu.

Ah! vous m'avez trahi!

AMÉNAÏDE.

Qui! moi? Tancrède!

ARGIRE, se jetant aussi à genoux de l'autre côté, et embrassant Tancrède, puis se relevant.

Hélas! ma fille infortunée,
Pour t'avoir trop aimé, fut par nous condamnée,
Et nous la punissions de te garder sa foi.
Nous fûmes tous cruels envers elle, envers toi.
Nos lois, nos chevaliers, un tribunal auguste,
Nous avons failli tous; elle seule était juste.
Son écrit malheureux qui nous avait armés,
Cet écrit fut pour toi, pour le héros qu'elle aime.
Cruellement trompé, je t'ai trompé moi-même.

TANCRÈDE.

Aménaïde... ô ciel! est-il vrai? vous m'aimez!

AMÉNAÏDE.

Va, j'aurais en effet mérité mon supplice,
Ce supplice honteux dont tu m'as su tirer,
Si j'avais un moment cessé de t'adorer,
Si mon cœur eût commis cette horrible injustice.

TANCRÈDE, en reprenant un peu de force, et élevant la voix.

Vous m'aimez! ô bonheur plus grand que mes revers!
Je sens trop qu'à ce mot je regrette la vie.
J'ai mérité la mort, j'ai cru la calomnie.
Ma vie était horrible, hélas! et je la perds
Quand un mot de ta bouche allait la rendre heureuse!

AMÉNAÏDE.

Ce n'est donc, juste Dieu! que dans cette heure affreuse,

ACTE V, SCÈNE VI.

Ce n'est qu'en le perdant que j'ai pu lui parler!
Ah, Tancrède!

TANCRÈDE.

Vos pleurs devraient me consoler;
Mais il faut vous quitter, ma mort est douloureuse!
Je sens qu'elle s'approche. Argire, écoutez-moi :
Voilà le digne objet qui me donna sa foi;
Voilà de nos soupçons la victime innocente;
A sa tremblante main joignez ma main sanglante;
Que j'emporte au tombeau le nom de son époux.
Soyez mon père.

ARGIRE, prenant leurs mains.

Hélas! mon cher fils, puissiez-vous
Vivre encore adoré d'une épouse chérie!

TANCRÈDE.

J'ai vécu pour venger ma femme et ma patrie;
J'expire entre leurs bras, digne de toutes deux,
De toutes deux aimé... j'ai rempli tous mes vœux...
Ma chère Aménaïde!...

AMÉNAÏDE.

Eh bien!

TANCRÈDE.

Gardez de suivre
Ce malheureux amant... et jurez-moi de vivre...

(Il retombe)

CATANE.

Il expire... et nos cœurs de regrets pénétrés...
Qui l'ont connu trop tard...

AMÉNAÏDE, se jetant sur le corps de Tancrède.

Il meurt, et vous pleurez...
Vous, cruels, vous, tyrans, qui lui coûtez la vie!

(Elle se relève et marche.)

Que l'enfer engloutisse, et vous, et ma patrie,
Et ce sénat barbare, et ces horribles droits
D'égorger l'innocence avec le fer des lois!
Que ne puis-je expirer dans Syracuse en poudre,
Sur vos corps tout sanglants écrasés par la foudre!

(Elle se rejette sur le corps de Tancrède.)

Tancrède! cher Tancrède!

(Elle se relève en fureur.)

Il meurt, et vous vivez!
Vous vivez!... je le suis... je l'entends, il m'appelle...

Il se rejoint à moi dans la nuit éternelle.
Je vous laisse aux tourments qui vous sont réservés.

(Elle tombe dans les bras de Fanie.)

ARGIRE.

Ah! ma fille!

AMÉNAÏDE, égarée, et le repoussant.

Arrêtez... vous n'êtes point mon père[1]:
Votre cœur n'en eut point le sacré caractère :
Vous fûtes leur complice... Ah! pardonnez, hélas!

(A Tancrède)

Je meurs en vous aimant... J'expire entre tes bras.
Cher Tancrède...

(Elle tombe à côté de lui.)

ARGIRE.

O ma fille! ô ma chère Fanie!
Qu'avant ma mort, hélas! on la rende à la vie[2].

---

1. « Je conviens que Mlle Clairon peut faire une très-belle figure en tombant aux pieds de Tancrède; mais si vous aviez vu Mme Denis, pleurante et égarée, se relever d'entre les bras qui la soutiennent, et dire d'une voix terrible : *Arrêtez!... vous n'êtes point mon père!...* vous avoueriez que nul tableau n'approche de cette action pathétique, que c'est là la véritable tragédie. Une partie des spectateurs se leva à ce cri par un mouvement involontaire, et *pardonnez* arracha l'âme. Qui empêche Mlle Clairon de se jeter et de mourir aux pieds de Tancrède quand son père, éperdu et immobile, est éloigné d'elle, ou qu'il marche à elle ? Qui l'empêche de dire : *J'expire!* et de tomber près de son amant? »

2. « Le troisième acte, disait Voltaire, est tout en action, le quatrième en sentiment; le cinquième, sentiment et action. »

FIN DE TANCRÈDE.

VARIANTES

DE LA TRAGÉDIE DE TANCRÈDE.

Page 504, vers 18 :

> L'Arabe est vers l'Etna, le Grec est dans Messine.
> Tous deux, grâces au ciel, l'un sur l'autre acharnés,
> Se rendent tous les maux qu'ils nous ont destinés,
> Et semblent préparer leur commune ruine.

Page 510, avant-dernier vers. — Feu Decroix proposait de mettre :

> Banni de nos remparts.

Mais aucune édition ne donne ce texte. (B.)

Page 511, vers 13. — Voltaire avait d'abord mis :

> Les étrangers, la cour, et les mœurs de Byzance
> Sont à jamais pour nous des objets odieux.

Dans sa lettre à d'Argental, du 3 novembre 1760, il dit d'y substituer :

> Solamir, ce Tancrède, et les cours, et Byzance,
> Sont également craints, et sont tous odieux.

Enfin, à l'impression, il mit la version actuelle. (B.)

Page 512, vers 2. — Voltaire avait d'abord mis, et toutes les éditions portent :

> Cette témérité
> Vous offense peut-être, et vous semble une injure.

La leçon que j'ai adoptée est donnée par Voltaire dans sa lettre, déjà citée, du 3 novembre 1760. (B.)

Ibid., vers 13. — Les éditions de Prault et de Duchesne, déjà citées, page 496, portent :

> Rien ne saurait plus rompre un nœud si légitime. (B.)

Page 544, vers 12. — On voit par la lettre à d'Argental, du 14 octobre 1760, que l'auteur avait d'abord mis :

> Viens, je te dirai tout; mais il faut tout oser;
> Le joug est trop affreux, ma main doit le briser. (B.)

Ibid., vers 13. — Dans les éditions de Prault et de Duchesne on lit :

> Le seul nom de Tancrède enhardit ma faiblesse. (B.)

Page 545, vers 12 :

> C'est lui par qui le ciel veut changer mes destins,
> C'est lui qui découvrit dans une course utile
> Que Tancrède en secret a revu la Sicile;
> Mais craignant de lui nuire en cherchant à le voir,
> Il crut que m'avertir était son seul devoir.
> Ma lettre par ses soins remise aux mains d'un Maure.

Dans les éditions de Cramer, 1761, de Prault, 1764, de Duchesne, 1763, on lit :

> .... La Sicile.
> Hélas! que n'a-t-il pu pénétrer jusqu'à lui!
> Que d'obstacles divers m'ont toujours traversée!
> Que de douleurs! enfin la fortune est lassée
> De poursuivre Tancrède et de m'ôter à lui.
> Ce billet en secret remis aux mains d'un Maure,
> Dans Messine, etc.

C'est dans cette scène première du deuxième acte que se trouvaient ces deux vers rapportés dans la lettre à d'Argental, du 23 juin 1759 :

> Il vous fut attaché dès vos plus jeunes ans :
> Vos intérêts lui sont aussi chers que la vie.

Mais de ces deux vers le premier ne rime avec aucun de ceux aujourd'hui conservés. (B.)

Page 518, vers 18 :

ARGIRE, à Aménaïde.

Éloignez-vous, sortez.

AMÉNAÏDE.

Qu'entends-je? vous! mon père!

ARGIRE.

> Vous n'êtes plus ma fille, ôtez-vous de ces lieux,
> Rougissez; et tremblez de vos fureurs secrètes :
> Vous hâtez mon trépas, perfide que vous êtes;
> Allez, une autre main saura fermer mes yeux.

AMÉNAÏDE.

> Où suis-je? ô juste ciel! quel est ce coup de foudre?
> Soutiens-moi...

(Fanie l'aide à sortir.)

SCÈNE III.

ARGIRE, LES CHEVALIERS.

ARGIRE.
Mes amis, c'est à vous de résoudre
Quel parti l'on doit prendre après ce crime affreux.
De l'État et de vous je sens quelle est l'injure ;
Je dois tout à la loi, mais tout à la nature, etc.

Page 520, premier vers :

Nous partageons le poids dont l'horreur vous accable ;
Mais le salut public, nos dangers, nos serments...

Ibid., vers 6. — Les éditions de Prault et de Duchesne portent :

Plutôt que de se rendre il a voulu mourir. (B.)

Ibid., vers 12 :

Je sais qu'on doit la mort à cette criminelle.

Ibid., vers 20. — Dans les éditions de Prault et de Duchesne on lit :

Avec tant d'infamie enfermés au tombeau,
Telle est dans nos États la loi de l'hyménée.

Dans la lettre à d'Argental, du 29 novembre 1760, le dernier de ces deux vers se lit ainsi :

Ainsi l'ordonne, hélas ! la loi de l'hyménée. (B.)

Page 523, vers 2 :

Qu'après ce que j'ai fait, après mon entreprise,
Votre cœur qui m'est dû me saura mériter.

Page 524, vers 9. — Dans les éditions de Prault et de Duchesne on lit :

Punissez ma franchise, et vengez votre offense. (B.)

Ibid., vers 16 :

. . . ni courroux.
Sans daigner pénétrer au fond de ce mystère,
Je veux à vos dédains opposer mes mépris ;
A votre aveuglement vous laisser sans colère,
Marcher à Solamir, et venger mon pays.

SCÈNE VII.

AMÉNAÏDE; SOLDATS, dans l'enfoncemen

Il me faut donc mourir, et dans l'ignominie !
On croit qu'à Solamir mon cœur se sacrifie !
Cher Tancrède, ô toi seul qui méritas ma foi,
Seul objet de mes pleurs, objet de leur envie,
Je meurs en criminelle : oui, je le suis pour toi ;
Je le veux, je dois l'être. Eh quoi ! cette infamie,
Ces apprêts, ces bourreaux, puis-je les soutenir ?
Mort honteuse ! à ton nom tout mon courage cède.
Non, il n'est point de honte en mourant pour Tancrède.
On peut m'ôter le jour, et non pas me punir.
Quoi ! je parais trahir mon père et ma patrie !
. . . .
. . . .
Porte un jour au héros pour qui je perds la vie
Mes derniers sentiments et mes derniers adieux.
Peut-être il vengera son amante fidèle.
Enfin je meurs pour lui ; ma mort est moins cruelle.

Les quatre premiers vers de cette variante sont désavoués par Voltaire, dans sa lettre à Mlle Clairon, du 7 auguste 1761. Les deuxième et quatrième sont sur des rimes employées six vers plus haut. Le sixième vers est aussi renié par Voltaire comme mauvais et gâtant toute la pièce. Le septième est appelé barbare dans la lettre à Mlle Clairon, du 27 auguste 1761. (B.)

Page 525, vers 15 :

. . . . si je lui fus fidèle.

Après la représentation, mais avant l'impression (voyez lettre à d'Argental, du 3 novembre 1760), l'auteur disait de terminer l'acte par ces deux vers :

Peut-être il punira ma destinée affreuse...
Allons... je meurs pour lui, je meurs moins malheureuse.

Il a fait depuis d'autres changements. (B.)

Page 527, vers 3. — Dans sa lettre à Lekain, du 24 septembre 1760, Voltaire proposait :

Ce séjour adoré qu'habite Aménaïde. (B.)

Ibid., vers 24. — Feu Decroix proposait de mettre :

Elle a dans les combats soutenu ma vaillance.

Je n'ai trouvé ce texte dans aucune édition. (B.)

Page 528, vers 6. — Voltaire avait d'abord écrit :

> Le rival de Tancrède.

Voyez la lettre à d'Argental, du 4 octobre 1760. (B.)

Page 529, vers 22 :

> Elle serait fidèle, après mon trépas même !
> Oui, j'ose m'en flatter ; oui, c'est ainsi qu'elle aime,
> C'est ainsi que j'adore un cœur tel que le sien ;
> Il est inébranlable, il est digne du mien :
> Incapable d'effroi, de crainte, et d'inconstance.

Page 531, vers 11. — C'est sans doute à la place de ce vers et du suivant qu'étaient les deux *malheureux* vers que Voltaire rapporte dans sa lettre à d'Argental, du 24 septembre 1760 :

> Car tu m'as déjà dit que cet audacieux
> A sur Aménaïde osé lever les yeux, etc. (B.)

Page 532, avant-dernier vers. — L'édition de Prault est la seule dans laquelle on lise :

> Eloigne-toi. (B.)

Page 534, vers 13 :

> Celle qui fut ma fille à mes yeux va mourir.

Page 537, vers 6. — Feu Decroix propose :

> Vous tous qui prenez part.

Mais je ne trouve ce texte dans aucune édition. (B.)

Page 544, vers 17. — Dans les éditions de Prault et de Duchesne on lit :

> Puissiez-vous, reconnu, chéri dans Syracuse,
> Régner dans nos États... (B.)

Page 546, vers 6 :

> Vivez heureuse... Amis, je vais chercher la mort.

Ibid., vers 13. — L'édition de Prault, 1761, porte :

> Craint-il de s'expliquer? Vous a-t-il soupçonnée?

Page 547, premier vers. — Dans l'édition de Prault, il y a :

> Eh! peut-il le savoir?

Page 548, vers 5. — Dans l'édition de Prault on lit :

. . . . aidez mes faibles ans.

Page 553, vers 7. — Les éditions de Prault et de Duchesne portent :
Il voulait courir seul... (B.)

Ibid., vers 22. — Dans les mêmes éditions il y a :

. . . . Insensible à la gloire. (B.)

Page 555, vers 28. — Dans les mêmes éditions on lit :
Que m'importe ce peuple et son indigne outrage.

Page 557, vers 2. — Dans ces éditions on a imprimé :
Venez voir mille mains couronner sa vertu. (B.)

Page 558, vers 13. — Ces éditions portent :

. . . . . donnez : votre lettre est la mort.

Page 562, vers 2. — Dans ces éditions il y a :

       Qui vous sont réservés.
Je me meurs!
    (Elle tombe dans les bras de Fanie.)
    ARGIRE.
O ma fille! ô ma chère Fanie! (B.)

Ibid., vers 6 :
Je ne peux vous haïr. Que je meure en vos bras!
Que je meure...

FIN DES VARIANTES DE TANCRÈDE.

SAÜL

DRAME

TRADUIT DE L'ANGLAIS DE M. HUT.

(1763)

AVERTISSEMENT

DE BEUCHOT.

S'il fallait s'en rapporter à la date que porte une édition de *Saül*, cette espèce de tragédie serait de 1758 [1]; mais il est arrivé fréquemment à Voltaire d'antidater ses écrits; et ce n'est pas une des moindres difficultés pour un éditeur de rétablir les dates.

Saül circulait en manuscrit dès janvier 1763, et fut imprimé la même année. D'Hemery, inspecteur de police, dont j'ai déjà eu occasion de parler, en saisit, au mois d'auguste, chez divers pauvres diables, une centaine d'exemplaires d'une édition qu'il croyait faite à Liége. Voltaire envoya à Damilaville, pour être insérée dans les papiers publics, une petite note que je n'ai vue imprimée dans aucun journal [2], et qu'il me paraît superflu de répéter ici.

Ce désaveu n'empêcha pas les frères Cramer d'admettre *Saül* dans la cinquième partie des *Nouveaux Mélanges philosophiques*, publiée en 1768 [3]. *Saül* avait déjà été réimprimé plusieurs fois dans l'*Évangile de la raison*, 1765, in-8°, 1768, in-24, et mis à l'*Index* par la sacrée congrégation de Rome le 8 juillet 1765.

Pour l'édition encadrée, ou de 1775, des *Œuvres de Voltaire*, on imprima avec une pagination particulière : *Supplément au tome IX et dernier du théâtre; Saül, drame traduit de l'anglais de M. Hut;* avec cet *Avis* au verso du titre :

Quoique cette traduction ait été attribuée à M. de-***, nous savons qu'elle n'est pas de lui : cependant, pour répondre à l'empressement du public, nous croyons devoir l'insérer ici comme elle l'a été dans un si grand nombre d'éditions de ce même recueil.

Cet *Avis*, conservé dans l'édition in-4° (tome XXVI, daté de 1777), a été, dans les éditions de Kehl, remplacé par un autre [4].

---

1. L'édition qui a ce millésime est in-8°, sans nom de ville ni d'imprimeur.
2. Elle est rapportée dans la lettre à d'Argental, du 14 auguste 1763.
3. Il n'y est pas intitulé *Saul*, mais seulement *Drame traduit de l'anglais de M. Hut.*
4. C'est celui qu'on lit à la suite de cet *Avertissement*.

Dans les premières éditions de *Saül*, des notes au bas des pages renvoyaient aux passages de la Bible. Dans l'*Évangile de la raison*, on supprima quelques-unes de ces notes, mais on en ajouta quelques autres qui renvoyaient au prétendu original anglais. La plupart des unes et des autres avaient disparu depuis longtemps [1]. En les rétablissant toutes, j'ai négligé d'indiquer de quelles éditions j'ai tiré chacune d'elles. Il suffit d'en avoir parlé ici.

Je n'ai pas, jusqu'à présent, indiqué les traductions des ouvrages dramatiques de Voltaire. Je ferai exception pour une traduction de *Saül*, publiée il y a trente-trois ans, en Italie, sous ce titre : *Il Saulle tragicommedia estratta dalla sacra scrittura*, Milano, presso Pirota e Maspero, anno VI repubblicano, in-8° de 52 pages. Le traducteur s'est bien gardé d'indiquer que c'était une traduction du français, et de Voltaire. Il s'adresse, dans un petit discours préliminaire, *A' dilettanti del teatro e nel tempo stesso della sacra scrittura* : il a conservé au bas des pages les renvois à la Bible.

Dans le même temps à peu près, on publiait à Rome, dans les deux langues, *La Voce di un cittadino francese al popolo romano,* etc. (La Voix d'un citoyen français au peuple romain, suivie d'extraits de l'Essai sur l'histoire générale et les mœurs et l'esprit des nations; des Pensées sur l'administration publique; de l'Histoire des quakers; sur le Théisme; et de la Correspondance générale de Voltaire, par le citoyen Saint-Martin, secrétaire de la commission du directoire exécutif de la République française, à Rome), *in Roma, an VI dell' era repubblicana*, in-8° de 434 pages.

---

1. L'édition de 1765 n'en contient plus que quelques-unes de l'édition de 1763.

AVIS

DES ÉDITEURS DE L'ÉDITION DE KEHL[1].

M. Huet, membre du parlement d'Angleterre, était petit-neveu de M. Huet, évêque d'Avranches. Les Anglais, au lieu de *Huet* avec un *e* ouvert, prononcent *Hut*. Ce fut lui qui, en 1728, composa le petit livre très-curieux *the Man after the heart of God*, l'Homme selon le cœur de Dieu[2]. Indigné d'avoir entendu un prédicateur comparer à David le roi George II, qui n'avait ni assassiné personne, ni fait brûler ses prisonniers français dans des fours à brique[3], il fit une justice éclatante de ce roitelet juif.

1. Sur cet avis, voyez l'*Avertissement*, p. 571.
2. L'ouvrage n'est pas de 1728, mais de 1761, comme Voltaire le dit dans son *Dictionnaire philosophique*; d'Holbach en a donné une traduction. (G. A.)
3. Voyez page 583 vers la fin de la scène 1re du deuxième acte. (B.)

PERSONNAGES

SAÜL, fils de Cis, et premier roi juif.
DAVID, fils de Jessé, gendre de Saül, et second roi.
AGAG, roi des Amalécites.
SAMUEL, prophète et juge en Israël.
MICHOL, épouse de David et fille de Saül.
ABIGAÏL, veuve de Nabal et seconde épouse de David.
BETHSABÉE, femme d'Urie et concubine de David.
LA PYTHONISSE, fameuse sorcière en Israël.
JOAB, général des hordes de David et son confident.
URIE, mari de Bethsabée et officier de David.
BAZA, ancien confident de Saül.
ABIÉZER, vieil officier de Saül.
ADONIAS, fils de David et d'Agith, sa dix-septième femme.
SALOMON, fils adultérin de David et de Bethsabée.
NATHAN, prince et prophète en Israël.
GAG ou GAD, prophète et chapelain ordinaire de David.
ABISAG, de Sunam, jeune Sunamite.
ÉBIND, capitaine de David.
ABIAR, officier de David.
YESEZ, inspecteur général des troupes de David.
LES PRÊTRES DE SAMUEL.
LES CAPITAINES DE DAVID.
UN CLERC DE LA TRÉSORERIE.
UN MESSAGER.
LA POPULACE JUIVE.

ACTE I. — La scène est à Galgala. (*Rois*, I, chap. xi, vers. 15, 21, 33.)

ACTE II. — La scène est sur la colline d'Achila. (*Rois*, I, chap. xxvi.)

ACTE III. — La scène est à Sicoleg. (*Rois*, II, chap. i, vers. 1, 2 et suiv.)

ACTE IV. — La scène est à Hébron. (*Rois*, II, chap. v, vers. 1, 3; chap. ii, vers. 1, 3, 4.);

ACTE V. — La scène est à Hérus-Chalaïm. (*Rois*, II, chap. v, vers. 9; chap. xx, vers 3. — III, chap. ii, vers. 10 et 11.)

SAÜL

DRAME[1]

ACTE PREMIER.

SCÈNE I.

SAUL, BAZA.

BAZA.

O grand Saül! le plus puissant des rois, vous qui régnez sur les trois lacs, dans l'espace de plus de cinq cents stades; vous, vainqueur du généreux Agag, roi d'Amalec, dont les capitaines étaient montés sur les plus puissants ânes, ainsi que les cinquante fils d'Amalec; vous qu'Adonaï fit triompher à la fois de Dagon et de Belzébut; vous qui, sans doute, mettrez sous vos lois toute la terre, comme on vous l'a promis tant de fois, faut-il que vous vous abandonniez à votre douleur dans de si nobles triomphes et de si grandes espérances?

---

1. On n'a pas observé, dans cette espèce de tragi-comédie, l'unité d'action, de lieu et de temps. On a cru, avec l'illustre Lamotte, devoir se soustraire à ces règles. Tout se passe dans l'intervalle de deux ou trois générations, pour rendre l'action plus tragique par le nombre des morts selon l'esprit juif; tandis que parmi nous l'unité de temps ne peut s'étendre qu'à vingt-quatre heures, et l'unité de lieu dans l'enceinte d'un palais*.

* Dans un manuscrit, cette note est ainsi conçue:

« Avis. — On n'a pas observé, dans cette espèce de tragédie, l'unité d'action, de lieu et de temps. On a cru, avec M. de Lamotte, pouvoir se soustraire à ces règles gênantes, et on ne s'est attaché qu'à l'unité d'intérêt.

« L'action se passe dans l'intervalle de plus de vingt-quatre ans. Tout a dégénéré. La vie des hommes est devenue si courte qu'on a été obligé, parmi nous, de n'étendre l'unité de temps qu'à vingt-quatre heures, comme l'unité de lieu dans l'enceinte d'un palais. » (B.)

SAUL.

O mon cher Baza! heureux mille fois celui qui conduit en paix les troupeaux bêlants de Benjamin, et presse le doux raisin de la vallée d'Engaddi! Hélas! je cherchais les ânesses de mon père, je trouvai un royaume[1]; depuis ce jour je n'ai connu que la douleur. Plût à Dieu, au contraire, que j'eusse cherché un royaume, et trouvé des ânesses! j'aurais fait un meilleur marché.

BAZA.

Est-ce le prophète Samuel? Est-ce votre gendre David qui vous cause ce mortel chagrin?

SAUL.

L'un et l'autre. Samuel, tu le sais, m'oignit malgré lui; il fit ce qu'il put pour empêcher le peuple de choisir un prince, et dès que je fus élu, il devint le plus cruel de tous mes ennemis.

BAZA.

Vous deviez bien vous y attendre; il était prêtre, et vous étiez guerrier; il gouvernait avant vous : on hait toujours son successeur.

SAUL.

Eh! pouvait-il espérer de gouverner plus longtemps? Il avait associé à son pouvoir ses indignes enfants, également corrompus et corrupteurs, qui vendaient publiquement la justice : toute la nation s'éleva contre ce gouvernement sacerdotal. On tira un roi au sort : les dés sacrés[2] annoncèrent la volonté du ciel; le peuple la ratifia, et Samuel frémit; ce n'est pas assez de haïr en moi un prince choisi par le ciel, il hait encore le prophète, car il sait que, comme lui, j'ai le nom de voyant; que j'ai prophétisé comme lui; et ce nouveau proverbe répandu dans Israël, *Saül*[3] *est aussi au rang des prophètes,* n'offense que trop ses oreilles superbes. On le respecte encore; pour mon malheur il est prêtre, il est dangereux.

BAZA.

N'est-ce pas lui qui soulève contre vous votre gendre David?

SAUL.

Il n'est que trop vrai, et je tremble qu'il ne cabale pour donner ma couronne à ce rebelle.

BAZA.

Votre Altesse royale est trop bien affermie par ses victoires, et le roi Agag, votre illustre prisonnier[4], vous est ici un sûr garant

---

1. *Rois,* I, chap. x, verset 1; xix, 3, 4.
2. *Rois,* I, chap. x, versets 10, 20, 21.
3. *Rois,* I, chap. x, verset 6; xix, 23.
4. *Rois,* I, chap. xv, verset 8.

de la fidélité de votre peuple, également enchanté de votre victoire et de votre clémence : voici qu'on l'amène devant Votre Altesse royale.

SCÈNE II.

SAÜL, BAZA, AGAG, SOLDATS.

AGAG.

Doux et puissant vainqueur, modèle des princes, qui savez vaincre et pardonner, je me jette à vos sacrés genoux ; daignez ordonner vous-même ce que je dois donner pour ma rançon ; je serai désormais un voisin, un allié fidèle, un vassal soumis ; je ne vois plus en vous qu'un bienfaiteur et un maître : je vous dois la vie, je vous devrai encore la liberté : j'admirerai, j'aimerai en vous l'image du Dieu qui punit et pardonne.

SAUL.

Illustre prince, que le malheur rend encore plus grand, je n'ai fait que mon devoir en sauvant vos jours[1] : les rois doivent respecter leurs semblables ; qui se venge après la victoire est indigne de vaincre ; je ne mets point votre personne à rançon, elle est d'un prix inestimable : soyez libre ; les tributs que vous payerez à Israël seront moins des marques de soumission que d'amitié : c'est ainsi que les rois doivent traiter ensemble.

AGAG.

O vertu ! O grandeur de courage ! que vous êtes puissante sur mon cœur ! Je vivrai, je mourrai le sujet du grand Saül, et tous mes États sont à lui.

SCÈNE III.

LES PERSONNAGES PRÉCÉDENTS, SAMUEL, PRÊTRES.

SAUL.

Samuel, quelles nouvelles m'apportez-vous ? Venez-vous de la part de Dieu, de celle du peuple, ou de la vôtre ?

SAMUEL.

De la part de Dieu.

SAUL.

Qu'ordonne-t-il ?

---

1. *Rois*, I, chap. XV, verset 9.

SAMUEL.

Il m'ordonne de vous dire qu'il s'est repenti[1] de vous avoir fait régner.

SAUL.

Dieu, se repentir! Il n'y a que ceux qui font des fautes qui se repentent; sa sagesse éternelle ne peut être imprudente. Dieu ne peut faire des fautes.

SAMUEL.

Il peut se repentir d'avoir mis sur le trône ceux qui en commettent.

SAUL.

Eh! quel homme n'en commet pas? Parlez, de quoi suis-je coupable?

SAMUEL.

D'avoir pardonné à un roi.

AGAG.

Comment! la plus belle des vertus serait regardée chez vous comme un crime?

SAMUEL, à Agag.

Tais-toi, ne blasphème point. (A Saül.) Saül, ci-devant roi des Juifs[2], Dieu ne vous avait-il pas ordonné par ma bouche d'égorger tous les Amalécites, sans épargner ni les femmes, ni les filles, ni les enfants à la mamelle[3]?

AGAG.

Ton Dieu t'avait ordonné cela! Tu t'es trompé, tu voulais dire ton diable.

SAMUEL, à ses prêtres.

Préparez-vous à m'obéir; et vous, Saül, avez-vous obéi à Dieu?

SAUL.

Je n'ai pas cru qu'un tel ordre fût positif; j'ai pensé que la bonté était le premier attribut de l'Être suprême, qu'un cœur compatissant ne pouvait lui déplaire.

SAMUEL.

Vous vous êtes trompé, homme infidèle: Dieu vous réprouve, votre sceptre passera dans d'autres mains[4].

BAZA, à Saül.

Quelle insolence! Seigneur, permettez-moi de punir ce prêtre barbare.

---

1. *Rois*, I, chap. xv, verset 11.
2. *Rois*, I, chap. xv, verset 23.
3. *Rois*, I, chap. xv, versets 3, 16.
4. *Rois*, I, chap. xxviii, versets 16, 17, 19.

ACTE I, SCÈNE III. 579

SAUL.

Gardez-vous-en bien ; ne voyez-vous pas qu'il est suivi de tout le peuple, et que nous serions lapidés si je résistais, car en effet j'avais promis...

BAZA.

Vous aviez promis une chose abominable !

SAUL.

N'importe ; les Juifs sont plus abominables encore ; ils prendront la défense de Samuel contre moi.

BAZA, à part.

Ah ! malheureux prince, tu n'as de courage qu'à la tête des armées.

SAUL.

Eh bien donc ! prêtres, que faut-il que je fasse ?

SAMUEL.

Je vais te montrer comme on obéit au Seigneur. (A ses prêtres.) O prêtres sacrés ! enfants de Lévi, déployez ici votre zèle : qu'on apporte une table[1], qu'on étende sur cette table ce roi, dont le prépuce est un crime devant le Seigneur.

(Les prêtres lient Agag sur la table.)

AGAG.

Que voulez-vous de moi, impitoyables monstres ?

SAUL.

Auguste Samuel, au nom du Seigneur...

SAMUEL.

Ne l'invoquez pas, vous en êtes indigne ; demeurez ici, il vous l'ordonne ; soyez témoin du sacrifice qui, peut-être, expiera votre crime.

AGAG, à Samuel.

Ainsi donc vous m'allez donner la mort : ô mort, que vous êtes amère[2] !

SAMUEL.

Oui, tu es gras[3] ! et ton holocauste en sera plus agréable au Seigneur.

AGAG.

Hélas ! Saül, que je te plains, d'être soumis à de pareils monstres !

SAMUEL, à Agag.

Écoute, tu vas mourir : veux-tu être juif ? veux-tu te faire circoncire ?

---

1. *Rois*, I, chap. xv, verset 32.
2. *Rois*, I, chap. xv, verset 32.
3. *Rois*, I, chap. xv, *ibid.*

AGAG.

Et si j'étais assez faible pour être de ta religion, me donnerais-tu la vie?

SAMUEL.

Non; tu auras la satisfaction de mourir juif, et c'est bien assez.

AGAG.

Frappez donc, bourreaux!

SAMUEL.

Donnez-moi cette hache, au nom du Seigneur; et tandis que[1] je couperai un bras, coupez une jambe, et ainsi de suite morceau par morceau.

(Ils frappent tous ensemble au nom d'Adonaï.)

AGAG.

O mort! ô tourments! ô barbares!

SAUL.

Faut-il que je sois témoin d'une abomination si horrible!

BAZA.

Dieu vous punira de l'avoir soufferte.

SAMUEL, aux prêtres.

Emportez ce corps et cette table : qu'on brûle les restes de cet infidèle, et que ses chairs servent à nourrir nos serviteurs. (A Saül.) Et vous, prince, apprenez à jamais qu'obéissance vaut mieux que sacrifice[2].

SAUL, se jetant dans un fauteuil.

Je me meurs; je ne pourrai survivre à tant d'horreurs et à tant de honte.

SCÈNE IV.

SAÜL, BAZA, UN MESSAGER.

LE MESSAGER.

Seigneur, pensez à votre sûreté; David approche en armes; il est suivi de cinq cents brigands[3] qu'il a ramassés; vous n'avez ici qu'une garde faible.

---

1. *Rois*, I, chap. xv, verset 33. Le texte de la pièce anglaise porte : *Hew him into pieces before the lord.*
2. *Rois*, I, chap. xv, verset 22.
3. *Rois*, I, chap. xxx, versets 8, 9. — Le texte de la Vulgate dit *six cents*. (B.)

ACTE I, SCÈNE IV.

BAZA.

Eh bien! seigneur, vous le voyez : David et Samuel étaient d'intelligence; vous êtes trahi de tous côtés, mais je vous serai fidèle jusqu'à la mort. Quel parti prenez-vous?

SAUL.

Celui de combattre et de mourir.

FIN DU PREMIER ACTE.

ACTE DEUXIÈME.

SCÈNE I.

DAVID, MICHOL.

MICHOL.

Impitoyable époux, prétends-tu attenter à la vie de mon père, de ton bienfaiteur, de celui qui, t'ayant d'abord pris pour son joueur de harpe[1], te fit bientôt après son écuyer, qui enfin t'a mis dans mes bras ?

DAVID.

Il est vrai, ma chère Michol, que je lui dois le bonheur de posséder vos charmes ; il m'en a coûté assez cher : il me fallut apporter à votre père deux cents prépuces[2] de Philistins pour présent de noces. Deux cents prépuces ne se trouvent pas si aisément : je fus obligé de tuer deux cents hommes pour venir à bout de cette entreprise ; et je n'avais pas la mâchoire d'âne de Samson ; mais eût-il fallu combattre toutes les forces de Babylone et d'Égypte, je l'aurais fait pour vous mériter ; je vous adorais et je vous adore.

MICHOL.

Et pour preuve de ton amour, tu en veux aux jours de mon père !

DAVID.

Dieu m'en préserve ! je ne veux que lui succéder : vous savez que j'ai respecté sa vie, et que, lorsque je le rencontrai dans une caverne, je ne lui coupai que le bout de son manteau[3] ; la vie du père de ma chère Michol me sera toujours précieuse.

MICHOL.

Pourquoi donc te joindre à ses ennemis ? Pourquoi te souiller

---

1. L'anglais dit *harper*.
2. *Rois*, I, chap. xviii, verset 25. — Le texte ne parle que de *cent*. (B.)
3. *Rois*, I, chap. xxiv, verset 5 ; xxvi, 12.

du crime horrible de rebellion, et te rendre par là même si indigne du trône où tu aspires? Pourquoi d'un côté te joindre à Samuel, notre ennemi domestique; et de l'autre au roi de Geth, Akis, notre ennemi déclaré?

DAVID.

Ma noble épouse, ne me condamnez pas sans m'entendre : vous savez qu'un jour, dans le village de Bethléem, Samuel répandit de l'huile sur ma tête[1] : ainsi je suis roi, et vous êtes la femme d'un roi ; si je me suis joint aux ennemis de la nation, si j'ai fait du mal à mes concitoyens, j'en ai fait davantage à ces ennemis mêmes. Il est vrai que j'ai engagé ma foi au roi de Geth, le généreux Akis : j'ai rassemblé cinq cents malfaiteurs[2] perdus de dettes et de débauches, mais tous bons soldats. Akis nous a reçus, nous a comblés de bienfaits ; il m'a traité comme son fils, il a eu en moi une entière confiance ; mais je n'ai jamais oublié que je suis juif; et ayant des commissions du roi Akis pour aller ravager vos terres, j'ai très-souvent ravagé les siennes : j'allais dans les villages les plus éloignés, je tuais[3] tout sans miséricorde, je ne pardonnais ni au sexe ni à l'âge, afin d'être pur devant le Seigneur ; et, afin qu'il ne se trouvât personne qui pût me déceler auprès du roi Akis, je lui amenais les bœufs, les ânes, les moutons, les chèvres des innocents agriculteurs que j'avais égorgés, et je lui disais, par un salutaire mensonge, que c'étaient les bœufs, les ânes, les moutons et les chèvres des Juifs ; quand je trouvais quelque résistance, je faisais scier[4] en deux, par le milieu du corps, ces insolents rebelles, ou je les écrasais sous les dents de leur herse, ou je les faisais rôtir dans des fours à brique[5]. Voyez si c'est aimer sa patrie, si c'est être bon Israélite.

MICHOL.

Ainsi, cruel, tu as également répandu le sang de tes frères et celui de tes alliés, tu as donc trahi également ces deux bienfaiteurs, rien ne t'est sacré: tu trahiras ainsi ta chère Michol, qui brûle pour toi d'un si malheureux amour.

DAVID.

Non, je le jure par la verge d'Aaron, par la racine de Jessé, je vous serai toujours fidèle.

---

1. *Rois*, I, chap. XVI, verset 13.
2. *Rois*, I, chap. XXII, verset 2. — Le texte dit *quatre cents*. (B.
3. *Rois*, I, chap. XXVII, versets 8, 9, 10, 11.
4. *Rois*, II, chap. XII, verset 31.
5. L'auteur confond ici les Ammonites avec les habitants de Geth.

SCÈNE II.

DAVID, MICHOL, ABIGAÏL.

ABIGAÏL, en embrassant David.

Mon cher, mon tendre époux, maître de mon cœur et de ma vie, venez, sortez avec moi de ces lieux dangereux ; Saül arme contre vous, et Akis vous attend [1].

MICHOL.

Qu'entends-je ? son époux ? Quoi ! monstre de perfidie, vous me jurez un amour éternel, et vous avez pris une autre femme ! Quelle est donc cette insolente rivale ?

DAVID.

Je suis confondu.

ABIGAÏL.

Auguste et aimable fille d'un grand roi, ne vous mettez pas en colère contre votre servante : un héros tel que David a besoin de plusieurs femmes ; et moi, je suis une jeune veuve qui ai besoin d'un mari : vous êtes obligée d'être toujours auprès du roi votre père ; il faut que David ait une compagne dans ses voyages et dans ses travaux ; ne m'enviez pas cet honneur, je vous serai toujours soumise.

MICHOL.

Elle est civile et accorte du moins ; elle n'est pas comme ces concubines impertinentes qui vont toujours bravant la maîtresse de la maison : monstre, où as-tu fait cette acquisition ?

DAVID.

Puisqu'il faut vous dire la vérité, ma chère Michol, j'étais à la tête de mes brigands [2], et, usant du droit de la guerre, j'ordonnai à Nabal, mari d'Abigaïl, de m'apporter tout ce qu'il avait ; Nabal était un brutal [3] qui ne savait pas les usages du monde, il me refusa insolemment : Abigaïl est née douce, honnête et tendre [4] : elle vola tout ce qu'elle put à son mari pour me l'apporter : au bout de huit jours le brutal mourut [5]!...

---

1. *Rois*, I, chap. xxviii, verset 1.
2. *Rois*, I, chap. xxv.
3. *Rois*, I, chap. xxv, verset 3.
4. *Rois*, I, chap. xxv, versets 3, 23, 24, 25 et 5 ; ibid., versets 18, 19.
5. Dans l'anglais, *like kits*.

MICHOL.

Je m'en doutais bien.

DAVID.

Et j'épousai la veuve[1].

MICHOL.

Ainsi Abigaïl est mon égale : çà, dis-moi en conscience, brigand trop cher, combien as-tu de femmes ?

DAVID.

Je n'en ai que dix-huit en vous comptant : ce n'est pas trop pour un brave homme.

MICHOL.

Dix-huit femmes, scélérat ! Eh ! que fais-tu donc de tout cela ?

DAVID.

Je leur donne ce que je peux de tout ce que j'ai pillé.

MICHOL.

Les voilà bien entretenues ! Tu es comme les oiseaux de proie, qui apportent à leurs femelles des colombes à dévorer : encore n'ont-ils qu'une compagne, et il en faut dix-huit au fils de Jessé !

DAVID.

Vous ne vous apercevrez jamais, ma chère Michol, que vous ayez des compagnes.

MICHOL.

Va, tu promets plus que tu ne peux tenir : écoute, quoique tu en aies dix-huit, je te pardonne ; si je n'avais qu'une rivale, je serais plus difficile : cependant tu me le payeras.

ABIGAÏL.

Auguste reine, si toutes les autres pensent comme moi, vous aurez dix-sept esclaves de plus auprès de vous.

SCÈNE III.

DAVID, MICHOL, ABIGAÏL, ABIAR.

ABIAR.

Mon maître, que faites-vous ici entre deux femmes ! Saül avance de l'occident, et Akis de l'orient ; de quel côté voulez-vous marcher ?

1. *Rois*, I, chap. xxv, versets 39, 40, 42.

DAVID.

Du côté d'Akis, sans balancer[1].

MICHOL.

Quoi ! malheureux, contre ton roi, contre mon père !

DAVID.

Il le faut bien ; il y a plus à gagner avec Akis qu'avec Saül : consolez-vous, Michol ; adieu, Abigaïl.

ABIGAÏL.

Non, je ne te quitte pas.

DAVID.

Restez, vous dis-je ; ceci n'est pas une affaire de femme ; chaque chose a son temps, je vais combattre : priez Dieu pour moi.

SCÈNE IV.

MICHOL, ABIGAÏL.

ABIGAÏL.

Protégez-moi, noble fille de Saül ; je crois une telle action digne de votre grand cœur. David a encore épousé une nouvelle femme ce matin : réunissons-nous toutes deux contre nos rivales.

MICHOL.

Quoi ! ce matin même ? l'impudent ! et comment se nomme-t-elle ?

ABIGAÏL.

Alchinoam[2] ; c'est une des plus dévergondées coquines qui soient dans toute la race de Jacob.

MICHOL.

C'est une vilaine race que cette race de Jacob ; je suis fâchée d'en être ; mais, par Dieu, puisque mon mari nous traite si indignement, je le traiterai de même, et je vais, de ce pas, en épouser un autre.

ABIGAÏL.

Allez, allez. madame ; je vous promets bien d'en faire autant dès que je serai mécontente de lui.

---

1. *Rois*, I, chap. XXVIII, verset 2 ; XXIX, 2.
2. *Rois*, I, chap. XXV, verset 43.

SCÈNE V.

MICHOL, ABIGAÏL, LE MESSAGER ÉBIND.

ÉBIND.

Ah, princesse! votre Jonathas, savez-vous?

MICHOL.

Quoi donc! mon frère Jonathas?...

ÉBIND.

Est condamné à mort, dévoué au Seigneur, à l'anathème.

ABIGAÏL.

Jonathas qui aimait tant votre mari?

MICHOL.

Il n'est plus? On lui a arraché la vie?

ÉBIND.

Non, madame, il est en parfaite santé : le roi votre père, en marchant, au point du jour, contre Akis, a rencontré un petit corps de Philistins ; et, comme nous étions dix contre un [1], nous avons donné dessus avec courage. Saül, pour augmenter les forces du soldat, qui était à jeun, a ordonné que personne ne mangeât de la journée, et a juré qu'il immolerait au Seigneur le premier qui déjeunerait [2] : Jonathas, qui ignorait cet ordre prudent, a trouvé un rayon de miel, et en a avalé la largeur de mon pouce : Saül, comme de raison, l'a condamné à mourir ; il savait ce qu'il en coûte de manquer à sa parole ; l'aventure d'Agag l'effrayait, il craignait Samuel ; enfin Jonathas allait être offert en victime ; toute l'armée s'est soulevée contre ce parricide ; Jonathas est sauvé, et l'armée s'est mise à manger et à boire ; et, au lieu de perdre Jonathas, nous avons été défaits de Samuel. Il est mort d'apoplexie.

MICHOL.

Tant mieux ; c'était un vilain homme [3].

ABIGAÏL.

Dieu soit béni!

ÉBIND.

Le roi Saül vient, suivi de tous les siens ; je crois qu'il va tenir conseil dans cette chenevière, pour savoir comment il s'y prendra pour attaquer Akis et les Philistins.

1. *Rois*, I, chap. xiv, verset 24.
2. *Rois*, I, chap. xiv, verset 27.
3. Le texte porte : *A sad dog*.

SCÈNE VI.

MICHOL, ABIGAÏL, SAÜL, BAZA, capitaines.

MICHOL.

Mon père, faudra-t-il trembler tous les jours pour votre vie, pour celle de mes frères, et essuyer les infidélités de mon mari ?

SAUL.

Votre frère et votre mari sont des rebelles : comment ! manger du miel un jour de bataille ! Il est bien heureux que l'armée ait pris son parti ; mais votre mari est cent fois plus méchant que lui ; je jure que je le traiterai comme Samuel a traité Agag.

ABIGAÏL, à Michol.

Ah ! madame, comme il roule les yeux, comme il grince les dents ! fuyons au plus vite ; votre père est fou, ou je me trompe.

MICHOL.

Il est quelquefois possédé du diable[1].

SAUL.

Ma fille, qui est cette drôlesse-là ?

MICHOL.

C'est une des femmes de votre gendre David, que vous avez autrefois tant aimé.

SAUL.

Elle est assez jolie : je la prendrai pour moi, au sortir de la bataille.

ABIGAÏL.

Ah ! le méchant homme ! On voit bien qu'il est réprouvé.

MICHOL.

Mon père, je vois que votre mal vous prend ; si David était ici, il vous jouerait de la harpe[2] ; car vous savez que la harpe est un spécifique contre les vapeurs hypocondriaques.

SAUL.

Taisez-vous, vous êtes une sotte ; je sais mieux que vous ce que j'ai à faire.

ABIGAÏL.

Ah ! madame, comme il est méchant ! Il est plus fou que jamais ; retirons-nous au plus vite.

1. *Rois*, I chap. vi, verset 25.
2. *Rois*, I, chap. xvi, verset 23 ; xviii, 10.

MICHOL.

C'est cette malheureuse boucherie d'Agag qui lui a donné des vapeurs ; dérobons-nous à sa furie.

SCÈNE VII.

SAÜL, BAZA.

SAUL.

Mes capitaines, allez m'attendre ; Baza, demeurez : vous me voyez dans un mortel embarras ; j'ai mes vapeurs, il faut combattre : nous avons de puissants ennemis ; ils sont derrière la montagne de Gelboé[1] ; je voudrais bien savoir quelle sera l'issue de cette bataille.

BAZA.

Eh, seigneur ! il n'y a rien de plus aisé ; n'êtes-vous pas prophète tout comme un autre ? N'avez-vous pas même des vapeurs qui sont un véritable avant-coureur des prophéties ?

SAUL.

Il est vrai, mais depuis quelque temps le Seigneur ne me répond plus[2] ; je ne sais ce que j'ai fait : as-tu fait venir la pythonisse d'Endor[3] ?

BAZA.

Oui, mon maître ; mais croyez-vous que le Seigneur lui réponde plutôt qu'à vous ?

SAUL.

Oui, sans doute, car elle a un esprit de Python[4].

BAZA.

Un esprit de Python, mon maître ! quelle espèce est cela ?

SAUL.

Ma foi, je n'en sais rien ; mais on dit que c'est une femme fort habile : j'aurais envie de consulter l'ombre de Samuel[5].

BAZA.

Vous feriez bien mieux de vous mettre à la tête de vos troupes : comment consulte-t-on une ombre ?

---

1. *Rois*, I, chap. xxviii, verset 4.
2. *Rois*, I, chap. xvi, verset 14.
3. *Rois*, I, chap. xxviii, verset 7.
4. *Rois*, I, chap. xxviii, verset 1.
5. *Rois*, I, chap. xxviii, verset 8.

SAUL.

La pythonisse les fait sortir de la terre, et l'on voit à leur mine si l'on sera heureux ou malheureux.

BAZA.

Il a perdu l'esprit! Seigneur, au nom de Dieu, ne vous amusez point à toutes ces sottises, et allons mettre vos troupes en bataille.

SAUL.

Reste ici; il faut absolument que nous voyions une ombre : voilà la pythonisse qui arrive : garde-toi de me faire reconnaître; elle me prend pour un capitaine de mon armée.

SCÈNE VIII.

SAÜL, BAZA, LA PYTHONISSE, arrivant avec un balai entre les jambes.

LA PYTHONISSE.

Quel mortel veut arracher les secrets du destin à l'abîme qui les couvre? Qui de vous deux s'adresse à moi pour connaître l'avenir?

BAZA, montrant Saul.

C'est mon capitaine : ne devrais-tu pas le savoir, puisque tu es sorcière [1] ?

LA PYTHONISSE, à Saul.

C'est donc pour vous que je forcerai la nature à interrompre le cours de ses lois éternelles? Combien me donnerez-vous?

SAUL.

Un écu : et te voilà payée d'avance, vieille sorcière.

LA PYTHONISSE.

Vous en aurez pour votre argent. Les magiciens de Pharaon n'étaient auprès de moi que des ignorants : ils se bornaient à changer en sang les eaux du Nil; je vais en faire davantage, et premièrement je commande au soleil de paraître.

BAZA.

En plein midi! quel miracle!

LA PYTHONISSE.

Je vois quelque chose sur la terre [2].

SAUL.

N'est-ce pas une ombre?

---

1. *Old witch.*
2. *Rois*, I, chap. XXVIII, verset 13.

ACTE II, SCÈNE VIII.

LA PYTHONISSE.

Oui, une ombre.

SAUL.

Comment est-elle faite?

LA PYTHONISSE.

Comme une ombre.

SAUL.

N'a-t-elle pas une grande barbe?

LA PYTHONISSE.

Oui, un grand manteau et une grande barbe.

SAUL.

Une barbe blanche?

LA PYTHONISSE.

Blanche comme de la neige.

SAUL.

Justement, c'est l'ombre de Samuel; elle doit avoir l'air bien méchant?

LA PYTHONISSE.

Oh! l'on ne change jamais de caractère : elle vous menace, elle vous fait des yeux horribles.

SAUL.

Ah! je suis perdu[1].

BAZA.

Eh, seigneur! pouvez-vous vous amuser à ces fadaises? N'entendez-vous pas le son des trompettes? les Philistins approchent[2].

SAUL.

Allons donc; mais le cœur ne me dit rien de bon.

LA PYTHONISSE.

Au moins, j'ai son argent; mais voilà un sot capitaine.

1. *Rois*, I, chap. xxviii, 20.
2. *Rois*, I, chap. xxix, verset 11.

FIN DU DEUXIÈME ACTE.

ACTE TROISIÈME.

SCÈNE I.

DAVID ET SES CAPITAINES.

DAVID.

Saül a donc été tué [1], mes amis? son fils Jonathas aussi? et je suis roi d'une petite partie du pays légitimement?

JOAB.

Oui, milord [2]; Votre Altesse royale a très-bien fait de faire pendre celui [3] qui vous a apporté la nouvelle de la mort de Saül; car il n'est jamais permis de dire qu'un roi est mort : cet acte de justice vous conciliera tous les esprits; il fera voir qu'au fond vous aimiez votre beau-père, et que vous êtes un bonhomme.

DAVID.

Oui; mais Saül laisse des enfants : Isboseth, son fils, règne déjà sur plusieurs tribus [4]; comment faire?

JOAB.

Ne vous mettez point en peine; je connais deux coquins [5] qui doivent assassiner Isboseth, s'ils ne l'ont déjà fait; vous les ferez pendre tous deux, et vous régnerez sur Juda et Israël.

DAVID.

Dites-moi un peu, vous autres, Saül a-t-il laissé beaucoup d'argent? Serai-je bien riche?

ABIÉZER.

Hélas! nous n'avons pas le sou : vous savez qu'il y a deux

---

1. *Rois*, I, chap. xxxi, versets 2, 3, 4; — II, chap. I, versets 4, 5, 6, 7, 8, 9, 10.
2. Cette pièce étant une prétendue traduction de l'anglais, Voltaire fait parler ses personnages à la Shakespeare. (G. A.)
3. *Rois*, II, chap. I, verset 15.
4. *Rois*, II, chap. II, versets 8, 9, 10.
5. Rechab et Baana : *Rois*, II, chap. IV, versets 5, 6, 7.

ans, quand Saül fut élu roi, nous n'avions pas de quoi acheter des armes; il n'y avait que deux sabres dans tout l'État, encore étaient-ils tout rouillés[1]; les Philistins, dont nous avons presque tous été les esclaves, ne nous laissèrent pas dans nos chaumières seulement un morceau de fer pour raccommoder nos charrues : aussi nos charrues nous sont-elles fort inutiles dans un mauvais pays pierreux, hérissé de montagnes pelées, où il n'y a que quelques oliviers avec un peu de raisin : nous n'avions pris au roi Agag que des bœufs, des chèvres et des moutons, parce que c'était là tout ce qu'il avait ; je ne crois pas que nous puissions trouver dix écus dans toute la Judée; il y a quelques usuriers qui rognent les espèces[2] à Tyr et à Damas; mais ils se feraient empaler plutôt que de vous prêter un denier.

DAVID.

S'est-on emparé du petit village de Salem, et de son château?

JOAB.

Oui, milord.

ABIÉZER.

J'en suis fâché, cette violence peut décrier notre nouveau gouvernement. Salem appartient de tout temps aux Jébuséens, avec qui nous ne sommes point en guerre; c'est un lieu saint, car Melchisédech était autrefois roi de ce village.

DAVID.

Il n'y a point de Melchisédech qui tienne : j'en ferai une bonne forteresse; je l'appellerai Hérus-Chalaïm; ce sera le lieu de ma résidence; nos enfants seront multipliés comme le sable de la mer, et nous régnerons sur le monde entier.

JOAB.

Eh! seigneur, vous n'y pensez pas! Cet endroit est une espèce de désert, où il n'y a que des cailloux à deux lieues à la ronde. On y manque d'eau; il n'y a qu'un petit malheureux torrent de Cédron qui est à sec six mois de l'année : que n'allons-nous plutôt sur les grands chemins de Tyr, vers Damas, vers Babylone? Il y aurait là de beaux coups à faire.

DAVID.

Oui, mais tous les peuples de ce pays-là sont puissants; nous risquerions de nous faire pendre : enfin le Seigneur m'a donné Hérus-Chalaïm; j'y demeurerai, et j'y louerai le Seigneur.

---

1. *Rois*, I, chap. XIII, versets 19, 20, 21.
2. Dans les *Dernières Paroles d'Épictète*, Voltaire répéta cette accusation dont il demanda pardon en 1771. (B.)

UN MESSAGER.

Milord, deux de vos serviteurs viennent d'assassiner Isboseth, qui avait l'insolence de vouloir succéder à son père, et de vous disputer le trône; on l'a jeté par les fenêtres; il nage dans son sang; les tribus qui lui obéissaient ont fait serment de vous obéir, et l'on vous amène sa sœur Michol votre femme, qui vous avait abandonné[1], et qui venait de se marier à Phaltiel, fils de Saïs.

DAVID.

On aurait mieux fait de la laisser avec lui; que veut-on que je fasse de cette bégueule-là? Allez, mon cher Joab, qu'on l'enferme; allez, mes amis, allez saisir tout ce que possédait Isboseth, apportez-le-moi, nous le partagerons; vous, Joab, ne manquez pas de faire pendre ceux qui m'ont délivré d'Isboseth, et qui m'ont rendu ce signalé service; marchez tous devant le Seigneur avec confiance; j'ai ici quelques petites affaires un peu pressées; je vous rejoindrai dans peu de temps pour rendre tous ensemble des actions de grâces au Dieu des armées qui a donné la force à mon bras, et qui a mis sous mes pieds le basilic et le dragon.

TOUS LES CAPITAINES ENSEMBLE.

Huzza! huzza[2]! longue vie à David, notre bon roi, l'oint du Seigneur, le père de son peuple.

(Ils sortent.)

DAVID, à un des siens.

Faites entrer Bethsabée.

SCÈNE II.

DAVID, BETHSABÉE

DAVID.

Ma chère Bethsabée, je ne veux plus aimer que vous: vos dents sont comme un mouton qui sort du lavoir; votre gorge est comme une grappe de raisin, votre nez comme la tour du mont Liban; le royaume que le Seigneur m'a donné ne vaut pas un de vos embrassements: Michol, Abigaïl, et toutes mes autres femmes, sont dignes tout au plus d'être vos servantes[3].

---

1. *Rois*, II, chap. IV.
2. C'est le cri de joie de la populace anglaise; les Hébreux criaient: *Allek eudi ah!* et, par corruption: *Hi hay ah!*
3. *Rois*, II, chap. V, verset 13.

BETHSABÉE.

Hélas, milord ! vous en disiez ce matin autant à la jeune Abigaïl.

DAVID.

Il est vrai, elle peut me plaire un moment ; mais vous êtes ma maîtresse de toutes les heures ; je vous donnerai des robes, des vaches, des chèvres, des moutons ; car pour de l'argent je n'en ai point encore ; mais vous en aurez quand j'en aurai volé dans mes courses sur les grands chemins, soit vers le pays des Phéniciens, soit vers Damas, soit vers Tyr. Qu'avez-vous, ma chère Bethsabée ? Vous pleurez ?

BETHSABÉE.

Hélas ! oui, milord.

DAVID.

Quelqu'une de mes femmes ou de mes concubines a-t-elle osé vous maltraiter ?

BETHSABÉE.

Non.

DAVID.

Quel est donc votre chagrin ?

BETHSABÉE.

Milord, je suis grosse[1] ; mon mari Urie n'a pas couché avec moi depuis un mois, et s'il s'aperçoit de ma grossesse, je crains d'être battue.

DAVID.

Eh ! que ne l'avez-vous fait coucher avec vous ?

BETHSABÉE.

Hélas ! j'ai fait ce que j'ai pu ; mais il me dit qu'il veut toujours rester auprès de vous : vous savez qu'il vous est tendrement attaché ; c'est un des meilleurs officiers de votre armée ; il veille auprès de votre personne quand les autres dorment[2] ; il se met au-devant de vous quand les autres lâchent le pied ; s'il fait quelque bon butin, il vous l'apporte : enfin il vous préfère à moi.

DAVID.

Voilà une insupportable chenille : rien n'est si odieux que ces gens empressés, qui veulent toujours rendre service sans en être priés : allez, allez, je vous déferai bientôt de cet importun ; qu'on me donne une table et des tablettes pour écrire[3].

1. *Rois*, II, chap. xi, verset 15.
2. *Rois*, II, chap. xi, verset 11.
3. *Rois*, II, chap. xi, verset 14.

BETHSABÉE.

Milord, pour des tables, vous savez qu'il n'y en a point ici; mais voici mes tablettes avec un poinçon, vous pouvez écrire sur mes genoux.

DAVID.

Allons, écrivons : « Appui de ma couronne, comme moi serviteur de Dieu, notre féal Urie vous rendra cette missive : marchez avec lui, sitôt cette présente reçue, contre le corps des Philistins qui est au bout de la vallée d'Hébron ; placez le féal Urie au premier rang[1], abandonnez-le dès qu'on aura tiré la première flèche, de façon qu'il soit tué par les ennemis ; et s'il n'est pas frappé par devant, ayez soin de le faire assassiner par derrière ; le tout pour le besoin de l'État : Dieu vous ait en sa sainte garde ! Votre bon roi David. »

BETHSABÉE.

Eh ! bon Dieu ! vous voulez faire tuer mon pauvre mari ?

DAVID.

Ma chère enfant, ce sont de ces petites sévérités auxquelles on est quelquefois obligé de se prêter ; c'est un petit mal pour un grand bien, uniquement dans l'intention d'éviter le scandale.

BETHSABÉE.

Hélas ! votre servante n'a rien à répliquer ; soit fait selon votre parole.

DAVID.

Qu'on m'appelle le bonhomme Urie.

BETHSABÉE.

Hélas ! que voulez-vous lui dire ? Pourrai-je soutenir sa présence ?

DAVID.

Ne vous troublez pas. (A Urie, qui entre.) Tenez, mon cher Urie, portez cette lettre à mon capitaine Joab, et méritez toujours les bonnes grâces de l'oint du Seigneur.

URIE.

J'obéis avec joie à ses commandements ; mes pieds, mon bras, ma vie, sont à son service : je voudrais mourir pour lui prouver mon zèle.

DAVID, en l'embrassant.

Vous serez exaucé, mon cher Urie.

URIE.

Adieu, ma chère Bethsabée ; soyez toujours aussi attachée que moi à notre maître.

---

1. *Rois*, II, chap. XI, verset 15.

BETHSABÉE.

C'est ce que je fais, mon bon mari.

DAVID.

Demeurez ici, ma bien-aimée; je suis obligé d'aller donner des ordres à peu près semblables, pour le bien du royaume; je reviens à vous dans un moment.

BETHSABÉE.

Non, cher amant, je ne vous quitte pas.

DAVID.

Ah! je veux bien que les femmes soient maîtresses au lit, mais partout ailleurs je veux qu'elles obéissent.

FIN DU TROISIÈME ACTE.

ACTE QUATRIÈME.

SCÈNE I.

BETHSABÉE, ABIGAÏL.

ABIGAÏL.

Bethsabée, Bethsabée, c'est donc ainsi que vous m'enlevez le cœur de monseigneur ?

BETHSABÉE.

Vous voyez que je ne vous enlève rien, puisqu'il me quitte, et que je ne peux l'arrêter.

ABIGAÏL.

Vous ne l'arrêtez que trop, perfide, dans les filets de votre méchanceté : tout Israël dit que vous êtes grosse de lui.

BETHSABÉE.

Eh bien ! quand cela serait, madame, est-ce à vous à me le reprocher ? N'en avez-vous pas fait autant ?

ABIGAÏL.

Cela est bien différent, madame ; j'ai l'honneur d'être son épouse.

BETHSABÉE.

Voilà un plaisant mariage ; on sait que vous avez empoisonné Nabal votre mari, pour épouser David, lorsqu'il n'était encore que capitaine.

ABIGAÏL.

Point de reproches, madame, s'il vous plaît ; vous en feriez bien autant du bonhomme Urie, pour devenir reine ; mais sachez que je vais tout lui découvrir.

BETHSABÉE.

Je vous en défie.

ABIGAÏL.

C'est-à-dire que la chose est déjà faite.

ACTE IV, SCÈNE II.

BETHSABÉE.

Quoi qu'il en soit, je serai votre reine, et je vous apprendrai à me respecter.

ABIGAÏL.

Moi, vous respecter, madame!

BETHSABÉE.

Oui, madame.

ABIGAÏL.

Ah! madame, la Judée produira du froment au lieu de seigle, et on aura des chevaux au lieu d'ânes pour monter, avant que je sois réduite à cette ignominie : il appartient bien à une femme comme vous de faire l'impertinente avec moi!

BETHSABÉE.

Si je m'en croyais, une paire de soufflets...

ABIGAÏL.

Ne vous en avisez pas, madame; j'ai le bras bon, et je vous rosserais d'une manière...

SCÈNE II.

DAVID, BETHSABÉE, ABIGAÏL.

DAVID.

Paix là donc, paix là : êtes-vous folles, vous autres? Il est bien question de vous quereller, quand l'horreur des horreurs est sur ma maison.

BETHSABÉE.

Quoi donc, mon cher amant! Qu'est-il arrivé?

ABIGAÏL.

Mon cher mari, y a-t-il quelque nouveau malheur?

DAVID.

Voilà-t-il pas que mon fils Ammon, que vous connaissez, s'est avisé de violer sa sœur Thamar[1], et l'a ensuite chassée de sa chambre à grands coups de pied dans le cul!

ABIGAÏL.

Quoi donc! n'est-ce que cela? Je croyais à votre air effaré qu'il vous avait volé votre argent.

DAVID.

Ce n'est pas tout; mon autre fils Absalon, quand il a vu cette

1. *Rois*, II, chap. XIII, versets 17, 18.

tracasserie, s'est mis à tuer[1] mon fils Ammon : je me suis fâché contre mon fils Absalon ; il s'est révolté contre moi, m'a chassé de ma ville de Hérus-Chalaïm, et me voilà sur le pavé.

BETHSABÉE.

Oh ! ce sont des choses sérieuses cela.

ABIGAÏL.

La vilaine famille que la famille de David ! Tu n'as donc plus rien, brigand ? Ton fils est oint à ta place.

DAVID.

Hélas ! oui ; et, pour preuve qu'il est oint, il a couché[2] sur la terrasse du fort avec toutes mes femmes l'une après l'autre.

ABIGAÏL.

O ciel ! que n'étais-je là ! j'aurais bien mieux aimé coucher avec ton fils Absalon qu'avec toi, vilain voleur, que j'abandonne à jamais : il a des cheveux qui lui vont jusqu'à la ceinture, et dont il vend des rognures pour deux cents écus par an, au moins : il est jeune, il est aimable, et tu n'es qu'un barbare débauché, qui te moques de Dieu, des hommes, et des femmes : va, je renonce désormais à toi, et je me donne à ton fils Absalon, ou au premier Philistin que je rencontrerai. (A Bethsabée, en lui faisant la révérence.) Adieu, madame.

BETHSABÉE.

Votre servante, madame.

SCÈNE III.

DAVID, BETHSABÉE.

DAVID.

Voilà donc cette Abigaïl que j'avais crue si douce ! Ah ! qui compte sur une femme compte sur le vent ; et vous, ma chère Bethsabée, m'abandonnerez-vous aussi ?

BETHSABÉE.

Hélas ! c'est ainsi que finissent tous les mariages de cette espèce : que voulez-vous que je devienne si votre fils Absalon règne ? Et si Urie, mon mari, sait que vous avez voulu l'assassiner, vous voilà perdu, et moi aussi.

1. *Rois*, II, chap. XIII, versets 28, 29.
2. *Rois*, II, chap. XVI, verset 22.

DAVID.

Ne craignez rien ; Urie est dépêché ; mon ami Joab est expéditif.

BETHSABÉE.

Quoi ! mon pauvre mari est donc assassiné ? hi, hi, hi (Elle pleure.), ho, hi, ha.

DAVID.

Quoi ! vous pleurez le bonhomme ?

BETHSABÉE.

Je ne peux m'en empêcher.

DAVID.

La sotte chose que les femmes ! Elles souhaitent la mort de leurs maris, elles la demandent ; et, quand elles l'ont obtenue, elles se mettent à pleurer.

BETHSABÉE.

Pardonnez cette petite cérémonie.

SCÈNE IV.

DAVID, BETHSABÉE, JOAB.

DAVID.

Eh bien ! Joab, en quel état sont les choses ? Qu'est devenu ce coquin d'Absalon ?

JOAB.

Par Sabaoth, je l'ai envoyé avec Urie ; je l'ai trouvé qui pendait à un arbre par les cheveux, et je l'ai bravement percé de trois dards.

DAVID.

Ah ! Absalon mon fils ! hi, hi, ho, ho, hi.

BETHSABÉE.

Voilà-t-il pas que vous pleurez votre fils comme j'ai pleuré mon mari ! Chacun a sa faiblesse.

DAVID.

On ne peut pas dompter tout à fait la nature, quelque juif qu'on soit ; mais cela passe, et le train des affaires emporte bien vite ailleurs.

SCÈNE V.

LES PERSONNAGES PRÉCÉDENTS ET LE PROPHÈTE NATHAN.

BETHSABÉE.

Eh! voilà Nathan le voyant, Dieu me pardonne! que vient-il faire ici?

NATHAN.

Sire, écoutez et jugez : il y avait un riche qui possédait[1] cent brebis, et il y avait un pauvre qui n'en n'avait qu'une ; le riche a pris la brebis, et a tué le pauvre : que faut-il faire du riche?

DAVID.

Certainement il faut qu'il rende quatre brebis.

NATHAN.

Sire, vous êtes le riche, Urie était le pauvre, et Bethsabée est la brebis.

BETHSABÉE.

Moi, brebis!

DAVID.

Ah! j'ai péché, j'ai péché, j'ai péché[2].

NATHAN.

Bon, puisque vous l'avouez, le Seigneur va transférer[3] votre péché : c'est bien assez qu'Absalon ait couché avec toutes vos femmes : épousez la belle Bethsabée ; un des fils que vous aurez d'elle régnera sur tout Israël : je le nommerai aimable, et les enfants des femmes légitimes et honnêtes seront massacrés.

BETHSABÉE.

Par Adonaï, tu es un charmant prophète ; viens çà que je t'embrasse.

DAVID.

Eh! là, là, doucement : qu'on donne à boire au prophète ; réjouissons-nous, nous autres : allons, puisque tout va bien, je veux faire des chansons gaillardes : qu'on me donne ma harpe.

(Il joue de la harpe.)

1. *Rois*, II, chap. xii, versets 1, 2, 3, 4 et 5.
2. *Rois*, II, chap. xii, versets 13 et 14.
3. *Rois*, II, chap. vii, verset 12.

ACTE IV, SCÈNE V.

Chers Hébreux, par le ciel envoyés[1],
Dans le sang vous baignerez vos pieds;
Et vos chiens s'engraisseront
De ce sang qu'ils lécheront.

Ayez soin, mes chers amis[2].
De prendre tous les petits
Encore à la mamelle;
Vous écraserez leur cervelle
Contre le mur de l'infidèle;
Et vos chiens s'engraisseront
De ce sang qu'ils lécheront.

BETHSABÉE.

Sont-ce là vos chansons gaillardes?

DAVID, en chantant et dansant.

Et vos chiens s'engraisseront
De ce sang qu'ils lécheront.

BETHSABÉE.

Finissez donc vos airs de corps de garde; cela est abominable : il n'y a point de sauvage qui voulût chanter de telles horreurs[3] : les bouchers des peuples de Gog et de Magog en auraient honte.

DAVID, toujours sautant.

Et les chiens s'engraisseront
De ce sang qu'ils lécheront.

BETHSABÉE.

Je m'en vais, si vous continuez à chanter ainsi, et à sauter comme un ivrogne. Vous montrez tout ce que vous portez : fi! quelles manières!

DAVID.

Je danserai, oui, je danserai; je serai encore plus méprisable, je danserai devant des servantes; je montrerai tout ce que je porte, et ce me sera gloire devant les filles[4].

---

1. « Ut intingatur pes tuus in sanguine, lingua canum tuorum ex inimicis ab ipso. » Ps. LXVII, 24.
2. « Beatus qui tenebit et allidet parvulos tuos ad petram! » Ps. CXXXVI, 9.
3. C'est à cette occasion que l'auteur appelle David *the Nero of the Hebrews*, page 87.
4. *Rois*, II, chap. VI, versets 20, 21. — Presque toutes les paroles que les acteurs prononcent sont tirées des livres judaïques, soit chroniques, soit paralipomènes, soit psaumes. (K.)

JOAB.

A présent que vous avez bien dansé, il faudrait mettre ordre à vos affaires.

DAVID.

Oui, vous avez raison, il y a temps pour tout ; retournons à Hérus-Chalaïm.

JOAB.

Vous aurez toujours la guerre ; il faudrait avoir quelque argent de réserve, et savoir combien vous avez de sujets qui puissent marcher en campagne, et combien il en restera pour la culture des terres.

DAVID.

Le conseil est très-sensé : allons, Bethsabée, allons régner, m'amour.

(Il danse, il chante.)

Et les chiens s'engraisseront
De ce sang qu'ils lécheront.

FIN DU QUATRIÈME ACTE.

ACTE CINQUIÈME.

SCÈNE I.

DAVID, assis devant une table; ses OFFICIERS autour de lui.

DAVID.

Six cent quatre-vingt-quatorze schellings et demi d'une part, et de l'autre cent treize un quart, font huit cent sept schellings trois quarts : c'est donc là tout ce qu'on a trouvé dans mon trésor; il n'y a pas là de quoi payer une journée à mes gens.

UN CLERC DE LA TRÉSORERIE.

Milord, le temps est dur.

DAVID.

Et vous l'êtes encore bien davantage : il me faut de l'argent, entendez-vous?

JOAB.

Milord, Votre Altesse royale est volée comme tous les autres rois : les gens de l'échiquier, les fournisseurs de l'armée, pillent tous; ils font bonne chère à nos dépens, et le soldat meurt de faim.

DAVID.

Je les ferai scier en deux [1]; en effet, aujourd'hui nous avons fait la plus mauvaise chère du monde.

JOAB.

Cela n'empêche pas que ces fripons-là ne vous comptent tous les jours pour votre table [2] trente bœufs gras, cent moutons gras, autant de cerfs, de chevreuils, de bœufs sauvages, et de chapons; trente tonneaux de fleur de farine, et soixante tonneaux de farine ordinaire.

---

1. C'est ainsi que le saint roi David en usait avec tous ses prisonniers, excepté quand il les faisait cuire dans des fours. (K.)
2. *Rois*, II, chap. IV.

DAVID.

Arrêtez donc, vous voulez rire; il y aurait là de quoi nourrir six mois toute la cour du roi d'Assyrie, et toute celle du roi des Indes.

JOAB.

Rien n'est pourtant plus vrai; car cela est écrit dans vos livres.

DAVID.

Quoi! tandis que je n'ai pas de quoi payer mon boucher?

JOAB.

C'est qu'on vole Votre Altesse royale, comme j'ai déjà eu l'honneur de vous le dire.

DAVID.

Combien crois-tu que je doive avoir d'argent comptant entre les mains de mon contrôleur général?

JOAB.

Milord, vos livres font foi que vous avez cent huit[1] mille talents d'or, deux millions vingt-quatre mille talents d'argent, et dix mille drachmes d'or; ce qui fait au juste, au plus bas prix du change, un milliard trois cent vingt millions cinquante mille livres sterling.

DAVID.

Tu es fou, je pense: toute la terre ne pourrait fournir le quart de ces richesses: comment veux-tu que j'aie amassé ce trésor dans un aussi petit pays qui n'a jamais fait le moindre commerce?

JOAB.

Je n'en sais rien, je ne suis pas financier.

DAVID.

Vous ne me dites que des sottises tous tant que vous êtes: je saurai mon compte avant qu'il soit peu; et vous, Yesès, a-t-on fait le dénombrement du peuple?

YESÈS.

Oui, milord; vous avez onze cent[2] mille hommes d'Israël, et quatre cent soixante-dix mille de Juda, d'enrôlés pour marcher contre vos ennemis.

DAVID.

Comment! j'aurais quinze cent soixante-dix mille hommes sous les armes? Cela est difficile dans un pays qui, jusqu'à pré-

1. *Paralipomènes*, chap. xxix, versets 4 et 7.
2. *Paralipomènes*, chap. xxi, verset 5.

sent, n'a pu nourrir trente mille âmes : à ce compte, en prenant un soldat par dix personnes, cela ferait quinze millions sept cent mille sujets dans mon empire : celui de Babylone n'en a pas tant.

JOAB.

C'est là le miracle.

DAVID.

Ah! que de balivernes! Je veux savoir absolument combien j'ai de sujets; on ne m'en fera pas accroire; je ne crois pas que nous soyons trente mille.

UN OFFICIER.

Voilà votre chapelain ordinaire, le révérend docteur Gag, qui vient de la part du Seigneur parler à Votre Altesse royale.

DAVID.

On ne peut pas prendre plus mal son temps; mais qu'il entre.

SCÈNE II.

LES PERSONNAGES PRÉCÉDENTS, LE DOCTEUR GAG.

DAVID.

Que voulez-vous, docteur Gag?

GAG.

Je viens vous dire que vous avez commis un grand péché.

DAVID.

Comment? en quoi? s'il vous plaît.

GAG.

En faisant faire le dénombrement du peuple.

DAVID.

Que veux-tu donc dire, fou que tu es? Y a-t-il une opération plus sage et plus utile que de savoir le nombre de ses sujets? Un berger n'est-il pas obligé de savoir le compte de ses moutons?

GAG.

Tout cela est bel et bon; mais Dieu vous donne à choisir de la famine[1], de la guerre, ou de la peste.

DAVID.

Prophète de malheur, je veux au moins que tu puisses être puni de ta belle mission : j'aurais beau faire choix de la famine,

1. *Rois*, II, chap. IV.

vous autres prêtres, vous faites toujours bonne chère; si je prends la guerre, vous n'y allez pas : je choisis la peste; j'espère que tu l'auras, que tu crèveras comme tu le mérites.

GAG.

Dieu soit béni[1] !

(Il s'en va criant : « La peste, la peste », et tout le monde crie : « La peste, la peste. »)

JOAB.

Je ne comprends rien à tout cela : comment! la peste, pour avoir fait son compte?

SCÈNE III.

LES PERSONNAGES PRÉCÉDENTS, BETHSABÉE, SALOMON.

BETHSABÉE.

Eh! milord! il faut que vous ayez le diable dans le corps pour choisir la peste; il est mort sur-le-champ[2] soixante-dix mille personnes, et je crois que j'ai déjà le charbon : je tremble pour moi et pour mon fils Salomon, que je vous amène.

DAVID.

J'ai pis que le charbon[3], je suis las de tout ceci : il faut donc que j'aie plus de pestiférés que de sujets : écoutez, je deviens vieux, vous n'êtes plus belle; j'ai toujours froid aux pieds, il me faudrait une fille de quinze ans pour me réchauffer.

JOAB.

Parbleu, milord, j'en connais une qui sera votre fait; elle s'appelle Abisag de Sunam.

DAVID.

Qu'on me l'amène, qu'on me l'amène, qu'elle m'échauffe.

BETHSABÉE.

En vérité, vous êtes un vilain débauché : fi! à votre âge, que voulez-vous faire d'une petite fille?

JOAB.

Milord, la voilà qui vient; je vous la présente.

DAVID.

Viens çà, petite fille, me réchaufferas-tu bien?

---

1. Il y a dans l'original : *Pox, pox.*
2. *Rois*, II, chap. xxiv.
3. *Id., ibid.*

ACTE V, SCÈNE IV.

ABISAG.

Oui-dà, milord, j'en ai bien réchauffé d'autres.

BETHSABÉE.

Voilà donc comme tu m'abandonnes; tu ne m'aimes plus! et que deviendra mon fils Salomon, à qui tu avais promis ton héritage?

DAVID.

Oh! je tiendrai ma parole; c'est un petit garçon qui est tout à fait selon mon cœur, il aime déjà les femmes comme un fou : approche, petit drôle, que je t'embrasse : je te fais roi, entends-tu?

SALOMON.

Milord, j'aime bien mieux apprendre à régner sous vous.

DAVID.

Voilà une jolie réponse; je suis très-content de lui : va, tu régneras bientôt, mon enfant; car je sens que je m'affaiblis; les femmes ont ruiné ma santé; mais tu auras encore un plus beau sérail que moi.

SALOMON.

J'espère m'en tirer à mon honneur.

BETHSABÉE.

Que mon fils a d'esprit! Je voudrais qu'il fût déjà sur le trône.

SCÈNE IV.

LES PERSONNAGES PRÉCÉDENTS, ADONIAS.

ADONIAS.

Mon père, je viens me jeter à vos pieds.

DAVID.

Ce garçon-là ne m'a jamais plu.

ADONIAS.

Mon père, j'ai deux grâces à vous demander : la première, c'est de vouloir bien me nommer votre successeur, attendu que je suis le fils d'une princesse, et que Salomon est le fruit d'une bourgeoise adultère, auquel il n'est dû, par la loi, qu'une pension alimentaire, tout au plus : ne violez pas en sa faveur les lois de toutes les nations.

BETHSABÉE.

Ce petit oursin-là mériterait bien qu'on le jetât par la fenêtre.

DAVID.

« Vous avez raison. Quelle est l'autre grâce que tu veux, petit misérable?

ADONIAS.

Milord, c'est la jeune Abisag de Sunam qui ne vous sert à rien; je l'aime éperdument, et je vous prie de me la donner par testament.

DAVID.

Ce coquin-là me fera mourir de chagrin; je sens que je m'affaiblis, je n'en puis plus : réchauffez-moi un peu, Abisag.

(Adonias sort.)

ABISAG, lui prenant la main.

Je fais ce que je peux, mais vous êtes froid comme glace.

DAVID.

Je sens que je me meurs; qu'on me mette sur mon lit de repos.

SALOMON, se jetant à ses pieds.

O roi! vivez longtemps.

BETHSABÉE.

Puisse-t-il mourir tout à l'heure, le vilain ladre, et nous laisser régner en paix!

DAVID.

Ma dernière heure arrive, il faut faire mon testament, et pardonner en bon juif à tous mes ennemis : Salomon, je vous fais roi juif; souvenez-vous d'être clément et doux; ne manquez pas, dès que j'aurai les yeux fermés, d'assassiner[1] mon fils Adonias, quand même il embrasserait les cornes de l'autel.

SALOMON.

Quelle sagesse! quelle bonté d'âme! mon père; je n'y manquerai pas, sur ma parole.

DAVID.

Voyez-vous ce Joab qui m'a servi dans mes guerres, et à qui je dois ma couronne? Je vous prie, au nom du Seigneur, de le faire assassiner[2] aussi, car il a mis du sang dans mes souliers.

JOAB.

Comment, monstre! je t'étranglerai de mes mains; va, va, je ferai bien casser ton testament, et ton Salomon verra quel homme je suis.

1. Salomon fit assassiner Adonias son frère.
2. Rois, III, chap. II.

ACTE V, SCÈNE IV.

SALOMON.

Est-ce tout, mon cher père? N'avez-vous plus personne à expédier?

DAVID.

J'ai la mémoire mauvaise : attendez, il y a encore un certain Semeï[1] qui m'a dit autrefois des sottises ; nous nous raccommodâmes ; je lui jurai[2], par le Dieu vivant, que je lui pardonnerais ; il m'a très-bien servi, il est de mon conseil privé ; vous êtes sage, ne manquez pas de le faire tuer en traître.

SALOMON.

Votre volonté sera exécutée, mon cher père.

DAVID.

Va, tu seras le plus sage des rois, et le Seigneur te donnera mille femmes pour récompense : je me meurs ! Que je t'embrasse encore ! Adieu.

BETHSABÉE.

Dieu merci, nous en voilà défaits.

UN OFFICIER.

Allons vite enterrer notre bon roi David.

TOUS ENSEMBLE.

Notre bon roi David, le modèle des princes, l'homme selon le cœur du Seigneur[3] !

ABISAG.

Que deviendrai-je, moi? Qui réchaufferai-je?

SALOMON.

Viens çà, viens çà, tu seras plus contente de moi que de mon bonhomme de père.

---

1. *Id, ibid.*
2. Dans les manuscrits dont j'ai parlé (voyez la note de la page 575), on lit :
... Je lui jurai par le Seigneur que je ne le ferais pas mourir. Il m'a, etc (B.)
3. *The man after God's own heart.* « L'homme selon le cœur de Dieu. »

FIN DE SAUL.

TABLE

DES MATIÈRES CONTENUES DANS LE QUATRIÈME VOLUME

DU THÉATRE.

                                                                                             Pages

NANINE, ou LE PRÉJUGÉ VAINCU. — AVERTISSEMENT pour la présente édition. 3
AVERTISSEMENT de Beuchot. 4
PRÉFACE. 5
NANINE, comédie. 13

ORESTE. — AVERTISSEMENT pour la présente édition. 73
AVERTISSEMENT des éditeurs de l'édition de Kehl. 76
AVIS AU LECTEUR. 78
ÉPÎTRE à S. A. S. madame la duchesse du Maine. 79
DISCOURS prononcé au Théâtre-Français par un des acteurs avant la première représentation de la tragédie d'*Oreste*. 89
ORESTE, tragédie. 91
VARIANTES de la tragédie d'*Oreste*. 156
DISSERTATION sur les principales tragédies anciennes et modernes qui ont paru sur le sujet d'Électre, et en particulier sur celle de Sophocle, par M. Dumolard, membre de plusieurs Académies. 167
    Première partie. — De l'*Électre* de Sophocle. 169
    Deuxième partie. — De la tragédie d'*Oreste*. 181
    Troisième partie. — Des défauts où tombent ceux qui s'écartent des anciens dans les sujets qu'ils ont traités. 189

ROME SAUVÉE, ou CATILINA. — AVERTISSEMENT pour la présente édition. 199
AVERTISSEMENT des éditeurs de l'édition de Kehl. 202
PRÉFACE. 205
AVIS AU LECTEUR. 211
ROME SAUVÉE, ou CATILINA, tragédie. 213
VARIANTES de la tragédie de *Rome sauvée*. 268

TABLE DES MATIÈRES.

Pages

L'ORPHELIN DE LA CHINE. — Avertissement pour la présente
édition. 291
    Avertissement de Beuchot. 293
    A Monseigneur le maréchal duc de Richelieu. 295
    L'Orphelin de la Chine, tragédie. 301
    Variantes de *l'Orphelin de la Chine*. 357

SOCRATE. — Préface de M. Fatema, traducteur. 361
    Socrate, ouvrage dramatique. 365

L'ECOSSAISE. — Avertissement pour la présente édition. . . . 399
    Avertissement de Beuchot. 402
    Epître dédicatoire à M. le comte de Lauraguais. 405
    Préface. 409
    A Messieurs les Parisiens. 413
    Avertissement (de l'auteur). 417
    L'Écossaise, comédie. 421
    Variantes de la comédie *l'Écossaise*. 480

TANCRÈDE. — Avertissement pour la présente édition. 489
    Avertissement de Beuchot. 492
    A madame la marquise de Pompadour. 495
    Tancrède, tragédie. 501
    Variantes de la tragédie de *Tancrède*. 563

SAÜL. — Avertissement de Beuchot. 571
    Avertissement des éditeurs de l'édition de Kehl. 573
    Saul, drame. 575

FIN DE LA TABLE.

www.ingramcontent.com/pod-product-compliance
Lightning Source LLC
Chambersburg PA
CBHW060407230426
43663CB00008B/1415